站在前排中间的是卢多维克·德索,他的儿子保罗在他右边,夏尔和马塞尔在左边

20 世纪初的德索工厂

1915 年前后拉康家的合照：
阿尔弗雷德、艾米莉、马德莱娜、雅克、马克－弗朗索瓦
（来源：马德莱娜·拉康－乌隆）

雅克·拉康在中心医院的公共休息室内
（来源：皮埃尔·莫雷尔的收藏）

1932年，西尔维安·布隆汀（来源：西比尔·拉康）

1939年1月29日，婚礼上的雅克·拉康和玛丽－路易丝·布隆汀
（来源：西比尔·拉康）

1939年前后的玛丽丝－路易·拉康和女儿卡罗琳
（来源：西里尔和法布里斯·罗杰－拉康）

左：1943 年前后的蒂博、西比尔、卡罗琳·拉康（来源：西比尔·拉康）
右：1958 年 6 月 26 日，拉康和她女儿卡罗琳在她和布鲁诺·罗杰婚礼上的合照（来源：西里尔和法布里斯·罗杰-拉康）

1972年前后，拉康和他的孙子西里尔和法布里斯·罗杰－拉康
（来源：西里尔和法布里斯·罗杰－拉康）

1936年，西尔维亚·巴塔耶在让·雷诺阿《乡村一日》中的剧照
（来源：《电影手册》档案）

1984年的劳伦斯·巴塔耶
（来源：卡特琳·巴修－马利特；摄影：劳伦特·马利特）

1931年夏,奥莱夏·显克微支
(来源:奥莱夏·显克微支)

1931年夏，雅克·拉康
（来源：奥莱夏·显克微支）

1971年1月9日，作为雅克·纳西夫和卡罗琳·埃利亚凯夫
婚礼见证人的路易·阿尔都塞和雅克·拉康
（来源：卡罗琳·埃里切夫；摄影：曼纽尔·彼德马纳）

1951年阿姆斯特丹，国际精神分析协会大会合照
雅克·拉康站在中间，塞尔日·勒波维奇在他左边。第一排从左往右依次为：珍妮·兰普尔－德－格罗特、玛丽·波拿巴、欧内斯特·琼斯、安娜·弗洛伊德、唐纳德·W. 温尼科特
（来源：让－皮埃尔·伯格隆的收藏）

1971年5月23日,雅克·拉康和热妮·奥布里在位于普罗旺斯艾克斯的巴黎精神分析学派会议上的合照
(来源:吉内特和埃米尔·兰波)

1991年10月，马克-弗朗索瓦·拉康在奥特孔布修道院
(来源：西里尔·罗杰－拉康)

1975年12月，雅克·拉康和萨尔瓦多·达利在纽约
(来源：帕梅拉·泰德尔)

1980年3月,雅克·拉康离开他的研讨班
(来源:伽玛通讯社;摄影:莫里斯·罗吉蒙特)

Wo Es war, soll Ich werden.
Là où fut ça, il me faut advenir.
本我在哪里，自我就应当去到那里——这是我的责任。*

湖 岸
Hu'an publications®

Jacques Lacan

拉康 传

Esquisse d'une vie,
histoire d'un système de pensée

by Élisabeth
Roudinesco

［法］伊丽莎白·卢迪内斯库 著

王晨阳 译

图书在版编目（CIP）数据

拉康传 /（法）伊丽莎白·卢迪内斯库著；王晨阳译. -- 北京：北京联合出版公司，2020.5
ISBN 978-7-5596-4055-0

Ⅰ.①拉… Ⅱ.①伊…②王… Ⅲ.①拉康(Lacan, Jacques 1901-1981)—传记 Ⅳ.①B565.59

中国版本图书馆CIP数据核字(2020)第036964号

"JACQUES LACAN – ESQUISSE D'UNE VIE, HISTOIRE D'UN SYSTEME DE PENSEE"
By Elisabeth Roudinesco
© Librairie Arthème Fayard, 1993
简体中文著作权 © 2020 清妍景和 × 湖岸®
ALL RIGHTS RESERVED
北京市版权局著作权合同登记 图字：01-2020-1493

拉康传

作　　者：[法]伊丽莎白·卢迪内斯库
译　　者：王晨阳
出 品 人：赵红仕
选题策划：湖　岸
责任编辑：李　征
特约编辑：廖小芳　张引弘
封面设计：一千遍工作室
版式设计：裴雷思
美术编辑：王柿原　陆宣其
内文制作：常　亭

北京联合出版公司出版
（北京市西城区德外大街83号楼9层 100088）
北京联合天畅文化传播公司发行
三河市紫恒印装有限公司印刷　新华书店经销
字数482千字　710毫米×1000毫米 1/16　45.5印张
2020年5月第1版　2020年5月第1次印刷
ISBN 978-7-5596-4055-0
定价：168.00元

版权所有，侵权必究
未经许可，不得以任何方式复制或抄袭本书部分或全部内容
本书若有质量问题，请与本公司图书销售中心联系调换。电话：（010）64258472-800

致奥利弗·贝图内，他想要这本书。

罗伯斯庇尔主义者,反罗伯斯庇尔主义者,看在上帝的分上,请告诉我们罗伯斯庇尔是什么?

——马克·布洛赫

目 录

推荐序　/ i
前言　/ vii

第一部分　父亲形象
第 1 章　制醋商人　/ 003
第 2 章　病房里的侧面像　/ 017
第 3 章　精神病学导师　/ 024

第二部分　疯女人
第 4 章　玛格丽特的故事　/ 035
第 5 章　妄想狂的颂词　/ 050
第 6 章　阅读斯宾诺莎　/ 058
第 7 章　帕潘姐妹　/ 069

第三部分　成人
第 8 章　私人生活与公共生活　/ 077
第 9 章　法西斯主义：维也纳史诗的终结　/ 092
第 10 章　哲学学派：亚历山大·柯瓦雷及其他　/ 098
第 11 章　马里昂巴德　/ 119

第四部分　家庭史
第 12 章　乔治·巴塔耶及其同伴　/ 135
第 13 章　吕西安·费弗尔和爱德华·皮雄　/ 156

第五部分　战争与和平
第 14 章　马赛、维希、巴黎　/ 171
第 15 章　对人类自由的思考　/ 191
第 16 章　双重生活　/ 199
第 17 章　与梅兰妮·克莱因的失之交臂　/ 213

第六部分　思想体系的要素

第 18 章　治疗的理论：亲属结构　/ 223
第 19 章　向马丁·海德格尔致敬　/ 242
第 20 章　交织的命运：雅克·拉康和弗朗索瓦兹·多尔多　/ 257
第 21 章　《会饮篇》与风暴　/ 270
第 22 章　结构与父姓　/ 288

第七部分　权力与荣耀

第 23 章　与路易·阿尔都塞的对话　/ 325
第 24 章　"我以此创立……"：康德和萨德　/ 343
第 25 章　《文集》：一名编辑的肖像画　/ 355
第 26 章　革命：让－保罗·萨特和雅克·拉康，交替的同辈　/ 369

第八部分　寻找绝对

第 27 章　东方的渴望和丧亲之痛　/ 391
第 28 章　数素与波罗米结　/ 398
第 29 章　回到零的精神分析　/ 428
第 30 章　法老的坟墓　/ 444

第九部分　遗产

第 31 章　"研讨班"系列的历史　/ 459
第 32 章　弗洛伊德的法国：当前状态　/ 475

致谢　/ 491

附录

缩写　/ 497
尾注　/ 501
拉康作品目录　/ 563
附件　/ 631
家谱　/ 651
名词索引　/ 657
概念索引　/ 681

译后记　/ 689

推荐序

拉康与法国式的精神分析
关于伊丽莎白·卢迪内斯库的《拉康传》

克里斯蒂安·霍夫曼 [1]
若埃尔·比尔曼 [2]

在《拉康传》[3] 一书的前言中，精神分析家及精神分析史学家伊丽莎白·卢迪内斯库声明，她的这本书属于法国精神分析史 [4] 的一个出版系列：这本关于拉康的书是第三卷。这意味着拉康的理论辞说，他建立的那些精神分析组织，还有他遭受的"国际精神分析协会"的两次除名，都是构成"法国式的精神分析"——如果套用精神分析家斯米尔诺夫在20世纪70年代一个简练的提法——的重要节点。这也进一步证实了，拉康建构的精神分析理论不仅仅在理论方面是独创的，是当今国际精神分析领域的一个基础性的参考，他也同时引入了一种独特的、法国式风格的思考与从事精神分析的方式。

这个提法意味着什么呢？首先，伊丽莎白·卢迪内斯库想说的是，她创作拉康的传记，目的不是为了重构一个以创立反映主体生命冲动的学说而闻名的大师的历史故事 [5]，而是从一个更理论性的角度去思考拉康的思想历程。事实上，根据伊丽莎白·卢迪内斯库的声明，她的理论设想"不是为了把拉康勾勒成一个反映出主体性的生命冲动学说的创立者，而是为了描述透过一个时代的思想史，一个人是怎样完全清醒地成为一个思想体系的缔造者，这个体系的独特之处在于认为在奥斯维辛之后，世界压抑、掩盖和打碎了弗洛伊德革命的本质"。[6]

在这个视角下，拉康是作为被集中营经历深深影响的一代法国和欧洲知识分子中的一员出现的。这样的经历，促使他们重新思考在第二次世界大战之后，欧洲社会及其理论实践的标志性特征。他们因此重新质疑在从启蒙时代开始的西方传统里，那些占支配性地位的理性主义和人文主义观点。这样做的结果是，当世界的舞台被工具理性[7]所统治，进而使得弗洛伊德主义辞说中最有影响力、最本质的内容被压抑时，拉康，带着被大屠杀的灾难性后果所摧毁的世界中出现的新的社会、政治和文化立场，通过继续推进弗洛伊德的理论构想，针对国际精神分析协会中精神分析之批判性影响的丧失进行发问。

这就是为什么拉康从1953年发起的著名的"重回弗洛伊德"，是复兴精神分析的一个决定性转折点的原因。因此，拉康和弗洛伊德之间的演变关系，是阅读卢迪内斯库这本书的关键，因为在这两大思想体系中，都有这样的设想："把人从宗教的、神秘的、梦的世界中解脱出来，即使冒着使理性濒临持久无力的境地的风险，冒着失去光明和这个解脱本身失去真理性的风险。"[8]

然而，如果说拉康的理论建构，在"重回弗洛伊德"这里有一个决定性的转折点，那么在20世纪30年代初，这个思想系统的基础性标志就已经开始搭建，即借助于精神分析而质疑我们关于精神病的经验。以这种方式，作为医学博士论文而写就的著作《妄想性精神病及其与人格的关系》[9]，成为拉康思想形成的一个重要标志。这是因为，与他早期关于妄想狂[10]的作品一起，这本著作把精神病经验引入了精神分析的讨论中。在这一点上，通过对玛格丽特的故事和"帕潘姐妹"杀人案的强调而进行的关于女性精神病的研究，无疑是关键性的。

从超现实主义运动中，拉康吸收了达利的"妄想症批评"的概念，认为主体的结构被想象界影响，以至于自我变成了对人类境遇的混乱无序和生物学早产的防御，且蕴含着疯狂的根源。通过这种方式，在 1948 年和 1949 年，拉康构造了自我的"镜像结构"[11]，且把人类的侵凌性解读为主体分化的形式[12]。

这样，精神分析出现了一个外在性的维度，它既体现在超现实主义辞说的影响中，也同样体现在为重新思考精神分析辞说而对于哲学辞说的参考之上。如果说斯宾诺莎是一个重要的参考，是由于拉康从年轻时起即深受他的"存在"和"欲望"的关系理论的影响，那么紧随其后，拉康又充分吸收了柯瓦雷的认识论和黑格尔的哲学。事实上，正如柯瓦雷对于拉康形成关于科学的辞说，以及设想精神分析作为科学的诸多可能性与不可能性来说都是主要的参考那样，不论从哪方面来说，与黑格尔的相遇对拉康构思主体的"伦理学"而言都是决定性的。科耶夫，居住在法国的俄籍哲学家，是拉康研读黑格尔的导师，也是追随其关于《精神现象学》的研讨班的一大群年轻哲学家（萨特、梅洛－庞蒂、伊波利特、巴塔耶和其他一些哲学家）的导师。科耶夫对黑格尔的解读的新颖之处，在于没有仅仅集中在《精神现象学》和《逻辑学》上，而是同样把"主奴关系辩证法"的章节考虑在内。正是这样，拉康在对精神分析阅读中，吸纳了黑格尔的诸多概念，并且借由这个辩证法去解释"精神分析的经验"，使得分析家和分析者之间建立起的转移关系按照这个辩证法中的坐标而被构思。

重读弗洛伊德的结果是"逻辑时间"概念的创造，以及对顺序性时间的废除，以便使精神分析的经验灵活化。因为前者（逻辑时间）证明了"无意识的逻辑性"。这个对精神分析设置的变化后来成了拉康最初被国际精神分析协会除名的主要原因。

随后，从 20 世纪 50 年代初开始，拉康深受第三次外在性的影响，即对列维－斯特劳斯的社会人类学和著作《亲属关系的基本结构》[13]的研读。经由这个理论，拉康关注到了索绪尔的语言学，并且开始将无意识看作一种由能指逻辑组织起来的语言。实际上，拉康将"无意识"和"无意识主体"设想成在象征界登记，且"自我"和"主体（主格我）的登记"是对立的[14]。正是在这个背景下，他考虑重回弗洛伊德。拉康发展了精神分析中"主体的去中心化"的观点，这与精神分析运动中，自我心理学对自我赋予的优越位置形成对立。而自我心理学从北美获得灵感，在国际精神分析运动中被认为是理论范式。因此，拉康在精神分析中引入的首先是一个反人文主义的解读，这一解读对精神分析传统中与弗洛伊德的理论假设相矛盾的自我的地位及理性，进行了批判。

正是在这样的背景下，拉康开始了他著名的研讨班，从1953年开始一直到他去世，从未中断。其中，每年都有一个新的理论和临床问题得到专门研究。这些研讨班成果和《文集》[15]一道，毫无疑问构成了拉康所言及所写的文献的遗产。

然而，仍然是在20世纪50年代，拉康在他所建构的精神分析辞说中加入了第四个外在性，即对海德格尔哲学的参考，这深刻地影响了他对"象征界登记"的理解，同时开启了对精神分析中的"实在"探索的大门。就这样，海德格尔关于"物"和"空"的思考引领着拉康发展出了精神分析中"实在"的概念。在此背景下，拉康通过声称在"大他者"中存在着一个"空洞"，开始为精神分析中象征界的登记设定了界限。事实上，拉康将客体小a作为欲望起因客体的思考，在其研究中以决定性的方式勾勒了实在的拓扑学。最后，由于这一点，拉康精神分析辞说的反人文主义性又进一步被突出了。

随后，拉康又转向许多研究逻辑学、数学和拓扑学的理论家，以便尝试去理解无法被语言所诉说的实在界，因为实在界如同他描述的那样，是"无法被言说的"。此后他在《精神分析的反面》研讨班中，形成了其关于辞说的理论，在那里他指出存在着四大辞说，即"主人辞说""大学辞说""精神分析辞说"和"癔症辞说"，在其中四个不变的元素（S1，S2，$，a）通过占据以下不同的位置而相互结合，即媒介、客体小a、真理和知识的位置。此后，拉康宣布了第五个辞说，即"资本主义的辞说"。这些辞说理论进一步使无意识的主体离心化。

综上所述，卢迪内斯库的这本关于拉康的著作，重点在于建构一个思想体系的历史，而不是这位精神分析大师的个人经历。这本书向我们展示了，在精神分析中，弗洛伊德的辞说被工具理性的逻辑所压抑的情况下，拉康如何尝试去突显精神分析中呈现的反人文主义的设想。通过对各种不同的外部理论的强调，及对社会和政治领域的外部因素的突出（纳粹主义、战争、非殖民化和1968年的"五月风暴"等），卢迪内斯库力图展现拉康是怎样尝试着去重拾弗洛伊德革命中那些被工具理性社会中的精神分析运动所压抑的关键之处。

最后，如果说当代的认知主义和神经科学的确是工具理性的火炮，那么拉康所表述的精神分析毫无疑问是反其道而行之的——它明确地强调了在人类境遇中存在的"悲剧性"。拉康通过形成一种法国式的精神分析辞说，即如同他自己所言，允许我们发现"言在"和它的定理"关于生命的享乐"，他凸显了什么才是法国为精神分析带来的贡献[16]。（杨春强译）

注释

[1] 克里斯蒂安·霍夫曼（Christian Hoffmann），精神分析家，巴黎七大精神分析研究博士学院院长及教授。
[2] 若埃尔·比尔曼（Joël Birman），精神分析家，里约热内卢大学教授。
[3] 伊丽莎白·卢迪内斯库，《拉康传》。巴黎，法亚尔出版社，1993年。
[4] 伊丽莎白·卢迪内斯库，《法国精神分析史》。巴黎，瑟伊出版社，1986年。
[5] 伊丽莎白·卢迪内斯库，《拉康传》。巴黎，法亚尔出版社，1993年，第11页。
[6] 同上，第11—12页。
[7] T. W. 阿多诺，霍克海默，《启蒙辩证法》。巴黎，伽利玛出版社，1974年。
[8] 伊丽莎白·卢迪内斯库，《拉康传》。巴黎，法亚尔出版社，1993年。
[9] 雅克·拉康，《妄想性精神病及其与人格的关系》（1932）。巴黎，瑟伊出版社，

1975 年。

[10] 雅克·拉康,《妄想性精神病及其与人格的关系》(1932)。巴黎,瑟伊出版社,1975 年。

[11] 雅克·拉康,《助成"我"之功能形成的镜子阶段》(1949),摘自雅克·拉康,《文集》,巴黎,瑟伊出版社,1966 年。

[12] 雅克·拉康,《精神分析中的侵凌性》(1948)。同上。

[13] 克劳德·列维-斯特劳斯,《亲属关系的基本结构》。巴黎,德古意特穆彤出版社,1949 年。

[14] 雅克·拉康,《文集》,巴黎,瑟伊出版社,1966 年。

[15] 雅克·拉康,《研讨班 XVII:精神分析的反面》,巴黎,瑟伊出版社,1991 年。

[16] 穆斯塔法·萨福安,克里斯蒂安·霍夫曼,《精神分析的问题》,巴黎,埃尔芒出版社,2015 年。

前言

雅克·拉康给他那一时代中庸的弗洛伊德主义带来了混乱、动荡和瘟疫。这种弗洛伊德主义从法西斯统治中幸存下来后，为了使自己适应于民主制度而几乎遗忘了其诞生时的激进性。拉康的故事充满了巴尔扎克式的法国激情。这个故事包含着路易·朗贝尔的青年、贺拉斯·皮安训的中年，以及巴尔塔扎尔·克拉斯的晚年。[1] 但这同时也是一门学说的历史，这一学说继承了弗洛伊德试图把人性从宗教、迷梦和玄思的宇宙中拯救出来的努力，哪怕这同时意味着揭示理性、知识和真理在实现同一目标时的无能。

我之前所著的两卷本《法国精神分析史》（*Histoire de la psychanalyse en France*）涵盖了弗洛伊德学说 100 年的发展：从 1885 年弗洛伊德在萨彼里埃医院初遇沙可（Jean Martin Charcot），到 1985 年法国式弗洛伊德学说分裂为国际精神分析协会的正统主义和多元分化的拉康主义。当前这第三卷可以独立于前两卷来阅读，但它们基于相同的时代背景，也遵循着同样的研究方法。这本书所重述的故事有关冲突、演变、代际、概念、导师、徒弟、团体、治疗，以及从东方向西方永恒的迁移。

如有必要，涉及前两卷中已讨论过的事件的地方，本书会在注释或者正文中标注出来；如果新材料为理解原有事件提供了新的思路或者不同的角度，我更倾向于重新撰写相关段落。

重新梳理这段历史，我的目标不是从个体层面和主观视角来回顾拉康的教学生涯，从而讲述一位富有创造性的领袖人物的生活史；相反，我试图通过描绘一个时代的思想史，来追溯一个人如何致力于挽救弗洛伊德革命的精华在后奥斯维辛的现代社会中被压抑、模糊和稀释的命运，从而构建出一个思想体系来的。

注释

[1] 路易·朗贝尔（Louis Lambert）是巴尔扎克的小说《路易·朗贝尔》的主人公，他从小就是个天才，立志于在精神领域探索真理；贺拉斯·皮安训（Horace Bianchot）是巴尔扎克笔下的一位优秀的医生；巴尔塔扎尔·克拉斯（Balthasar Claes）是巴尔扎克的《对于绝对的探索》中的主人公，他沉湎于寻找魔法石。

Figures de pères

PARTIE 1
_父亲形象

PART II

第 1 章
制醋商人

> 就这样，大儿子以理性断裂的方式，女儿以移居国外的方式，小儿子以选择神职的方式和阿尔弗雷德夫妇及其家族切断了联系。

从卡佩王朝的第一任国王开始，制醋的秘方在奥尔良就是一个被严格保守的秘密。即使到19世纪末，一些专家依然相信在制醋过程中利用人类排泄物的可怕传说。因此哪怕像杜米奇（Domachy）这样享有盛誉的消息源，都声称一些制造商想出了让他们的工人直接往酒桶里排泄的"高明"点子。之后不用几天时间，桶里的液体就会转化为上好的醋，而引发这一发酵过程的可疑的催化剂却不会留下任何痕迹。

当然，一代又一代的酒店掌柜、厨师、醋贩子和芥末制造商都在尽力破除这一谣言。这样的谣言不仅严重歪曲了制醋工艺，也损害到制醋本身悠久的历史传统。制醋行会的成员声称一些著名的历史人物是他们的祖先：难道汉尼拔不是把醋洒到雪地上才为他的大象部队清理出一条跨越阿尔卑斯山的道路吗？难道一个喝醉的士兵不是用蘸着醋的海绵来润湿十字架上耶稣的嘴唇吗？醋的历史和酒同样悠久。在很长一段时间里，醋就是穷人、乞丐和军团士兵的酒。

几个世纪以来，制醋者都要与制桶匠和葡萄酒酿造者合作。前者在自己的地盘修理醋桶，后者把整桶的醋贮藏在自家地窖中。这样的模式受行会保护，以使他们免遭雇主们的干涉。但随着大革命和经济自由主义的兴起，这些旧制度下的传统都被一扫而空。

1824年，格雷菲耶－哈松公司的职员夏尔－普罗斯珀·德索（Charles-Prosper Dessaux）抓住醋业快速工业化的良机创办了自己的公司。他在34岁时成了他原雇主的主要竞争对手。但两年后，基于效益的考量，两人决定合作。为了确立合作伙伴关系，双方的继承人缔结了婚约。年纪尚小的夏尔－洛朗·德索（Charles-Laurent Dessaux）按照约定迎娶了玛丽－泰蕾兹·艾梅·格雷菲耶－万达（Marie-Thérèse Aimée Greffier-Vandais）。两家公司合而为一，由德索夫妇掌管。在新家庭中，父亲和儿子亲密合作，生意欣欣向荣。

在19世纪早期，奥尔良地区的制醋者就选择采用基于拉瓦锡对醋化过程描述的"沙普泰尔方法"，利用醋生膜菌把葡萄酒中的酒精氧化为醋酸。这一工艺流程与当地卢瓦尔白葡萄酒的独特品质为他们的产品赢得了世界性的声誉。

从1821年开始，每年的圣母升天节，由奥尔良地区所有制醋商组成的行业工会都会召开年度醋业典礼。出于和圣女贞德的历史渊源以及对圣母玛利亚的推崇，古老的卢瓦尔镇一直深受天主教影响，但这并没有避免当地家庭由于政治立场不合而分化。当夏尔－普罗斯珀要退休的时候，他不得不承认他的两个儿子可能永远无法达成一致：他的大儿子夏尔－洛朗（Charles-Laurent）是一名波拿巴主义者，而二儿子朱尔（Jules）是一名共和主义者。两人之间的政治纠纷给家族企业带来了灾难性的后果。虽然他们的老父亲多次尝试调解，但还是没能阻止公司分裂为两支。1850年，朱尔创办了一家竞争性企业，把原有的德索产业留给他哥哥管理。1851年12月，路易－拿破仑发动政变，这让夏尔－洛朗大为高兴。天性懒散易怒的洛朗享受着法兰西第二帝国的生活方式，把精力花费在打猎、女色和美食上，很少打理家族生意。在掌管公司16年后，濒临破产的他不得不让大儿子保罗·德索（Paul Dessaus）进入公司帮助打理事务。

第 1 章　制醋商人

当 19 世纪的根瘤蚜虫灾害几乎彻底摧毁欧洲酒业时，制醋技术在路易·巴斯德实验的影响下迎来了转变。巴斯德关于醋酸发酵的著名讲座揭示了酵母的氧化效应，为在快速加热中除去阻碍正常醋化过程的菌类的研究开辟了道路。

当葡萄酒酿造者们辛苦地重新栽种他们的葡萄树，而制醋者们开始利用巴斯德的发现时，酒精醋在市场上的出现成为新的竞争爆发的危险源头。随着市场竞争的激烈展开，很多坚守古老葡萄酒醋工艺的厂家走向破产。

就在此时，卢多维克·德索（Ludovic Dessaux）接替了他不幸早逝的哥哥保罗，开始管理家族企业。凭借自身的天赋和 30 年来的不懈努力，卢多维克把他父亲的企业转变成了一个现代工厂，他花费重金在图努夫路 17 号建造了很多灰石建筑，用以生产和贮存珍贵的"调味酒"。卢多维克和他的家人都住在那里，同样身处墙内的还有一批日夜工作的工人，其数量到 1900 年时已有 180 人。

为了超越他的竞争者，卢多维克提出了生产自家酒精醋的绝妙点子，这样既可以延续家族传统，也能在市场上立足。他所生产的酒精醋用于腌制酸黄瓜，而葡萄酒醋则用在餐桌上和厨房里。

为了扩大销售，卢多维克还利用了一种新式的大众营销手段——广告。大量声称德索公司创办于 1789 年的商标在法国的各个零售商店里出现，极大地提升了这一品牌的知名度。包装上的这一充满创意的年代标识淡化了企业的创始人夏尔-普罗斯珀在 1790 年才出生的事实。也许是因为法兰西第三共和国刚成立不久，卢多维克希望公众留下德索公司是源于古老的格雷菲耶-哈松公司的印象？

随着贸易工会运动的兴起和社会主义思想的传播，卢多维克·德索预见到其中潜藏的危险，因此决定效仿进步主义者开展具有预防性质的企业改革。机械化使得当时公司仅仅需要 10 名员工夜以继日地工作就能在 24 小时内生产出 4 万升醋，另外 150 名员工则可以负责维护、供应和管理。

父亲形象

为了控制他的工人,同时防范自 1870 年巴黎公社革命以来就弥散在空气中的弥赛亚主义,卢多维克发展出一套基于家长制且强调道德与宗教的管理体系。在 1880 年,卢多维克制定了 13 条内部规则,以明确公司正常运转所必须遵守的基本道德,包括虔诚、洁净和专注。雇工们被要求每天工作13 个小时,每周六天;每天早上必须祈祷;在工作时间内禁止交谈;葡萄酒、烈酒以及烟草都被禁止;着装会被严格检查:禁止佩戴非传统的饰物,不能穿亮色衣服,不能穿有洞的丝袜。[1] 直到 20 世纪初,德索公司依然处于这样一个千篇一律、寂静无声且狭隘偏执的灰色世界中。

1865 年,卢多维克的姐姐,21 岁的玛丽·朱莉·德索(Marie Julie Dessaux)遇见了埃米尔·拉康(Émile Lacan)。埃米尔来自沙托－蒂埃里,他的家族几代人都从事布料和杂货贸易。他是个勤奋、节俭、充满自信、喜欢旅行的小伙子,当时在德索公司是一个销售员。埃米尔很快就意识到迎娶他老板的女儿不仅能让自己衣食无忧,而且能使他成为奥尔良地区最有名望的家族中的一员。这对于一个杂货商的儿子来说是一个相当光明的前途。

卢多维克答应了这桩婚事。现在他可以让自己的三个儿子——保罗、夏尔和马塞尔——进入公司,而不会招致姐姐的反对了,因为后者也希望她的子女能有这种待遇。婚礼在 1866 年 1 月 15 日举行,九个月后,大儿子勒内出生(他在 28 岁时去世)。玛丽·朱莉还有三个孩子,两个女孩和一个男孩——玛丽、昂让特和阿尔弗雷德。夏尔·马里·阿尔弗雷德·拉康(Charles Marie Alfred Lacan),简称阿尔弗雷德,1873 年 4 月 12 日出生于他父母在波特－圣让路 17 号的家中。他名字中的"阿尔弗雷德"是一位早逝的舅舅的名字,"夏尔"是他的外祖父的名字,后者以法兰西王朝的开创者命名;"马里"则是取自奥尔良醋业的守护神、耶稣之母玛利亚。

第1章 制醋商人

在19世纪末,卢多维克已经在殖民地建立了分公司,成为法国食品行业的大人物。他向西印度贩卖酸黄瓜、芥末、白兰地和醋;从马提尼克进口朗姆酒,从瓜德罗普岛进口咖啡。埃米尔·拉康依然为公司的生意四处奔走,他离开奥尔良搬到巴黎的市中心,定居在博马舍大道95号的一栋建于1853年的舒适的公寓楼里。

埃米尔所住的大道上都是一些身份体面的邻居,其中大多数是律师、中等收入者和像埃米尔一样的旅行销售员。更远一些,在圣克劳德路的转角处是命运多舛的冒险家卡廖斯特罗——朱塞佩·巴尔萨莫(Giuseppe Balsamo)的化名——的故居。[2]

在19世纪60年代,博马舍大道和寺院街(长期以来因当地哗众取宠的戏法表演而以"罪恶街"之名为人所熟知)是巴黎大众的娱乐中心。小丑们在可移动的栈架舞台上手舞足蹈,和矮人、活骷髅、马戏犬、口技表演者们一起争夺眼球。小说家保罗·德·科克(Paul de Kock)也住在附近。他是女工们的偶像,经常穿着蓝色法兰绒套装,戴着天鹅绒帽子在大街上游荡,用长柄望远镜窥视周围的路人。

然而在普法战争和巴黎公社革命结束后,博马舍大道也不复以往。胜利的中产阶级以法律和秩序之名镇压了郊区的无产阶级,试图粉碎他们的平等主义梦想。露天舞台被取缔,口技表演者被驱逐,只留下资产阶级躲在他们精心计算的安全感里享受着工业化的生活和官方艺术。

埃米尔·拉康虽然性格暴躁固执,却非常听他妻子的话,后者是一名固执的天主教徒。因为这个原因,阿尔弗雷德被送到一家由香榭丽舍的圣母院牧师所管理的寄宿学校。等他离开那里时,阿尔弗雷德心里对父母没能给予他温馨的家庭生活极为不满。[3]

到了该工作的年纪,阿尔弗雷德加入了蒸蒸日上的德索公司,并很快表现出一名理想员工的素质。他对于文化娱乐没有兴趣,仅仅关心个人收入和公司利润。他肥胖的身躯和小胡子让他看起来貌如其人——一个生活

父亲形象

在法国黄金时代中全能父亲阴影下的普通销售员。

1898 年左右，阿尔弗雷德认识了艾米莉·菲利皮内·玛丽·博德里（Émilie Philippine Marie Baudry）。后者的父亲曾是一名金箔匠，现在靠不动产投资维生。博德里一家住在博马舍大道 88 号和拉康家类似的公寓楼中。艾米莉上过教会学校，并且深受儿时朋友、信奉詹森主义的塞西尔·加齐耶（Cécile Gazier）的影响。艾米莉的父亲夏尔·博德里在处理日常事务时是个和善的人，她的母亲玛丽－阿内·法维耶（Marie-Anne Favier）笃信宗教。在抽象的基督教义的影响下，23 岁的艾米莉有着一副严肃刻板的模样，这和德索家庭来自外省的朴素虔诚形成了鲜明的对比。

1900 年 6 月 23 日，艾米莉和阿尔弗雷德在圣保罗－圣路易教堂完婚。十个月后，在第二年 4 月 13 日的下午 2 点 30 分，艾米莉生下了自己的第一个孩子，起名为雅克·马里·埃米尔（Jacques Marie Émile）。孩子的父亲、爷爷和外公在巴黎第三区的市政厅为孩子做了出生登记。在圣丹尼斯－圣体教堂，拉康接受了洗礼。

艾米莉·博德里－拉康很快再次怀孕，并在 1902 年生下了另一个儿子雷蒙，但孩子在两年后不幸死于肝炎。1903 年 4 月，艾米莉怀上了第三个孩子，这次是一个女儿。马德莱娜·玛丽·埃马努埃尔（Madeleine Marie Emmanuelle）出生于 12 月 25 日凌晨 1 点 30 分。在 27 日早上，她的父亲在两名见证人——赛巴斯托波尔大道上一家商店的女经理和孩子的外公——的陪同下做了出生登记。这一年艾米莉 27 岁。五年后她有了第四个孩子，马克－马里（之后改名为马克－弗朗索瓦）出生于 12 月 25 日 0 点 10 分。这次分娩让艾米莉筋疲力尽，还引发了腹部疼痛。她不得不接受手术治疗，从此再无法生育了。

当雅克出生后，艾米莉请了一位名叫宝琳的家庭教师。宝琳对三个孩子都很喜爱，但对小"马尔科"爱之尤甚。虽然一直是母亲的最爱，雅克——或者如大家所叫"雅科"——对此依然很忌妒。在小小年纪，雅克已经表现出固执任性、具有支配欲的性格，经常以自己是长子为理由要求食物、金钱和礼物，不过他对小马尔科却总是表现出父亲般的慈爱，似乎是以此来弥补阿尔弗雷德作为父亲的不足。

在表面上，这三个孩子成长在一个由宗教所凝聚的家庭中。但事实上在博马舍大道同一栋公寓楼中的两个家庭经常发生激烈的争吵。艾米莉和她的婆婆玛丽·朱莉相处得不好，后者在艾米莉看来对阿尔弗雷德管教过多。艾米莉同样无法容忍她丈夫的两个姐妹玛丽和昂让特的目光短浅。最后阿尔弗雷德和他的父亲发生了争吵，后者决定退休并返回奥尔良生活。阿尔弗雷德取代了他父亲在公司中的职位，不必再在法国各地奔波而很快成了德索公司在巴黎的首席代理。他为人友善又不失圆滑，既擅长和客户打交道，也能明智地做出商业决策。[4]

雅克在这个看上去正常而传统的家庭中成长起来。他对童年生活的回忆是灰色的。在混杂着沉闷的宗教信仰与持续的家庭争吵的氛围中，雅克经常和他所鄙视的祖父发生口角。在雅克的父亲去世一年后，他公开发表过一段对他祖父富有敌意的描绘："'我的祖父是我的祖父'这句话的意思是，感谢这个令人讨厌的小资产阶级让我从小就学会了诅咒上帝的必要方式——这个人就是官方文件中我父亲的父亲，因为他娶了我父亲的母亲，也因为我父亲的出生就是这份文件的主题。"[5] 拉康无法原谅埃米尔，认为他抹黑了"父亲"这个身份。马克－弗朗索瓦后来写道："雅克是以他祖父的名字埃米尔命名的。在他发现**父姓**（nom-du-père）的过程中，他的祖父比阿尔弗雷德有更重要的作用。"还有，"当埃米尔粗鲁地让雅克罚站，而不是以一种适当的教育方式来纠正错误时，雅克的反应是：'好吧，如果这就是父亲的话，我咒骂**父亲**！'其实他的父亲阿尔弗雷德一直是备受爱戴和充满爱心的"。[6]

当埃米尔返回奥尔良后，阿尔弗雷德也离开了博马舍大道，举家搬迁到蒙巴纳斯街区。雅克被送到斯坦尼斯拉斯学校，那里聚集着天主教中上层阶级最有前途的子女。这一决定表明即使在政教分离多年后，拉康-德索-博德里家族依然沉迷于教权主义，而对世俗主义和共和党价值观充满敌意。

很长一段时间以来，阿尔弗雷德都因为和父亲的糟糕关系而心情不佳，直到"一战"期间他和妻子的家人共度了一段愉快的休闲时光才有所改善。他在马赛郊区的茹伊昂若萨租了一栋舒适的房子，并用他们小儿子的名字给房子命名为"马克别墅"。全家人，包括艾米莉的兄弟约瑟夫、妹妹玛丽、玛丽的丈夫马塞尔·朗格莱，以及他们的四个孩子罗杰、安娜-玛丽、让和罗贝尔，都参加了这一愉快的郊区聚会。朗格莱家的孩子喜欢和他们的叔叔阿尔弗雷德玩九柱地滚球，而"雅科"对父亲新买的时髦轿车感到兴奋异常。他很早就痴迷于那种风驰电掣的感觉，经常手握方向盘假装自己是在开车，或者坐在他父亲的司机加斯东身旁的副驾驶座上，一副得意扬扬的模样。[7]

斯坦尼斯拉斯学校的兴盛始于1848年的革命。路障抗议与群众暴动吓坏了曾经深受启蒙思想影响而反对教权的统治阶级，他们纷纷把子女们送进教会学校。在之后的一年里，斯坦尼斯拉斯学校的学生暴增至一千多人。到19世纪末的时候，管理学校的玛利亚教会神父已经兴建了教室和实验室等新建筑，并在校园建起了围墙。

值得称颂的学校传统也是在这一时期才建立起来：自然与人文艺术学院成立，学院的成员在正式场合需要佩戴镶金的肩带；每年1月28日，即在学校的守护者查理曼大帝忌日那天，学校要为成绩最优异的班级举办宴会；最优异的学生要向他的同学们做一个关于文学或哲学主题的演讲。

直到1901年7月，一条法律的通过改变了这一切。法律规定玛利亚教会必须向政府申请教学资质。然而他们的申请却被拒绝了。为了抗议这一决定，一场声势浩大的筹款运动迅速开展。学校的一些校友成立了一家不动产公司，收购了学校原来的建筑、设备和名称。斯坦尼斯拉斯学校变成了一个私有的天主教学校，教职员工由非神职的教师和世俗教士组成。[8]

《沟裂》(Le Sillon)杂志的创办者和短命的"沟裂主义基督教民主运动"的策划者马克·桑尼耶（Marc Sangnier）也参与了这一筹款运动，并且成了新学校理事会的主席。巴黎最保守的宗教机构就这样被一位拉姆内斯的信徒所拯救。后来在1910年，他因试图向保守反动的校园传播启蒙主义精神而被罗马教廷所谴责。[9]

1903年，桑尼耶辞去了学校理事会主席的职务，阿贝·波托尼耶（Abbé Pautonnier）取而代之。波托尼耶长达17年的管理给当时包括拉康在内的斯坦尼斯拉斯学校的在校生留下了难忘的印象。虽然拥有数学学位的波托尼耶花了大量时间在家中解决数学方程而非管理学校，他还是把相当多的精力放在了这些年轻人身上。他直呼他们的名字，关心他们的健康与学习，并且在他们离校后也继续关心他们的发展；他掏钱帮贫穷的家长支付学费，同时更改了学校的规章制度，使得家境窘迫的大学文科生可以通过辅导学校里的预科生来支付他们的大学学费。几个"一战"前在学校里读书的孩子后来成了名人——夏尔·戴高乐（Charles de Gaulle）在1908年至1909年之间在这里准备圣希尔军校的入学考试，比他年轻的乔治·吉内梅（Georges Guynemer）在学校里因为恶作剧而出名，但他之后成了一名飞行员和战斗英雄，直到1917年遇难。[10]

1908年，阿贝·让·卡尔韦（Abbé Jean Calvet）开始在斯坦尼斯拉斯学校的最高年级教授文学。他在卡奥尔神学院的一位老师是费尔南·达尔博（Fernand Dalbus）——一位试图调和英国国教教义和东正教教义的道德哲学家。卡尔韦的思想则融合了博须埃和孔子。在索邦大学古斯塔夫·朗松（Gustave Lanson）和埃米尔·法盖（Émile Faguet）的指导下完成学业后，卡尔韦成了法国古典领域的专家。在斯坦尼斯拉斯学校期间，卡尔韦的文学课的风格偏向教权主义和理性主义，内容很有限。介绍17世纪的作家是教学的重点,包括帕斯卡和博须埃,紧随其后的是拉辛、马勒布和拉·封丹,18世纪文学包括欧内斯特·勒南(Ernest Renan)的著作则被略过,现代诗歌部分的代表是埃德蒙·罗斯唐(Edmond Rostand)和苏利·普吕多姆(Sully Prudhomme),既没有波德莱尔(他被认为是"病态"的),也没有马拉美(他的名字甚至没有被提及)。学校的副校长阿贝·博萨特总是提醒那些有志于成为兰波那样的人的学生要抵制文学的诱惑。他告诉他们:"怀疑是一种神经衰弱症,要时刻保持警惕!"[11]

在哲学课上,笛卡儿占据着重要的位置。事实上,在这所基督教古老堡垒中求学的日子里,年轻的拉康学到的仅仅是古典文化知识,而几乎没有触及启蒙价值观与现代思想。一切学习都集中在基督教笛卡儿主义之上,这一点直接反映在学校的校训中:无畏的法国人,无罪的基督徒。拉康当时的同学如路易·勒普兰斯－兰盖(Louis Leprince-Ringuet),后来成了院士;雅克·莫拉纳(Jacques Morane),后来当上了地方行政长官;保罗·德·塞兹,后来成了医生;以及罗贝尔·德·圣让(Robert de Saint Jean)是一位作家,同时也是朱利安·格林的密友。

1915年,拉康单调平静的家庭生活被"一战"的爆发而打破。阿尔弗雷德被征召入伍成为军需部的一名军士,他作为德索公司代理人的工作则由艾米莉接管。[12] 斯坦尼斯拉斯学校的一部分被改造成为前线受伤士兵提供治疗的医院。可能正是这些被截肢的士兵的迷茫表情让拉康想要成为一名医生,而在那之前他的主要目标是在每一门学科上都成为全班第一。"连老师都害怕拉康,"罗贝尔·德·圣让写道,"他总是第一个来上课,目光犀利,态度一半严肃一半嘲弄。他似乎没怎么费力就把自己和其他男孩区别开来。当课间休息,我们其他人都在追赶着印第安人时,他从不加入。当有人在法文写作上比他得分高时,他会冷淡地评论他的对手:'你怎么可能输?你的写作像塞维涅夫人一样!'"[13]

拉康从不喜欢儿童游戏。进入青年期后,傲慢成了他性格的标志。尽管罗贝尔·德·圣让称赞过他的成绩,但拉康其实从未考过全班第一(第一名总是雅克·莫拉纳),也从来没有得过一等奖。他毫无疑问是个聪明的学生,尤其擅长宗教学和拉丁语翻译,但在其他学科上他的成绩谈不上出色。他最后一年的各科成绩在 9—20 分或 19—20 分之间(用美国的评分方法就是在 C 到 A+ 之间)。他最好的综合成绩大约是 15—20 分(相当于美国评分中的 A)。他的老师在 1916—1917 年度报告的评语中指出拉康有些古怪、自负、恼人,特别是不能合理安排时间或像其他男孩一样守规矩。他经常请病假或者逃学,充斥着一种精神萎靡和忧郁的无聊情绪之苦。[14]

拉康对弟弟一直有父亲般的关爱和保护欲。他像导师一样经常听马克背诵他的拉丁文作业。"从 1915 年左右起,当时他 14 岁我 7 岁,拉康就经常帮助我学习拉丁文。我还能找到他当时用漂亮的书法写给我的信,内容都是关于所有格和情态。"[15] 正是在那一时期,拉康第一次接触了斯宾诺莎的作品。他在自己卧室的墙上挂了一幅图,上面画着《伦理学》(*Éthique*)的结构体系,并画着各种彩色箭头。[16] 在普通销售员的世界里,拉康的这一行为是颠覆性的,是他维护自己的欲望且抗拒父亲对他子承父业的期望的重要一步。

在 1917 年至 1918 年间,拉康有幸得到让·巴吕齐(Jean Baruzi)的指导,后者是一位杰出的人才,后来也成了拉康的朋友。巴吕齐在斯坦尼斯拉斯学校教授哲学课期间,也同时在完成自己关于圣十字若望生平与思想的博士论文。[17]

作为一名理性主义的天主教学者,巴吕齐的著作和艾蒂安·吉尔松(Etienne Gilson)、亚历山大·柯瓦雷(Alexandre Koyré)、亨利·科尔班(Henry Corbin)的作品有相似之处,后面这些人对拉康都有直接或间接的影响。巴吕齐的博士论文从属于一股源自 1886 年的法国思潮,这一思潮要求在巴黎高等研究实践学院新增宗教科学系(第五系所)。在致力于哲学与历史研究的第四系所成立 18 年后,第五系所终于取代了原有的神学系,后者自1885年以来就不再存在于大学体制之中了。这一变动的原因在于随着政教分离，虽然原来在神学标题下讲授的一些内容还有必要保留下来，但宗教本身必须成为科学研究、历史研究和比较研究的对象。这一倡导遭到了多方面的攻击。一方面，天主教徒拒绝把对于宗教经典的研究和关于信仰与神启的问题区分开；另一方面，反教权主义的左派认为宗教是一种迷信，在大学中不该具有任何地位。[18]然而这一新系所的创始人坚持另一种立场：他们对天主教既不赞同也不反对，而是认为宗教现象值得以一种批判精神，辅以实用主义科学的工具进行研究。"事实上，"柯瓦雷在1931年写道，"这一系所的教职员工包括——并且依然包括——天主教学者、新教学者、自由思想家、虔诚的犹太教徒，甚至还有基督教传教士和犹太拉比。"[19]

让·巴吕齐的工作符合这一宗教研究的立场。他反对一种严格世俗化的反教权传统，而认为"要想理解一位基督教的神秘主义者，就不能不尝试和他共同生活在一个受上帝恩典的世界中"。[20]但当他和神学家辩论时，他却拒绝接受类似上帝恩典这样的教条。

巴吕齐的教导和之前对于斯宾诺莎的发现给拉康的思想带来了一个转变。在他家庭虔诚的天主教之外，他认识到一种学术的和贵族式的天主教，一种可以作为检验宗教事务的文化基础或批判工具。在这一转变中，艾米莉·博德里的儿时伙伴塞西尔·加齐耶也起到重要作用。拉康非常崇拜塞西尔，而她向拉康推荐了她父亲奥古斯丁·加齐耶关于詹森主义的历史的著作。[21]

17岁时拉康有了第一次性经历。他和父亲的一个客户在一场婚礼的中间发生了关系。他的弟弟马克是婚礼的引座员。

在很小的时候，马克就梦想长大后做牧师。这个梦想没有妨碍他后来爱上一位远堂表亲并计划要娶她为妻。但到了青年期，马克选择了一种修道生活，断绝了一切性爱与婚姻的可能性："我的母亲是我唯一毫无保留地爱慕的女性，"他说，"不像我的父亲，她是一位真正的基督徒。她没有干涉我成为牧师的理想,非常支持我的决定,而我的父亲则坚决反对。"[22]

雅克和弗朗西斯·古林、罗贝尔·德·圣让开始经常光顾地处奥德翁路 7 号的莎士比亚书店。店主阿德里安娜·莫尼耶(Adrienne Monnier)长着一张光滑圆润的脸蛋儿,穿着带褶皱的宽下摆女裙,经常组织一些能让她的顾客和包括安德烈·纪德(André Gide)、于乐·罗曼(Jules Romains)、保罗·克洛代尔(Paul Claudel)在内的当时著名的作家见面的读书会。拉康对达达主义产生了兴趣,并很快通过《文学》(Littérature)杂志上的评论接触到萌芽中的超现实主义。他在莎士比亚书店结识了安德烈·布勒东(André Breton)和菲利普·苏波(Philippe Soupault),第一次出神地听人朗读詹姆斯·乔伊斯的《尤利西斯》(Ulysses)。正是在这一阶段,拉康饱受忧郁之苦,他对伴随他长大的基督教的价值观产生了强烈的反感。[23]

在 1923 年左右,拉康第一次接触到弗洛伊德的理论,但当时真正吸引他注意力的观点来自夏尔·莫拉斯(Charles Maurras)——右翼组织"法兰西行动"的发起人和"二战"期间的通敌者。虽然拉康并不是反犹主义者,但他和莫拉斯有过几次会面,也出席过"法兰西行动"的一些集会。[24] 那里宣扬的激进主义与精英主义让拉康更加地排斥他所憎恨的家族背景。

阿尔弗雷德和艾米莉开始担忧他们儿子的思想。拉康鄙视自己的身世,穿得像花花公子,似乎想要成为另一个拉斯蒂涅。有一天,拉康在路过蒙梭公园大门时遇见了罗贝尔·德·圣让,告诉他自己尚未决定日后的职业。"医生怎么样?或者搞政治?"事实上拉康当时正在认真考虑找一份给显要人物当秘书的工作。[25]

当拉康开始阅读德文版的尼采后,他的信仰的丧失和对宗教的拒斥得到进一步的强化。1925 年,拉康写了一篇关于尼采思想的才华横溢的文章,由他弟弟发表在圣夏尔马涅(St. Charlemagne)的宴会上。这篇文章是对斯坦尼斯拉斯权威的公开挑战。它以伟大的德国哲学传统作对比,声称英国哲学毫无用处。当年轻的马克-马里读完后,博萨特站起来用怒气冲冲的一句话谴责整篇文章："尼采是个疯子！"[26]

1926 年，当拉康因对自由思想和反基督理念的追求使他家族蒙羞时，马克－马里却下定决心要成为一名修道士。这一命运的召唤发生在他于 5 月 13 日阅读"圣本笃准则"（la règle de saint Benoît）的时候。当他看到自己写下的"本笃"（bénédictin）一词时，那一瞬间对他似乎是一种启示。雅克得知他弟弟的这一决定后十分恼火，建议他先放一放，继续法律专业的学习。马克－马里继续学习了一年，之后他去圣西尔待了半年，以预备军官的身份参加了兵役。

到了 1929 年秋天，马克－马里做好了前往奥特孔布修道院的准备。这个修道院地处布尔歇湖湖畔，以拉马丁（Lamartine）伤感的爱情诗《湖》（Le lac）而闻名，它既象征着一个逝去的时代，同时也是本笃会的一个重要中心。雅克到车站为弟弟送行，愕然地看着火车远去，同样逝去的是他全部的童年回忆。自诩为弟弟的监护人，雅克做了他所能做的一切来阻止弟弟以这种方式禁锢自己，现在他责怪自己没有劝说弟弟成为一名税务稽查员。1931 年 9 月 8 日，马克－马里立下誓言，把他的中间名改为"弗朗索瓦"以纪念亚西西的圣方济各。四年之后的 1935 年 5 月 1 日，雅克出席了他弟弟的授职仪式，在那之后他再也没有去过奥特孔布。

与此同时，阿尔弗雷德和艾米莉离开了蒙巴纳斯街区的公寓，搬到布洛涅－比扬古，住在一栋位于甘贝塔路 33 号的住宅里。1925 年 1 月 20 日，他们的女儿马德莱娜嫁给了来自拉康家族另一分支的生意人雅克·乌隆。这对夫妻在印度支那生活了多年。就这样，大儿子以理性断裂的方式，女儿以移居国外的方式，小儿子以选择神职的方式和阿尔弗雷德夫妇及其家族切断了联系。

1928 年底，马德莱娜感染了肺结核。当拉康赶来看她的时候，她正在一个疗养院里准备接受肺部切除手术。拉康愤怒地阻止了手术，说他的妹妹能够自然康复。他是对的。[27]

第 2 章
病房里的侧面像

> 歇斯底里不是一种病症，无论从哪个角度来看，它都应该被视为一种至高的表达方式。

当拉康开始医学工作的时候，法国思想界对弗洛伊德的兴趣正在各个领域增长。精神分析以两种并存但不兼容的方式被引入法国。第一种是通过医学界引进：1925 年，精神病学发展小组率先成立，成为法国精神分析学的先驱，随后一年，巴黎精神分析协会建立[1]；第二种是通过知识界引进：文学和哲学领域的先锋派对弗洛伊德的发现进行了多种多样的解读。这两种方式没有优劣之分，它们既有交叉又有矛盾，但同样充满活力。

在医学界，弗洛伊德理论所面向的是一个一分为三的领域。法国医学界当时有三种主流思想：源自启蒙运动哲学，但在 20 世纪初由苏黎世学派重塑的动力精神病学（la psychiatrie dynamique）[2]；由沙可的学生、弗洛伊德的最大对手皮埃尔·让内（Pierre Janet）发展起来的心理学；以及被看作是过滤了弗洛伊德理论的亨利·柏格森（Henri Bergson）的思想[3]。这三种思想都从属于当时由一种理想信念所主导的法国文化，即认为法国自身的且将要普世化的拉丁文明优越于低等、野蛮和充满乡土气息的德意志文明。这一最早由泰纳阐述，后来被"一战"时的恐德症所强化的法国优越论与弗洛伊德的性理论直接冲突。后者不仅有泛性论的倾向，也有泛德意志主义的倾向。

然而历史的悖论是，虽然弗洛伊德理论在维也纳逐渐发展起来，但它的起源是在法国，因为它的萌芽可以追溯到1885年弗洛伊德和沙可在萨彼里埃医院的会面。沙可用催眠术来说明歇斯底里（即癔症）是一种和子宫无关的功能性神经症（maladie nerveuse et fonctionnelle）。他排除了性别差异作为病因的可能性，认为歇斯底里同时影响男性和女性。之后弗洛伊德重新引入性别差异作为病因，但他把病源从子宫转移到心理上。他进一步提出的移情理论使他能够抛弃催眠术，从而在1896年创造出精神分析。最后，弗洛伊德在1905年揭示了婴儿期性欲的机制，这一发现被他的对手用"泛性论"（pansexualisme）一词指责弗洛伊德有"性帝国主义"倾向[4]。

法国精神分析运动的先驱者所依赖的是一种本土化的弗洛伊德理论。这一理论相比弗洛伊德的教学更接近于让内的心理学。他们的工作与其说是建立一种关于无意识的真正学说，不如说是由对拉丁语知识的理想化所驱动的。然而这样的移植并不彻底，弗洛伊德的思想也未能被正确地吸收：在当时，人们相信他们已经理解了弗洛伊德理论，并在其中发现了关联，但事实上理论本身已经被歪曲。精神分析也许能够治愈不同社会中的问题，对无意识的发现也许确实有普遍意义，但这无法避免每一个国家以自己的方式解读弗洛伊德。

知识界对于弗洛伊德的研究和对医学解读的意识形态的回应掌握在少数作家和文学评论家手中。从罗曼·罗兰到安德烈·布勒东和皮埃尔-让·茹夫，从超现实主义者到《新法兰西评论》（Nouvelle Revue française），他们给巴黎带来了理解弗洛伊德学说的不同视角[5]。当医生们还坚持着沙文主义，把对精神分析的理解局限在治疗上时，作家们接受了性欲普遍存在的观点。他们拒绝把弗洛伊德理论看成是一种"德意志文化"，而认为心理学不完全属于医生。不同类型的作家和艺术家都把梦看成是时代性的伟大冒险：他们想利用全能的欲望来改变人类，想营造一个完全没有束缚的无意识的乌托邦。他们钦佩那些全身心投入研究，敢于抵制资产阶级规范，冒着丑闻和被孤立的风险去聆听人性最隐秘的冲动的科学家。

1926年11月4日，拉康在著名神经学家爱德华·皮雄的好友、"法兰西行动"组织成员泰奥菲勒·阿拉茹瓦尼纳（Théophile Alajouanine）的指导下为神经病学学会发表了自己的第一篇病例报告。这个案例的症状包括由于高渗性导致的目光呆滞，椎体外症候群以及脊髓的假性障碍。报告讲述了一个65岁老人在骑自行车时不幸发病，之后被送入萨彼里埃医院就诊的普通故事。患者目光呆滞，呼吸抽搐，鼻子和下巴之间左侧的皱纹比右侧更深。当患者弯膝坐下时，他会在坐到椅子之前短暂维持一段时间的悬空的下坐姿势。拉康的临床报告写得冗长详尽、技术性强，同时缺乏情感流露，是一般医院报告惯例下的枯燥产物[6]。

巧合的是，在拉康做报告的这一天，巴黎精神分析协会成立了。创办者包括十名成员：安盖洛·埃纳尔（Angelo Hesnard）、勒内·拉福格（René Laforgue）、玛丽·波拿巴（Marie Bonaparte）、欧根妮·索科尔尼卡（Eugénie Sokolnicka）、勒内·阿兰迪（René Allendy）、乔治·帕尔舍米尼（Georges Parcheminey）、鲁道夫·鲁温斯坦（Rudolph Loewenstein）、阿德里安·博雷尔（Adrien Borel）、爱德华·皮雄和亨利·科代（Henri Codet）。来自日内瓦的夏尔·奥迪耶（Charles Odier）和雷蒙·德·索绪尔（Raymond de Saussure）之后也加入了[7]。

因此，拉康这一名字第一次出现在法国精神分析史中的日期同样是第一个弗洛伊德组织在法国建立的日子。但25岁的拉康在加入这一备受尊敬且到目前为止历史最悠久、影响力最大的组织之前还有很长的路要走。他要用八年时间成为这一组织的成员，再用四年时间成为一名训练分析师。

在这一阶段，拉康的职业发展顺风顺水。他从神经学领域进入精神病学领域。在1927年至1931年间，拉康在法国最好的精神病院之一的圣安娜医院研究精神失常和脑部问题的临床治疗。接着他来到巴黎警察总署附属医院，一些所谓的危险人物会被送往那里进行紧急治疗。随后两年，拉康在以精神病学研究著称的亨利－鲁塞尔医院获得了法医资格。1930年8月，拉康在附属于苏黎世大学的著名的布尔戈霍兹利诊所接受了为期两个月的培训。20世纪初期，正是在这家诊所里，奥古斯特·福雷尔（Auguste Forel）、卡尔·古斯塔夫·荣格（Carl Gustav Jung）和尤金·布洛伊勒（Eugen Bleuler）基于一种可靠的病情学和聆听病人谈话的结果提出了对疯癫的新诊断。在这家动力精神病学的传奇诊所里，拉康在布洛伊勒的继承人汉斯·迈尔的指导下工作。接下来一年他以实习生的身份回到圣安娜医院，他的同事都是一些同辈人：亨利·艾（Henri Ey）、皮埃尔·马勒（Pierre Mâle），以及他最好的朋友皮埃尔·马雷沙尔（Pierre Mareschal），同时他也认识了亨利·弗雷德里克·埃伦伯格（Henri Frédéric Ellenberger）[8]。

埃伦伯格于1905年出生于南非的一个新教传教士家庭。他从小就想当一名历史学家，但父亲让他学习医学并把他送到法国，先是斯特拉斯堡后是巴黎，在那里他遇见了同为实习生的拉康。"我有意保持距离，"埃伦伯格说，"我们在员工休息室遇见彼此，他在那里和同事们开玩笑，他的玩笑总要比别人的过火，非常刺骨甚至伤人。他带有一种贵族式的傲慢，说话毫不留情，对自己的病人也是一样。我记得他有一次评价某人'他思考得很全面，如果说和他的门房相比的话'。但私下里拉康是一个非常有魅力的人。"

在实习生餐厅里，拉康和他的几个朋友组成了这群青年医生中的上层团体。拉康和其他人围坐在亨利·艾的"小桌子"旁，嘴里讲着现象学的时髦词汇，嘲笑着爱德华·图卢兹（Edouard Toulouse）过时的机体论。这些年轻人幻想着"十月革命"，自称为超现实主义者，并以彻底的现代派自居。"拉康有一种独特的说话方式，"保罗·西瓦东说，"对他选定的受害者，他能变得像施虐狂一样——刚好有一次亨利·艾让我帮他的一些项目管理财务，一般情况下，这意味着我要向每个人收取款项，但我唯一一个未能要到一分钱的人就是拉康。在员工休息室帮忙的病人会卖给我们香烟，而拉康总是欠他们钱。这样的琐事是拉康'肛欲'人格的证明，当然他从一开始就是一位出色的医生。"[9]

虽然弗洛伊德和布罗伊尔的工作转变了精神病学的疾病分类法，但20世纪30年代的精神病院依然没有摆脱监狱的模式。病人必须身穿制服，他们的信件被拆开检查，私人物品被没收；女性被剥夺了身份，必须以她们的婚前姓来登记；躁狂症患者被套上束身衣，而这还只不过是一种普通的侮辱；有暴力倾向的患者更是会被拴上颈链，医院任由他们昏倒在热水浴室中，试图通过发汗来缓解他们的暴力冲动；老年病人躺在沾满他们秽物的床上，是尤其让人心痛的一幕。对于一些慢性病患者，"梨形腭夹"仍然会被使用，那是一种可以卡入病人牙齿间的铁器，通过拧紧螺丝能把病人的上下颚撑开进行强制性喂食。为了防止有人以这种折磨为乐，大剂量的蓖麻油也会同时顺着漏斗灌下去。病情不太严重的患者在厨房或洗衣室里帮工，很不连贯地给蔬菜削皮或者向奴隶一样推动沉重的手推车。只有当他们在实习生区域工作时，他们才会被那些年轻人视为同伴[10]。

如果说19世纪末维也纳资产阶级因循守旧的风气反映在弗洛伊德和布罗伊尔所著的《癔症研究》(*Studies on Hysteria*) 中[11]，那么20世纪30年代工人阶级的异化同样表现在法国年轻一代精神病学家们所发表的报告中。慢性幻觉精神病、帕金森症、精神自动性综合征、遗传性梅毒——这些都是年轻的拉康在圣安娜医院所目睹的病症。到1931年时，他已经与他的学生或老师合作撰写过病例史：和阿道夫·库尔图瓦（Adolphe Courtois）合作研究生物精神病学，和乔治·厄耶（Georges Heuyer）合作撰写婴幼儿神经精神病学方向的文章，同时和让·莱维-瓦朗西（Jean Lévy-Va-Lensi）合作研究现代临床方法[12]。

拉康在这一时期最有趣的一个案例出现在他和朋友莫里斯·特勒内尔（Maurice Trénel）在1928年11月2日为神经病学学会所做的题为"一位遭受战争创伤的女患者的步行失能"的报告中[13]。主人公是一位来自布列塔尼地区的女性，因为自家房子在1915年7月被一枚炮弹炸毁而患上了歇斯底里。当年房子倒塌时，她的一条腿被压在破碎的地板下，头皮、鼻子和背部都有皮外伤。在贝蒂讷市的圣保罗医院给她治疗的军医叫她站直，从那一刻起她就开始身体左右摇摆地向前猛冲，像小孩一样拖拽着两只脚行走。她之后在本已古怪的动作设计上又增添了一个步骤，让自己双脚在前行时互相交叉。她独特的步态和相貌有时让人联想起一个会跳舞的苦行僧，这使她成为巴黎医院中的一景。

这位女主人公的病例是拉康在他精神病学训练中唯一署名的病例。他很清楚地记得，自己在1933年曾认为这一对于"歇斯底里问题"微不足道的贡献是他精神病学研究中的一个转折点[14]。也就是说，在那时拉康相信这样一个"不具有生物病源的神经症"案例使他从神经学领域转向精神病学领域。他开始把这个案例理解为一种弗洛伊德意义上的歇斯底里。到1932年拉康已经开始接触弗洛伊德学说，他对这一案例在1928年的报告和1933年的评价之间存在着差异。在1928年，两位作者都没有提到过"歇斯底里"一词：他们所使用的术语完全源自巴宾斯基。他们使用的术语"说服疗法"（pithiatisme）——一个由希腊文中"说服"和"治疗"两个词合并产生的新造词——暗示着巴宾斯基对于沙可理论的颠覆。巴宾斯基认为"说服疗法"一词可以取代"歇斯底里"一词，并基于此开创了现代神经学[15]，而在同一时期他也把歇斯底里重新归类为一种可以通过建议进行治疗的模仿行为。

然而从1925年开始，巴宾斯基的术语已经被逐渐停用：神经学已经成长为一门真正的科学，不需要再把歇斯底里当成替罪羊。此外，玛丽·波拿巴和鲁道夫·鲁温斯坦在1928年翻译了弗洛伊德的"杜拉案例"[16]，这推动了对于歇斯底里更加准确的理解。可是当特勒内尔和拉康在做报告时，"说服疗法"一词还活跃在精神病学的词汇中。法国精神分析的先驱者在这一点上也没有跟上时代：1925年，在《医学发展》（*Le*

Progrès médical）杂志上的一篇纪念沙可诞辰 100 周年，同时讨论沙可对弗洛伊德影响的文章中，作者亨利·科代和勒内·拉福格依然在当时歇斯底里研究的三种主流理论——让内的心理哲学、巴宾斯基的神经学和弗洛伊德理论——之间犹豫不决[17]。

相比心理学家，超现实主义者们更积极地追随沙可，1928 年，他们没有向沙可本人而是向他最著名的病人奥古斯丁致敬："我们超现实主义者在此庆祝对歇斯底里的发现—— 19 世纪下半叶最伟大的具有诗意的发现—— 50 周年。我们在这一词汇就要被完全废除的时刻庆祝……我们因此提议重新定义歇斯底里。它是一种不可化约的心理状态，它超越了任何幻想，瓦解了个体对于道德世界的依赖性……歇斯底里不是一种病症，无论从哪个角度来看，它都应该被视为一种至高的表达方式。"[18]

然而拉康还需要两年时间才能把这一超现实主义的态度融入他的理论工作，从而走向精神病学与弗洛伊德理论的综合。

第3章
精神病学导师

> 对于克莱朗博,拉康始终和他保持着爱恨交织的关系。

在接受临床培训的几年中,有三位导师给拉康留下了深刻印象。他们是乔治·杜马(Georges Dumas)、亨利·克劳德(Henri Claude)和加埃坦·盖丁·德·克莱朗博(Gaëtan Gatian de Clérambault)。乔治·杜马是索邦大学心理治疗专业的教授,他是皮埃尔·让内和夏尔·布隆代尔(Charles Blondel)的朋友,也是反对精神分析的强硬派。他总是取笑精神分析,嘲弄其术语,尤其是性冲动理论以及它和德国思想的联系。哲学系学生和精神病学实习生都涌向圣安娜医院来听他的周日晨间报告,并被他的报告内容与形式的魅力深深吸引。克劳德·列维-斯特劳斯(Claude Lévi-Strauss)对此有精彩的描述:

> 杜马在讲台上随意地站着。他粗壮的身躯上长着一颗凹凸不平的头颅,好像在海底被漂白的多节瘤的树根一样……听他的讲座学不到什么东西。他从不备课,自信凭借富有表情的嘴唇和不时浮现的微笑足以迷住听众。特别是他的声音——既粗犷又富有旋律,如同海妖的声音一样,不仅让人听出他老家朗科多克地区的口音,而且似乎还带有古老法语口音的音调。他的声音和脸庞,虽然是两种不同的感官,但却共同呈现出一种粗野

而敏锐的风格，好像是继承了 14 世纪人文主义者、医生和哲学家们的风格。在他上课的第二个小时，有时候也包括第三个小时里，都会进行案例展示。观众们被引向狡猾的医生和被训练从事此类活动的医院病人之间精彩绝伦的表演。这些病人知道他们该做什么，要么会根据信号表现出特定症状，要么做出恰到好处的抵抗，从而让他们的分析师展示技巧。观众们对此也并非不知情，但他们还是沉醉于这样动人心弦的表演之中。[1]

亨利·克劳德是乔治·杜马的反对者，是圣安娜医院的绝对权威，并不欣赏杜马反弗洛伊德理论的绝对立场。克劳德出生于 1865 年，1905 年他在萨彼里埃医院成为沙可的继承者菲尔让斯·雷蒙（Fulgence Raymond）的助手。1922 年欧内斯特·迪普雷（Ernest Dupré）的逝世让他在圣安娜医院获得了职业席位，他在那里成了"拉丁化"的精神分析理论的主要支持者。他授权勒内·拉福格领导一个由阿德里安·博雷尔、亨利·科代、安盖洛·埃纳尔和欧根妮·索科尔尼卡组成的小组。一个主张动力学和有机论的法国学派就这样围绕着克劳德形成了，并在之后由亨利·艾所继承[2]。

克劳德以新的方式来利用弗洛伊德理论，与此同时他也希望弗洛伊德理论能够被赋予拉丁文化的形式。"精神分析，"他写道，"还不适合探索法国人的心灵。当触及私人情感时，它的一些研究方法不够微妙，它的象征主义的一些牵强例子让我觉得也许精神分析理论的普遍化能够适用在其他种族上，但对拉丁的临床实践来说是不可接受的。"[3]

虽然克劳德有沙文主义倾向，勒内·拉福格仍选择师从克劳德，而非杜马。但弗洛伊德对于地方化的问题毫不妥协，这让拉福格的立场逐渐站不住脚。在 1927 年摩擦发生了。这一年，《法国精神分析评论》（RFP）起刊，之后成为国际精神分析协会的官方刊物。国际精神分析协会由弗洛伊德在 1910 年建立，统摄弗洛伊德理论运动下所有的地方协会。一开始，弗洛伊德被视为《法国精神分析评论》的赞助人，但为了不冒犯法国精神分析的

"保护者"克劳德教授，拉福格劝说弗洛伊德撤销了署名。

影响青年拉康的第三个导师是加埃坦·盖丁·德·克莱朗博，他既不反对精神分析（因为对此一无所知），也不反对拉丁主义（因为对此毫无兴趣）。但他毫无疑问是拉康和法国精神分析早期传奇中最耀眼和怪诞的人物。他是一位根深蒂固的厌女者，不允许女性上他的课；他的身边有一群崇拜者，对他表示绝对地服从；他忌妒亨利·克劳德的影响力，斥之为一名普通的神经学家。"有一个同事想让自己出名，"他挖苦道，"但出名的只是他的名字而不是他的姓。"

克莱朗博早于拉康 30 年在斯坦尼斯拉斯学校就读，先学法律，后来学医。在摩洛哥服兵役时他喜欢上了阿拉伯风格的服饰，他会详细描绘中东妇女如何收拾她们的长袍——有时把它聚拢，有时让它顺着身形散落。整个"一战"期间他都在制作木偶，为其穿上布料。这些木偶他保存了一辈子[4]。

克莱朗博返回法国后被任命为巴黎警察总署附属医院的院长。在他 1934 年自杀之前，他一直以浮华的方式管理着那里。作为一个把疯癫看成一种洞察力的形式主义者和唯美主义者，克莱朗博与克劳德团体的研究逆向而行，建立起关于精神自动性综合征（syndrome d'automatisme mental）的令人印象深刻的理论。动力主义摈弃了神经病是体质性的，也就是具有遗传基础的观点。克莱朗博试图通过把精神自动性作为共同点来整合心理疾病的分类。在他看来，综合征的起源是生物性的，尽管它所导致的症状和自动化的例子一样，似乎是某种东西从外界突然攻击患者。在这个意义上，克莱朗博的立场和弗洛伊德没有本质区别，但是他拒绝对治疗方式进行任何改革。他认为精神病学必须采用囚禁和压抑的制度。作为警署医院的院长，克莱朗博一直在变本加厉地强化体制。他无视病人的痛苦，对他们既不谴责也不怜悯。他只想从他们身上榨取供词。

拉康对几位导师有不同的态度。对于亨利·克劳德这样有相当实权和名望，事业成功但又有局限性的资产阶级知识分子，拉康表现为一名谦恭的学生。他总是用赞许迎合克劳德的自恋,而又通过对其优越感的蔑视来获得安慰。拉康对乔治·杜马非常尊敬:他崇拜杜马的临床天赋,总想在他面前表现一下。对于克莱朗博,拉康则始终和他保持着爱恨交织的关系[5]。

克莱朗博对于服饰质地与布料的热情以及对阿拉伯妇女被衣服包裹的躯体的痴迷引发了他对色情狂的强烈兴趣。在精神自动性综合征的基础上,他在幻觉性精神病和激情幻觉之间做出了区分。在后者中,他把产生被爱的幻觉的症状称为钟情妄想症(érotomanie),其根源在于极大的性空虚。这些患者的故事大同小异,和无数怀有浪漫情怀但却遭遇不幸的女主人公的命运相似:个体认为自己被其纯洁的欲望客体所爱,这样的客体往往是一些演员、国王或学院成员这样的著名人物。例如 X 夫人就坚信威尔士亲王在追求她、跟踪她,与她订下约会但却总是失约。她憎恨他的行为并谴责他的不忠,因此到英格兰试图把他当场抓住。当被遣送回巴黎时,她在街上袭击了一名警察,之后被送到附属医院进行治疗。

克莱朗博把钟情妄想症描述为一种对于现实虽然疯癫但却"合乎逻辑"的再现。虽然在理论上有保守主义倾向,他还是赞同弗洛伊德和超现实主义者的观点,认为疯癫接近真理,理性接近非理性,一致接近错乱。

拉康于 1931 年 7 月发表在《巴黎医学周报》(Semaine des hôpitaux de Paris)上的第一篇理论文本很明显受到克莱朗博的影响[6]。其标题"妄想性精神病的结构"(Structures des psychoses paranoïaques)暗示了文章的内容。拉康延续了他在 1932 年论文中表现出的个人化写作风格,在文章开头致敬了埃米尔·克雷珀林(Emil Kraepelin)、保罗·塞里耶(Paul Sérieux)和约瑟夫·卡普格拉(Joseph Capgras),认为他们的工作为妄想狂的诊断打下了基础[7]。但接下来拉康用一个现象学意义上的"结构"概念对他们的遗产进行了批判。这一概念可以用来揭示连续性中的一系列断裂——在正常心理学和病理学之间,和在不同种类的幻觉之间。拉康区分了临床的视角和法医的视角,把妄想性精神病划分为三类:体质性妄想(la constitution paranoïaque)、解释妄想（le délire d'interprétation）和激情妄想（les délires passionnels）。在描述第一种类型时，拉康不加批判地借用传统解释，提出了构成体质性妄想的四要素：病态的自我高估、多疑、判断缺陷和社会适应不良。在此之外，拉康引用哲学家于勒·德·戈尔提耶（Jules de Gaultier）和精神病学家热尼-佩兰（Genil-Perrin）的成果，新增了一个称为"包法利主义"（bovarysme）的要素[8]。

"包法利主义"这一名词来自福楼拜名著中的女主人公，最早出现在于勒·德·戈尔提耶1902年的著作中。作为一位尼采主义者，戈尔捷所谓的"包法利主义"意指所有和自我与不满相关的幻觉——从妄想成为另外一个人到坚信自由意志。精神病学家们在试图让犯罪的疯子免遭死刑时，就会用这一名词术语来说明被告对他们的罪行没有责任。1925年，热尼-佩兰采用了这一由于勒·德·戈尔提耶发明的词汇，把包法利主义和妄想症联系起来。他提出在正常和病态心理状态之间存在逐渐转变的观点，并把妄想性人格定位为病态的包法利主义的最极端的形式。

正如1928年拉康利用巴宾斯基的理论来研究歇斯底里，1931年他使用了另一种保守主义的理论来描述妄想症的结构。但一年后拉康就完全抛弃了这一观点，他把妄想症患者比喻为"乌合之众中的一员"，一个总是闯祸的学童，一个被无知者所崇拜的自学者，或者一个妄想"泛神论自由"的可悲的反叛者。"如果他走运，"拉康写道，"且命运把他放到了合适的地方，那么他有可能成为一位社会或文化的改革者，一位伟大的知识分子。"[9]

文章的最后一部分包含了拉康对于弗洛伊德理论最早的引述。虽然他提及了弗洛伊德的阶段理论，但又马上为体质论不可侵犯的立场辩护。在他谈到"无意识分析的专家"时，他紧接着说这些人也许能够解释妄想症，但却不能治疗它。30岁出头的拉康还没有真正运用过弗洛伊德的理论。这时的他一方面赞扬克莱朗博的一个很快就要被他摧毁的理论，另一方面附和着克劳德并和超现实主义者打成一片，后者反对把有心理疾病的患者关进疯人院，把疯子们的语言看作崇高的无意识诗歌。

这是一个尴尬的局面。正如拉康所知，克莱朗博是一个要求绝对忠诚的专横的人，他害怕自己的点子被人窃取或复制。所以当拉康引用克莱朗博时，他非常小心地添加了一段脚注："这一形象来自我的导师克莱朗博先生的口头教诲，我们的研究主题和方法有他很大的功劳。为了避免被指控剽窃，我们应该承认我们所有的术语都来源于他。"[10]

克莱朗博被这段有歧义的恭维所震惊，很快便和他的学生脱离了关系。在拉康的文章发表后，克莱朗博闯入医学心理学协会的一个会议中，把拉康的文章扔在作者面前，当众指责他剽窃。据亨利·埃伦伯格回忆："他摆明了说拉康剽窃，而拉康表现出异常的冷静。他先恭维了老师一番，然后反过来指出是老师剽窃了自己的成果。这一事件在当时引起轩然大波，拉康也借此名噪一时。"[11]

在拉康恭维克莱朗博的同时，他也在克劳德的赞助下探索自己的学术道路。1931 年 5 月 21 日，拉康和克劳德、皮埃尔·米戈（Pierre Migault）在医学心理学协会上做了关于"共生性疯癫"的两个案例报告。在传统理论中，狂躁分为诱导性的狂躁和被诱导产生的狂躁，当前者被移除后后者也会随着消失。但在这两个特殊案例中并没有诱导的存在。患者是两对表现出明显偏执妄想症状的母女。在 44 岁的布朗什（Blanche）身上，狂躁表现为一种特殊的形式：

> 她把自己看成是长着绿眼睛和四个脑袋的怪兽。她意识到这一点是因为她的血液有一股香气。在高温下她的皮肤会硬化成为金属，然后她全身会被珍珠和一件件首饰覆盖。她的生殖器官也很独特，像花朵一样有一个雌蕊。她的大脑比正常人的大四倍，卵巢也更强硬。她是世界上唯一不需要洗澡的女人……患者承认自己有一些怪癖。她用自己的经血做肉汤："我每天都喝，营养很好。"她到达医院时手里拿着两个用绣花

布包裹起来的密封瓶,一个装着尿液,一个装着粪便。[12]

在"共生性疯癫"的案例之后,拉康把注意力转移到书写中的异常现象上面。1931年11月,拉康和莱维-瓦朗西、米戈共同做了另一例女性妄想症的报告[13]。报告所讨论的对象是24岁的小学老师玛塞勒(Marcelle)。她患有钟情妄想症,自认为是圣女贞德,想要恢复法国曾经的辉煌。她认为自己的写作是革命性的。"我在革新语言,"她说,"旧的形式需要被动摇。"她的幻觉和她工作中的一位男性上司有关,后者在一年前去世。克莱朗博把玛塞勒送入圣安娜医院;她还要求从国家获得2000万法郎作为性欲不满和精神损失的补偿。下面是一段她的"激情书写":

巴黎,1931年5月14日
致共和国的主席杜梅先生,他目前正在姜饼和游吟诗人之地度假

亲爱的共和国主席先生,
我想知道一切,从而能给你一位懦夫和一门测试大炮的老鼠,但这花了我太多时间去猜想。从对别人所做的无情之事上,一个人可以猜到我的五个瓦尔鹅是鸡小,而你是圣母玛利亚的圆顶礼帽和测试豁免。但我们必须先把奥弗涅单词表上的一切缩减,为了除非一个人在一块石头泉水里洗手,他会打湿干燥的船,而马德琳没有交易所有新剃须男性的馅饼,所以成为她吾奇的跟随中最好的,是甜的和面颊发光的。我想关于托尔女商人说一些没有偏见的下流事,充分的生活,免除指控,一个人需要做些侦探工作。但一个人必须震惊他人,成为巴巴内拉和无床的被咒骂的流氓,一个人做些托尔女商人。

报告的作者们没有尝试解读玛塞勒的文字,而是仅仅从语义、风格和

语法异常的角度分析了它的妄想性结构。他们没有采用传统精神病学的模式，而是借助于超现实主义的经验。在他们看来，精神自动性综合征不是体质性的，而是源于一种类似于布勒东、艾吕雅、佩雷和德斯诺斯诗意创作的心理过程。换言之，它既是部分自动的，也是部分有意的[14]。

如果把"激情书写"和拉康几个月之前发表在《巴黎医学周报》上的论文对比来看，我们可以看出拉康同时支持当时精神病学界中两种冲突的理论倾向。一方面，他把妄想性结构和体质论者对精神病的理解联系起来，假设了压制这些反常规行为的制度和需要。另一方面，拉康也认同把疯癫看成是一种语言的创造行为，认为疯癫一半是意向性的，另一半是"在别处表演"。这是一组奇怪的矛盾：克莱朗博的教学与拉康自己对法国和德国经典的阅读使他在保留体质论观念的同时汲取了结构的思想；后来通过对精神病人语言的动力学研究，拉康才最终抛弃了体质论。

玛塞勒案例的报告者们同时援引了普费尔斯多夫和康吉扬·特利耶（Guilhem Teulié）对于精神分裂症的研究、黑德对于失语症的研究，以及亨利·德拉克鲁瓦（Henri Delacroix）对于语言和思想的研究。在20世纪的前25年里，这些作者研究了精神病与语言书写和表达异常现象之间的关系[15]。1913年克雷珀林用"语言分裂症"（schizophasie）一词来指代最初症状为语言障碍的精神分裂症。同样，拉康和他的朋友用"书写分裂症"（schizographie）来指示涉及"激情书写"的类似情况。但最有趣的一个研究来自1930年德拉克鲁瓦的一篇文章[16]，这是拉康在这一时期内阅读的重要线索。为了支持他对于失语症的思考，教授萨特哲学的德拉克鲁瓦借鉴了费尔迪南·德·索绪尔在1915年出版于日内瓦的《普通语言学教程》（*Cours de linguistique générale*）[17]。毫无疑问，正是通过这位现在已经被遗忘的作者，拉康才第一次接触到索绪尔的语言学理论，他将在20年后对其进行富有成效的应用。

Folies féminines

PARTIE 2
_疯女人

第 4 章
玛格丽特的故事

> 我母亲的一生都在尝试摆脱地狱的火焰……她的出生延续了另一个人的生命,而她的命运是悲剧的。

在这一时期,拉康在发表于 1930 年 7 月的《服务于革命的超现实主义》(*Surréalisme au service de la Révolution*)杂志的第一期中发现了一篇重要的文章。这篇由萨尔瓦多·达利(Salvador Dali)所写的《腐烂的驴子》[1]使得拉康与体质论的决裂和关于精神病的语言的新的理解成为可能。达利提出了关于妄想症的一个新观点。在那时,超现实主义运动的第一阶段已经结束,布勒东的《第二宣言》(*Second Manifeste*)声称有必要寻找一个能够解决现实生活与梦境之间矛盾的"心灵点"。催眠术诱导下的睡眠和自动书写实验已成过去时,政治行动成为实践的新领域。之前改变人类的幻想必须被赋予具体的形式,现在所需要的是一种能够获取关于现实知识的技术[2]。

正是在这一关头,达利用他著名的"妄想症批评"(la paranoïa-critique)为超现实主义注入了一针强心剂。"通过一个简单的妄想过程,"他写道,"会使得获取一个双重形象成为可能,即对某一对象的再现(没有结构上或形象上的歪曲)同时就是对另一完全不同的对象的再现。这一再现排除了任何可能暗示主观安排的变形或异常。"[3]

在达利看来,妄想症和幻觉的机制是相同的,它们都是对于现实的一种虚幻的解读。正是这种伪幻觉现象产生了双重形象，例如一匹马的形象可能同时是一个女人的形象。这一双重形象的存在使得古典精神病学把妄想症看成是判断"错误"或理性"疯癫"的观点不再有效。换句话说，幻觉本身已经是对现实的解读，而妄想症是一种依赖于逻辑的创造性活动。

当时拉康正在读弗洛伊德，而达利的观点为他提供了把自己关于妄想症的临床经验转变为理论的必要条件[4]。他请求会见达利，后者在酒店房间里接见了拉康。当时达利在自己的鼻子上贴了一块儿绷带，想使他的分析者吃惊，但他失望了。拉康静静地坐在那里，听达利阐述他的观点[5]。

与此同时，拉康为法国精神分析协会翻译了弗洛伊德的一篇题为《论嫉妒、妄想症及同性恋中若干神经症机制》（«De quelques mécanismes névrotiques dans la jalousie, la paranoïa et l'homosexualité»）[6]的文章。这篇文章的主题和拉康对妄想症新的理解的探索相关。拉康的译本也是巴黎精神分析协会一个翻译弗洛伊德文本项目的部分成果[7]。虽然拉康并不说德语，但他对这门在斯坦尼斯拉斯学校学过的语言有着出色的理论知识。他的翻译很精彩，既严格遵循了原文的句法规则，也忠实于其内容和形式。他的译本展示了拉康全盘接受当时法国精神分析运动中的术语的方式。就像他的同行一样，他把"Trieb"翻译为"本能"，把"Trauer"翻译为"悲痛"，把"Regung"翻译为"趋势"。他同时承担了为法国精神分析协会翻译奥托·费尼切尔关于精神分裂症的著作中一个章节的任务[8]，但最后不了了之。

1931年对拉康来说是一个分水岭。正是从这年开始，拉康在妄想症的基础上开始对三个领域的知识进行综合：临床精神病学、弗洛伊德理论和第二阶段的超现实主义。他关于哲学，特别是斯宾诺莎、雅斯贝尔斯、尼采、胡塞尔和柏格森的广博知识，帮助他完成了青年时期最重要的作品——他的医学博士论文。《妄想性精神病及其与人格的关系》（*De la psychose paranoïaque dans ses rapports avec la personnalité*）完成于1932年的冬天，它使其作者成了一个学派的领袖。

拉康笔下的这位名叫"艾梅"的女性的故事开始于1931年4月10日晚上8点。那天晚上，38岁的玛格丽特·庞泰纳（Marguerite Pantaine）试图用她钱包里的一把切菜刀刺杀刚刚到达圣乔治剧院的女演员于盖特·迪弗洛（Huguette Duflos），后者正准备出演由亨利·让松编剧，并在三天前开演的戏剧《一切如常》（*Tout va bien*）。这部平庸的中产阶级喜剧讲述了一位多愁善感的女主角和她贫穷但无忧无虑的恋人，以及一位富有但无趣的金融家之间的故事。它试图表明20世纪30年代的法国虽然面临着经济危机和极右党派的崛起，但依然是所有可能世界中最美好的一个。

于盖特·迪弗洛在剧院门口碰到了她的攻击者。她冷静地赤手握住刀锋，避开了对方的戳刺。她右手小拇指的几根筋脉在拉扯的过程中被割断。玛格丽特被制伏后押送到警察局，接着又被送到附属医院，再之后被关进圣拉扎尔的女子监狱。在监狱里她陷入了持续三周的幻觉状态。1931年7月3日，她被送入圣安娜医院，特吕埃勒医生诊断她为"基于解释幻觉的系统性被迫害妄想症，伴随夸大狂倾向和钟情妄想症气质"。[9]

在袭击发生之后的一天，很多报纸报道了玛格丽特·庞泰纳令人悲伤的故事。她是一名落魄的乡下妇女，一直通过阅读小说来宣泄自己的情绪，并尝试发表小说。"她是奥弗涅人，"报纸上说，"性格顽固、容貌不佳，毛衣上套着一个假领子来强化自己的男性化外表……她在罗浮中央邮局的汇票部门有一份不错的工作，每年能挣18 000法郎。除了一些教她音乐和帮助她复习备考的女老师外，她没有多少访客。她显然是古怪的，但似乎并不认为自己受到了迫害。"[10]

当《时间》（*Le Temps*）杂志征询爱德华·图卢兹的看法时，他具有代表性地使用了"遗传性退化"这样的旧术语："在我看来这很明显是一个被迫害妄想症的案例，症状可能早已表现在她之前在周围人看来非常明显的异常或奇怪的行为中。我的观点是每一个罪犯在一定程度上都会发生退化:他或她的异常通过引人注意的古怪行为或奇特用词表现出来。我不认为这一案例偏离了我一直坚持的这一观点——为了他们自身的利益,这些病人应该主动站出来向我们报告他们的情况。预防这类犯罪不仅仅是可行的,而且非常简单。"[11]

一位叫作皮埃尔·贝诺伊特(Pierre Benoit)的小说家讲述了他和玛格丽特之间的一次古怪的交往。"这名后来的谋杀者当时经常来我出版商的办公室要求见我。有一天我终于接见了她。这位不幸的女人很明显不太正常,她声称我的几部小说是针对她的,坚持说这些小说的内容是于盖特·迪弗洛夫人向我建议的。也许对那位迷人的女演员的袭击原本是针对我的。"[12]

皮埃尔·贝诺伊特是一名保守右派。他在1918年随着《柯尼斯马克》(*Kœnigsmark*)一书的出版而闻名。他的写作是一种批量生产,把一些俗套情节要么放置在异域背景中,要么放置在落后的法国乡下。每一本书的内容大致相同,页数也差不多,而且都有一个名字以字母A打头的女主人公。他的小说《亚特兰蒂斯》(*Atlantide*, 1919)把著名的柏拉图神话现代化后定位在法国的殖民地上:对于一种想象的野性的追求被看成是现代人悲剧的展示,他们无法抵制由女性通过各种形式来代表的邪恶诱惑[13]。这本小说讲述了一名正直的殖民地军官受到安蒂尼雅的蛊惑的故事。安蒂尼雅是一个撒旦式的东方形象,通过把迷失的旅行者引诱到她位于霍加尔的宫殿来使西方世界走向毁灭。在那里,即撒哈拉的中心,她会对她的宾客施展咒语,把他们变成木乃伊。玛格丽特正是对这类书的作者提出了指控。

至于于盖特·迪弗洛,她的本名是埃尔芒斯·埃尔特(Hermance Hert),和贝诺伊特小说中安蒂尼雅的长相相仿。她于1881年出生在突尼斯,后在巴黎艺术学校学习。她是法国喜剧协会的成员,也是无声电影业中的一位著名女演员。她总是表现出一副浮夸的形象:傲慢、神秘、脆弱

第 4 章　玛格丽特的故事

且富有感情。她被自己的名声所累，经常出现在有关她的几个轰动性诉讼案例的报道里，其中一个是起诉法国喜剧协会，另一个是起诉她的丈夫。

当玛格丽特陷入幻觉状态中后，她不断重复说自己有多么憎恨那位女演员。她要求记者纠正公众对于她的谴责，因为这有可能损害她"作为一个作家的前程"。[14] 她写信给她的酒店经理和威尔士亲王，抱怨女演员和那位作家在迫害她。之后当她脱离了幻觉状态，她又彻底扭转了自己的态度，说于盖特·迪弗洛并不想伤害自己，也没有任何人试图迫害她。无论如何，迪弗洛夫人并没有提出对她的指控，所有人对这名不幸的女邮递员都非常仁慈。

雅克·拉康是在 1931 年 6 月 18 日第一次见到玛格丽特。他很快对这个案例产生了兴趣，并以克莱朗博的庄重风格出具了一份诊断书："妄想性精神病。最近的妄想在谋杀尝试中达到高潮。在攻击后强迫行为明显缓解。梦一般的状态。解释富有意义、广泛而且集中，都围绕着一个核心念头——对她儿子的威胁。情感贯注于对儿子的责任。由焦虑导致的多形态冲动——接近一位作家和她未来的受害人。迫切需要写作。把成果寄给英国王室。爱好争论或者有乡土野性。咖啡因依赖。饮食不规律等。"[15]

在接下来一年多的时间里，拉康和玛格丽特·庞泰纳形影不离。当这位才华横溢的精神病学家完成了他非凡的研究时，他已经理解了这位女性的命运并把它转变为自己的案例。拉康在这个案例中不仅勾勒出一个关于女性疯癫的理论，而且投注了他的幻想和家庭执念。他拿走了玛格丽特所有的文字、照片和她全部生活史的相关资料，之后再也没有还回去。他们之间的关系经常被扭曲，存在着无法被移除的冷漠和敌意。拉康对这个女人的兴趣仅仅是为了构建一个关于妄想症的理论框架，从而使他成为弗洛伊德理论新学派的创始人。但玛格丽特始终排斥拉康试图强加给她的角色。她是一位不情愿的合作者，谴责拉康把她的案例用作支持一种在她看来是压迫性的精神病学的方法[16]。

基于不同文献资料，我现在可以从头开始讲清楚玛格丽特的故事。

第一个玛格丽特·庞泰纳于1885年10月19日出生于康塔尔省的莫里亚克。她的父母分别是让-巴普蒂斯特·庞泰纳和珍妮·安娜·多纳迪厄。他们八个月前在沙尔维尼亚克结婚。玛格丽特有两个妹妹：出生于1887年9月，小名叫欧仁妮或"内内"的爱丽丝，和比她还小11个月的玛丽。但是在1890年的12月，这个农民家庭发生了一场悲剧。在做弥撒之前，五岁的玛格丽特坐得离火太近，她橘黄色的裙子在妹妹爱丽丝的眼前着了火，玛格丽特不幸被烧死。珍妮很快又怀孕了，她的第四个孩子在1891年8月12日流产。11个月后的1892年7月4日，第五个孩子出生了，她就是在39年后遇到拉康的玛格丽特。她被赋予了死去的大女儿的名字。"这不是一个意外，"她的儿子后来写道，"我母亲的一生都在尝试摆脱地狱的火焰……她的出生延续了另一个人的生命，而她的命运是悲剧的。"[17]在第二个玛格丽特之后，珍妮·多纳迪厄又生了三个儿子。

玛格丽特的童年在乡下度过。四季变换的节律和经常性的农活培养了她对白日梦和孤独的热爱。她的母亲珍妮有些神经质，和村里其他人打交道时异常敏感。珍妮的焦虑很容易转化为多疑。如果邻居说一只生病的动物快死了，她就会认为邻居要毒死它。她经常觉得自己被监视或被迫害，把一切都解读为针对她的邪恶意志的征兆。作为最被宠爱的女儿，玛格丽特在家中享受特殊待遇，这让她的姐姐们很忌妒。对她的父亲和弟弟，玛格丽特表现得很强硬，并且抵制在她看来是强加权威的专制行为。

玛格丽特最年长的姐姐爱丽丝·庞泰纳代替了她多病的母亲管理家务。1901年，14岁的爱丽丝离开村子到她叔叔纪尧姆在镇上的杂货店帮工，并在五年后嫁给了他。与此同时成绩出色的玛格丽特被父母送到一所学校接受教师培训。她在那里怀念乡下，谴责女教师忽视学生的想法和感受。她所渴求的是一些宏大的宗教道德。

第 4 章 玛格丽特的故事

在 1910 年,她搬去和她已婚的姐姐同住。那时的她已经是一个高挑、健壮、坚强、敏感、聪明和漂亮的 18 岁姑娘。她离开学校,放弃了成为教师的打算,在邮局找到一份工作。在镇上她很快被一名当地的花花公子引诱。"这段感情,"拉康写道,"展现了她全部的热情和盲目,决定了她未来三年的感情生活。"[18] 虽然她后来搬到一个偏远的乡下,玛格丽特依然全心全意地爱着这个男人。她偷偷给他写信,在同事面前隐藏自己的情感。这份激情持续了三年,之后玛格丽特的爱转化为恨,从前的爱人被她看成是无耻之徒。

玛格丽特之后搬到莫伦,在那里一直待到 1917 年。在这一时期,她爱上了女同事 C 小姐。拉康把 C 小姐称为"老练的阴谋家"。C 小姐出身名门,但沦落到以工作维持生计的地步。C 小姐对她在邮局的工作很是鄙视,反而热衷于成为同事中的时尚与礼仪的权威。玛格丽特是一个容易捕获的猎物。C 小姐给她讲述一些出自包法利夫人式想象的故事。从 C 小姐这里玛格丽特第一次听说了于盖特·迪弗洛和莎拉·伯恩哈特——前者和 C 小姐的一位姑妈住得很近,后者据说在一所女修道院遇见过 C 小姐的母亲。玛格丽特听着这些故事,开始厌恶自己平淡的生活,梦想着一个充满柏拉图式理想、男性力量和浪漫情怀的美好世界。当她在一时冲动下和邮局里的一位同事结婚时,C 小姐慷慨地支持了她。这种近乎催眠式的诱导持续了将近四年,直到"老练的阴谋家"被调到另一个邮局才告终。但两个女人之间还保持着通信。

勒内·安齐厄是法国南海岸赛特市的一位糕点师的儿子。他在 12 岁时成了孤儿。在邮局系统中他晋升得很快,成了一名督察员。他喜欢骑自行车旅行和研究交通地理学。务实、简单、爱好运动,他稳健平衡的性格完全是玛格丽特的反面。当玛格丽特决定嫁给他时,她的家庭就表示过反对:她的没精打采、习惯性白日梦和对阅读的痴迷都使得她不适合结婚。但这对订婚的情侣无视一切反对意见,向对方坦白了自己过去的经历,在

疯女人

1917年10月30日完婚。

尽管玛格丽特尝试照料家务,这对夫妻还是很快发生了矛盾。勒内厌恶任何不确定或不务实的事情,他无法忍受自己的妻子把所有时间花在读书和学习外语上。而她则抱怨丈夫不关心自己。两个人都用对方的婚前告白作为借口来互相指责。妻子的性冷淡无法抚平丈夫的侵略欲,很快这段不相配的婚姻就触礁了。玛格丽特开始出现令人警觉的行为——她会没有缘由地大笑,走路时间歇性地加快脚步,还有强迫性地洗手。

大约在这个时候,纪尧姆·庞泰纳在战争中负伤去世。他的遗孀爱丽丝四年前接受了子宫切除术,无法生育。不知所措的她搬来莫伦和妹妹同住,并代替玛格丽特的角色照料家务。玛格丽特被剥夺了一个她从来无法胜任的职务,和她的丈夫更加疏离,同时失去了和自己的病态倾向做斗争的能力。尽管姐姐的入侵和不断的批评使她蒙羞,她还是任由自己被姐姐支配,就像她曾经臣服于C小姐一样。但是尽管部分时间里玛格丽特承认姐姐的强势和自己的无力,有的时候她也会默默地反抗姐姐的暴政。这一模糊态度的结果是灾难性的。

1921年7月,玛格丽特发现自己怀孕了。但这非但没让她感到高兴,反而导致了受迫害妄想症和轻微的忧郁。"她同事们的对话,"拉康写道,"好像都是针对她的。他们看起来是在批评她的所作所为,嘲笑她,预言她的不幸。街上的路人对她窃窃私语,瞧不起她。她在报纸上也发现有敌意的文字。"[19] 她的妄想随着胎儿的成长愈发严重,晚上的噩梦也增加了白天的迫害妄想。有时她会梦到棺材,有时她会跳下床把熨斗扔到丈夫的头上,有一次她还扎破了同事自行车的车胎。

在1922年3月,玛格丽特生下了一个女儿。但婴儿由于被脐带勒住难产而死。她马上把这归咎于自己的敌人。当她之前的同事C小姐打电话来询问她的近况时,她要求对方为这次事故负责。她自我封闭了很久,拒绝说话,也放弃了自己日常的宗教仪式。

第 4 章　玛格丽特的故事

当玛格丽特第二次怀孕时，她又陷于抑郁之中，但当孩子在 1923 年 7 月出生后，她变得充满激情。这次是一个男孩，名叫迪迪埃。就像玛格丽特的出生是被用来取代第一个难产而死的玛格丽特一样，她的儿子也是紧随着他那难产的姐姐而出生的。"这个死去的姐姐，"她儿子日后写道，"是我父母第一次失败的象征，她长时间逗留在他们的所思所想中。我是第二个孩子，一个为了避免重复前一位的不幸命运而被精心照料和呵护的孩子。我忍受着他们害怕重蹈覆辙的恐惧，必须不计一切代价生存下来。但他们对此却毫无信心。消化不良或者最轻微的吹风都被视为威胁。这些都使我生活在怪诞而且压抑的氛围中。我需要去取代一个死去的女孩。"[20]

很长时间里玛格丽特都保持着对她孩子的溺爱。在他 14 个月之前，她拒绝任何人靠近他或者给他食物。有时候她喂给孩子的食物过多，以至于孩子都呕吐了，但又有时候，她会完全忘记给孩子喂奶。为了防止自己的孩子和空气中的病菌接触，她给孩子裹上一层又一层的衣服。当迪迪埃长大后回忆起童年时，他把当时的自己看成是一个洋葱的中心。他的母亲和周围的人争吵，把他们说的一切视作威胁。一次带孩子出来透风时，她指责一些司机把车开得离婴儿车太近。但另一次她却完全忘记了孩子，竟然放任他吸吮婴儿车轮胎的油脂。孩子的姨妈爱丽丝决定自己来照顾迪迪埃，以补偿自己的无子。

从那时起，玛格丽特感觉她和自己的周围完全隔离了。她决定去美国发展，搞到了一个署名佩罗尔的护照，并向邮局递交了辞呈[21]。她想去异国寻找财富，当小说家。勒内和爱丽丝的严词谴责也无济于事。最后他们决定把她送进位于伊皮奈的一家诊所。

在那家诊所里，玛格丽特激烈地反抗对于她的监禁。她写道："上帝啊，当我想到发生在我身上的事情，想到我总是受害者，总是被误解，我就不由自主地发笑！你知道这个故事，几乎所有人都知道，人们总是不断地谴责我。我从你的书中得知你反对不公，我因此请求你帮帮我。"[22] 在被

疯女人

关在诊所的这段时间里,玛格丽特失去了和现实的接触,更加陷入自大妄想之中。最初她被诊断为妄想症,伴随"神经衰弱的历史,幻觉和被迫害妄想症"。六个月后在家人的要求下她被释放出来。她休息了一段时间,重新开始照料孩子,还专门去拜访了C小姐以弥补之前对她所造成的伤害。当然C小姐对自己之前被指控迫害前同事的事情一无所知。在1925年8月,玛格丽特离开莫伦和她的家人来到巴黎,目的是追查那些她想象中要伤害她儿子的人。

玛格丽特很快开始了一种诡异的生活。一方面,她每日在邮局工作,从中她或多或少和现实相适应;另一方面则是由梦和错觉构建起的想象性存在。在巴黎右岸,玛格丽特为罗浮大道上的中央邮局工作,在左岸她居住在圣安德烈艺术大街上的新法国酒店。她一下班就摇身变成知识分子,参加私人课程、逛图书馆、喝咖啡。尽管付出了这些努力,她还是在一次职业考试和三次学士学位考试中失败。

在这种双重生活中,玛格丽特的癔症越发严重。有一天当听到别人提到于盖特·迪弗洛这个名字,她想到在之前和C小姐的一次对话里,C小姐说:"我说过她坏话。每个人都说她很有教养,受人尊敬……但我说她就是一个婊子。这一定是为什么她怨恨我。"[23] 玛格丽特开始相信这位女演员想要加害于她。当时巴黎报纸正在报道于盖特·迪弗洛和法国喜剧协会的官司,这让玛格丽特对文艺联谊会得到的媒体关注而感到非常生气。她去观察了她未来的受害者两次——第一次是在剧院,迪弗洛正饰演皮埃尔·贝诺伊特的《柯尼斯马克》改编剧中的奥罗尔公爵夫人;第二次是在电影院,迪弗洛出现在由莱昂斯·佩雷指导的电影版本中。故事情节讲述的是发生在一个有挂锦、镶板和具有立体感走廊的哥特式豪华住宅中的谋杀案。玛格丽特把女主演的名字和原著作者联系了起来。

玛格丽特相信还有两位巴黎戏剧界的重要人物也要迫害她。莎拉·伯恩哈特和科莱特都是生活奢华、事业成功的女性,代表着一种需要艰难获得并维持的理想形象,这一形象一直是玛格丽特所渴求的,但她在社交和学业上都没有取得任何成功。著名的莎拉于1923年去世,在日常生活中她和左拉一样都是德雷福斯的热情辩护者。在舞台上她既成功扮演过罗斯唐《年轻的鹰》(*L' Aiglon*)中命运不幸的王子,也在埃尔维厄的同名戏剧中扮演过忧郁的革命女主角泰鲁瓦涅·德·梅里古(Théroigne de Méricourt)。科莱特当时依然健在,并处在个人生涯的高峰期。她在1923年第一次以自己的名字发表了《未成熟的玉米》(*Le Blé en herbe*)一书。56岁的时候,她还因为和一个比自己小16岁的珠宝商人同居而引发过一桩丑闻。

玛格丽特的幻觉是由她的阅读所支配的。随便翻开一张报纸,她都能看到对于自己私生活的隐射。1923年发生的一桩可疑的事件尤其强化了她关于谋杀和复仇的幻想。阿尔封斯·都德——《磨坊书简》(*Lettres de mon moulin*)和《达拉斯贡城的达达兰》(*Tartarin de Tarascon*)的作者——的孙子和利昂·都德(一名右翼记者)的儿子菲利普,在劝说自己无政府主义者的朋友谋杀自己父亲失败后选择自杀。阿尔封斯·都德不相信孙子的死因是自杀,而是怪罪那个无政府主义者的朋友谋杀了他。玛格丽特把这个错综复杂的局面移植到自己身上,认为苏联秘密警察计划要谋杀自己的儿子迪迪埃[24]。

来到巴黎的第一年,玛格丽特一直想办法和法兰西学院成员皮埃尔·贝诺伊特会面,她甚至不惜躺在对方赞助的一家书店门口等他。当她终于见到皮埃尔并指责对方把自己的私生活暴露给公众后,对方把她当成厚颜无耻的怪人。虽然被玛格丽特的指责所刺痛,皮埃尔还是带她到布洛涅森林散步,在那里玛格丽特声称自己是他最近一本小说的女主人公阿尔贝塔。

显然,贝诺伊特的作品确实助长了他的这位不寻常读者的疯癫。《阿尔贝塔》(*Alberte*)讲述了一个母亲爱上了她的女婿,却不知道他是杀害自己女儿的凶手的故事。十年后这位乱伦的母亲发现了真相,把自己和杀她女儿的凶手都告发了。玛格丽特从这个阴郁的故事中看到了自己的命运，她告诉拉康："我生下来就既是那位母亲也是那个女儿。"[25]

这让人想起玛丽－费利西泰·勒菲弗（Marie-Félicité Lefevbre）的故事。玛丽·波拿巴在法国精神分析协会的第一期期刊上援引并评论了这个故事[26]，拉康也很喜欢这个案例。1923年8月，玛丽－费利西泰·勒菲弗射杀了自己的女婿。杜埃的法院判她有罪并处以死刑。玛丽·波拿巴以精神分析的名义勇敢地进行了干预，认为罪行是在幻觉状态中实施的。当事人当时无意识地把自己和其母亲关系中的死亡愿望付诸实践。

在皮埃尔·贝诺伊特故事里，谋杀自己妻子的丈夫和他的岳母同床；而在勒菲弗的例子中，一母亲因为对她的母亲的憎恨并试图阻止她的女婿生育后代而成了凶手。两个故事都涉及不同人物之间的一个危险的三角关系，在其中母亲和女儿的位置可以互换，女儿永远是受害者，而女婿有时是凶手，有时又是消极被动的丈夫。

玛格丽特并没有谈到过玛丽－费利西泰·勒菲弗的故事，尽管这是那时期报纸上经常讨论的话题。从阅读《阿尔贝塔》、和贝诺伊特会面、听闻科莱特浮华的生活方式以及于盖特·迪弗洛的诉讼案中，她的幻觉已经有了足够多的素材。她用罗伯斯庇尔这个她憎恨的名字来称呼贝诺伊特。她诅咒所有的记者、艺术家和诗人，认为他们应该对布尔什维主义、战争、贫穷和腐化负责。她把自己看成是讨伐他们的改革者，试图恢复国家之间理想的兄弟情谊。她把诗和匿名信寄给威尔士亲王要求庇护。她警告这位钟情妄想症的对象要留意革命者和报纸上"斜体印刷"的部分所酝酿的针对他的阴谋。她的卧室墙上贴满了关于他生活和旅行的剪报。

她的反布尔什维主义并没有阻止她要求一家共产主义报纸刊登反对科莱特的文章并澄清玛格丽特的声明与投诉。与此同时，她还向当地警察局递交了一份针对皮埃尔·贝诺伊特和弗拉马里翁书店的投诉。为了更彻底地投入到文学创作中，她不再和家人共度假期。她相信自己有一个使命，

第4章 玛格丽特的故事

为此经常在街上拦住路人,向他们灌输荒诞的故事。她所接触的路人并非都很正直,不止一次她因为发现会面要结束在酒店房间里而仓皇逃跑。

1930年8月,距离她的谋杀尝试还有八个月,玛格丽特连续写了两部小说并把它们打印出来。第一本小说《诋毁者》(*Détracteur*)是献给威尔士亲王的。它讲述了一个随着四季变换而展开的乡村牧歌。作者以卢梭的方式和乡间俚语来狂热地赞美与自然和谐生活的益处。村庄被她理想化,而城市则被视为是腐化与堕落的源泉。书中的英雄大卫是一个年轻的农夫,他的母亲因为喝下污浊之水而死。他爱上了一个叫作艾梅的女孩。女孩的形象通过农村语言来描绘:"艾梅像一个真正的乡下妇女那样工作。她能够翻新旧衣服,熨烫成堆的衣物,从柳条托盘中挑出最好的干酪。她从没杀过一只过于瘦弱的飞禽,知道如何以蒲式耳测量麦子的重量,还会为冬天里回巢的动物搜集树枝。她能够烹饪出小孩都咬得动的肉食,还会用珠子、纸板和不同种类的糕点为他们制作玩具。她能在特殊场合做出一桌精致的菜肴,包括奶油鲑鱼、板栗填鸡和炖鱼。"[27]

但是在一个夏天,一个陌生人和他的情妇来到村庄,给艾梅的家庭带来了纷争。新来的女人的妆容像"秋天里的玫瑰丛,相比于乌黑无叶的树枝,玫瑰花显得太艳丽了"。她穿着一双"不适合走路"的鞋子,整个人看上去像"一个博物馆,里面都是古怪的模特,整体上产生了奇异的效果"。这对不祥的情侣给整个村庄带来负面的影响,导致这里充满了谣言、阴谋和派系。到了秋天,不幸降临到艾梅家。她的兄弟姐妹日渐消瘦,母亲生病,自己也成为诽谤中伤的对象。她在梦中寻求解脱,也曾忌妒地看着一个幸福的家庭——一位骄傲的丈夫、他的妻子和正微笑着依偎着她乳房的孩子——从大路走过。到了冬天,这对邪恶的陌生人离开了村庄。小说以艾梅的死亡和她母亲的绝望而告终。

玛格丽特的这个故事影射了在她自己疯癫过程中的很多重要形象:一个名字直接取自皮埃尔·贝诺伊特小说的害相思病的女主人公;一个情

妇，在她身上我们认得出来那个被玛格丽特仰慕过和憎恨过的女明星；一位策划阴谋的诽谤者；以及一个被一对恶毒情侣所摧毁的家庭。

第二部小说《恕我直言》(*Sauf votre respect*) 同样是献给威尔士亲王。它以颠倒的方式讲述了一个和《诋毁者》一样的故事。这一次女主人公没有待在乡下成为从城市来的入侵者的牺牲品，而是穿上斗篷，拿上短剑去征服巴黎和法兰西学院。她首先目睹了腐化文明所呈现出来的各种恐怖与悲惨的景象，然后她和自己的主要迫害者、刽子手以及被称为"凶悍的不朽者"的伟大的巴卡涅正面较量。"他不喝酒，也没有女人，但他杀死了上千人。鲜血从王座流到巴士底狱，直到波拿巴开始在巴黎训练他的枪手时屠杀才结束。"[28] 穿过这个都市炼狱中充满共产主义者和刽子手的黑暗小巷，女主人公攻击共和国以及所有的作家和演员。她控告这些人试图"摧毁她的肖像"。她通过捍卫君主制来反对这一切。她批判宗教，把奇迹解释为暗示的产物。"在所有基督徒中从来没有过奇迹，"她写道，"但是这一早已被医学所接受的事实却很难让你理解。可能是因为你向这个偶像注入了太多感情，它使你忘记了你的痛苦，赋予了你新的力量……或许，有时一个朋友告诉你的一个有趣的故事就能治好你的头痛，同样，当你投入的情感和一种更加崇高的感觉相同时，你就处在奇迹之中了。"[29] 在故事的最后，这位乡下少女回到了有溪流和草原的家乡，回到了一个田园诗般家庭的怀抱。

1930年9月13日，玛格丽特在弗拉马里翁书店的办公室留下了一份自己的书稿。她使用的是她的婚前名。两个月后，编辑委员会拒绝了这份书稿。当玛格丽特得知这个消息后，她要求见总编，但后者忙于工作，派了一个文学编辑来打发她。在会面中，玛格丽特挥舞着拒绝信要求知道此事的负责人是谁。文学编辑拒绝了她的要求，玛格丽特冲过来差点儿把他掐死，嘴里喊着："你们是一群学究和凶手！"[30] 她被赶了出来，但依然拒绝承认所有希望都已经破灭的事实。从这时到1931年4月的谋杀，玛格丽特在长时间里神志恍惚,心中升腾起一股复仇的怒火。她想向自己的房东借一把左轮手枪,被拒绝后又想借一根能"吓唬他们(出版商)"的棍子。她最后一次寻求威尔士亲王的保护,向他寄去了自己的小说和签名信。

每一天,她都要回到莫伦去确认她的孩子没有被攻击。1月,她告诉姐姐她要离婚。她指责自己的丈夫殴打她和她的孩子。到了3月,她从科基列尔路的一家商店买了把菜刀。4月17日,白金汉宫的一名私人秘书寄回了她的信件和书稿,并附上一封便条。她在女子监狱的牢房中收到了这些东西。便条上写道:"私人秘书返还这些 A 夫人出于好意寄来的手稿。接受陌生人寄来的礼物有违皇室规定。"[31]

第 5 章
妄想狂的颂词

> 拉康展示了妄想症主体通过一种"二重幻想"机制表现出来的无意识的含义,姐姐在其中代表了母亲。玛格丽特的妄想和她母亲失去第一个孩子的事实相一致。

在圣安娜医院,拉康花了一年时间尽自己所能钻研这一自我惩罚的妄想症案例。拉康的诊断与其说反映了玛格丽特·庞泰纳的真实情况,不如说是更多地服务于他自己的理论构想。虽然谋杀未遂的玛格丽特确实流露出一些妄想症的迹象,同时也表现出被迫害妄想症、妄想自大狂和神秘幻觉,但这并不能像拉康所认为的那样证明她的妄想症是有结构的和有条理的。尽管如此,拉康依然尽力去挖掘这一案例的理论可能性,使其不局限于玛格丽特作为一个身份早已被遗忘的精神病院里的无名者的命运。

在讨论玛格丽特的案例时,拉康在临床精神病学和社会调查、心理分析和医学检验之间自由穿梭,仅仅寻找那些能支持自己假设的证据。他用玛格丽特未出版的小说《诋毁者》中的"艾梅"来替代患者的真实身份,声称患者在铁路部门工作,并用首字母替换真实人物和地点。有一些故事被篡改得如此严重,以至于很难分辨究竟是拉康的无心之过还是有意歪曲。他还请著名社会学家之子纪尧姆·德·塔尔德(Guillaume de Tarde)为患者的书写进行笔迹学分析。塔尔德的报告提到了患者的艺术倾向、教养、幼稚症、焦虑和对于权利的过分坚持,但他并没有提到精神病[1]。

拉康认为在判定妄想症时有五个因素需要考虑:人格、心理性因素、过程、冲突和平行论。虽然拉康并未直接引用乔治·波利策（Georges Politzer）的话，他实际上参考了后者在具象心理学，特别是出版于 1928 年的《心理学基础批判》（*La Critique des fondements de la psychologie*）一书中的内容[2]。从拉蒙·费尔南德斯（Ramón Fernandez）那里拉康借用了"人格"（personnalité）这一概念[3]。他认为人格受到三种因素影响：个人成长，即主体对于他们自身体验的反应方式；自我概念，即主体在意识中产生自我形象的方式；社会关系的张力，即主体对自己影响他人的印象[4]。

通过这一定义——就像弗洛伊德之前所做的一样——拉康引入了一个在他学术生涯中将会不断回溯的重要思想。在 1932 年，拉康把主体简单地看成是意识和无意识再现的总和，两者在与他人和社会的关系中辩证地互动。换句话说，拉康这时是以精神病学现象学的方式来理解主体。他认为性格中存在着能够在现象学层面上予以修正的特殊组织，并借用亨利·艾在精神自动化方面的重要工作把这一组织称为"心理性"（psychogénie）。拉康有意地使用这一术语而非"心理发生"（psychogenèse），是因为前者和体质论的距离更远。在拉康的这一概念中并不涉及任何器官形成或者静态功能，而是结合了一种动力学的思想。

要使一个症状成为"心理性的"，有三个必要条件：决定主体历史的因果事件、反映主体心理历史中某一状态的症状本身和对主体生活状况进行修正的治疗方式。拉康并没有完全拒绝生物因果性，但他强调这完全在心理性领域之外。拉康同时挑战了另外三个假设：塞里耶和卡普格拉关于疯癫中存在一个核心信念的理论，克莱朗博关于精神自动性综合征的理论，以及欧内斯特·迪普雷关于妄想症建构中四个主要标志的理论。在拉康看来，妄想症和精神病的病原主要和主体与世界的关系史有关，哪怕其中都涉及症状的生物性起源。

拉康的这一思路受他所崇敬的欧仁·明科夫斯基（Eugène Minkowski）的理论的影响很大。明科夫斯基是精神病学发展小组的创始人之一[5]。他向战后的法国精神病学界引入了埃德蒙·胡塞尔和路德维希·宾斯万格（Ludwig Binswanger）的现象学思想。早在 1923 年，在处理一个忧郁症案例时，明科夫斯基就提出一个完善的理论，通过讨论主体和时间、空间、他人的关系的存在主义思想来理解心理疾病。他利用"变化"这个概念，把这些关系看成是动态的而非静态的。

拉康也讨论了这个术语，但并没接受它，而是转而赞同卡尔·雅斯贝尔斯的"过程"（process）概念。1928 年法文版《普通精神病理学》（*Psychopathologyie générale*）的出版曾引发很大争议。当时巴黎高师的两名学生保罗·尼赞（Paul Nizan）和让－保罗·萨特（Jean-Paul Sartre）帮助翻译了这个法文版本[6]。在这本最早出版于 1913 年柏林的著作中，雅斯贝尔斯展示了精神病学思想如何在对于精神病临床分类的基础上组织起来。在书的最后他区分了两个概念："意义实践"（les pratiques du sens）和"因果科学"（les sciences de la cause）。前者属于理解的范畴，而后者属于说明的范畴。在理解的层面上，每一个状态依赖于之前的状态：一个恋人发现自己被骗后的反应是变得妒忌；一名学生在考试失败后会痛苦，通过后会高兴。但在说明的层面上却有一个不能被理解的因素。为了理解这一点我们必须求助于不同于对刺激进行反应的另外一种逻辑。一名深受幻觉之苦的人所听到的声音或者一名妄想症患者所想象出来的迫害都属于说明的范畴，因为其中存在着一个因果链条。而"过程"这一概念指示的就是在心理生活中发生的变化，这种变化无法被理解，但却能理性地解释幻觉中的无意义特征[7]。

显而易见，雅斯贝尔斯的这一概念极大地帮助了拉康建构关于人格的科学。它使得拉康能够赋予因果逻辑更大的重要性，而不仅仅停留在对于意义的理解上。然而，正如弗朗索瓦·勒吉伊（François Leguil）所言，拉康对于雅斯贝尔斯理论的应用是片面的[8]。在接受了弗洛伊德发现的主要原则后，拉康不需要把"可理解的"和"可说明的"看成截然不同的事物：他知道它们其实密不可分。这就是为什么拉康提出来一个既不是完全弗洛伊德式的，又和雅斯贝尔斯理论有很大不同的三因说。在任何意义上这一理论都和二元对立的思想相矛盾。我将在后文回到这一话题。

还有一点需要解释，就是为什么拉康如此热衷于引用其他人的成果并在此基础上形成自己的观点，但与此同时在现实中他却背离了他们的教诲，仅仅留下一堆骷髅。事实上，拉康对待雅斯贝尔斯的方式和他之前对待大部分影响他的学者的方式一样。他所借用的每一个概念和所印证的每一个观点都仅仅是为了使他脱离后者，成为旧价值的毁灭者、尊贵历史传统的继承者和对新知识的探索者。拉康像凤凰一样不可捉摸，永远在挑拨着古典主义与现代主义，后代颠覆与祖先崇拜之间的关系，甚至会把自己转变为自己理论的对立面。所有这一切都是通过一种巴洛克的方式表达出来，在其中空间和运动的逻辑时有时无，交替出现。

拉康对于玛格丽特的痴迷就像一个捉迷藏游戏。他是布料商、醋商和杂货商的后代，但却拒绝从事贸易而是梦想着知识领域带来的权力与荣耀。对他而言，追求成功的意志是改变身份的包法利式欲望中最重要的能指。玛格丽特在一定程度上是他的替身，虽然她地位比他低也更具有乡土气息，但却和他一样是同一批法国民众的后代，同样向往着名望和学术上的成功。因此，虽然在1931年拉康还公然贬斥患有妄想症的男性，并把他们打入疯癫的地狱，一年后他的态度就因为这位受过教育的孤独女性而发生了大转弯。如果拉康不是投身医学领域而是陷入神志不清和幻觉之中，玛格丽特的命运就很可能发生在他自己身上。也许正是因为拉康的妄想症患者是女性，才使拉康能够以她为镜，在其中看到自己家族史的镜像——一个看上去一切正常的家族，其中所隐藏的过度的疯癫可能以爱的假象存在了多年。拉康在写下面这段话时，同时想着自己弟弟的隔绝的生活和艾梅的犯罪激情：

> 现代社会使个体陷入一种道德隔绝的残酷状态之中。他们模糊而不确定的工作很可能成为持续性内在冲突的根源。除我之外，已经有人指出日

益扩大的妄想症群体中包括了那些被不公正地贬低为低能或弱智的人，例如男女公办教师、女家庭教师、从事低智力活动的女性和自学者等等。这就是为什么我认为这些人应该根据他们的个人能力被一些宗教团体所接纳。在那里除了一些其他的优势，他们的自虐倾向可以得到纪律性的满足。如果这一理想的解决方案不可行，那么任何具有相似功能的团体也能实现同样的作用，例如军队、其他军事性的政治社会组织，或致力于道德提升和良好工作的组织。这些社会活动为那些同性恋倾向受到压抑的个体提供了发泄的渠道，同时升华了他们的欲望而防止其在意识层面上显露出来。[9]

拉康对于"艾梅"案例的阐释一方面构成了他博士论文的第一部分，另一方面也是支撑他论点的核心论据。在对这一案例的处理上，拉康离开了精神病学而进入了精神分析的领域。他从弗洛伊德及其弟子那里借用临床概念，在哲学中寻求自己工作的理论基础。拉康首先展示了妄想症主体通过一种"二重幻想"（délire à deux）机制表现出来的无意识的含义，姐姐在其中代表了母亲。玛格丽特的妄想和她母亲失去第一个孩子的事实相一致。拉康同时认为患者的钟情妄想症和同性恋的因素也有关。

一方面，玛格丽特被著名女性吸引是因为她们代表了她的自我理想；另一方面，她爱上威尔士亲王是为了表明对同性恋关系的抗拒，掩盖使自己亲近同性的驱力。在刺杀女演员的过程中，她其实是在谋杀自己的理想。"但是，"拉康写道，"她所谋杀的对象具有一种纯粹的符号价值，这是谋杀行动无法消除的。然而借助这一谋杀行为使自己在法律上获罪，艾梅也谋杀了自己，这给她带来了一种欲望实现的满足感。她原有的幻想变得浅薄乃至消失了。在我看来这样一种治愈的方式揭示了这种疾病的本质。"[10] 如果说艾梅谋杀自己是对于自我的惩罚，那是因为她把一种对于满足妄想症的要求转变为一种自我惩罚的妄想。拉康把这一机制看成妄想症的一个关键原型，并把这一"新实体"增加到精神病学早已繁杂的疾病分类法中[11]。

第 5 章 妄想狂的颂词

从这一视角理解玛格丽特的案例，拉康重新拾起了三因说。在他看来，艾梅精神病的"动力因"（la cause efficiente）来自她和姐姐之间的道德冲突。这一冲突表现为人格在同胞情结阶段的固着，并决定了症状的结构和持久性。除此之外还有"偶然因"（la cause occasionnelle）或者"特殊因"，它带来了主体自我组织的改变；以及作为具体反应倾向的"特殊因"（la cause spécifique）。后者在艾梅案例中表现为自我惩罚的驱力。通过这种三因说，拉康推翻了认为精神病只有一个单一起源的观点。相反，他强化了多元决定的理念[12]。

一种疾病不仅没有一个单一原因，而且也没有一种单一本质，因其本质是通过对其治疗的本质表现出来的。换句话说，疯癫从一个生命中产生，因此是产生自一个唯物主义的关系枢纽——这种唯物主义是一种历史唯物主义。拉康因此尤其强调人格历史的重要性：在这个背景下，妄想症来源于对于人格的再组织和对于自我的转变。它来自一个先前场景和疯癫开端之间的裂缝。自我惩罚的妄想症的一大特征是可治愈性。而如果这一特殊的精神病可以被治愈，那么为什么不能说疯癫本身是可以治愈和可以预防的呢？（这一伟大的设想在法国大革命之前就由菲利普·皮内尔提出，但之后随着精神病院的增加和认为心理疾病具有生物起源的观点的盛行而被其继承者所抛弃。）

但是拉康并没有顺着这个方向走下去。他对于百科全书派和启蒙精神怀有敌意，从不支持所谓的道德治疗。他把疯癫看成是由多种原因和脉络组成的网络的核心，但并不相信它总是包含着一些超越愚蠢的理性残留。他通过弗洛伊德革命和无意识的优先性来探索疯癫的大陆。正如弗洛伊德革命解决了自由与异化关系的棘手问题——人是自由的，但他并不是自己屋子的主人——拉康同样拒绝了在他看来统治医学史的哲学偏见。他抛弃了用一个活力原则作为身心关联的"活力论"和把生命缩减为动能之间相互作用的"机械论"。拉康的眼界超越了皮内尔、埃斯科拉庇俄斯、迦林和埃斯基罗尔（特别是最后这一位被拉康看成是精神病学的"邪恶继父"），而把希波克拉底看成是精神病学观察的真正奠基人[13]。

为了和所有心理学家和有机论者彻底断绝关系，拉康不惜跨越23个世纪，自称为古希腊医学之神的合法继承人。但为了从奥林匹斯山回归到凡人世界，拉康提出治疗方式需要与疾病的本质相适应。他因此明智地抛弃了在他还是克莱朗博的学生时所接受的专制立场，转而赞扬精神分析的治疗方法、预防措施和宽容态度。当时作为主流思想的启蒙主义精神病学和动力学的精神病学由克莱朗博学派、巴黎精神分析协会与法国精神分析协会的创始人们所代表。拉康虽然身处其中，但却选择了一个不同的认识论平台。在他之前，第一代的法国精神病学家和精神分析学家引入弗洛伊德理论的目的是重塑"遗传退化理论"，通过把新知识纳入旧体系中使得现有理论得到修正。现在，在法国精神分析运动中，是拉康首次扭转了这一过程，在动力主义和弗洛伊德理论之间制造出全新的张力。他不仅拒绝把精神分析附属于精神病学，而且展示了用弗洛伊德的无意识理论来重构精神病学中疾病学的绝对必要性[14]。除此之外，拉康还毫不犹豫地把德国哲学和精神病学思想放得高于法国思想。他因此成为那些反对老一代文化沙文主义的同辈人的代言人。他们反对对于神秘的"拉丁"和"经典"文化的盲目坚持，而主张用真正的科学方法取而代之。拉康的反沙文主义和他对于弗洛伊德无意识概念重要性的强调，使他和超现实主义者的立场更加接近。拉康因而成为法国第二代精神病学家和精神分析学家中第一个把弗洛伊德思想在法国进行传播的两种渠道进行综合的人。

虽然拉康对于弗洛伊德理论的颠覆性理解将会使他成为一个新学派的奠基人，但在当时他对于弗洛伊德术语的应用还是尽量遵照流行的正统理论。"精神病的治疗问题，"他写道，"在我看来似乎意味着对自我的精神分析比对于无意识的精神分析更加重要；换句话说，通过对主体抵抗的更好的研究和对于主体操纵的全新分析，有可能在技术上发现精神病的解决方案。我们不能责怪一个新兴技术还没有发现之前问题的解决方法：我们无权这么做，因为我们也无法提出任何其他的可控制的心理治疗方法。"[15]

拉康之所以认为抵抗和对自我的分析比探索无意识更重要，是因为在这时候拉康对于弗洛伊德理论的理解主要依赖于对无意识理论的一种特定解读。在1920年后对无意识理论有两种解读：第一种认为无意识对于主体有决定性力量（比"自我"更强大）；第二种把最主要的影响力赋予了自我。在两次世界大战之间，第二种解读在国际精神分析协会盛行，因为它迎合了精神分析师在培训过程中的所谓标准化技术[16]。拉康正是通过这种解读开始接触精神分析实践。

拉康对精神病学知识的理论创新和他思考理论所使用的术语之间存在着不一致。在这一阶段，他对弗洛伊德无意识理论的阅读还不能匹配他对于精神病学领域的弗洛伊德式改造。他从1932年6月开始接受鲁温斯坦的分析的原因可能和这种不一致有关。

尽管如此，拉康还是对自己无法给予"艾梅"病例一个完整的弗洛伊德式治疗而感觉心神不安。"我想要指出，"他写道，"如果我没有让我的病人接受精神分析，那么这一疏漏虽然不是我个人的责任，但还是会限制我工作的范围和价值。"[17] 拉康在1931年6月对玛格丽特的案例产生了兴趣，一年后他开始了自己的个人分析。他感觉有必要指出这一疏漏并且强调自己对其不负责任的事实，这体现了拉康在其思想发展的过程中对其论文的定位：这依然是一个精神病学的研究，但同时也已经是一个精神分析的文本。迪迪埃·安齐厄为让·阿卢什（Jean Allouch）关于玛格丽特故事的书所写的后记，使我们知道是玛格丽特自己拒绝接受拉康对她的分析。"当他在一系列访谈中试图分析她时，"安齐厄写道，"拉康还并未接受过精神分析师的培训，他也没有进行心理治疗的尝试，在任何情况下我的母亲都会拒绝那种治疗。她经常告诉我和我的妻子，说她发现拉康过于有吸引力，像一个小丑一样不值得信任。"[18]

第 6 章
阅读斯宾诺莎

> 在拉康看来，人格不是"神经过程的平行物，也不是个体总体性的生物过程的平行物，而是个体和他或她自身的环境所构成的整体的平行物。"

在拉康博士论文的第一页，他便引用了斯宾诺莎《伦理学》第三部分的第五十七个命题："只要这一个体的本质和那一个体的本质不同，那么这一个体的情感和那一个体的情感便不相同。"在论文的结尾，拉康又回到这个命题，并给出了自己的翻译和评论。罗贝尔·米斯拉伊（Robert Misrahi）对此评论道："似乎拉康把自己的整个论文置于斯宾诺莎的庇护下，好像他所提出的理论是受到斯宾诺莎著作的启发。"[1]

拉康确实把斯宾诺莎的哲学看作是唯一能够解释人格的科学。这也是为什么他从《伦理学》第二部分中借用了平行论（parallélisme）的理念："观念的次序和联系与事物的次序与联系是相同的……所以无论我们借助广延这一属性，或者思想这一属性，或者任何别的属性来认识自然，我们总会发现同一的因果次序或者同一的因果联系。换言之，我们在每一观点下，总会发现事物同样的连续。"拉康是否是回忆起了在博马舍大道公寓里自己的卧室墙上挂着的那幅体系图？

1932 年斯宾诺莎的观点帮助拉康对抗当时在法国盛行的另外一种平行论，这一理论自伊波利特·泰纳（Hippolyte Taine，1823—1893）发表自己对于心灵的研究后就已产生，并贯穿了遗传退化学派的整个兴衰过程。为

第6章　阅读斯宾诺莎

了解释身心统一，斯宾诺莎认为平行不仅仅意味着肉体和生物过程之间的一致，而且也意味着心理过程和生理过程的统一，两者可以互相转译。这一平行论和当时盛行在精神病学领域中的心理物理"平行论"毫无关系，后者认为生理现象和心理事实之间存在着一种决定关系，因此要么以精神自动化（遗传主义、体质主义），要么以二元论（现象学）来理解人格。在拉康看来，人格不是"神经过程的平行物，也不是个体总体性的生物过程的平行物，而是个体和他或她自身的环境所构成的整体的平行物。如果我们记得这是平行论的原始形式，而且最早是在斯宾诺莎的教诲中得到表达的，那么对平行论概念的这一理解是唯一配得上这个名称的理解"。[2]

因此，从《伦理学》第二部分的第七个命题出发，拉康把人格看作一个特殊实体的属性：个体的存在是一个由包含多种行为的复杂网络所构成的社会存在。心理现象只是其中的一个因素[3]。拉康在1923年所持有的在这个斯宾诺莎启发下的观点既不是现象学的，也不是本体论的，更不是体质主义的。这一观点指向了一元论、唯物主义和历史人类学等将要被年轻一代的精神病学家、超现实主义者和共产主义者热情拥护的学说。它不再把妄想症——乃至疯癫本身——看成是一种产生自异常的缺陷，而是把它当成是相对于普通人格的差异或失调[4]。

"失调"（discordance）一词最早由精神病学家菲利普·沙兰（Philippe Chaslin）引入法国，它指的是各种独立症状在被整合进一个可辨识的痴呆症之前相互之间的不和谐。沙兰把青春期痴呆、妄想性痴呆和言语失调性痴呆都纳入这一类别[5]。"失调"一词同时翻译了两个德语名词：布洛伊勒的"分裂"和弗洛伊德的"分离"。在1911年"精神分裂症"一词的诞生背后，隐藏的也是这一概念。希腊语中的"Schize"意思就是分裂、断裂和中断；在德语中，"分离"被翻译为"Spaltung"。19世纪晚期的研究已经提到了两种心理现象或两种人格共存但却相互无视的问题，这一现象被称为双重意识、分裂人格或者自我陌生感。

在这个基础上,精神病学的概念和精神分析的概念以平行的方式被创造出来,这也导致了很大的困惑。在布洛伊勒看来,"分裂"指的是控制思维流的联结被扰乱,而"精神分裂症"一词表示的是这种扰乱的第一次出现。它的首要症状是这一病态过程的直接表达,而它的次要症状是患病的心灵对这一扰乱的反应。"分裂"不仅仅指的是这种扰乱现象,也同时表明人格的实际退化。无论是在布洛伊勒的术语中,还是在"分离"或"失调"的法国概念中,精神病都源自一种缺失。

弗洛伊德的立场与此不同。他所提出的"自我分裂"一词指的是把主体和他或她的部分自我再现相区分的心灵内部的分裂。这抛弃了缺陷论和二元论,而是用心灵的地形学取而代之。从1920年起,在第二地形学的影响下这一概念的含义又发生了改变。"自我分裂"被发现不仅仅存在于精神病中,也存在于神经症和变态中。它反映了自我的两个立场的共存:一个立场顺应现实,另一个立场则制造和前者同样真实的"新现实"[6]。

在博士论文的结尾,拉康对《伦理学》第三部分第五十七个命题给出了自己的翻译,以此作为全文的题词。他的翻译可以帮助我们理解他对于斯宾诺莎的解读。拉康把斯宾诺莎的"discrepat"翻译为"不协调":"任何个体的情绪和其他个体的情绪都不协调,因为一个个体的本质和另一个个体的本质不同。"[7]拉康因此放弃了当时尚存的夏尔·阿普恩(Charles Appuhn)在1906年的翻译版本,这一版本后来被卡尔·吉哈德在1932年的新译本所修正。斯宾诺莎在这句话中使用了两个词"discrepat"(离开)和"differt"(不同),而阿普恩把它们都翻译为"不同"。阿普恩的译本因此是:"只要这一个体的本质和那一个体的本质不同,那么这一个体的情感和那一个体的情感便不同。"[8]

拉康纠正了阿普恩的译本,从而更清楚地展示出斯宾诺莎在原文中试图做出的区分。他选择"不协调"一词并非偶然。他想要做的是从精神病学中借用这一词汇,改变它的意义,然后把它重新引入一个以平行论重塑疯癫意义的文本中："我想要指出的是在精神病的决定性冲突、内在症状和冲动反应之间存在着不协调；另一方面，正常人格的发展、结构和社会张力之间则存在着普遍联系——这一不协调是由主体情感的历史所决定的。"换句话说，无论是所谓"病态"的情感还是所谓"正常"的情感，都是界定它们不协调性的同一本质的一部分，并不存在作用于一些情感的"病态"和作用于另一些情感的"常态"。不协调性作为精神病个体和正常人格之间的对比，同样贯穿了主体自身并界定了他或她的正常人格与一个精神病事件之间的关系。拉康因而把斯宾诺莎的"不协调"概念纳为己用，使其接近弗洛伊德的"分裂"概念[9]。

阿普恩在他的法文译本中，没有使用"affect"一词来翻译拉丁文中的"affectus"，因为在法语中并没有这样的词汇。他也没用使用一个德语的同义词"Affekt"，而是把"affectus"翻译为"affection"。虽然在1932年拉康并没有在这一点上纠正阿普恩，但他也许可能跟随弗洛伊德使用"affect"一词。这一词汇当时已经被引入了精神分析的术语中，用来表示情感效果或对于一定量的冲动能量的主体性表达。从这里我们可以看出拉康虽然已经体会到弗洛伊德理论的精髓，但他还未完全掌握精神分析的词汇概念。他还需要20年时间来提出对于弗洛伊德理论的整体性修正，并使他对于弗洛伊德不同概念的重新解读相互协调。

值得一提的是，在1988年，哲学家贝尔纳·波特拉的《伦理学》译本同时考虑到了弗洛伊德的"affekt"和拉康的"discord"。这给了第三部分第五十七个命题一种新译法："任何个体的情感都和其他个体的情感不协调，因为一个个体的本质和另一个个体的本质不同。"[10]

拉康对于斯宾诺莎哲学的借用是我们理解他如何吸收其他人思想的一个重要线索。拉康的评论并非仅仅重复了《伦理学》中的概念，而是"翻译"了它们，给予它们全新的意义。拉康早已展示了他对于一个能够吸收而非排斥其他理论要素的体系的偏好。他并不把自己的立场建立在对于某一模型的一种解读上，而是给出自己的理解，并把这一理解仅仅看作一种可能的解读。他认为在任何文本中都隐藏着一个真理，等待着一种解读。基于这一态度，他质疑任何仅仅以批判态度来理解科学史的方式或任何对于文本的历史解读。他不相信随着时间推移，我们能够穷尽对某一文本的全部可能的解读。相反，他认为任何与文本内在真理不一致的解读都应该被视为偏差和错误。当面对一个文本时，他把自己视为律法的实践者和真理的翻译人。他在自己的文本评论中所使用的这样一种知识模式和妄想症的典型知识模式高度相似，这也难怪在超现实主义的浸润下，拉康把妄想症视为正常人格的"不协调"的平行物。

在他1931年对于精神分裂症的研究中，拉康使用自动化的经典概念来处理和"圣灵感孕说"的相关体验。但同一年和达利的那次会面使拉康很快抛弃了自动化概念，而把疯癫的全部人类学意义置于人类心灵的中心。在拉康于1932年秋天完成的博士论文中，很多地方都流露出利用一种超现实主义立场的倾向，但拉康并没有明确指出这种影响。他谨慎地避免使用任何相关材料，也没有引用任何对他影响颇深的超现实主义文本，更没有提及达利、布勒东和艾吕雅的名字。他在乎自己的职业前途，不想因此冒犯精神病学领域的大师们——他们排斥文学先锋派和正统弗洛伊德学说的支持者，而拉康此时还是他们的追随者。但拉康错了：向他致敬的第一批人正是他试图掩藏其影响力的那些人，而公开反对他的第一批人也正是他曾试图取悦的那些人。

作为一名圣安娜医院的实习生，拉康居住在蓬佩路上一栋大厦一楼的一间丑陋、黑暗、装修简陋的公寓中，离布洛涅森林很近。当时他在和比他大15岁的寡妇玛丽-泰蕾兹·贝热罗（Marie-Thérèse Bergerot）交往。通过她，拉康发现了柏拉图。两人经常结伴出行。1928年，拉康带着她参观了位于摩洛哥的萨迪王朝的坟墓，并严谨地记录了其复杂的谱系。这是拉康对于东方文化的强烈渴望的第一个信号,这种渴望后来会把他引向埃及和日本[11]。

在1929年左右,拉康爱上了他的朋友皮埃尔·德里厄·拉罗谢勒(Drieu la Rochelle)的第二任妻子奥莱夏·显克微支(Olesia Sienkiewicz)。他的朋友刚刚离开了奥莱夏去追求聪颖的维多利亚·奥坎波。奥莱夏出生于1904年,是一位波兰裔的天主教银行家之女。她的祖母嫁给了儒勒·凡尔纳插图小说的著名出版商埃策尔。她的教母是《茶花女》的作者小仲马的妻子。奥莱夏和她的两个姐妹成长在一个敏感而讲究的环境中,她平时便生活在漂亮的玛索平原上的家庭公寓(首都郊外马利的小仲马之家)和地处维尔蒙尤,靠近默东的一栋由埃策尔继承的住宅两地。

德里厄被奥莱夏活泼的才情和双性化的外貌所感染,她激起了他内心强烈的同性恋的情感[12]。奥莱夏在之前经历过一次失败的爱情后,发誓断绝和男性的一切肉体关系,但最终还是臣服于出色的引诱者德里厄的魅力。

在最初的几个月里,德里厄对于自己第二段婚姻非常满意。奥莱夏帮助他,长时间倾听他,并帮他打印书稿[13]。因此当婚姻破裂后他感到非常内疚。当他知道自己的朋友拉康在追求奥莱夏时他感到高兴。拉康给他写了一封冗长晦涩的信,列出自己这份感情的缘由。从这段感情开始到1933年的秋天,拉康过上了一种充满私密性的双重生活。虽然表面上他还住在蓬佩路,他把父母在布洛涅的地址印在自己的名片上。而在大部分时间里,拉康睡在医院里,奥莱夏经常到那里陪他。与此同时,拉康依然继续着自己和玛丽-泰蕾兹的关系,这段关系只有他弟弟知道。

拉康用一种狂野的激情感染着奥莱夏,这种激情带着他们从巴黎到马德里,从科西嘉到诺曼底海岸。虽然拉康此时还不会开车,但他痴迷于汽车,并且喜欢和朋友即兴出游,喜欢高速环游法国。他们一起拜访了布列塔尼的伊尔奥穆瓦内和在布列塔尼和诺曼底之间的勒蒙-圣米歇尔,接着他们坐飞机去阿雅克肖，到科西嘉游玩。

1932年7月，拉康托奥莱夏帮他打印论文。奥莱夏在2月刚刚搬到位于伽杭塞尔街的漂亮阁楼。拉康每周要拜访那里好几次，把自己在寒酸的单身公寓中草草写出的手稿拿给她。拉康在10月7日完成了初稿，之后奥莱夏完成了打印。拉康把书稿交付一家专门做医学书籍的出版社。玛丽－泰蕾兹·贝热罗赞助了他一大笔出书费用，拉康在书中用"M.T.B."的缩写向她致敬，并用希腊文写了一行字："没有她的帮助我无法走到今天这一步。"

在11月的一个下午，拉康在医学院完成答辩，拿到了医学博士学位。答辩持续了一个小时，并没有发生什么意外。答辩委员会以亨利·克劳德为首，在候选人身后坐着包括奥莱夏和玛丽－泰蕾兹在内的80余名听众，这两个人从未见过面也相互不认识，但她们都和拉康在圣安娜医院的朋友们很熟，后者都来旁观这位新精神病学的先锋人物的答辩。他们以前经常在晚上看见奥莱夏来到实习生的公众休息室，还给她取了个外号叫"冷水"。这个名字出自德里厄·拉罗谢勒所著、路易·茹韦（Louis Jouvet）出品，并由皮埃尔·雷诺阿（Pierre Renoir）和瓦伦丁·泰西耶（Valentine Tessier）主演的一部戏剧。拉康的朋友们把玛丽－泰蕾兹称为"公主"，她从来没有在医院过过夜，但有时会给拉康送来一罐牛奶，帮助他度过一个艰难的早晨。整个答辩在窃窃私语和焦虑中进行，就像一场戏剧表演，其中女人装扮成男人，仆人装扮成主人，似乎连观众都无法辨认出其他人[14]。唯一缺席的人是玛格丽特·庞泰纳。

这段经历没有给拉康留下美好的回忆。在1933年8月写给奥莱夏的一封信里，拉康抱怨自己前一年浪费时间被迫学习医学的事情。战后在博纳瓦的一个会议上，拉康抨击了一名他认为当年有意为难他的评委会成员。之后，当拉康的博士论文售罄时，他很不愿意再版。考虑到拉康后续的思想发展和他在博士论文中表达出来的思想之间的巨大差异，他这日益增长的排斥态度也是可以理解的。拉康不仅没有提出一个关于人格的科学，也没有向精神病学的病理学添加任何拉康意义上的自我惩罚。拉康的职业方向并不是建立在精神分析上的精神病学。到1936年拉康在弗洛伊德学说中进行第一次冒险时，他已经忘记了自己的博士论文 [15]。

拉康的博士论文同样被第一代的法国精神分析师所忽视，法国精神分析协会的期刊上没有一篇对它的评论，甚至连爱德华·皮雄也没有提过它。拉康对此非常生气，但他坚信自己进入精神分析世界的尝试是成功的。他把自己论文的一份副本寄给弗洛伊德，希望能得到大师的认可，尽管他的法国追随者们都保持沉默。但拉康等来的是失望。1933年从维也纳寄来了一句简短的回复："谢谢你寄来的论文。"弗洛伊德从来没有打开过这位年轻的陌生人充满热情地向他推荐的论文。拉康的信函上打头的是他在布洛涅的官方地址，下面跟着的是他在蓬佩路上的真实地址。弗洛伊德解决这个问题的方式是把两个地址都写在他回复的明信片上 [16]。

精神病学界的最初反应来自拉康的忠实朋友亨利·艾。他早在论文发表之前就在《大脑》(*L'Encéphale*) 杂志上写了一篇慷慨的评论文章："我在回顾这个研究时还心存顾虑，因为我深知它的'内在历史'和使它成形所付出的努力。我和研究者虽然对于解决方式的看法有出入，但在精神病学的问题上持有同样的见解。不过这种友谊并没有使我的分析丧失公正，恰恰相反，我对作者的了解帮助我更好地理解这篇长期酝酿后的作品，并使我能够生动地阐释以一种抽象和晦涩的形式表达出来的论点，这一论点是如此精炼和复杂，以至于它很可能打消一些读者的阅读欲望。" [17]

然而到了1933年，四位知名的文学界人物帮助拉康确立了他在未来法国精神分析中的领袖地位，他的学派将和老一辈的沙文主义和保守主义彻底断裂。拉康被推到混杂着正统共产主义者、异见者和超现实主义者的极左政治舞台上，其中各方以其对马克思主义的不同理解而相互争论。作为莫拉斯的热烈崇拜者和莱昂·布卢瓦（Léon Bloy）的小说的忠实读者，对于政治毫无兴趣的拉康发现自己被视作关于心理疾病的唯物主义理论的领军人物。

第一个评论来自保罗·尼赞，在发表于 1933 年 2 月 10 日的共产主义报纸《人道主义》(*L' Humanité*) 中他写道："这是一篇医学博士论文，似乎不该在这里评论。但有必要留意到这篇反对官方主流科学思想的论文。虽然有种种限制强加给这篇学术论文的作者，但这篇论文还是反映出辩证唯物主义严肃而切实的影响。拉康博士还尚未明确他全部的理论立场，但他表现出对于当前腐蚀心理学和精神病学研究的各种唯心主义的不满。唯物主义将会战胜教授们的无知，成为一种引导科学进步的真正方法。"[18]

到了 1933 年 5 月，勒内·克勒韦尔 (René Crevel) 在发表于《服务于革命的超现实主义》杂志中的一篇文章里赞扬了拉康的论文。克勒韦尔比尼赞更加积极地和官方精神分析进行战斗，他当时处在多重身份的挣扎中，既是法国共产党党员，又是同性恋，还是已经变成敌人的布勒东和阿拉贡的共同好友。所以他希望通过传统心理治疗来找回自己。他已经接受过勒内·阿兰迪的分析，对于后者他在《狄德罗的竖琴》(*Le Clavecin de Diderot*) 杂志中有过辛辣的刻画。克勒韦尔把阿兰迪比作雅里的讽刺喜剧《愚比王》(*Ubu Roi*, 1896) 中痴呆的父亲乌布，说他是一个"自命不凡，留着胡须的漂亮家伙"。克勒韦尔把精神分析的正统学派看成是腐败的，认为它浸泡在资产阶级唯心主义之中。他把拉康视为新精神的代言人：拉康的"唯物主义"把个人的个体层面和社会层面相联系。对克勒韦尔而言，唯物主义等同于具体分析，但他对于艾梅的不幸命运显然更有兴趣。相比拉康，他描写艾梅的笔法没有那么冰冷和具有学术性。克勒韦尔把她看成一个叛逆的同性恋者，一个女性无产阶级的歇斯底里化身："艾梅并不犹豫妥协。她直接进入一种既吸引人又让人厌恶的痉挛状态，但她的冲动和无法理解她的群众有所冲突。她在道德和智识的同情方面的需求总是得不到满足，所以她决定'必须成为男人'。"在对于自己的女性镜像做出如此精彩的评论后,克勒韦尔声称弗洛伊德在批判共产主义、苏联和马克思主义分析时犯了错,这也是为什么他无法进行世界性革命:"他太疲惫了,只想睡在自己的功劳簿上。我们可以原谅他这一点,但是取代他的年轻的精神分析师们在哪里?"[19]

1933年6月,在被推举为一个混合弗洛伊德学说和马克思主义的学派的领袖和未来革命的预言者后,拉康又得到了萨尔瓦多·达利的赞美。在《牛头怪》(Le Minotaure)杂志的第一期中,达利在重温了一些熟悉的观点后,提到拉康的博士论文:"因为它,我们才第一次达到了对主体完全的和同质的理解,而不像当前的精神病学一样深陷机械论的泥潭。"[20] 这一观点也得到了让·贝尼耶(Jean Bernier)的附和,后者在《社会批判》中写了一篇基于充分调查后的文章,把拉康的工作放在精神病学历史的背景中进行评价。

贝尼耶是一位作家、记者和体育爱好者。他和布勒东、阿拉贡同属于一个知识分子群体。和他们一样,他也经历过"一战"的恐怖,决心激进地挑战资产阶级社会。他和法国共产党的创始人鲍里斯·苏瓦林(Boris Souvarine)一起在1924年的苏维埃共产主义大会上支持托洛茨基。两年后他认识了一名热情地致力于革命的女子科莱特·佩尼奥(Colette Peignot)。后者不顾自己的肺结核和最贫穷的农民们一起生活在集体农场里。她对布尔什维主义的激情让她成了一名病人,而她对贝尼耶的爱使她从自杀中幸存下来——她尝试朝自己开枪,但子弹没有射中心脏。在列宁格勒,她和鲍里斯·毕力涅克有过一段暴风骤雨般的爱情。在柏林,她又和粪便学专家、施虐狂和虐妻者爱德华·特劳特纳住在一起。

1932年,佩尼奥认识了鲍里斯·苏瓦林。两人一起创办了《社会批判》(La Critique sociale)杂志,这是共产主义左翼阵营的第一份重要的评论杂志。科莱特·佩尼奥和鲍里斯·苏瓦林召集了很多作家和前法国共产党成员,包括雷蒙·格诺(Raymond Queneau)、雅克·拜伦、米歇尔·莱里斯（Michel Leiris）和让·皮埃尔（Jean Piel）。刚刚结束他的《文本》（*Documents*）评论杂志实验的乔治·巴塔耶（Georges Bataille）在1931年加入了这个团体，并开始旁听乔治·杜马在圣安娜医院的病例报告。正是在这个马克思研究与弗洛伊德研究齐头并进的背景下，让·贝尼耶加入了《社会批判》小组。他是德里厄·拉罗谢勒的密友，但却是在拉康出版博士论文时，才通过奥莱夏·显克微支认识了他[21]。

和尼赞、达利和克勒韦尔不同，贝尼耶对拉康的论文提出了一些批评意见[22]。虽然他把拉康看成是一位未来的大师，也同意他的大部分结论，但他批评拉康为了保持晦涩的文风而没有充分思考艾梅的童年性身份，也没有给予治疗足够的关注。贝尼耶以一种左派的立场评价精神分析和精神病学，他认为两者都忽视了精神病的社会维度，没有充分谴责资产阶级社会对于个体的病态影响[23]。

第 7 章
帕潘姐妹

> 这一由停电引发的犯罪是对于"无言"的暴力性表演,甚至连剧中的演员自己也没有意识到一些不能被言说的事物的意义。

  法国知识分子圈对于"艾梅"案例的评论影响了青年拉康未来的发展。在他的论文发表之前,拉康主要的哲学取向是胡塞尔和雅斯贝尔斯的现象学。他对于斯宾诺莎的解读帮助他建构了关于人格的理论。但从1932年起,他开始寻找一种新的哲学思想。先锋派是以超现实主义和共产主义的名义来赞扬他的哲学论文的,这两者虽有不同,但在他们眼中都代表一种来自黑格尔、马克思和弗洛伊德的唯物主义哲学。

  当时法国哲学异常贫乏,深陷于柏格森的精神主义、学院派的新康德主义和一种不同于其原始思想的笛卡儿主义之中。唯物主义的先锋派常常用这幅悲惨的场景对比德国思想的辉煌。他们自认为是黑格尔主义者和马克思主义者,并吸收了同时代伟人们的思想——其中当然包括胡塞尔、尼采和海德格尔,后者刚刚(1926年)出版了著名的《存在与时间》。

  拉康在当时被视为一个唯物主义者,他也接受了先锋派为他树立的这一形像。他抛弃了自己关于人格的斯宾诺莎理论——虽然斯宾诺莎的思想依然指导了他的其他几次学术活动。他同时放弃了精神病学解读下的现象学,转向了对于胡塞尔的另一种理解和一种黑格尔-马克思的唯物主义。但这要花费他四年时间通过科耶夫和柯瓦雷的教学去真正理解黑格尔的

《精神现象学》和海德格尔的哲学。

拉康的哲学转向反映在他发表在《牛头怪》上的第一篇文章中。文章的主题是风格问题和妄想症经验形式的精神病学概念。虽然在内容上拉康只是推进了他在"艾梅"案例中已经表达出来的观点，但他现在使用了一套不同的术语。文章除了直接否定了作者所认为错误的精神病学传统，还通过使用一些马克思主义词汇展现出一种叛逆性：拉康第一次使用"理论革命""资产阶级文明""意识形态上层建筑""需求""人类学"这样的词汇。简而言之，他接受了尼赞、克勒韦尔、达利和贝尼耶传递给他的信息[1]。

在这一背景下，1933年拉康对"帕潘姐妹"（Papin sisters）震惊公众、媒体和知识分子圈的著名犯罪案例产生了兴趣。它的影响不仅来自其社会意义，而且来自案情本身的怪异。1933年2月2日，在法国西北部的小镇勒芒，出身于当地孤儿院的两个女仆克里斯蒂娜·帕潘（Christine Papin）和莱亚·帕潘（Léa Papin）残忍地谋杀了她们的雇主郎瑟兰（Lancelin）女士和她的女儿吉娜维芙（Geneviève）。那天晚上因为停电，克里斯蒂娜没有完成熨衣工作，之前外出的郎瑟兰女士回家后责骂了她。克里斯蒂娜袭击了她的两位雇主，并叫自己的妹妹一起参与了谋杀。她们把受害者的眼珠挖出来，用厨房器具猛砸她们的身体，把血液和脑浆抹得到处都是。接着她们锁上前门，回到自己的床上蜷缩起来，等待警察的到来。她们还脱下沾满血腥的衣服换上了睡衣。

这桩罪行的震惊之处在于帕潘姐妹一向是模范用人，一直很好地服侍她们的雇主。但在她们正常的外表下掩藏着令人不安的事实。她们的父亲曾经是姐姐的情人，她们的祖父因为癫痫而去世，她们的一位堂兄妹患了疯病，她们的一位叔叔在自家谷仓上吊自杀。而在谋杀发生之前不久，这对姐妹还向当地警方报告说自己遭到"迫害"。

三位作为专家证人的精神病学家对这两位年轻女士进行了详细检查，后者对她们的罪行供认不讳。专家的结论是两人神志清醒，应该对她们的行为负责。两人因此被指控无预谋的谋杀,一人面临死刑,另一人面临无期徒刑。在被关押五个月后,克里斯蒂娜开始出现昏厥和幻觉。她试图挖出自己的眼睛,把双臂张开像在十字架上一样,并痴迷于露阴癖。有时她声称在来世她是自己妹妹的丈夫,有时又说她在梦里看见妹妹吊在树上,腿被砍断了。她拒绝被单独关押,不得不穿上紧身囚服。当被问到为什么要脱掉郎瑟兰女士的衣服时,她说:"我在寻找能让我变得更强大的东西。"尽管如此,有一位精神病学家依然声称她在装疯卖傻,应该接受审判。但另一名专家本杰明·洛格尔(Benjamin Logre)为这对姐妹辩护。虽然他不被允许对她们进行详细检查,他还是诊断她们为心理不正常,患有歇斯底里性痉挛、性变态和被迫害妄想症。

1933年9月29日,在萨尔特刑事犯罪法庭上,各种冲突意见相持不下。在公诉人看来,帕潘姐妹是丧失人性的嗜血恶魔。而有些人则认为她们是资产阶级残酷祭坛上的牺牲品。超现实主义作家保罗·艾吕雅(Paul Eluard)和本杰明·佩雷(Benjamin Péret)把这个案例和洛特雷阿蒙邪恶的《马尔多罗之歌》(*Chants de Maldoror*)相提并论,萨特则谴责道德社会的伪善。

代表郎瑟兰家族的律师坚持认为帕潘姐妹应该为她们的行为负责,并力图向法庭证明她们的谋杀是"半预谋的"。一位名叫热尔梅娜·布里埃(Germaine Brière)的女律师则引用洛格尔的诊断,认为这对姐妹是疯子。就像其他这类案例一样,动力精神病学的支持者和在遗传论或体质论的基础上声称这对姐妹在装疯卖傻的人针锋相对。在辩论中,这对姐妹承认她们对受害者并无怨恨。她们认为在她们行为的背后隐藏着自己都无法理解的意义。克里斯蒂娜最后被判死刑,不久被改判无期徒刑。一年之后,她因为妄想症被送入位于雷恩的一家精神病院,三年后她在那里死于精神性消瘦。以一种妄想性的自我惩罚,她因自己的罪行把自己活活饿死。而莱亚在监狱服刑数年后回家和母亲生活在一起[2]。

疯女人

"帕潘姐妹"的案例与拉康在1932年提出的理论完美契合。它涉及女性性欲、双重谵妄、表面上缺乏动机的谋杀、社会张力、妄想症和自我惩罚。因为这个原因,拉康在向本杰明·洛格尔的勇气致敬的同时,开始抛弃他关于歇斯底里性痉挛的诊断。他意图说明只有妄想症才能解释这对姐妹的神秘行为。她们的疯癫似乎来自一件非常普通的日常事件:停电。但这一事件对于帕潘姐妹可能具有某种无意识的意义。拉康猜测它可能象征着女主人和用人之间长期存在的沉默——她们缺乏直接的交流,因为她们都不和对方说话。这一由停电引发的犯罪是对于"无言"的暴力性表演,甚至连剧中的演员自己也没有意识到一些不能被言说的事物的意义。

在拉康看来,如果艾梅袭击了代表着她自我理想的女演员,那么帕潘姐妹也是以同样的原因杀死了她们的主人。这个犯罪的真实动机不是出于阶级仇恨而是妄想症结构,凶手通过这一结构攻击她们内心中的主人的理想。拉康对于玛格丽特不成功的谋杀尝试和帕潘姐妹成功的谋杀的分析是一样的:他对于两个案例的诊断都是妄想症和自我惩罚。但他也意识到两者之间的不同。"帕潘姐妹"的案例不涉及包法利主义和钟情妄想症,它也不是一个无名女性袭击另一个知名女性的案例,而是发生在一栋普通住宅的私密环境中,相识多年的普通女性之间的残酷谋杀。这一罪行的结果只能是彻底的屠杀和人性的完全泯灭。这也是这一案例如此让人震惊的原因。在表面上它似乎反映了阶级仇恨的社会现实,但事实上它反映的是妄想性异化的另一种现实。如果说玛格丽特·庞泰纳似乎是直接脱胎自法国19世纪文学的伟大传统,那么"帕潘姐妹"的案例则可以追溯到古老的希腊悲剧。它展示了一个被日益增长的社会、种族和国家仇恨所蹂躏的世界的残酷。艾梅是福楼拜笔下在皮埃尔·贝诺伊特的情景剧中结束自己一生的人物,克里斯蒂娜则是阿特柔斯家族里的女主人公,她在法国北部的森林和田野里迷了路,因而被抛置在一个充满阶级斗争和消灭同胞的渴求的现代社会之中。

两个故事的差异反映在拉康对它们的不同写法上。作为"帕潘姐妹"案例的背景,拉康追溯到充满神话、传奇和无意识的远古时代,描绘出大量的残酷戏剧。拉康风格改变的另外一个原因是他引入了一个新的哲学维度。在"艾梅"案例之前,拉康从没读过黑格尔。在 1932 年的博士论文中他没有提过黑格尔的名字。论文中的现象学成分都来自精神病学,而不是来自对于黑格尔、胡塞尔和海德格尔的直接阅读。但在 1933 年 10 月或 11 月后,亚历山大·科耶夫(Alexandre Kojève)的研讨班开讲。拉康虽然还未亲自参加研讨班,但已经通过柯瓦雷的文章和其他渠道开始发现一种"真正"的黑格尔的现象学。拉康就帕潘姐妹所写的文章体现出了黑格尔的影响。犯罪被解读为不同意识之间斗争的一种典型的主奴辩证,疯癫以"意识边界"(conscience enchaînée)的概念来定义,心理异化变成了异化的"意识"[3]。

所以,在玛格丽特的案例和克里斯蒂娜的案例之间,拉康从一种把人格看成是正常与病态的集合的斯宾诺莎式的一元论过渡到一种黑格尔式的一元论。他抛弃了人格概念而转向了自我意识。但直到 1936 年,也就是拉康开始接受鲁温斯坦的分析并开始参加科耶夫的研讨班后,他和黑格尔的相遇才会发挥出全部作用。

L'âge d'homme

PARTIE 3
_成人

第 8 章
私人生活与公共生活

> 拉康是一个反叛英雄，他不是为平庸生活而生的，永远无法循规蹈矩，而且注定要与众不同。

在博士论文发表 40 年后，拉康说当年把他引向精神分析的是"艾梅"案例，在分析这个案例时他已经不自觉地使用了弗洛伊德理论[1]。我们现在知道事实比这更加复杂。拉康对他过去的回忆和所有人类证词一样都有其弱点。当拉康写出玛格丽特的故事时，他其实并不是在不自觉地使用弗洛伊德理论。恰恰相反，当时他已经对弗洛伊德理论有了相当的掌握并且在有意识地使用它。他之所以在年老时认为自己 40 年前不是弗洛伊德派，是因为他没有看出自己的思想中弗洛伊德的部分和非弗洛伊德的部分在这么多年中是如何转变的。拉康在 20 世纪 30 年代的思想和 70 年代的思想有很大差异的事实并不能说明他在 1932 年不是一个自觉的弗洛伊德派。

毫无疑问，拉康在自己第一次遇到玛格丽特时变成了一名弗洛伊德派，到他写出对"艾梅"案例的分析时他已经广泛地吸收了精神分析思想。所以在 1972 年到 1975 年间，拉康对于自己连贯而系统地接受弗洛伊德理论的时间的回忆是错误的。但另一方面，拉康确实可以说是"艾梅"案例把他引向了精神分析的体验。1932 年 6 月，拉康开始接受鲁道夫·鲁温斯坦的分析。我已经说过，拉康开始分析的时间正是他结束对玛格丽特的访谈、准备开始完成论文终稿的时候。我们很容易理解拉康对自己没有利用弗洛伊德技术治疗艾梅的懊恼,他觉得如果自己早一点开始分析,可能他对研究对象会有更深入的理解。在这个意义上,不论今天人们对拉康当时在巴黎精神分析协会背景下的临床培训有什么新的评价,我在《法国精神分析史》[2]中提出的假设——即艾梅之于拉康,等同于弗利斯(Wilhelm Fliess)和安娜之于弗洛伊德——依然成立。

对于玛格丽特,拉康尝试了一种"原始分析"(analyse originelle)。在这一过程中,他通过理论层面上对文本的解读和临床层面上聆听一名精神病患者而成为弗洛伊德派。因为这个原因,拉康对于这位使他能够以一种创新的方式把弗洛伊德学说重新介绍给法国的女性有一种特殊的感觉。玛格丽特的案例把拉康引向了一位男分析师,但他——说得委婉点儿——永远不可能像弗洛伊德是他的学生的分析师和老师一样,成为拉康的老师。因为国际精神分析协会在20世纪30年代的风格,拉康始终认为鲁温斯坦最多只能算一位令人失望的老师。

鲁道夫·鲁温斯坦1898年出生于当时处在沙俄控制下的波兰中部城市罗兹。他是一种著名类型的完美化身:永远被反犹太主义和大屠杀所驱逐,同时也是永远在寻找一片乐土的犹太精神分析师。在被迫逃离他的祖国后,鲁温斯坦不得不重新接受了至少三次医学培训:第一次是在苏黎世,他结识了一些新精神病学派的朋友;之后是在柏林,他在当代弗洛伊德研究最先进的小圈子里和汉斯·萨克斯(Hanns Sachs)一起工作;最后是在巴黎,勒内·拉福格的经济资助使他得以定居下来。玛丽·波拿巴支持他,后来还成了他的情人,帮助他很快地发表文章。就这样,没过多久,这位幽默迷人、才华出众的医生就在巴黎精神分析协会中占据了重要位置,成为第一代和第二代法国精神分析师的督导[3]。

虽然无论是拉康还是鲁温斯坦都没有透露在分析中究竟发生了什么,我们现在知道那个过程一定是非常紧张激烈的。当拉康第一次去凡尔赛宫大道127号时,他自命不凡,一方面有着巴黎知识分子圈的赞美,另一方

第8章 私人生活与公共生活

面有一连串出色的学术成绩。他认为自己不仅比他的同事，而且比他精神病学的导师们都更有才华。至于法国精神分析运动的先驱们，除非他们对自己的事业有帮助，否则拉康一概无视。爱德华·皮雄是一个例外，拉康欣然承认他对自己的影响。但对其他人，拉康少有好感，认为他们都不是伟大的创新者。

因此，当鲁温斯坦看见这位与众不同的分析者走进来，头歪向一边，耳朵突出，带着独特的微笑，摆出一副带有欺骗性的无动于衷的姿态时，他感到忧心忡忡：拉康不是一位普通的分析者。他是一位传奇的天才，而且他不是通过对正统精神分析的解读来理解弗洛伊德的理论的。像他这样的人不会轻易地接受规则和限制，哪怕它们对于实现他的野心来说是必要的。拉康在气质上是一个自由的人，他的自由不能忍受任何束缚和责难。他的家族在一个世纪的工业变迁与兴衰中赢得的独立在这位中产阶级的后代身上成为第二本能。拉康不会承认任何在他之上或者控制他欲望的外在权威。他不会屈服于父权的指令，而是放任自己的奇思异想。到了1932年时，驱动拉康的权力意志随着他对于《查拉图斯特拉如是说》（*Zarathoustra*）细致而富有成果的阅读和对于斯宾诺莎的激情而更加强烈，并且还伴随着他对于平庸者高高在上的厌恶。

在拉康成长过程中出现的都是资产阶级式的痛苦：长期不满、极度不耐烦，以及因为无法掌控宇宙而产生的苦恼。简而言之，这些都是伴随着普通神经症的想象性痛苦。拉康从来没有经历过真正的苦难：饥饿、贫穷、缺乏自由或被迫害。"一战"时，拉康还太年轻，不用把自己置身在凡尔登的炮火之下，他只是在斯坦尼斯拉斯学校的花园里远观战争。他对于战争的疯狂仅有的感受是目睹垂死伤员的残肢和绝望的眼神。他从来没有在战场上因为血腥而窒息，也从来没有反抗过真正的压迫。他在生活优渥的商人之家的摇篮里长大，所经历的唯一的不幸是家庭的限制——他们不让他成为一名英雄。而伴随着这种英雄主义的缺乏而来的是对于顺从的

成人

公然拒绝。拉康是一个反叛英雄,他不是为平庸生活而生的,永远无法循规蹈矩,而且注定要与众不同。他对于疯癫话语的浓厚兴趣是他理解这一疯癫世界的关键。

这一切都和鲁道夫·鲁温斯坦截然不同,后者的一生都和流亡、仇恨与侮辱绑定在一起。和拉康不同,他深刻理解"压迫"这一词的全部意义:首先作为一名犹太人,生活在一个对犹太人的教育与职业活动施行歧视性限制的帝国中;之后,作为一名没有祖国的移民,从一个国家流亡到另一个国家,不断学习新的语言。他深知自由的代价,所以决定捍卫自由所代表的东西而不让它变得廉价。在他漫长旅程中的每一阶段,鲁温斯坦都要用一种现实主义的观点来面对前方的危机。他没有同伴,只有一本破旧的护照。

当鲁温斯坦在法国定居下来后,他觉得自己终于到了安全的天堂。他把这里看成是希望之地:法国,人权的发源地、平等主义共和国的摇篮,以她无上的高雅和令人骄傲的智慧统治着欧洲。那么另外一个法国呢?那个反犹主义和爱国联盟的莫拉斯和里瓦罗尔的法国呢?鲁温斯坦在当时没有注意到这一点。但在15年后,正是这同一个法国让他再次流亡,向作为自由之地的美国寻求庇护。当鲁温斯坦在1925年来到巴黎,受到一位共和主义的公主,一个在德国文化中长大的阿尔萨斯人,和一位支持德雷福斯,同时是"法兰西行动"组织成员的著名文法学家的欢迎时,他肯定预见不到后面这些事。由于被他的好友玛丽·波拿巴、勒内·拉福格和爱德华·皮雄的好意所感动,鲁温斯坦变成了一位法国公民。那么在他和拉康的第一年分析中,为什么会出现争执呢?

虽然拉康和鲁温斯坦有很多不同,但在一点上两人是一致的:他们都是唯物主义者。两人都接受了弗洛伊德学说对于普遍主义和上帝之死的看法,对宗教幻觉抱有批判态度。这位和制醋业家族疏离,生活在摇篮里的基督徒,与这位仰慕革命者阿贝·格雷瓜尔的犹太人本来是可以和平共处的，但他们却没有。

拉康在选择分析师时没有犹豫。这不仅因为已经在法国生活了七年的鲁温斯坦是当时巴黎精神分析协会最好的训练分析师，代表了拉康渴望加入的充满诱惑的弗洛伊德世界，而且还因为鲁温斯坦和拉康的唯物主义立场一致。当拉康之后开始接受控制分析时，他以同样的理由选择了另一名分析师：在柏林接受卡尔·亚伯拉罕（Karl Abraham）和弗朗茨·亚历山大（Franz Alexander）分析的瑞士新教徒夏尔·奥迪耶。这两个人都是当时弗洛伊德圈子里的重要人物。从古老法国中部的埃纳和卢瓦尔的天主教家族走出来的拉康，通过一名不断流亡的犹太人和一名因为《南特敕令》在1695年被废除而举家搬到法国的新教徒后裔而进入了分析实践。也许这是他和博马舍大道上的顽固家族彻底决裂的必要一步。

与此同时，通过向正统弗洛伊德派的两位分析师求教，拉康间接地成为弗洛伊德最著名的三个弟子的学生：他的个人分析师的分析师汉斯·萨克斯，来自维也纳，推动了国际精神分析协会的标准化；他的督导的第一个分析师卡尔·亚伯拉罕，是精神病学专家，也是柏林精神分析协会的创始人；他的督导的第二个分析师弗朗茨·亚历山大，曾经接受过汉斯·萨克斯的分析，是提出减短分析时长技术的先驱。

奇怪的是，拉康从未告诉过任何人他曾经接受过督导，连他的女婿和其他亲属都不知道这一点。我是在1982年6月从热尔梅娜·盖（Germaine Guex）那里得知此事的。她确信拉康曾经在一段时间里接受过奥迪耶的督导（她在那时是奥迪耶的情人）。在那几个月时间里，拉康每次都在同一时间拜访奥迪耶。但在我和她交谈时，她已经记不清这件事情到底是发生在1935年还是1937年[4]。这一切似乎都表明拉康并不是真的去奥迪耶那里接受个人分析——不过他去鲁温斯坦那里的目的可以肯定是去接受个人分析。这是1934年这一法国协会成立时按照国际精神分析协会的规定为候选分析师设定的强制性要求。

晚年的拉康从来没有提过他接受过督导一事并不意味着他没做过。他也许是认为说自己做过一次分析已经可以让他的同辈知道自己和弗洛伊德在作为领袖时的区别：他，拉康，被分析过。不是在随便一个躺椅上，而是那种定期的和正统的分析。但他也知道，当自己死去后，一些好奇的历史学家可能通过推导或健在证人的证据来发现真相。记忆总是会揭示一切。

从1932年6月到1938年12月的六年时间里，拉康和鲁温斯坦在凡尔赛宫大道上的公寓里每周定期见面，但是他俩之间却存在着巨大的裂缝。拉康把自由看成是长期而无障碍的欲望实践，而对鲁温斯坦来说，自由是一种必须被争取的权利，一种通过克服偏狭而赢得的胜利。他明白自由的价值，因为他曾经失去过自由，他也不准备为了欲望而再次牺牲自由。自由必须被谨慎地在一定规则下使用。而对于鲁温斯坦这样一个在每次流亡中都失去之前一切的移民来说，这些规则是由国际精神分析协会为精神分析的"自由"实践而建立的。这些规则的权威性来自国际精神分析协会的超国家性，以及从1925年开始它们被所有下属协会所采用的普遍性。

在两次世界大战之间，弗洛伊德派帝国的核心成员是来自中欧的犹太人。它类似于一个国家，通过普遍认同的规则和传统来维持组织内部的平等和统一。这些规则也许经常被破坏，但依然作为一个道德框架，使精神分析社团得以存在，把它们建立在一种伦理基础上并以社会纽带进行绑定。鲁温斯坦是国际精神分析协会的伟大兄弟会中的一名纯粹的技术员。他认识到这个共识，但也没有因此而放弃自己的热情。他分析过自己的爱人及其儿子，这些都打破了他应该遵守的规则。在这方面他和他的对手拉康很像。但不同于拉康，他确实相信遵守规则有益于弗洛伊德精神分析的自由实践，从而更加接近国际精神分析协会的愿景。虽然他现在认同法国及其共和主义价值，但他依然相信巴黎精神分析协会应该尽其所能地成为国际精神分析协会标准化运动的一分子。

第8章 私人生活与公共生活

拉康对这些事情毫无兴趣。对他而言，旅行和社交只是为了满足自己强烈的好奇心，他不认为自己有遵守规则的任何需要。他不把国际精神分析协会看成是家园或乐土，而认为它仅仅是一个赋予其成员合法性的机构。而没有这种合法性，在法国精神分析运动中就不可能有前途。

通过阅读鲁温斯坦关于临床分析的两篇主要文献，我们大概可以想象出他分析拉康时的场景。第一篇文献是他于1928年6月28日在巴黎第三届法语精神分析师大会上所做的报告。第二篇是他于1930年在巴黎精神分析协会上朗读的题为《精神分析技术中的鉴赏力》（«Le tact dans la technique psychanalytique»）的文章[5]。在这些文本中，鲁温斯坦对于精神分析的纲领进行了基本的讨论，强调了无意识的重要性。接着他指出临床分析背后的个体规则：分析师必须依赖他的记忆力而非笔记；他应该分析抵抗，而不是去尝试发现被压抑的材料；分析者在接受治疗的同时不应该阅读任何有关精神分析的书籍。最后他讨论了分析的时长和次数，以及如何处理拖延。

移情通过积极和消极两方面来理解。当分析师能够解读出一种积极的移情，并且病人能够脱离分析师的影响时，就是分析接近结束的时刻。至于"伦理"规则，鲁温斯坦强调分析实践要独立于两人之间可能存在的任何友情关系。在他分析拉康时，他所使用的就是这种有计划的、理性的和标准化的技术。我在别的地方指出过，拉康在强烈的求知表现欲和思考问题时过度的深思熟虑之间的不断转变，让鲁温斯坦失去了耐心。

鲁温斯坦在写作中只有一次提到拉康在分析中表现出来的问题，他的评价是负面的。但他经常和周围的人口头谈论自己对拉康的看法：这个人是无法分析的。拉康在他所设置的这些条件下确实是无法分析的。个性差异和理念差异阻碍了移情，而鲁温斯坦也没有灵活调整他的方法使其适应这位病人。他怎么可能那么做呢？

拉康告诉过卡特琳·米约（Catherine Millot）他对分析的看法。在他看来，鲁温斯坦还没有聪明到能分析他的水平。这个看法很无情，但却是事实。拉康认为他是通过自己的研讨班得到分析的（拉康从不承认玛格丽特在这方面的重要作用）。为了说明他和鲁温斯坦之间的状况，拉康给卡特琳·米约举了一个例子。有一天，他开着小车通过一个隧道，对面一辆卡车迎面过来。他决定继续前进，卡车让道了。拉康把这个事情告诉鲁温斯坦，希望让他认识到移情关系的真理，但他没有得到任何回应。拉康因为参加科耶夫的研讨班而和分析师产生的道德冲突也变得公开化。拉康不仅在鲁温斯坦的反对下加入了巴黎精神分析协会（不过他得到了皮雄的支持），而且虽然他承诺说要继续接受分析，但却一有机会就逃离了分析。最终对于法国来说，他变成了一个鲁温斯坦从来没有成为的角色：一位知识领袖[6]。

在接受分析的同时，拉康依然在正统精神分析之外继续自己的理论工作。他确实参与了巴黎精神分析协会的内部讨论，并和同事们社交，但他所学习的知识是当时法国精神分析团体所忽视的，所以他依然是一个边缘角色。拉康的理论发展不被接受，他也经常被人质疑不是一名合格的精神分析师。在斯宾诺莎、现象学、超现实主义和动力精神病学的基础上完成了博士论文后，拉康进一步扩展了他对于弗洛伊德的哲学理解。这让他形成了第一个关于欲望、主体地位和想象秩序的理论。但奇怪的是，从1932年底到1936年之间——也就是他个人分析的第一个四年时间里——拉康没有写出任何重要文本。这段时间就好像是一个重大转变的征兆。拉康从精神病学和对弗洛伊德的发现转变为通过解读弗洛伊德理论建立一个全新的过渡性的哲学体系。这些没有成果的年份也是拉康的个人生活帮助形塑他个性的潜伏期。

在1933年8月底，拉康离开了住在巴黎的奥莱夏，和玛丽-泰蕾兹共度两个礼拜的假期。他们坐火车从圣让德吕兹，经过萨拉曼卡、布尔戈斯、巴利亚多利德到马德里。拉康给他在法国的情人写了一封热情洋溢的信。他还阅读了很多。在度过了临床研究时荒谬的学术竞赛的岁月后，拉康曾经如饥似渴的好奇心又复活了。他告诉奥莱夏说她是自己不敢奢求的朋友。在写"朋友"一词时，拉康用的是阳性形式"ami"[7]。

在用男性性别称呼他最好的朋友后，拉康又写了一封信，告诉奥莱夏自己目前的旅行多么愉快。他说他感到自己就像一个堂吉诃德式的小丑。他表明了自己对基督教的敌意，又说他想去拜见他的守护神，孔波斯特拉的圣詹姆斯。他除描绘了西班牙铁路的迷人之处，还讲到自己去圣多明戈·德·锡洛斯修道院的一次远足。在巴利亚多利德，他在看到一个多彩雕塑时陷入狂喜之中，这个雕塑是如此"锐利、令人心碎和令灵魂枯萎"。最后在马德里，他去了林荫大道，发现维拉斯奎兹的绘画不再像以前那样触动他了。另一方面，他被戈雅的智慧感动到流泪，他的调色让拉康想起那些曾让他听到"威尼斯的呼声"的艺术家们。在这段热情奔放的旅行后，拉康回到过去，放纵自己对奥莱夏的情感。他用情绪化的表达和热情的语言——激吻、狂喜和令人窒息的欲望——向她承诺未来的幸福。他请求奥莱夏等待他，为他而保持美丽，原谅他的犹豫和逃避。他们将会一起度过一个幸福而温暖的冬天[8]。

当拉康回到巴黎后，他重新开始分析，他的兴奋被抑郁所取代。拉康陷入了一个悖论：他不想离开玛丽-泰蕾兹，而当他离开奥莱夏时，他却爱她最深。他无法轻易地和她们中任何一个断绝关系。在10月初他前往普朗然，参加瑞士精神分析协会的一个会议并讨论了关于幻觉的问题。在那个场合中，拉康第一次遇见了卡尔·古斯塔夫·荣格，后者前来讨论他在非洲部落中的经历。拉康和亨利·艾一起重申了以精神分析解释幻觉的理论：幻觉不是通过自动化或者体质原因而产生的，而是自我人格整体性意识的扰乱[9]。

10月24日，在和鲁温斯坦的一次分析前，拉康又给奥莱夏写了一封信，这封和他在8月寄给她的信形成了鲜明对比。这对爱人处在分手的边缘，而拉康并未掩饰自己哀痛的心情。他抱怨自己总是错失幸福，责备自己过去的态度，虽然不抱希望，但他相信自己能弥补失去的时间。在凡尔赛宫大道上的奥博格·阿萨斯酒店吃午饭时，拉康回忆起自己之前一年过得多么糟糕，心情有多么失落。他告诉奥莱夏她可能出于对一种狂野激情的需求而有相同的感受，这是一个放手的机会[10]。拉康依然试图弥补，但梦想和依恋并不能解决情侣间的问题。很快，新的爱人帮助拉康从痛苦中走了出来。

玛丽-路易丝·布隆汀（Marie-Louise Blondin）——简称马卢（Malou）——芳龄27岁。拉康和她相识已久：她是拉康的老朋友和同事西尔维安·布隆汀（Sylvain Blondin）的妹妹。西尔维安在1901年7月24日出生于法国上流资产阶级的一个有名望的共和党家庭。他母亲的家乡在夏朗德，父亲的家乡在洛林。从卡诺中学以优异成绩毕业后，西尔维安决定像他父亲一样当一名医生。当他在1924年以第二名的成绩通过医学实习生考核后，他选择了外科医生作为职业，并在迪欧酒店的诊所开始执业，直到1935年通过另一个考试后正式成为一家公立医院的外科医生。

西尔维安·布隆汀非常迷人，身材高挑修长，充满活力。他戴着领结，把自己波状的头发藏在一顶优雅地倾斜着的帽子的下面。西尔维安还是一位狂热的收藏家。他把薪水花在现代艺术家布拉克、莱热和毕加索的画作上。他用左手干活，右手写字，两只手都能作画。他拒绝学习驾驶，喜欢坐出租车或者有司机驾驶的豪华轿车出游[11]。

拉康和西尔维安的关系很好，这种关系是建立在两个人互相欣赏的基础之上的，而这也是拉康爱上马卢的一个因素。马卢非常崇拜她的哥哥，希望在她的朋友身上也看到他哥哥令人欣赏的一切品质：有才华、漂亮、有创意和聪明。她自己既自恋又倔强，浮夸敏感，具有敏锐的洞察力。她在哥哥所有的朋友中选择了拉康，因为她在拉康身上看到了一个符合她想象的男性形象，而马卢决定去征服他。西尔维安对弗洛伊德理论毫无兴趣，他认为自己的朋友能在精神病学中有出色的成就。他很高兴看到自己宠爱的妹妹爱上了他视为知己的好友。

马卢长得很漂亮，她身材纤细娇小，缺乏奥莱夏吸引德里厄的那种男性化气质，而更多表现出的是带着一种伤感柔情的脆弱的女性气质——一种处在葛丽泰·嘉宝和弗吉尼亚·伍尔芙之间的气质。她可以仅仅满足于当妈妈的乖女儿或者哥哥的小妹妹，成长为他们期待的形象，嫁给一名普通的正派人（最好也是一名医生），在业余时间收藏艺术作品。她可以住在圣日耳曼近郊漂亮的砖石大楼中的舒适公寓里，过上无忧无虑的资产阶级生活。但她没有选择这条道路。在年轻时，马卢就已经展示出不同于她背景的特质：她有绘画天赋和良好的时尚品位，这点通过她的日常打扮和自己设计的服装可以看出。她富有幽默感，能够看到一切事物有趣的一面。她的朋友被她对法国古老歌曲的熟知程度所震惊。所有这些艺术气息都决定了马卢不会是一位平庸的妻子。然而相比于她的思维的独立性，马卢缺乏一种自然的叛逆性，她和当时的大多数女性一样幻想着美好婚姻。她的品位和抱负都很现代，但爱情观和家庭观却很传统。

拉康在1933年的秋天爱上了马卢，虽然在当时他还希望奥莱夏回心转意。为了赢得他挚友的妹妹的芳心，拉康愿意做任何事。他知道像马卢这种没有体验过肌肤之亲的少女是不适合做情人的，因此结婚的问题就摆上了台面。

在1933年底，拉康同意举办一场充满繁文缛节的罗马天主教会式的婚礼。难道他忘了几个月前，他还在给情人的信中表达了自己坚定的反基督教的信念吗？不管怎样，玛丽-路易丝·布隆汀和雅克·拉康于1934年1月29日在巴黎第十七区的市政大厅正式结婚。很多知名人士出席见证了婚礼，在拉康这一边有亨利·克劳德教授。在他学生的要求下，他以正统法国精神病学代表的身份作为拉康的见证人。他不知道自己的地位很快会被拉康所取代。在马卢那一边有法国众议院医生和布隆汀家族的密友亨利·迪克洛。1906年11月16日，马卢在同一个地方进行出生登记时，他同样在场。迪克洛的出席代表着父辈对这对新人的关爱，而克劳德的出席则是对新人在社会上和职业上的祝福。

如果说民间典礼还是由医学和精神病学的人道主义精神所主导，那么宗教典礼则必须符合拉康家族的要求。拉康自己着迷于教会仪式，希望遵照天主教的传统。他不想让母亲失望，后者不会接受儿子在没有教堂祝福的情况下结婚。所以拉康请了奥特孔布修道院——也就是他弟弟做修道士的地方——的院长堂·劳尔在圣弗朗西斯-德-塞尔教堂主持典礼。

雅克和马卢去了意大利度蜜月，他们最远走到了南部的西西里。这是拉康第一次来到罗马，他被这座城市深深吸引。他一到那里就开始宣传自己。"我是拉康博士。"他对不知所措的酒店服务员说道，而后者从未听说过这个名字。他充满狂喜地欣赏着贝尔尼尼的作品。巴洛克式的喷泉雕塑对他的震动如此之大，以至于让他感到良心不安。2月10日，在蜜月过到一半的时候，拉康忽然对抛弃奥莱夏感到内疚，他给她寄了一封电报："亲爱的，为你担心。来自罗马的电报，拉康。"[12]

马卢并非没有意识到拉康并不认同自己的爱情观和婚姻观。拉康和以往一样，在追求他的欲望时总是显得不耐烦。他并不理解像马卢这样的女人绝不会同意和别人共有她的丈夫。这对表面上幸福的新人正在走向灾难。拉康天性多情但又需要一个合法妻子，他既不能轻易抛弃一个女人，又不能对她保持忠诚。所以他决定按照自己的本性，用实在和不可能之间的辩证法来引导自己的生活。对于这一点他将在之后的作品中有很经典的阐述。而对于马卢来说，她认清了自己的丈夫永远不可能成为她期待的样子，所以只能用带着绝望的坚守来维系自己的理想。

不过在一段时间内，拉康似乎成熟了很多。这对新婚夫妇搬进了马勒塞布大道上临近亨利·克劳德家的一间装修完善的公寓里。马卢的优雅气质、时尚品位和生活方式对拉康有明显的影响。他的着装变得更加时尚，甚至有些夸张。拉康也习惯了在有秩序和舒适的环境中生活。

　　拉康和奥莱夏从来没有发生过公开的冲突，也没有最后的告别。他们只是不再和彼此见面了。奥莱夏又一次被抛弃，不过，尽管她和拉康之间的爱情是真实的，她从来没有在后者身上找到她对德里厄的激情。她把拉康看成是一位杰出的思想家，喜爱他的才华、活力和魅力，但德里厄永远是让她痴迷的对象。奥莱夏一直在想着他，酝酿着自己的失落感，从而能够享受失落带来的痛苦的快感。在爱上一个不爱自己的男人所带来的不快乐与和一个爱她但却迟迟不能兑现的男人在一起的快乐之间，她选择了前者。拉康早就意识到他的情人心有所属。因为他自己也一直在等待一个他能有把握控制的女人，从而能去追求另一个自己可能得不到的女人。拉康理解奥莱夏对于被抛弃的渴望。他们约会的波希米亚风格——简短的通知甚至没有通知，从而增加约会时的偶然性和新鲜感——给他们的感情染上一种仿佛出自马里沃喜剧的色彩。而当多年后拉康和奥莱夏回首这段往事时，那种令人激动的氛围和包裹着年轻情侣的那份炙热的情感已经遗失了。43年后，他们曾又一次共进晚餐，虽然他们很想回溯往事，却找不到什么话题了。不过他们的爱情在维多利亚·奥坎波的记忆里留下了痕迹。她当时碰巧也在巴黎，请求一些朋友给她安排一次和拉康的会面。当他们对这一请求表示惊讶时——你对这位弗洛伊德学派的巨人能有什么兴趣？——她的回答是很可笑的："他曾经是德里厄妻子的男友。"[13]

　　1934年5月，拉康参加了精神病院医生的选拔考核。他差点因为在口试中对于现象学知识的卖弄而被淘汰。"一名令人讨厌的年轻人。"考官在报告中这么说[14]。他在13名通过口试考核的人中位列第11位。在临床考核环节中他表现出色，这一环节要求应试者在对病人及其背景没有任何了解的情况下进行20分钟的案例展示。通过考核的拉康并没有接受医院安排给他的职位。他当时已经以分析师的身份开始私人执业，并且马上会在同年11月20日正式加入巴黎精神分析协会[15]。拉康没有选择医生这一职业并不意味着他对疯癫问题丧失了兴趣。恰恰相反，拉康从来没有忘记，并且会在之后不断回到那个问题，他从未忘记解读弗洛伊德和精神病的临床研究之间的联系，也没有忘记临床研究和它在妄想症中的根源之间的联系。

在布兰奇广场上的一个咖啡店里，拉康遇见了他第一个，也是除医院病人之外唯一一个长期的分析者。乔治·贝尼耶来自一个俄国的犹太家庭。[16]他学习历史学，同样对现代绘画、先锋运动和各种新思想感兴趣。他最早在布兰奇咖啡厅里看见拉康和布勒东坐在一起，后来在1933年冬天乔治·杜马的临床讲座中又遇到了拉康，当时贝尼耶正在攻读一个心理学学位。

拉康想要获得一个哲学学位，而希望进入精神病学领域的贝尼耶觉得自己需要接受一次弗洛伊德式的分析。他在阿兰迪那里做过几次分析，但觉得分析师不够聪明，因此转而选择了拉康。这次分析一直持续到1939年。在那之后，他们又在马赛见过一次。那里正处于法国沦陷后的混乱之中，我会在后文详细谈到两人的遭遇。

拉康和贝尼耶的第一次分析在蓬佩路进行，分析遵循着标准流程。之后他们转到了马勒塞布大道。在那里每周进行三次分析，每次一小时左右。每两三周，拉康就会提议进行一次总结。他会详细解释发生的事情，帮助他的分析者取得进展。拉康的第一次分析实践已经包含了一些典型的拉康风格：他习惯与分析者融为一体，拒绝分析移情或者和分析者交换书籍、物件和想法，同时严格区分职业关系和友情。

在拉康博士论文的发表和他把当时最伟大的哲学思想纳为己用之间的孕育期里，拉康花了很多时间和巴黎精神分析协会的其他成员共处。在和法国精神分析第一代成员的交锋中，拉康成了一位不能被忽视的理论家。他和鲁温斯坦、保罗·谢里夫（Paul Schiff）、夏尔·奥迪耶和爱德华·皮雄之间有过长期辩论。他和玛丽·波拿巴之间的关系非常冷淡。波拿巴是维也纳权力中心在法国的官方代表,像女王一样统治着巴黎精神分析协会。她和弗洛伊德理论的新的阐释者之间存在隔阂是不足为奇的。波拿巴并没有意识到在她统治的宇宙中这位陌生人的重要性。她从未公开发表的私人日记中详细记录了精神分析运动中的日常问题,却从未提到过拉康的名字[17]。

拉康对于这一阶段精神分析的讨论的贡献也并非有趣。他定期参加巴黎精神分析协会的会议,但在1935年之前,他只不过是在重复自己已经说过的关于妄想症的观点。然而在1936年,拉康开始对镜像阶段感兴趣。利用亨利·瓦隆、亚历山大·科耶夫与亚历山大·柯瓦雷的思想,拉康发展出一套关于主体的理论,这一理论在弗洛伊德革命的基础上有新的建树。这一思想转变可以追溯到拉康在1937年和1938年就躯体分离、自恋和死亡驱力问题对玛丽·波拿巴、鲁温斯坦和丹尼尔·拉加什(Daniel Lagache)的答复。这些内容在拉康于1939年10月25日发表的题为《从冲动到情结》(«De l'impulsion au complexe»)的文章中有更为清楚的记录。在那篇文章中,拉康对他的理论进行了总结,回应了奥迪耶对他之前在此话题上的讨论过于冗长的抱怨[18]。

我们应该注意到,在这一阶段,拉康和鲁温斯坦的分析对巴黎精神分析协会的成员来说是一个严重的问题。本来在1934年接受拉康成为成员时,这并没有什么争议,但随着精神分析组织的建立和训练分析师准入机制的严格化,问题开始出现。当拉康在1936年开始提出一些和当时精神分析事业不相容的理论时,情况更糟糕了。因为其他成员不能理解,更不用说接受拉康的理论创新,他们因此以不遵守规则为理由排斥他。拉康在鲁温斯坦那里的分析不仅比预期要长,而且似乎遥遥无期,因一方的要挟和另一方的叛逆而不断拖延。鲁温斯坦认为拉康应该继续个人分析来作为其接受培训的一部分,而拉康仅仅把个人分析当成是使自己获得巴黎精神分析协会训练分析师资格的一个手段。最后,皮雄不得不介入来结束这场肥皂剧[19]。

第 9 章

法西斯主义：维也纳史诗的终结

> 他领她去看火车时刻表，告诉她两小时后会有一班去维也纳的列车，她应该把文件和贵重物品都留下，先去洗个澡。她于是走进了洗澡间，再也没有出来。

当巴黎精神分析协会还在纠缠于它的内部矛盾时，历史正在影响整个精神分析运动的发展。1938 年 3 月，随着纳粹进入维也纳，弗洛伊德和他最后的同伴们被迫离开的日期已经不太遥远。这位老人虽然刚刚在手术中切除了部分下颌，并且数次被盖世太保骚扰，但他并没有丧失自己的冷静和幽默。自从儿时搬到维也纳后，弗洛伊德的主要发现都是在这座城市里实现的。他希望在最后时刻到来之前尽可能留在这里。

当时，在马克斯·舒尔（Max Schur）、威廉·布利特和玛丽·波拿巴的帮助下，琼斯（Ernest Jones）正在安排这位精神分析的宗师离开维也纳的相关事务。他同时还想再次尝试几年前已在德国实施的一个计划。琼斯接受了马蒂亚斯·海因里希·戈林（Matthias Heinrich Göring）在 1933 年开始宣传的雅利安化政策。戈林是一名坚定的纳粹分子和反犹主义者。他是埃米尔·克雷珀林的弟子。这一政策的必然结果是推行一个不包括犹太人在内的精神分析运动，并禁止使用弗洛伊德的术语。当时在卡尔·亚伯拉罕创建的德国精神分析协会中有两名成员积极执行这一计划。费利克斯·伯姆和卡尔·穆勒－布朗施维格既不是意识形态论者，也不是纳粹分子，他们这么做只是出于对当时在德国推动弗洛伊德学说的犹太同事的忌妒。纳粹党上台后，他们看到了向上攀升的机会。认识到他们的能力不及犹太人，两人决定成为当权者的走卒。德国精神分析协会的很多成员因此而被迫流亡。到 1935 年，47 人中只有 9 人尚在。伯姆和布朗施维格宣称通过执行纳粹的命令，通过让德国精神分析协会中的犹太成员假装自愿辞职而把他们驱逐出去，他们就能够让政府没有禁止精神分析的借口。

琼斯所推动的"营救"计划进一步迫使德国精神分析协会中剩余的犹太成员辞职。协会的一名非犹太成员拒绝默许这种耻辱的行径：贝尔纳德·卡姆出于对被迫离开的犹太同事的支持，同样自行脱离了协会。就这样，戈林在那里建立一个融合弗洛伊德派、荣格派和独立派的心理治疗机构的梦想实现了。弗洛伊德反对这些做法，当伯姆到维也纳向他贩卖这一"营救"理论时，他愤怒地起身离开了房间。虽然弗洛伊德并不支持这些可耻的计划，但他在很久以前就已经丧失了对国际精神分析协会事务的掌控，而把控制权交给了琼斯。因此，弗洛伊德在这件事情上的态度被解读为一种战略性让步[1]。

琼斯在妥协的道路上越走越远。1938 年 3 月 13 日，弗洛伊德和他的朋友相聚在维也纳准备解散协会，虽然这离协会搬到目前的地址仅有两年时间。安娜·弗洛伊德（Anna Freud）主持会议，所有成员在这一黑暗时刻都回忆起托马斯·曼（Thomas Mann）在 1936 年 5 月就精神分析的未来所发表的著名演讲。"西格蒙德·弗洛伊德，"他说：

> 是让我们聚集在这里的精神领袖，是精神分析作为一种研究方法和治疗技术的创始人。他像医生和自然科学家一样独自探索。他不知道文学能够给予他支持和鼓励。他不知道尼采，但在尼采的书中我们能发现真正的弗洛伊德思想的闪光之处；他不知道诺瓦利斯，但与诺瓦利斯鲜活浪漫的幻想和分析的理念是如此惊人地相似；他不知道克尔凯郭尔（Soren Aabye Kierkegaard），但他一定能深刻地体会推动克尔凯郭尔追求心

理极限的基督教的热忱,并因后者而受到鼓舞;他不知道叔本华,一位忧郁的本能哲学家,始终在探索改变和救赎。在对这些之前出于直觉的成就并无预测的情况下,他用个人努力贯彻了自己的研究思路;也许正是这种独特的自由带给了他思想的驱动力。

在解散协会后,安娜询问理查德·斯特巴有什么计划。作为维也纳精神分析协会唯一的非犹太成员,他可以像琼斯所希望的那样掌控一个"营救"维也纳精神分析的计划,但他拒绝那么做。弗洛伊德评论道:"当泰特斯摧毁了耶路撒冷的神庙,霍其南·本·萨凯拉比请求在亚恩建立一个研究《托拉》(Torah,指犹太律法)的学校,这就是我们应该做的。我们的历史和传统使我们所有人都习惯于被迫害。"他转向斯特巴说:"除了一个人。"[2]

1938年6月3日,弗洛伊德乘坐东方快车离开了维也纳,他再也没能回到那里。他的四个姐妹留了下来:罗莎、米奇、多尔菲和宝拉。她们最终都消失在特雷津集中营或特雷布林卡集中营里。在纽伦堡审判中,一名幸存者回忆起其中一人被纳粹军官接收的场景:"一位中年妇女走向库尔特·弗兰茨,向他展示了自己的身份证,并说自己是西格蒙德·弗洛伊德的妹妹。她请求得到一份办公室的工作。弗兰茨仔细地看了看身份证,说这里面可能有些错误。他领她去看火车时刻表,告诉她两小时后会有一班去维也纳的列车,她应该把文件和贵重物品都留下,先去洗个澡。她于是走进了洗澡间,再也没有出来。"[3]

1938年6月5日早晨9点45分,玛丽·波拿巴和威廉·布利特来到巴黎火车东站迎接弗洛伊德,后者将在巴黎停留12小时。当天下午,弗洛伊德在公主位于阿道夫-依翁路的住宅里接见了一些法国精神分析师。拉康不在其中。他后来说他不出席的原因是不想向玛丽卑躬屈膝[4]。事实可能并非如此,因为当时在玛丽·波拿巴住处的会面是私人性质的,而拉康并未被邀请。不过在当时,拉康和来自维也纳的传奇的会面可能也并不

第 9 章　法西斯主义：维也纳史诗的终结

会有什么成果。

酷暑中的 8 月，当整个欧洲都笼罩在战争的恐惧之中时，国际精神分析协会的年会在耶拿大道的一间房子里举行。琼斯在开场白中向法国致敬。他用法语表示："法国可以说是为现代心理学提供了框架。正是法国的心理学家在一个典型的法国机构的推动下，最早通过临床和治疗观察发现了心理学的重要性……这为之后在另一个地方对于无意识的重大发现奠定了基础。如果我们使用一个农业的隐喻，我们可以说到上个世纪末，法国的土壤已经由于 100 年的过分耕种而枯竭了。土地不毛的迹象已经变得明显，急需一段休耕期。"

在四天时间里，来自法国和其他国家的精神分析师讨论了各种主题。鲁温斯坦、皮雄、阿兰迪、拉加什、苏菲·摩根斯坦（Sophie Morgenstern）和玛丽·波拿巴轮流发言。而有一个人——雅克·拉康——的缺席非常显眼。在琼斯的最后陈词中，他总结了在建立弗洛伊德式精神分析协会的国家中的当前情况和他在担任主席期间的活动。当说到德国时，他声称自己的"营救"计划是成功的，而对于戈林、纳粹化进程、被迫辞职的犹太人和精神分析知识分子的大规模流亡则只字不提。他对德国精神分析协会"相对的独立性"表示满意，虽然它还很虚弱，但起码能够作为成立于 1936 年 5 月的新德国心理研究与心理治疗机构的一个"独立部门"而存在。"许多候选人得到培训，"琼斯用英语说，"成员总数也在增加。"转到奥地利的问题时，琼斯哀悼维也纳精神分析协会的"不幸命运"："当我在 32 年前参加它的第一次会议时，我怎么也不会想到我会在今年 3 月 20 日建议终止这一所有精神分析机构的起源地的活动……维也纳精神分析协会的主席弗洛伊德博士接受了我的提议，把协会所有的职责和工作转移到德国精神分析协会，但我们还不能确定这一过程的最终结果。"[5]

当这一略显压抑的演讲结束后，所有与会者来到圣克劳德，参加在波拿巴公主漂亮公寓的花园中举行的酒会。维也纳的流亡者们在他们前往美

成人

国之前最后一次欣赏童话般的欧洲覆灭之前的景象,他们再也没有机会去欣赏它的光彩了。弗洛伊德所喜爱的歌手伊薇特·吉尔伯特唱着"告诉我我很美丽",虽然已经80岁高龄,她的嗓音和魅力依然让所有人着迷[6]。

拉康可能也在那里,但仅仅是人群中的一员。

《慕尼黑协定》的签署是法国沦陷的前兆,这对于拉康在爱德华·皮雄的帮助下结束没有尽头的分析有重要影响。皮雄意识到他已经输掉了一场关于法国式精神分析的战争。出于对巴黎精神分析协会被正统思想所统治的不安,他决定修改正在申请督导分析师头衔的候选人名单:在纳粹占领维也纳时以难民身份来到巴黎的海因茨·哈特曼(Heinz Hartmann)被拉康所替换。这位"法兰西行动"成员的强力手段让对拉康心存犹豫的同事们不得不接受了他。1938年11月15日,拉康递交了督导分析师头衔的申请,12月20日,他的申请通过了。

皮雄在他去世前不久的这一步棋不仅为他所一直奋斗的法国精神分析传统选定了一位继承人,而且纠正了一个错误。在接受鲁温斯坦六年的分析后,协会没有任何理由能拒绝拉康获得成员资格。鲁温斯坦很不满意拉康分析结束的方式,这种苦涩感在他于1953年2月22日写给玛丽·波拿巴的充满恶意的信里还清晰可见:"你告诉我有关拉康的那些事……非常让人不安。他对我来说一直是冲突之源;我很看重他的智识,但我激烈反对他的立场。无论如何,我们都认为问题在于虽然拉康承诺他在成为协会成员后还会继续接受分析,但他并没有那么做。一个人在这么重要的事情上作假是责无旁贷的。我希望协会不要认可他草草分析过的受训者。"[7]

在1967年9月12日写给让·密尔的另一封信里,鲁温斯坦透露了更多关于拉康当选的细节和自己对这位分析者的看法:"拉康在1937年当选,我在对抗同事们的反对时发挥了关键作用。"而对于1953年的分裂,他补充道:

第 9 章 法西斯主义：维也纳史诗的终结

很明显，拉康提供的督导是不可接受的。他说他会修改自己的督导方式并遵循标准流程，但他很快就给他分析过的一大批候选人递交了成员申请。他被迫承认他的分析培训并非正统，因为他把分析时间经济化了……对于拉康的理念，我认为他在对能指的追求上表现出了敏锐的想象力，但对所指却没有丝毫兴趣。由于这一缺陷，任何致力于成为知识的一部分的科学话语都无法实现。所以当我阅读他的理论时，我不由自主地想到"词语、词语、词语"，虽然我非常喜爱马拉美。[8]

第 10 章
哲学学派：亚历山大·柯瓦雷及其他

> 拉康的理论创新使他从对于弗洛伊德的精神病学的阅读转向了一种哲学阅读。这一创新的根基可能正是他和一代人的"黑格尔导师"的合作计划。

在给《牛头怪》杂志写稿期间，拉康一方面继续自己的医学研究，另一方面保持着对于当时流行的哲学话题的兴趣。这使他得以认识皮埃尔·瓦莱特。瓦莱特是一名年龄比拉康略小、具有共产主义倾向的学生，他在找一份家教工作以弥补开支。拉康想要从索邦获得一个逻辑学和哲学的学位证书，因此他请瓦莱特在这一领域提供指导。在四个月的时间里——从 1933 年 9 月到 1934 年 1 月拉康遇到乔治·贝尼耶——瓦莱特每周来蓬佩路两次，从晚上 7 点多待到午夜。有时他们会一起享用管家提前准备好的晚餐。"这些并不是内容确定、条理分明的普通课程。"瓦莱特写道，"相反，他会用一连串出乎意料的问题轰炸我，经常让我为自己的无知感到狼狈。他对一切都感兴趣，是他自己在引导着课程走向。如果我能打个比喻的话，这个课程就像是一种柏拉图式的对话，其中对问题的回答总是导致更多的问题，而我就是那个可怜的苏格拉底……另外，博士从未从我的报酬中扣钱来支付有时伴随着我们口头激辩的美味晚餐。"[1]

与此同时，随着博士论文的发表，拉康和让·贝尼耶以及其他超现实主义者们的关系使他卷入了当时法国知识分子关于共产主义的激烈讨论。虽然拉康并没有任何政治立场，他还是参与到 1933 年在共产主义者、超

第 10 章 哲学学派：亚历山大·柯瓦雷及其他

现实主义者和鲍里斯·苏瓦林的朋友之间关于弗洛伊德和马克思主义的辩论。一天，在拉丁区互助大厦的一个讲座中，作为发言者的年轻的哲学家让·奥达尔和乔治·波利策发生了激烈争吵，最后甚至打了起来。拉康并不在现场，但他读了奥达尔的文章后想认识他。他告诉瓦莱特："如果我能去参加革命作家与艺术家协会的大会，我想在晚餐前和奥达尔还有你喝一杯。我明天告诉你我是否会去。"[2]

奥达尔的文章在当时很有原创性。他没有支持反弗洛伊德派或者弗洛伊德－马克思主义，而是声称精神分析比马克思主义更加唯物，能够调和后者的唯心主义元素。他同时指出苏联共产主义者的马克思主义和当时在巴黎传播的马克思主义不同[3]。

但在拉康发表自己关于帕潘姐妹的论文和他提出自我幻象理论之间长期的酝酿期里，所有这些相对于拉康所关注的核心话题都是次要的。正是亚历山大·柯瓦雷、亨利·科尔班、亚历山大·科耶夫和乔治·巴塔耶把拉康引进了现代哲学的大门，让他开始阅读胡塞尔、尼采、黑格尔和海德格尔。没有这些人扩展他的视野，或者没有和超现实主义者们的相遇，拉康也许会永远囚禁在精神病学和对弗洛伊德的正统解读之中。

亚历山大·柯瓦雷 1892 年出生于俄国的塔甘罗格。他是一名从殖民地进口货物的商人之子。年轻时他因为参与 1905 年革命后的政治活动而入狱。17 岁时他在哥廷根大学胡塞尔和希尔伯特的指导下学习。之后，他来到巴黎，在索邦听了柏格森和布鲁斯维格的讲座。他回到俄国参加了二月革命，但反对十月革命。1919 年，结束"一战"中在俄国前线的战斗后，柯瓦雷再次离开俄国前往法国，这次是永远的。

1914 年，柯瓦雷写了一篇题为《圣安瑟尔谟哲学中的上帝概念》（*L'Idée de Dieu dans la philosophie de saint Anselme*）的文章。他当时的导师是自由思想家和中世纪哲学专家弗朗索瓦·皮卡韦，后者给学生传授自己对新柏拉图主义的激情和对宗教哲学史的一种世俗化的理解方式[4]。这并没有阻止柯瓦雷同时旁听艾蒂安·吉尔松在1921年的讲座。吉尔松的立场和皮卡韦有很大不同,作为一位基督教哲学家和高产的作者,吉尔松以自己解读文本的新方式完全转变了对中世纪哲学的研究。学生最早来索邦听他上课,之后转到巴黎高等研究实践学院第五系。"吉尔松会朗读拉丁原文,"科尔班写道,"给出他自己的翻译,然后用精辟深刻的评论解释其全部的字面含义和隐藏含义。"[5] 这一方法可以把一位作者或一段文字放置在哲学与宗教并存的历史背景之中。因此,和由埃米尔·布雷耶所代表的世俗化传统不同,吉尔松转变了一代研究者的观念,使他们意识到宗教文本同样可以作为哲学思考的材料。我之前提到,在斯坦尼斯拉斯学校教授拉康哲学的让·巴吕齐在他的课堂上同样采用了吉尔松流派的方法。

柯瓦雷的学位论文为《在笛卡儿理论中的上帝概念与其存在的证据》(*L' Idée de Dieu et les preuves de son existence chez Descartes*)。在皮卡韦去世后,他被任命为巴黎高等研究实践学院第五系的临时讲师。1929年,他以研究雅各布·伯梅的论文获得哲学博士学位。两年后他成为第五系的主任以及现代欧洲宗教史的教授,从此开始了一位具有高尚人格的学者的教学生涯。柯瓦雷杰出的品行和超凡的智慧让人忽视了他几乎完美的演讲风格。他是20世纪最伟大的科学哲学史专家之一。遵循保罗·塔内里的思想,柯瓦雷拒绝单独处理科学史,他不认为知识渐进论是理解现实的关键。基于一个有选择的思想演化史,柯瓦雷认为科学哲学史不应局限于探索不同科学发现之间的链条,而应该囊括某一时期全部的思想与信仰。他希望科学史同样包括对于科学在某一时期如何被理解,什么和它同时出现,又有什么超越了它的研究。"当我开始我的研究时,"他在1951年写道,"我被所有人类思想的最高形式总是关联成为整体的信仰所鼓舞。对我而言,哲学和宗教思想不能区别对待:哲学总是以这样或那样的方式和宗教关联,把宗教要么作为跳板,要么作为目标。"[6]

第 10 章　哲学学派：亚历山大·柯瓦雷及其他

柯瓦雷的科学史观在他 1935 年左右开始的对伽利略的研究中得到淋漓尽致的展现。他展示了摧毁中世纪宇宙观的科学复兴何以在很大程度上产生于一场哲学辩论。这场辩论是柏拉图主义和亚里士多德主义关于数学在人类理解世界的过程中所占角色的争论。包括伽利略在内的柏拉图主义者认为数学统治着宇宙，而由传统经院哲学家为代表的亚里士多德主义者认为数学仅仅处理抽象问题，而物理学才是关于实在的科学。

伽利略的科学拒绝了所有关于宇宙的末日论解读，使得一种宇宙的等级观趋于瓦解。认为宇宙没有界限且自主运作的理念是上帝存在的传统证据，这种理念剥夺了人在造物中的中心位置，迫使他在自身之中寻求上帝。在中世纪人类的生存空间中，真理是以天启教的形式被"给予"的。而在伽利略体系下的人，按照笛卡儿的话说，"首次懂得进行哲学思辨"。他发现自己身处在由思想所统治的世界里。中世纪封闭、有限和等级制的世界被仅仅属于人类的无尽宇宙所取代，人类必须对自己的理性、迷茫和苦难负责。

这一科学发现的哲学对应物是笛卡儿的**我思**，它同样是处在真理与自由的两极之间：个体是自由的，他在自身之外没有任何可依靠之物；他必须直面真理，而没有任何预先存在的权威能够为真理设限[7]。

在柯瓦雷的老师胡塞尔伟大的哲学思想中孕育着对于现代科学的诞生以及**我思**主体地位的反思。从 20 世纪 20 年代起，特别是胡塞尔 1929 年 2 月在法国哲学协会发表了名为"笛卡儿式反思"的著名演讲后，胡塞尔的哲学思想开始在法国生根发芽[8]。胡塞尔的现象学认为除了**我**作为思想者的存在之外没有任何东西是可以被确实知道的。在"我思故我在"之中，存在被还原为思考的**我**，也就是**自我**的存在。**现象学还原的理念**假设**自我**及其所思的有限性，并超越了日常体验而把存在看成是世界意识。如果说世界的存在预设了**自我**的存在，那么现象学还原使得**我的**存在成为世界的意识。自我因此成为**超验的**，而意识成为**意向性的**，它必须指向某物。从本体论角度来说，这种**自我论**意味着如果我对于一个客体的观念是真实的，那么这个客体也是真实的。自我通过一系列体验感知到**他者**或者说**其他自我**。这些体验界定了超验的交互主体性作为不同个体**自我**并存的现实。

1935 年，在《欧洲科学的危机与超越论的现象学》（*La Crise des sciences européennes et la phénoménologie transcendantale*）一书中，胡塞尔展示了对于交互主体性的探求如何把人类科学从非人中拯救出来。换句话说，通过把自我从科学形式主义中拯救出来，超验论的现象学保留了一种人类科学的可能性，**自我**在其中能被看成是生命本身。因此，在面对威胁西方世界和平的蒙昧与独裁的浪潮时，胡塞尔的现象学求助于欧洲从远古时期所传承下来的哲学良知，因此在所有希望自由掌握自己生活的男女中得到共鸣。"欧洲式存在危机只有两条出路：欧洲的覆灭，它疏远了生命理性并陷入对于精神的敌意与蒙昧之中；或者欧洲从哲学精神中重生，通过理性的英雄主义一劳永逸地克服自然主义。欧洲最大的危险是消沉。"[9]

在两次世界大战之间，胡塞尔的思想以其多元性令法国知识界着迷。胡塞尔和海德格尔——特别是后者在 1927 年出版的《存在与时间》——共同展示了存在的悲剧性和个体存在的内在缺陷，给了当时流行的关于自我可能性的柏格森式乐观主义沉重的一击。随之而来的对于进步论的批判有时会导致对于民主价值的抛弃，转而倾向于回顾存在的本源，回归于一种**虚无**或者**空洞**，这是一种有限性的悲剧符号或者丧失所有超验性的人类存在的道德终点。但胡塞尔的哲学确实为现代理性提供了两条出路。一条是把西方精神重新聚焦于关于个体和体验的哲学上，在法国继续这条道路的是让－保罗·萨特和莫里斯·梅洛－庞蒂（Maurice Merleau-Ponty）。另一条道路则是建立一种基于知识和理性的哲学，就像亚历山大·柯瓦雷，让·卡瓦耶斯（Jean Cavailles）和乔治·康吉莱姆（Georges Canguilhem）所做的那样。而拉康将在这两者之间选择一条中间道路，既涉及对主体个人体验的新探索，也包括一种建立在弗洛伊德无意识的深层知识上对于人类

第10章 哲学学派：亚历山大·柯瓦雷及其他

理性形式的界定尝试[10]。

柯瓦雷对于科学演化的观点和当时历史学家的工作相一致。1929 年，马克·布洛赫（Marc Bloch）、吕西安·费弗尔（Lucien Febvre）就领头创立了《经济与社会历史年报》（*Annales d'histoire économique et sociale*，下文简称《年报》）的评论杂志。早在 1903 年，在亨利·波尔所创建的《综合月刊》（*Revue de synthèse*）上，弗朗索瓦·希米安就挑战了欧内斯特·拉维斯和夏尔·瑟诺博斯的实证主义方法，他号召摧毁正统历史学的三座偶像：第一是政治论，它把影响社会整体的事件化约为世界统治者的有意识的决策与行为；第二是个体论，它把人类的故事局限为著名人物的生活；第三是年表论，它喜欢把所谓"神圣文献"佐证下的事实编织成一种线性叙事。

《年报》孕育着一个全新的历史学派。在它诞生的这一年既发生了华尔街大崩盘，又是胡塞尔的革命准备对于人类存在的问题进行缜密反思的时刻。这两者的并存也许并非偶然，因为它们的核心都是对于 18 世纪哲学流传下来的进步观的怀疑。任何仅仅依赖于激动人心的战争和理想化英雄的描述性历史都在凡尔登战役的恐怖下变得苍白。对于"实在"和鲜活的历史的复杂性的全新理解必然排除了那些仅仅用来揭示过去现象的有限的或简化的理论。布洛赫、费弗尔和他们的朋友不打算对历史事件进行一种摩尼教式的展示，而是打算创建一个包括对于生活方式、习性、态度、感受、集体主体性和社会群体研究在内的宏大而多元的历史。所有这些将组成一部史诗，让整个时代在读者的想象中复活。这一新历史学的开创者受到了其他三个领域中研究的鼓舞：维达尔·德·拉·布拉什的学说把地理学从对行政分区的痴迷中解放出来，真正成为一门立足实地研究的视觉科学；埃米尔·涂尔干（Emile Durkheim）的工作把社会学从单纯的事实搜集转变为一门关于结构性模式的研究，以及经济历史学的发展。

由《年报》杂志所引发的革命对于主体进行了时间维度和空间维度上

的解构，这和胡塞尔的哲学与爱因斯坦的相对论一致。在这种新历史中，浸没在无限延续的时间中的人类再也不是自身命运的主人。由于深陷于超越个人经验的社会性时间与地理性时间之中，人丧失了在普遍自然中的位置，因为自然现在是"相对"的，因文化和时期的不同而有差别。

《年报》学派所持有的文化相对论以及他们对爱国主义历史叙事的批判对西方文明以进步来理解自己历史的武断假设发起了挑战：这种"进步"是基于对少数文化的殖民。新一代的历史学家们没有抛弃启蒙哲学的遗产，但他们以不同的目的利用它。他们的目标不是去重新评价"反动的""原始的""野蛮的"或充满偏见的社会组织，而是寻找新的方式去思考差异与身份、相同和他性、理性和非理性、科学与宗教、错误与真理、玄妙与理智。他们对相对主义和终结文化优越论的追求，使一种新的普遍主义成为可能。包括其他科学研究历史——心理学、社会学、民族学——在内的一部鲜活的人类社会百科全书运动正在快速展开[11]。

柯瓦雷关于文艺复兴神秘主义和帕拉塞尔苏斯的讲座是把费弗尔和他自身的影响力相结合的一个因素。1931年，一个法国科学史学家小组成立了。一年之后，亚伯·罗伊建立了历史与科学哲学机构，其办公室位于第四大道。柯瓦雷是机构管理委员会的一员。《年报》学派和新科学史学家们之间的联系得到巩固，通过研究创造性行动来探索人类思想的演化成为可能。

费弗尔对哲学史可能性的态度在他1937年为乔治·弗里德曼（Georges Friedmann）关于进步论危机的书所写的评论中看得最为清楚。"比较哲学家所写的哲学史和我们历史学家处理思想的方式会很有帮助。而每当这么做时，我都会感到沮丧。历史学家经常是仅满足于描述新的概念，脱离了它们所处的经济、政治和社会背景，好像它们是存在于纯粹思想世界，是脱离肉体的心灵所自发产生出来的一样。"[12] 费弗尔的思想史不是要展现不受时间影响的思想体系如何从自己内部产生新的思想，而是讨论现实中

第 10 章 哲学学派：亚历山大·柯瓦雷及其他

的人如何有意识或无意识，利用他们所处年代的"知识装置"来创造新思想。

心智，或者说精神面貌这一概念在吕西安·列维-布留尔的理论中获得重生。这一概念最开始是被用来比较儿童或"原始"人尚未逻辑化的思想体系和现代的"西方"人更加抽象的思想功能。但在20世纪30年代，这一概念随着"知识装置"这一词组的使用而获得了结构的意义。无论是马克·布洛赫的"象征再现"、吕西安·费弗尔的"心理宇宙"或者亚历山大·柯瓦雷的"概念结构"，它们的目的都是通过某一时期个体组织和集体思想可以获得的观点、概念和表达来界定当时什么是可以被思考的[13]。所有这些都反映了对于人类社会结构分析的一种法国式方法。我们最早在拉康1938年的文章中就能察觉到它的影响，而20年后新一代的知识分子将在索绪尔语言学的影响下重新把它拾起。

"1925年我20岁的时候，"让-保罗·萨特写道，"在大学教育里没有马克思主义的位置，亲共产主义的学生在他们的论文中要注意不要引用任何马克思主义思想，甚至不要提到这个名字，否则他们无法通过考核。我们从未听说过黑格尔，任何辩证的东西都显得如此恐怖。"[14] 萨特所描述的是即将步入20世纪30年代的人的思想状态，他们将会身处大学教给他们的东西和他们自己通过阅读胡塞尔和海德格尔时发现的东西之间的矛盾之中。

自1870年以来，康德哲学或多或少地成了第三共和国的官方意识形态。他们还在其中加入了"改良"的笛卡儿思想，使其成为包括知识理性理论和道德标准在内的世俗教育系统。这一理论和柏格森的"生命力"一起，似乎可以解决现代人所面临的所有道德问题以及个体与世界关系中的各种异常。黑格尔的哲学因为它的唯心主义、对数学的敌意以及所谓的无神论、无道德性和宿命论而被拒绝或忽视。它被指责为是建立在人性的虚

成人

无、改变的虚无，以及更致命的死亡的虚无之上。它被认为是病态的，甚至是反启蒙主义的理论。更严重的是，这些都是对于反德意志主义的经典批判。黑格尔的"新教教义"被认为和拉丁思想不兼容，他的法哲学被看成是对普鲁士制度的辩护。然而现在所有发现胡塞尔的伟大和在海德格尔思想下觉醒的人，都意识到回归关于意识的现代科学的起源的必要性。这一科学的创始人就是格奥尔格·威廉·弗里德里希·黑格尔。

自从维克多·库辛改造黑格尔主义——在这一过程中剥去了黑格尔哲学的两个基本概念：否定性和绝对理性——使其适用于波旁复辟政治后，黑格尔思想开始秘密地通过非官方渠道进入法国。吕西安·赫尔这样的非正统学者开始传授它；蒲鲁东这样的自学者开始研究它；马拉美和布勒东这样的诗人开始在作品中反映它。但随着让·沃尔、亚历山大·柯瓦雷、埃里克·魏尔和亚历山大·科耶夫启动了长达30年的"三H一代"（黑格尔、胡塞尔、海德格尔），事情突然发生了激烈的转变[15]。在这其中，柯瓦雷再次起了领导作用。他在1926—1927年关于德国思辨神秘主义的讲座上第一次讨论了黑格尔。他展示了黑格尔的"苦恼意识"（即被解放，但同时受困于怀疑和痛苦的意识）仅仅是负罪感的一种代替品，是去除宗教影响的心理进化过程中的一个否定阶段。他把这一理论称为"乐观的人格主义"[16]。在接下来的一年里，柯瓦雷继续教授约翰·阿莫斯·夸美纽斯、约翰·胡斯和库萨的尼古拉的哲学。1926年定居伦敦的亚历山大·科耶夫成为柯瓦雷讲座的长期听众，除此之外还有精于东方研究，后来成为让·巴吕齐密友的亨利·科尔班以及乔治·巴塔耶。巴塔耶这时候刚刚加入了鲍里斯·苏瓦林一伙，一起给《社会批判》杂志写稿。他还与让·贝尼耶就克拉夫特－艾宾（Richard von Krafft-Ebing）的《性精神变态》（*Psychopathia sexualis*）一书展开辩论[17]。

1931年是黑格尔去世100周年，这提供了一个重温并更新黑格尔思想的机会。以布勒东为代表的超现实主义者已经把黑格尔和弗洛伊德联系起来[18]。另一方面，巴塔耶在《文本》杂志的早期刊号中则表现出对黑格尔的敌意，指责他为"泛逻辑主义"。对他而言，人真正的反抗不是克服琐碎的抽象矛盾，从而获得另一个生命；而是要从理性与哲学的束缚中爆发出来[19]。因此，巴塔耶不仅仅批判黑格尔主义，他也批判马克思主义者和超现实主义者对黑格尔的理解。巴塔耶自己正试图复兴诺斯替教神学，尤其是后者对黑暗的喜爱和对毫无理性空间的卑劣物质的痴迷。他的反黑格尔主义是基于反基督教的立场，并最终发展为对尼采的辩护。但1930年之后，他对于黑格尔的态度有所转变，这和让·沃尔的影响、巴塔耶对胡塞尔《笛卡儿式的沉思》（*Méditations cartésiennes*）和海德格尔《形而上学是什么？》（见《海德格尔选集》第135页，上海三联书店，1996）的阅读，以及他和雷蒙·格诺因为尼克莱·哈特曼的一篇论文引发的讨论有关[20]。

1930年8月6日，刚刚从柏林归来的亨利·科尔班简要地附注："阅读海德格尔。"[21] 科尔班是第一个把伊朗的伊斯兰哲学引入法国的人，也是海德格尔《存在与时间》的第一个法文译者。他翻译的《什么是形而上学？》发表在1931年的《比伏尔》（*Bifur*）评论杂志上，附有柯瓦雷对海德格尔的精彩介绍：

> 他是战后第一个有勇气把哲学从天堂带回人间，和我们讨论我们自身的人；以哲学家的身份讨论非常普通、非常简单的事情：关于生和死，关于存在与虚无……他以全新的姿态和力度重新提出所有真正的哲学必须面对的永恒问题，关于自我和存在的问题。我是谁？存在意味着什么？……海德格尔先生——正是这一点使他如此重要——承担了一项具有极大破坏力的工作。他在《存在与时间》里的分析既是一种破坏性的宣泄，也是解放性的。这些分析把人置于他的自然状态中（在世之在）。这些分析关乎他对事物的理解，关乎事物自身，关乎语言、思想、变化与时间。它使我们看见"一"，一个非人的主体。它引导我们走向虚无最

后的薪火,在那里所有的虚伪价值、所有的惯例、所有的谎言都消失不见,只有人独自面对他孤独存在的悲壮:走向真理,直到死亡。[22]

这种破坏和泯灭的工作和一切神学,哪怕是否定性神学相对立。正如柯瓦雷所指出,海德格尔的"虚无"既不是上帝,也不是绝对:它仅仅是一个空,是人类有限性的壮丽中的一个悲剧维度。在巴塔耶《对黑格尔辩证法的基础的批判》[23]一文中同样提到了这一悲剧维度,但这篇文章把巴塔耶的思想转变和一种马克思启发下的解读更紧密地联系起来。这种解读给予了黑格尔哲学以人类学的视角,认为它提供了人类状况的一种谱系,其中存在着主人与奴隶的斗争和被视为消极存在的无产阶级的反抗。巴塔耶试图用这种人类学解读,以及弗洛伊德的精神分析和涂尔干的社会学来丰富黑格尔的辩证法。

为了纪念黑格尔去世100周年,柯瓦雷写了三篇有关黑格尔的重要文章,并在他1932—1933年的研讨班中增加了关于现代欧洲宗教观念史的一个新讲座。第一篇文章是对法国黑格尔研究的一个历史调查。第二篇文章指出了一个悖论:很多人阅读黑格尔时感到困难是因为黑格尔使用由日常词汇组成的鲜活语言,而非学院哲学的生造词。第三篇文章是对黑格尔在耶拿时期(1802—1807)讲座的长篇思考,涉及黑格尔从《一个体系的碎片》(*Fragment d'un système*,1801)到《精神现象学》(*Phénoménologie de l'esprit*,1807)之间的作品[24]。柯瓦雷认为这一时期的耶拿讲座是黑格尔思想体系发展中的一个关键阶段。黑格尔认识到需要解释世界,而不是急于改造它,这一认识本身来自精神诉求的辩证力量。从这里,他萌发了推翻所有关于人类理解的传统理念,创造一个把焦虑作为存在核心的思想体系:一个关于存在与不存在、可变的有限性和静止的永恒性、泯灭和生产的辩证本体论。之所以说焦虑是存在的核心,是因为辩证法是由人类时间来定义的:"在我们之中,在我们的生活中,存在着心灵的当下。"这一当

第 10 章 哲学学派：亚历山大·柯瓦雷及其他

下总是投射在未来，并超越了过去。

辩证时间虽然没有终点，但却是建立在未来之上的。因此柯瓦雷认为黑格尔的体系中存在着矛盾：如果人类时间未能实现某种形式的完满，那么任何哲学史都不可能。但是完满总是意味着取消未来的优先性以及历史辩证法的驱动力。如果存在一种黑格尔式的历史，那么历史必须有一个终点。"黑格尔相信这一点。他不仅相信这是体系存在的必要条件——密涅瓦的猫头鹰在黄昏中起飞——而且相信这一必要条件其实已经实现了。历史已经结束，这就是为什么他能够——或者说已经——完成了他的体系。"[25]

柯瓦雷用历史终结的假说结束了他1933年关于黑格尔的课程。黑格尔在耶拿的这一假说认为旧世界已经崩溃，哲学必须像"密涅瓦的猫头鹰"一样重生。这一观点后来变得流行起来。科尔班、科耶夫、巴塔耶和格诺都参加了这年的研讨班。每次结课后，在索邦广场和圣米舍大道交界的哈考特咖啡店里，众人都会继续生动有益的讨论。科尔班后来写道："谁能还给我们曾经的哈考特？"

> 我在战后重访那里，发现它已经变成一个宗教书店。现在它是一家男装店。但曾经的哈考特孕育着法国哲学中受黑格尔影响最大的那部分。当时围绕在柯瓦雷身边的有亚历山大·科耶夫、雷蒙·格诺、我自己，以及包括弗里茨·海涅曼在内的哲学家。同时很多选择流亡的犹太同事告诉我们发生在德国的事情。科耶夫和海涅曼对精神现象学的解读完全相反，而胡塞尔的现象学经常被拿来和海德格尔的现象学进行比较。[26]

正是在这种哲学复兴的氛围下，科尔班和柯瓦雷创办了《哲学研究》（*Recherches philosophiques*）杂志。杂志的第一期发行于1933年，到1937年总共发行了六期。亨利-夏尔·皮埃什是杂志社的领导人，迷人的艾尔弗雷德·斯皮尔在他1934年早逝之前是杂志社的秘书。斯皮尔1883年

成人

出生于罗马尼亚的雅西，1914年自愿入伍法军。六年后，他在教师资格的哲学考试中名列榜首，到此时已经是卡昂的一名高级讲师和弗洛伊德的热情崇拜者。斯皮尔把所有对现象学感兴趣的精神病学家和精神分析学家都吸引到这本杂志中来——其中包括欧仁·明科夫斯基、爱德华·皮雄和亨利·艾。雅克·拉康在旁听科耶夫的讲座后，也开始参加这个组织在1933—1934年之后的会议。杂志的投稿人包括乔治·巴塔耶、乔治·杜梅齐尔、埃马纽埃尔·列维纳斯、皮埃尔·克洛索夫斯基（Pierre Klossowski）、罗杰·卡伊瓦（Roger Caillois）和让－保罗·萨特。萨特的《自我的超验性：一个现象学描述的提纲》（*La Transcendance de l' ego: esquisse d' une description phénoménologique*）发表在1936年的杂志上[27]。

在1960—1961年研讨班集中讨论柏拉图《会饮篇》的一堂课上，拉康描述了他和科耶夫的一次会面。虽然此时的科耶夫正担任国际贸易组织的法方首席代表，但他同时也在尽可能花时间完成自己三卷本的异教徒哲学史。他在两年前就已经完成了第一卷，在他与拉康讨论时，他正在撰写第二卷。科耶夫表示自己的发现和柏拉图有关，但他也说自己很久没有重读《会饮篇》，对此无话可说。科耶夫指出，总体而言，柏拉图的才华既表现在他表达出来的思想，也表现在他隐藏的思想。这也就是科耶夫自己理解哲学的方式。在他看来一个文本仅仅是它的解读史。他还神秘地说："如果你不知道阿里斯托芬为什么在谈话中要打嗝，你就永远无法正确地理解《会饮篇》。"拉康把这件事告诉他的听众，并再一次告诉他们是科耶夫把他引向了黑格尔。接下来他忠实地按照科耶夫所说，对阿里斯托芬的打嗝做出了评论[28]。

科耶夫绝非凡人，拉康仅仅是他的教学的拥趸之一。他是一位表达出色的讲师，说着一口流利的法语和德语，带有一点儿斯拉夫和勃艮第口音。每堂课上，他都会朗读《精神现象学》中的几段文字，给出自己精彩

第10章 哲学学派：亚历山大·柯瓦雷及其他

的翻译，并用现代术语揭示其全部的意义。他时而轻率有趣，时而自恋神秘。他玩世不恭的语调、自信满满的语气和杰出的修辞技巧让听众们如痴如醉。乔治·巴塔耶说自己"被粉碎了，被压倒了，被钉在座位上"。格诺则说自己听讲座时被震撼到"摇摇晃晃"。[29]

科耶夫于1902年出生于莫斯科，原名亚历山大·科热夫尼科夫。他是瓦斯利·康定斯基的侄子，他的祖父娶了画家的母亲。他的父亲——也就是瓦斯利的兄弟——弗拉基米尔于1905年死于日俄战争期间在中国东北的一次行动。他的母亲之后回到莫斯科，嫁给了她丈夫最好的朋友和战友。后者成了年轻的亚历山大的继父。童年时期的亚历山大在国际化的、有教养的、自由派的资产阶级环境中长大。他住在莫斯科时髦的阿尔巴特小区，在迈德韦尼科夫学校表现出色。

1917年1月，在革命爆发的几个月之前，科耶夫在自己的哲学日记中记录了自己对于阿吉纽西战役的看法[30]。阿吉纽西战役是斯巴达和雅典之间的伯罗奔尼撒战争中的重要一战。它发生在公元前406年，最后雅典军队取得了胜利。但当他们得胜返回时，却在海上遭遇了风暴，不得不遗弃死去战士的尸体来减轻船的重量。而按照希腊法律，战士的尸体必须带回祖国安葬。当他们到达雅典后，军队的将领们因为没有安葬战斗中死去英雄的渎神罪而被处死，民主政体随之被30人僭主集团所取代。只有苏格拉底挺身而出反对处死将领，他指出当时必须在抛弃尸体拯救船队和让船与尸体一起沉没之间选择，而无论哪种选择都会因为无法安葬尸体而犯下渎神罪。他们注定要犯罪，但至少他们选择了一个恶而不是两个。科耶夫同意苏格拉底的结论，但他提出了反对处决将领们的另一个理由：他们的罪之所以应该被赦免，是因为他们不是为了满足个人欲望而犯罪，而是为了集体的利益[31]。

战争、犯罪和死亡在年轻的科耶夫的生活中不仅仅是哲学反思的主题，它们同样是象征自我体验的重要能指。1917年7月，在他父亲死于战争12年后，科耶夫目睹了自己的继父在乡下别墅里被一伙强盗杀死。一年后，他因为涉足黑市被布尔什维政府关入监狱。在牢房里，他意识到人类历史的某种"本质性东西"正在生成，这使他变成一个共产主义者。但他的资产阶级背景使他无法继续学习，科耶夫不得不告别了挚爱的母亲，口袋里装了一些珠宝和朋友乔治·魏特一起前往波兰。

1920年的一个晚上，在华沙的一个图书馆工作的科耶夫得到了和尼采在锡尔斯马利亚类似的体验。正在思考东西方文化的他看到了佛陀与笛卡儿的对峙。这个场景所象征的**虚无**对于自我本体论的挑战仿佛是对**我思故我在**的讽刺。这是科耶夫第一次体验到否定性，"我思，故我不在"是他的结论[32]。等到他搬到德国，进入海德堡大学后，他更喜欢雅斯贝尔斯而非胡塞尔的讲座。他学习了梵语、藏语和汉语，并尝试阅读黑格尔，不过没有成功。"我读了四遍《精神现象学》，但无论怎么努力，我还是看不懂一个字。"[33]

1926年，科耶夫住在巴黎，在那里他以相当戏剧的方式结识了同国的亚历山大·柯瓦雷。科耶夫是柯瓦雷弟弟的妻子西西里·肖塔克的情人，柯瓦雷的妻子派她的丈夫去训斥他，但柯瓦雷微笑地回来告诉妻子："西西里做了正确的选择——那家伙比我弟弟长得俊多了！"[34]

科耶夫是柯瓦雷讲座的热情听众。他参与了对黑格尔的再发现，也和科尔班、巴塔耶以及《哲学研究》的一众去了哈考特咖啡店。1933年，当柯瓦雷发现自己在年底必须离职时，他推荐他的朋友科耶夫继任自己在巴黎高等研究实践学院宗教哲学的讲座席位。教育部批准了他的推荐。科耶夫在1933年的夏天重读了黑格尔的《精神现象学》，这次备课引出了后来每周一下午5点30分开始的，持续了六年的著名研讨班。课后不少"两K"的听众会在哈考特咖啡店继续讨论。在1934—1935年和1936—1937年，拉康固定出席了这一研讨班。[35]

虽然科耶夫没有柯瓦雷的哲学天分和理论家的技巧，但他拥有把哲学转化为生动的人类史诗的出众才华。他能把抽象的概念转化为丰富多彩的比喻,就像果戈里或陀思妥耶夫斯基笔下的人物一样,并把它们和现实生活联系起来。正如演讲者把自己置于苏格拉底或雅典将军的位置一样,黑格尔的思想和当代事件完全关联起来。当科耶夫谈到精神、自我意识、绝对理念、承认、欲望、满足、苦恼意识或主奴辩证法时,他实际上是在谈论标志着他和他的听众的青年时代的事情,这些事情每周一在从下午到晚上的时间里得到检验。科耶夫对于《精神现象学》的苏格拉底式的评论反映了一代人的焦虑,这一代人在独裁主义的崛起下颤抖,被战争的阴影缠绕,被新的虚无主义所诱惑,无论它表现为尼采式的超人崇拜还是海德格尔否定一切人类进步的"向死而生"(l'être-pour-la-mort)。柯瓦雷之前展示了黑格尔对于日常用语的用法如何打破了学术传统。他提出自己的假设,认为"历史终结说"使得黑格尔的哲学成为可能。科耶夫的评论在这两方面都和柯瓦雷一致。

在1806年10月和1807年5月,黑格尔两次带着敬畏之心提到拿破仑的扩张。"我看见帝王——世界的心脏与灵魂——出城侦察。""我的书完成于耶拿战斗的前夕。"当思考黑格尔的这两处评论时,科耶夫再次得到了关于黑格尔态度的隐藏意义的启示:他的书是在历史终结的时刻完成的。"我再次阅读了《精神现象学》,当我读到第六章时,我意识到拿破仑是历史的终结。我不用再准备我的讲座了,我只需要阅读和评论,黑格尔所说的一切都变得如此清楚……一切都和历史的终结有关。这很有趣,黑格尔对自己说。但当我解释说黑格尔告诉自己历史终结了,没有人接受这一点:没有人能消化这一点。说实在的,我一开始也觉得这是胡扯,但我越思考就越觉得它是深刻的。"[36]

1937年12月,科耶夫在他给社会学院的讲座里补充了这个观点。"在那一天,科耶夫告诉我们黑格尔是对的,但却早了一个世纪:终结历史的人不是拿破仑而是斯大林。"但在"二战"后,科耶夫再次改变了看法,他给出了历史终结的确切日期：1806 年。[37]

黑格尔认为意识如果要想变成精神，那么它必须停止对于自身确定性的关怀，而让精神在没有主体的情况下作为真理来运作。科耶夫在马克思和海德格尔的影响下对这一运动进行了人类学的解读。他把历史中的人看成是从"空"中创造出的主体，被无法满足的欲望所驱动，在斗争中实践他的否定性。"这就是为什么科耶夫如此聪明，"皮埃尔·马歇雷（Pierre Macherey）表示，"他把海德格尔本可能是从马克思那里得到的启发归于黑格尔。"[38]

对黑格尔的阅读涉及历史的终结和主奴关系的一种寓言版本——拉康将会改写这一寓言——这些都和人类无关。在先把人定义为不满和否定性后，科耶夫抛弃了这两个类别，把人称为"圣者"或"闲人"。历史会这样终结：人回归到他兽性的虚无，接受原本的世界秩序、王子和暴君。在这个背景下不存在革命，哲学家和知识分子（圣者）必须在两种态度中做出选择：要么变成国家机器的无名奴仆——这也是科耶夫所做的；要么坚持高贵浪漫的灵魂，继续梦想着只存在于过去的革命。

乔治·巴塔耶否认这个悖论的存在。他指责科耶夫把知识分子贬低为"无意义的否定性"（négativité sans emploi）。他否认圣者的动物性否定，强调神圣恐怖和尼采式疯狂，这些能够再一次推翻社会秩序。这也是当时社会学学院的思想[39]。

我之前已经提过科耶夫对于拉康思想成长的影响，特别是帮助他逃离了和鲁温斯坦消极的移情关系[40]。科耶夫在拉康对黑格尔的阅读中留下了永恒的印记，他也为拉康自己的教学方式树立了一个长期的榜样。拉康也将会用口述的方式领导一代知识分子，只不过他的研讨班的焦点是弗洛伊德。他也会有一位抄写员记录下他所说的话。他也会和科耶夫一样，在法国学术圈占据一个既中心又边缘的矛盾位置。

科耶夫的学说同样滋长了拉康的无政府主义倾向，这种倾向在青年拉康对莫拉斯产生崇拜时就已萌芽。在这方面，拉康相比科耶夫的"圣者"表现得既更常规也更激进。他激进的那一面一直相信英雄的可能性，哪怕英雄只是服务于现存秩序。虽然这种无政府主义为年轻的拉康提供了一个摆脱空洞的家庭生活的出路，而拉康也确实把这些理念推进到极致，但这种无政府主义从来没有激励拉康去改变社会秩序，或在条件出现时进行反抗。这种复杂的态度使拉康一方面坚持自我对抗上帝、集体和国家的全能性，另一方面又继续瓦解自我的结构。它孕育了拉康的消极主义、厌倦颓废的情绪、对任何英雄主义的仇恨和对西方世界父权的退化乃至衰落的清晰评价。拉康从中产生了把人类主体性现代化的欲望，使其能和快速发展的科学相匹敌。拉康对莫拉斯的崇拜在文学领域的对应物是对于莱昂·布卢瓦作品的推崇，这一点并非巧合。布卢瓦善于言语暴力，充满了普罗米修斯式的过剩精力，他攻击自由革命的理想，并传播基于对圣经野蛮解读的狂热的天主教。

布卢瓦是拉康的一面镜像，凝缩了后者全部的矛盾气质。拉康，法国的这位弗洛伊德理论的新诠释者，经常在亢奋的自我的驱使下直面他自己的否定性，面对代表终极满足的幻想。拉康过剩的爱欲，包括对于一种妄想症式的认同的需求——这一点和布卢瓦对于女性痴呆症的兴趣有所关联——毫不令人惊讶地表现为对金钱、稀有书籍和艺术品的本能的乃至恋物癖般的喜爱。这种通过异化和恋物癖的对立面来理解哲学的方式构成了拉康版本的"苦恼否定性"。随之而来的嘲弄的态度看上去很像是欺骗，但同样提供了一种真正的思想体系的框架。

拉康花在哲学家和科耶夫研讨班上的时间的成果在他 1935 年写给《哲学研究》的稿件中得到了体现：这篇文章是对欧仁·明科夫斯基《活的时代：现象学与心理学研究》（*Le Temps vécu. Études phénoménologiques et psychologiques*）的书评[41]。在对这位对拉康影响颇深的现象学精神病学大师致敬的同时，拉康向当代精神病学的整体发起了猛攻。"大多数呈现给官方学术组织的材料，"他写道：

"对于那些因职业要求必须从中获取信息的人来说毫无新意……内容的空洞明显和术语有关，这些术语完全来自依然绝望地陷于维克托·考辛理论的学术心理学：它学究式的抽象从来没有通过联想的技术得到分解。因此都是关于形象、感知、幻觉、判断力、解释、智力和其他名词的废话。尤其是'情感性'这一时髦词汇被拿来帮助精神病学回避一系列问题。"[42]

拉康接下来指出，明科夫斯基号召重视克莱朗博的研究是正确的。这使得拉康可以承认克莱朗博对他的指导，并表明自己是当代精神病学真正的改革者。他提醒他的读者，是他把"妄想症认识"这一词汇引入精神病学领域。在文章的最后，在一个彻底的反转中，拉康指出了现象学的精神病学概念的局限性，并提出用对于"真正"现象学的一种全新理解来取而代之。这种真正现象学来自黑格尔、胡塞尔和海德格尔这些彻底变革哲学史的哲学家。拉康因此抛弃了到1932年之前一直对他有用的那种现象学，并用他从与科学宗教史的法国学派的直接交往中得到的现象学版本取而代之。这是他第一次提到海德格尔，这证明了拉康是通过科耶夫对于《精神现象学》的评论才知道他。"我在这里要提及一个经常被哲学家海德格尔所使用的概念。因为晦涩的语言和国际审查，我们对于他的哲学的理解还非常有限，兴趣也远未被满足。在第16页的一个附注里，明科夫斯基承认他在自己思想成形之前并不知道海德格尔的思想。考虑到他的双重文化背景（他强调自己早期的作品是用德文写的），他没有向法国哲学介绍德国哲学近年来的飞速发展是很令人遗憾的。"[43]

因此，虽然拉康的价值已经在精神病学领域得到了认可，他还是主动疏远了精神病学而进入了一个新的知识领域：这一领域已经在给他提供多年沉寂后重建理论的基础。1935年5月4日，他写给亨利·艾的信说明他和自己的精神病学的挚友的关系已经没那么紧密了："我亲爱的同事，我当然希望看到我们长久以来的和谐关系再次活跃。我们四个需要更多时间

来继续我们的聚会。"⁴⁴

1936 年 7 月 20 日，拉康正在准备关于镜像阶段的文章，这篇文章将投给 8 月初在马里昂巴德举行的国际精神分析会议。科耶夫这时用俄文写了一张奇怪的便条，也许是给他的朋友柯瓦雷看的。这个便条是："黑格尔和弗洛伊德：准备进行一个比较解读。一，自我意识的生成。这个开篇很急迫，因为我要和拉康博士共同完成并发表在《哲学研究》上（已经完成了六个自然段的对黑格尔和笛卡儿比较的介绍）。未完成（已写了 15 页左右）。开始时期 20/7/36。"⁴⁵

这一便条从未寄给柯瓦雷，它一直留在科耶夫的文件中。今天，多亏科耶夫的传记作者多米尼克·奥弗雷特的发现，我们可以理解它的含义。这一年，科耶夫和拉康决定合作完成一个题为"黑格尔和弗洛伊德：一个比较解读的尝试"的研究计划。内容分为三部分：（1）自我意识的生成；（2）疯癫的起源；（3）家庭的本质。之后还有一章"前景"。这篇文章本来打算在柯瓦雷的支持下发表在《哲学研究》上，柯瓦雷会审稿，也可能加上自己的观点。

但不管怎样，这一计划没有进行下去。唯一完成的是科耶夫 15 页的手稿——包括六个自然段和一页笔记——在其中，科耶夫比较了笛卡儿的**我思**和黑格尔的自我意识，认为哲学就是哲学化的欲望。"在黑格尔理论中，"科耶夫写道，"笛卡儿的**我思**变成了**我想要**……从这里出发，**我想要哲学化**的欲望最终展现了它作为原初需求的本质。"

我的目的仅仅是展示哲学入门的主旨，这也正是黑格尔《精神现象学》的本质。我认为在黑格尔用"我想要"取代笛卡儿的"我思"时，这一主旨已经非常清晰……但我们不能忘记，在笛卡儿的哲学体系中自我不能等同于思想，或者存在通过意识获得的彻底暴露。自我同样是意志，而意志是错误的源泉；正是作为意志的自我带来了不完美，从而使得哲学

成人

必须转变为"哲学化"的过程来承担黑格尔体系中作为欲望的自我的作用。所以为了比较这两个体系，我们必须首先比较两者中相似但不相同的自我概念[46]。

在科耶夫谈论从**我思**的哲学到**我想要**的哲学转变的同时，他还介绍了第一人称的**我**作为思想和欲望的主体，和第三人称的**我**作为错误的源泉之间的分裂。拉康在这一合作计划中的部分任务显然应该是像科耶夫比较笛卡儿和黑格尔那样比较弗洛伊德。文章另外两章关于"疯癫的起源"和"家庭的本质"理应以同样的方式，通过比较弗洛伊德和黑格尔来处理。

但拉康什么也没写，而科耶夫也没有继续下去，虽然在他介绍《自我意识的生成》的手稿的第15页有三个重要概念会被拉康在1938年用到：作为欲望主体的第一人称的**我**，揭示存在的真理的**欲望**，和作为错觉与错误源泉的**自我**。这三个概念和涉及疯癫的起源与家庭的本质的其他主题会出现在拉康1936年至1949年之间发表的文章里：《超越现实原则》(«Au-delà du principe de réalité»)、《家庭情结》(«Les Complexes familiaux»)、《谈心理因果》(«Propos sur la causalité psychique») 以及《镜像阶段》(«Stade du miroir») 的第二个版本。

拉康的第二个理论创新使他从对于弗洛伊德的精神病学的阅读转向了一种哲学阅读。这一创新的根基可能正是他和一代人的"黑格尔导师"的合作计划。科耶夫把他的学生带入一个广阔的现象学世界中，使他关注"黑格尔－弗洛伊德式"的问题，例如欲望、我思、自我意识、疯癫、家庭和自我幻象[47]。一个重要的事实是，使得拉康成为分析师和学术权威的移情关系并非发生在凡尔赛宫大道的躺椅上，而是在它旁边。换句话说，它来自分析的否定性，来自一个完全不同的空间：从这一空间里诞生了和正统弗洛伊德理论的实证传统不兼容的、全新的自我意识的辩证法。

第 11 章
马里昂巴德

> 我们能够理解拉康被琼斯打断时所感受到的愤怒和羞辱，以至于 30 年后，当他出版《文集》时，他依然怒气冲冲地记录下他发言被打断的确切时间、日期和地点。

拉康带着他的研究出发参加他的第一次国际精神分析大会。此时国际精神分析协会的主席欧内斯特·琼斯刚刚达成出卖德国精神分析的协议，同意戈林的机构兼并德国精神分析协会。弗洛伊德因病无法参加此次会议而留在维也纳。会议地点被安排在马里昂巴德，这样出现紧急情况时，安娜·弗洛伊德不会离得太远。作为弗洛伊德遗产的核心机构，这个将要接受拉康所呈献的"镜像阶段"（Le stade du miroir）论文的组织当时正处在激烈的争吵中。争吵的主题是儿童精神分析，争吵的双方是梅兰妮·克莱因（Melanie Klein）的支持者和安娜·弗洛伊德的支持者。克莱因派在琼斯的支持下认为儿童精神分析应该作为独立领域，使用包括游戏、模仿、绘画和剪纸在内的特殊技术；而安娜·弗洛伊德派遵循西格蒙德·弗洛伊德对于小汉斯案例[1]的处理方法，想把儿童分析保留在教育学领域，置于父母的掌控之下。因此，在这一场理论辩论中，弗洛伊德派陷入一场类似莎士比亚悲剧的内部家庭斗争之中。在两次世界大战之间的国际精神分析大会仿佛是古老剧院里的大会堂，弗洛伊德帝国的王子们对着台下代表各个分支机构的观众们激情演说。爱德华·格洛弗是琼斯之后英国精神分析协会最有权力的人。他是安娜·弗洛伊德和梅兰妮·克莱因争吵中的关键人

成人

物,间接促成了"二战"期间在伦敦发生的著名的"争议讨论"。

爱德华·格洛弗1888年出生于一个严格的长老会教徒家庭。他接受了卡尔·亚伯拉罕的分析,从德国回来后成为英国精神分析协会的一员。当时他的哥哥詹姆斯已经在协会里担任教师和科学秘书。1926年,在詹姆斯去世后,爱德华请求琼斯让他代行哥哥的职务,琼斯同意了。爱德华因此成为科学委员会的主席。1934年,他升职为国际精神分析协会训练委员会的秘书。他刻薄的性格和对女性的强大吸引力无法掩藏他生活中的一个巨大悲剧:1926年,他刚出生的女儿患有先天性唐氏综合征。他一直不承认女儿的疾病,走到哪里都带着她,包括去参加对儿童精神分析治疗进行激辩的国际精神分析大会[2]。

当梅兰妮·克莱因出版了自己关于儿童分析的专著后,格洛弗很快指出了她的思想的重要性:"我可以毫不犹豫地说,这是分析文献中的里程碑作品,可以比肩弗洛伊德的一些经典著作。"[3]他是正确的。梅兰妮·克莱因是弗洛伊德学派中第一个思考儿童分析的人。在此之前,弗洛伊德、赫梅因·冯·哈格-赫尔姆斯和安娜·弗洛伊德都认为不可以直接对儿童进行分析[4]。他们要么像弗洛伊德对狼人案例的处理一样,在对成年人的分析中追溯他的童年;要么通过父母来理解孩子。儿童的天真无邪不可被侵犯的禁忌是如此强大,以至于虽然弗洛伊德发现了儿童性欲,但在没有父母中介的情况下直接分析儿童还是不被接受,因为这可能恶化儿童的病情并扭曲他们的人格。认为儿童对自己的疾病没有意识和他们对父母的依赖使得移情不可能的信念进一步强化了这个立场[5]。

梅兰妮·克莱因的杰作无视这些禁忌,打破了之前阻止基于成年治疗的儿童精神分析得以实现的一切理论与实践障碍。像所有伟大的创新者一样,她用自己的家庭来检验她的发现,对自己的两个儿子和女儿进行了分析[6]。在这一点上她和弗洛伊德一样,后者在25岁的安娜想要成为教师和分析师时充当了她的分析师。克莱因的工作可以看成是弗洛伊德理论的衍生,但很显然她是被迫分析自己子女的,因为这是获得经验的唯一方式,在当时没有其他人敢做这样的事。弗洛伊德是第一个发现成年人身上被压抑的童年经历,而克莱因则发现儿童身上已然被压抑的幼儿经历。她认为这不仅仅是一个理论,而且是一种儿童导向的分析框架。汉娜·西格尔写道:

> 她为儿童提供了合适的分析设置:儿童的疗程有严格固定的时间——每次 15 分钟,每周五次。分析室特别为儿童进行了安排。里面只有简单和结实的家具、为儿童准备的桌椅、分析师自己坐的椅子和一个小沙发。地板和墙壁都是可清洁的。每个孩子有自己的玩具箱供分析时使用。玩具都是精心挑选的,包括小房子、两种大小的男女人偶、农场、野生动物、砖石、球,有可能还有玻璃球、刀、线、铅笔、纸和橡皮泥等物件。除此之外房间里还有水,因为在很多儿童分析的某些阶段,水能发挥很重要的作用。[7]

克莱因理论创新的出发点是弗洛伊德在 20 世纪 20 年代对自己的理论进行的重大修正。他引入了驱力的二元体系(生命驱力和死亡驱力)以及第二地形学(本我、自我和超我取代无意识、前意识和意识)。同时,费伦齐(Sândor Ferenczi)对克莱因的分析把她的注意力引向了儿童,而她第二个分析师亚伯拉罕把精神病特别是抑郁症的起源定位在幼年期。克莱因接受了死亡驱力的概念和无意识作为主导的地形学理论。这些和成年精神病起源相关的研究为她思考儿童精神病创造了条件。1935 年,梅兰妮·克莱因的工作转向了一个新方向。在从对精神病的研究过渡到对儿童早年心理发展的重要性的研究后,她在探索起源的问题上走得更远,利用弗洛伊德自己思路的转变描绘出发生在婴儿期的第一个客体关系。

克莱因的目标是展示存在于每个人不同发展阶段中的精神病机制。在

成人

她看来，在个人生活的开端，二元驱力导致了和主体相关的客体分裂，一些客体变成了**好**客体（le bon objet），另一些变成了**坏**客体（le mauvais objet）。无论是部分客体（例如乳房、粪便和男性生殖器）还是整体客体，对人而言，它总是一个**意象**（imago）——主体通过把真实客体的形象内射到自我从而把它吸收，并赋予其幻想的地位[8]。

在出生后的前四个月里，婴儿与母亲的关系以乳房为中介。乳房被体验为一种破坏性客体。梅兰妮·克莱因把人类发展的这一点称为"妄想心理位置"（position paranoïde，而非**阶段**）。此后八个月出现的是"忧郁心理位置"（position dépressive），分裂得以缩小。在这之后，儿童得以把母亲以整体形象再现。焦虑不再被体验为一种迫害，而是表现为毁灭和失去母亲的幻想性恐惧的形式。根据这一理论，病态和常态仅仅在组织上不同。如果主体没有正常地通过妄想心理位置，那么它会在主体的童年和成年时期再次出现，并导致抑郁症。

在两次大战期间，梅兰妮·克莱因开始构建一个关于主体结构及其"想象秩序"的理论，从而回答她的同时代的人正在思考的问题。拉康和第二代法国精神病学家与精神分析学家同样被这些问题所困扰。像克莱因一样，拉康采取不同的路径来质疑在常态与病态之间制造人为障碍的体质论。通过选择从事精神病学领域的工作，拉康把疯癫的历史置于人类历史的整体空间中。他同样试图解决人类"想象"状况的谜团，探索最早期的客体关系，他同样也把弗洛伊德理论看成是已经完成但需要新动力的模型。克莱因的改革依然处在弗洛伊德体系之中，使用弗洛伊德自己的概念工具；而拉康则依赖于其他领域：精神病学、超现实主义和哲学。没有这些外部资源，他无法像他从1936年起做的那样去解读弗洛伊德。他最开始接触到的弗洛伊德是学术的弗洛伊德，法国弗洛伊德学派的弗洛伊德，一位皮雄的或者鲁温斯坦的弗洛伊德，关于自我、抵抗和防御的弗洛伊德：安娜·弗洛伊德，以及未来美国自我心理学潮流中的弗洛伊德。

第 11 章　马里昂巴德

在 1932 年，拉康依然依赖于这一版本的弗洛伊德，这就是为什么在他的论文中，对精神病的治疗依然倾向于一种集中在抵抗上的自我分析。因为同样的原因，他在 1937 年克莱因的理论进步前没有太多回应。只有在 1936 年之后，拉康第二次重读弗洛伊德时，他才把克莱因的理论拿到台面上，发现她用不同的方法和自己问了同样的问题：关于主体地位、客体关系的结构、俄狄浦斯链条的早期角色、人类知识的妄想心理位置以及想象秩序的地点等等问题。

在这一理论的构建中，拉康从心理学家亨利·瓦隆那里借用的"镜像阶段"这一概念非常关键[9]。这种重要性可以通过拉康刻意减少瓦隆名字的出现，而尽量表现出自己是这一术语的原创者的尝试中体现出来。他对于这一术语的界定充满坎坷。他在十多个场合中充满激情地提到了它，在 1966 年出版《文集》（*Écrits*）时还在强调这一术语在他思想体系发展中的重要作用。"我并不是等到现在才开始思考导致**自我**理解的幻象。我在 1936 年就提出了'镜像阶段'，那是我第一次参加国际精神分析大会，我想我应该就此得到表扬。"他还补充道："在 1936 年 7 月 31 日的马里昂巴德的会议中，我对精神分析理论的第一个重要贡献出炉了。在本书的第 185 页和第 186 页你们能找到一个讽刺性的暗示，它提到《法兰西百科全书》（*Encyclopédie française*，下文简称《百科全书》）官方认定这一理论的诞生时间是 1938 年。这是因为我当时忘记把我的手稿提交给大会论文集。"[10]

在我把关于这篇被遗忘、丢失、合并，后来又在 1940 年另一次国际精神分析大会上出现的文本的传奇历史拼接起来之前，有必要先介绍"镜像阶段"这一术语在拉康从 1936 年至 1938 年之间的演变。

科耶夫的研讨班使得拉康开始在对自我意识的哲学理解的指导下反思自我的起源。像梅兰妮·克莱因一样，拉康对于第二地形学的解读和所有自我心理学对立。在弗洛伊德 1920 年修改自己的理论后出现了两种观点。第一种认为自我是本我逐渐分化出来的产物，作为外在现实的代表负责掌控驱力（自我心理学）；另一种拒绝任何强调自我的自主性的观点，相反认为自我起源在认同之中。第一种观点试图把自我从本我中抽离出来，使其成为个体适应外在现实的工具；而第二种观点使自我和本我更加接近，认为自我通过从"他者"中借用自我意象而得以建立。梅兰妮·克莱因持第二种观点，拉康在借用和完全翻新瓦隆的"镜像阶段"理论时也同样如此。

瓦隆遵从达尔文理论，认为个体在变成主体之前要经历自然辩证法的不同过程。在这个转变的背景下，儿童需要解决其内在冲突。所谓的"镜像阶段"发生在儿童六个月到八个月之间。它使得婴儿在空间中认识到自己，并使自我统一。这一体验代表着从特殊到想象、从想象到象征的转变[11]。拉康把这一体验理解为一个阶段，或者说克莱因意义上的一个"位置"，而没有提及任何允许主体进行功能整合的自然辩证法（心理成熟或知识进步）。虽然如此，镜像阶段其实和"镜子""阶段"（发展意义上），乃至任何具体体验都没有相似之处。它是一种心理的，甚至是本体论上的操作。通过它，一个人借助与他的相似物——他的肖像、同伴或"邻居"，也就是婴儿在镜子中看到的形象——的认同得以存在。拉康意义上的"镜像阶段"是一个预示着自我作为想象物的演化的母体。他在1937年对玛丽·波拿巴讲座的评论中给出了对于"镜像阶段"的最佳定义；这段话同样收录在一年后他论及家庭情结的论文中："当我在国际会议上提到'镜像阶段'时，我想尝试描述的是一个自恋性的再现。这一再现解释了人类身体的一体化，但这种一体化是如何建立的呢？恰恰是因为人类痛苦地意识到碎片化的威胁以及婴儿出生前六个月里生物学上的不成熟性。"[12]

当拉康忙于关于想象界的第一个理论，并和科耶夫计划进行弗洛伊德和黑格尔的比较研究时，英国精神分析协会内部的不合正愈演愈烈。爱德华·格洛弗虽然对克莱因的理论评价很高，但认为它的有效性依赖于在对成年精神病患者的分析中是否有用。他的这种保留态度是有深意的：他想保留精神病作为有医学资质的分析师的领地，防止像克莱因这样没有接受过医学训练的人入侵。但除了这个对立之外，一个基本问题还尚待解决：精神分析对于精神病治疗有何特殊贡献？正如我们所看到的，拉康自从对"艾梅"案例的研究以来就一直在思考这个问题[13]。

当 1932 年梅兰妮·克莱因的女儿梅丽塔·施米德贝格（Melitta Schmideberg）在她母亲的理论开始得到认可时来到伦敦，这场争议很快就变成一场搏斗。梅丽塔在接受埃拉·夏普的分析后，又接受了格洛弗的第二次分析，在后者的帮助下，她开始攻击自己母亲的学说。当梅丽塔在 1933 年 10 月入选英国精神分析协会成员时，她的对一名三岁女孩游戏的分析的申请论文获得了临床论文奖。梅丽塔一时声名显赫，但她表达自己观点时所含的恶意很快令她的同事蒙羞，更不用说她对自己母亲各种令人震惊的指责，包括说她抢走自己女儿的客户，暗示她对三岁以下儿童进行分析，而这被视为是不道德的行为。

与此同时，以安娜·弗洛伊德为首的维也纳学派和在克莱因领导下的英国学派之间的争吵发生了一个醒目的转折。当威廉·吉莱斯皮在 1932 年结束与爱德华·希奇曼的分析，从维也纳返回伦敦后，他为不同学派之间的互相排斥而震惊。他从未听他的维也纳同事提到克莱因的工作，但对伦敦的分析师而言，克莱因的理论是他们的圣经。欧内斯特·琼斯为了安抚支持自己女儿的弗洛伊德，试图让安娜从与她对手的争吵中脱身出来，把克莱因的女儿当成替罪羊。以这种方式，他希望通过除掉一个成为麻烦的对手来保持英国精神分析协会的统一和国际精神分析协会在弗洛伊德周围的团结，避免维也纳和伦敦之间发生直接冲突。但安娜拒绝了琼斯的建议，即使她同意，琼斯的机会也会因为随后崛起的纳粹主义而丧失。1934 年，维也纳组织的成员开始离开奥地利，他们中的一些人选择定居英国。这样，在德国吞并奥地利且"二战"开始之后，这场争吵变成了英国精神分析协会的内部事务[14]。

成人

在马里昂巴德会议上，关于精神分析治疗效果的研讨会引发了各个流派之间的全面对峙。安娜·弗洛伊德的支持者对克莱因派发起系统的攻击，而格洛弗在梅丽塔·施米德贝格的支持下公开宣布解除对梅兰妮·克莱因的支持，虽然在一开始，维也纳人并不了解这场家庭矛盾的前前后后，但还是把格洛弗看成是克莱因派。

正是在这个氛围中，1936年8月3日下午3点40分，在大会的第二个科学部分，拉康起身发言。十分钟后，琼斯在拉康一句话说到一半时打断了他。拉康后来写道：

> 我于1936年在马里昂巴德会议上做了这个主题的报告。至少我在前十分钟是这么做的，直到伦敦精神分析协会的主席、主持那场会议的琼斯打断了我的发言。我认为他确实能胜任那个职位，因为我所遇到的他的英国同事对他都没有好话。然而在场的维也纳小组却非常欢迎我的论文。我没有把它提交给会议的论文集，但它的核心内容包含在1938年出版的《法兰西百科全书》精神生活卷论及家庭的文章里。[15]

那件事发生后的第二天，拉康前往了柏林，虽然美国自我心理学派创始人之一的恩斯特·克里斯（Ernst Kris）告诉他说："这件事还没完。"[16]

我们现在都知道那次被遗失的著名演讲的内容。拉康在他前往马里昂巴德之前就在巴黎精神分析协会朗读了其要点。在当时做了笔记的弗朗索瓦兹·多尔多（Françoise Dolto）确认拉康在后来论及家庭的文章中使用了一样的术语。这篇演讲被分为几个章节：主体和我、身体、人类形式的表达性、力比多、身体形象、双重形象和镜像、断奶的力比多、死亡驱力、关键客体的毁灭、自恋及其与人类知识的基本象征的关联、在俄狄浦斯情结中被重新找回的客体和双胞胎。

鲁温斯坦、奥迪耶、帕尔舍米尼、保罗·谢里夫、拉加什和玛丽·波拿巴之间的讨论围绕第二地形学以及适应性而展开。但拉康坚持自己未来体系的基本立场："人不需要让自己适应现实，而是让现实适应自己。自我创造了对现实的新适应，我们必须衔接这种双重性。"[17]

我们很容易理解拉康被琼斯打断时所感受到的愤怒和羞辱，以至于30年后，当他出版《文集》时，他依然怒气冲冲地记录下他发言被打断的确切时间、日期和地点。在自己的博士论文被弗洛伊德无视后，拉康在自己的第一次国际精神分析大会上再次被冷落。弗洛伊德的伟大的追随者们在马里昂巴德进行着莎士比亚式斗争，而那位年轻的法国人对他们而言是个无名小卒。没人知道他是谁，没人读过他写的东西，也没有人意识到在巴黎知识分子圈的一角，他被认为是法国精神分析未来的大师。拉康"镜像阶段"所选择的方向和克莱因的革命是一致的，但无论是克莱因派还是安娜·弗洛伊德派都没有看出这一点。拉康自己因为对国际精神分析协会内部斗争的无知，也没有把握到自己理论倾向可能的暗示。这从他天真地认为维也纳小组热烈欢迎他的论文这一点中可以看出。如果他真的以为如此，那么这其中一定存在着一个很大的误会。他的立场和维也纳小组完全对立，而如果确实存在着友善的欢迎，那要么是源自一种个人同情，要么是基于共同的对弗洛伊德文献的口头交流。拉康读过这些文献，维也纳人因此欣赏他渊博的知识，而拉康把这当成是他们欣赏自己的观点。我们现在知道至少安娜·弗洛伊德并不欣赏拉康。自诩为正统弗洛伊德理论的官方代表，安娜总是监视着各种逾越行为。她在那天注意到这位自命不凡的法国精神病学家的行为举止。她并不喜欢他，并且质疑他的观点[18]。

拉康虽然和超现实主义有接触，但他反议会制和虚无主义的倾向使他从未对为自由的革命理想而奋斗表现出丝毫兴趣。他从来不是共产主义者；他从来没有把自己的名字放进任何政治小册子里；他从不相信任何人类自由的观点。然而兰波"我是他"（Je est un autre）的精神却贯穿了拉康早期的作品。20世纪30年代的哲学复兴是拉康阅读弗洛伊德的必要准备。拉康和文学与思想领域的现代性有着奇怪的关系：它们似乎仅仅影响拉康的作品，而没有触及拉康的私人生活与个人观点。拉康的行为和看法都是中产阶级的。他时而传统时而古怪，对金钱小心谨慎，但也能出于激情而奉献自己的身体与灵魂。

虽然拉康没有鲜明的政治立场，但这并不意味着他对于政治事务没有兴趣。恰恰相反，拉康对于政治承诺的刻意回避使他对于权力的极端形式有着浓厚的兴趣：无论是独裁者催眠术般的权力、教师移情的权力、暴君的控制欲，还是被疯癫所控制的主体表现出的狂野力量。简而言之，这位渴望成为领袖的人享受着对于大众的观察和评论。他目睹着他们如何被主人所奴役，并自愿地接受他们的从属地位。

拉康离开马里昂巴德后前往柏林观看第十一届奥运会。那是一段不堪的回忆。拉康刚刚在几天前讲到在身体碎片化威胁下的自我的痛苦，现在就从他面前走过的角斗士游行中看到了镜像阶段的实例。后来他对法西斯主义有过一段晦涩的分析。他憎恶法西斯主义并将其视作威胁。在他看来，纳粹组织是其统治的大众的痛苦之源。拉康认为这种痛苦的原因来自希特勒对于德军等级制结构的民主化，这一点我之后会谈到[19]。

拉康的马里昂巴德和柏林之行的重要成果是《超越现实原则》（«Au-delà du principe de réalité»）。这篇文章包含了拉康阅读瓦隆、弗洛伊德第二地形学和科耶夫后涉及的全部主题。它也和未完成的弗洛伊德－黑格尔比较计划以及包含镜像阶段第一版本内容的论及家庭情结的长文有关。

当拉康和怀有五个月身孕的马卢在努瓦尔穆捷共度假期时，他完成了《超越现实原则》。在35岁的年纪，正要第一次成为父亲的拉康庆祝着法国第二代精神分析师的胜利，并传授给他们一种理解弗洛伊德的非心理学的方式。在他经常去游泳的海滩上，拉康也许会注意到一个类似奥运会游行的瞩目现象：工人们在享受他们的第一个带薪休假。但他并没有。纪

第 11 章 马里昂巴德

尧姆·德·塔尔德在他 1936 年的日记里这么描述拉康："他似乎生活在一个永恒的世界里。作为知识分子，他站在崇高的位置上公正地接受各种观点。作为语言大师，他天生就摆脱了流俗与偏见，高高在上地俯视日常事务。在他看来，过时的、注定失败的、为了自己的阶级利益与无情的现实进行斗争的人类仅仅是木偶而已。他们呈现出一幅令人同情的景象，仿佛是悲剧的最后一幕，既让人感动又让人发笑。而他自己则至高无上地支配着他们的痛苦。"[20]

在国际精神分析的运动史上通常把 20 世纪初期维也纳的那群人称为"第一代"。这个著名的先驱者团体——阿德勒、荣格、琼斯、费伦齐、兰克、亚伯拉罕、萨克斯和艾廷根——被从 1918 年起开始形成的第二代所取代。第二代由和弗洛伊德及与其分析过的人有直接接触的分析师所组成。他们已经丧失了第一代的冒险精神，成为 20 世纪 30 年代国际精神分析协会中的领导。虽然弗洛伊德依然健在，但国际精神分析协会已经不在他的掌控之下。它的中心不再是一个人或一座城市，而是一个组织。这个组织的重要性在纳粹时期得到进一步强化，它代表着弗洛伊德理论的大本营和反抗蒙昧主义的抵抗的标志。之后出现的是由流亡的第二代培养出来的第三代分析师，伴随他们的是对于弗洛伊德作品解读的各种争议。在这个国际背景下，拉康自己的受训经历以及他和弗洛伊德的距离使他属于第三代。他所面对的是无法再被奠基人自己所修正的文献。

但如果我们仅仅考察法国的精神分析史，那么代际划分会有很大不同。弗洛伊德理论在欧洲其他国家盛行 15 年后才进入法国。在这个局限的环境中，与巴黎精神分析协会的 12 位创始人所代表的第一代法国精神分析师对应的是国际精神分析的第二代。这能解释他们和国际精神分析协会之间的一些问题。在法国的编年史中，拉康如我们所知属于第二代，但对应于国际精神分析史的第三代。拉康自己也知道这一点。

成人

当拉康带着羞辱和失望从马里昂巴德返回后,他在文章中第一次提出20世纪30年代的第二代分析师有必要继承弗洛伊德革命的意义:

> 精神分析不仅仅被新的心理学所承认,而且同时出现在很多其他学科的源头或发展过程中。这表明了它的先锋性。所以从一个普遍意义上来看,精神分析得到了被我称为"第二代"的分析师们的理解。像所有革命一样,弗洛伊德革命的意义来自它所处的环境,来自那一时代的心理学。这种心理学只有通过对表述它的文献进行研究才能得以评估。[21]

拉康是想把自己表现为法国第二代精神分析师的领袖,还是想成为他在马里昂巴德所遇到的国际精神分析第二代中的一员?两种都有可能。无论哪种情况,拉康都想把自己对于弗洛伊德的反思看成是弗洛伊德自己在20世纪20年代理论修正的对应物。拉康的《超越现实原则》是弗洛伊德《超越快乐原则》的推论。如果自我的结构不是对于现实的适应,那么这是因为心理认同意味着知识。拉康把弗洛伊德第二地形学中的三要素称为"人格的想象位置"(postes imaginaires de la personnalité),接着他提出第一人称的"我"作为第四个要素,使得主体能够自我认识。拉康最早期的想象界理论对应着梅兰妮·克莱因把自我的起源看成是基于意象认同的一系列过程的观点。但他很快加入了"象征认同"(identification symbolique)这一新概念,虽然在当时它的意义还晦涩不清。

到了1936年的秋天,拉康已经把在马里昂巴德的遭遇转化为大量学术成果。他完成了自己的主体理论的第一部分,可以在科耶夫对黑格尔阅读的基础上嫁接到弗洛伊德的理论。拉康还计划给《超越现实原则》写两篇续章:一篇关于"形象的现实",另一篇关于"知识的形式"。但他从未动笔。相反,在瓦隆的请求下,他写了一篇论及家庭情结的文章。而他和乔治·巴塔耶的会面将为他的工作增添尼采的维度。

Histoires de familles

PARTIE 4
_家庭史

第 12 章
乔治·巴塔耶及其同伴

> 你必须亵渎、毁灭和打破所有规则，才能触及一切界限以外之物。
>
> ——巴塔耶

和米歇尔·莱里斯、勒内·克勒韦尔、安托南·阿尔托等两次世界大战之间的作家一样，乔治·巴塔耶也深受弗洛伊德理论影响并亲身接受过分析，但他们对理论的兴趣独立于他对治疗的看法。对弗洛伊德革命的同情是一种智识行为，而找分析师则仅仅是因为一个人想尽可能直接地解决自己的疾病。这种态度解释了为什么像米歇尔·莱里斯这样的人可以用他的文学技法推崇弗洛伊德的理论，但却同时把弗洛伊德的治疗仅仅看成是一种药物。他在 1934 年 8 月写道："也许我们不能对精神分析期望太高，但我们总是可以像服用一粒阿司匹林一样使用它。"[1]

我在其他场合已经对巴塔耶和阿德里安·博雷尔的分析做过评论。博雷尔是一位精神病学家。他是巴黎精神分析协会的创始成员之一，还是一位品酒师和美食家。和阿兰迪一样，博雷尔喜欢接受艺术家或其他有创造力的人作为他的病人[2]。多斯博士是巴塔耶的一位学医的朋友，他和巴塔耶在《社会批判》杂志合作过，对后者的性强迫症表示担忧。在他的建议下，巴塔耶认识了博雷尔并决定在他那里接受分析。巴塔耶的好几个朋友都认为他处于"病态"之中：他是一个赌徒、酒鬼，还经常光顾妓院。据莱里斯所说，他甚至拿自己的生命冒险去玩俄罗斯轮盘赌[3]。

家庭史

在他们第一次见面时,博雷尔给了巴塔耶一张路易·卡尔波摄于 1905 年 4 月的照片,这张照片还被乔治·杜马著名的《心理学专著》(*Traité de psychologie*)所收录。它展示了一名谋杀了王子的中国人被凌迟处死的场景。杜马在展示这个场景时观察到照片里受害者的反应很像神秘主义者的那种狂喜状态,但他也指出这是因为该男子被注射了鸦片来延长行刑过程。这确实是一个恐怖的场景:男子被千刀万剐的身体、散乱的头发和淡然的表情,仿佛是在神圣的天谴下容光焕发的贝尔尼尼的处女。目睹这张照片是巴塔耶生命中的一个转折点:"在我心中燃烧的……是两个完全对立事物变得一致的事实——神圣的狂喜和极端的恐怖。"[4]

博雷尔没有试图帮助巴塔耶摆脱困扰着他的思想斗争[5],而是鼓励他继续写作。尽管如此,精神分析还是给予巴塔耶一定程度的解放,让他得以写出《眼睛的故事》(*L'Histoire de l'œil*)。这本书在每一次分析时都被讨论——有时候还被修改。巴塔耶告诉马德莱娜·夏普萨尔:"我只有接受分析才能写出我的第一本书——这本书是源自分析的。我能这么说是因为我已经从我写作这本书的状态中解放出来了。"[6]

在结束了这段把移情关系拿来激励文学创造力的分析后,巴塔耶觉得自己身体感觉也更好了。他和博雷尔保持着朋友关系:在后者去世之前,巴塔耶会把自己每一本书的第一册寄给他看。因为这段分析,巴塔耶结识了未来的妻子西尔维亚·马克莱斯(Sylvia Maklès)。他们的相遇可能发生在雷蒙·格诺位于靠近凡尔赛宫的戴斯诺特广场的工作室里。很多作家经常在那里聚会。负责那次聚会的是西尔维亚的姐姐比杨卡,她嫁给了法国超现实主义"四个火枪手"之一的西奥多·弗兰克尔(Théodore Fraenkel)。"当我第一次见到弗兰克尔时,"阿拉贡写道,"他刚刚从俄国回来,在那里,他是法国远征军的助理医疗官。他说起话来像阿尔弗雷德·杰瑞笔下的乌布爸爸。他经常不露声色,然后忽然地大笑把所有人镇住。"[7]

比杨卡和西尔维亚的父亲亨利·马克莱斯是有保加利亚血统的犹太

人、商人和旅行推销员。但他也像吉卜赛人一样，对文化和艺术感兴趣而在商业上并不成功。他经常破产，导致他的妻子娜塔莉·科翰（Nathalie Chohen）一辈子为金钱所困扰。娜塔莉为人善良热情，她焦虑地希望自己的四个女儿——比杨卡、罗斯、西蒙尼和西尔维亚——能获得她自己没有享受过的稳定生活[8]。她的儿子夏尔·马克莱斯则很像他父亲。

比杨卡聪明漂亮，在那个女性很少进入智力劳动领域的时代成为一名医学学生。在医学院里，她认识了布勒东、阿拉贡和弗兰克尔。在这三个人中只有弗兰克尔最后成了医生。弗兰克尔深受抑郁症的困扰。1916年，在凡尔登前线服役时，他非常精准地用临床术语描述了自己的心理状况："在我情绪的环状中，抑郁占据了主导……躁狂抑郁性精神病只是一种持久现象的扩大……我经常注意到极端忧郁症表现为令人厌烦的自我贬低。躁狂般的兴奋以骄傲的形式表达出来。精神退化影响着90%的人类——而我不属于其中。我现在理解了诺尔道的书，而且不会改变我的看法。"[9] 1922年，比杨卡嫁给了弗兰克尔，放弃了自己的学业成了一名演员。她成为夏尔·迪兰工作室的一员，以吕西安·莫朗的艺名出演了皮兰德娄的戏剧《是这样，如果你们以为如此》[10]。

1931年，比杨卡不幸去世。一天在靠近蔚蓝海岸的卡尔屈埃拉纳散步时，她跌下悬崖身亡。弗兰克尔当时正在巴黎，不得不赶回来辨认尸体[11]。比杨卡的母亲娜塔莉·科翰再没能从这件事中恢复过来，尤其是当她周围的人暗示这可能是自杀。她后来陷入疯癫，相信是弗兰克尔把比杨卡推下了悬崖，但又坚信比杨卡并没有死——而仅仅是失去了记忆，等有一天她回忆起发生的事，就会回到她的家人和朋友身边[12]。

西尔维亚出生于1908年11月1日。她和姐姐上的是位于维利耶大道的同一所学校。西尔维亚一直想当演员，但直到结婚，她的梦想都还没有实现。比杨卡嫁给弗兰克尔后，西尔维亚去和他们住在一起。她和她的姐姐关系很好并以她为榜样，可是弗兰克尔爱上了西尔维亚并追求了她好几次。家里人因此决定让西尔维亚嫁给乔治·巴塔耶。西尔维亚喜欢巴塔耶,所以也就同意了。1928 年 3 月 20 日,他们的婚礼在巴黎外库尔布瓦的市政厅举行[13]。

巴塔耶的朋友希望——虽然没有太大把握——巴塔耶在娶了这样一位性格沉稳、受人尊敬的女士后,哪怕不能放弃也至少会节制自己放荡的生活方式。但他们错了。"所有的证据表明,"米歇尔·苏利亚写道,"他并没有和西尔维亚分享自己的生活,而是继续流连夜店和妓院,参与(如果他没有组织)狂欢宴会。和他妻子一起吗?巴塔耶几乎让所有和他在一起的女性成为共犯,所以很有可能他对他的第一任妻子也是这么做的。"[14]

结婚三个月后,依然想要登台表演的西尔维亚前往老鸽巢剧院,观看让·雷诺阿(Jean Renoir)基于汉斯·安德森同名小说创作的无声电影《卖火柴的小女孩》(*La Petite Marchande d'allumettes*)的首映[15]。雷诺阿的这部电影带有卓别林的风格,展示了各种高超技术与特效。片中的女主角由他的妻子卡特琳·赫斯林扮演,卡特琳同时还是让·雷诺阿的父亲(一位著名画家)的最后一位模特。西尔维亚被女主人公的性格所感动,她认为自己可以非常生动地饰演这个角色。因此在雷诺阿离开剧院时,西尔维亚毫不犹豫地拦住他,告诉他自己想要出演这部电影。"你得等等。"他回应道[16]。

西尔维亚等待着。在结婚后前两年时间里她搬了三次家。巴塔耶夫妻最早住在塞居尔大道,接着搬到佛文纳格斯路,后来又到洛涅苏塞纳和伊西勒布林诺。据巴塔耶说,在他向自己死去的母亲致敬的著名仪式上,当时怀有身孕的西尔维亚是见证人。在他的作品中,巴塔耶用三种不同的方式描写了这一事件:一次声称这件事完全属实;另一次说这纯属虚构;最后一次在一篇题为《母亲的尸体》(*Le Cadavre maternel*)的短文中提到。在第一个版本中他写道:"晚上,我在母亲的尸体前自慰。"而在第二个版本中:

第12章　乔治·巴塔耶及其同伴

"她死去的那天，我和伊迪斯睡在她的床上。"

"你的妻子？"

"没错……我躺在伊迪斯身边，她正在熟睡……我光着脚偷偷溜出，浑身颤抖着……我带着恐惧和幸福看着面前的尸体，我被激动裹挟着……我陷入了出神的状态……我脱下了睡衣……你知道这是什么意思。"[17]

巴塔耶之所以把这段内容重复三次，一定是受到了克拉夫特-艾宾性变态著作的影响。但这行为本身可以视为巴塔耶自传的一部分，它源自父母的疯癫对童年期巴塔耶的影响。巴塔耶的父亲阿里斯蒂德·巴塔耶因为梅毒而瘫痪失明，长期困在轮椅上。"他在他坐的地方小便"，"他拉在自己裤子里"。1911年左右，在疯癫的状态中，他指责自己的医生和他妻子上床，这差点把他妻子逼疯。有一次在巴塔耶在场的情况下，她和阿里斯蒂德发生激烈争吵后去阁楼上吊自杀。这次自杀虽然没有成功，但巴塔耶的母亲还是做出了另一个疯狂的举动：在当年8月她离开了阿里斯蒂德，决定永远不再回来。但她没有坚持自己的誓言。"当我们知道他快不行时，"巴塔耶写道，"我母亲同意和我一起回来。但在我们到家几天前他就去世了，死前还在呼唤着他的孩子。我们回来后在屋里看到的只有一副棺材。"[18]

面对装着死去的父亲的棺材的场景，和后来巴塔耶在自己怀孕的妻子在场的情况下，用下流的方式向母亲尸体致敬的场景遥相呼应。一边是从未见过自己儿子的盲人父亲，而他儿子也没有看到他的尸体；另一边是因为丈夫的折磨而抛弃自己儿子的母亲，她的尸体展现在她儿子面前。主人公说道："我的父亲盲目地让我诞生，我不能像俄狄浦斯一样戳瞎自己的眼睛，但我像他一样解开了斯芬克斯之谜，没人能做到如此。"[19]

乔治·巴塔耶和西尔维亚唯一的孩子劳伦斯·巴塔耶（Laurence

Bataille）降生于 1930 年 6 月 10 日。当时巴塔耶正和米歇尔·莱里斯、卡尔·爱因斯坦、乔治－亨利·里维埃共同为《文本》杂志写稿。在文章中，巴塔耶反对超现实主义，与他伟大的对手安德烈·布勒东激辩，声称要把兽交推向极致，从而展现所有的反抗都不过是对反抗的否定。换句话说，巴塔耶用一种能够生产他所谓的"不可能"的反理想主义与超现实主义对抗。你必须亵渎、毁灭和打破所有规则，才能触及一切界限以外之物[20]。

与此同时，西尔维亚成为演员的梦想终于实现了。她在方丹街上的一家咖啡厅里遇见了雅克·普雷韦（Jacques Prévert），当时她正准备去要安德烈·布勒东的签名。她离开时和普雷韦聊了聊，两人一直散步到第二天凌晨，他们都被对方的才华深深吸引[21]。普雷韦脱离超现实主义后创立了著名的"十月小组"，西尔维亚很快成为其中的一员[22]。

普雷韦兄弟和他们的表演团队是美国经典电影和无声电影时代明星的忠实崇拜者。和其他粉丝一样，他们几乎生活在幻想的世界里，花大量时间讨论查里·卓别林、巴斯特·基顿和马克·森内特。雅克·普雷韦善于讲故事，他能够通过戏谑的逻辑游戏颠覆词语的意义，而他谦虚、害羞而迷人的兄弟皮埃尔则像是从《仲夏夜之梦》里走出来的人物[23]。

通过雅克·布鲁涅斯的引介，雅克·普雷韦认识了让－皮埃尔·德雷福斯（后来改名为让－保罗·勒沙努瓦）和布努埃尔《一条安达鲁狗》（*Un Chien andalou*, 1928）中的主演皮埃尔·巴切夫。他们一起合作，但计划随着巴切夫的自杀而终止。之后是和来自工人阶级戏剧联盟的雷蒙·布斯耶的会面，布斯耶和利昂·穆西纳克一起创立了"十月小组"。普雷韦兄弟、以卢·契莫科夫的名字而出名的导演路易·博宁和马塞尔·杜哈明后来成了这一小组的领导人。让·戴斯特、莫里斯·巴奎特和约瑟夫·科斯马后来也加入其中。"十月小组"的成员把自己看成是由第一代布尔什维知识分子所代表的浮华的共产主义的后继者。虽然斯大林主义正在蔓延，他们还是对作为第一次无产阶级革命诞生地的苏联保持忠诚。作为革命的

第12章　乔治·巴塔耶及其同伴

继承人，他们以布莱希特、皮斯卡托和他们的无产阶级戏剧为榜样，决定复兴流行戏剧。在普雷韦兄弟的带动下，"十月小组"提出了"诗意现实主义"理论，使用幽默的语言来揭示资产阶级守旧派的荒诞，带动了让·雷诺阿、马塞尔·卡尔内和雅克·费戴尔的电影。在1933年他们在莫斯科和列宁格勒演出了《丰特努瓦战役》（La Bataille de Fontenoy），并因此在国际奥林匹克工人戏剧节上获奖[24]。

24岁的西尔维亚是这个小组的核心。她已经成了一名漂亮的演员。她苍白的皮肤、略微吐字不清的口音和孩子般的纤细身材赋予了她独特的魅力。她匀称而让人浮想联翩的形体仿佛是混杂着分离主义和印象派绘画风格的杰作，由修拉作图而由克林姆上色。她的任性和幽默感相得益彰，但深邃的黑眼睛下却掩藏着一种忧伤，一种20世纪30年代女性普遍具有的被挫败的叛逆。当雷诺阿请她在《乡村一日》（Une Partie de campagne）中饰演女主角时，他可能正是被这种特质吸引。她完全就是莫泊桑笔下不幸的亨丽埃特·杜福尔[25]。

与此同时，西尔维亚离开了乔治·巴塔耶。巴塔耶在自己的书中并没有描述过他们的爱情，但他在《天空之蓝》（Le Bleu du ciel）中讲过他们分手的故事，其中主人公的妻子叫伊迪斯。"我对我爱的人表现得像个懦夫一样，"主人公说，"我的妻子非常爱我，当她知道我欺骗她时都要崩溃了。"[26]主人公同时还引用了伊迪斯写给他的一封信，在其中她提到了自己的一个梦。"我们和一些朋友在一起，"伊迪斯写道，"有人说如果你走出去，你会被谋杀……一个男的会来杀你。当他准备那么做时，他会拧开自己的手电。我走在你旁边，那个杀手拧开手电，一颗子弹穿过了我的身体……你和一个女孩进入卧室。那个男人说时间到了，他发射了第二颗子弹。目标应该是你，但我却感觉自己又被击中了。我觉得自己要死了，我把手放在喉咙上，摸到了温暖的血液。"[27]伊迪斯这个梦的有趣之处在于它预见了现实。1939年，乔治·巴塔耶和西尔维亚结婚11年后，依然深爱着西尔维亚的西奥多·弗兰克尔在国家图书馆门口等待着巴塔耶。他拿着一把枪准备杀死他的情敌，而即便西尔维亚早就在几年前就离开了乔治。幸运的是，这个小插曲最终在一阵大笑中结束[28]。

当父母离婚时，劳伦斯·巴塔耶年仅四岁。虽然她经常告诉周围的人这次离婚对她的影响有多大，但直到1984年她才在传记中提及此事。像巴塔耶《天空之蓝》中的女性一样，她讲述了一个梦，这个梦她在1963年接受康拉德·斯坦因分析时曾尝试解读。在梦中，她看见一只鹧鸪正试图摆脱咬住它尾羽的鼬鼠，结果留下一摊血迹。鹧鸪回头看了一眼，绝望地扑闪着自己的翅膀。"这看上去很奇怪，"她说，"我应该把我父亲解读为这只鹧鸪，但他在我生活中从未那么重要。我四岁时他就离开了我。我偶尔会去拜访他，但从未有任何感觉。一年前他的去世让我感到失落。"[29]

地上的血迹代表着劳伦斯所唤起的痛苦记忆，就像巴塔耶在他《眼睛的故事》里所用的隐喻一样。她回忆起自己儿时有一次在玩母亲的睫毛夹时不小心拔掉了一根睫毛，她在镜子里看到自己的眼睛沾上了血迹。通过种种关联，她从这个梦推断出巴塔耶-马克莱斯家庭的组建方式：男性掌控了思想领域。"在我的家庭中，"她说道，"只有男性才能思考。这是他们的特权和属性，如果有人胆敢篡权就会导致混乱。女人没有思考的权利，包括我自己。这就是为什么我一直尽量避免做和思考有关的事情。"[30]

虽然马克莱斯姐妹不被允许思考，但她们都嫁给了知识分子。西尔维亚和比杨卡不仅同样漂亮、富有才华和艺术气质，而且都强烈支持左派。另外两个姐妹罗斯和西蒙尼则不同。罗斯是一位出色的家庭主妇和厨师，她1934年嫁给安德烈·马松（André Masson），对后者产生了很大影响。马松当时靠绘画还赚不到什么钱，他刚刚结束和另一位饱受神经性发作和酒精困扰的画家宝拉·维兹莱的恋爱。马松自己也是酒鬼，经常抑郁，无法和一位活跃的女艺术家相处，也抵触安定的家庭生活[31]。但和罗斯在一起时他却能安心工作。

第 12 章　乔治·巴塔耶及其同伴

西蒙尼则更像是保守的中产阶级。在"二战"前，她嫁给了让·皮埃尔，一位公务员和经济学家。他后来帮助巴塔耶创办了《批判》（Critique）杂志。在比扬卡去世后，西尔维亚是家庭成员中唯一坚持反抗立场的人。她在当演员期间持续给自己的父母、弟妹提供精神上和物质上的支持。对她而言，政治忠诚意味着一种牺牲精神，在这一点上，巴塔耶把她描绘成受害者是准确的。但西尔维亚也有很多朋友，不仅仅是因为她的美丽，也是因为她的大度和热情。

和巴塔耶－马克莱斯家庭关系密切的还有米歇尔·莱里斯和坎魏勒家庭，雷蒙·格诺和卡恩家庭。莱里斯隐瞒了他 1926 年迎娶的妻子路易丝·戈登（Louise Godon）的真实背景。她一般被称作泽特，和阿拉贡的背景相似。她出生于 1902 年，是卢西·戈登的女儿。她的外公外婆把她当成自己的女儿，假装卢西是她的姐姐。她 18 岁时发现了真相，此时她真正的母亲已经嫁给著名的艺术品商人丹尼尔－亨利·坎魏勒有一年时间了，后者推广了一大批立体派画家，并且拥有众多毕加索的作品。在嫁给莱里斯之后，泽特在她名义上的哥哥的画廊里工作，小心谨慎地不暴露自己的真实身份。只有关系密切的小圈子才知道这个"秘密"。与此同时，雷蒙·格诺娶了珍宁·卡恩。珍宁的姐姐西蒙尼是安德烈·布勒东的第一任妻子。马克莱斯姐妹和卡恩姐妹从当年一起在维利耶大道的学校上学时就互相认识了[32]。

巴塔耶自己和《天空之蓝》中的主人公一样，享受着思想带来的优越性。酒精、性和睡眠的不足消耗着他的生命。他写道："我成为我最亲密的人所厌恶和恐惧的对象，我对此感到高兴。"他指的是伊迪斯－西尔维亚[33]。在两人分手后，巴塔耶依然和西尔维亚保持着亲密关系，虽然他现在和科莱特·佩尼奥生活在一起。他叫她洛尔。

和西尔维亚不同，洛尔以一种牺牲精神接受了巴塔耶的无节制的生活方式，仿佛这种生活在向她展示自己的死亡之路。洛尔同样接受了阿德里安·博雷尔的分析，直到后者在1939年因肺结核去世。"所有和她走得近的人，"莱里斯写道，"都知道她多么地重视高尚的东西而反抗大多数人遵从的规范。"[34] 在她死后，巴塔耶出版了她的作品，并写了一篇传记，在其中他详细描述了她的性实践。和她在1931年一起创办《社会批判》杂志的苏瓦林认为她精神有问题，一直想要拯救她，所以他不能原谅"性精神错乱"的巴塔耶把她从自己身边夺走。1934年，苏瓦林向自己的密友和知己奥莱夏·显克微支倾诉了自己的痛苦并感谢她的帮助："也许晚些时候洛尔会恢复她真诚开放的本性，就像多年前我第一次遇到她时一样……虽然她离开了我，我还是希望她能记得我们的过去，我们曾经分享过的思想以及我们之间无法描述的亲切……任何鼓励她放弃道德价值观的人都是在伤害她。"[35] 奥莱夏曾经目睹了科莱特·佩尼奥和苏瓦林关系的破裂，就像她自己和拉康的关系恶化一样。

西尔维亚的演艺生涯还得到了皮埃尔·布朗伯格的扶持，后者疯狂地爱着她。和"十月小组"的演员们一起，西尔维亚得到了自己在雷诺阿电影里的第一个角色，这部电影是雷诺阿和普雷韦合作的《兰基先生的罪行》（*Le Crime de M. Lange*）。作为受到"生活戏剧"和集体成果观念影响的杰作，《兰基先生的罪行》是"十月小组"演员们的代表作。西尔维亚在其中扮演了一名在印刷车间工作的女孩，后来成为朱利斯·贝里邪恶引诱的受害者。

在布朗伯格的引荐下，雷诺阿认真考虑为西尔维亚挑选一个重要的角色。他赞同勒内·克莱尔，认为电影应该和即兴喜剧一样拥有自己的特殊时代。他相信这一时代应该是19世纪的下半叶。"我们应该抛弃现实主义，"他说，"使所有的电影都属于那个特殊年代——这是电影实录法的反面。"[36] 而对克莱尔来说，"电影的特殊时代"是他父亲绘画中所描述的时代：乡下野餐、游艇聚会、河边露天咖啡厅的时代。从莫泊桑短篇小说《乡村一日》中，他提取了人物、设置、地点以及悲剧性的结尾：

第 12 章 乔治·巴塔耶及其同伴

一个晴朗的夏日清晨,在巴黎开五金店的杜福尔先生决定带着他的妻子、女儿昂里埃特和伙计阿纳托尔去塞纳河畔的乡间酒馆吃午餐。饭后,杜福尔先生和阿纳托尔去钓鱼,而昂里埃特和她母亲跟两个划船的度假者调情。女孩就这样有了自己第一次性经历:"出于忽然涌起的强烈抗拒,她扭过身来避开他,但他把自己整个身子压在她上面,摸索着去亲吻她……然后,在一股欲火之中她开始回应他的亲吻,把他紧紧抱住,仿佛之前所有的抗拒都被无法抵抗的重量所压垮。"[37] 很多年后的一个星期天,昂里埃特和她现在的丈夫阿纳托尔回到了同一个地方,她在那次做爱的地方遇见了那位引诱者。她在两人分手之前告诉他:"我每天晚上都在回忆那一次。""岛上的这次做爱场景,"安德烈·巴赞写道,"是电影史上最杰出也最糟糕的时刻。它电击般的力量来自西尔维亚·巴塔耶的一颦一笑所展现出的令人悲痛的情感现实主义。"[38]

乔治·巴塔耶也在电影里跑龙套,扮演了一名神学院学生。他在这部悲剧性的爱情赞歌中的短暂出现意味深长,因为他的妻子扮演了那位服从于平庸的生活但却同时进行反抗的女主人公。西尔维亚的这一次出镜本应该为她开启演员生涯,但现实环境却不允许。由布朗伯格制片,长达 50 分钟的《乡村一日》在卢万河畔取景,当时那里很像 1880 年的塞纳河畔。但降雨影响了拍摄,雷诺阿不得不改变剧本。在和西尔维亚的一次激烈争吵后,他没有完成全部场景就结束了拍摄,结果电影直到 1946 年才迎来了首映。本来应该在 1936 年就让西尔维亚成为明星的电影被埋没了长达十年。

同一年,"十月小组"因为资金不足而解散,"好同志"们各奔东西。西尔维亚依然是普雷韦的好朋友,她在由普雷韦编剧的马塞尔·卡尔内的处女作《热妮》(*Jenny*) 中获得了一个小角色。之后一年,她加入了由雅克·费戴尔执导、弗朗索瓦·罗赛主演的《旅行的人们》(*Les Gens de voyage*)。但战争的爆发断送了西尔维亚所有的希望。贝当政府的反犹太法禁止她演出,而她的政治立场也不允许她继续在这样的政府的领导下工作。当1946年她终于在雷诺阿电影中出现时，已经太晚了。西尔维亚这时已经38岁，是拉康的伴侣了。她已经选择了另一种生活。当她和《电影手册》(Les Cahiers du cinéma) 分享之前的演艺经历时，她的回忆里还带有某种渴望："雷诺阿是一位好导演。他会花时间来帮助演员理解角色，但如果演员总是出错，他会大发雷霆。当我们和他合作时我们的表演并不总是完美的，但却是真实的。"[39]

当拉康和科耶夫筹划开始一个关于弗洛伊德和黑格尔的比较研究时，巴塔耶也正准备出版评论杂志《无头人》(Acéphale) 的第一期。杂志的封面是安德烈·马松的一幅奇怪的画，展示着一个无头男子和他的全部内脏，在他生殖器的地方是一块骨头。在之前短暂的文学实验《反击》(Contre-Attaque) 中，巴塔耶和布勒东和解，共同支持人民阵营对于法西斯崛起的反抗。而现在巴塔耶拒绝了科耶夫口中知识分子注定要经历的"苦恼否定性"：历史终结了，法国社会到了临终之时，战争不可避免。巴塔耶希望用《无头人》来对抗这种弥散的道德危机。他提议抛弃文明世界的启蒙精神，转而投向消失世界的狂喜力量。对于进步主义的绝对信仰从来没有唤起人类的精神觉醒，巴塔耶对它的反抗呼应了1880年象征主义者们的立场。早在1891年，巴塔耶崇拜的乔里-卡尔·于斯曼就在他的小说《在那边》(Là-bas) 中描绘了一个超越主体性的神秘维度。这一维度把叙述者引向了一个启蒙之旅，和巴塔耶自己在1930年走向的"非神学体验"相似。马松的无头人所传达的信息是通过献出作为人类思想所在地的头颅来对西方理性进行激进批判。

事实上，《无头人》杂志只是一个同名的秘密社团的可见部分。在这个神秘的社团中，成员们传播"直觉的非知识"(non-savoir de la gnose) 来对抗任何形式的理性逻辑，他们甚至通过实践"仪式谋杀"(crimes rituels) 来作为他们厌恶一个走向灾难的世界的证据。乔治·巴塔耶和罗杰·卡伊瓦是这一"神圣阴谋"（conjuration sacrée）的领头人。而依然被理性和科学精神所吸引的米歇尔·莱里斯则对此持批判态度。社团创始人承诺建立一种受到查拉图斯特拉启发的新宗教，对社会活动保持沉默。但毫无疑问，他们并没有任何反抗国家的或者是恐怖主义性质的计划：这些"阴谋家"都是基于人类学的内容与形式的虚无主义的反叛英雄。

巴塔耶在读过《集体心理学和自我的分析》（*Psychologie des foules et analyes du moi*）后就成了弗洛伊德的忠实读者，他同样接受了死亡驱力这一震动整个精神分析运动的理论。对巴塔耶来说，马松的无头人的死亡代表着一群人的死亡——那些人认为自己的命运是基于理性的。"我们都有狂热的宗教性，"他写道，"当我们存在的本身就是对所有被认识的事物的征用的时候，而我们注定无法妥协。我们所面临的是战争。"[40]

萨德侯爵（Donatien Alphonse François Sade）和尼采是这一牺牲运动的两个标志性形象，和他们并列的还有克尔凯郭尔、唐璜和狄厄尼索斯。克洛索夫斯基在杂志第一期中的文章《野兽》（«Le monstre»）中摆明了这个团体的立场："萨德的特点是抛弃了灵魂的不朽，用一种绝对的野蛮取而代之。"[41] 这种野蛮性和对自我的否定宣告着梦的决定权力对意识的胜利、剥夺对自控的胜利、不可能性对于可能性的胜利。萨德版本的人是没有上帝的现代人的原型：如果他想消灭然后享受他欲望客体的真实存在，那么他必须从监狱里逃离，就像无头人必须从他的头或者个体必须从理性中逃离一样。在为这一作为弗洛伊德的"欲望"和黑格尔－科耶夫的"欲求"碰撞产物的"野兽"[42]辩护后，克洛索夫斯基以一篇题为《尼采和法西斯主义者》（*Nietzsche et les fascistes*）的文章向尼采致敬，文中他回顾了对尼采研究的现状。[43]

自19世纪末以来，尼采的作品开始被法国文学评论界熟知并翻译。我之前提到的于勒·德·戈尔提耶在虚无主义和反民族主义的基础上把尼采的学说和包法利主义联系起来。与此同时，尼采的理论还通过安德烈·纪德和保罗·瓦勒里的写作间接得到传播。莫拉斯喜爱尼采作品中对于俾斯麦的批判和反社会主义的立场[44]；布勒东虽然没有这么热情，但他也意识到尼采对于所有西方理性价值的攻击是多么激进[45]。拉康在20世纪20年代中期也同样赞美过尼采（虽然当时他对《查拉图斯特拉如是说》中的理念，特别是超人理论还不了解）。

法国对于尼采的态度在"一战"后随着夏尔·安德勒对于这位哲学家生平的重要研究而发生转变。作为一名德意志主义者和社会主义者，安德勒怀念拥有歌德和贝多芬的德国。虽然他的书在1918年马恩河战役之前就已完成，但他把出版推迟到了1920年[46]。安德勒颠覆了把尼采视为瓦格纳崇拜者的狭隘形象，把他看成是一位具有世界性乃至普遍性的欧洲思想家。尼采的思想成为哲学史的一部分，虽然这一历史还笼罩在黑格尔主义和法国社会学的阴影之下。

然而在1935年，在德国得到推崇的并不是这一"启蒙"版本的尼采。在长达40年的多次误读之后，尼采的妹妹伊丽莎白·福斯特利用所有伟大作品中难以避免的歧义性，把尼采哲学拿来支持纳粹主义和法西斯主义。她把希特勒视为哥哥所梦想的超人形象的化身。在纪念"一战"中德国战胜俄国的坦能堡纪念碑庆典上，作为元首的狂热支持者，她把《查拉图斯特拉如是说》的一份拷贝和《我的奋斗》(*Mein Kampf*) 及罗森伯格的《20世纪的秘密》(*Le Mythe du XX siècle*) 放在一起。"我确信，"她写道，"弗里茨会很高兴看到希特勒以无与伦比的勇气为他的人民承担全部责任。"[47]

巴塔耶在1937年1月出版的《无头人》第二期中批判了这种对于尼采思想的严重误用。他提醒纳粹和法西斯主义者，尼采曾经严肃批评过自己妹妹和她丈夫的反犹太主义，他也从未提出过任何涉及国土、种族和祖国的理论。他的哲学号召现代人直面上帝死去的后果，从奴役状态解脱出来。一个真正的尼采式超人受到一种意志力的鼓舞：他是受新文化和新形而上学影响下的人，这两者既来自一种创造行为又来自一种破坏行为。巴

第 12 章　乔治·巴塔耶及其同伴

塔耶指出，在伊丽莎白·福斯特的骗局之外，对于尼采的理论有两种解读方式：一种是在德国新异教主义启发下的右翼理解，它以雅利安种族的优越性来吞并尼采的超人理论；另一种是左翼理解，它用一种创造性的进化论来理解超人理论，通过它，人从"民众"中解放出来超越自我，并获得存在的自由。在《无头人》中，巴塔耶支持第二种解读。而克洛索夫斯基赞扬卡尔·雅斯贝尔斯在 1936 年发表的以克尔凯郭尔的视角来理解尼采的研究，展现了两人与客观理性哲学的断裂[48]。

巴塔耶对于左翼的尼采理解的辩护方式，和哲学研究小组以海德格尔来理解黑格尔思想的方式相似。对于两者，问题都是在没有上帝和现代独裁暴力威胁的世界中，如何理解人类自由和个体的历史承诺：在这个背景下，巴塔耶的尼采式反抗看起来像是一种"神圣恐怖"，是历史终结之前颠覆社会秩序的最后手段。不出意外，《无头人》的最后两期同样是献给尼采。其中包括了对于狄俄尼索斯和克尔凯郭尔的唐璜的描写，以及对于尼采发疯 50 周年的纪念——这和超现实主义者在 1928 年对发现歇斯底里 50 周年的纪念有异曲同工之妙。巴塔耶赞同超现实主义者们的观点：疯癫不是一种疾病，而是人格的一部分。然而他对于无意识的理解和布勒东有很大区别。

布勒东在通过梦和让内的自动化来理解弗洛伊德理论后，把疯癫视为一种语言书写的形式，一种美学。他把无意识看成一个超越意识的维度，以一种对人性进行革命的方式和现实沟通。巴塔耶的理解则不同。在通过集体心理学和集体身份的现象接触弗洛伊德后，他把疯癫视为一种导致空洞和无根的极端体验。无意识是意识之中的非知识内容，解释着个体内在斗争和一切秽物对他的吸引力：这是一种没有生物学根源的本能[49]。

巴塔耶作为法国最早的尼采主义者，受到了科耶夫对黑格尔解读的影响。在那之后他对尼采的信仰得到了虚无主义的强化。但在学习了柯瓦雷的宗教史，受到马塞尔·莫斯（Marcel Mauss）和涂尔干的影响后，巴塔耶也相信在神秘主义和宗教的神圣中能够发现一种哲学理论。这也解释了他为什么痴迷于法西斯主义，就像布勒东痴迷于超自然理论一样。民主体制已经展现出它无法捍卫世界的良知，因此反民主的方法必须提上日程："一名纳粹主义者能狂热地爱着德国，"他说道，"而我们同样能够有这种狂热的献身精神。但虽然我们是法国人，我们爱的却不是法国，而是全人类……感染我们的是和道德自由相联系的普遍良知。"[50]

然而，就像布勒东从未对超自然主义进行任何理论辩护一样，巴塔耶也从没支持过现实中的法西斯主义[51]。当"反击"小组在1936年春天解散时，法西斯主义已经成为话题焦点。巴塔耶签署的由让·多特里写的一份小册子里面有这么一段："我们反对琐碎的文件，反对大臣们卑躬屈膝的作品。我们认为在铺有绿色羊毛垫的桌子上写成的宣言只会约束普通人民违背他们的意志。然而，即便这些并不吸引我们，但我们更欣赏希特勒反外交的残酷：他对于和平的威胁比不上外交官和政客们贪婪的野心。"[52]

超现实主义者迅速把巴塔耶的朋友们称为"超法西斯主义者"，这一形容源于"反击"小组从一个旧的民主共产主义组织发展起来的事实[53]。但在这个争论之外，巴塔耶确实和布勒东有真正的哲学分歧。如果说巴塔耶是想用法西斯的武器来攻击法西斯主义自身，并诅咒在希特勒出现之前已经丧失威信的议会制民主，那么他所采用的政治哲学观来自对人类社会的一种"异质性视角"。

在病理解剖学中，"异质"（hétérologue）一词被用来指示和周围正常组织不同的病变组织。但巴塔耶使用"异质性"一词是用来说明一种关于无法同化、无法恢复的排泄物和"剩余物"的科学。他想以此与那种把一切还原为可思考之物的哲学相对立。"最重要的是，"他写道，"异质性反对任何对于世界的同质性再现，也就是反对一切哲学体系……它的目标是把那种作为吞并的工具的哲学过程逆转成为排泄服务的哲学，从而呼唤隐藏在社会存在之中的暴力性满足。"[54] 巴塔耶把异质性作为他的中心思想，以此批评超现实主义依然被资产阶级解放的理想所束缚的境况。他呼唤的不是个体性的反抗，而是内在于个体和社会中的"绝望元素"的觉醒。巴塔耶和罗杰·卡伊瓦、米歇尔·莱里斯共同在1937年3月创办了社会学学院，这个组织在战前一直很活跃。

社会学学院并不是一个普通的学院。它的创建者不是社会学家，而是来自不同的背景。这一奇特而短命的组织是基于理解和解释人类社会现象在神秘领域的隐秘源泉的共同目标而成立的。学院把《无头人》杂志背后的秘密活动官方化，并赋予其理论支持。除了巴塔耶和他的朋友，包括科耶夫、让·波扬（Jean Paulhan）、让·沃尔和朱尔·莫内罗在内的作家和哲学家也被邀请来演讲。会议地点在居伊－吕萨克路上一家书店背后的屋子里。听众包括朱利安·邦达、德里厄·拉罗谢勒、瓦尔特·本雅明（Walter Benjamin）以及法兰克福学派在巴黎流亡的难民们。在一段简短而生动的文字中，德尼·奥利耶（Denis Hollier）描述了在法国社会崩溃前的两年中所弥散的那种诡异的气氛："当时情形非常黑暗，达拉第正在铲除人民阵营，而莱茵河那边的希特勒随着实力的扩张，已经不满足于现有的生存空间。罗贝尔·阿龙把这个时期称为'战后时期的终结'；雷蒙·格诺称它为'生活的星期天'；让－保罗·萨特则说这是'缓刑'。"[55]

相比柯瓦雷和科耶夫的学说对拉康的显著影响，巴塔耶的影响并不明显。拉康和他在1934年共同参与法国黑格尔哲学的复兴运动时就成了朋友。他们在那场知识运动中被同样的理念和概念所激励，属于同一个家族的成员。但在1932年至1933年前后，拉康和超现实主义者，特别是克勒韦尔和达利还保持着很密切的关系。他的博士论文被他们称为是一个"事件"，同时他也在给《牛头怪》杂志投稿。更重要的是，拉康对黑格尔的态度和巴塔耶不同，对他来说，在1933年至1936年之间最重要的发现，不是海德格尔而是尼采。最后，拉康的弗洛伊德和巴塔耶的弗洛伊德毫无相似之处。虽然拉康并不是巴塔耶小圈子里的一员，但他却是圈子外一名好奇的旁观者。"反击"小组的早期聚会在他位于马勒塞布大道的公寓里举行,这些集会也是社会学学院的起源。他同样出席了《无头人》的秘密集会,这点当时的参与者都可以证实。在拉康开始接受分析、结婚到成为父亲的整个阶段里,他都和巴塔耶的家族保持着联系。

然而拉康和巴塔耶的长期友谊却同样令人疑惑。这其中当然包括了不少思想交流。如我们所知,巴塔耶鼓励拉康发表作品,帮他出名;但同时拉康在作品中却对巴塔耶很冷淡。他从未在文章中提到巴塔耶,也看不出他的思想受到后者的直接影响。我们甚至怀疑拉康是否读过巴塔耶的书,因为没有证据能证明这一点。所有这些事件在拉康的著作中都没有留下痕迹。

不论拉康是否研读过巴塔耶,他确实受到和巴塔耶的友谊的影响。通过参加一系列巴塔耶组织的活动,拉康充实了自己的研究。巴塔耶对尼采的阅读帮助拉康重新理解了这种从青春期起就影响他的哲学。巴塔耶还帮助拉康重新理解萨德,后者的著作使拉康形成了一种关于快感的非弗洛伊德式的理论。更重要的是,拉康借用了巴塔耶关于不可能性和异质性的理念,从中发展出"实在"(réel)这个最早意味着"剩余",后来意味着"不可能"的概念。巴塔耶以持续而隐秘的方式出现在拉康的思想里,而在巴塔耶自己的作品中却完全没有拉康。这些奇怪的现象,包括两人之间尽管身世不同但却能长期维持的地下友情,都在证明着一个以某位女性为赌注的旷日持久的交易:这位女性就是西尔维亚·巴塔耶。

在上一章的结尾,我们讲到1936年拉康正在努瓦尔穆捷努力完成一篇描述精神分析第二代的发展的文章。几个月后的1937年1月8日,马卢生下了一个可爱的女孩,并用祖母的名字给她命名为卡罗琳。拉康按照家庭传统,给她取了一个小名叫"伊米奇"[56]。这个名字同样源自拉康正在思考的镜像理论,因为怀上卡罗琳的时候正是拉康为马里昂巴德会议写稿的时候。

第 12 章　乔治·巴塔耶及其同伴

成为父亲的体验让拉康高兴了一年半。但在三年的婚姻生活后，它并不能解决由于双方最开始的互相误解而产生的问题。马卢以为自己选择的是一个能够培养最优秀孩子的理想父亲[57]，但拉康没有达到她的期待。拉康不仅仅是一名贪得无厌的浪荡公子，而且自视甚高，认为自己能写出传世的作品。他所关心的只有他自己和他的工作。拉康对于知识和名望的渴求使他充满了好奇心，可以向人不停地发问来吸收他们的全部知识。他经常热切地注视着对方，让别人觉得他是被魔鬼控制，而且要来控制自己。当然事实上拉康并不邪恶，他表现出的沉醉状态来自他敏捷的思维和极端缓慢的身体运动。由于经常处于沉思之中，他会时而暴躁时而可爱，时而严肃时而焦虑，时而炫耀时而真诚。然而在这些特质中并没有马卢所希望的对伴侣的忠诚。

当拉康和先锋派的知识分子们一起进行深入的哲学研究时，他发现了一种解读弗洛伊德的新的思维方式。他曾经因为弟弟远走奥特孔布和父母对自己精神世界的不理解而感到被抛弃的痛苦，因此他无法抛弃任何爱着自己的人。拉康从未和玛丽－泰蕾兹或奥莱夏公开分手，他也无法在马卢和西尔维亚之间做出选择，最后是马卢自己决定两人应该分开。

拉康第一次遇见西尔维亚是在 1934 年 2 月下旬他结束蜜月之旅回来之时。当时西尔维亚正处在和巴塔耶关系的最后几周。她看上去将要成为一位成功的演员。西尔维亚和巴塔耶前往马勒塞布大道共进晚餐；她当时并不喜欢拉康，觉得他和马卢是一对糟糕的资产阶级传统伴侣。当两年后两人在巴塔耶的处所再次见面时，拉康主动和西尔维亚搭讪，说自己来这里的唯一原因是来见她，西尔维亚没有接受拉康。再之后，在 1938 年 11 月，两人在花神咖啡厅偶遇并坠入爱河；从此之后生活在一起。当时拉康还有一个情人[58]，他还正尝试结束和鲁温斯坦的分析。

拉康和西尔维亚的关系开始于卡罗琳诞生 21 个月之后，马卢发现自己怀上蒂博（Thibaut）之时。"卡罗琳是所有人的最爱，"蒂博说，"无论是我的母亲、我的父亲还是叔叔西尔维安。她和我父母一起生活了两年，直到父亲和西尔维亚的外遇。这赋予了她坚强的性格。她从那两年的幸福生活中获得了自信。"[59]

随着和西尔维亚的感情发展，拉康离开了那个本就不属于他的巴黎医学中产阶级的世界，在那个阶级圈子中，有钱有势的成员把自己看成是国家的精英。拉康的家族是典型的法国小资产阶级：信奉天主教、尊崇圣女贞德，作为接地气的外省人没有完全融入精致的都市生活。因此这个超越拉康家庭背景的世界曾经对他很有吸引力。而现在通过和先锋派知识分子打成一片，拉康离开了"右岸"的生活方式，转而选择了一种没有那么严肃刻板而更加波希米亚风格的生活。

在发生了这一切后，马卢依然认为他们的婚姻还能走下去。虽然她不能接受拉康的不忠并希望他做出改变，她依然赞扬他的才华，并用"天才"称呼他[60]。她还能怎么做呢？她当时爱上拉康就是因为后者是她希望加入的精英团体的领袖，她和她哥哥的这种审美观本身就包含了一种自恋情结。

马卢的骄傲背后隐藏着一种清教主义和正统道德观，而西尔维亚的波希米亚风格则使她对自己喜爱的男人的背叛表现得更加宽容。她的演员职业也从未阻止她坦率地表达观点。她旗帜鲜明地反对秩序、非正义和不平等。与巴塔耶的婚姻使她体验到马卢从来没有想象过的性爱。和她在一起，拉康感到被理解的亲切感，因此从1939年起她就成了拉康的特殊伴侣。

马卢和西尔维亚虽有各种不同，但她们有一点是相同的：她们都销毁了很多拉康写给自己的信，在那些信中拉康谈到了自己的理念和对人和事物的看法[61]。拉康和西尔维亚是夏尔和玛丽－劳伦·德·诺瓦耶（Marie-Laure de Noailles）夫妻沙龙的常客，这个沙龙在20世纪30年代是巴黎艺术与时尚生活的中心。"在他们位于艾塔斯－尤尼斯街的私人公寓里，"鲍里斯·考切努（Boris Kochno）说，"他们经常招待一堆朋友，其中包括贵族成员、世界名人和有革命倾向的艺术新人。精神抖擞而且颇有拜伦风貌的巴尔蒂斯（Balthus）在这些人中脱颖而出。他大多数时候是沉默的，但从他鬼魅的表情和讽刺的笑容中可以看出他正在思考。"[62] 1939 年 7 月，拉康认识了安德烈·马松。通过坎魏勒，他从马松那里买了《阿里阿德涅的线》（*Le Fil d'Ariane*）。他后来还买了很多别的画，包括自己和西尔维亚的肖像画。像西尔维安·布隆汀一样，拉康也喜欢收藏众多大师的艺术作品。他最喜欢的艺术家包括毕加索、马松、巴尔蒂斯和赵无极。他也收藏书和原始艺术。

第 13 章
吕西安·费弗尔和爱德华·皮雄

早在 1937 年,拉康就被他那个年代最杰出的人物们所赏识,而他的晦涩艰深的写作风格早在那时就产生了问题。

193　　1932 年,在法国教育部长阿纳托尔·德·蒙齐的建议下,拉康参与了吕西安·费弗尔正在进行的重大项目[1]。作为费弗尔的密友,瓦隆负责《法兰西百科全书》的第八卷,他把这一卷命名为"精神生活"。瓦隆自己写了很多条目,但他也邀请其他人参与进来。其中包括法国第二代精神分析的两位杰出代表:丹尼尔·拉加什和雅克·拉康。其他的贡献者还包括皮埃尔·让内、夏尔·布隆代尔、乔治·杜马、欧仁·明科夫斯基和保罗·谢里夫。

最近被发现的吕西安·费弗尔所写的备忘录《编写法兰西百科全书时的注意事项》(«Notes pour servir à l'histoire de l'EF»)帮助我们理解拉康在 1938 年为瓦隆所负责的第八卷如何撰写论及家庭的著名条目[2]。拉康的论文是如此复杂,以至于瓦隆不得不增添了九段附注,向未来的历史学家解释原作者对于俄狄浦斯情结的复杂思索。

瓦隆请拉康来完成两个条目。他告诉他的同事虽然拉康很难相处,但他是唯一能做好这个工作的人。拉康很快完成了第一篇文章,但费弗尔夫人之后花了三个月时间才让拉康交出了第二篇。1936 年 9 月,草稿被交付打印。在巴黎高师工作的罗斯·切丽是第一个阅读它的人。她是一位精于

第 13 章　吕西安·费弗尔和爱德华·皮雄

文学的小说家,是费弗尔最信赖的同事。她发现无论怎么努力也很难读懂拉康一些晦涩的段落,特别是关于俄狄浦斯情结的部分。所以她对原文做了许多修正使它更加易懂。她把修正后的版本交给吕西安·费弗尔,后者又把它交还给瓦隆,让他问问拉康修订者在她修订过程中是否有错误,同时也请拉康阐明那些特别难懂的段落。"拉康博士,"吕西安·费弗尔说,"在他的文章上又做了很多加工,并非常积极地想把它解释清楚。但他犯了一个错误,在没有知会我或者责任编辑的情况下就把稿子交还给委员会。他把稿子交给了特别多嘴的普西卡里夫人,后者没有把拉康的稿子交给我或者其他负责的编辑,而是自己拿走稿件并告诉办公室里的所有人这件事情,包括门房和她的猫,当然还有行政助理。他把这一消息进一步传播出去……"[3]

当费弗尔拿到拉康修正后的版本时,他意识到作者的修正让文本更加易读了,但关于俄狄浦斯情结的那三页依然难以理解。拉康自己找不到修正这块的其他方式。费弗尔观察到:"拉康博士的文笔并不差——那是一种非常私人化的风格,在特殊的意义上使用文字。唯一的解决方式是在理解全文后重新写一遍——或者让作者拿回去再修改。"

当费弗尔自己准备对稿件进行最后修改时,在位于第四大道的《百科全书》编辑部里,谣言正在愈传愈烈。每个人都在取笑拉康无法理解的写作风格。这一"丑闻"在有人把拉康的原文拿给阿纳托尔·德·蒙齐看时达到了顶点。蒙齐并不知道自己面前的文本已经被修改了多次:先是罗斯·切丽,然后是费弗尔,再是拉康,然后又是切丽和费弗尔。蒙齐以为自己面前的是要拿去印刷的文章,他生气地大喊:"把这玩意儿翻译成正常语言!"[4] 费弗尔责备普西卡里、门房、甚至门房的猫的愚蠢,都是因为他们的取笑使得编辑和作者显得滑稽[5]。他给蒙齐写信告诉了他事情的整个经过。

费弗尔的备忘录是这段历史中的一个有趣片段。一方面它展示了早在

1937年，拉康就被他那个年代最杰出的人物们所赏识，另一方面它也说明拉康晦涩艰深的写作风格早在那时就产生了问题。他无法遵守截止日期，也不情愿发表。值得注意的是，拉康写作风格的艰涩化开始于1936年。这一年，在科耶夫和柯瓦雷的影响下，拉康开始把弗洛伊德放在一种哲学语境中去理解。和他《超越现实原则》以及讨论家庭的文章相比，拉康的博士论文读起来非常流畅。似乎是和哲学的早期探索性接触使得拉康的文风变得复杂。但是费弗尔的备忘录也显示拉康愿意接受对于自己风格的批评：他希望被理解，也能够接受相近学识水平上的聪明人给他的建议来修改自己的文章。吕西安·费弗尔对于拉康论文做出的评论非常清晰到位。在由普西卡里夫人、门房和她的猫所引起的争议风暴中，他认识到这位年轻人的才华并和那些嘲笑拉康的人抗争，并把自己的怒火记录了下来。

最后，拉康交出的文章[6]同时展现出清晰和晦涩两种风格。清晰是因为罗斯·切丽、吕西安·费弗尔和拉康自己的多次修改，但它依然很晦涩，因为这是一篇过渡时期的文章。一方面拉康整理了自己对于之前概念重新思考的结果——作为这篇文章的形式本质——但另一方面他也在处理一些新的、难以清楚表达的观点。他的理论体系还远没有完成，使得这篇杰出的作品存在着表面上的模糊和形式上的缺失。

首先是费弗尔和瓦隆强烈要求拉康加上的小标题。在和他的两位编辑讨论后，这些小标题对于梳理拉康的文本起到非常重要的作用，使得读者能够看到一条思维主线，并从主线中抽离出构造拉康整个思想框架的关键概念。这些概念包括母亲乳房的形象、断乳情结、死亡的欲望、怀旧情绪、心理认同、镜像阶段、阉割情结、原始超我、父亲形象的衰退、知识的幻觉形式、自我惩罚的神经症和男性原则的普遍性。这些术语来自很多不同的学科领域，在年轻拉康的思索中混合在一起。

至于文本本身，从精神分析的角度来讲，这是一篇技术高超的综述，融合了拉康在1932年博士论文中使用的精神病学术语（克劳德、明科夫斯基、克莱朗博）和法国精神分析学派的术语（皮雄、拉福格等）。在此基础上，拉康还第一次融合了他对于梅兰妮·克莱因《俄狄浦斯冲突的早期阶段》(«Les premiers stades du conflit œdipien»)的充满自信的解读[7]。从哲学角度讲，瓦隆和科耶夫的学说使拉康得以用一种非生物学的、现象学的方式来理解弗洛伊德。他把弗洛伊德的中心观点视为对于自我、第一人称的**我**和**他者**的分化，进而引出更接近于克莱因的关于想象界的理论。而拉康对于家庭中个体的"社会学"分析混杂着反资产阶级的虚无主义和一种西方文明正在衰落的感觉：所有这些都源于拉康和社会学学院的关联，以及拉康对于马塞尔·莫斯和雅各布·冯·于克斯屈尔作品的理解[8]。

从德国生物学家雅各布·冯·于克斯屈尔那里，拉康借用了"环境"(umwelt)这一概念：世界被体验为一个动物王国。"环境"概念在20世纪初对于人类学的研究有革命性的作用，它建立了一种行为理论，展示了包括人类在内的任何动物的环境必须被视为对周围物种生存体验的环境的内化。个体和他所处环境的关系不能被看成是自由个体与社会之间的对立，而是一种依赖关系。个体内化它所处的环境，而这种内化行为决定了其自身。

拉康在1932年从于克斯屈尔那里借用的概念使他在1938年能提出对心理现象组织方式的新理解：心理现象不再仅仅是一种心理事实，而是一种意象，一种无意识的再现群，一种更加普遍过程的心理形式。"意象"(imago)一词来源于荣格，它不仅仅向无意识中增添了家庭模型的两极——父亲意象和母亲意象——同时也在于克斯屈尔理论创新的启发下解释了家庭的组织：一个个体如果不属于一个有机的社会整体，就无法成为"人"。这一点补充了亚里士多德对于人类本质的定义：人类本质是三要素——男性、女性和奴隶——的混合。

在1987年发表的一篇相关研究中，贝特朗·奥格尔维（Bertrand Ogilvie）解释了拉康"对于对立物的统一"的观点。他既通过反进化论哲学家的视角,把家庭组织定义为有机的和自然的,同时通过启蒙哲学以世俗化的方式来理解社会。这是非常正确的。奥格尔维进一步指出拉康通过莫拉斯继承了孔德(Auguste Comte)的实证主义。在孔德看来,社会由家庭而非个体构成。同样通过莫拉斯,拉康认识到亚里士多德是一位研究个体社会身份的理论家。奥格尔维评论道:"个体的群体维度和一种生物学视角的混合引出了一种超越国家主义的意识形态所限制的科学人类学。拉康从来没有直接引用过莫拉斯,后者对他的影响体现在拉康对于心理个体主义的拒斥上,而不是对后者观点的直接利用。但通过这种方式,拉康不知不觉地加入了一种可以追溯到孔德和波纳德的法国传统:'外乡人'(homme extérieur)仅仅存在于他的社会关系中[9]。"

在文章中有很长一段论及家庭的文字,展现了拉康混合着黑暗与光明的独特文风。正如吕西安·费弗尔所观察到的:"这是一种极端个人化的体系,以独特的意义来使用文字。"但是文字之下意义的游移也是一种思维的转译,这是拉康的榜样莫拉斯所惯用的纯粹法国式的风格,既能打破常规又具有普遍意义,就像拉康所敬仰的启蒙运动中的理想典范一样。这是拉康思想发展中的一个悖论时刻。拉康的文风和弗洛伊德并不相似,但他自身却贴合托马斯·曼对于弗洛伊德的描述:"一个灵魂的探索者和研究本能的心理学家,他是反对理性主义、唯知识论和古典主义的19世纪和20世纪作家中的一员;简言之,他精神的信仰属于18世纪,在一定程度上也属于19世纪。这些作家强调灵魂本质上的阴暗面;他们把这看成是生活的一个关键的创造性要素;他们培养这个要素并用科学的方式理解它。"[10] 作为莱昂·布卢瓦和勒内·笛卡儿之子,拉康同样继承了那些人对于黑暗与光明的探索:在他看来,家庭既是社会有机体的一个传统堡垒,又是一种值得按照科学标准仔细研究的人类学对象。

拉康研究的第一部分把情结和本能对立起来,定义了影响个体发展的三种结构。"情结"一词来源于弗洛伊德对苏黎世学派的借鉴,它意味着一

第 13 章 吕西安·费弗尔和爱德华·皮雄

类或多或少属于无意识的再现群。拉康在弗洛伊德的意义上使用这一名词描述一种文化因素制约着的先天本能的结构。他声称主体的意识也介入了再现。如果说在一个情结中,再现对于主体而言是意识的;那么在意象中它本质上是无意识的。意象是情结的一个有机组成,而情结使我们能够理解处在决定性的文化现象和组织性的想象关联之间的家庭结构。对于个人发展的任何解释都依赖于一种等级制的三层结构,其中包括断乳情结、入侵情结和俄狄浦斯情结。在克莱因的意义上,三个"阶段"是拉康之后"实在—想象—象征"地形学的雏形。"断乳情结,"拉康写道,"由于个体在生命早期的需求而把一种抚育关系固定在心理层面上;它代表着母亲意象的原始形式。这是把个体和家庭相关联的最原始和最稳定的情感。"[11]

断乳在心理上留下了痕迹,它干扰了原有的生物关系并表达出一种更古老的意象:儿童在出生时就和子宫分离。这是人类这一物种所特有的"早熟"(prématuration)现象,从这里产生了一种母爱无法完全治愈的不安。正是这种"早熟"把人类和动物区分开来。对断乳的拒绝是这一情结积极意义的核心,个体尝试通过母亲乳房的意象来重建被破坏的抚育关系。这种意象将统治人的一生并赋予个体永恒的怀旧情绪。这也解释了为什么女性永远具有一种母性特质。但是当这种意象没有被升华到允许其他社会关系存在的层面时,它会变得有害。在这种情况下,这一情结非但无法适应关键的社会功能,反而反映出个体的先天缺失。一种"死亡欲望"会通过类似神经学厌食症、药物成瘾或胃部痉挛等非暴力性自杀的形式表现出来:"通过把自己献给死亡,主体希望重新找回母亲的意象。"[12]

通过和周围其他人的一种心理认同,主体得以建立"入侵情结"(le complexe de l'intrusion)。无论是家庭关系中的兄弟妒忌(出生的先后顺序把不同个体置于权力拥有者和篡权者的不同位置上),还是在镜像阶段(个体重建自己失落的统一性,这种自我的自恋结构是建立在主体**镜中替身**的意象之上),只要主体通过一种冲突关系意识到他者的存在,那么他就实现了社会化。但当他回归到母爱的客体时，他又陷于一种毁灭一切他者的妄想症状态。

最后，俄狄浦斯情结引入了一种三角关系，使得对于人类家庭特殊形式的定义成为可能。拉康强调弗洛伊德是第一位基于两性不对等理论而提出家庭中性别的重要性的人。虽然如此，他提出对俄狄浦斯问题进行一种"心理学的修正"，从而把他自己的研究和他刚刚熟知的梅兰妮·克莱因的理论联系起来。

就社会学的相对主义而言，拉康的修正是通过柏格森的术语表达出来的。在1932年出版的《道德与宗教的两个起源》（*Les Deux Sources de la morale et de la religion*）中，柏格森指出了"责任道德"和"欲望道德"之间的对立。前者被视为一种封闭，使得人类群体由凝聚的利益而束缚；后者则被定义为一种开放，通过它，人类群体借助英雄或圣者的榜样使自身普遍化。拉康把这两极作为出发点，认为母亲的禁令就是原始责任或者说"封闭道德"的一种具体形式；与之对立的是由父权所代表的开放形式。这解释了"犹太人的先知主义"：

> 当其他社群被母系宗教所吸引时，犹太人中的精英分子选择支持父权制。他们抵制其他文化的诱惑，努力维系着父权的偶像地位。回顾父权制国家的历史发展，我们可以看到在个体要求和理想普遍化之间的辩证运动：这一运动的证据体现在古罗马人视为权力和良知的任务上，这种任务把父权制特权革命性地扩展到广大无产阶级和所有其他国家。[13]

通过柏格森，拉康对现代人和婚姻中的道德进行了深入探索，并得出了对西方社会未来的悲观结论，这种悲观主要是来源于父权意象的衰落。拉康认为"杰出人物家庭"的出现不是来自遗传，而是从父亲到儿子的自我理想的传递。他捍卫传统家庭的道德观，认为这比极权体制的乌托邦更有革命性。在拉康看来，只有现代的、中产阶级的和父权制的家庭才能确保社会自由：他赞扬维持历史长远稳定的权力，反对在他看来注定无效和失败的革命性动荡。这使得他把更加解放性的权力授予古老的机制，虽然他自己因为这种机制所忍受的苦恼远远大于任何暴力性的改革尝试。拉康从莫拉斯谈到弗洛伊德，他像托克维尔一样提出传统更倾向于进步的观点，哪怕这一观点看上去不太可能。但是拉康对于家庭的"弗洛伊德化"涉及很多基本的抉择：普遍主义还是文化主义；社会化的家庭还是部落家庭。换句话说，是把文化视为一种文明的力量还是继续祖先崇拜；是科学还是巫术；是世界主义还是沙文主义等等。"19 世纪的意识形态理论家对父权制家庭进行了猛烈地批判，"他写道，"但他们不是受这种家庭影响最小的人。我也不是那种哀悼家庭纽带削弱的人。事实上，家庭愈是融入最高级的进步文化，它就愈发被缩减为最基础的生物模式。"[14] 拉康在此向弗洛伊德致敬，后者在犹太父权制中成长起来，敢于在西方社会工业化、经济集中化和父权意象衰落时，提出俄狄浦斯情结。父权意象的衰落本身是一种心理危机的结果，而精神分析的诞生正是承认了这一不可避免的衰落。拉康在《百科全书》中的第一篇文章以这一观察而结尾。

拉康的第二篇文章没有第一篇那么具有创新性。他在其中对心理情结进行了详细地解释，其中包括了他对于精神病的研究和弗洛伊德对于神经症的看法。以一种和第一篇文章呼应的方式，拉康指出母亲对家庭权力的"没收"是一种"家庭暴政"。他把这种夺权看成是不可避免的社会进步的症状，其中"男性原则"（principe mâle）以一种逆转的方式重新维持了自身价值。拉康认为曾经属于父亲和男性的普遍原则现在被授予了母亲和女性。毫无疑问，拉康对于婚姻纽带和家庭中母亲角色的嘲讽受到他自己失败的婚姻和儿童时期父母不和经历的影响。但是拉康对家庭的态度并非仅仅反映了自己的生活经历。它首先是一种对尼采和 20 世纪初的现代性危机的理论研究的结果。这一危机不仅仅影响了维也纳的知识分子圈，从而导致了弗洛伊德学说的出现；它同时也影响了整个欧洲社会。这一危机表现在男性气质和女性气质新的两极化，让人感觉到欧洲社会正在女性化，父权正在衰落[15]。因为他和科耶夫、巴塔耶和社会学学院的关系，拉康在"历史终结"的意义上来理解这一世纪末的问题。

爱德华·皮雄很快对拉康的观点做出了回应。这一回应最早出现在他写给亨利·艾的私人信件中，之后以"拉康先生所理解的家庭"[16]为题在法国精神分析协会公开发表。在1938年7月21日写给艾的信件中，皮雄的用词还含糊不清：

> 我刚刚认真读完了拉康为《百科全书》写的文章。像他所写的所有东西一样，这篇也很难读。我想起你说过你正在准备一篇关于精神分析的道德价值的文章。我想告诉你我对于拉康略显愚蠢的"非道德论"的粗浅看法。拉康谈到了"道德观的失败"（在某个地方他还对我"无私给予"的理论进行了激烈攻击。他没有提到我的名字，可能是害怕也可能是出于厌恶，但无论哪种原因这都是很失礼的行为）。他所谓"超越善恶"的态度在我看来是非常荒诞的：从社会角度讲，无论超人怎么说，任何社会都需要标准或者说是道德准则；而从个体心理学角度讲，拉康自己也把负罪感的存在作为人类约束性特质的既成事实。那么所以呢？[17]

在法国精神分析协会上对拉康进行回应时，晚年的皮雄强烈抨击了拉康的观点，坚持自己反尼采的道德观和家庭观。在一开始，他就给拉康上了节语法课，批评拉康滥用术语、生造词、误用日常语言。在这一点上皮雄同意费弗尔的评价，但两人的结论却不同。让皮雄恼火的是拉康在没有明确承认的前提下，使用了包括科代、拉福格和皮雄自己在内的前人们的思想。拉康对他自己甚至没有提及的作家的挖苦也让皮雄感到生气。而两人在思想上最大的分歧是"文化"与"文明"的差别。

皮雄同意拉康所说的家庭是传统而非遗传的产物的观点。作为莫拉斯的忠实追随者，皮雄并不反感他的学生的论点中包括自己的一些思想。但两个人对于"文化"的理解大相径庭。拉康拒绝任何法兰西文明的优越论。在这一点上他抛弃了莫拉斯的教诲，后者的思想基于法兰西永恒的、帝制的和理性的文明的普遍优越性，特别是高于被视为是个体内向性代表的德意志文明。在这个基础上皮雄批评拉康是黑格尔主义者和马克思主义者——一个"德国人"——并且批判拉康误用了"文化"这个词。皮雄写道："法语很久以前就在集体性的'文明'和个体性的'文化'之间做出了区分。拉康先生显然忘记了这一点：他一直在说'文化'而不是'文明'。这种用法对于他文章意义的清晰表达有很大的负面影响。在四年战争（1914—1918）期间，我们对于德国'文化'所犯下的错至少应该教会所有人文明与文化的区别。混淆这两个词是对我们国家纯正的文化和真正的文明的伤害。"[18]

1938年，拉康的普遍主义是一种由费弗尔、弗洛伊德和列维–斯特劳斯所代表的现代人类学的普遍主义。拉康坚持人类理性和人类文化在面对自然时的普遍存在，无论它们的不同形式之间存在多少差异。而皮雄源自莫拉斯的普遍主义则是不平等的。它是基于对所谓法国文明优越性和潜在普遍性的绝对信仰。因此他声称：

> 法国文明如此丰富多彩，无论是宗教改革、1789到1799年的血腥革命，还是起始于9月4日的民主运动，都没有改变它始终保持着的珍贵的人文主义精神。拉康先生没有抛弃他的出身，他对于这种基本的法国精神的理解和我们是一致的。无论他如何被黑格尔主义和马克思主义所影响，他在我看来都不会被所谓"人道主义的病毒"所感染：他没有蠢到成为任何人的朋友，虽然我们都知道他是每个人的朋友。这位精神分析

师是一个精英,一个贵族。这不仅是因为他的伦理和家庭背景,而且因为他在巴黎所接受的医学训练。来吧,拉康——继续勇敢地走出自己的道路吧,但请在身后留下一些足迹好让我们跟随。太多人失去了和你的联系,以为你也失去了自己的方向。[19]

然而皮雄在他文章里从头到尾一直呼唤的雅克-马里·拉康,将永远不会回到他很早之前就已经抛弃的法国精神。

La guerre, la paix

PARTIE 5
_战争与和平

第 14 章
马赛、维希、巴黎

> 整整两年时间里，他都坐着自己的雪铁龙在巴黎和马赛间往返。为了在南部到处走走，他买了一辆自行车，这在后来成为这段黑暗的战争回忆的纪念。

在 1939 年 9 月 23 日的日记里，玛丽·波拿巴写下了简短的一句话："晚上 11 点 15 分，弗洛伊德去世。"[1] 此时战争刚刚开始。弗洛伊德去世的背景已经被多次讨论过，我之前在别的书里也讲过当时法国媒体对此的反应[2]。在这里我仅仅从《文艺报》（*L'Œuvre*）中摘录一小段评论。在它表面的客观中立下掩藏着所有沙文主义的仇恨。这种态度是反犹太和反世界主义的，它是法国右翼对待弗洛伊德发现的一贯态度："在德国吞并奥地利后，1938 年 3 月，这位著名的犹太人科学家进入了纳粹的黑名单。他花了好长时间才得以离开他居住了 50 多年的维也纳，和爱因斯坦一样踏上了流亡之路。众所周知，英国张开双臂欢迎他。"[3]

在德国，一些精神分析师在琼斯的影响下选择与纳粹合作。在法国情况有所不同。战争爆发之时法国精神分析界正因为包括拉康、纳赫特（Nacht）、拉加什和弗朗索瓦兹·多尔多在内的第二代分析师的到来而发生变革。科代在 1939 年 12 月因病去世，皮雄在 1940 年 1 月也去世。博雷尔已经准备隐退，而忠诚于贝当元帅的埃纳尔则继续在军队服役，最开始在阿尔及利亚作为首席医疗官，之后成为第四兵团的医疗主任。1943 年，他被任命为非洲海军医疗部的检察长。正是在比塞大的军营里，他写下了关于"弗洛伊德犹太性"的著名文章[4]。

勒内·阿兰迪最开始在拉芒什海峡的军队服役，后来转到布列塔尼，最后定居在非沦陷区的蒙彼利埃。在那里还发生了一件滑稽的事情：当局认为他的名字听起来像犹太人，所以他不得不证明自己是纯正的雅利安人。1941年，阿兰迪去了瑞士，他在那里的一个庆祝帕拉塞尔苏斯的复活的仪式上遇到了荣格和博丹。在1942年7月犹太人大抓捕的前夕，他在巴黎逝世。在《一名患病医生的日记》（*Journal d'un médecin malade*）中，他揭露了自己的绝症。

当巴黎精神分析协会中的本土成员在战争初期大批衰减时，国际成员们也纷纷流亡。夏尔·奥迪耶返回瑞士；雷蒙·德·索绪尔、海因茨·哈特曼和勒内·施皮茨（René Spitz）筹划着把协会迁往纽约。1942年，在马赛停留了很久的鲁道夫·鲁温斯坦也最终离开前往了美国。

至于玛丽·波拿巴，在关闭了精神分析机构并转移了所有文档后，她先是躲避在自己位于布列塔尼的家中，并邀请鲁温斯坦同住；之后是住在圣克劳德，但纳粹正在洗劫那一区域，所以她决定搬到自己在圣托贝的住宅，在那里她又和鲁温斯坦相遇了。但是由于无法执业，1941年2月玛丽·波拿巴也选择流亡，前往雅典。在那里，她和希腊皇室一起前往亚历山大港，之后到达南非。她在非洲传播弗洛伊德的理论，在斯大林格勒保卫战后计划回国。1944年秋天她到达伦敦，第二年2月到达巴黎。她担心巴黎精神分析协会再次被内部争吵所困，决心重新担当起领导角色[5]。

法国两位儿童精神分析的女性先驱者的命运都很悲惨。她们成了抑郁症和反犹太主义的受害者。欧根妮·索科尔尼卡因为自己是女性、没有医学资质的分析师、外国人和犹太人的多重身份而被孤立，在1934年自杀。苏菲·摩根斯坦因女儿劳伦的去世备受折磨，在1940年6月14日德军进入巴黎的那一天自杀。

在法国第一代精神病学家和精神分析师中，有两个人因为他们对战争完全对立的态度而格外显眼。保罗·谢里夫是他那一代精神分析师中唯一积极参与抵抗运动的成员;而勒内·拉福格则投靠了纳粹,虽然他的努力最后完全失败[6]。

脱离包括写作在内的一切社会活动被视为对纳粹的一种消极抵抗。在这一点上玛丽·波拿巴是代表。和琼斯不同,她并不试图"营救"精神分析。通过逃亡和帮助犹太人,她没有进行任何组建"雅利安"式的精神分析机构的尝试。因为她的流亡和亨利·艾所领导的小组的解散,沦陷区当局和巴黎精神分析协会不存在任何协商,因为协会的所有领袖要么流亡,要么去世,要么缺席。

换句话说,在1940年6月,法国精神分析并没有和柏林一样构建起一个纳粹化的治疗机构。这就是为什么勒内·拉福格的通敌没有成功:他无法说服戈林把一个已经不存在的组织德意志化。

当第一代精神分析师纷纷离开巴黎时,第二代精神分析师还没有获得足够的力量使自己成为需要被严肃对待的势力。他们中的成员和前辈一样面临着事业的搁浅,每个人都得尽自己所能来应对自己的命运。丹尼尔·拉加什当时是斯特拉斯堡大学的教授,他在克莱蒙费朗避难,帮助犹太人并抵抗组织成员;萨沙·纳赫特在1942年11月到1944年9月间是抵抗组织的活跃成员[7]。约翰·路巴之前已经参加过"一战",他因为对所谓"匈奴人"的极端仇恨而反对纳粹。

1944年12月31日,在路巴写给琼斯的信里很好地描述了当时巴黎剩余精神分析师的情况。和其他既不和敌人合作也没有加入抵抗组织的普通人一样,他们选择继续从事自己的职业活动。他写道:

> 在沦陷开始后依然留在巴黎的人包括多尔多女士和我自己。帕尔舍米尼、施伦伯格和拉康在遣散后又回到巴黎。帕切明尼、施伦伯格和我做了一些非常出色的工作(我提到拉康只是为了记录,因为他不经常来

圣安娜——我只见过他一两次）。我们的工作主要包括治疗和训练分析。一些实习生和诊所医生请我们分析他们……在这期间发表任何作品都不可能。我们的活动被勉强容忍。有一次我们差点因为拉福格的不当行为而被驱逐；他因为和匈奴人愚蠢的交易而成了危险人物……另外还要补充一句，多尔多女士在图索医院和儿童一起做了一些出色的工作。科代女士则继续从事分析治疗。[8]

一个普通的但并不墨守成规的人：这就是雅克·拉康在整个沦陷时期的身份。"他觉得，"乔治·贝尼耶说，"他有超人的智慧，属于知识分子的精英阶级。所以历史强加给他的事件不应该对他的生活方式产生影响。"[9] 事实上在1939年9月，拉康的精力都花费在处理和西尔维亚·巴塔耶的感情、自己的婚姻和自己儿子的健康上。他所感受到的对他家庭的攻击以及弥散在他周围的悲观主义情绪都印证了他对法国沦陷的看法。

1939年8月，马卢生下了一名男孩，命名为蒂博。她知道拉康对她不忠已经有些时日了，但她还不知道就在自己怀孕时，拉康和西尔维亚在花神咖啡店一见钟情。两人在那之后就变得如胶似漆。拉康并没有告诉马卢这段感情有多严肃。他继续若无其事地履行丈夫的责任。蒂博出生时患有幽门狭闭，做了一次大手术。在1949年10月4日写给西尔维安·布隆汀的信里，拉康表达了自己的焦虑，他提到了婴儿的呕吐、体重减少，以及之后那次成功的手术。他讲到当时自己儿子面临的危险情境使他忘记了一切，被婴儿顽强的求生意志所感动。他把他儿子称为"英雄"，同时也感谢了马卢的母亲，但他对自己的家庭特别是自己的父母很不满：他们出于善意，希望通过洗礼来用基督教影响孩子的命运。

拉康接下来谈到法国社会的崩溃和改变的紧迫性。原有的生活方式虽然不能被所有的人忍受，但至少能保留每个人最好的一面，但现在这也不可能了。无法在内部解决的冲突通过外部的方式来解决，而他所珍重的一

第 14 章　马赛、维希、巴黎

切事物都被暴露出来。他接着说,我们生活的某些方面可能是虚假的,但这些方面对我们如此重要以至于改变它们是如此困难。最后他说他准备少做些治疗,多关注医学。他的信以一件感人的轶事结尾:他的女儿卡罗琳告诉她的奶奶:"我还不想睡,我在等人。"这段话让她父亲很开心[10]。

拉康在德格雷斯山谷军医院的神经精神科当助理医生,同时他继续维持和两名女性的交往。1940 年 3 月,马卢又怀孕了。她花了几天时间和雅克一起住在乡下,希望能挽回他们的关系。5 月 29 日,当法军在敦刻尔克撤退时,拉康充满焦虑地给他的小舅子写了封信,当时马卢去了罗汉,和她的朋友勒内·莫斯纳德一起住在家庭别墅里。拉康担心她、卡罗琳、蒂博和未出生的孩子会出事:"我还能说什么?我把她们托付给你了,出现危险时请一定注意。"他还讲了自己在医院的日常工作。他每天要接待 15 到 20 个病人,自我感觉良好,甚至惊讶于自己的工作效率。他感觉如鱼得水、得心应手。信的后面又是一段对法国政治体系、自以为是的精英阶级和医院官僚制的讽刺——这些"傲慢的蠢货"[11]。

1940 年春末,拉康又被派遣到波城由方济各会管理的医院任助理医生。这时马卢已经开始认清现实。拉康逐渐疏远了她,而是和西尔维亚一起外出社交,分享新生活方式的乐趣。西尔维安同样被征召。4 月,他被任命为吕克瑟伊一个外科急救部门的领导。6 月 14 日,他奉命前往梅肯;三天后又撤退到格拉德梅尔,6 月 20 日到达圣代。当德军入城时他还和自己的病人在一起,在 8 月底时他被遣送回家[12]。

与此同时乔治·巴塔耶带着德尼斯·罗琳(Denise Rollin)来到德吕雅克,康塔尔地区的一个小镇。(巴塔耶在 1939 年秋天认识了德尼斯·罗琳,当时她住在里尔街 3 号的漂亮公寓里。"和我认识的所有女性相比,她是沉默的化身,"劳伦斯·巴塔耶说,"用一种隐喻的方式来说,别人说的一切都能被她记录下来并得到回应。"[13])巴塔耶之后回到巴黎,但在 6 月 11 日之后又去和德尼斯团聚。"这是一次艰难的出逃,"他写道,"在好运气和坏运气之间不停地折腾。我到目前为止还很幸运，因为我意识到一小时之前我还差点需要徒步上路。"[14] 西尔维亚和劳伦斯在罗斯和安德烈·马松之后也去了德吕雅克。

6月24日，在波城的拉康申请前往欧里亚克。"如果你同意，我希望口述我的理由。"[15] 拉康的理由是他希望去德吕雅克看望西尔维亚。他的请求被批准了，不久之后他就被遣散。

1940年的秋天，一个法国人的日常生活被划分为两个区域。9月初，西尔维亚和她母亲去了维希，在那里她遇见了让·雷诺阿；他在那里整理移民美国所需要的文件。"唯一能做的事就是从这离开，"他说，"没什么可做的了。事情将变得很糟糕。整个国家将被洗劫，只能用一栋房子换一点点豆子。"[16] 一个月后，维希通过了制裁犹太人的法令。西尔维亚和她母亲逃往法国南部，先是去了马赛后来到了卡涅，在那里她租了栋房子。作为医生，拉康可以获得足够的汽油和通行证往返于沦陷区两边。整整两年时间里，他都坐着自己的雪铁龙在巴黎和马赛间往返。为了在南部到处走走，他买了一辆自行车，这在后来成为这段黑暗的战争回忆的纪念[17]。

拉康决心不被历史进程所影响的决定没有阻止他形成一种非常明确的政治态度。他反对任何和法西斯主义、纳粹主义和反犹太主义相关的事物，对贝当元帅的犹太政策不抱幻想。这就是为什么当他发现西尔维亚和她母亲天真地到法国当局注册为"犹太人"时，他飞快地跑到卡涅的警察局把文件取了回来。他甚至不等工作人员把文件递给他，自己就爬上梯子从架子上找到文件，一出警察局就把它们全都撕碎[18]。

虽然拉康并不支持贝当政府，但他对于抵抗运动也没什么同情。他反对压迫，但也挖苦英雄主义。这两种对立的立场使他在人生的这一阶段中习惯对不同的人说不同的话。和一些人在一起时他嘲笑自己的立场，表现得非常实用主义；和另一些人在一起时他又声称自己考虑加入抵抗组织。卡特琳·米约回忆起拉康曾批评自己的一些同事"毫无责任感"，并说他

第14章 马赛、维希、巴黎

"能毫不犹豫地前往莫里斯饭店和一些德国军官称兄道弟,来换得一张前往非沦陷区看望西尔维亚的通行证"。[19] 而和丹尼尔·勃迪格尼在一起时他则是另一种腔调。"他的生活因为沦陷而破碎,"勃迪格尼回忆起拉康曾对他说的话,"他在犹豫是否要退出抛头露面的生活,专注学习或者加入地下组织。他担心自己在法国没有足够的知名度,正考虑当一名哲学家。后来是弗朗索瓦·托斯盖勒关于他博士论文的信使他决定继续从事精神分析工作。"[20](托斯盖勒在拉康博士论文出版时第一次知道"艾梅"案例,但1940年1月他才开始研究它。在当时的圣安娜医院,制度性的心理治疗在一种军事反法西斯主义的氛围中进行。"也许你已经知道,"托斯盖勒写道,"在圣阿尔邦的心理学圈子里很多同事都有这篇论文的复印稿,它的原件在书店售罄了。"[21])

这几件轶事都有其合理性。拉康当时确实因为法国的沦陷而恐慌,但他更关心自己作品的知名度而非加入抵抗组织。他对于权力的敌意表现为一种美学式的反抗,混合着求生的个人主义本能以及相比于体制的智力优越感。他始终保护着自己和他关系最亲近的人,并在这一过程中表现出出色的谋略能力。当时他的博士论文被解读为一种反抗精神压迫的行动,并以这种方式在圣阿尔邦地区鼓舞着反抗纳粹的战斗。

1940年秋天,拉康和他之前的分析者乔治·贝尼耶在马赛相遇。两人成为非常好的朋友,在一起待了两年。出于对贝当主义的厌恶,两人经常前往位于麻田街的辛特拉酒吧和其他流亡的知识分子聚会。当时拉康和贝尼耶表现出对英国的极端崇拜:"我们深深地感觉到英国是世界最后的希望,英国文学和英国思想是唯一为我们而存在的东西。"[22] 已经被德国文化和哲学所影响的拉康开始和法国外务部高级官员勒内·瓦兰一起学习英文。虽然他说得不好,但拉康是一个贪婪的读者,他甚至还从停泊在港口的美国船只上搞到一本《丧钟为谁而鸣》。

当他们坐在辛特拉外面时,拉康和贝尼耶开始翻译托马斯·斯特恩斯·艾略特的一些诗篇。一天晚上，他们忽然想看英王钦定本的《圣经》，这在当时可不容易搞到。为了找到一份拷贝，拉康问遍了马赛地区所有的新教教堂。这两人选择这一版本的《圣经》是经过慎重考虑的。英王钦定本出版于1611年，它保留了《旧约》中希伯来原文的韵律感。正如朱利安·格林所言："很少有说英语的人在阅读他们的圣经时会意识到这是一个译本。他们对它的喜爱就像犹太人对希伯来原文的喜爱一样……译本本身就成了原本。这本书看上去像是被重写而非翻译了。英王钦定本完全继承了希伯来原文中的精神。"[23]

在这里，拉康和一名既是犹太人又是无神论者的分析者一起，用莎士比亚的语言阅读了摩西的故事。拉康的"英国崇拜"甚至发展到穿着英国军官大衣的地步。基于同样的美学热情，拉康抓住一切机会享受能够实现的娱乐，战争时期物质的普遍短缺对他而言不值一提。"我们经常在一家由贝当主义者开的普罗旺斯餐厅里吃饭，"贝尼耶说，"香烟用完的时候，拉康会消失半个小时，然后拿回来四盒黑猫牌香烟。他知道门路。有一次他注意到娇兰有一些没卖完的婴儿香皂，就想办法自己搞到手。作为医生他有很多特权，他也总能充分利用它们。"[24]

在同一间餐厅里，拉康认识了加斯顿·德费尔（Gaston Defferre）（后来成为马赛市长和政府部长），他让贝尼耶在自己那里住了些日子。两人还遇见了罗兰·马尔罗，后者正试图解救被关在桑斯附近的集中营里的兄弟。他向两人借了钱和平民衣服。拉康没有给他任何东西。不久之后，安德烈·马尔罗（André Malraux）逃到了蔚蓝海岸，在那里多萝西·布西把自己的住宅借给他住。

在从红尖海滩到古德海滩的主路边上，住着一位有着传奇经历的女士。她的性格像童话中人物一样古怪。莉莉出生于1891年，她是巴隆·杜博·德·圣兰伯特之女，嫁给了库德·让·帕斯特雷。她有三个孩子：多莉、纳迪亚和皮埃尔。她的丈夫帕斯特雷是酒厂厂长,在天堂路那里拥有一大片房地产。和她丈夫分居后,莉莉·帕斯特雷住在蒙特雷东的漂亮住宅里。从1940年开始,她收留了很多画家、音乐家、演员和其他被迫逃亡或移民的艺术家。她自己爱好音乐并且资助艺术,从不循规蹈矩,经常开着自己的红色轿车分发礼物。除了帮助穷人,她还关心那些处于精神困境中的人,对任何不幸都充满同情。她位于蒙特雷东的住宅因此成为当时欧洲流亡精英的中心。所有前来避难的人包括鲍里斯·考切努(迪亚吉列夫的情人,玛丽-劳伦·德·诺瓦耶沙龙的常客)、弗朗西斯·普朗克、克拉拉·哈斯基尔、兰扎·瓦斯托、萨姆森·弗朗索瓦和罗马尼亚裔女钢琴家尤拉·菊勒[25]。

随着这些人的相聚,普罗旺斯艾克斯节应运而生。伯爵夫人在节日创办中发挥了重要作用。战争爆发后,她的女儿纳迪亚加入了凡尔登的急救队,在那里她遇到了自己的朋友埃德蒙·德·夏尔-鲁,后者的家族和帕斯特雷家有历史联系。多莉的命运则比较不幸。她在嫁给英俊的穆拉特王子后就患上了抑郁症。穆拉特随后加入抵抗组织,在1944年被杀。多莉没有从这个事件中恢复过来,虽然她开始接受拉康的分析和让·德雷的药物治疗,但还是饱受抑郁症之苦。

拉康在1940年的秋天第一次拜访帕斯特雷家,他的第一印象并不好,把这个地方形容为"神秘的""让人不舒服的",甚至是"邪恶的"[26]。但他和尤拉·菊勒关系甚好,也经常来拜访安德烈·马松夫妻,后者在1940年底来到马赛后住在蒙特雷东的住宅里。贝尼耶在那一年过来和他们一起欢度新年。西尔维亚已有三个月身孕,但她搬到地中海沿岸后没有休息,而是和其他移居南部的花神咖啡厅的常客们一起从事简单的体力活来维持生计。他们把从非洲运来的椰枣和无花果加工为罐头出售。他们甚至成立了一家小型公司,把商品卖到全区甚至是巴黎。他们宣称罐头的味道和真的水果一样[27]。

夏末,马卢来看拉康,要求他和西尔维亚断绝关系。拉康没有给她肯定的答复,她于是给拉康一年时间回心转意[28]。在回家的路上,马卢遇到了从巴黎过来在马赛的圣夏尔车站下车的勒内·拉福格。他准备前往自己位于土伦附近的拉罗屈埃布吕萨纳的住宅。他发现马卢心情沮丧,意识到她和拉康已经分居了,于是邀请她来自己家小住几日,马卢接受了邀请[29]。

当拉康在10月发现西尔维亚怀孕后,他毫不犹豫地把这个好消息告诉了马卢。他很高兴自己又要成为父亲,希望和自己的合法妻子一起分享这一喜悦,虽然后者此时同样有八个月的身孕。马卢本来就因为拉康的外遇而心烦意乱,她所深爱的男人的冷酷无情对她又是一次重大的打击,让她备受羞辱。拉康接下来对她说:"我会一百倍地补偿你。"西尔维亚建议马卢尽快和拉康离婚,11月26日,怀着努力克制的抑郁心情,马卢生下了一个女儿,给她取名为西比尔(Sibylle)[30]。

拉康很可能确实因为马卢所受之苦而感到愧疚,但正如乔治·贝尼耶的犀利评论所指出的那样,"拉康非常擅长和女人打交道"[31]。拉康继续在巴黎和马赛之间往返,但他已经在考虑搬家。继续住在马勒塞布大道已不可能。在战争初期刚和马卢产生矛盾的时候,拉康到安德烈·魏斯那里住了一个月。魏斯的妻子科莱特是布隆汀的朋友,她的妹妹热妮·魏斯-卢迪内斯库后来成为法国儿童精神分析的先驱。拉康在圣奥诺雷街130号的小住留下了一段难忘的回忆。安德烈·魏斯家教严格,他的孩子在客人在场时不能在餐桌上讲话。但拉康经常打破这些无聊的规矩直接和他们交谈。"长辈对我们感兴趣,这让我们觉得被重视,"弗朗索瓦兹·肖艾后来说,"他给我们留下了很深刻的印象。"[32]

后来是乔治·巴塔耶解决了拉康分居后住处的难题。1941年初,他告诉拉康在里尔街5号自己和德尼斯·罗琳居住的房子旁边有一间空的公寓。拉康很快买下了那个地方并在此后一直居住在那里。1941年12月15日,马卢同意离婚，拉康并没有出席法律规定的调解流程³³。在布隆汀家族看来，他就这么"消失"了³⁴。

在去马赛的旅程中，拉康不仅去了帕斯特雷家，还拜访了让·巴拉尔围绕《南方笔记本》（*Les Cahiers du Sud*）杂志所创建的"网络"组织。《南方笔记本》由马塞尔·帕尼奥尔在1914年创刊。1925年让·巴拉尔接手，把它变成超现实主义作品的先锋出版物。1933年，它为逃离纳粹主义的德国作家开辟了一个专栏。克劳斯·曼、恩斯特·托勒尔、瓦尔特·本雅明和钢琴家巴尔蒂斯的兄弟皮埃尔·克洛索夫斯基都为专栏写过稿。1940年后，让·巴拉尔尽自己所能来维持杂志的运营。每一期的出版都是和沦陷区当局的斗争，从这种斗争中产生了"忠诚诗人"这一新词³⁵。

在马赛，在帕斯特雷住宅和巴拉尔的"网络"之间，拉康和他战前在巴黎一样，继续着自己的社交与学术生活。他遇见了一些超现实主义者，其中包括安德烈·布勒东、汉斯·贝尔默、维克多·布罗纳和勒内·恰尔。这些人在1940年至1941年之间住在属于紧急营救委员会的贝莱尔别墅。安德烈·马松也经常去那里。

1941年3月，乔治·贝尼耶开始认真考虑移民英国。但为此他需要两张签证，一张给自己一张给他妻子。他认识的那位外务部官员当时在维希工作。拉康用自己的雪铁龙带他去那里。他们以惊人的速度到达维希准备去取签证。当他们在墨西哥酒店订房间时被告知晚饭后过来，之后又被通知在大厅等候。半夜时分，雅克·多里奥特在保镖的簇拥下出现在楼梯上面，紧随其后的是贝当政府的内阁部长亨利·杜·莫林·德·拉巴尔泰特。拉康和贝尼耶整晚待在那里，在元帅的官员们举行会议的房间里忍受着迷漫的烟雾³⁶。

贝尼耶在马赛一直待到年底。之后他前往美国，从那里转到英国。在英国他为心理战委员会做宣传工作。1944年9月后，他返回巴黎。1955年创办了杂志《眼睛》（*L'œil*）。在贝尼耶拿到自己出国签证的同时，罗斯和安德烈·马松同样启程前往美国。安德烈·布勒东比他们早走一周。马松一到纽约就开始着手把西尔维亚和洛尔接到美国。他们希望她能在1941年12月21日前抵达，但计划落空了，因为西尔维亚决定留在法国[37]。

那一年的7月3日，在最黑暗的沦陷时刻，西尔维亚生下了朱迪斯·苏菲。她在安提比斯市政厅在巴塔耶的名下注册登记。虽然西尔维亚在1934年就已经和巴塔耶和平分手，但她在名义上依然是他的妻子，而巴塔耶此时已经和科莱特·佩尼奥正式同居。在科莱特1938年去世后，巴塔耶和德尼斯·罗琳住在一起。虽然他和西尔维亚的婚姻已经没有任何实际意义，但它在法律上依然有效。拉康此时同样在名义上还是马卢的丈夫，但他和巴塔耶不同，还没有和妻子完全分居。他被自己坚决拒绝的传统家庭理想所束缚——虽然他在《百科全书》里还为这一理想辩护——继续和马卢维持着若即若离的关系。他从未明确提出分手，也不打算主动那么做。

西尔维亚知道自己怀上了拉康的孩子，但她却不能申请离婚。如果在1940年至1941年的冬天她提出离婚，她就会失去因为嫁给一名非犹太人而获得的保护。这就导致1941年7月的复杂局面：新生的孩子事实上是拉康的女儿，但却不能用拉康的姓命名。拉康此时依然处在和马卢的婚姻关系中，按照法国法律，他不能认养另一位女性所生的孩子。所以最后西尔维亚和拉康给孩子取的是乔治·巴塔耶的姓。法律和现实之间出现了荒诞的差异：孩子不得不被冠以并非自己父亲的姓。这一事件毫无疑问是拉康"父姓"理论的一个源头。拉康学说中的这一核心概念在战争和破坏的迷雾中孕育而生。

在贝尼耶前往美国后，拉康继续在法国北部和南部之间往返。1942年春天，大规模的驱逐开始了，西蒙尼·卡恩的父母被他们的门房告发给了盖世太保。格诺请求拉康为他们找个地方躲藏。拉康于是把他们带到马赛的一个诊所里。住宿费用非常高昂，但当西蒙尼对此表示抗议时，拉康回

第 14 章 马赛、维希、巴黎

答道："他们是一对资产阶级夫妻，能付得起！"[38] 到了 1943 年初，对于之前逃难到法国南部的犹太人来说局面愈发危险，德军已经占领了这里。住在韦兹莱的乔治·巴塔耶建议拉康、西尔维亚、劳伦斯和朱迪斯一起搬到他为他们在教堂广场租下的房子。最后只有他的女儿劳伦斯去了。巴塔耶在认识戴安娜·考奇贝（Diane Kochoubey）之后和德尼斯·罗琳分手，他又建议拉康租下里尔街 3 号的公寓，这样西尔维亚就能过去和劳伦斯、朱迪斯、娜塔莉·马克莱斯生活在一起[39]。

拉康就这样返回了塞纳河的北岸，他曾经在这里的斯坦尼斯拉斯学校度过了自己的青年期。他和西尔维亚开始新生活的这一区域受到文学知识分子们的喜爱。拉康和巴黎的精神分析传统断裂了。法国精神分析运动的先驱者们大多数住在精致的第十六区，在拉康职业生涯的前期也是如此。分析师们在自己奢华的公寓里接待病人。他们的住宅体现出医学界资产阶级的风格，大到足以容纳一间分析室、一间候诊室和用于家庭生活的充足空间。房屋装饰以名贵收藏为主：绘画、稀有书籍、东方地毯、德雷斯顿瓷器和中国陶器。包括拉康在内的中产阶级都有收藏的喜好。拉康经常拜访古董商，从西尔维亚的好友那里买了很多画：毕加索、巴尔蒂斯，当然还有马松。虽然拉康并没有安德烈·布勒东的专业眼光，但他同样有很强的占有欲[40]。

与此同时，布隆汀家族正在处理西尔维安的小舅子雅克·德库尔之死带来的打击。德库尔是一个共产主义者和有着德语学位的作家。他和让·波扬一起创办了《法国文学》（Les Lettres françaises）杂志。德库尔和乔治·所罗门、乔治·波利策在 1942 年 5 月 30 日被捕，在残酷的折磨后被纳粹枪杀。阿拉贡把他描述为一个"品格良好的年轻人。肤色苍白，纤薄的嘴唇带着嘲讽的微笑，像是 18 世纪拉图尔所画的蜡笔画中的人物……面对法官设下的一切陷阱和各种身体折磨，他总是询问什么时候结束，因为他承认指控的一切。但这并不是盖世太保想要的回答，他们想要名字和地址。可是德库尔纤薄的带着微笑的嘴唇从未吐露那些信息"。西比尔依然记得在战后多年,马卢依然会用悲伤的语气给她的三个孩子朗读雅克·德库尔寄给家里的最后一封信[41]。

拉康在巴黎新家的周围依然有丰富的文艺生活。阿德里安娜·莫尼耶位于奥登路的书店迎来了新一批年轻的知识分子。他们热爱美国音乐和美国文学,同时也欣赏包括萨特、加缪和马尔罗在内的当时尚不知名的作家的早期作品。从1941年至1942年的冬天,在通敌者和抵抗者们来往密切的花神咖啡店里,西蒙尼·德·波伏娃(Simone de Beauvoir)每天早上都会最早进来占据一个靠近火炉的位置,她在阅读《精神现象学》来帮助萨特完成他的《存在与虚无》。

在1939年之前,不会德文的人只能通过科耶夫、柯瓦雷和沃尔的评论了解黑格尔的作品。但在1939年,黑格尔《精神现象学》的第一个法文译本的第一卷出版了,1941年又出版了后两卷。完成这项工作的人叫让·伊波利特(Jean Hyppolite),这位年轻的哲学家开启了法国黑格尔主义的新纪元。在历史逻辑的神奇巧合中,黑格尔完成《精神现象学》时正是法国军队给耶拿带来自由的时候;而伊波利特完成《精神现象学》的翻译时正是纳粹入侵法国并带来独裁与奴役的时候[42]。

1942年10月25日,贾科梅蒂把萨特介绍给莱里斯。西蒙尼·德·波伏娃在《岁月的力量》(*La Force de l' âge*)一书中对莱里斯有细致的刻画:"他的光头、正式的着装和呆板的姿态让我觉得他令人生畏,虽然他很快就摆出一副热情的笑脸……他混杂着受虐狂、极端主义和理想主义的性格把他引向无止境的痛苦的折磨,而他对这一切都保持一种和善的公正态度。"[43] 在开始和超现实主义的前辈们打交道后,曾经对这一代作家有过伟大幻想的萨特和波伏娃意识到他们的英雄历险正在走向终点,而自己则迫切渴望着能取而代之。西蒙尼最早和泽特,后来又和莱里斯有过亲密关系,但她从未在和毕加索、马松、巴塔耶和拉康相关的家族秘密中分享这些事。

莱里斯并没有加入阿纳托利·勒维斯基和鲍里斯·维尔德领导的叫作"人类博物馆"的抵抗组织，但他知晓他们的活动。在得知两人于1942年2月23日在瓦勒里昂山被处决后他备受打击，连着几个月饱受回忆之苦。他意识到自己缺乏武力反抗的勇气，决定通过写作支持抵抗运动的文章来进行道德反抗。他写了一本书，名叫《更大的恶》(*Haut mal*)[44]。

在沦陷初期莱里斯和他的好友乔治·巴塔耶有过短暂的争执。巴塔耶有一个糟糕的点子。他想要在乔治·普罗森 (Georges Pelorson) 领导的维希政府的资助下和青年法国人组织合作创办一本政治中立的评论杂志。普罗森建议由莫里斯·布朗肖 (Maurice Blanchot) 来担任主编。布朗肖是一个右翼作家，从1936年就开始在《战斗》(*Combat*) 和《叛军》(*L'Insurgé*) 杂志上写一些反对犹太人和反对议会制的文章来攻击布鲁姆和人民阵线[45]。这个计划最终没有实现，但巴塔耶确实会见了布朗肖，并召集了一些青年法国组织的成员来自己位于里尔街3号的公寓里详谈。按照米歇尔·苏利亚的观点，巴塔耶对于布朗肖在沦陷期间意识形态的转变有重要影响。

巴塔耶在加入反纳粹斗争时并没有犹豫太多。从1941年至1944年，他以化名出版了一系列作品，其中包括《爱华妲夫人》(*Madame Edwarda*) 和《内在体验》(*L'Expérience intérieure*)。他的政治观点和莱里斯不同，这一点从社会学学院早期就已经体现出来了。莱里斯认为相比于神秘体验，科学是一种更加重要的解放力量，他对于"阴谋家"牵强的实践表示怀疑，认为这些做法既不严谨，在西方民主中也毫无位置。简而言之，莱里斯并不像巴塔耶一样是一名坚定的虚无主义者，他不赞同巴塔耶对于资产阶级议会制的攻击。法西斯主义对他的一无是处使他想要以其人之道还治其人之身。两人对待战争的态度也因此不同。莱里斯相信英雄主义并为自由而战，而巴塔耶把战争视为历史的终结。历史的终结体现在希特勒的闪电战而非科耶夫所认为的斯大林。因此人们需要通过对黑暗的神秘主义的孤独追寻来理解邪恶。爱华妲夫人代表着被玷污的法国,在圣德尼路的一家妓院里展示着自己的伤痕与落魄,而这种神秘主义将把她引向上帝。

当他们认识路易和米歇尔·莱里斯时,坚决反对纳粹主义和贝当主义的萨特和波伏娃已经在抵抗组织的杂志上发表了很多文章。他们同时也给一些立场模糊的杂志投稿,例如《喜剧》(*Comoedia*)。这些杂志拒绝接受来自犹太人和坚定的反法西斯主义者的文章,以保持所谓的"文化性"和"政治中立性"。萨特和波伏娃的政治活动局限在"社会主义与自由"的小组里,他们和莫里斯·梅洛-庞蒂、多米尼克和让-图桑·德桑蒂一起分发传单、举行会议,并执行秘密行动。他们还访谈过让·卡瓦耶斯,但没有什么结果。他们在圣让卡弗尔拉和马尔罗有过会面,后者只相信苏联的坦克和美国的飞机[46]。

1943年7月,在地下刊物《法国文学》(*Lettres françaises*)的支持下,由萨特编剧,夏尔·迪兰执导的《苍蝇》(*Les Mouches*)上映。这个剧本是萨特在写作《存在与虚无》的同时创作的。在其中,他直白地抨击了维希政府,对那些以自由的名义进行暴力斗争的人给予道德支持。自由这个概念使得那些恐怖主义的英雄对自己的行为负责,并不由得谴责自己。虽然这个剧作在萨拉·贝恩哈特剧院上映前受到了德国人的审查,傀儡政府的媒体还是给予它严厉的批评。他们把它称为"令人作呕的立体主义和达达主义的玩意"。剧作很快下映,直到1943年12月才重新上映。米歇尔·莱里斯在《法国文学》杂志中写了一篇精彩的评论:"俄瑞斯忒斯曾经是命运的受害者,却成为自由的胜利者。他的杀戮不是因为阴暗力量的驱动,而是在对事实充分认识的基础上为了正义才这么做。通过这样的深思熟虑,他成了一个人。"[47] 萨特并不像他的诋毁者所宣传的那样是纳粹奴役下的野心家,他也不具备卡瓦耶斯、康吉莱姆、德库尔或波利策的英雄主义精神。他在出版自己作品或在被"雅利安化"的剧院里上映自己的戏剧时确实受到了德国的审查,但他在战争期间所写的一切东西都是支持反对压

第 14 章 马赛、维希、巴黎

迫的斗争。

在《苍蝇》的彩排中,萨特认识了阿尔伯特·加缪(Albert Camus)。几个月后,他在《南方笔记本》上为加缪的《陌生人》(*L'Etranger*)写了一篇文章,发表在 1942 年夏末的一期上。萨特、莱里斯、加缪和波伏娃之后经常聚会,莱里斯还把萨特引荐给格诺。"这些聚会花费了我们很多时间,"波伏娃写道,"我们收听英国广播公司,交流并讨论新的公告……我们都同意并肩反对我们所谴责的体制、人物和思想。他们的失败即将到来,而我们的任务是塑造未来……我们要为战后的时代提供意识形态。"[48]

当盟军快要胜利的时候,萨特、加缪和梅洛－庞蒂开始认真考虑创办一个评论杂志,使法国远离法西斯主义。乔治·巴塔耶经常和他们在一起。他和萨特也走得很近,特别是在后者为《内在体验》写了一篇评论文章后。在那篇文章中,萨特把巴塔耶形容为"新的神秘主义者","因为另一个世界而产生幻觉"。[49] 萨特的评价简练、严厉、带有讽刺但也不乏崇拜之情。他把巴塔耶表现为一个患病的、痛苦的、悲伤欲绝的但依然能够从上帝之死中幸存下来的人。萨特并没有接受弗洛伊德、阿德勒或是荣格的精神分析,而是选择了自己在《存在与虚无》中所宣传的"存在主义精神分析"。萨特把巴塔耶看成是帕斯卡和尼采的真正继承者,但他同时批评了巴塔耶对于历史与政治表现出的泛神论的狂喜。简而言之,萨特眼中的巴塔耶是一位边缘化的基督徒,而他用自由的新人道主义精神与之对话。"如果巴塔耶先生使我们感受到的快感只能回归其自身,不能并入新的冒险框架从而构成得以超越自身的新人性,那么它和喝一杯烈酒或在沙滩上晒太阳的快感就没什么不同。"[50]

萨特和巴塔耶在 1944 年的前三个月里经常在莱里斯或马塞尔·摩尔的家里小聚,有时谈论罪恶,有时谈论哲学。"一天晚上他们面对面地跳舞,以一种荒诞的方式竞争着……场上的第三方是一个由马的头盖骨和红黄条纹的睡衣所组成的人偶。"[51]

战争与和平

1944年春天，已经是莱里斯和巴塔耶圈子里的常客的拉康第一次认识了萨特、波伏娃和加缪。这次见面是在3月19日，当时是在莱里斯的家里公开朗读毕加索1941年完成的一个剧本。《被抓住尾巴的欲望》(*Le Désir attrapé par la queue*)采用了20世纪20年代超现实主义的风格，围绕着沦陷期间食物短缺的幻想展开。加缪很擅长组织这种活动，他用一根棍子敲击着地板来切换场景。莱里斯、萨特、波伏娃、毕加索的伴侣杜拉·玛尔以及嫁给出版商让·奥比尔的年轻女演员赞尼·康庞都扮演了剧中的相关角色。观众包括巴塔耶、阿尔芒·萨拉克鲁、乔治·林波、西尔维亚·巴塔耶、让－路易·巴罗、布拉克和萨特的所有随从（几天后，布劳绍伊把这些演员和观众叫回来拍了一张合影。[52]）。聚会一直持续到下半夜。莫洛吉唱了一首《鹅卵石》；萨特唱了《我把灵魂卖给魔鬼》。"巴黎是一个巨大的集中营，"波伏娃写道，"在夜里喝酒和聊天成了一种隐秘的快感，一种不合法的幸福。"她在那天晚上观察了拉康一段时间，后者的活力和才华给她留下了深刻影响，但她太紧张，"只能在酒精的作用下说些套话"[53]。赞尼·康庞之前在路易·莱里斯的艺术画廊里见过拉康，她很崇拜西尔维亚，认为这两人是滑稽的一对。拉康充满求知欲，有一种能够把所有人击倒的创造性力量[54]。毕加索给了参与表演的所有人一份剧本原稿。

虽然这天晚上大家忙到很晚，莱里斯第二天还是去圣罗克教堂参加了纪念被纳粹杀死的马斯·雅各布的活动。在法国，每个人都在急切地等待着盟军的胜利，但之前被驱逐到德国的很多人却看不到那一天了。

在参加完毕加索的演出后，众人又投入到新的聚会活动中。每个人都在寻找一种新的生活方式，一个抱有希望的理由，来等待着迟迟没有现身的盟军登陆。这些聚会有自己的演员、剧作家、表演者和观众：杜拉·玛尔表演了斗牛，萨特指挥了一支管弦乐队，林波切割了一块儿火腿，而巴塔耶和格诺则用酒瓶决斗。拉康和其他人一样都乐在其中。莱里斯、巴塔耶和格诺虽然都认识拉康很久且始终保持着良好关系，但他们都没有读过拉康的作品，至少在他们的文中没有提到过。科耶夫和柯瓦雷也是如此，虽然他们的思想对拉康影响很大。在沦陷时期拉康结交的好友里，只有波伏娃和梅洛－庞蒂饶有兴趣地读过拉康的文章。

1948年，波伏娃正在写一本关于女性的书，也就是后来的《第二性》。她读到了拉康论及家庭的文章并仔细研究了它。她对于精神分析运动内部关于女性性欲的争论非常感兴趣，于是直接给拉康打电话请教这一问题。拉康受宠若惊，回复说这个问题需要五六个月的讨论才能解决。波伏娃已经积累了很多素材，不想花那么多时间听拉康讨论，她提议做四次访谈，拉康拒绝了[55]。至于梅洛－庞蒂，他和拉康的学术关系有家庭因素在里面：西尔维亚和梅洛－庞蒂的妻子苏珊娜（Suzanne）是好朋友，而朱迪斯和玛丽安·梅洛－庞蒂经常一起度假。

在战前的时候，拉康进入知识分子圈这件事情就已经给他带来了争议，同时也带来了一部分私人客户，包括歌手玛丽安·奥斯瓦德、多莉·帕斯特雷和她的侄子让－弗朗索瓦、杜拉·玛尔等等。他同时也是毕加索的私人医生[56]。但直到1947年，很少有人找他来做训练分析。这不仅仅是因为他在精神分析圈里还不是什么权威，同时也是因为在第二代分析师里他被萨沙·纳赫特的光芒掩盖，后者见过弗洛伊德，他的资质和国际精神分析协会的标准更接近。但在1948年至1949年之后，情况开始向有利于拉康的方向发展，法国第三代精神分析师都被拉康的学说所吸引。在这之后拉康就开始全职做个人精神分析。

1944年10月，乔治·贝尼耶返回巴黎，住在里尔街5号。西尔维亚和朱迪斯当时也住在那里。贝尼耶参加了一些聚会。在讲英语的国家的生活经历使他成了议会制民主的狂热宣扬者。有一天，他问拉康和他的随行人员有没有投过票，对方先是表情麻木，然后一阵哄堂大笑，给了他否定的回答。

229　　　贝尼耶继续进行了两年的分析。拉康的技术没有什么改变，分析时长也是一样的。"他很擅长把友情和治疗分开。我认为分析是成功的。它教会我不再认为月亮是由未成熟干酪做成的，使我的生活更好。但有些事情也改变了。"贝尼耶被拉康矫揉造作的说话和着装习惯所震惊，这种习惯超过了对时尚的一般喜好而接近于一种痴迷。1946年的一天，贝尼耶正站在圣佩雷斯路上的一家书店门口，忽然感觉有人拍了下他肩膀。原来是拉康开着车出来。贝尼耶钻进拉康的车，坐在他朋友旁边。拉康神情很激动，他正在寻找一种特殊的黑色鹿皮，用来制作一双能和他的昂贵西装搭配的皮鞋。拉康经常光顾的那家著名的伦敦鞋店建议他在蒙塔涅－圣吉纳维夫路上的皮革店里找找所需的原材料。"我们花了几个小时寻找，"贝尼耶回忆道，"直到他发现想要的东西。"[57]

第 15 章
对人类自由的思考

> 人不仅不能超越他的束缚——不存在自由的萌芽——而且为了获得自由，他必须首先通过一种逻辑思想成为人类社群中的一员。

拉康在战争期间没有发表任何东西。到战争结束时他已经脱胎换骨。他的生活、习惯和朋友都有了很大改变，但他在社会学学院时期的思想和战后的思想有一个共同点——它们都涉及个体与社会之间的关系。像巴塔耶一样，拉康希望理解法西斯主义如何操控人类的理想来为邪恶服务。但不同于巴塔耶，他不相信法西斯的武器可以被拿来对抗法西斯主义自身。从 1936 年开始，拉康一直在思索掌控人类组织的内在认同的本质。这不仅仅是巴塔耶也在思考的问题，而且和弗洛伊德对集体心理学的探讨相一致。

拉康论及家庭的文章已经在很多地方涉及这一问题，所以也不难理解他在 1945 年依然在反思社会联系的本质。他不再把社会联系看作是对家庭的考验，而是从弗洛伊德集体心理学的角度思考这一问题。和弗洛伊德一样，拉康也选择了军队作为他的分析对象。

在拉康和西尔维安·布隆汀的信件中，我们可以得知他在德格雷斯山谷军医院工作时对军队中精神科的看法。那是非常糟糕的体验，拉康找不到足够尖锐的词来讽刺法国精神病学系统中"自以为是的精英们"，认为他们把法军搞得更糟。他特别批评了他们的选拔制度经常把完全不合适的人派往前线工作。虽然拉康对于这些疏忽看得非常清楚，但他从来没有提出过抗议。当他被征召为助理医生时,他服从了命令,按照上司制定的规范为病人检查和诊断。在那个职位上他感到非常自如,甚至会因为那些他曾经严厉批评过的官员的欣赏而感到高兴[1]。对拉康来说从来没有简单的好恶,那些他经常贬低的人可能恰恰具有他私下里非常敬仰的品质。

拉康在20世纪40年代非常亲英国,尤其是在他1945年9月在英国花了五个星期拜访为复员军人服务的哈特菲尔德复健中心之后。回到法国,他给精神病学发展小组做了一个讲座,一些来自伦敦的客人也在场。拉康赞扬了英国战时的英雄主义:"她的人民的勇气是基于和现实的真正关系,这种关系常常因为她的实用主义意识形态而被误解,尤其是被'适应'这一词错误地形容。即使是'现实主义'这样崇高的词汇都被排除了,因为那些'背叛的知识分子'对这一词汇的亵渎已经剥夺了人类应有的价值。"[2]

拉康在这里引用了朱利安·邦达(作家、艺术家和思想家,放弃了自己的政治独立性而背叛了自身与社会)1927年的著作《知识分子的背叛》(*La Trahison des clercs*)来再次批判他渴望加入的法国知识分子精英阶层。对英国实用主义的赞扬揭示了一种关于社会联系以及个体与真理之间关系的理论,这将是拉康在战后初期思想的主体部分。这一点在拉康《逻辑时间及预期确定性的肯定》(«Le temps logique et l'assertion de certitude anticipée»)以及1946年他在博纳瓦的学术讨论会上发表的关于心理因果性的文章中可以看到[3]。

1939年,英国精神病学家决定给一些身体或智力残疾的人在后方安排任务。这些人没有被隔离,但是和正常的工人区分开来以免后者被干扰。因为被视作有用的独立社会群体,这些残疾人的状况有所改善。每个小组都有自己的工作目标,并在一名分析师的监督下进行。分析师仅仅提供支持而不充当领导者或者极权父亲的角色。拉康很欣赏对这些社会适应不良人员的实用主义的分类方式,声称在战争期间重塑人类关系的能力是通过英国精神病学界对弗洛伊德理念的吸收得以实现的。他还补充说,英国的这一实验进一步推翻了他在1932年就开始批判的体质论，同时印证了他在论及家庭的论文中所阐述的父权意象的衰落。通过把众人分成小组使他们认同分析师的自我理想，强权领导者、雇佣兵和暴乱煽动者就没有了生存的空间。拉康在这里引用的是约翰·里克曼和威尔弗雷德·比昂（Wilfred Bion）的作品，他在1943年的英国医学评论杂志《柳叶刀》（*Lancet*）中读到这篇文章。里克曼和比昂在靠近伯明翰的诺斯菲尔德的精神病医院里进行了这一战时实验。比昂1897年出生于印度，在一段出色的医生工作后成了克莱因派。他在战争期间接受了里克曼的分析，后者最先被费伦齐分析，后被梅兰妮·克莱因分析。

在对弗洛伊德理论在英国精神病学界的胜利的赞美之中，拉康通过梅兰妮·克莱因学派来理解伦敦的精神分析运动，虽然当时克莱因的支持者和安娜·弗洛伊德的支持者还在争吵之中。与此同时，拉康还提议修改弗洛伊德的集体心理学理论，使他能把自己论及家庭的理论和在集体的基础上理解人类社群的方式相结合。

在1921年弗洛伊德出版《集体心理学与自我的分析》时，他区分了拥有领袖的群体和没有领袖的群体。他选择了两个长期存在的有组织群体：教会和军队。在弗洛伊德看来，这两者都通过两个轴结构组织起来：纵轴是群体与领袖的关系，横轴是组成群体的个体之间的关系[4]。在前者中，个体认同于一个取代他们自我理想的客体（领袖）；在后者中，他们在自我的层面上相互认同。弗洛伊德还考虑到领袖的位置不一定要有一个真人来占据，也可以由抽象理念来占据，例如上帝。他还提到共产主义实验是用"社会主义联系"来取代宗教联系，这可能同样导致在宗教战争期间对于外来者的排斥。

在弗洛伊德的认同理论中，纵轴是更重要的一个，而横轴依赖于纵轴。与父亲或领袖的认同被发现是在同一集体成员之间的认同之前。弗洛伊德在1921年的这一文本不同于之前所有的社会学或心理学研究，那些研究认为集体对于领袖的狂热认同是一种催眠效果。

20世纪30年代，弗洛伊德的理论被用来解释法西斯主义的政治功能。在法国，巴塔耶在和阿兰迪、博雷尔、谢里夫等人筹建集体心理学协会时利用了这一理论。"弗洛伊德提出来一个概念框架，"米歇尔·布隆说，"使我们得以思考一些问题，而这些问题是现今已经遗忘了马基雅维利和拉博埃西的社会学、历史学和政治哲学所无法思考的。"[5]每一个接受这一理论的人都认为它更好地解释了法西斯主义。他们不知道在1921年弗洛伊德就在思考共产主义作为一种意识形态可能会填补宗教缺失所留下的空缺。

当拉康也开始在家庭领域中思考这一纵轴关系时，他首先指出现代民主制的西方社会是建立在父权意象不可避免的衰弱之上的。法西斯主义以夸张的方式复活了这一意象并表现为对于领袖符号的崇拜，同时在集体成员之间构建一种军事平等主义。拉康被这一模式所震惊，认为这些狂热的崇拜者都在服务于一种死亡愿景。

但是七年之后，拉康的英国之行使他认为弗洛伊德的理论需要很大的修正。如果说英国战时的精神病学界能够首先通过基于心理机制的人格诊断方法，之后通过基于比昂理论的成功的"无领袖"小组实验来安置各种社会适应不良者，那么这意味着弗洛伊德可能过多关注了纵轴而没有意识到横轴的重要性。因此有必要颠覆弗洛伊德的模型来构建一种横轴并不依赖于纵轴的社会联系。换句话说，拉康在实地考察的基础上，明确指出虽然弗洛伊德的认同理论和传统的催眠说或建议说完全对立，但它在某种程度上依然建立在勒庞的群体心理学理论之上。尤其是弗洛伊德保留于纵轴的主导作用，即领袖在群体组织中的核心功能。因此他的权力理论可能仅仅适用于封闭的组织，而不是当代民主社会的日常政治生活[6]。和他的同辈人一样，拉康注意到弗洛伊德理论可以很好地解释法西斯主义。但他也看到，父权意象的衰退对于理解工业社会的家庭演化或纳粹组织中领导者的全能角色并不是必需的。而英国实验回溯性地证明了他自己观点的正确。在他的旅行中，他看到了一个基于横轴主导性的"没有领袖的集体权力"理论要好于一个基于纵轴主导性的"领袖权力"理论。比昂的研究不仅能把社会不适应者融合进社会，而且相比于基于对战士首领的纪律服从的理论，能使他们更自由、更有效率。因此在1945年，拉康赞美英国民主体制把弗洛伊德理论纳入其思维方式中，并用来作为反抗法西斯主义的武器。

通过使用比昂的理论来修正弗洛伊德，拉康认为弗洛伊德的认同理论应该在排除暗示论的前提下对现代民主社会进行更好的分析。但这并不意味着拉康因此信奉某一种特定的政治体系。

拉康对弗洛伊德理论的最新修正延续他在战前受黑格尔哲学影响所做出的修正。拉康重申摆脱精神病学和各种机体论的必要性：他对弗洛伊德纵轴中心论的修正和他对于人格心理发生学的接受相一致。如果有任何体质论、种族、遗传和本能的要素被保留下来，那么人类就不得不依赖他的生物学遗传，从远古时期到和世界起源相关的不可避免的异化，他都必须被视为主体。这就是为什么在1946年的博纳瓦研讨会上，拉康激烈批判亨利·艾的生物动力主义。在拉康看来，生物动力主义依然是一种机体论，它没有把心理疾病放在作为人类疯癫唯一起源的心理因果性中来理解[7]。

拉康的这一立场使他第一次意识到克莱朗博在病人观察方面是他真正的导师。他因此回溯性地承认了这位体质论的伟大代表对自己思想的影响。尽管如此，拉康在1932年就抛弃了这一理论转向了克劳德更具有动力学色彩的理论。拉康从后者中学到了疯癫的结构与心理发生学的意义，而克莱朗博对于体质论的再三强调阻碍了这种理解。

拉康在1945年的思想转变使他抛弃了自己思想中残余的莫拉斯主义。他现在用一种英国式的民主实用主义取代了法国式的实证家庭主义：社群是由自由个体构成的，而不是由他们与土地之间的联系构成的。在一个新时代即将到来之时，拉康把自己视为科学与人类学的统一理论的代言人。他坚信真理常在："你们已经听过我很荣幸地讨论在寻找真理的过程中笛卡儿和黑格尔所扮演的角色。现在超越古典哲学家是一种时尚。但我会从苏格拉底和巴门尼德（Parménide）精彩的对话谈起，因为无论是苏格拉底还是笛卡儿，马克思还是弗洛伊德，都不能被超越。他们的研究都是在一种专注的激情的驱动下揭示的真理。"[8]

在拉康拜访英国的同一年，他还使用了一个诡辩来阐释他对弗洛伊德理论的修正。一名典狱长找来三名囚犯，告诉他们谁能通过一项特定的测试谁就会获得自由。"这里有五个圆盘，"他说，"三个白色的，两个黑色的。我在你们每个人的背上固定一个圆盘，但你们不知道我选择的颜色。你们不能交谈，也不能使用镜子，但你们可以看到其他人和他们背上的盘子。第一个猜出自己背上盘子的颜色，而且能够解释他的推理过程的人就会获得自由。"囚犯们同意接受这一测试。典狱长于是在每个人背上固定了一个白盘子。在互相看了一会儿后，三个囚犯同时起身，以同样的理由告诉典狱长自己背上是一个白盘子。

拉康1935年在西尔维安·布隆汀的公寓里第一次接触到这个诡辩。在那里他第一次遇到安德烈·魏斯，后者给他讲了这个故事但没有解释理由。拉康通宵思考这个问题，最后在凌晨3点给魏斯打电话，后者虽然因为半夜被吵醒而恼火，还是告诉了他答案[9]。

在这个游戏中有三种可能性：（1）如果犯人A看见两个黑盘子（在B和C的背上），那么他会马上意识到自己的应该是白盘子，所以立刻离开；（2）如果A看见一个白盘子和一个黑盘子，那么他会思考："如果我是C（背上有白盘子），并且看到有两个黑盘子，我就会马上离开；但C还没有离开，说明我的是白盘子。我可以离开了。"（3）如果A看见两个白盘子，他会思考："如果我的是黑盘子，那么B和C都会看到一黑一白。他们每个人都会想：'如果我是黑盘子，另一个人就会看见两个黑盘子而离开。'他们因此可以推导出自己的也是白盘子，所以离开。但他们还没有离开，这说明我自己的是白盘子。"三名囚犯都同时完成了第三个推理过程，所以他们都以同样的理由离开。

拉康让自己社会学学院的朋友几次实验了这个游戏。在解放日上，1926年创办《艺术笔记》（*Les Cahiers d'art*）的克里斯坦·泽沃斯决定发行一期战时特刊来纪念自由的胜利。他通过安德烈·马松认识了拉康，请他贡献一篇文章，这就是后来发表的《逻辑时间及预期确定性的肯定》。在其中，拉康声称自己正在写一篇关于集体逻辑的文章——但从未发表——并攻击了萨特在《密室》（*Huis clos*）中表达的自由观。《密室》最早于1944年5月27日在老鸽巢剧院上映。拉康对此写道："我们不是近来那种把被囚禁在监狱里当作自由的终极表达的哲学家。"[10]

然而拉康通过诡辩所描述的情景和萨特的剧本很相似，剧本最初的名字是"他人"。在拉康这边是三个人通过一种正确的推理过程获得自由，而在萨特那边是三个角色、三个"死亡意识"，因为无法打破锁链而被永远地禁锢在监狱里。在《密室》中，萨特所表达的自由观和他在《存在与虚无》及《通往自由之路》中的自由观一致：自由被视为异化与存在主义意向性两种对立力量博弈的一种赌注。它并不包含任何个体自主选择的确定性。这是对于一种意识哲学的最好展示，但我们必须认识到个体自身由于不良信仰的欺骗是无法体会到这种意识的。萨特用这一概念取代了弗洛伊德的无意识，他认为后者过于有机论和机械论。

不良信仰和意识共同产生了一种矛盾的病理，使得主体被迫同时实现一个思想和这一思想的否定、超验和欺骗。在这个背景下，萨特拒绝了所谓的经验精神分析（弗洛伊德式的），转而倾向于存在主义精神分析。他批判前者拒绝辩证法，忽视自由的本质来强调个体的早期情感性——"故事之前的白板"；他认为存在主义精神分析可以抛弃无意识概念，坚信在自由的萌芽之前没有任何事物存在[11]。

拉康坚决拒绝这些观点。人不仅不能超越他的束缚——不存在自由的萌芽——而且为了获得自由，他得首先通过一种逻辑思想成为人类社群中的一员。换句话说，只有通过弗洛伊德的横轴所描述的归属感，个体才能和他者相关联。只有逻辑的力量能把人引向真理，在认同和非认同的辩证过程中接受他者。拉康追随胡塞尔而反对萨特。他尝试把一种非主体性的主体哲学，或用他的话来说，"主格我的非决定性存在"（indétermination existentielle du «je»）[12]，融入他的理论之中。因此，他认为所有人类自由依赖于一个时间性事件：每个个体必须通过"理解的时刻"来做出逻辑决定。

重新来看囚徒问题的三种可能性，第一种可能性在逻辑上是最简单的。"理解的时刻"在这里被化约为简单的观察：看到 B 和 C 是黑色就能做出判断。在第二种可能性中，"理解的时刻"必须在"结论的时刻"之前到来：A 必须把自己想象成 C 从而做出推理。第三种可能性更加复杂，因为 A 的推理有两个阶段。他首先假设自己的盘子是黑色的，把自己想象为 B，然后在这个基础上思考 B 把自己想象为 C 的情景。三个囚犯都以这种方式思考，也就加快了他们得出结论和离开的速度。"理解的时刻"（le temps pour comprendre）和"结论的时刻"（le moment de conclure）同时发生，这两者又和"观察的瞬间"融合在一起。每个囚犯意识到自己的盘子是白的不是因为其他两个人的同时离开，而是因为他们在离开时表现出的犹豫。拉康用"预期确定性的肯定"（assertion de certitude anticipée）一词来描述这一预期的过程，每一个正确的决定都基于这样一种预期，而这正是人类自由的条件。

通过选择和萨特的存在主义完全不同的、建构在排除主体意识的真理逻辑上的自由理论，拉康在暗中向让·卡瓦耶斯致敬。虽然他自己并不是抵抗组织成员，也从未用后者的理论体系指导过自己的私人生活。"卡瓦耶斯的数学哲学，"乔治·康吉莱姆写道，"并不涉及主体。它是让·卡瓦耶斯自身完全缺席的哲学。它提供一种行动，使得作者可以通过逻辑的小径到达目的地。让·卡瓦耶斯的一生是一种抵抗逻辑的具象。个体主义和存在主义的哲学家们如果可以的话，也希望能做到这一点。"[13]

第 16 章
双重生活

> 蒂博和西比尔跑向拉康，嘴里喊着："爸爸！爸爸！"拉康看到他们感到很惊讶，然后把脸转过去装作没看见，迅速发动汽车消失在车流里。

马卢用各种手段迫使拉康放弃了自己的子女抚养权。她希望用这种方式来报复拉康的移情别恋。虽然最后是她提出离婚，但马卢还是决定不把真相告诉孩子们。她认为这是"为了他们好"。孩子们在战后几年里都不知道他们的父亲和西尔维亚住在一起，而且还和她结婚了。他们也不知道他们还有一个同父异母的妹妹朱迪斯。拉康也很配合，从未说过什么，一直维持着中产阶级的体面。马卢经常说拉康外出开会，忙于自己的学术工作。"她并不想承认自己婚姻的失败，"西莉亚·伯尔汀写道，"在她们分居后她还尽可能维持婚姻的原貌，即便这意味着欺骗。她还是毫无保留地崇拜拉康——或者更确切地说，是崇拜那个想象中的，可以传承给孩子们的拉康的形象。"[1]

每个周四，拉康都去位于第十六区雅丹街的简陋公寓里吃午餐。马卢和卡罗琳、蒂博、西比尔住在那里。他总是来去匆匆、表情呆板，因为不得不处理这样的事情而感到尴尬[2]。他付给马卢的那笔数额不大的补贴不足以支付孩子们的学费，因此马卢决定出去工作。她设计围巾，还为塞居尔伯爵夫人的儿童书画插图。西尔维安看她生活困难，把她招来当自己的助手[3]。在马卢离婚后，他俩关系很亲密。西尔维安一直因为无嗣而遗憾，他很愿意承担拉康所放弃的父亲角色，帮助照顾马卢的子女。在战争末期，西尔维安和德尼·德库德曼奇分手了。他开始和马德莱娜·西蒙住在一起，两人在 1949 年结婚。马德莱娜是一位虔诚的天主教徒，她的儿子布鲁诺·罗杰（Bruno Roger）在母亲和西尔维安结婚时年仅 16 岁。布鲁诺很快喜欢上了这位优雅的继父。马卢和马德莱娜成了好友，而卡罗琳和年轻的布鲁诺开始经常约会，两人在 1958 年结婚。西尔维安感受到了双重的幸福：他视为己出的侄女嫁给了把他视为父亲的继子[4]。

相比她的兄弟姐妹，卡罗琳受父母离婚的影响最小。她是唯一一个童年生活非常愉快的孩子，而且她还是母亲的最爱，因为两人长得很像。卡罗琳优雅傲慢，继承了母亲的美貌与智慧。她自己也确实是一名精英。她喜欢财富、装修后的房子和经济自由主义的价值观，但同时也有很强的家庭传统和天主教道德观，在面对生活中的重大转折时能表现出中产阶级的宽大。她的"堂兄"布鲁诺因此被她迷住了。两人具有同样的文化背景，都在著名的巴黎政治学院上学，都在做金融工作。他后来成为巴黎最有名的金融家之一。

虽然拉康也很宠爱卡罗琳，曾经带着她去过威尼斯和奥地利，还向她征求过理财方面的建议并且非常关注她的职业成功，但两人并没有真正的学术关系。卡罗琳不读拉康写的书，没有进入他的世界，也不懂他的工作和教学。这一情况在 1945 年之后有增无减：拉康的个人生活和她的学术活动密不可分。就像他之前选择和西尔维亚组建真正的家庭一样，他现在管理着一个能够阅读他工作并且理解他为人的追随者的家族。

离婚事件对蒂博和西比尔的影响很大，这不仅仅是因为两人的童年笼罩在母亲悲痛忧郁的阴影之下，也因为他们挣扎在父亲的世界和平凡失望的日常生活之间。他们可以想象前者但却无法进入，同时他们直觉地感觉到后者是建立在虚假做作之上。两个人在寻找自己身份和对社会的适应上都遇到了很大困难。

第 16 章　双重生活

1949年，两人遇到了沉重的打击。一个周四的下午，由于学校放假，蒂博和西比尔去雅丹动物园玩。在他们回去的路上，一辆轿车停在斑马线前。他们一眼就看见车里坐着的是他们的父亲。一名女士坐在副驾驶座上。后座上还有一名小女孩。蒂博和西比尔跑向拉康，嘴里喊着："爸爸！爸爸！"拉康看到他们感到很惊讶，然后把脸转过去装作没看见，迅速发动汽车消失在车流里。这是拉康的孩子们第一次"见到"西尔维亚和朱迪斯。当他们把这次遭遇告诉马卢时，马卢严厉地答复道拉康很显然没有看到或听到他们。她在为他的行为找借口——她希望他们父亲的行为依然和自己幻想出来的形象一致。西比尔后来忘记了这件事，但蒂博一直很清楚地记得[5]。

随着成长过程中听到大量暗示着"另一个女人"的谈话，蒂博逐渐意识到他的父亲在过着一种双重生活。但直到1951年他12岁的时候，他才知道朱迪斯的存在，知道他有一个同父异母的妹妹。在那个暑假，拉康把他送到英格兰的一所学校度过了一个月。蒂博认识了一个同龄男孩，他是拉康和西尔维亚的朋友的孩子。一天在聊天中，男孩提到了朱迪斯的名字，蒂博说"我不知道你说的是谁"，虽然事实上他很清楚地知道这个名字意味着什么[6]，但他没有把这个秘密告诉任何人，西比尔很久之后才发现她父亲的双重生活。当卡罗琳准备结婚时，雅克和马卢认为是时候停止撒谎了。

至于拉康的父亲阿尔弗雷德这边，没有人知道拉康家庭的新状况。但在1941年夏天时，马克-弗朗索瓦还是感觉到事情在变坏，为了了解详情，他前去东比利牛斯省拜访马卢，后者正在朋友马德莱娜·娇兰家度假。当看到马卢绝望的状态后，他意识到这对夫妻必须要分手了。他为嫂子不信奉基督教而感到遗憾，因为精神生活可能帮助她摆脱不幸，使她更接近上帝[7]。他为她和哥哥祈祷。

马克-弗朗索瓦并没有把拉康生活中的变故清晰地解释给阿尔弗雷德

和艾米莉。当沦陷期间他第一次在里尔街的晚宴上遇见西尔维亚时，他猜到她是哥哥的伴侣，虽然西尔维亚和拉康并没有告诉他他们生活在一起。马克－弗朗索瓦深爱着他的哥哥，认为他在和女性交往上表现得不像基督徒。他观察到：

> 雅克想要占有女性。他从儿时起就有很强的占有欲。他没有意识到女性并不是"无"，一个人也不能仅仅把女性当成收藏品。我对他这一方面感到遗憾：看起来成为天才并不意味着你就能理解一位女性的独特性。婚姻生活是一种联盟，它的模板是上帝。这是一种帮助个体成长的关系，使得男人和女人生活在一种互相给予的关系中，同时也保持自己的独立。雅克没有意识到这一点。堂·劳尔不应该祝福他和马卢的婚姻：他们俩都不是基督教徒。[8]

拉康在很久以前就已经抛弃了马克－弗朗索瓦为之献身的基督教精神。哪怕是在16岁之前，他的信仰也很难说坚定。但无论如何，"二战"结束时的拉康的无神论立场是如此明显，以至于他已经不需要像以前一样急切认同于反基督者了。尽管如此，拉康还是尊重一些资产阶级的惯例。虽然西尔维亚作为无神论者反对任何宗教实践，他还是把朱迪斯送到一所教会学校[9]，让她在那里领了第一份圣餐。

拉康的母亲艾米莉·博德里－拉康在1948年11月21日意外过世。之前因为腹部疼痛，她被紧急送往哈特曼诊所，西尔维安·布隆汀在那里给她做了子宫切除术。一切看上去都很好，艾米莉还给马克－弗朗索瓦写了封信，告诉他自己感觉好多了。但之后她就因为手术后并发症导致的栓塞而过世。当护士来查房时，看到她手里握着闹铃开关。她没有时间按下它来呼救。艾米莉的女儿马德莱娜是第一个得知这个消息的人。她给拉康打电话，让他尽快把母亲从诊所里转移出来。她觉得阿尔弗雷德无法接受自己的妻子在这种情况下去世的消息。雅克按他妹妹的吩咐做了。尸体被运回甘贝塔街,就好像艾米莉之前在某个地方生病后回家了一样。所以在官方记录里,艾米莉是在 72 岁时死于家中,死在她丈夫的怀抱中。马克－弗朗索瓦对母亲的突然去世感到尤其悲伤:当消息传来时,他正在读母亲说自己感觉良好的信[10]。11 月 25 日,伴随着常规的宗教仪式,艾米莉在蒂埃里城堡的家族墓室里下葬。"我得说,"拉康给费尔南多·阿奎尼的信里写道,"我一个月前刚刚经历了丧母的不幸。"[11] 他抱怨自己不得不应付他悲痛欲绝的父亲。

艾米莉始终不知道朱迪斯的存在。虽然她最后模糊地意识到她的儿子在过一种"双重生活"。但她有意回避这一点,相信拉康的婚姻是基督教的,马卢是非常虔诚的[12]。然而在艾米莉去世后,马德莱娜决定打破沉默。她告诉阿尔弗雷德有关朱迪斯的事,后者的第一反应是想见见那个"小女孩"[13]。马克－弗朗索瓦刚刚在里尔街见过自己的侄女,他也表示支持。但当他把这事告诉西尔维安·布隆汀时,马卢的哥哥坚决反对,在一封怒气冲冲的信里把自己的观点表达得很清楚[14]。马德莱娜没有理睬他,带着朱迪斯来见她的爷爷。后来西尔维亚认识了马德莱娜,在后者遭遇车祸时还帮了很大的忙。

因此当蒂博在英国的学校里发现他同父异母妹妹的存在时,朱迪斯已经被他父亲的家庭所接纳,但蒂博并不知道这一点。

解放后,西尔维亚和拉康居住在里尔街 5 号的公寓,朱迪斯、劳伦斯和她们的外祖母则住在 3 号。过了几年后,两个地方被重新安排。西尔维亚住在 3 号,晚宴和聚会也在那里举行。而 5 号则是拉康工作、约会情人、进行分析和吃午餐的地方。1948 年 3 月,一个名叫格洛丽亚·冈萨雷斯(Gloria Gonzalès)的西班牙女孩开始为拉康工作。她从 13 岁起就开始当用人,工作非常勤劳。最初她是为西尔维亚服务,后来忠实于拉康。她的细致工作对于拉康的学术思考和分析实践来说是不可或缺的。

西尔维亚有很精致的品位。她负责拉康分析室的装潢，帮助他采购家具，包括一个拿破仑三世时期的沙发：在那之后，拉康一直坐在那里倾听他的病人。1948 年，西尔维亚又给他买了一张宽不过三英尺的小床。这后来成了拉康著名的躺椅，无声地见证了他的学术生涯。沙发和躺椅都覆盖有灰色的简陋材料，可以在磨损后迅速更换。

1951 年，拉康在靠近曼特－拉－朱莉的盖坦考特买下来一栋迷人的乡间住宅。这栋房子的名字是"普罗维斯特之屋"。拉康周末到那里工作，也在那里接待病人或举办奢华的宴会。他喜欢穿着奇装异服跳舞，在他的朋友面前炫耀。他在那里搜集的图书构成了一个巨大的图书馆，比在里尔街的图书还多。这些书目证明了主人在寻找孤独的激情背后的渊博知识。

一间能够俯视花园的宽敞房间被拉康改造为书屋，里面堆满了各种珍贵的藏品。最好的一件是挂在凉廊上的绘画《世界的起源》（*L'Origine du monde*），由居斯塔夫·库尔贝 1866 年为土耳其外交官哈利勒·贝所作。这是一幅裸体画，直接描绘了一名女性做爱后的私处。它在当时引起了很大的争议。龚古尔兄弟为其而震惊，认为"这和柯雷吉欧绘画中的肉体一样漂亮"，而马克西姆·杜·坎则认为它的淫秽程度堪比萨德的作品。在哈利勒·贝去世后，这幅画在私人收藏者之间几次易手，直到"二战"时才在布达佩斯被发现并被纳粹收缴。战后它又落入胜利的苏联人手中，被卖给其他收藏家。

拉康在 1955 年发现了它。之前为了掩藏这种光天化日下性交所表现出的色情意味，帆布上曾罩有一块儿画着风景画的木板，但现在木板已经消失。西尔维亚认为这幅画太过淫秽，应该隐藏起来，"邻居和清洁工都理解不了，"于是她请安德烈·马松制作了另一块木板。马松出色地完成了这项工作，他在木板上以抽象的形式复制了原画的内容。一个小机关可以让木板划开露出库尔贝的原画，但大多数时间它都是被罩着的。[15]

拉康喜欢旅行和到海边度假。他和玛丽－泰蕾兹去过摩洛哥、西班牙和蔚蓝海岸，和奥莱夏去过布列塔尼，和马卢去过意大利。战争一结束他就和西尔维亚出游。其中最特别的是埃及之旅，在那里拉康又表现出他强烈的求知欲。他也喜欢冬季运动，但完全不擅长滑雪，甚至连穿上靴子都很费劲。他骨折过两次，大腿的伤势令他走路有一点儿瘸。他有时候会非常熟练地利用这一点，暗示自己在被学生们的愚蠢所折磨。他会拖着一条腿，带着一种愤怒的语气说："我要死了。他们简直要杀了我。他们听不懂我说的任何一个字。"[16]

夏天，拉康经常和西尔维亚、朱迪斯、劳伦斯和梅洛-庞蒂一家在靠近阿尔卡雄的莫卢度假。在一天的辛苦工作后，他会带着大家爬山，自己拍摄一些日落的照片。他也喜爱意大利南部的风光：他在拉韦洛的塞姆柏郎别墅酒店住过，喜欢在阿玛菲海岸出海，绕着卡普里岛探险。

1953年7月17日，在靠近普罗旺斯地区艾克斯的勒托洛内村，拉康和西尔维亚结婚了。婚礼在市政厅秘密举行，出席者只有罗斯和安德烈·马松。拉康穿着一件浅色西服，带着蝴蝶结，在纽扣孔上插着一朵花；西尔维亚则穿着简单的白色衬衫和套裙。她在1946年7月6日和乔治·巴塔耶离婚[17]，当时巴塔耶已经和戴安娜·考奇贝住在一起。1948年12月1日，他们的女儿朱莉出生，两人在1951年1月16日结婚。当42岁的西尔维亚把她的姓从巴塔耶改为拉康时，她和拉康所生的女儿朱迪斯在法律上还只是拉康的继女。此外，朱迪斯在法律上是马卢子女的继妹，但事实上是他们同父异母的妹妹；在法律上是劳伦斯的亲妹妹，但事实上是她同母异父的妹妹；在法律上是朱莉同父异母的姐姐，但事实上和朱莉没有任何血缘关系。法律关系和事实关系的对立导致了一种混乱的局面。拉康对他的女儿朱迪斯和继女劳伦斯比对自己第一段婚姻的孩子更好，劳伦斯和他的关系也比和巴塔耶更亲近。她虽然一直仰慕巴塔耶，但从四岁起就和他分开了。

拉康非常宠爱朱迪斯。不能用自己的姓给她命名一直是拉康最大的遗憾。他给予朱迪斯一种独有的充满激情的父爱。看着她长大，智慧、天赋和才华得以绽放，让拉康非常骄傲。拉康把她带入自己的社交圈子里：哪怕是在她还小的时候，朱迪斯就已经是拉康圈的一分子，参与了拉康思想的演变和他影响力的扩大的历程。她在赛维涅学院上学，在哲学考试中名列榜首。她以朱迪斯·拉康的名字为人所知，这也确实应该是她的真实名字。拉康的很多同事和朋友都劝拉康不要溺爱朱迪斯；他对朱迪斯的爱和他所传授的俄狄浦斯结构完全不一致。但弗洛伊德自己也是这么做的，他难道不是也给他女儿安娜以同样的爱吗？

251　　朱迪斯以同样的热情回报父亲的爱。她从来都是用一种仰慕的眼光看待他，把拉康视为圣人。对她而言，拉康是活着的神，有着不可动摇的品质和完美无瑕的人格。他一直在被那些微不足道的追随者背叛，但却总能英勇地战胜那些草率地反对他的人。拉康自己也鼓励朱迪斯对他的崇拜，从而满足他自己最深的欲望。

　　拉康对朱迪斯的偏爱对他在第一段婚姻中留下的子女，特别是蒂博和西比尔，有很大影响。他们因为不能成为父亲生活的一部分而闷闷不乐，唯一能感到骄傲的事情就是拥有父亲的姓。另一方面，朱迪斯虽然知道自己是最受宠爱的，但她却因为自己没有合法身份而备受困扰，担心会被称为"私生女"。[18] 这些都滋长了两个家庭内的敌对情绪。

　　1956 年 4 月 13 日，拉康在盖坦考特举办了一个聚会来庆祝自己的生日。在这之前一天，他带蒂博出来吃晚餐，席间问他是否愿意来参加这个聚会。蒂博非常高兴，但他说得征求母亲的允许。拉康和马卢谈了谈，后者一开始因为自己的不幸而反对，但最终还是让步了。第二天蒂博进入了一个神奇的新世界：他父亲的世界。莫里斯·梅洛－庞蒂在那里，同时还有克劳德·列维－斯特劳斯和很多才华横溢的人。蒂博见到了西尔维亚和劳伦斯，她们热情地欢迎了他。那个夏天，他还和他父亲一起拜访了马松位于勒托洛内的住宅，在那里他第一次遇见了朱迪斯，惊讶于后者的魅力和才华。拉康希望他的儿子能对他的生活特别是他的作品产生兴趣。蒂博并没有这个打算，他感到自己格格不入，觉得父亲对自己很失望。但西尔维亚还是经常邀请他来做客。（有一天，他含着泪水告诉西尔维亚发生在雅丹街的那件事，她告诉他那件事让她自己也很不舒服。）蒂博和劳伦斯的关系很好，后来几年他都和父亲的圈子保持着接触，但从来没有在其中扮演过职业角色。他学习科学，后来在银行工作。

1958年，蒂博再次拜访马松一家。这次拉康和他去见了年老的阿尔弗雷德·拉康，后者和一位退休的歌手一起住在普罗旺斯地区艾克斯市米拉波大道上的内格雷考斯特酒店。蒂博观察到父亲和爷爷之间的暗隙；雅克·拉康的行为举止都暗示了他仅仅是在履行责任[19]。

卡罗琳在1958年6月26日结婚，婚礼完全遵照法国天主教资产阶级的传统：白色礼服、教会服务、各种仪式和惯例。马克－弗朗索瓦从奥特孔布修道院赶来为两人祝福，希望他们能成为真正的基督徒。卡罗琳和她的叔叔西尔维安以及她的母亲一样都是不可知论者，但她认为自己属于一种天主教文化。婚礼结束后在西尔维安的公寓里举行了一场精致的宴会，在那里拉康的两个家庭第一次正式见面[20]。一段充满谎言的时期被另一段暗藏敌意的时期所取代。

卡罗琳和父亲的关系中既包括一种无声的理解，又有关于财务问题和工作上的讨论。她和拉康共度假期，这也就意味着她会见到西尔维亚和朱迪斯。她的丈夫布鲁诺·罗杰接受了自己的生活圈子里对于精神分析的所有偏见，认为这是危险的职业，特别是对自己的家庭来说[21]。但这并没有阻碍他对拉康这个人的尊重，而拉康在富裕之后也会征求布鲁诺的投资建议。

出生非常戏剧化的西比尔在布隆汀家族里是一个孤立的角色。她继承了母亲的正直操守和禁欲的道德观，是家庭中唯一一个公开反对左派政治立场的成员。她对现代语言很感兴趣，在大学里学习文学。和蒂博一样，她也经常去见父亲,但却出于不同的理由。她很多时候仅仅是为了帮母亲说话才去。她对拉康的缺点和弱点也看得很清楚。在发现朱迪斯的存在后,西比尔和拉康的情感关系进一步复杂化了。一开始她因为有了一个同父异母的妹妹而高兴,但当在圣特罗佩和意大利的旅行中察觉到朱迪斯和拉康之间的亲密关系后,她又被深深地伤害[22]。

劳伦斯·巴塔耶是几个姐妹中年龄最大的一个,她和拉康的关系比较独特。拉康对她的喜爱是温和的,而一直和巴塔耶保持很好关系的西尔维亚非常宠爱她。16岁时劳伦斯成了巴尔蒂斯最喜爱的模特,他为她画了很多肖像画,帮助她成为一位演员。1953年,劳伦斯在乌戈·贝蒂的《山羊岛》(*L' Île des chèvres*)中扮演了一个重要角色,其他演员包括西尔维亚·蒙特福特、阿兰·库尼和罗斯·瓦尔特。巴尔蒂斯为该剧设计了场景和服装。该剧讲述了一个寡妇把自己的女儿嫁给了自己的爱人,这和巴尔蒂斯和他朋友们的生活很相似。导演皮埃尔·瓦尔斯这么描述:"三个缺少爱情的女人偶遇一个名叫狄俄尼索斯的男子,随着而来的是情欲的冲动,但狄俄尼索斯很难相处,女人们于是杀了他……当人处在孤立状态时,最奇怪的事情也变得正常,社会约束也不复存在。"[23]

接下来的一年,劳伦斯和剧组前往阿尔及利亚旅行,回来后她加入了法国共产党。拉康认为这是一个荒谬的决定:他把法国共产党视为一种教会组织。但他没有给劳伦斯施压,而是接受了她的选择。后来当共产主义代表投票支持把权力赋予居伊·摩勒的政府时,她选择了退党。1958年的春天,劳伦斯和她的堂兄迭戈·马松加入了由罗贝尔·戴维齐领导的支持阿尔及利亚自由斗士的小组。她一边继续自己的医学院学习一边为组织筹款。

1960年5月10日,劳伦斯被捕,在拉罗盖特监狱关了六周。拉康给她送来了自己研讨班《精神分析的伦理学》的手稿,手稿的内容非常应景:它是对安提戈涅反抗克瑞翁的评论。在律师罗兰·杜马(Roland

Dumas）的干预下，劳伦斯的案子被撤销。在这一过程中他也结识了拉康，之后成为拉康的朋友和辩护人。他帮助拉康启动了确认和朱迪斯的父女关系的程序。在1960年8月写给英国精神分析师和儿科医生唐纳德·温尼科特的信中，拉康谈到了他为继女的政治担当感到骄傲："她因为自己的政治立场被逮捕了，这让我们感到焦虑（但我们也为此骄傲）。她现在已经自由了，但我们还是很担心，因为事情还没有结束。我们还有一个侄子（迭戈·马松），他在学生时住在我们家里，就像我们的亲生儿子一样。这次他因为反对阿尔及利亚的战争被判两年监禁。"[24]

劳伦斯·巴塔耶是一位杰出的女性。她让人想起大卫·格里菲斯电影里悲剧性的女主人公，而她激进的政治观点使她更像安提戈涅。她慷慨、敏感、聪慧，对于一切人类反抗都充满同情。她后来成为那一代人中最好的精神分析师，在拉康学派的运动中扮演了核心角色。

与此同时，在一种极端巧合的情况下，一位过去的人物重新出现在拉康的生活里。在拉康的母亲于1948年年底去世后，玛格丽特·安齐厄，那位曾经帮助拉康开启他的学术生涯的女人的命运和拉康父亲阿尔弗雷德交织在一起[25]。在结束圣安娜医院的治疗后，玛格丽特被转移到艾瓦莱德市医院，以自己的婚前姓登记。在那里她被医生诊断为"体质性不平衡"。讽刺的是玛格丽特曾经是一篇反对体质论的博士论文的研究对象。1941年，玛格丽特想要回归正常生活，她要求重新评估自己的病情。

一年后，经过多次申请，玛格丽特终于如愿以偿。1943年7月21日，读过拉康论文的查恩医生同意给她自由。当时作为查恩助手的斯文·福林给玛格丽特做过检查。"她非常安静，大部分时间里都在做针线活。她从未提起过去的事，也没有说过她是'艾梅'案例的主角。她已经相信自己被迫害。她是少数一个被精神病医院描述为'从疯癫中退休'的人。"这就是在和拉康相遇十年后，玛格丽特在精神病学家眼中的情况。当精神病学家雅克·沙佐在 1989 年翻阅到这个案例时,他加上了一条评论:"我很好奇艾梅最初的诠释者,提出主体象征性地起源于律法的人,是否料想到他的病人几年后的真实情况。书写的碎片和纯粹的无意义……玛格丽特远离了年轻的浮士德,重新成了一个普通的病人。"[26]

玛格丽特获得自由后抛弃了她过去的身份。她既不是艾梅也不是圣安娜医院或艾瓦莱德市医院的囚犯。雇佣她担任厨房管家的人对她的过去一无所知,也没有在她的行为举止中察觉到任何疯癫的迹象。对他们来说玛格丽特是很好的朋友:慷慨、有教养、热爱艺术、聪明、时时刻刻为别人着想,还是一名虔诚的基督徒[27]。

1947 年迪迪埃·安齐厄娶了安妮·派盖尔。他最开始想当一名演员,后来又想当作家,但最后选择了教师职业,从巴黎高师拿到哲学学位。母亲的经历使得他对心理学产生了兴趣。1949 年他开始接受拉康的分析,他当时并不知道玛格丽特就是"艾梅"案例的主人公。迪迪埃的妻子后来帮助他重新找到了母亲。安妮当时在学习心理学,正在接受乔治·法韦(Georges Favez)的分析。她一直想要找到那个被自己家庭掩盖的疯狂的女人。她想到玛格丽特一个人孤独地生活,肯定会因为失去和儿子的联系而倍感沮丧。她们的会面来得很简单。一天,安妮看见一个女人站在她居住的公寓外面,心想这一定是玛格丽特。她是对的。玛格丽特没有让别人知道,想过来看看她的儿子。她很快又成为家庭的一员[28]。

这时候,已经在布洛涅－比扬古有一份工作的玛格丽特被阿尔弗雷德·拉康聘为厨师。她在那里遇见了自己之前的精神病医生。她要求拉康归还自己的手稿和照片。与此同时,迪迪埃·安齐厄还在继续接受分析(分析在 1953 年 7 月结束),拉康并没有认出他的病人就是玛格丽特的儿子。安齐厄在和母亲的交流中知道了真相。她不仅告诉他那篇博士论文写的就是自己——虽然她从未读过——还讲了在阿尔弗雷德·拉康家里发生的事情。她提到当拉康来看他父亲时,会努力取悦父亲来避免尴尬的

第16章 双重生活

沉默。

听到这些事后,迪迪埃·安齐厄赶紧跑到图书馆去阅读拉康1932年的博士论文。当拉康被问到为什么没有认出自己病人的身份时,他回答说在分析过程中通过把故事的碎片整理起来,他已经大致知道了事实。但他并不知道艾梅的婚后姓,因为在被圣安娜医院收监时她用的是婚前姓。

我们现在知道,在1949年,拉康不可能完全不知道"安齐厄"这个姓,但他对此保持沉默,不想向玛格丽特的儿子坦白那么多。后来,在《法国精神分析史》出版后,迪迪埃·安齐厄在写给我的一封信里谈道:"在我看来,你书里最有争议的一点是夸大了'艾梅'案例在拉康个人学术生涯和整个拉康派精神分析运动中的影响。艾梅不是拉康的弗利斯或鲁温斯坦。她当然是一个有才华的女人(甚至对于她所处的乡下环境来说太有才华了),但她也是不幸的,一直在绝望地和人生失败的想法做斗争。但无论如何,你的观点属于你自己,这是你作为历史学家对这个事件的解读。"[29] 他还给让·阿卢什写道:"我不知道什么艾梅,我所知道的只有玛格丽特。"[30]

迪迪埃的证词说明没有人能真正知道玛格丽特是怎样的人。她最开始是花边小报的女主人公,后来成为被新一代精神分析师们膜拜的拉康案例的主角,最后变成了一个传说,被超现实主义者歌颂。和沙可的布兰奇·魏特曼、布罗伊尔和弗洛伊德的贝莎·帕彭海姆、让内的玛德琳·勒布克一样,玛格丽特的知名度不是来自她的才华或身份,而是因为她成了有关疯癫的历史中的一段情节。当案例、神话和疯癫全都烟消云散后,她的命运和精神病院里所有不知名的病人一样归于沉寂。她被观察过,也被洗劫过。她的身份被篡改,故事被歪曲。她的传说帮助精神病学这一领域生存下来并找到自己新的定位。她回归正常生活的过程因为和她所讨厌的拉康的再次巧遇而具有了更多的传奇色彩。

克莉丝汀·安齐厄出生于1950年,她和自己的祖母玛格丽特关系亲密。和她父母一样，克莉丝汀也知道这段历史。她从不否认自己在玛格丽特的很多言行中察觉到疯癫的迹象，但她从未觉得那是拉康描述的那种有组织的妄想症。她感受得到玛格丽特的被迫害妄想、她的激情、神秘、对于自我完善的欲望和暴力，但对她感触最大的还是玛格丽特无与伦比的爱的能力。玛格丽特对一切都感兴趣，从物理学到印度教，包括布列塔尼地区的语言。她想要学习一切、知道一切、阅读一切。她帮助当地教区的牧师做很多善事，对于她所服务过的中产阶级家庭内部的权力斗争有着清楚的认识。

玛格丽特对拉康这类人的贪婪和虚伪表示反感。她还能回忆起自己在医院的时候，曾经指责拉康没有做任何事情来帮助她离开精神病院，既不帮助她也不认真地倾听她。在她看来，拉康把自己的故事偷走，把它们变成一篇博士论文。当拉康成名后，她感到愤怒，一种被迫害的情绪又在心头强烈地涌起。她永远不会原谅拉康没有把她的手稿还会来[31]。

在拉康去世后，我请求雅克－阿兰·米勒（Jacques-Alain Miller）找一找那些手稿。我知道玛格丽特的儿子虽然没有明说过，但他非常想把手稿拿回来。我没有得到任何答复。

第 17 章

与梅兰妮·克莱因的失之交臂

> 让－巴蒂斯特·博朗格尔告诉克莱因:"拉康从未公开承认自己搞丢了迪亚特金从德文翻译过来的第一部分译稿。"

1942 年 10 月,将要在英国精神分析协会持续四年之久的一系列"争议讨论"(Grandes Controverses)拉开了帷幕。格洛弗把如何评估梅兰妮·克莱因理论的问题摆上了台面。琼斯在整个 1943 年都躲在乡下,从而避免在梅兰妮·克莱因和安娜·弗洛伊德的支持者之间做出选择。住在曼彻斯特的迈克尔·巴林特(Michael Balint)同样避开了火力。讨论主要集中在女性之间,既是因为对立的双方都是由一位女性所领导,同时也是因为英国精神分析协会中的大部分男性在战争期间缺席了。他们被征召入伍,提供著名的战时精神病学服务。拉康对此评价很高。

"争议讨论"在国际精神分析运动的历史中开辟了一个全新的局面。在弗洛伊德死后,第一次理论分歧没有导向组织分裂或异议运动,而是在和平共处的基础上达成了妥协。对立的双方都寻求弗洛伊德理论的支持。没有一方挑战奠基者的学说,恰恰相反,两方都试图证明自己的理论更有合法性。梅兰妮·克莱因把自己视为一个创新者,她认为对手的立场毫无新意,仅仅是习惯的产物。安娜·弗洛伊德则认为克莱因学派离经叛道,应该和荣格、阿德勒一样被铲除。关于合法性的辩论,由于弗洛伊德在世时没有谴责过克莱因的理论而变得更加激烈。弗洛伊德表面上采取了中立的态度，但在私下里更同意自己女儿的观点。

1942年的局面很奇怪。安娜·弗洛伊德——理论奠基者的合法继承人——对经典理论的依赖遇到了挑战；梅兰妮·克莱因虽然不是合法继承人，但她代表了一种创新的弗洛伊德理论。在这一点上，她比安娜·弗洛伊德更"弗洛伊德"，因为她给被神圣化的经典文本带来了新鲜的理论空气。

在英国精神分析协会，克莱因派早已被认为是"英国学派"的真正代表，但他们知道要驱逐弗洛伊德的女儿及其支持者是完全不可能的。弗洛伊德选择了英格兰作为他最后的避难所。安娜和其他维也纳人都因为政治难民和纳粹受害者的身份受到欢迎。在这种情况下，组织分裂不可能实现，对立的双方注定要签订一个长期的和平条约。克莱因派大多是来自匈牙利或柏林的第一代移民，而安娜·弗洛伊德的支持者主要是被迫流亡的维也纳人。第一个群体因为是自愿离开自己的祖国，所以更好地融入英国社会；第二个群体发现自己很难适应新环境。他们虽然获得了英国国籍，但在很长时间里依然痛苦地思念家乡。他们怀念着维也纳，那个浸润在19世纪末伟大的艺术繁荣中的迷人城市。

随着各种争议的爆发，在对立的阵营之间逐渐出现了一个主要由英国人组成的"独立派"。在这些人看来，当前的争吵更多是针对个人而非理论思想。这种宗教般的氛围不适合科学的辩论，对英国精神分析协会作为一个整体造成了损害。早在1940年，英国学派的先驱者詹姆斯·斯特拉奇就指出了协会分裂中隐含的危险："在我看来，克莱因女士为精神分析做出了一些杰出的贡献，但要说这些贡献是整体的或者是不证自明的则显得荒谬；同样，弗洛伊德小姐声称精神分析仅仅属于弗洛伊德家族，认为克莱因女士致命的颠覆性观点同样站不住脚。双方的立场都是宗教式的，和科学完全对立。"[1]在同样的背景下，温尼科特也激烈地谴责梅兰妮·克莱因的暴政和安娜·弗洛伊德的专制。他在1954年写道："你们应该公开解散各自的派系，在我看来这对于协会的未来有至关重要的意义。只有你们自己才能解散它们，而且只有在你们生前才能做到这一点。如果你们去世了，那么这些被官方承认的派系就会坚持下去。协会需要花费一代人甚至更多的时间才能从这场不是基于科学而是基于不同个性的分裂灾难中恢复过来。"[2]

在争论的产生中发挥重要作用的爱德华·格洛弗和梅丽塔·施米德贝格后来都离开了英国精神分析协会而专注于其他兴趣。梅丽塔移民美国，她在那里为少年犯和酗酒者提供帮助。格洛弗也从事类似的工作，他于1963年成为伦敦犯罪学研究所科学委员会的主席。

在一开始，争论的焦点是对克莱因理论的评价，但正如温尼科特所指出的，核心问题很快就转移到分析师的培训上。安娜·弗洛伊德认为分析的目标是消除压抑的作用、减少防御机制，从而使自我能够更好地控制本我。在防御被减少之前不应该分析移情。这一培训技术和自我心理学派对弗洛伊德第二地形学的解读是一致的。安娜·弗洛伊德、克里斯、哈特曼、鲁温斯坦和其他维也纳人都分享了这种"适应论"，虽然这并不是弗洛伊德自己的观点。随着这一群体中的大多数人移民美国，"安娜-弗洛伊德主义"在国际精神分析协会成为主流。

对克莱因派来说，治疗的起点应该是认同移情纽带的基础地位。有必要从一开始就分析移情现象，而不需要考虑自我是否控制了本我。这些观点源自和安娜·弗洛伊德派对第二地形学完全相反的解读。拉康后来形成的立场和这很接近。因此，克莱因派理论中并没有"适应"一说。这就是为什么它无法在美国发展起来。克莱因派把治疗比作一种舞台表演，在其中，分析师不是一个真实的人物，而代表着被内摄的客体从而构成超我。他们相信随着分析的进行，主体间的交流情况会被逐步揭示。通过迅速处理移情现象可以有效减少焦虑。

对于弗洛伊德经典的这两种解读完全不兼容，以致英国精神分析协会不得不成立了两套培训体系。为了协会的统一，两种对立方法之间也存在着一些内在联系。1946 年 6 月，"争议讨论"随着英国精神分析协会正式分裂为三个团体而告终：团体 A 教授梅兰妮·克莱因的理论；团体 B 教授安娜·弗洛伊德的理论；团体 C 则由独立分析师组成。协会的主要委员会，特别是训练委员会，包括了三个团体的代表。这一妥协虽避免了组织分裂，但阻碍了英国精神分析协会的整体运作。1954 年温尼科特脱离了协会。

在论及家庭的论文中，拉康已经注意到自己的观点和梅兰妮·克莱因理论的相似之处。但直到战后他才有机会见到梅兰妮·克莱因本人。1947 年，亨利·艾决定成立一个国际性组织，定期举办关于精神病学的国际大会。让·力密特、马克西姆·莱内尔-拉瓦斯丁、让·德雷和皮埃尔·让内一起讨论了这个计划，之后，25 个相关协会纷纷加入[3]。1950 年秋天，第一次大会在巴黎举行。亨利·艾想办法召集了来自十几个国家 40 多个协会的代表：超过 150 人与会，包括了法国精神分析运动从第一代到第三代的著名人物。艾邀请美国精神病学协会主席、美国新弗洛伊德理论代表弗朗茨·亚历山大做开场发言。后者建议他邀请安娜·弗洛伊德，安娜也同意了。但艾也希望梅兰妮·克莱因能出席，他请朱丽叶·法韦-布托尼耶（Juliette Favez-Boutonier）给克莱因去信。但克莱因回绝了邀请，她因为安娜·弗洛伊德的到场而感到不悦。这时候是拉康挺身而出来帮助他的老朋友。他联系了梅兰妮·克莱因，请求她运用自己的影响力让伦敦的协会成员投票支持一场关于"精神分析的进步"的讨论。他解释说自己正在努力实现这一讨论，但却遭遇了巴黎精神分析协会中"反动势力"的反对。他在克莱因面前把自己表现为所属协会中最进步的成员，对安娜·弗洛伊德进行了精彩的批评，认为她的立场太过保守，无法在大会上代表儿童心理学领域[4]。他成功地说服了克莱因，并给艾写信说道："我在十天内把克莱因给你送到博纳瓦。"[5]

第17章　与梅兰妮·克莱因的失之交臂

1948年5月，在位于布鲁塞尔的第十一届法语精神分析师大会上，拉康做了一篇关于侵略性的报告。文中包含了他之前关于主体的理论和部分克莱因的理论。他提出了对第二地形学的一种解读，在作为所有抵抗的想象来源的"自我"（moi）和指示主体在现实中位置的"主格我"（je）之间做了区分。借用克莱因"妄想心理位置"这一理论，他把自我解读为一种妄想结构中负责误认的中介。如果这一结构确实存在，那么就必须把它纳入治疗的考虑之中。分析技术应该通过产生负性移情，来引导一种被控制的妄想症并反对自我的误认。在这里拉康赞同克莱因强调分析训练必须基于移情的重要性，而不是让自我来控制本我的观点。但是区分"自我"和"主格我"，以及被控制的妄想症，都是拉康自己的观点[6]。

1949年夏天，在苏黎世举行的国际精神分析协会大会上，拉康在论文《助成"我"之功能形成的镜子阶段》中重新回到了他谈过的主题。拉康选择这个话题来弥补自己在之前马里昂巴德会议上未能充分表达的遗憾。但这一次他所提出的理论和1936年的理论并不一样。拉康现在把精神分析和一种非弗洛伊德的主体哲学相联系，在其中区分了"第一人称的我"和"自我"，这和一切基于"我思"的哲学相对立[7]。拉康的目的不是去批判笛卡儿，而是攻击自我心理学和安娜-弗洛伊德派。这些理论都强调自我相对于本我的重要性。当然，拉康没有忘记向安娜·弗洛伊德对于防御机制的描述致敬，在他看来这一描述准确地说明了自我作为防御体系的所在地。

第十六届国际精神分析协会大会是一个大事件。美国人第一次主导了大会流程，而欧洲人则内部分化。最被轻视和羞辱的国家是德国，它的代表都是在战时和纳粹同谋的人。和德国相比，法国精神分析看起来很成功，但却常常被误解。它的思想不为大多数英国人和美国人所知，只有玛丽·波拿巴似乎是弗洛伊德遗产的真正代表。举办国瑞士的代表是奥斯卡·菲斯特、亨利·弗卢努瓦和菲利普·萨拉辛。支持一种调和的"新弗洛伊德理论"的美国代表几乎全部是欧洲裔，但这一点没有阻止那些没有移民的欧洲人把他们看作弗洛伊德理论西进运动的成果。美国人获得了完全的胜利，精神病学家利奥·巴特迈耶当选为新一任主席，接替从1932年起开始在任的琼斯。对于获得英国精神分析协会大多数支持的梅兰妮·克莱因来说，北美的胜利就如同是安娜·弗洛伊德思想的胜利。这是一场灾难。但克莱因派从那些来到伦敦接受训练的拉丁美洲代表那里获得了新的支持。

在苏黎世的法国代表包括第一代分析师波拿巴和路巴和第二代分析师拉加什、纳赫特和拉康。这些人都不属于国际精神分析协会中的任何思想派系，但他们每个人的理论立场都有些许不同。纳赫特代表了巴黎精神分析协会在医学领域的权威形象；拉加什是融合心理学和精神分析的学术自由派；而拉康的理论是对弗洛伊德的继承，同时和梅兰妮·克莱因一样，他也有不同的修正。在这一年，拉康开始在他周围聚集法国第三代精神分析师中的精英，其中包括未来法国精神分析的三位火枪手：塞尔日·勒克莱尔（Serge Leclaire）、弗拉迪米尔·格拉诺夫（Wladimir Granoff）和弗朗索瓦·佩里耶（François Perrier）[8]。

安娜·弗洛伊德并不喜欢拉康，她和玛丽·波拿巴的友情使她进一步拒绝这种在她看来过于晦涩、"妄想"且无法融入正统弗洛伊德理论的思想。至于梅兰妮·克莱因，她同样对拉康的想法不感兴趣：她觉得那些东西太难理解，无法翻译，而且对自己没有用处。但她意识到拉康在法国能够给予她帮助。她知道很多年轻的精神分析师都非常崇拜拉康，所以她很高兴在苏黎世和拉康见面。拉康自己则希望得到克莱因的支持来推动"精神分析的进步"的讨论，所以他提议把克莱因1932年在维也纳和伦敦同时出版的《儿童精神分析》（*La Psychanalyse des enfants*）的德文版本翻译成法文。

可是当拉康回到法国后，他把这项工作托付给了正在接受他分析的勒内·迪亚特金。过了段时间，迪亚特金翻译完书的前半部分，把稿子交给拉康，他自己并没有保留一份副本。与此同时，正在听拉康讲课的弗朗索

第17章　与梅兰妮·克莱因的失之交臂

瓦·吉拉德向克莱因建议说她可以把这本书从英文翻译成法文。克莱因回绝了这个建议。她没有说拉康已经在翻译这本书了，而是告诉吉拉德她可以翻译自己出版于1948年的《对精神分析的贡献》（*Essais de psychanalyse*）一书。1951年弗朗索瓦·吉拉德和让－巴蒂斯特·博朗格尔结婚。博朗格尔是一位来自蒙特利尔的精神病学家，她出于对克莱因理论的热情来到法国接受训练。8月，迪亚特金告诉克莱因《儿童精神分析》的翻译已经完成了一半，但并不是拉康完成的。秋天，在一次控制小组上，拉康问弗朗索瓦·博朗格尔她的丈夫是否能说英语。在得到肯定的答复后，他建议这对夫妻来翻译《儿童精神分析》一书的后半部分，并说自己已经完成了前半部分。

弗朗索瓦和让－巴蒂斯特·博朗格尔马上开始了工作，12月，他们向拉康要前半部分译稿，好对比两份译本来确保克莱因术语的译名能保持一致。拉康在自己位于里尔街的公寓和"普罗维斯特之屋"里找那份译稿，但没有找到。月底，弗朗索瓦·博朗格尔约见了梅兰妮·克莱因。第二年1月27日，她和她丈夫在克莱因位于伦敦的公寓里共进午餐。席中他们告诉克莱因这个令人不快的故事，这就是拉康做事的典型风格。让－巴蒂斯特·博朗格尔说："他从未公开承认自己搞丢了迪亚特金从德文翻译过来的第一部分译稿。"

拉康在梅兰妮·克莱因和她的支持者面前信誉扫地。克莱因开始发展和拉加什的关系，并在1953年国际精神分析协会考虑重新接受法国精神分析协会时给拉加什提供了支持。她的著作的法文译本最终于1959年由法国大学出版社出版。这是拉加什主编的丛书中的一本。克莱因听到这个消息后很高兴。她给拉加什写了封信，同时感谢了让－巴蒂斯特·博朗格尔："我真希望几年前当博朗格尔女士在苏黎世大会第一次提议时，就把这项工作交给你们。那将是一个非常好的协议，而且能省掉我很多麻烦。但你知道，我无法把翻译权从拉康那里拿走。"[9]

Éléments d'un système de pensée

PARTIE 6
_思想体系的要素

第 18 章

治疗的理论：亲属结构

> 乱伦禁忌是一切文化的先决条件：人类必须彻底抛弃乱伦这样一种反社会行为才能得以存在。
>
> ——弗洛伊德

1953 年 6 月 16 日，丹尼尔·拉加什、朱丽叶·法韦－布托尼耶、弗朗索瓦兹·多尔多和布朗什·勒韦雄－茹夫（Blanche Reverchon-Jouve）在持续一年的争吵后集体退出了巴黎精神分析协会[1]。事件的源头是协会下属的督导们在建立一个符合国际精神分析协会训练标准的新精神分析机构上产生了冲突。随着热妮·卢迪内斯库在 1953 年 3 月 15 日写给她的分析师萨沙·纳赫特和督导雅克·拉康的信，学生们也加入了这次冲突[2]。年轻人的反抗加上督导之间的不合，最终演变为分裂。法国的弗洛伊德事业正在经历他们的英国同行在"争议讨论"时期已经经历过的风暴。

但巴黎精神分析协会的情况和英国精神分析协会有很大差异。在英国，两种对立的理论之间有明显的分歧，而新产生的第三种力量迫使对立双方达成和平共处的协定。而在法国则不同。对立的双方（一边是纳赫特，另一边是拉加什）并不像对岸的安娜·弗洛伊德和克莱因一样，代表着对弗洛伊德文本的两种对立的理解方式。在法国，争议的核心是如何训练分析师。医学权威主义和学术自由派对此的态度完全不同。只有拉康对弗洛伊德理论的修正可以和梅兰妮·克莱因的工作相比，但在 1949 年至 1953 年间，他在巴黎精神分析协会的立场和克莱因在"争议讨论"中的立场不同。他不希望出现分裂，并尽自己所能避免这一结果。在他看来，自由派对于医学模式的拒绝和他们的心理学转向是一种灾难，而保守派坚持的过时的医学教学模式也好不到哪去。

作为一个对革命毫无兴趣的亲英派，拉康一直更倾向于改革而非暴动。虽然他在本质上是托克维尔的追随者，但他的民主原则常常和他的个性以及教学方式相冲突。无论他如何强烈地为传统制度辩护，他的语言、形象和举止都激荡着一种雅各宾派的激情。因此对于 20 世纪 50 年代年轻的法国精神分析师们来说，拉康是一股强烈的革命趋势的代言人。纳赫特和玛丽·波拿巴所代表的保守派谴责拉康用自己的影响力在学生中间煽动反抗情绪。1953 年 6 月 16 日，拉康不得不从巴黎精神分析协会退出，加入了拉加什和他朋友们所创办的法国精神分析协会。和其他人一样，拉康当时没有意识到脱离原有组织会使得他无法成为国际精神分析协会的成员。

随着争议的持续，不仅仅是拉康的教学，他的分析实践也受到了同行们的质疑。

事实已经变得很明显：拉康并不遵循国际精神分析协会在二三十年代设置的一系列技术规范。按照这些规范，精神分析至少要持续四年，每周进行四到五次，每次持续至少 50 分钟。这些要求在原则上不仅仅适用于训练分析也适用于治疗，但事实上只有在训练分析中，它们才被严格地遵守。在治疗分析中，治疗师可以根据病人的时间和财力，协商具体的分析次数。限定每次分析的时长是为了限制分析师理论上无限的权力。他不能通过偶然的改变来操纵自己给予每个病人的时间。而分析者有权利完全利用之前规定好的所有时间，哪怕他选择不使用这一权利。这些标准被下属于国际精神分析协会的所有分会所接受。事实上，弗洛伊德帝国在 20 世纪 40 年代的统一完全是基于这样一种标准化的力量。对具体治疗实践有不同看法的理论都能被容忍，但任何违背时间规定的行为都会招致驱逐。

拉康并不遵循每次分析固定时长的规定。虽然在当时他还没有发展到后来所谓的"短时分析"（la séance courte），他已经开始使用弹性时间的技术，在他认为合适的时候终止一次分析。他颠覆了保护病人有权利说话的规定，把全能的分析师放置在移情关系中诠释者的位置上。

拒绝遵循被普遍接受的规则使得拉康被巴黎精神分析协会中的其他成员所谴责。拉康所引入的弹性时间技术使得他能够接受任意数量的分析申请，而他的同事由于遵守固定时间规则，学生数量比拉康少了两三倍，在协会中的影响力也随之减弱。由于拉康的个人魅力与理论才华在他这一代分析师中出类拔萃，他很自然地吸引了第三代分析师中最有才华的年轻人[3]。这些人追随着拉康的教学，他们中大部分人都选择去拉康那里做分析。

拉康的天性使他无法限制自己的欲望，他和鲁温斯坦的分析也没能改变这一问题。拉康把过长的分析治疗看作对自己野心的限制。那些固定时长的分析让他感到极度无聊。很显然拉康的才智远远超出了他的分析师，后者不能理解为什么这位病人无法按照标准规则来进行分析。拉康知道自己拥有一个独一无二的未来，虽然在很长时间里他都被冷落和排斥。现在，当渴望已久的名声和认同都唾手可得时，却有一些顽固派想把死板的规则强加在他头上。这些官僚主义的设置和拉康想要复兴的维也纳史诗差了十万八千里！

拉康向巴黎精神分析协会的成员们三次解释了他的弹性时长的观点，第一次在1951年12月，第二次在1952年6月，第三次在1953年2月[4]。拉康没有发表这三篇演讲，直到今天它们也没有被公之于众。但根据当时在场听众的说法，拉康对自己违背规则的做法的辩护是更短和更少量的分析能够使病人产生一种焦虑感和分离感，这对于治疗是有益的。拉康的目的是通过在某个具有特殊意义的词语处终止分析来激活无意识的欲望，从而把移情关系转变为一种辩证关系。

尝试在理论层面上为弹性时间技术辩护并挑战固定时间分析的传统

后，拉康还是不得不改变自己的策略，假装满足协会的要求。法国精神分析协会从诞生之日起就因为它的成员不属于国际精神分析协会而处境尴尬。新协会的成员从未考虑过违背弗洛伊德的理论传统，他们始终在和国际精神分析协会协商，希望重新加入组织。但为了做到这一点，他们需要向调查委员会证明所有的训练分析师都遵守国际精神分析协会的固定时间规定。

到1953年7月时，法国精神分析协会中三分之一的受训者都是拉康的学生，人数有15人之多。如果按照每周四次分析、每次50分钟的标准，训练15名学生至少需要每周50小时的工作量。另外还有控制分析和接待病人的时间，差不多有20多个小时。加起来总计70个小时。这样惊人的数字是不可能实现的。很明显拉康通过缩短每次分析的时间来增加自己的学生数。拉康分析的平均时长是20分钟，一般在10分钟到40分钟之间浮动。这么一来，拉康的实践就成为法国精神分析协会重新加入国际精神分析协会的障碍[5]。而拉康自己希望得到正统弗洛伊德派的重新承认。1953年7月后他再没有尝试为弹性时间的技术辩护，他也从未发表自己给巴黎精神分析就这一禁忌话题所做的讲座。他一方面继续在法国精神分析协会的框架内使用弹性时间的分析，另一方面却公开声明自己已经纠正了他的实践方式。

在1953年8月6日写给迈克尔·巴林特的一封长信里，拉康解释说自己在之前对弹性时间分析进行实验后，已经抛弃了这一技术，回到了标准分析。他声称自己的"对手"通过暗示他在使用"短疗程"和"简略分析"来陷害自己。他否认这些指控，声称他的分析都长达三到四年，每周的分析次数至少和法国精神分析协会中其他分析师的实践一样。他回忆起自己曾经给巴黎精神分析协会做过的关于弹性时间的讲座，但说自己从1953年1月后就没有使用过这一技术。他还强调了自己将于9月26日发表的论文的重要性，邀请巴林特来罗马旁听。最后他向巴林特索要布罗伊尔《癔症研究》中安娜病例和《抑制、症状和焦虑》一文的英译本。为了支付相关费用,拉康附上了一张英国朋友之前寄给他的、没有写明收款人的支票,上面写着"拉康给巴林特"。这一细节反映出拉康在处理金钱上的一个有趣的习惯:他从病人那里收取支票,但支票上的收款人要故意留空。这样拉康可以把支票用在其他事务上[6]。

在和西尔维亚结婚后不久,在马松位于勒托洛内的公寓里,拉康开始撰写长达 500 页的《罗马报告》(«Discours de Rome»)[7]。到 8 月底他匆匆完成稿子。之后,意识到自己理论的重要性,也是为了在拉加什新建的协会中脱颖而出,拉康开始在相关领域中寻求支持:精神病学圈子、共产党和天主教教会。在 9 月初,他寄给吕西安·博纳菲一份副本,征求他的建议。但博纳菲知道拉康的真正用意:"拉康想要把党的领导人的注意力吸引到他的理论中来。"[8] 拉康寻求教会支持的方式更加直接。在 1953 年的复活节,处在巴黎精神分析协会内部斗争中的拉康给他弟弟写了封信。在字里行间,拉康含糊地声称自己理论属于基督教传统。他声称在 20 世纪下半叶,一切事物都取决于个体如何与他们相处,而这不仅仅是在世俗层面上。他补充说,心理学地位卓越,然而它的从业者无法达到这一理论高度。拉康说自己几乎是以一己之力提出了延续心理学传统根基的理论而没有把人还原为客体[9]。

拉康并没有真正抛弃无神论。但他知道他以哲学和非生物学视角阅读弗洛伊德的方式可能会吸引一批不接受弗洛伊德理论中"唯物主义"部分的天主教徒。当他们阅读拉康时会感觉回到了基督教对人格评价的基础之上[10]。此外,对于想要成为分析师的牧师和基督徒来说,法国精神分析协会比巴黎精神分析协会更宽容。这些人中很多没有医学背景,他们更喜欢拉加什新建的学术性质的协会而非纳赫特医学性质的协会。拉康意识到了这一点,所以他试图说服弟弟看到自己理论中良好的基督教意愿。他甚至走得更远一点。9月，在离开罗马之前，拉康又给马克-弗朗索瓦写了封信，告诉他自己和西尔维亚的婚事并重申了宗教对他的重要性。然后他谈到了正题：他希望能和罗马教皇见面，和他讨论教会中精神分析的未来。所以他请马克-弗朗索瓦从中斡旋。拉康在信中强调了自己理论的根基在罗马，在这里他展示了对于个体而言言语和语言的重要性。所以他希望在这座圣城中向"我们共同的父亲"致敬[11]。

马克-弗朗索瓦被拉康的声明所感动。虽然他并不认识庇护十二世的任何随从，从而把拉康的请求转达上去，但他依然真诚地希望他的哥哥能重新皈依基督教。在他看来，虽然拉康的生活充满了罪恶，但他现在被他的理论所救赎，这使他重新回归天主教精神的价值。然而这次会面并没有实现，拉康甚至请求了法国大使馆的帮助，但没有结果：教皇没有批准和他的私人会面。虽然遭到了拒绝，拉康还是和塞尔日·勒克莱尔、玛丽斯·舒瓦西一起出席了位于冈多菲堡的一次公开接见[12]。

1953年秋天，拉康处于一种非常奇怪的境地中。在工作上，他掩盖自己的弹性时间技术，假装遵守协会规范；在生活上，他向自己第一段婚姻中的子女们掩盖他的第二段婚姻和新的家庭；在意识形态层面上，他告诉弟弟自己已经变成了一名基督徒，却同时还想和共产党的领导层建立联系。在这种错综复杂的局面中，拉康开始构建一个和他自己的各种故弄玄虚毫不兼容的思想体系。在这个体系中最重要的一点是个体与真理的关系。

正如我们所知，拉康通过阅读亨利·德拉克鲁瓦发现了费尔迪南·德·索绪尔《普通语言学教程》的重要价值。之后，在皮雄的影响下，他进一步推进了这一主题。但拉康真正进入索绪尔的体系以及结构语言学的原则是从他和克劳德·列维-斯特劳斯的相遇开始的。对拉康和其他在20世纪50年代前后声名鹊起的一代哲学家来说，列维-斯特劳斯在1949年出版的《亲属关系的基本结构》[13]是真正的大事件。

第 18 章　治疗的理论：亲属结构

弗洛伊德认为俄狄浦斯情结是人类人格的核心，在大多数文化中都发现俄狄浦斯的三元结构。积极的俄狄浦斯情结包含杀死和主体同性别的竞争对手的愿望以及对异性客体的性欲望；而消极的俄狄浦斯情结包含对同性父母的爱和对异性父母的妒忌。这一情结的三元结构的有效性来自乱伦禁忌。换句话说，弗洛伊德认为乱伦禁忌是一切文化的先决条件：人类必须彻底抛弃乱伦这样一种反社会行为才能得以存在。

在 1912 年出版的《图腾与禁忌》一书中，弗洛伊德为了进一步丰富自己的假说，利用了关于原始部落的达尔文主义神话，以及詹姆斯·弗雷泽和罗伯特森·史密斯对图腾崇拜的研究。他提出文化起源于一种弑父行为：在神秘的原始部落中，生性妒忌残暴的父亲被他的儿子们杀死，他的尸体被他们以一种图腾宴的形式分食。之后，出于悔恨情绪，儿子们拒绝和父亲拥有的女性发生关系，而是制定了禁止乱伦的法令。从此便诞生了第一个社会组织并延续了下去。

混杂着想象和幻想的图腾宴故事在 20 世纪初受到了英美人类学家的挑战。他们欢迎弗洛伊德大多数关于梦和象征的观点，但是不同意他所说的所有文化基于同一个起源的看法。他们批评弗洛伊德依然在使用已经被人类学取而代之的进化论。

确实，弗洛伊德对于弗雷泽的依赖犯了双重错误。弗雷泽的假设是基于推断方法，独立于任何实地的田野调查。弗洛伊德借用这一假设不仅仅和自己基于直接观察的方法论相矛盾，而且使自己转入了纯粹猜想的领域。像弗雷泽一样，他从来没有实地研究过原始社会，他对于原始社会如何运作的看法仅仅是基于精神分析的知识[14]。

布罗尼斯瓦夫·马林诺夫斯基（Bronislaw Malinowski）是加入这一讨论的第一批人。他最终建立了一个功能的和文化的人类学模型。1884 年出生于克拉科夫，马林诺夫斯基深受恩斯特·马赫、威廉·冯特和埃米尔·涂尔干的影响。他通过塞利格曼和勒维耶尔的介绍知道了弗洛伊德的

277 理论，这两人都接受了弗洛伊德在发现无意识基础上提出的新假说。在这之前，马林诺夫斯基曾于1917年秋季前往南太平洋和特罗布里恩岛原住民生活在一起。在那里，在康拉德的"黑暗之心"（Au cœur des ténèbres）中，他得以观察自己的体验，这其中不仅仅包括了他对当地女性的情欲，而且也包括了适用于所有人类的本能冲动[15]。马林诺夫斯基因此拒绝了吕西安·列维-布留尔关于原始心智以及集体意识的理论，转而拥护一种基于对鲜活生命进行分析的新人道主义。

在从南太平洋回来四年后，马林诺夫斯基开始着手推翻弗洛伊德的理论。在特罗布里恩岛原住民中，他观察到一种母系的社会结构，其中父亲在生育后代中的角色被忽视了：每个孩子由母亲和祖先的灵魂共同孕育，父亲的位置是空的。律法的化身因此被舅舅所取代，他被孩子视为竞争对手。在这里，乱伦禁忌不适用于母亲而适用于孩子的妹妹。马林诺夫斯基没有否认"核心情结"（complexe nucléaire）的存在，但他认为这一情结是多元的，依赖于特定社会的家庭结构。他削弱了弗洛伊德俄狄浦斯理论以及关于原始弑父的假说：前一个理论仅仅适用于父权社会，而后一个假说没有考虑到文化的多样性。任何一个从自然到文化的单一起源的理论都不足以理解这种多样性。

弗洛伊德学派迅速做出了反应。虽然马林诺夫斯基表现出保留和修正弗洛伊德观点的意图，他还是很快遭到了弗洛伊德遗产的首席代表欧内斯特·琼斯的反驳。在1924年，琼斯反对说特罗布里恩岛原住民对于父亲角色的拒绝仅仅是他们对于父亲生殖功能有偏见的否认。俄狄浦斯情结依然是普遍性的，因为在母系社会中的"舅舅情结"不过是原始俄狄浦斯情结的负面表达。琼斯并不是人类学家，他也没有做过任何实地调查，因此他的反驳不能使弗洛伊德的理论变得更可信。他对于马林诺夫斯基理论的

278 解读仅仅是对这位人类学家自己理论的抽象倒置。

争论在1928年再次升温。这一年格察·罗海姆决定检验马林诺夫斯

基的假说，他在资助下——其中部分来自玛丽·波拿巴——前往新几内亚考察。诺曼比岛原住民和特罗布里恩岛原住民所处社会很相像。罗海姆在那里生活了十个月，但他得出来和马林诺夫斯基截然相反的结论。他不仅仅揭示了马林诺夫斯基没有看到的肛门性欲的重要意义，而且指出"一个男性和他妹妹做爱而和他叔叔竞争"的关系模式和父系社会中的俄狄浦斯非常相似。因此，罗海姆声称俄狄浦斯情结毫无疑问是普遍存在的[16]。

关于人类学的辩论进入了一个僵局。正统弗洛伊德派坚持俄狄浦斯情结的普遍性，他们认为对于乱伦的禁止反映了一种整个人类种族共有的厌恶情感。而文化论者坚持多元性，他们不认为乱伦禁忌是一种被普遍承认的法则，哪怕这种承认是以否认的方式体现出来。

这场争论最早发生在维也纳和伦敦之间，之后蔓延到美国人类学界。但在法国什么都没有发生。巴黎精神分析运动中唯一对这些问题有私人兴趣的是玛丽·波拿巴，她同时帮助马林诺夫斯基和罗海姆进行调查。至于民族学学者，他们没有加入这场讨论。

到1950年时，关于原始社会的研究分化为三个学派。一个学派来自继承布洛卡的传统体质人类学；另一个学派以马塞尔·莫斯的研究为代表，把原始社会和象征主义相联系；第三个学派的成员包括巴塔耶、莱里斯、卡伊瓦和瑞维特，他们反对殖民主义，希望复兴原始神圣。在这个背景下，在"二战"后的法国，克劳德－列维·斯特劳斯成为现代人类学真正的奠基人[17]。

1949年，列维－斯特劳斯提出了解释乱伦禁忌问题的新思路。他没有去寻找人类抛弃乱伦行为的文化起源，也没有指向文化的多样性。他避免了这两种极端，认为乱伦禁忌是从自然到文化的过渡："乱伦禁忌在起源上既不是单纯文化的也不是单纯自然的，"他写道，"它更不是文化与自然要素的混合产物。它是最基本的一步，自然到文化的转变因为它、通过它，最重要的是在它之中得以完成。在某种意义上，它属于自然，因为它是文化形成的普遍条件。因此，它的特点和普遍性源于自然不应当使我们感到惊讶。"[18]

列维－斯特劳斯对于自然/文化二元性的新表达导致了对于社会研究的重新评估。为了强调他研究取向的创新性，列维－斯特劳斯给在法国已经过时的"人类学"一词赋予了英美研究者所理解的相同的社会与文化内涵。他认为民族志研究是实地调查的第一阶段，民族学是综合思想的第一步。人类学在他看来具有核心地位：它开始于民族志和民族学的分析，从这两者中获取能够适用于所有人类社会的理论观点。伴随着普遍性乱伦禁忌的是一个婚姻交换的体系，这一体系受到独立于个体意识的结构组织的管理。在基础结构中，严格的禁忌导致没有选择的强迫婚姻：唯一被允许的婚姻关系是那些重复先辈们结合方式的婚姻。而在复杂结构中（也就是当前西方社会中）乱伦禁忌没有那么严格，这使得个体在界限内有一定的选择自由。

乱伦禁忌的普遍性只有在亲属关系的体系中，通过充分的科学考察才能被正确地理解。列维－斯特劳斯对于"人类学"一词的复兴为全面地理解人类制度提供了一个新模型[19]。

雅克·拉康在1949年亚历山大·柯瓦雷举办的一次晚宴上认识了克劳德·列维－斯特劳斯。拉康那个晚上很沉默，一直专注地看着其他人[20]。两人因为对于艺术的共同爱好而很快成了朋友。当列维－斯特劳斯离开了自己的第二任妻子而需要筹钱时，他卖掉了一批印度的收藏品。拉康买下了其中的一半。"我们在很多年里关系都非常密切，"列维－斯特劳斯说，"我们经常和梅洛－庞蒂在盖坦考特共进午餐。拉康在那里有一栋乡间别墅。有一次我和我妻子想要在乡下找一个隐秘的地方，拉康正好刚买了辆新车想要试试。于是我们四个人一起出发了。一路上非常有趣。你应该看看拉康屈尊来到一个简陋的乡下酒店时的样子。他高傲地命令服务员给他

第 18 章　治疗的理论：亲属结构

准备洗澡水！我们很少谈论精神分析或哲学，更多时候是在聊艺术和文学，拉康知识非常渊博。他经常购买绘画和艺术品，这也是我们聊天的主题。"[21]

克劳德·列维－斯特劳斯 1930 年就认识了梅洛－庞蒂，当时两人都在第十六区的詹森－德－萨利公学完成了教师资格考试的基础部分。15 年后的冬天，两人再次相遇，交流了对于沦陷期间巴黎学术生活的印象。在美国待了几年的民族学家询问存在主义的未来，哲学家回答说他想要复兴古老的形而上学[22]。梅洛－庞蒂这时候已经认识拉康。他们在战时共同出席了路易和米歇尔·莱里斯的几次著名的"庆典"，到场的还有萨特、波伏娃和加缪。两人的关系在 1944 年有了进一步发展。这一年梅洛－庞蒂的妻子苏珊娜开始帮助被放逐者适应新生活。她之前学过医学，专攻儿科。拉康为她获得一个精神病学学位提供了帮助。他还建议她把神经症作为毕业论文的主题，因为这在集中营里很常见[23]。为了给她介绍相关的病理学，拉康给了她一份自己博士论文的副本。这些都使得苏珊娜和莫里斯、西尔维亚和雅克两对夫妻间的关系更紧密了。

在这个时期，拉康对于纳粹主义的历史很感兴趣，他从曾担任过纽伦堡审判专家证人的朋友让·德雷那里听说过鲁道夫·赫斯的故事。这让他考虑就此为《批评》杂志写一个案例分析，但他最后放弃了这个想法[24]。

在美国又待了三年后，列维－斯特劳斯和梅洛－庞蒂在 1948 年再次相遇。这时他已经完成了博士论文《亲属关系的基本结构》的答辩，但在申请加入历史悠久、名声显赫的法兰西学院时两次失败。瑞韦特任命他为人类博物馆的助理主任，在那里列维－斯特劳斯遇见了米歇尔·莱里斯，他非常喜欢后者的文章。

在拉康家里的一次晚宴上，列维－斯特劳斯认识了莫妮克·罗曼，他的第三任妻子。罗曼是西尔维亚的朋友。在和列维－斯特劳斯结婚之前，他俩住在罗瑞特圣母院路。一天晚上他们刚吃完晚餐，拉康不期而至，在他们惊讶的目光中把剩下的食物一扫而光。

拉康的古怪个性没有妨碍他成为"二战"后巴黎的知识精英。他因为才华、独创性和博学而备受尊重，但却并没有真正得到理解。让他感到烦恼的是他的文字依然被看成是晦涩难懂的，哪怕那些读者从中学到了很多知识。"我想要理解它们，"列维－斯特劳斯说，"但我一直有这种印象，就是拉康的狂热崇拜者所说的'理解'和我说的'理解'并不相同。我必须读五六遍才能看懂。梅洛－庞蒂和我之前讨论过这件事，最终的结论是我们没有那么多时间。"[25]

列维－斯特劳斯对于弗洛伊德的解读和拉康没有什么关系。他在高中学习哲学时第一次接触弗洛伊德。他的一位校友的父亲马塞尔·内森曾和玛丽·波拿巴合作翻译过一些弗洛伊德的作品。有一天，内森先生给了他儿子的朋友一本《精神分析引论》。之后在美国期间，列维－斯特劳斯和纽约精神分析圈子有密切交往，他在纽约认识了雷蒙·德·索绪尔，后者在那里担任文化顾问。

在1949年之后的一篇关于弗洛伊德的文章中，列维－斯特劳斯比较了心理治疗和萨满教的治疗技术。他指出在萨满教中是巫师通过说话来达到宣泄效果——把病人从被压抑的情感中解放出来——而在精神分析中是病人说话，医生聆听。除此之外，列维－斯特劳斯认为在西方社会中存在一种神化精神分析的倾向，把它作为一种集体解读的体系："一种很严重的危险出现了：分析治疗没有解决具体情境中的特殊困扰，而是被还原为用某种解读来重新组织病人的生活世界。"[26] 如果治疗是通过让病人集体适应一种原初神话来实现，使得这一神话起到结构性重组的作用，那么这就意味着精神分析体系本身具有一种强大的象征效用。列维－斯特劳斯在《马塞尔·莫斯作品简介》一书中发展了这一观点。他指出所谓的无意识是一个空位，在这个空位上象征功能实现其自主性："符号比它所象征之物更加真实；能指先于所指并且决定所指。"[27]

第18章 治疗的理论：亲属结构

当拉康读到列维-斯特劳斯的《亲属关系的基本结构》以及其他一系列文章时，我们很容易想象他是多么震惊："如果要我描述列维-斯特劳斯的思考是如何启发和支持了我的理论，我会说是他对于能指（这一词的语言学意义）功能的强调。我希望他不会拒绝我这么绝对的说法，我并不是要以此来涵盖他所有的社会学与民族学研究。在我看来，能指的特殊性不仅仅是因为它具有独特的规则，而且是因为它把自身强加在所指之上。"[28]

列维-斯特劳斯的理论动摇了家庭观念，他提出用亲属关系来取而代之，同时重新思考弗洛伊德所假设的俄狄浦斯情结之普遍性。他认为这种情结不是来自对于乱伦的自然厌恶情感，而是来自统摄人类社会无意识组织的象征法则。拉康和列维-斯特劳斯的相遇意味着他终于发现了一个颠覆弗洛伊德经典理论的方案。在这一过程中，无意识在很大程度上摆脱了弗洛伊德基于达尔文主义赋予它的生物学意义，而被视为一种和语言有关的结构。弗洛伊德的自我概念超越了各种新弗洛伊德主义的解读，被分裂为第一人称的我和第三人称的我，前者是语言的载体，而后者则是想象幻觉的所在。最后，俄狄浦斯情结不再被看作一种自然的普遍性，而被放置在象征的普遍性中来理解。拉康说：

> 象征的普遍性不需要覆盖世界的全部表面来证明自己的普遍。就我所知，没有任何东西能够囊括全部人类生活，也没有能够具体实现的普遍性。但象征体系一旦形成就直接具有普遍性……列维-斯特劳斯担心象征域的自主性会导致一种隐秘的超验主义再次复活。他的个人情感与喜好使他对此感到恐惧和反感。换句话说，他担心我们在把上帝从一扇门请出去后，又从另一扇门请回来。[29]

我把拉康构建理论体系的第一阶段称为"对弗洛伊德经典的扬弃"[30]。

这一阶段开始于巴黎精神分析协会内部危机发展到高峰之时。在 1953 年 3 月 4 日，拉康在哲学学院做了一个题为"神经症患者的个人神话"（或"神经症中的诗与真"）的讲座，其中他第一次使用了"父姓"这一表达。之后在 7 月 8 日的题为"象征界、想象界和实在界"的讲座中，拉康第一次声明他的目标是"回归弗洛伊德"（retour aux textes freudiens）。他认为这一回归开始于 1951 年。在 9 月 27 日的罗马，拉康在这一阶段的理论建构中达到极致。在题为"精神分析学中的言语和语言的作用和领域"的报告中，拉康提出来一个精神分析治疗的结构理论。后续发展可以参见 1953—1954 年和 1954—1955 年的两期《研讨班》，题目分别为《弗洛伊德的技术论文》（«Écrits technique de Freud»）与《弗洛伊德理论和精神分析技术中的自我》（«Moi dans la théorie de Freud et dans la technique de la psychanalyse»）。拉康于 1955 年 11 月 7 日在维也纳的讲座标志着这一阶段的结束。拉康的目标鲜明地体现在讲座的标题里："弗洛伊德的物，或在精神分析中回归弗洛伊德的意义"。

在"神经症患者的个人神话"中，拉康比较了弗洛伊德的"鼠人"（homme aux rats）案例和歌德的自传《诗与真》（Poésie et vérité）[31]。在对两个文本枯燥晦涩的评论中，拉康执着于一个自 1936 年起就对他至关重要的主题：镜像阶段和父姓功能的退化。但同时拉康对俄狄浦斯情结进行了结构性的更正：它应当被视为一个神话，三元结构应当被四元关系所取代。新体系中的第一个元素是"象征功能"（fonction symbolique）。拉康认为在现代家庭中象征功能由父亲的角色来承担——扮演这一角色的真实父亲是被羞辱的、患病的、不协调的，是在作为父姓与生理现实之间分裂的。新体系中第二个部分是"自恋关系"，它分裂为两极：自我和主体。"自我不正是被主体体验为在他之中但又不同于自身的东西吗？……主体总是处在一种先于其现实化的关系中，这把他局限在一个基础的具有缺陷的层面上，使他意识到自身的不足、分裂，或者用海德格尔的术语讲：

'遗弃' (déréliction)。"³²

在定义了体系中的三个元素后（父姓功能、自我、主体）拉康引入了第四个元素"死亡体验"。这是"人类存在所有表征中的一部分"，但在神经症患者的体验中尤其突出。拉康的"死亡体验"同时暗示了弗洛伊德的"死亡驱力"（pulsion de mort），黑格尔和科耶夫的"死亡斗争"（lutte à mort），以及海德格尔的"向死而生"。但拉康真正致敬的还是弗洛伊德，一位启蒙主义的大师和歌德的忠实读者，是他揭示了人类存在的终极悲剧。

三年后的 1956 年，在列维-斯特劳斯关于神话学与仪式关系的讲座上，拉康解释了他在 1953 年如何在自己理论中利用亲属关系的结构网络：

> 我把这一结构应用在强迫性神经症的症状上，特别是在弗洛伊德著名的"鼠人"案例分析中。我可以大胆地说，我仅仅尝试了一次就大获成功……我甚至可以严格按照克劳德·列维-斯特劳斯提供的公式来组织这个案例，先把 a 和 b 关联，c 和 d 关联，在下一代中更换 c 的同伴，但保留否定四个元素之一的必要剩余，这一剩余和整个群体的转变有关：在其中我们可以看到彻底解决神话问题的不可能性。³³

然而在 1953 年对"鼠人"案例的评论中，拉康却并没有注明他利用了列维-斯特劳斯所描述的克劳-奥马哈体系。根据这一体系，氏族 A 中成员和氏族 B 中成员联姻的后代，在好几代人的时间里都不能结成类似的婚姻。这是扩大化禁忌的一个例子。在复杂结构中，每一种婚姻都必须和之前的婚姻不同。因此上一代的每一种婚姻都特别地"否定"了任何时期的相似婚姻。另一方面，在执行严格乱伦禁忌的基础结构中对于被允许的婚姻有着"积极"的限定，上一代的联姻必须以相似的方式被重复。这两种体系可以被翻译为一种语言。因为复杂结构中的禁忌是积极禁忌的反面，这两种体系可以合二为一：它们的结构是一致的 [34]。

在弗洛伊德的"鼠人"恩斯特·兰泽尔的故事中，拉康对两个因素特别感兴趣：一个是他的婚姻选择，另一个是欠债。"鼠人"的父亲海因里斯·兰泽尔有一次欠下一笔赌债，后来靠朋友的借款才没有丧失信誉。这笔钱他可能一直都没有还。"在他离开军队后，"弗洛伊德写道，"他尝试寻找这位朋友把钱还给他，但是没能找到。（病人不确定他最后是否成功了）。" [35] 在结婚前，海因里斯爱上过一个穷姑娘，但他后来娶的是一位有钱的姑娘罗莎，她成了恩斯特的母亲。

在海因里斯去世五年后的1899年，这两个因素（婚姻和欠债）在恩斯特强迫性神经症的形成中起到了重要作用。1905年，27岁的恩斯特爱上了一个名叫吉塞拉的穷姑娘，他拒绝了母亲给自己安排的和一个有钱的姑娘的婚事。两年后的1907年的夏天，恩斯特在军事演练中丢失了自己的眼镜，于是给维也纳的眼科医生发电报请他寄一副新的来。两天后，他的队长把新眼镜交给他，告诉他说邮费已经由接收邮件的士官代付了。

恩斯特发现自己欠了别人钱后表现得近乎疯癫，脑子里只有还钱这个念头。更糟糕的是，在眼镜事件之前还发生了另一段非常戏剧化的插曲。1907年6月，恩斯特听到队长在讲一种东方酷刑。其中囚犯被脱光衣服，跪在地上，臀部绑着一个装着老鼠的便壶。从壶上的小孔里伸进去一根烧红的铁棍，饥饿的老鼠为了避免被烫伤，会钻进囚犯的臀部用牙齿造成可怕的内伤。半个小时后，老鼠会因为窒息而死，囚犯也气绝身亡。

对这个老鼠酷刑的故事非常着迷的男子在1907年10月1日走进了弗洛伊德的诊所。他和"杜拉""狼人""小汉斯"以及施雷伯法官一起构成了弗洛伊德最著名的五个案例。

拉康把复杂结构网络应用到这个案例上，指出两代人婚姻结合的不相似性是如何以否定性方式传递下来的。在父亲的生活和儿子的生活之间，确实存在着相同能指结构的重复，但这一结构中的元素组织方式是不同

第 18 章　治疗的理论：亲属结构

的：父亲最后娶了有钱的姑娘，而儿子娶了穷姑娘。父亲最后没有还钱，但儿子还了。在这一有着些许不同的重复过程中，代际过渡的代价是神经症。拉康所谓的"神经症患者的个人神话"所指的就是这样一种复杂结构，在其中每个个体都受到一种原始模式的影响，这一模式的不同元素在代际有不同的组合排列，最后形成一个家谱回忆录。

现代人，也就是现代文明社会中的人，被父权制家庭理想不可避免的衰落所标记。我们在这里看到了拉康在 20 世纪 50 年代阅读弗洛伊德的方式。他在列维－斯特劳斯的理论启发下开始解读弗洛伊德的理论，在其中增加了既不是来自弗洛伊德又不是来自斯特劳斯，而是完全属于他自己的假设。以这种方式，拉康从复杂结构出发创造了一种四元结构，用来重新阐释他在"二战"前已经得出的理念。

弗洛伊德发现代际存在着一种无意识过程，其中不相似的元素通过认同而重复出现。他把这一过程定位于家庭的俄狄浦斯结构。但在尝试对自己的俄狄浦斯体系进行普遍化时，弗洛伊德没有解决普遍性与文化多元性之间的关系问题。所以他在《图腾与禁忌》一书中创造了一个美丽的神话，这一神话没有解释无意识过程，而是简单地描述了每个人类社会——包括弗洛伊德自己——如何通过一种集体想象来回忆自己的历史。

回到 1938 年，在莫拉斯和孔德思想的影响下，拉康已经明确批评了弗洛伊德理论中对俄狄浦斯情结的强调。他认为俄狄浦斯情结产生于现代西方社会对男性气质和女性气质极端化的危机。15 年后，在抛弃了"家庭熔炉"的点子后，拉康彻底重建了整个俄狄浦斯体系。列维－斯特劳斯已经成功地把亲属关系组织归纳为一个单一原则，从中可以引申出无数特殊性。他以此避免像文化主义者一样陷入不同解释的泥潭里。拉康的路线和列维－斯特劳斯相反，他用"象征功能"命名单一的无意识原则，根据这一原则，每个主体所独有的情景的多样性得以组织起来。毫不奇怪，拉康把这个结构转变为一种神话，把主体转变为神经症患者。他想要达到的弗洛伊德理论的理性科学解读，并强调这一理论的颠覆性。

在拉康看来，精神分析永远不可能成为帮助个体适应社会的工具。精神分析萌芽于西方社会的危机和世界的无序中，它注定要在这个世界中生存下去，并把世界的无序视为意识的无序。这就是为什么当拉康说每个主体都被他所从属的象征秩序所决定时，他也同时提出了另一个理论。根据这个理论，主体对于他所从属的象征界的认同是原初分裂和不可避免的神经症的源泉。

拉康随之引入了新的结构体系，这一新的地形学由三种秩序构成：象征界、想象界和实在界。拉康从瓦隆那里借用了前两个名词。但在1953年，当和实在界并称时，它们也被赋予了不同的价值。拉康在对于列维－斯特劳斯体系的修正中包含了对于象征框架的使用；弗洛伊德的无意识被看作一个协调性的角色，和语言领域中的能指功能相似。想象界包含了和建构自我相关的一切现象：吞并、期待和错觉。实在界是弗洛伊德所谓的"心理现实"（réalité psychique），包括无意识欲望和相关的幻想。在弗洛伊德看来，这一现实具有和物质现实相似的整合性，它和外在现实一样重要，在一定程度上可以取代后者。

拉康的"实在"不仅仅包括了弗洛伊德对于心理现实的定义，而且包含了一种"剩余"或"被诅咒的身体部分"的病因。拉康在这里没有点名地借用了巴塔耶异质性科学。这极大地颠覆了"实在"一词的含义。弗洛伊德把它看作建立在幻想基础上的主观现实，而拉康则把它看作排斥一切象征的欲望现实，是任何主观思考都无法渗透的、超越理性的黑色阴影或幽灵。

在《罗马报告》中，拉康把一种治疗理论融合进他的结构体系中。和之前"扬弃"过程中由普通讲座组成的两个阶段不同，《罗马报告》的文字风格是奢华的巴洛克式。利用之前因徒诡辩中的两个术语（理解的时刻和结论的时刻）拉康间接地为他的弹性时间分析或"断句"疗法辩护。他说分析师在本质上处在监狱长的位置。就像斯芬克斯之于俄狄浦斯一样，拉康也承诺他的病人可以通过解决一个谜语来换取自由：一个关于人类存在的谜语。但是这个监狱长被自己设置的陷阱所困：他仅仅想释放一名囚犯，但却不得不给所有囚犯以自由。换句话说，分析师确实掌管着患者话语所指向的真理，但他的控制力有两个缺陷。一方面他无法预测到患者需要花多长时间才能认识到真理，另一方面他自己受困于象征秩序。如果一个人说话是因为符号使他成为人，那么分析师则仅仅是一个"被假定的主人"（supposé maître），实际上只是患者话语的抄写员。他是象征功能的实践者；之后拉康会把分析师称为"假设知道主体"（sujet supposé savoir）。在两种情况中，分析师都是像评论员分析一篇文章一样解读患者得到话语。

正是在这里，急促感出现了。为了把患者引向真理而不让固定时间的疗程成为他摆脱的借口，分析师必须做些什么。当他这么做时，分析师自己成了诡辩中的一个囚徒，他让另一个囚徒通过假设他旁边的人的下一步行动来得出自己的结论。

拉康在这里隐秘地回应了他的批评者：与其让患者纠结于无意义的词语而"太晚"得出结论，不如主动结束得"过早"。断句——像切分文本一样打断患者的话语——的目的是让主体生产真正的和有效的话语，减少理解的时间而加快结论时刻的到来："我对此没有太多可说，"拉康谈道，"但我坚信，虽然我已经不再尝试短时长治疗，但在我之前实践这种技术时，我能够揭示特定男性主体的肛门受孕幻想，以及通过剖腹产解决问题的梦；如果没有时间限制，我只能聆听他对于陀思妥耶夫斯基艺术的空洞猜想。"[36]

拉康在描述这个技术时使用的是过去时，好像是在向听众暗示虽然他能够在理论上解释这一技术，但在实践中已经把它放弃了。可事实上无论拉康口头上怎么讲，他很显然还在使用同样的技术。

第 19 章
向马丁·海德格尔致敬

> 秘密不在于听从我,而是听从理性,只有这样才能一次表达一切。
>
> ——海德格尔

法国哲学家们在 20 世纪 30 年代非常推崇海德格尔的著作,认为它们回应了胡塞尔之前提出的问题。但在 1945 年后,他的理论却被怀疑地审视。主要原因是海德格尔是纳粹主义的支持者,曾经在 1933 年至 1934 年间担任弗莱堡大学校长。1945 年 5 月,在法国军队进驻弗莱堡地区三个星期后,海德格尔的住处因为和纳粹的可能关联而上了黑名单。调查从 7 月开始到第二年 1 月结束,使得海德格尔被迫退休,放弃自己的教职。

卡尔·雅斯贝尔斯在这些事件中发挥了重要作用。海德格尔曾经要求调查组参考他这位朋友的观点。雅斯贝尔斯虽然希望保持沉默,但还是被迫在 1945 年 12 月写了一份报告,在其中他指出了海德格尔对待希特勒主义的复杂态度,但回避了纳粹主义和海德格尔哲学之间是否有关系的问题。至于反犹太的指控,他回忆了两个事件。1931 年海德格尔曾导致爱德华·鲍姆加腾(一位申请成为他助手的犹太教师)被驱逐出校。他另外聘请了一位名叫沃纳·波洛克的犹太教师,因为他接受后者的观点。但在 1933 年,海德格尔给位于哥廷根的纳粹教授协会送去了一份报告,其中包含以下段落:"鲍姆加腾不是纳粹者。从他的家庭背景和学术兴趣可以看出他的根基是海德堡围绕马克斯·韦伯组成的自由-民主知识分子圈子。

第 19 章　向马丁·海德格尔致敬

他没能和我共事，而是和曾经在哥廷根大学工作的犹太人弗兰克尔建立了亲密关系，后者已经被驱逐了。"[1] 但是海德格尔同时保护了沃纳·波洛克免遭迫害。雅斯贝尔斯总结说海德格尔可能之前并不是反犹太主义者，但在 1933 年后变了。"这并不排除在某些情况下……反犹太主义可能违背了他的良知和意愿。"[2] 雅斯贝尔斯建议继续给海德格尔提供薪水让他写作和发表作品，但同时认为应该在这几年时间里中止他的教职；通过研究他在这一阶段所发表作品的立场再做决定。雅斯贝尔斯以一段人物刻画结束了他的报告：

> 海德格尔是一位重要人物，这不仅仅体现在他的哲学世界观上，还体现在他处理思辨思维工具的能力上。从他哲学头脑里产生的观点毫无疑问是非常有趣的，但在我看来，他罕见地缺乏批判力，而这和任何真正意义上的"科学"都差之甚远。有时候他像是真诚的虚无主义者和秘法师、魔术师的合体。在他的整体话语中，他偶尔能以神秘乃至神奇的方式击中哲学事业的神经。就这一点来说，我认为他在当代德国哲学家中是独一无二的。允许他继续毫无限制地研究和写作因此非常必要。[3]

关于海德格尔和纳粹主义关系的辩论在法国更早展开。1944 年 12 月，萨特发表了一个著名的声明："海德格尔在成为纳粹之前就已经是哲学家了。他对于希特勒主义的依附可以被解释为恐惧、野心或者因循守旧的态度。这很丑陋，我同意；但'海德格尔是纳粹党的成员，因此他的哲学也是纳粹哲学'的说法是无效的。事实并非如此。真相是海德格尔毫无气节，但你是否有勇气把海德格尔的哲学看作他对自己懦夫行为的道歉呢？你难道不知道有时候一个人达不到他作品的高度吗？"[4]

一年后的 1945 年 10 月 28 日，萨特在他著名的"存在主义是一种人道主义"的讲座上，给出了自己在《存在与虚无》的基础上建立的自由观的通俗版本。之后，他的《摩登时代》(Les Temps modernes) 专栏集中讨论了有关海德格尔政治立场的争议。在1946年至1947年之间出现了很多关于这一主题的文章，作者包括莫里斯·德·甘迪拉克（Maurice de Gandillac）、弗雷德里克·德·托瓦尼克、卡尔·洛维特、埃里克·魏尔和阿方斯·德·维尔汉斯。1946年，柯瓦雷在《批判》中发表了一篇关于海德格尔哲学的长文。乔治·弗里德曼在1953年就同一主题也发表了一篇文章[5]。

所有这些评论者都问了同样一个问题：海德格尔的争议立场是一个被欺骗或自我欺骗的人的一时失误，还是他的哲学态度的产物？对此他强调自我重新发现的根基在于内在斗争和"向死而生"的哲学观，对此他是否在纳粹的虚无主义中找到了满意的答案？战后所有的文章都在尝试回答这一问题。一些评论者认为海德格尔对纳粹主义的支持是"意外事件"，并不源自海德格尔的哲学思想；另一些人则认为纳粹主义和海德格尔的政治立场同根同源。

弗里德曼正确地指出海德格尔从来没有接受过基于生物学的种族主义理论。"请注意，"他说，"在海德格尔的学说中他从来没有为纳粹的'生物主义'进行过辩护，这使得他很快失去了纳粹的支持。但如果我们公正地来理解我们所看到的事实，那么海德格尔的主要目标不是反抗制度（具有道德乃至政治效果的反抗），而是在希特勒倒台之前低调地生存下去。"[6]

在这场辩论中，一位年轻的哲学家提出来一个新观点。让·波弗莱1907年出生于法国中央高原的克勒斯省。他经常回忆起自己穿着木底鞋的童年，认为这使他成长为一个生活简单的农民。他喜欢美食美酒，对于这片土壤中孕育出来的法国式道德充满感情。1928年，他考入巴黎高师，和西蒙尼·魏尔、莫里斯·巴代什、乔治·普罗森、蒂埃里·莫尼尔和罗贝尔·布拉什拉奇同属一届。1930年，在拜访位于柏林的法国研究所时，他第一次接触到了德国古典哲学。在这之前他一直是一个坚定

第 19 章　向马丁·海德格尔致敬

的笛卡儿主义者。

战前，受到萨特早期作品的影响，波弗莱发现了胡塞尔的著作。战争开始后他被征召入伍，很快被俘。但他从押送他去德国的火车上跳下来，想办法逃到了非沦陷区。1942年，作为"伯里克利"抵抗组织成员的波弗莱认识了约瑟夫·若万。后者是一个善于伪造证件的德国学生，同时也是海德格尔哲学的狂热崇拜者。两人成为密友，开始一起研究《存在与时间》。"我们经常聚在一起思考此在、实体和本体论的秘密，"若万写道，"我的哲学知识非常粗浅，但我的德语比波弗莱好。所以我们很高兴来研究一门用诗意而严谨的语言写成的哲学。我们听说过海德格尔担任校长一事和他的种种缺点，他为人的缺陷让我们恼火，但他的理论让我们入迷。"[7]

解放后，波弗莱对这一深刻理解在世界暴力中个体命运的哲学的喜爱有增无减，他同时也想了解《存在与时间》作者。在知道海德格尔依然健在后，波弗莱通过中间人给他寄来一封信。让他喜出望外的时，海德格尔亲笔写了回信而且送了他一本自己的书。这是一次真正对话的开始。两人在1946年9月见面，波弗莱来到位于托特瑙黑森林的小木屋，海德格尔经常来这里度假和思考。他被大学驱逐后患上了身心失调症，此时刚刚从豪斯巴登疗养院出来。

海德格尔对于战后清算表现出一副受害者的态度。他承认自己错误地相信了希特勒的历史任务，以为纳粹主义可以实现精神解放。他以自己走向了内在放逐为理由试图减小自己之前政治态度的影响：这使他免于解释自己之前支持纳粹的黑暗面。他私底下承认自己非常"愚蠢"，但他拒绝——此后也一直如此——承认自己和种族灭绝有任何关联。他没有表现出悔恨、遗憾或自我谴责。相比于承认自己的错误，他更怪罪这一历史运动没有达到他认为其应该实现的形而上学真理[8]。此外，和他战前极端保守主义的态度一致，海德格尔依然对西方民主制和共产主义表现出强烈的敌意。在20世纪50年代初，他依然把德国称为被苏联和美国钳制的"形而上学国度"。

这就是让·波弗莱崇拜了 30 年的人。

当这位有着被充分证明的抵抗运动履历的法国哲学家踏入海德格尔家的门槛时，这位德国人很快看出当他自己的作品在祖国声名扫地，而在法国成为辩论焦点时，和波弗莱建立友谊会多么有用。他的新弟子对他的崇拜使海德格尔不仅可以淡化自己过去的政治活动，甚至还可以假装一切都没有发生过。波弗莱因为钦佩海德格尔的哲学才华，没花多少时间就接受了他的解释。他相信并且声称海德格尔从来没有同情过纳粹。

与此同时，通过和海德格尔的对话，波弗莱为法国引入了解读这一德国哲学家理论的新方法[9]。在萨特理论的背景下，海德格尔哲学之前一直被理解为一种存在主义人类学。它的主旨是存在先于本质，人类自由来自对于虚无的人道主义化：人在"是什么"的迷雾之中，在孤独和空洞的自由中成为国王。

但是 1946 年，海德格尔否认了自战争以来对他作品流行的存在主义解读。波弗莱曾请他加入法国正在进行的讨论中，评价萨特对人道主义的态度。海德格尔欣然同意。在影响了一代人的《论人道主义的信》（*Lettre sur l'humanisme*）中，海德格尔挑战了"人道主义"一词的用法[10]。他认为在萨特的用法中，人道主义是一种强调理性对人控制的新形而上学。和所有形而上学一样，它是基于"对存在本身的遗忘"。海德格尔提出把存在从被遗忘的状态中拯救出来，放在显著位置。为了实现这一点，同时解放因为遗忘存在而被异化的人类，海德格尔支持向起源的回归。如果历史仅仅是对于存在的历史的遗忘，那么唯一接近被"遮蔽"的存在的方式就是尝试"去蔽"。海德格尔提出要回到苏格拉底和柏拉图之前，回到"西方理性"的诞生之前，回到希腊思想炫目的起点：前苏格拉底哲学家巴门尼德和赫拉克利特（Héraclite）的思想。现代人因为科技和进步观而相信自己能够自由行动，而海德格尔希望赋予这些陷入存在困境中的人们真正的

第19章 向马丁·海德格尔致敬

力量。

很显然，对于海德格尔思想的这种新解读使海德格尔免遭纳粹历史的罪责，也让波弗莱有底气对抗紧随胡塞尔的存在主义和现象学解读。

1949年，随着联邦共和国的诞生，德国的去纳粹化进程启动了。海德格尔利用自己的哲学在法国的影响力申请重新回归大学。他的支持者认为让这样一位世界知名的哲学家恢复原职很有必要；他的敌人则怀疑这位被斥为骗子的哲学家的思想高度，认为他的思想是对民主制的威胁。

1950年春天，当弗莱堡大学的哲学系还在商讨他的命运时，海德格尔做了一系列出色的讲座，首先是关于尼采的《查拉图斯特拉如是说》，之后是关于理性原则。这些讲座大获成功。在随后的夏天，海德格尔在慕尼黑召开的关于"物"（La chose）的研讨会上有了新的理论突破。在1950—1951年的冬季学期，海德格尔被允许再次教书。他感觉到自己已经恢复原职了。到了1952年秋天，他觉得"围绕我和朋友的怀疑与仇视终于开始消减了"。他的讲座听众云集，掌声不断。过去的事可能被遗忘了。在德国，批评声虽然并没有完全消失，但也逐渐减弱。在法国，作为海德格尔哲学官方代表的让·波弗莱则尽自己一切努力对抗对他敬爱导师的攻击[11]。

1951年4月，就在海德格尔正式复职后不久，让·波弗莱开始接受雅克·拉康的分析。

在那个时候，让精神分析师把同性恋看作多种可被接受的性身份中的一种是很困难的。在弗洛伊德圈子里，同性恋不仅仅被视为一种变态，甚至还会被看作社会异常。当一位精神分析师在接待同性恋者时，他的态度往往是负面的。一个想要成为精神分析师的同性恋者要么会被直接拒绝，要么会被引导着走向狭窄的异性恋道路。但拉康是个例外：他像接受普通患者一样接受同性恋患者，并不试图把他们改造"正常"。这就是为什么很多同性恋者找拉康做分析。

当让·波弗莱来到里尔街时，他正处在非常不安的状态中。刚刚和他分手的恋人之前也接受过拉康的分析。波弗莱一年前在一个晚宴上认识了他，当时拉康和西尔维亚也在场。他们联络过一段时间，直到他的恋人在接受拉康分析时，发现拉康对于波弗莱表现出过分的兴趣。他随即结束了分析，同时抛弃了自己的男友[12]。波弗莱的分析正是开始于这样一种奇怪的移情关系。他去见拉康因为拉康是他恋人的分析师，而拉康对波弗莱感兴趣是因为后者和海德格尔的特殊关系。

波弗莱很快注意到拉康对海德格尔的兴趣。他也意识到可以利用拉康和海德格尔见面的欲望来让德国哲学家获益。他熟练地利用这种移情关系来诱惑拉康，包括在治疗中一直谈论海德格尔。有一次，由于不满拉康长时间的沉默，他装作不经意地提到这么一句来满足分析师的虚荣心："海德格尔和我提到过你。"拉康马上问："他怎么说？"[13]

分析在1953年5月结束。我们可以说这次分析并没有消除波弗莱对于海德格尔政治过往的盲目。相反，波弗莱似乎更加坚定地相信他的偶像的清白。至于拉康，他很好地利用了他的患者为他设下的陷阱。在以列维－斯特劳斯的理论重新解读弗洛伊德的同时，拉康对海德格尔的理解也和战前不同。他接受了波弗莱的解读，拒绝了萨特的自由哲学。波弗莱对他的影响在两个月后的《罗马报告》中表现得非常明显。着迷于海德格尔的拉康在这位德国哲学家身上发现了之前科耶夫令他折服的才华。海德格尔的"追求真理"在拉康看来类似于弗洛伊德的"揭示欲望"。两个理论都涉及被遗忘或压抑的真理的"在此"，从而使得通过欲望来揭示真理成为可能。最重要的是，拉康对海德格尔的新理解使他回到了曾因为英国崇拜而忘记的德国哲学的伟大传统。他从对英国民主制的欣赏以及小团体理论过渡到一个完全对立的思想体系。拉康在反民主、反进步、反人道主义的20世纪50年代的海德格尔中重新发现了巴塔耶在战前把他引入的极端尼采式的世界，但他并没有因此放弃科学和理性的理想。和1938年论及家庭的论

第19章 向马丁·海德格尔致敬

文一样,《罗马报告》也表现出光明与黑暗的惊人混合。

一方面,列维-斯特劳斯在启蒙哲学的基础上赋予具有普适性的弗洛伊德主义以新的生命,在这一背景下,拉康得以重新加工弗洛伊德的思想;另一方面,海德格尔把人类存在视为无底的深渊,其中真理的表达混杂在错误、欺骗和歧义之间,这给拉康最后完成的理论大厦注入了一种怀疑的元素。

1955年的复活节,拉康和波弗莱一起前往弗莱堡。似乎出于偶然,三人谈到了移情的问题。波弗莱写道:

> 海德格尔似乎对移情作为患者对于分析师的一种情感关系非常感兴趣,他通过我向拉康问了相关问题,以下是他们的对话:
> 海德格尔:"那么移情呢?"
> 拉康:"移情不是通常理解的那样。它在患者决定去找精神分析师的那一刻就开始了。"
> 我把这段话翻译给海德格尔。"移情并不是发生在精神分析中的一段插曲,而是精神分析的先决条件,就像康德哲学中的先验前提一样。"
> "原来如此!"海德格尔说。[14]

在谈话中,拉康请求海德格尔允许他把他的一篇题为《逻各斯》(Logos)的文章翻译成法文,并发表在法国精神分析协会的杂志《精神分析》(*La Psychanalyse*)第一期上。拉康所负责部分的主题是语言和言语。一些著名学者已经同意投稿,其中包括埃米尔·本维尼斯特(Émile Benveniste)、让·伊波利特和克莱门斯·拉姆努。拉康也把自己的《罗马报告》以及和伊波利特的对话放了进去。海德格尔欣然同意,拉康于是开始工作[15]。

在弗莱堡会面三个月后,一场关于海德格尔思想的会议在瑟里西-拉-萨勒举行,会议开始于8月27日,结束于9月4日。54名与会者中包括年轻的吉尔·德勒兹（Gilles Deleuze）、让·斯塔洛宾斯基、加布里埃尔·马塞尔（Gabriel Marcel）、保罗·利科（Paul Ricœur）、科斯塔斯·埃克塞洛斯和莫里斯·德·甘迪拉克。萨特和梅洛-庞蒂用拒绝出席的方式来表达对这次会议的敌意。亚历山大·柯瓦雷拒绝在任何情况下和海德格尔见面。在会议中，吕西安·戈尔德曼（Lucien Goldmann）朗读了一段海德格尔在担任校长期间所写的文章的摘要，这引起了其他与会者的反对，认为他打破了会议的共识[16]。

拉康没有参加这次会议，但他邀请海德格尔、他的妻子艾尔弗里德、让·波弗莱和科斯塔斯·埃克塞洛斯来普罗维斯特小住几日。西尔维亚对艾尔弗里德的反犹太主义态度感到震惊。此外，她在给海德格尔提供德国式早餐时遇到了尴尬。她惊讶地发现海德格尔从来不碰香肠。拉康对客人的政治态度或饮食习惯毫无兴趣，他只想和海德格尔谈话。因为他不说德语，海德格尔也不说法语，他就请科斯塔斯·埃克塞洛斯充当翻译来保证谈话能顺利进行。后面几天，埃克塞洛斯和波弗莱留在盖坦考特翻译《什么是哲学？》（*Was ist das-die Philosophie*?），拉康则和海德格尔、西尔维亚、艾尔弗里德一起去参观沙特尔大教堂。一路上拉康把车开得飞快，坐在后座的海德格尔没有什么反应，但海德格尔的妻子一直在抗议。西尔维亚提醒拉康，但毫无用处。回来的路上，海德格尔一如既往地沉默，而拉康在艾尔弗里德的抱怨声中把车开得更快了[17]。

在沙特尔之旅结束后，拉康开始着手翻译《逻各斯》。这篇文章的标题是西方哲学史上最重要的一个能指，它构成了《莫伊拉，阿勒西亚，逻各斯》（Moira, Alétheia, Logos）的一部分。后者是海德格尔对于赫拉克利特和巴门尼德残余作品的三段评论。在其中，海德格尔指出前苏格拉底的真理（也就是人类"在此"的神秘起源的真理）被2000多年来的哲学所掩盖。他认为德语优于其他所有语言，是唯一能够重新发现希腊文中原初真理的语言，它能提供一个拯救人类的理论从而改变世界。

在1954年出版的《逻各斯》的第二个版本中，海德格尔在1951年的版本没有出现的段落里阐明了这一理论。他没有抛弃自己之前的德国优越论，而是把它转移到这一段"对评论的评论"中。他坚持认为德国语言的优越性能够阻止西方文明的衰退，从而拯救哲学和人性[18]。

海德格尔所选择的赫拉克利特残余第50段写道："秘密不在于听从我，而是听从理性，只有这样才能一次表达一切。"这段话的意思是说个体必须通过恰当的聆听，不把自己局限在说话者的意图中，才能允许语言产生其效果。从中我们可以得出结论：话语必须唤起一种超越话语的权威。让·波拉克指出，赫拉克利特的"逻各斯"并不指向任何"本体论的肯定性"："在任何情况下它都不指向相关对立性之间的身份或者它们以原初整体性实现的'混合'。"赫拉克利特的"一"并不是作为联合体的"一"，相反，它是自我区分和自我隔离的"一"。

在这段话的基础上，海德格尔构造出一个符合自己品位的赫拉克利特版本。通过把他和巴门尼德划为一类，海德格尔把赫拉克利特视为一种本体论的代表，这种本体论并不指向语言结构而是指向一种作为原初存在的"在此"。把赫拉克利特的思想本体论化模糊了原有的区分，更有利于形成关于存在的整体概念。更重要的是，通过玩弄希腊语中 logos 和 legein、德语中 legen 和 lesen 发音的相似性，海德格尔把"阅读""说谎""冥想中""放置"和"冥想"关联起来，从而展示逻各斯是如何自我延展和休眠，"从非隐藏处收获存在与思想"。这一过程在海德格尔看来和"去蔽"相呼应。因此海德格尔的赫拉克利特预言了关于存在的真实话语只有通过个体冥想和拥抱过剩才能得以实现。

拉康翻译海德格尔对于赫拉克利特残余第50段的评论有两个主要原因：一方面是赫拉克利特的语言观，另一方面是海德格尔风格的吸引力。赫拉克利特是大师，他声称自己从来不为其他权威代言；如果教学没有让听者理解某些意义,那么教学就毫无价值。与此同时,赫拉克利特也是一位哲学家,他的逻各斯理论强迫主体在他所表达的、超越他自身的真理中消除自己,而让语言或者能指来行动。赫拉克利特的主旨被拉康在《罗马报告》中重新生成出来。拉康讨论的是人们说出的词语如何被聆听以重建其意义。拉康把自己表现为一个"没有主人的主人",一个打破所有学术规范,仅仅忠实于弗洛伊德的学生。

拉康利用了赫拉克利特的语言观,但他从未在文章中直接引用赫拉克利特的原文。相反,他把读者引向海德格尔的德文翻译,然后自己把它翻译成法文。拉康事实上是在"利用"海德格尔的文本来引出自己的关注点。他的翻译有两个特点:一方面,拉康在反启蒙主义和原始主义上追随海德格尔,有时候甚至比海德格尔做的还要过分,例如他把"课程"翻译为"阅读";另一方面,拉康没有沉迷于语源学的各种变种中,而是试图精简德文文本中"黑森林"式民粹主义的坏品位。"简而言之,"让·波拉克说,"拉康的翻译方式是自由和独断的。他用科学、艺术和语言来肢解文本,把更多的重要性赋予听而非说。他给文本增加了马拉美的风格。"[19]

例如,当海德格尔在原文中玩弄发音相似的德语动词 legen 和希腊语动词 legein 时,拉康同样玩弄了法文中的 Léguer(遗赠)、legs(遗产)和 lais(诗意地平躺)。这一马拉美式的移植明显是在针对海德格尔关于德语的哲学优越性的声明。拉康同时对文本进行了去否定化:海德格尔用"非晦涩""非隐藏"这样的词汇来描述赫拉克利特理论中的存在,拉康把它翻译为"揭露",更加强调曝光这一动作而非通过曝光得出的理念[20]。

最为重要的一点是拉康违背了海德格尔的原意。他没有翻译1954年的版本——虽然他非常清楚这个版本的内容,因为他在笔记中提到过它好几次——他选择了1951年的版本。也就是说拉康自作主张删除了海德格尔最终文本中的最后一部分,也就是著名的"对评论的评论",在其中海德格尔表达了回归西方世界的伟大起源能把现代人从科学与技术的统治中解放出来的观点[21]。

拉康翻译1951年版本而非1954年版本可能仅仅是出于偶然。但在翻译过程中，拉康曾经多次引用第二个版本来修正第一个版本，鉴于此，我们不得不把拉康的选择看成是有意为之。这个选择似乎表明拉康喜欢作为赫拉克利特评论者的海德格尔，而非鼓吹救赎和德国优越性的海德格尔。换句话说，他给予海德格尔理论中处理语言的部分很高评价，在风格上仅仅保留海德格尔的评论技术作为发现欲望真理的一种方法。拉康看重的是结构而非本体论，是一种"去蔽"的方法而非隐藏状态中的具体探求。很容易理解为什么波弗莱和海德格尔的其他教条主义支持者对拉康的翻译保持沉默：它和他们试图把海德格尔的语言转换为语源学规则的工作完全对立。拉康的版本被完全抛弃。在安德烈·普罗后来的版本或海德格尔的法国追随者对于《逻各斯》的各种评论中，都没有提到过拉康的译本。

通过翻译来隐秘地"谋杀"文本，这代表了拉康战后十年学术活动的一个主旨。在1951年至1956年之间，受到和波弗莱移情关系的影响，拉康对于海德格尔做出了一种反萨特式的解读。尽管存在很多歧义，早在《罗马报告》中拉康就已经偏离了海德格尔哲学的主旨，特别是后者对于科学以及一切关于起源和存在的本体论的末世主义。之后，在评论柏拉图的《对话录》时，拉康进一步地远离了海德格尔所认为的现代社会的演化掩盖了存在起源的观点[22]。

拉康利用海德格尔的这种方式和"二战"后的法国社会现实有关。萨特说："如果我们的想法和另一个人不谋而合，那么他和海德格尔又有什么关系呢？"这非常正确。海德格尔的思想对于一代人产生了近乎催眠的效果，因为它不是一个体系，而是把自己放置在"两种语言之间"的复杂局面中、真理与非真理的困惑中，以及存在与表象无法摆脱的纠结中。它既无法被传递（因为它的多种变体），又无法被翻译（因为每个人都能在其中找到自己思想的共鸣）。正是这种悖论性的特质使得海德格尔哲学在

20世纪下半叶的法国思想中扮演了关键性的启蒙角色。拉康、萨特，以及之后的福柯和德里达，使得海德格尔的文本变得可读。和波弗莱一起的其他教条主义的追随者不同，他们拒绝对于海德格尔文本的绝对忠诚，而力图更直接地表现出其思想的本质，这就涉及在他人作品中发现自己的能力。

拉康和他那一代人一样，都是通过海德格尔来发现自己。《精神分析》杂志第一期的导言中包含了被"授权"的《逻各斯》法文译本。"至于这里出现的海德格尔先生的作品，"拉康写道，"对于那些知道在哪里找到世界上最崇高的哲学思想的人来说，这部作品本身已经保证了存在一种阅读弗洛伊德的方式，不同于某些现象学官方支持者的廉价哲学。"[23] 拉康在这里对"海德格尔先生"的致敬更像是一种策略。他一边赞美海德格尔的"崇高哲学思想"，一边删改他的文本。此外他把自己和作为"官方支持者"的萨特对立起来，希望通过强化对弗洛伊德的一种非现象学解读方式来接管法国精神分析运动。

虽然在《罗马报告》中拉康频繁提到海德格尔的"揭示真理"和"让词语行动"，四年后在索邦的"无意识中文字的动因或自弗洛伊德以来的理性"的讲座中，海德格尔却彻底消失了[24]。那时，拉康提出的能指理论不是基于对索绪尔或列维－斯特劳斯的解读，而是来自对罗曼·雅各布森（Roman Jakobson）隐喻和换喻理论的逻辑推导。在这个体系中，无意识在语言结构的模型上被形式化，弗洛伊德的理论成为科学的一部分，而本体论被彻底抛弃了。换句话说，拉康对于海德格尔的利用随着他对于结构语言学的前后两种解读而有不同。在《罗马报告》所代表的第一种解读中，拉康还没有提出能指理论，他依然保留了海德格尔关于起源和"去蔽"的思想；但在《文字的动因》（«L'instance de la Lettre»）所代表的第二种解读中，拉康抛弃了这些思想，通过援引理性和笛卡儿的"我思"把弗洛伊德理论置于科学领域之中。

第19章　向马丁·海德格尔致敬

在拉康和海德格尔思想差距最大的时候，他又向这位哲学家致敬。"当我谈到海德格尔时，"他在1957年写道，"或当我翻译他的作品时，我都要尽力保留他文字中崇高的意义。"[25] 一种混淆真理与非真理的有趣方式就是驳倒一个启发过你的人。虽然海德格尔文字中的"崇高意义"被保留了下来，但在拉康的关于能指的科学中，这些意义被彻底清除了。至于《逻各斯》的翻译工作，那仅仅是为了阐明拉康的理论而非传达海德格尔文本的原意。

拉康虽然从来都不是海德格尔的真正追随者，但这并不妨碍他一直渴望得到海德格尔的认同，虽然海德格尔完全不理解拉康的理论[26]。这导致的结果就是当他们都在以自己的方式思考语言和言语的问题时，出现了一种建立在沉默、误解和矛盾之上的奇特关系。拉康对于自己未完成的《逻各斯》的翻译保持沉默；海德格尔对于拉康的删改保持沉默；在两人关于移情的讨论中存在着困惑；沉默或言语的缺失表现在盖坦考特不成功的对话之中和沙特尔之旅的往返道路上；海德格尔的其他译者对拉康的《逻各斯》保持沉默；拉康对于海德格尔的纳粹背景同样保持沉默。除此之外，在两人古怪的关系中还有两段沉默的插曲。

1959年，在一场晚宴上——拉康、女儿朱迪斯、莫里斯·德·甘迪拉克、让·波弗莱和列维-斯特劳斯的第二任妻子蒂娜·德雷福斯都出席了——爆发了关于海德格尔历史的激烈争论。蒂娜·德雷福斯拒绝承认海德格尔的哲学，而波弗莱认为他的哲学和纳粹毫无关系。拉康没有说话，仅仅是抚摸着朱迪斯的头发，想要转变话题。1958年，当《摩登时代》杂志上让·沃尔的一篇文章让拉康觉得自己受到攻击时，他毫不犹豫地给魏尔写了封信，明确指出自己一直是"纳粹折磨"的受害者。这一点不能因为"对海德格尔的任何偏见"而受到怀疑[27]。

七年后，拉康寄给海德格尔一本有自己签名的《文集》。在给精神病学家梅达尔·博斯的一封信里，海德格尔写道："你肯定也收到了拉康的大部头。就我个人而言，我还没有从这本奇特的书里看出任何东西来。我听说在巴黎，这本书和萨特的《存在与虚无》一样造成了轰动。"几个月后他又写道："我附上一封拉康寄来的信。在我看来精神病学家自己也需要一名精神病学家。"[28] 这就是海德格尔对拉康的看法。

　　后来，当得知海德格尔病重后，拉康在卡特琳·米约的陪伴下来到弗莱堡，向这位哲学家解释自己关于纽结的理论。拉康滔滔不绝，而海德格尔一直沉默着[29]。

第 20 章
交织的命运: 雅克·拉康和弗朗索瓦兹·多尔多

> 拉康来自信奉天主教、沙文主义,并且循规蹈矩的商业中产阶级,而弗朗索瓦兹·马雷特属于一个把延续法国爱国主义、民族主义和反共和主义道德传统视为己任的阶级。

在法国精神分析史中,弗朗索瓦兹·多尔多[1]是仅次于拉康的第二号重要人物。随着她和亲属们的通信集的出版,我在这里能对她的生活提供比之前《法国精神分析史》一书更详细的描述。弗朗索瓦兹·马雷特 1908 年出生于一个保守右翼的士兵与技术工人之家。家里人都有虔诚的信仰,认同夏尔·莫拉斯的理念。她接受的是巴黎中产阶级的教育,包括每日阅读右翼报纸《法兰西行动》(*L' Action française*)。从儿时起,马雷特就被灌输了很多基督教的思想,尤其是关于性的一些胡言乱语。在很长一段时间里她都相信婴儿是从耶稣送到人间的箱子里出来的;肌肤之亲是令人恶心的;以及女性注定只能从处女变成母亲,而没有拥有智识或任何其他自由的可能性。

在越南担任殖民地军官的叔叔寄给她的信展示了这种在当时被视为女性规范的教育方式:"听说你自得其乐,还喜欢上骑车,我很高兴。但虽然我认为女性尝试一些体育运动是好事,我不认为她们应该把夺得比赛冠军作为运动目标。我担心那么做她们会忽视生活中更重要的任务。道德和智慧才是女性的领地,才是模范妻子和母亲应有的品质。"[2]

1922 年 9 月,她的母亲苏珊娜·马雷特(Suzanne Marette)在得知马雷特和一名男性亲戚有过关于性的谈话后,表达了同样的观点:"这些事情只会唤起不健康的好奇心,应该在忏悔时承认……它既不美好也不正派,而我希望我的女儿是纯洁和正派的,是一个能为自己没有被玷污的灵魂而感到骄傲的真正的年轻女子。我甚至会忌妒这样的女子,因为她不会允许任何人的玷污。当我在女修道院时,我的同学有时会谈论那种问题,我都要堵住耳朵告诉她们真恶心。"[3]

正是这样的信念支配着弗朗索瓦兹笼罩在凡尔登惨案阴影下的童年。虽然年轻的弗朗索瓦兹活泼淘气,但她天生的叛逆性在青春期还没有发展为公开的反抗。在任何情况下,她和家庭、父母、孩子、仆人、管家的关系都那么好,以至于没有人怀疑她会是一个完美的基督徒。但在现实中,这些热情与宽容的假象掩盖了各种仇恨。恐德症、种族主义和反犹太主义都影响着这位日后的法国儿童精神分析奠基人[4]。

两种矛盾现实的并存——一方面是宽容的表象,另一方面是各种仇恨——说明在戴姆勒-马雷特家族中,对于一种崇高道德理想的有意识追求掩盖了成员间病态的情感关系。正是在这两种现实的混淆中,在公开的道德标准和无意识的病态中,在被压抑的仇恨和表白出来的爱之中,以及在军事爱国主义的家族背景下,年轻的弗朗索瓦兹的人格形成了。在1908年至1920年之间,她的自传与通信[5]展示了她的家庭成员如何在一场几乎让她患上严重抑郁症的戏剧事件中扮演了关键角色。

第一个人是她的父亲亨利·马雷特(Henry Marette),一名擅长制造炮弹和炸药的炮兵队长。接下来是她的叔叔皮埃尔·戴姆勒,第六十二山地兵团的队长。1916年7月6日,他在孚日山脉受了致命伤。女性角色包括弗朗索瓦兹的母亲苏珊娜,一名护士及家庭主妇,善良但头脑简单;以及弗朗索瓦兹的姐姐雅克琳,她是母亲的最爱也是弗朗索瓦兹妒忌的人。雅克琳聪明漂亮,具有一切优秀品质,总是被拿来当作榜样。1920年9月30日她因为突然患上的骨癌而去世。

第20章 交织的命运:雅克·拉康和弗朗索瓦兹·多尔多

在"一战"开始时,刚刚7岁的弗朗索瓦兹把自己看作叔叔皮埃尔的情人。他们像恋人一样交换信件。皮埃尔非但没有和她保持距离,反而在亨利和苏珊娜的怂恿下,接受了弗朗索瓦兹的爱意,甚至承诺在战争结束后会娶她。弗朗索瓦兹于是开始关注战争的进展,还给父亲打气。"你必须更努力地制造炸药,"她在1915年9月写道,"去杀死那些伤害可怜的法国人的德国佬。这些邪恶的德国佬如此残忍,他们甚至杀死一两岁的婴儿。"[6]

同一年,弗朗索瓦兹开始在圣克劳蒂尔德学校上学,反德国的宣传在那里正达到顶峰:作为家庭作业,每个学生都被要求以"刺杀"为题作文。弗朗索瓦兹很享受这次练习:"你杀了三个或更多的士兵,你把刺刀插进德国佬的身体,你把刀拔出来,既厌恶又高兴,然后再次插了进去。"[7] 在被鼓励公开表达对德国人仇恨的同时,弗朗索瓦兹还隐约地受到种族主义的影响。她的家庭把德国视为和法国有世仇的敌人,对最野蛮的暴行负有责任。而他们对待黑人的态度比较暧昧。一方面,黑人可能是行为良好的殖民地士兵(例如塞内加尔士兵),他们很荣幸地穿上这身军装,在法国和日耳曼人的战争中充当炮灰。但与此同时,他也有邪恶的一面,代表着一种威胁着文明社会的原始的、动物般的欲望。年轻的弗朗索瓦兹发现自己在竭力发动和野蛮人的战争的同时,还必须面对着这样一种令人困惑的立场。

皮埃尔叔叔在听说自己的"小未婚妻"被一名塞内加尔士兵亲了一口后——他是苏珊娜护理的一名伤员,弗朗索瓦兹让他想起了他的女儿——和他的侄女吵了一架。他警告弗朗索瓦兹远离具有诱惑力的黑人:"他们当然长得不错,但不如高山猎人长得好。"苏珊娜也严厉地批评弗朗索瓦兹,还仔细地为她清洗被"玷污"的脸颊,这让弗朗索瓦兹以为来自黑人的亲吻是一种色情和有害的污染。亨利·马雷特为了安慰她,给她寄了一张明信片,上面以著名的巴纳尼尔可可广告的风格画着四个英俊的黑人小孩:"你的年轻的小伙伴。"他写道。弗朗索瓦兹依然充满了恐惧和负罪感，当她在大街上碰到一个黑人家庭时，她甚至不敢看他们，虽然她内心里渴望那么做。她是如此地担惊受怕，以至于苏珊娜也不得不送给她一张穿着塞内加尔士兵军装的黑人图片来让她冷静下来。"你还害怕吗？"她在图片上写道[8]。

弗朗索瓦兹发现在自己所接受的话语中，仇恨以爱的方式表达出来。在这场成人世界强加给她的戏剧中，她有意无意地扮演着服从者的角色。在她的叔叔去世后，她真的以为自己成了寡妇。整个青春期她都没能从初恋的痛苦中走出来。成长在一个停战后对德国人的仇恨非但没有减弱，反而转化为新的复仇冲动的家庭里，她又怎么可能走出来呢？弗朗索瓦兹的哥哥皮埃尔·马雷特就是这种精神的化身。他毕业于圣西尔军校，是一名极端的民族主义者和反共和党人。他的名字来自死去的叔叔，这让他急切地希望在另一场战争中复仇。他对于德国人的仇恨伴随着同样激烈的反犹太主义，这都体现在他在"法兰西行动"组织的活动中。他在殖民地军队里任职，时间都花在军事训练、休假和平定当地人上面。

姐姐雅克琳的突然去世加剧了弗朗索瓦兹的丧亲之痛。她的母亲苏珊娜·马雷特虽然在1922年9月又生了一个男孩，但始终没有从丧女之痛中缓过来：她患上了脑热，伴随着精神错乱、抑郁，最后发展成精神抑郁症。这让她无法从事任何家务劳动。在这样的环境中成长起来，并把大量时间花在陪伴成为中产阶级理想的受害者的母亲后，20多岁的弗朗索瓦兹患上了严重的神经症。她纠结于自己偏胖的体型，被自己不讨人喜欢的形象所困，以致于无法进行任何性生活、开始任何职业，或者为自己建构任何身份。"我担心我再也坚持不下去了……如果是那样，我不如一死了之。"[9]

在20世纪30年代初，对于那些想要摆脱家庭桎梏以及过时的女性气质的束缚的人而言，有这么几种渠道。她们可以积极投身政治，或者选择女性主义或宗教；她们也可以进行个人的反抗，通过一份职业来获得独立性。弗朗索瓦兹·马雷特选择了最后一条路。跟随着她的弟弟菲利普，她

第 20 章　交织的命运：雅克·拉康和弗朗索瓦兹·多尔多

开始学习医学，她的目标是把自己从之前的教育中拯救出来，避免仅仅成为妻子和母亲，重复她的父母所犯下的错误。她希望成为一位"教育方面的医生"，这使她接触到正处在萌芽期的法国弗洛伊德运动。1934 年 2 月她开始接受勒内·拉福格的分析，并持续了三年[10]。这给她的生活带来了神奇的转变，仿佛是一场意识层面的革命，但其实革命更多地发生在无意识之中。它使弗朗索瓦兹变成了另一个女人：一个有着自我意识、不再被异化、能够感受到自己的女性性欲而不再沉迷于病态的婴儿期自我形象的人。

在弗朗索瓦兹 1938 年 6 月 15 日写给她父亲的一封信里揭示了这次转变的本质。亨利·马雷特一直在抱怨弗朗索瓦兹的改变，他不知道弗朗索瓦兹已经拒绝了他的理想。所以弗朗索瓦兹在信中很坚决地向他解释了自己转变的意义。她讲到自己通过阅读弗洛伊德学到的知识、自己接受分析的体验和她在精神分析圈子里的交往经历。她没有进行无意义地抱怨发泄，而是用临床知识解释了母亲精神抑郁的痛苦，而其实这在好几年里也困扰着她自己[11]。弗朗索瓦兹·马雷特通过学习临床知识摆脱了神经症。她从她所属阶级的偏见中解脱出来，拥抱一种新的文化。

比较雅克·拉康和弗朗索瓦兹·多尔多的家庭背景会很有趣。拉康来自信奉天主教的、沙文主义的和循规蹈矩的商业中产阶级。他们的祖辈都是农民。获得一定的金钱和物质财富在他们眼中就是社会成功的标准。正如我们所知，阿尔伯特·拉康对于艺术、文化和知识毫无兴趣，他把贸易和商业看作最受尊重的工作。至于他的妻子埃米莉，基督教是她唯一参与的智力活动。她性格中神秘主义的部分可能部分地解释了她小儿子想要成为修道士的原因。她从小儿子出生起就非常宠爱他，而他也把母亲视为圣人。

他哥哥拉康的情况则很不同。对他而言，从属于一个知识分子精英团体和提高自己社会地位的强烈欲望是一致的，但他所认同的价值观和他的家庭背景背道而驰。通过和自己家庭的决裂，拉康成了上层中产阶级的一员，而不再是任何人的儿子。他经常拜访巴黎最精致的沙龙，自视为一位美学家、虚无主义者和世界主义者，而他的父母都是沙文主义者和保守主义者。

相比之下，弗朗索瓦兹·马雷特属于一个把延续法国爱国主义、民族主义和反共和主义道德传统视为己任的阶级。她成长过程中所接受的教育遵循着一种特定的思想体系，这使得她和家庭的断裂可以通过语言交流和冲突来实现：问题可以被讨论、承认、解释和辩论，而拉康和他父母的关系则被沉默和无效的交流所标记。拉康与家庭的决裂更加激进，因为他的父亲在智识层面上无法理解自己儿子的意图。他们没有共同的语言，因此也不生活在一个世界里。

弗朗索瓦兹仅仅拒绝了那种"法兰西行动式"教育中最病态的部分：关于性的偏见、对女性的侮辱和父母相比孩子的过分权力。拉福格对她的分析带来的并非是一种新文化的知识启蒙，而更多的是通过获得临床知识而实现的情感觉醒，所以在思想层面上她依然保留着一些来自自己家庭背景的价值观。在她1938年6月的一封信里可以看到这一点。她的哥哥指责她"被犹太人控制了"。对于一个"法兰西行动"的支持者而言，批判弗洛伊德学派是一种"犹太人事务"毫不奇怪[12]。弗朗索瓦兹并没有批评哥哥的反犹太主义，而仅仅是反对他的控告，告诉她父亲那并不是真的。

弗朗索瓦兹没有去挑战多年以来影响她性格形成的莫拉斯主义哲学观，而仅仅是通过失忆症和拒绝思辨的方式来回避这一问题[13]，这使得她对于弗洛伊德思想的接受更像是一种宗教信仰式的转变。拉康通过理性探索来加工弗洛伊德理论，而多尔多则把弗洛伊德理论视为神秘主义的启示。她和拉福格的分析以及和精神分析圈子的交往甚至改变了她的外貌。从1935年起，她参加了很多巴黎精神分析协会的讲座，每次都认真地做

第20章 交织的命运：雅克·拉康和弗朗索瓦兹·多尔多

笔记。同时她还在不同医疗机构里继续自己的医学学习。在这过程中，她逐渐意识到自己的一个天赋：一种聆听儿童并用他们的语言和他们交流的神奇能力，在这一点上她和吉卜赛预言家桑德尔·费伦齐很像，后者在20世纪初经常在布达佩斯的城郊聚会，那时候精神分析依然处在萌芽期。

弗朗索瓦兹聆听儿童的天赋在她认识爱德华·皮雄并请他做自己第二任导师时开始崭露出来。和拉福格一样，皮雄也被灌输了宗教思想，他没有去挑战父母的天主教信仰，而是试图把它们扩展为更加普世的基督教精神。因此，皮雄也没有要求弗朗索瓦兹拒绝或反思她所继承的莫拉斯主义。在自己两位导师的影响下，弗朗索瓦兹逐渐成为巴黎精神分析协会中沙文主义派中的一员，这一立场后来导致她和国际精神分析协会之间出现了很多严重问题。她自己意识到了这一点吗？当然没有[14]：她和弗洛伊德的对话是非理性层面的，或者用她自己的话来说，弗洛伊德"清除了她身上的污染"。换句话说，精神分析把她从理性的限制中解放出来，使她进入一种原始的、自然的、先于推理的思维方式。

弗朗索瓦兹与皮雄关系很亲密，两人经常交流思想，给对方提出批评性建议。因为皮雄，弗朗索瓦兹选择了"精神分析与儿科"[15]——一个皮雄非常关注的题目——作为自己医学学位论文的主题；在她的论文中，弗朗索瓦兹支持皮雄把弗洛伊德理论引入医学培训的运动。相比拉康，弗朗索瓦兹更像是皮雄理想的学生：他把她视为能够继续自己在法国建构有关弗洛伊德理论的意识形态工作的继承人。他帮助弗朗索瓦兹修订了她的论文草稿，在语言风格、句法、语法和思想上给出精彩的评论，并鼓励她增加一些历史文献的引用。他特别建议弗朗索瓦兹参考欧根妮·索科尔尼卡、安娜·弗洛伊德、梅兰妮·克莱因和他自己的作品[16]。

弗朗索瓦兹的论文在1939年7月11日通过答辩，在年底发表。这是一篇非常奇怪的论文。第一章里简要概述了弗洛伊德理论的要点，其中除了弗洛伊德的观点外再无其他引用。事实上，多尔多非常依赖于法国学派的传统，特别是拉福格和皮雄引入的术语。例如，她使用 aimance 一词，就好像这是她自己引入的术语一样[17]。还有很多类似的例子。所以皮雄才会为她做很多更正。

多尔多一直说自己在儿童心理学领域的导师是苏菲·摩根斯坦："她教会我如何让孩子们自信地讲话，而不用害怕他们说的话会被传到大人的耳朵里。"[18]这确实是真的：她在和厄耶一起工作时认识了摩根斯坦，后者确实起到了这样的作用。多尔多还说自己在写论文时没有读过任何梅兰妮·克莱因的作品。这也可能是真的，但即使如此，她对于英国学派与维也纳学派之间的冲突还是有一个大致的了解的。虽然在论文中她谈到的唯一与此相关的是小汉斯的案例，但她一定是通过法国精神分析协会杂志上的相关文章了解了这场辩论，更不用说通过皮雄的教导了。

1986 年 4 月，在一次采访中，她讲到自己 1936 年左右在玛丽·波拿巴的家中第一次遇见梅兰妮·克莱因的情景："她在公主的花园里给儿童进行某种测试。我可以看出她相信 8 个月左右的儿童需要度过一个情感依附阶段。在这个阶段中，要么有一个'好妈妈'，要么有一个'坏妈妈'。这些在我看来是虚构的。母亲既不好也不坏：她要么是口欲期的母亲，要么是肛欲期的母亲，要么被吸收进去，要么被分离出来……但我确实感觉到梅兰妮·克莱因具有惊人的个人魅力……她对儿童心理学很感兴趣，虽然在我看来她的所有观点都是干巴巴的，而每个儿童都会带来一些新东西。"[19]但事实上，如果这两人确实见过面，那么这次会面也不可能发生在 1936 年，因为克莱因和波拿巴在两次战争之间没有来往。1934 年，公主第一次阅读了克莱因关于儿童心理学的书。第二年 10 月，她参加了英国精神分析协会关于克莱因理论的一场讲座，但她离开时感到"无聊透顶"，认为克莱因的谬误"毒害"了英国社会[20]。她在日志里也没有提出任何可以佐证多尔多描述的会面。直到 1945 年，玛丽·波拿巴才在自己和安娜·弗洛伊德的友情之外，对克莱因的理论又产生了兴趣[21]。这么看来，

第 20 章　交织的命运：雅克·拉康和弗朗索瓦兹·多尔多

克莱因和多尔多的会面只可能发生在 1946 年至 1953 年之间。

当多尔多写作自己的论文时，她对于梅兰妮·克莱因的实践没有发表过任何看法。她当时对儿童精神分析与女性性欲的讨论的理解非常粗浅。她论文第一部分的理论综述也是贫乏而简化的。但第二部分却完全不同：她追随苏菲·摩根斯坦，多尔多发明了一种儿童分析方法，这在后来成为她原创性的理论贡献。

多尔多的传记作者克劳德·哈尔莫斯（Claude Halmos）在一场讲座中谈到了多尔多在儿童精神分析学史中的位置[22]。他把这个位置称为"文化主义"，紧随着第一个发现特殊的儿童世界的梅兰妮·克莱因。在哈尔莫斯看来，多尔多选择站在儿童这一边，创造了一种童年"文化"。这一观点可以帮助我们进一步理解弗朗索瓦兹向精神分析的转向过程。她的方式抛弃了和儿童游戏的技术以及对儿童绘画的解读，而是要求治疗师理解童年期的语言。精神分析师需要使用儿童的语言，从而向他展现他的思维的意义。多尔多的论文里用 16 个案例展示了这一方式。论文所针对的听众似乎也是儿童们：相比弗洛伊德小说式的叙事，夏尔·佩罗的童话故事显然更好理解，其中的人物都来自类似于白雪公主、大拇指汤姆、食人魔和食人女妖这样的流行童话。论文的词汇表也包括这样的词条："遗尿：把床弄湿""大便失禁：把裤子搞脏"。

这就是这位杰出女性的临床才华。她用传统的方式和词汇发明了一种新的话语，一种能够使她解读儿童语言的方式。她像一个民族学者，可以不仅仅观察令人着迷的部落的仪式，而且分享他们的喜悦与痛苦。因为她为儿童们代言的欲望，多尔多的地位更像是一位萨满而非普通的精神分析师。这是她对于自己家族出身的复仇。虽然出身于中产阶级家庭，她没有想过提高自己的地位，而是保持着和普通人民的传统联系。她对于情感纽带的强烈需求以一种对儿童的爱的形式表达出来，而没有转变为一种控制欲。她使用自己的力量不是为了奴役他人，而是为被压迫者服务。在她的个人史中，被压抑者首当其冲的是儿童——她自己因为愚昧的教育而被剥夺了那种想象中美好的童年。儿童往往是可怜的。他们因为社会出身、心智不足和身体劣势而遭到盘剥。她关注所有受折磨的孩子们，无论他们是神经症的还是精神病的，瘫痪的还是残疾的，眼盲、耳聋还是智力有缺陷的。我们现在知道，她的工作近乎奇迹，就像她自己奇迹般地转向弗洛伊德一样。

雅克·拉康和弗朗索瓦兹·马雷特的人生轨迹交织在1936年的巴黎精神分析协会上。我们从大量的笔记中得知，弗朗索瓦兹对拉康6月16日关于"镜像阶段"的讲座印象深刻（拉康的原稿已经丢失，但多尔多的笔记保留了下来）。之后他们经常偶遇，但直到1938年才第一次真正会面。当时弗朗索瓦兹在读拉康论及家庭的文章。在战争期间，他们有各自的生活。拉康通过直面成为父亲的问题以及和马卢分居的问题而开始了新的生活，而弗朗索瓦兹终于遇见了她生命中的男人——鲍里斯·多尔多，一个出生于克里米亚的俄国移民。1942年2月7日，两人结婚，一年后有了第一个孩子[23]。和拉康一样，她既没有和德国人合作，也没有加入抵抗组织；在沦陷期间，她在图索医院继续工作。

战后拉康和弗朗索瓦兹成了非常好的朋友，他们甚至用熟人之间的人称代词来相互称呼，这对于拉康来说非常罕见。他在公共场合称呼自己的妻子或情人都是用正式的人称代词，只有和自己的同辈男性以及医院的前同事，例如和纳赫特、拉加什、艾和马勒等人交流时，才会使用熟人之间的人称代词。因此弗朗索瓦兹得到了拉康仅仅给予男性同胞的待遇。在拉康的社交圈里，她是为数不多的几个没有和拉康有过情感关系的女性。拉康从未试图引诱她或者和她调情。她和热妮·奥布里一样，仅仅是拉康的好朋友[24]。两位女性都相信她们能够追随拉康，而不用通过调情和谄媚来表示自己的忠诚。因为两人的事业都相当成功，所以她们可以在平等和

第 20 章　交织的命运：雅克·拉康和弗朗索瓦兹·多尔多

思想独立的基础上和拉康建立关系。弗朗索瓦兹很有才华：在法国，她甚至比拉康更有名气。即便她不是拉康的追随者，这对她的名望也不会有影响。至于热妮·奥布里，拉康很敬佩她的学识、影响力和社会出身。拉康经常和弗朗索瓦兹·多尔多说："你不需要理解我说的东西，因为和你说的是一样的，只是你的没有理论化而已。"拉康还经常不顾多尔多的不满，向别人介绍说她是妇女参政论者路易·魏斯的姐妹[25]。拉康很享受通过提到名人来提高自己的身份，就像他喜欢结交各种著名人物和明星一样——无论是模特、演员、记者、政治家、哲学家、作家还是其他人。

1949 年，弗朗索瓦兹给巴黎精神分析协会做了两个神经症的案例报告。患者是两个小女孩，博纳黛特和妮可。博纳黛特经常会让人无法理解地大喊，而妮可虽然不是聋子，但却不说话。博纳黛特有自毁倾向，她把活着的生物当成东西，又把植物和蔬菜当成人；而妮可则表现得非常迟钝，一动不动。弗朗索瓦兹想到一个绝妙的点子，她请博纳黛特的妈妈制作一个孩子可以拿来发泄的玩具。一个"花娃娃"就这样诞生了——一根树枝套上绿色的衣服代表四肢和躯干，上面有一朵假花代表人脸。博纳黛特把她的破坏欲投射到这个玩具上，她开始正常讲话，而妮可也打破了沉默。这个实验表明一个符号能够充当语言恢复过程中的调节者，它还说明弗朗索瓦兹·多尔多此时已经融合了克莱因派的"坏客体"概念，开始在实验中加入"游戏"的技术。拉康得知这个实验后也欣喜若狂。他认为这个"花娃娃"证明了自己关于镜像阶段和碎片化身体的研究。他承诺有一天他会给弗朗索瓦兹的临床发现提供一篇理论评述[26]。

1953 年，在巴黎精神分析协会第一次分裂时，多尔多和拉康属于同一阵营，虽然他们的观点并不一致。弗朗索瓦兹同意分裂，她觉得这是不可避免的；而拉康想尽力阻止分裂。在罗马大会上，多尔多紧随拉康发言，第一次扮演她在拉康派运动中将要扮演 30 年的角色。她把拉加什和拉康比作两条巨龙，而把自己比作一条小龙。随后她给出了长篇论述，一方面赞同拉康的语言理论,另一方面批评他的"本能性的成熟"的观点。她接受了拉康把语言结构赋予无意识的假设,但依然没有脱离拉康在加工弗洛伊德理论时已经抛弃的生物学视角。她之后也没有改变这一立场。拉康听完演讲后非常激动,冲上来和她拥抱,说刚才她所说的是来自天堂的声音。"我说了什么?"她问,"我太紧张了,刚才说话时都没有思考。""我的上帝,弗朗索瓦兹,你这条小龙,"拉康回答道,"你根本不用思考!你不必思考就用话语给我们送上了完美的礼物!"[27]

那么弗朗索瓦兹说了些什么呢?她长篇大论地谈到了儿童与母亲的心理关系,强调精神分析师在治疗成年神经症患者时的主要作用是理解他"从成人世界中借用的语言,从而把属于他实际发展阶段的语言还给他。"[28] 正是这一段落让拉康非常感兴趣。弗朗索瓦兹·多尔多曾经告诉我她经常会想象拉康的童年生活是怎样的。她为拉康从来没有提及自己的父母或家庭出身而感到奇怪;为什么他在日常生活中如此古怪?为什么他对自己的形象如此紧张?为什么他对自己的外在表象如此执念?为什么他需要通过化装舞会和奇装异服来伪装自己[29]?多尔多感觉这些可笑的行为是在掩盖一种空虚。她觉得拉康就像一个自恋和任性的孩子,在他的童年期,有一些本质的东西缺失了。所以她对待拉康就像在分析室里对待孩子一样,像和孩子说话一样和拉康说话。这不是把拉康幼稚化,而是重新给予拉康被剥夺的童年。

这种不同寻常的交流方式在两人1956年至1978年之间的书信往来中可以看到。拉康在这些信件中邀请多尔多参加法国精神分析协会的重要会议,私下里请她对自己的理论发表看法,或是征求供自己在研讨班上使用的信息。从1960年开始,多尔多每年会送给拉康一个小礼物来祝他新年快乐——糖果、小玩具或者小饰品。拉康感谢她时会说自己有多么喜爱她,认为她是为数不多的"完整的人"。在拉康的写作中,"完整"往往和"力量"相关联。拉康认为多尔多是"强健"的,但也会建议她控制饮食。

第 20 章　交织的命运：雅克·拉康和弗朗索瓦兹·多尔多

1961 年 2 月，住在蒙特阿尔布瓦酒店的拉康向多尔多讲述了自己的不幸遭遇。在之前一周备受众人好评的精彩演讲中，拉康不慎扭伤了踝关节。"命运是高深莫测的。"他说。他请多尔多保守秘密。后来拉康给多尔多写信的语气越来越富有情感。他告诉多尔多她对于自己来说有多么重要。拉康一直声称只有多尔多的礼物能给他带来快乐，只有多尔多才知道怎么让他高兴[30]。

两人之间还结成了坚固的临床关系。拉康经常在半夜打电话，把他不能处理的分析者推荐给多尔多，无论这些人来找他是为了治疗、督导还是训练。有一天，他给多尔多送来一位非常有钱的病人，他的分析没有什么进展。拉康指出多尔多可以趁机要一大笔费用，但她反其道行之，降低了费用："我会根据你的进展收取更少的费用。"她告诉病人。这位病人的分析很快走上了正轨[31]。

第 21 章
《会饮篇》与风暴

爱是把自己所没有的东西给予不想要它的人。

——拉康

对拉康和多尔多来说,法国精神分析协会的十年是他们思想与教学大放光彩的时期。在这一深陷危机的组织里[1],法国精神分析的第三代开始登上舞台,而拉康和多尔多则战胜了他们的对手丹尼尔·拉加什和朱丽叶·法韦-布托尼耶,逐渐成为协会的领袖。我在别的书里已经谈过了他们成功的很多原因,其中两个因素最为关键:多尔多和拉康都是天才,而他们在第二代精神分析师中的对手仅仅是小有才华。所以多尔多和拉康自然而然地吸引了更多人来受训(虽然他们并不一定吸引同一个人,或者具有同一方面的吸引力)。他们成功的另一个因素是在那一代人中,只有他们俩对弗洛伊德的解读完全不受法国传统理论心理学的影响[2]。

拉康没有接受过正规的哲学训练,但他早在 1933 年就决定和当代最优秀的思想家们建立特殊关系。他和科耶夫、柯瓦雷、科尔班、海德格尔、列维-斯特劳斯、伊波利特、利科,以及后来的阿尔都塞和德里达都有私人往来。这说明在拉康看来,对于弗洛伊德理论的任何严谨的发展都离不开哲学思考。但与此同时,拉康也没有抛弃临床精神病学,他鼓励他的学生学习医学。在理解弗洛伊德理论的这两种必不可少的途径之间,拉康实现了完美的综合:医学途径,通过临床知识了解疯癫;思辨的途径

（文学或哲学），为教学提供理论基础。

拉加什的研究方式和拉康正好相反。作为一位受训的哲学家，他一生的工作不是理论重塑弗洛伊德的学说，而是把弗洛伊德理论融合进理论心理学。拉加什一直是心理学家中的精神分析的代表，同时他也向拒绝心理学遗产的精神分析圈子推销心理学。他努力的结果是彻底的失败。从理论角度来看，心理学取向无论具有多么强大的制度基础，在弗洛伊德学说建立的过程中还是处于边缘地位。

朱丽叶·法韦－布托尼耶的职业生涯和拉加什相似。她继承了让内的心理学传统，一直想要把精神分析引入大学成为一门心理学课程。多尔多在协会里和她的关系类似于拉康和拉加什的关系。法韦－布托尼耶是儿科领域而非精神病学领域的专家。战后她经常在热妮·奥布里所管理的不同诊所里工作。

当多尔多逐渐成为法国弗洛伊德学派两个最重要的领导人之一时，她同样因为在训练分析中所使用的方法而被国际精神分析协会排斥。在1953年夏天在伦敦召开的大会上，由海因茨·哈特曼领头的中央委员会拒绝接纳从巴黎精神分析协会退出的成员。来自新协会的申请必须通过一个调查委员会的审查。温尼科特是委员会主席，其他成员包括菲利斯·克里纳克，和恩斯特·克里斯关系亲密的美国人；威利·霍夫，维也纳裔的英国人，安娜·弗洛伊德的密友；以及珍妮·兰普尔·德·格罗特（Jeanne Lampl de Groot），接受弗洛伊德分析的荷兰女人，安娜·弗洛伊德与玛丽·波拿巴的密友。这一小组的任务是审讯这场叛乱的领导。他们都熟知分析师在培训中出现的问题，其中的两个人（温尼科特和霍夫）还参与了之前的争议讨论。温尼科特去会见了多尔多：在委员会所有成员中，他最有资格评估多尔多儿童分析的工作。他的结论是这些工作可以被接受，应该在法国精神分析协会的框架里继续进行，但他不赞同多尔多的教学；他认为多尔多缺乏方法，导致患者和受训者产生"原始的移情"。建议避免她和年轻人有过多的接触，以免造成不当影响³。

委员会对拉康的评价和对多尔多的评价一样负面，特别批评了他的短时分析。但还有其他反对意见：他对学生有太强的吸引力；他不擅长分析移情；他在法国精神分析协会内部的角色是过度的和不健康的。

拉康和多尔多不是梅兰妮·克莱因和安娜·弗洛伊德所定义的那种训练分析的"技术员"：他们不遵循任何准则或规范，也不限制自己在移情、反移情和阻抗中所扮演的角色。他们并不在某一特定时刻解读患者，也不用秒表来计算分析时间，甚至不一定遵循每周四次或五次分析的次数要求。多尔多接受的是拉福格的分析，后者的实践遭到国际精神分析协会的强烈谴责，多尔多也还没有熟悉国际精神分析协会所推行的标准。至于拉康，虽然他的分析师严格遵守国际精神分析协会的要求，但他厌恶分析师强加在自己身上的这些标准。他对于"技术"的无视让委员会的成员非常不悦。

多尔多和拉康对待受训者的方式并不完全一样。多尔多严格遵守50分钟的分析时长，不是因为服从国际精神分析协会的需要，而是因为她认为这是必要的。但来找她接受训练分析的人并不多，她也没有犯下弗洛伊德运动中很多领导人物（例如玛丽·波拿巴、欧内斯特·琼斯、爱德华·格洛弗、梅兰妮·克莱因、雅克·拉康等人）的错误：她不分析自己的孩子；她避免接诊自己的家庭成员；更不用说她从来没有和患者发生过性关系（事实上，她一直忠实于自己的丈夫）。虽然她周围有很多崇拜者，但她不鼓励偶像崇拜。她不是变态，不是精神病人，不是吉卜赛人，不是内向的人，不是同性恋者，在理论上她具有成为国际精神分析协会成员所需的一切"正常"的品质⁴，但她却没有被接受。

1959年7月在哥本哈根举行的大会上，中央委员会指派另一个调查组调查法国的申请者。这一调查委员会于1961年5月15日、阿尔及尔暴乱发生三个星期后到达巴黎。在威斯敏斯特酒店驻扎下来后，委员会开始逐

第 21 章 《会饮篇》与风暴

一质询法国精神分析协会的成员,这些成员被分为"高级成员"(第二代精神分析师)和"初级成员"(第三代精神分析师)[5]。

新的调查委员会和前一个有很大不同。它不包含弗洛伊德运动中的著名人物(例如温尼科特和珍妮·兰普尔·德·格罗特)。它的成员里有两个英国的克莱因派,宝拉·海曼(Paula Heimann)和皮埃尔·蒂尔凯(Pierre Turquet),他们相比安娜·弗洛伊德派的同事更倾向于接受法国精神分析协会的申请。其他成员中有些是玛丽·波拿巴的朋友,他们只想让巴黎精神分析协会作为唯一的官方组织。他们的立场因此和安娜·弗洛伊德的美国朋友海因茨·哈特曼和鲁道夫·鲁温斯坦不同,后者一直支持法国精神分析协会,无论它有没有拉康。

皮埃尔·蒂尔凯是法国裔,他接受了宝拉·海曼的训练分析,在战争期间致力于改革英国的精神病学。他和拉康有私下往来。拉康很欣赏他,在 1946 年给英国精神分析协会做讲座时还专门通知了他。宝拉·海曼是来自柏林的犹太人,在纳粹上台后移民到伦敦。她接受了梅兰妮·克莱因的分析,成为后者的追随者,在苏黎世大会上以一篇关于反移情的文章吸引了众人的注意力。但在 1953 年,她和克莱因发生了可怕的争执。宝拉感到自己成为克莱因的"奴隶",于是试图成为一个叛逆的对手。几年后她被克莱因团体无情地排斥。当加入 1959 年的调查委员会时,她的身份是一名出色的临床医生,擅长处理负性移情。作为一个对自己的老师失望的学生,她在审查拉康的学生时体会到了同样的纠结情感[6]。

委员会的另两名成员的背景没有这么传奇。伊尔丝·赫尔曼是维也纳人。她是安娜·弗洛伊德的密友,敌视一切破坏分子,特别是拉康。她不了解拉康的工作,也不知道他工作的重要性。她认为精神分析仅仅是一种治疗手段,不认为弗洛伊德的理论需要任何意义上的哲学解读[7]。皮特·范·德尔·列欧,一位训练分析的专家,也是未来国际精神分析协会的主席,和伊尔丝·赫尔曼的观点一致。

在1961年5月和1963年12月之间，围绕法国精神分析协会的问题产生了一系列的协商，其中包括1961年夏天在爱丁堡和1963年夏天在斯德哥尔摩的两次国际精神分析协会大会[8]。辩论的主要参与者是代表法国精神分析协会的弗拉迪米尔·格拉诺夫、塞尔日·勒克莱尔以及代表委员会的皮埃尔·蒂尔凯。协商的内容是一种在拉康工作影响下的法国式弗洛伊德理论与英美精神分析理论的碰撞。后者的代表既想要承认一种活跃的外国理论运动，又担心无法控制一种看上去危险而困难的理论。协商的结果是灾难性的：拉康和大多数法国精神分析协会的学生都被排除在国际精神分析协会之外。

法国方面的两位协商者，勒克莱尔和格拉诺夫——他们是非常好的朋友，思维敏锐、能够互相理解——知道拉康不会放弃他的弹性时间分析。他们也知道拉康无法减少他的分析者的数量。他们的猜测是对的。拉康一直很微妙地讨论"阉割"这一话题。他经常告诫患者和学生：相信无所不能的自我是非常危险的。但他却从来没有把这个智慧运用到自己身上。

作为热情的国际主义者，勒克莱尔和格拉诺夫都相信拉康和国际精神分析的决裂对于法国弗洛伊德学说、拉康和国际精神分析协会都是一场灾难，但两人行动的方式却不相同。勒克莱尔把忠诚视为最重要的美德。他为大师服务不是出于谄媚或盲从，而是因为拉康是法国新派弗洛伊德主义的代言人，是他从1950年就开始支持的领袖。在这个意义上，他是法国的第一个拉康派。勒克莱尔接受过拉康的分析。他认为他们这些学生能够说服国际精神分析协会的调查员接受弹性时间分析，但他错了。

格拉诺夫也试图让拉康派的弗洛伊德学说得到国际精神分析协会的承认，但和勒克莱尔不同，他不把自己视为拉康的顾问，而是同辈人的兄长。所以他的行动原则是联合整个团体，而非对主人的忠诚。但无论如何，格拉诺夫试图把领袖和团体绑定在一起的策略和勒克莱尔的一样失败。

皮埃尔·蒂尔凯认为让拉康和法国精神分析协会加入国际精神分析协会是有必要的，他真诚地相信这位法国的大师最终能同意减少分析者，从而和中央委员会达成妥协。他的想法受到了勒克莱尔和格拉诺夫表态的鼓舞：两人都希望让拉康重新加入国际精神分析协会，他们的态度让蒂尔凯相信拉康会做出必要的让步。但经过和拉康的两轮质询（第一轮在1961年的5月和6月，第二轮在1963年1月）他意识到拉康并没有放弃他以往的做法；恰恰相反，他还进一步增加了分析者，同时向委员会发誓说自己的分析时长符合常规。

鉴于此，蒂尔凯写了两份报告，反对接受法国精神分析协会的申请。在第一份报告的基础上，中央委员会列出来一份包含20个要点的整改方案，在1961年8月2日的爱丁堡大会上提出。方案中的第13条要求拉康停止所有训练分析和督导。第二份报告让中央委员会不仅把拉康排除在国际精神分析协会之外，而且剥夺了他在法国精神分析协会的训练分析师的资格。这个决定在1963年8月的斯德哥尔摩大会上通过[9]。

拉康学生们的证词让蒂尔凯了解到拉康分析中有关移情的一些事实。提供证词的人有三种：第一批人由之前接受拉康分析的人和没有接受过拉康分析的学生们（但可能接受过拉康的督导）组成。他们中大多数人赞扬拉康的实践和教学，但还没有完全拜倒在拉康的膝下；第二批人是正在接受拉康分析的学生们，他们可以分为两类：第一类是富有才华的少数人，他们像拉康之前的学生一样，要么已经是能够提供训练分析的法国精神分析协会的成员，要么是刚刚开始职业分析师的工作[10]。他们希望国际精神分析协会承认拉康的教学，但在谈到自己接受他分析的经历时却有意和他保持距离。这些人在和委员会的关系中扮演的正是拉康后来在1969年引入巴黎弗洛伊德学院的"通过"制度中"渡者"的角色[11]。他们的"通过"意味着分析不仅仅以分离，而是以一种断裂的方式告终。第二类人是平庸的大多数人，他们构成了法国精神分析协会中的草根群体。他们的证词表现出对于大师无限权力的盲目崇拜与信仰。

经过这些冗长的质询，法国精神分析协会中四分之三的成员希望拉康能够以训练分析师的身份加入国际精神分析协会。皮埃尔·蒂尔凯的结论正相反：拉康应该被禁止在实践中应用他的理论。为什么？因为按照国际精神分析协会的标准，拉康的方式是不可接受的。他无法遵守承诺；他对患者施加个人吸引力，使得患者时而过分地屈从，时而过度地叛逆。换句话说，拉康是一个"具有个人魅力的领导者"，而非一个擅长教育的技术人员。这些当然是事实，但皮埃尔·蒂尔凯和宝拉·海曼心知肚明，这些问题在英国精神分析协会中同样普遍存在。梅兰妮·克莱因也具有这样的特质，但她的学派是国际精神分析协会中不可或缺的一部分。但是，需要注意的是克莱因和她的团体的分析技术是被国际精神分析协会所接受的，而拉康却并非如此。在 1955 年至 1960 年之间，他就这一问题在四篇长文中进行了讨论。

1955 年，亨利·艾请他为《外科医学百科全书》（*Encyclopédie médico-chirurgicale*）写一篇文章，和莫里斯·布韦所写的代表巴黎精神分析协会观点的文章相对应。布韦的文章以新弗洛伊德主义的方式讨论了标准分析，而拉康的文章是《标准治疗中的变体》（«Variantes de la cure type»）[12]。延续了之前论文中把分析师定义为"向死而生"的角色的观点，拉康进一步提出的分析理论和他在《罗马报告》中所阐释的相似。他批评了布韦以及巴黎精神分析协会的对手们，同时攻击了他所谓的"美国式精神分析"。他针对的不是美国弗洛伊德学派的历史现实，而是他们对于弗洛伊德理论的"错误"解读：以自我而非本我为中心，强调个体对社会的适应。"美国式精神分析"这一称呼囊括了从维也纳学派发展出来的数个理论，包括安娜·弗洛伊德学派和自我心理学。拉康还攻击了他之前赞扬过的防御理论，以及"自主自我"的理念[13]。他把这一理念和费伦齐、巴林特的匈牙利学派以及自己对弗洛伊德重新理解相对比。拉康理论的中心是寻找主体真理，揭示自我幻象背后的无意识欲望。然而拉康的文章由于太过晦涩，在 1960 年从《百科全书》中撤掉。这让拉康非常恼火，他又写了一篇更加激进的版本收录在自己的《文集》里。

四篇长文中的第二篇《1956 年精神分析的状况和分析师的训练》（«Situation de la psychanalyse et formation du psychanalyste en 1956»），发表在纪念弗洛伊德诞辰 100 周年的《哲学研究》特刊上[14]。拉康以尖酸的语气和末世般的场景描绘了 20 世纪 50 年代中期国际精神分析协会的官僚体制。他把协会划分为四个阶层：第一个是"自以为是者"，他们是弗洛伊德学派中的上层精英，包括教授、主席、秘书、副主席和活跃成员。拉康指责他们仅仅知道古代民主：奴隶服务主人的民主。他们的唯一目标是无限生产一种单一类型的"精神分析公务员"：一位认同于自己强壮和独立的社会性自我的现代教育者。在官僚体制的底层是"不重要的人"，包括附属成员、受训者以及那些"自以为是者"的奴隶。在两层中间还有"必要者"，接受主人的指派训练奴隶；以及"祈福者"，"自以为是者"们的代言人，他们的工作是坐在委员会的席位上，审查、判断和拒绝那些申请训练分析的受训人。

拉康对国际精神分析协会教学内容的批判毫不逊色。他认为除了医学部分，那种教学都是"虚构的材料"，而哪怕是医学部分也很肤浅：受训人在大学的医学系能学到同样的知识。至于训练分析，拉康认为这把受训者引向他称之为"去智力化"的文盲状态。他还认为国际精神分析协会的训练把数量（"100 名平庸的分析师"）摆在质量前面：它喜欢大规模生产分析师，而非培养一小部分知识精英。这种偏好导致了一群像机器人一样的职业人员："审查他们的内心，会发现他们都被自己抵抗的胚胎分裂所占据。"[15] 拉康文章的结尾引用了爱伦·坡（Edgar Poe）的故事《瓦尔德马先生病例之真相》（«Le cas de M. Valdemar»），把国际精神分析协会比作陷入迷幻状态、死气沉沉的躯体。

1958年7月，在法国精神分析协会在罗亚曼召开的一次讨论会上，拉康在题为"治疗的方向及其力量的原则"[16]的冗长的讲座中对所谓的美国式精神分析进行了又一次攻击。他把安娜·弗洛伊德的技术描绘为"画蛇添足之物"，同时以恩斯特·克里斯最近发表的一个病例为例嘲笑了克里斯的解读方法。这个病例涉及一位有剽窃强迫冲动的男子。梅丽塔·施米德贝格是这位患者的第一个分析师，她把这种强迫冲动解读为来源于患者儿时过失行为的神经症：当他还是小男孩时，这位患者经常偷书和糖果。克里斯接过这个病例后，他注意到患者每次在餐厅菜单上注意到自己最喜欢的菜——"新鲜的大脑"——时都会有停顿。从这里，克里斯推导出患者症状的意义：患者希望通过剽窃来避免成为真正的窃贼。

拉康质疑了这一解读。在他看来这是一种典型的、基于对防御的分析的解读。他提出了另一种解读：患者试图防御的不是盗窃别人的想法，而是产生自己的想法。换句话说，对"新鲜的大脑"的渴望是患者剽窃"无"的欲望的行动化。患者并非受困于一种强迫症，而是受困于精神厌食症：他不是"不吃"，而是在吃"无"，把"无"当作某种东西。拉康利用对克里斯的批评来讨论剽窃这一自"镜像阶段"的事件以来就让他一直愤愤不平的问题。

拉康的"镜像阶段"虽然借用了瓦隆的实验模型，但他却刻意忽略这一点，把自己说成是"镜像阶段"概念的发明人。长期以来，在不提及瓦隆的前提下，他不断提醒学生当年发生在马里昂巴德的事件：国际精神分析协会的主席竟然敢打断他的发言，以至于他愤而离去，都没有把演讲稿提交给大会发表。现在，拉康指责他的对手从他这里剽窃思想，尤其是克里斯，当年马里昂巴德事件的见证者之一："克里斯所在的美国，发表的作品意味着地位，而像我一样教书的人每周都要提防可能发生的剽窃。在法国，我的思想甚至渗透到了那个遵照规则禁止我的教学活动的群体。"[17]

第21章 《会饮篇》与风暴

因此，拉康一方面指出剽窃仅仅存在于神经症患者病态的思维中，产生于一种剽窃"无"的欲望[18]；另一方面却相信自己的思想确实在被别人剽窃。

在讲座的结尾，拉康赞扬了费伦齐和匈牙利学派，提出来一种真正的弗洛伊德式分析的五个要点。如果分析的实质不是真实可靠的，那么它就会导致良知的衰退和权力的滥用。一种真正有效的分析在移情的阶段不能脱离对无意识欲望的承认[19]。为了承认欲望，必须首先满足三个条件：第一，分析师首先必须代入自己的存在，而不是服从于任何技术；第二，他必须拒绝屈服于患者的要求，这是唯一能够限制自我的自恋般全能的方法；第三，他必须赋予言说以至高无上的重要性，这是唯一给予患者真正自由的方式——对自由的实践暗示着一种忧郁意识。

拉康在这里建构了一个关于治疗的宏大理论，这一理论复活了最原始的弗洛伊德式实践，但它和国际精神分析协会强行推广的标准背道而驰。拉康深知这一点，这就是为什么他严厉批评正统主义者的官僚主义。拉康不仅仅描绘了他自己分析实践的方法，而且把这一方法作为年轻一代分析师们的理想守则，而他自己则是他们的精神导师。

在1960年，由弗洛伊德发起的精神分析运动已经发展为一个多国组织，包含了不同的机构实体。这些机构所生产的治疗师虽然既诚实又有能力，但都接受了盛行于作为精神分析诞生土壤的民主社会的因循守旧的态度。我用"大规模精神分析"（psychanalyse de masse）一词来描述弗洛伊德正统主义的这一组织方式，它非常典型地指出了由弗洛伊德第二代弟子所建立的第三代国际体系。然而，因为精神分析在法国建立的时间相对较晚，因为在巴黎精神分析协会的创始者中并没有真正的大师，也因为在伦敦和美国精神分析界具有重要地位的犹太移民较少影响到被德国占领的法国，拉康寻求依附关系的愿望似乎没有跟上历史的步伐。在一个国际精神分析协会只能生产平庸的技术员的时代，作为一位具有原创性的理论奠基人，拉康注定要成为新的学说的建造者，新的知识精英的代表，和那种大规模生产分析师的运动相对立。1960年时，拉康还是过于正统，他希望得到弗洛伊德直接继承人的认可，而没有尝试超越他们；但拉康也已经有了精英化的倾向，他梦想着在自己周围聚集一群选定的门徒，复制传说中神秘的维也纳精神分析圈。

这就是拉康用自己的治疗理论对抗国际精神分析协会技术规范的隐藏意义。在1960—1961年的研讨班上，拉康用一年的时间讨论了他的精英主义理想。这一讨论建立在移情这一主题上，通过对于柏拉图的《会饮篇》[20]这一哲学史上最经典的文本之一的评论而实现。在柏拉图的对话录里，苏格拉底和其他六个人交流，每个人都提出对于爱的一种不同理解。其中一个人是高尔吉斯的学生诗人阿迦松，宴会正在庆祝他的胜利；另一个人是政治家亚西比德，他长相俊美，但苏格拉底拒绝把他当成爱人，而是献身于对至善的追求和对不朽的欲望——也就是对哲学的爱。在宴会上没有女人出席，而在当时男色关系的背景下，所有身体与精神爱恋的可能形式都得以讨论。但苏格拉底对爱的哲学理解是通过一位名叫狄奥提玛的虚构女性人物表达出来的。狄奥提玛因此成为加入对（无上的）"珍宝"的讨论的第八位人物。柏拉图把她定义为代表至善理念的客体[21]。

自古以来，对于《会饮篇》的评论都在强调柏拉图如何运用对话这种形式，通过笔下的不同人物，表达出那些人以及作者在意识层面上关于爱的理论。而拉康在自己的评论中第一次解读了每个人物无意识的欲望。他把苏格拉底看成精神分析师，向他的学生们解释他们意识所不知道的真理。在这个背景下，（无上的）"珍宝"被拉康定义为一种欲望的客体（存在的缺失，或用拉康的话来说，"想－成为"）。拉康用一句箴言总结了自己的观点："爱是把自己所没有的东西给予不想要它的人。"[22]作为弗洛伊德派精神分析师的苏格拉底不是因为对于哲学的爱而拒绝亚西比德。苏格拉底是以此来告诉亚西比德后者真正欲望的不是自己，而是阿迦松。这就是移情中所涉及的爱：它和普通的爱一样，但却是虚假的，因为它无意识地指向的客体反映的是另外一个客体。亚西比德以为自己欲望着苏格拉底，其实他欲望着阿迦松。

拉康之所以在 1960 年把苏格拉底视为精神分析师，是因为在他看来，弗洛伊德的学说是苏格拉底式哲学在当代的唯一对应。那是一群知识精英围绕着一位大师的黄金时代，是一个学术的国度。拉康对于《会饮篇》的精彩评论恰到好处地处理了柏拉图笔下苏格拉底选择的实质，这使得我们可以通过哲学定位拉康新的理论立场。在此之前，无意识一直通过结构被定义，在两个阶段里（和列维－斯特劳斯在1951年，和雅各布森在1957年）拉康都利用了哲学辞说来进行对弗洛伊德学说的创新。但在 1954 年至 1955 年之间，拉康和让·伊波利特[23]就弗洛伊德《否认》（*Verneinung*）一文的讨论成了改变的开端，这种改变是结构主义发展的直接结构。从那时起，拉康不是用哲学辞说来滋养弗洛伊德的学说，而更倾向于批判甚至"清洗"哲学，展示无意识的实质如何让哲学走入死胡同。他开始把自己视为一名"反哲学家"，一方面提供对弗洛伊德的哲学解读，另一方面宣判哲学的死刑。这就是 1960 年秋天著名的博内瓦大会的核心主张，现象学弗洛伊德主义的支持者和结构论的支持者在大会上针锋相对。拉康取得了伟大的胜利，虽然曾经支持他理论的朋友梅洛－庞蒂在这一点上并不同意他，认为他的无意识是极权主义的，完全受到语言规则的控制[24]。

拉康对于苏格拉底模型的借用代表了一种挑战。众所周知，同性恋问题是弗洛伊德事业中的阴暗面，同性恋的申请人不能接受训练分析。在这里，拉康选择了柏拉图对话录中在这一问题上最开放的内容来阐释移情问题。同时，他把自己看成是被民主社会的公民当成替罪羊的大师：被指控腐化青年人；因为自大和拒绝妥协而被迫喝下毒酒。拉康还把这位大师和神秘的女子狄奥提玛联系起来，这个意图是显而易见的：他在暗示弗朗索瓦兹·多尔多。

把这种苏格拉底式精神分析学派田园牧歌般的描述,和拉康对精神分析的惨淡现实的评价对比起来是很有趣的。1961年7月24日,在爱丁堡大会开幕的前夕,拉康在罗马给格拉诺夫写了一封信,在其中,他把国际精神分析协会的领导人称为"无法被清除的垃圾",把玛丽·波拿巴称为"尤内斯库戏剧里的死尸"。他批判波拿巴在1953年转变立场时的背信弃义,以及在翻译弗洛伊德过程中的欺骗行为。他把哈特曼比作"只追求结果的螃蟹",把琼斯称为"复仇心强的威尔士矮子",说安娜·弗洛伊德"紧张、胆小、令人厌烦"。在结尾,他抱怨这一邪恶帝国里的所有人在面对那些女性权威时——克莱因、兰普尔·德·格罗特、安娜、玛丽·波拿巴——都是"像兔子一样逃跑的懦夫":这难道就是最好的精神分析吗?

玛丽·波拿巴对她的对手同样充满敌意。在1961年6月给安娜·弗洛伊德的信里,她说弗朗索瓦兹·多尔多是半个疯子,布朗什·勒韦雄是个怪人,而鲁温斯坦"非常软弱"。她坚决拒绝妥协:"我和这些人没有任何共同点。我讨厌像你父亲一样和他们妥协。"在给国际精神分析协会中央委员会的另一封信里,她说拉康接待患者的时间"只有短短几分钟"[25]。

那么在法国精神分析协会的这么多年里,拉康为什么一直想要加入这一充满他讨厌人物的邪恶帝国呢?答案很简单:在当时的法国,没有一个希望成为弗洛伊德运动一部分的人敢去设想和国际精神分析协会的决裂。到1960年时,已经发展成熟的后两代精神分析师感到自己正处在成为真正的国际主义者的边缘,他们为老一辈人的沙文主义感到羞耻,希望通过加入"主流"来洗去污点。

因为把这种归属感视为理所当然,1953年的抗议者们没有意识到当他们从巴黎精神分析协会退出时,他们就不再是国际精神分析协会的成员了。无论拉康对国际精神分析协会的工作进行了多么猛烈的批判,那都不能阻止他渴望不惜代价地成为其成员。他所坚持的"回归弗洛伊德文本"的正统态度让他觉得自己具有理论上的合法性。他渴望自己的教学能够普遍化，得到英美的承认。这解释了他为什么支持他的两个学生加入国际精神分析协会的策略。

在1963年的决裂后，拉康给蒂尔凯起了一个滑稽的外号："火鸡"。他告诉和自己关系最亲密的学生，他从来没有试图获得国际精神分析协会的认可。他甚至批评勒克莱尔和格拉诺夫在他不知情的情况下充当他的代表[26]。这些当然是虚假的。拉康在那一时期的信件显示了在斯德哥尔摩大会之前，他一直是协商过程中的活跃成员。勒克莱尔把任何重要进展都告知了拉康。有时拉康选择站在一边，说他需要时间发展他的理论；有时他则直接和两位学生合作，商量谈判的策略。

拉康一方面觉得自己在被剽窃，另一方面开始相信他最忠实的学生们正在谋害他。在爱丁堡会议后，拉康对大会提出的整改方案大为恼火，他指责勒克莱尔背叛了他。之后他冷静下来，觉得自己完全控制了学生们，使他们能够应对委员会新一轮的质询。但他错了。他不知道，或者不愿意知道自己最忠实的学生们为什么，而又是如何离开了自己。他理应通过自己关于欲望在移情和患者接近自由的过程中产生的理论了解这次背叛的含义，但拉康却没有遵循自己的逻辑。当让·拉普朗什（Jean Laplanche）在1963年11月1日终止了拉康的分析实践，告诉他自己虽然和拉康立场不同，但依然是他忠实的追随者时，拉康大发雷霆，指责拉普朗什利用了自己。同样，当丹尼尔·维德洛谢试图说服拉康接受自己被国际精神分析协会驱逐的事实时，拉康异常愤怒。"你想让我做什么？"他说：

> 放逐我？阻止我进行任何训练分析？你完全疯了，我的朋友。你竟然要在我成名的时候抛弃我。你难道没有看看和你一起离开的都有谁？你并不有钱，但和你一起离开的年轻人都很富有。他们是精神分析的受益者。但我并不惊讶于你们所有人的态度。你们基本上都是医生，我和医生们没有什么可说的。你们都不是犹太人，我和非犹太人也没什么可说的。你们

和父亲的关系都有问题，这就是为什么你们都联合起来反对我。但我告诉你们，将来我不会反对拉加什和那两个法韦，但我会和你们这些通过我的教学受益但又背叛我的人战斗。当你们被打击时，你们会知道是谁干的。现在我们没啥可说的了。[27]

虽然拉康无法忍受被抛弃的感觉，但他也不能放弃那些完全依靠自己而缺乏靠山的学生们。当委员会批判他学生过度依赖，担心这会在未来产生不良后果时，拉康像母亲保护自己的婴儿一样为他们辩护。他无法忍受除自己之外的人对自己学生的任何批评。这就是他在师生之间培养一种过分的情感依赖的方式。他把自己视为他们的父亲，但他对他们的爱却更像是他激烈批判过的那种全能母亲的溺爱。[28]

法国精神分析协会成员所遭遇的问题改变了拉康和他学生之间的关系。一些人把和国际精神分析协会的对话当成脱离天才般大师的束缚的机会；而另一些人因为质询更加依赖拉康。至于皮埃尔·蒂尔凯，他无法理解勒克莱尔和格拉诺夫所支持的策略。他不想冒着风险接受那些从事不合规范实践的成员，他也拒绝相信通过组织结合和对拉康的控制，能够更正那种实践方式。深陷于国际精神分析协会体制机器里，蒂尔凯忽视了拉康天才般的临床智慧：例如他高超的诊断技术，聆听疯癫的敏锐耳朵，对虚伪自满的难以置信的洞察力——所有这些都是精神分析师的必要品质。

虽然具有这些才华，拉康还是误解了中央委员会对自己的看法。1963年6月底，在战役已经失败的情况下，拉康前往斯德哥尔摩，认为自己能够说服国际精神分析协会接受自己理论和技术的合理性。勒克莱尔认识到这一行为的愚蠢，出于尊重小心地告诫拉康："你认为你献上了你的尊严，但你实际是在走向一场灾难。但我是忠诚的，我知道我亏欠了你多少，所以我会和你一起去。"[29] 拉康对这个警告不屑一顾，回答说："我不想让人觉得我来到斯德哥尔摩是因为你的邀请……我更愿意你在战斗中加入进来。"³⁰ 之后他用英文给宝拉·海曼写了一封长信,质疑了蒂尔凯报告的结论,并指责拉加什盗窃了自己的思想³¹。拉康把信交给勒克莱尔,后者迅速把信藏起来:他知道拉加什和哈特曼是朋友。但他还是让哈特曼知道拉康要去斯德哥尔摩参加一个研讨班的事情。

拉康的瑞典之旅是一场灾难。7月初,在伦敦的预备会议上,拉康试图向国际精神分析协会的权威们解释自己的理论,他试图用英语解释主体和客体的分裂,但他想不起英文中"剩余"概念的对应词。他向观众寻求帮助,但没有任何人回应。于是拉康有尊严地离开了房间。之后和索朗热·法拉德(Solange Faladé)见面,后者是拉康的朋友和学生。他同意陪拉康走完这段煎熬的过程。一个月后在斯德哥尔摩,拉康收到了自己被驱逐的通知。8月2日,中央委员会宣布爱丁堡的整改方案必须被严格执行,对拉康的驱逐从1963年10月31日起生效。

这一天,在多尔多、佩里耶、勒克莱尔和女儿朱迪斯的陪伴下,拉康参观了著名的格利普霍姆堡。1935年德国作家库尔特·图霍夫斯基在这里自杀³²。

斯德哥尔摩委员会的决定所排斥的不是克莱因所说的,类似于荣格和阿德勒的异议理论,而是一种完全尊重弗洛伊德精神的理论。从这个角度讲,1963年的分裂是独一无二的。在精神分析运动史上第一次,一个严格遵照弗洛伊德理论的学派发现自己被完全剥夺了合法性。这一决定迫使拉康)无论他是否愿意——创建一个属于自己的运动。虽然它在名义上还是弗洛伊德派,但却不可避免地成为拉康派。我将在后文回到这一问题。

整改建议书要求多尔多也从法国精神分析协会的训练分析师名单中去除,同样被剥夺资格的还有勒内·拉福格和安盖洛·埃纳尔。我已经解释了开除多尔多和拉康的原因。至于拉福格,他一直被看成是一位古怪的领袖。虽然当时还没有明确证据证明他和戈林曾经有过合作,但他还是被视为前纳粹分子。埃纳尔则是他那一代分析师中唯一没有接受过分析的人。

他曾经是协会中沙文主义团体的主要带头人。国际精神分析协会没有什么理由重新接受他,尤其是他还被怀疑有反犹太主义倾向[33]。就这样,整改建议书悄无声息地抹去了法国精神分析史的一段不光彩的过去。但拉福格和埃纳尔的学生怎么办?

我们知道,早在1947年,这些学生就被建议转换到其他"更合适"的导师那里。巴黎精神分析协会的领导层正经历一场悄无声息的清洗。但一些拉福格的分析者认为他们的训练已经很充分,因而拒绝了接受第二阶段分析的建议。弗朗索瓦兹·多尔多就是这个情况——她的分析得到了几个团体督导的补充——所以在第一轮质询时,她被认为太过"拉福格派",这也导致她的实践不被信任。朱丽叶·法韦-布托尼耶的问题虽然和多尔多类似,但很快得到了解决。她只有少数分析者,大多数时间都花在学术活动上。因此她的实践没有产生太大问题。多尔多则不同,她虽然没怎么做训练分析,但有无数学生追随她的理论。这让很多人不高兴,包括国际精神分析协会的保守派和法国精神分析协会的一些官员,例如塞尔日·勒波维奇(Serge Lebovici)和勒内·迪亚特金,他们希望法国的儿童精神分析由精神病学机构开展。

1962年9月21日,勒内·拉福格死后不久,玛丽·波拿巴突然因为白血病去世。埃纳尔成为巴黎精神分析协会创始人那一代中唯一尚在的代表[34]。在斯德哥尔摩大会上,中央委员会的决定撤销对多尔多的驱逐,埃纳尔和拉福格的名字也从禁止从事训练分析的名单里消失了。但两年前爱丁堡的整改建议依然有效。多尔多和埃纳尔别无选择,只能和拉康一起退出协会。1981年9月,弗朗索瓦兹·多尔多回忆起这位她这么多年以来一直追随的人:"当我最开始接受儿童分析的年轻的分析师时,我在拉康的受训者中能够找到最能理解孩子也最能承受分析过程中打击的人。只有在这些人中,我才遇到了那些真正准备好把孩子——无论他们多么小——看成表达欲望的主体,而非学术研究的客体的人。这让我意识到拉康是一位真正的精神分析师，不同于那些有很多知识、以分析师的头衔为骄傲、但却只把精神分析当作职业的人。"[35]

通过禁止法国弗洛伊德运动中两位最杰出人物的实践活动，国际精神分析协会的领导层只接受那些得到他们认可的精神分析从业者。为了标准化的需求，也是出于对于异见的恐惧，他们丧失了作为理论发展动力的创新性。在1964年6月后，唯一能加入国际精神分析协会的是老的巴黎精神分析协会和新的法国精神分析组织。这一组织由解散的法国精神分析协会培养的30多名成员组成，包括拉加什、格拉诺夫、法韦兄弟、安齐厄和一些拉康的学生 [拉普朗什、彭塔力斯（Jean-Bertrand Pontalis）、普乔尔、斯米尔诺夫、拉维、维德洛谢等人]。获得合法性的法国弗洛伊德事业成了没有头和四肢的躯体。在失去多尔多和拉康后，它失去了思考的大脑，也失去了即将到来的第四代精神分析师总人数的四分之三。这些人更愿意追随两位伟大导师，而非臣服于在他们看来的语法保守的规则条款。

1963年至1964年的分裂对国际精神分析协会和正在发展的拉康派来说，都是一场灾难。它使得"法国式例外"的观念再次有效。对于在拉康讲座的教室里成长起来的法国第四代精神分析师，以及第三代中很多依然忠实于拉康的分析师来说，弗洛伊德帝国和一种帝国主义机器联系在一起，只是野蛮地在生产一种"美国式的生活方式"：由可口可乐膨胀起来的山姆大叔。国际精神分析协会的领导层，无论他们是美国人还是英国人，都把他们口中的拉康派视为不折不扣的宗派主义者和神秘主义神学家，认为他们更擅长理论反抗而非普通神经症的治疗。至于拉康，永久的放逐意味着他永远无法让英美世界承认他对弗洛伊德理论的发展的合法性。它最多只能被看作一种异议的或异常的分支：虽然这完全是它本意的反面。换句话说，这位声称代表科学理性和普遍化的弗洛伊德理论的人，沦落为自己国家里的一名预言家。他的信息只能在有效的教区里传播，虽然他从来没有停止对这一界限的挑战。

第 22 章
结构与父姓

> 它所在的地方,我必须到达。(Wo Es war, soll Ich werden)

马德莱娜·沙普萨尔是一名年轻的记者。她在为自己丈夫让－雅克·赛尔旺－施赖伯(Jean-Jacques Servan-Schreiber)的周刊《快报》(*L'Express*)工作期间第一次遇见了拉康。那是在《现代》(*Les Temps modernes*)杂志举办的一次知识分子的聚会上。客人们都穿着华丽的服装。拉康戴着一顶蓬松的假发,通过彭塔力斯的引荐,邀请她跳舞。

拉康当时已经年过半百,但不改浮夸和古怪的风格。他每周在圣安娜医院的阶梯教室举办讲座。他的演讲总是断断续续,时不时被叹息和咆哮所打断。他总是随身带着几张纸,上面有笔记和素描,这些是帮助他在演讲过程中通过间隔来制造悬念的。有时候他会轻声细语,像俄狄浦斯在克罗尼斯所做的那样,通过不详的沉默来使时间停滞;有时他又会像哈姆雷特面对死亡一样提高自己的音量,以此来和自己缓慢的、即将到来的思想形成对比。时而阴郁时而喧闹,拉康能够从破碎的言说和残缺的记忆中揭示一种无意识的严密逻辑,并用自己的语言呼应它节奏的起伏。拉康的讲座往往能导致一种集体的情感宣泄;每个人都觉得拉康只在和自己说话。在 1953 年至 1963 年之间,圣安娜医院的露天剧场成了每位听众——无论是哲学家、精神分析师还是作家——的实验室。那里的气氛宛如苏格拉底的讨论会。虽然这种兴奋感在后期逐渐消失，但它的痕迹还能在大师与观众之间充满启发性的思想交流中看到。

马德莱娜·夏普萨尔没有去圣安娜医院，但她和彭塔力斯在盖坦考特度过了几个周末。在那里，西尔维亚给了她一些有用的建议，还把她介绍给特里斯坦·查拉和乔治·巴塔耶。

马德莱娜·夏普萨尔在大学学习哲学时就对弗洛伊德很着迷。她当时正在从事高端的文学新闻工作，对当代的作家和思想家进行了一系列访谈。其中一些人，例如萨特、马尔罗、波伏娃和席林已经很有名了，另一些人则还不太出名，而夏普萨尔给了他们一个向公众发言的机会[1]。她欣赏那些具有独特性的、打破常规的知识分子，通过语言来架构世界。她还没有想过成为一名小说家；她的目标还是解读别人的思想。她和拉康很快成为互相重视的朋友。两人经常相互赠送礼物，互借珍贵的书籍。两人的通信混杂着诗歌和散文，称呼时而正式时而亲密，如同一场捉迷藏的游戏和风流的艺术。她欣赏拉康对于伪装的嗜好、赤褐色的假发、对于社交和绯闻的喜爱，以及对于戏剧性场景的享受[2]。

夏普萨尔出身时尚界，对于这个千变万化的世界的秘密了如指掌：她的母亲马塞尔·肖蒙和她的教母、伟大的马德莱娜·薇欧奈，都全身心地投入了这个行业。夏普萨尔童年的大部分时间都在蒙田大道的沙龙里。她非常熟悉那种"高级服装店精神"：在那里，女裁缝夜以继日地工作，为公主、明星和显贵的中产阶级妻子们提供华服[3]。

拉康也爱上了这种"精神"。他和女性以及自己的导师克莱朗博一样，都有着对于服饰近乎恋物癖的激情。他着迷于马德莱娜的举止和高雅精致的品位。1956年2月，因为不知道在玛丽-劳伦·德·诺瓦耶的舞会上穿什么衣服，拉康请马德莱娜提供些建议。他要求她不要向任何人说起这件事：在其他领域里，这会被视为剽窃。还有一次，拉康告诉他年轻的朋友，他的座右铭是苏格兰王室徽章上格言"犯我者必受惩"的反面："背叛我的人无罪。"后来在把英雄定义为遭受没有惩罚的背叛行为的人时，他又回到这一主题。他以密涅瓦的猫头鹰的身份前去参加舞会：这是对哲学的致敬。

虽然在对于历史编纂学的批判中，拉康把结构放在事件之前，并用暗示而非明示的方法来表明自己的资料来源，但他对于一种特殊的历史叙事却始终保持着无法满足的好奇：绯闻、谣言和轶事。他喜欢听那些流言蜚语。"当我想去拜访他时，"马德莱娜·夏普萨尔说，"我会试图回忆最新的杂谈；我知道这是我能给他的最好的礼物……他比门房还喜欢打探小道消息……但他却从来没有揭露过自己的私事。"⁴拉康对于闲言碎语的兴趣不会让普鲁斯特笔下的凡尔杜兰太太丢脸。他还喜欢去那些报纸主编们经常光顾的地方。他观察那些把维持语言的幻象当成职业的人，这也许有助于他在教学中挑战他们身上让他私下里非常羡慕的特质：媒体的力量，能够实现通畅交流的能力。他经常带马德莱娜去马蒂尼翁大道上的伯克利餐厅吃蒿雀，坐在报业大亨皮埃尔·拉扎雷夫最喜欢的座位不远处。

清楚意识到拉康试图吸引她的欲望，马德莱娜认识到拉康向自己献殷勤不仅仅是因为她是女人，而且因为她是一名日后能有所求的记者。"在当时，拉康还没有出版任何书籍。他对自己没有被承认而感到恼火，通过我他把眼光投到了《快报》杂志上。"⁵这就是为什么虽然马德莱娜一直在和拉康暧昧地调情，仿佛他们之间有比柏拉图式关系更多的东西，她却始终没有真正喜欢他。但无论如何，拉康对她的追求还是显示出他是一位擅长征服女性的专家。他在一封信里写道："如果没有人能给你宇宙，那么有多少爱人又如何？"⁶

1957年的春天，马德莱娜建议代表《快报》对拉康进行一次访谈，条件是访谈的内容必须能为普通读者所理解。"他知道如何接近大众，也非常善于和流行媒体打交道。他认真听我提出的每一个关于弗洛伊德和精神分析的问题，强烈渴望做正确的事情和被理解。我很感动。我的一些问题刻意设计得比较初级，目的是让访谈能够登上报纸。拉康作为解读经典的大师对每个问题都给出了清楚明白的回答。他既可以变得非常通俗易懂，也可以在日常授课中变得非常晦涩深奥。"[7] 访谈刊登在 1957 年 5 月 31 日的期刊上。封面题目是《精神分析的关键》。在首页有拉康的照片和圣约翰《福音书》里的一句名言："太初有道。"[8]

在访谈中，拉康出色地完成了自己的工作。他给《快报》的读者清晰地阐释了弗洛伊德的发现和在他（也就是拉康派）看来，解读这些发现的唯一正确的方式。正如我们所知，弗洛伊德提出来一个关于历史的隐喻，说明所有的科学探索都使人类的自恋蒙羞。他在其中选出来三个典型：第一次羞辱是天文学的，哥白尼的革命摧毁了地球是宇宙中心的幻象；第二次羞辱是生物学的，达尔文主义动摇了人类声称自己不同于动物的观点；第三次羞辱是心理学的，弗洛伊德对于无意识的发现摧毁了人把自我当成一屋之主的信念[9]。

拉康基于自己的目的使用了这一隐喻，他声称弗洛伊德的文本在整体上属于科学、逻辑和理性，反对那些指责弗洛伊德理论是非理性的反启蒙主义者。拉康认为弗洛伊德理性化了之前那些拒绝理性化的东西，而且解释了"行动背后的理性"。他进一步指出弗洛伊德理论的颠覆性特质。他没有引用哥伦布和汉尼拔（弗洛伊德认同的两位伟大历史人物），而是把弗洛伊德比作首先破译埃及象形文字的法国人商博良。因此，他对于弗洛伊德成就的解读虽然符合事实，但却并非弗洛伊德本人所想。弗洛伊德从来没有激进地声明他的理论能够被看作颠覆社会秩序的反抗。他最多只是说自己理论中有令人震惊和难以接受的一面。他也没有说过无意识在严格意义上能被视为一种由符号组成的书写，而且这些符号的意义完全来自于它们所从属的体系。这两个假设（精神分析理论的颠覆本质和把无意识看成一种符号系统）在弗洛伊德的科学理论中没有位置。但它们和弗洛伊德的思想并不矛盾，这让拉康可以把它们归功于弗洛伊德。"阅读《梦的解析》,"他说,"和《诙谐及其与潜意识的关系》(«Lisez *La Science des rêves*, disait-il, lisez *Le Mot d'esprit et l'inconscient*»)。翻开它们的任何一页,你都会发现我说的内容被清楚明白地表达出来。"[10]

通过提出弗洛伊德的工作具有颠覆性的假设,拉康表现出我在其他地方描述过的精神分析的"汉尼拔"视角[11]。弗洛伊德认同汉尼拔,他以此建立起自己的理论和抵抗原则之间的联系,而拉康走得更远:他希望把这一发现作为一切形式的人类反抗的范例。在这一方面,他追随了"法国式特例"的传统:法国是独一无二的。法国是世界上唯一一个坚持认为弗洛伊德带来了一场革命的国家。他实现了革命的全部意义:理论的、政治的,以及意识形态的。法国作为特例的起源可以追溯到1789年的革命,它赋予理性而非疯癫以科学和合法性,并进而引入了精神病院;之后的德雷福斯(Alfred Dreyfus)事件赋予了知识分子阶级一种"自我意识",这些知识分子通过把自己当成先锋派,得以接管和探索那些前沿思想。现代文学的诞生也不可忽视,这体现在波德莱尔、兰波和洛特雷阿蒙的文学,以及一种在兰波"我是他人"的基础上改变人性的新型写作。如果没有1789年革命,就不会有一种能够融合德国病理学和弗洛伊德发现的历史悠久的精神病学;没有雷福弗斯,就不会出现具有自我意识和创新精神的知识分子先锋派;没有文学现代性,精神分析就不会被看成是对主体颠覆性的表达和对社会秩序的挑战[12]。

为了强调自己在继承巴塔耶的超现实主义和尼采学说基础上发展出来的精神分析理论的颠覆性,拉康试图追溯到弗洛伊德那里。但是在没有任何证据的前提下他如何能证明这一断言?拉康通过在1954年拜访卡尔·古斯塔夫·荣格解决了这一难题。

这位弗洛伊德运动史上最有名的异议者已经79岁高龄。他住在位于苏黎世湖边的豪宅里,就像一位年老的东方智者,想为世界各地来拜访他的人提供治疗、建议和学识。拉康知道接近荣格是很困难的事，所以他请老朋友罗兰·卡昂从中通融一下。卡昂是一位精神病学家和德国学者，他在1936年认识了荣格，成为他的追随者，并负责了他的作品的第一个法文译本的翻译工作[13]。战后在圣安娜医院，卡昂和纳赫特、拉康、艾、拉加什等人有密切接触，希望他们能在自己的工作中把荣格的理论纳入考虑，虽然这只是徒劳。当拉康请他为自己写封推荐信时，卡昂觉得这次会面可能会引发两个理论的比较。"你知道的，老兄，"他说，"你的所指理论和我们的原型理论，本来就是同宗同源。"拉康直白地拒绝了这个观点。"从来不是，"他回答道，"我想去见荣格是因为我确信他还记得有关弗洛伊德的事，我想把这些回忆发表出来。"[14]

在那时，荣格还没有开始撰写自己的回忆录，他和弗洛伊德的通信还没有出版，也还没有人开始研究他的人生。对于任何想要理解精神分析的起源和开端的人来说，弗洛伊德派的经典是他们唯一的资料。但荣格并不忠于那位不可侵犯的维也纳巨人，而是对那位毫无畏惧、不怕非议的英雄持有负面评价[15]。让荣格讲述他和弗洛伊德的关系是一个好主意。这次会面最终实现了。但让卡昂苦恼的是，他对会面的内容毫不知情。拉康从未告诉他发生了什么，而荣格对此的回忆也是转瞬即逝。

拉康之所以没有告诉他朋友，是因为他要把这段经历留给别人。1955年11月7日，在维也纳关于弗洛伊德之"物"的讲座上，拉康用德语第一次谈到了他的古斯纳特之行："我从荣格那里听说，当他和弗洛伊德受克拉克大学邀请来到美国，在纽约港看到那个照耀全宇宙的著名雕像时，弗洛伊德对他说：'他们不知道我们给他们带去的是瘟疫。'这句话被视为弗洛伊德狂妄的证明，但他的反讽和阴暗并不能掩盖其令人不安的光彩。"[16]

拉康在评价这段话时，认为弗洛伊德错了：他认为精神分析能够给美国带来革命，但事实上却恰恰相反，是美国通过去除颠覆精神而毁灭了弗洛伊德的学说。弗洛伊德这句传说中的话出乎意料地得到广泛传播。虽然在法国没有人怀疑弗洛伊德学说的颠覆性，更没有人敢怀疑弗洛伊德1909年和荣格、费伦齐抵达美国时说的这句话的真实性，但对于相关文本、信件和资料的研究却显示，荣格可能仅仅向拉康透露了这个秘密。在他的回忆录中，荣格谈到了美国之行，但没有提到过这个插曲。弗洛伊德和费伦齐也从未使用过"瘟疫"这个词。研究弗洛伊德的历史学家，从欧内斯特·琼斯到马克斯·舒尔，包括亨利·埃伦伯格、文森特·布洛姆、克莱伦斯·奥伯恩多夫、保罗·罗赞、南辛·G.豪尔和皮特·盖，都认为弗洛伊德只是说："他们知道我们告诉他们的东西后会大吃一惊。"[17]

握有这个仅仅属于自己的秘密，拉康编织了一个比现实更真实的虚构情节来对抗所谓的美国式精神分析。他对维也纳文本的重新解读因此打上了颠覆性的印记。"弗洛伊德式瘟疫"的故事之所以在法国如此流行以至于非拉康派都信以为真，是因为拉康已经成为他曾经鄙视过的"法国式例外"传统的继承者和改革者。

在维也纳、精神分析的奠基人曾经居住过的城市里，拉康毫不犹豫地唤起了这位先是被纳粹主义吞没，后来又被美国帝国主义清洗的中欧人的记忆。正如1936年在马里昂巴德所做的一样，他试图用维也纳来对抗伦敦，用欧洲来对抗新世界。拉康希望让前来参加讲座的维也纳精神分析协会主席阿尔弗雷德·冯·温特施泰因伯爵为自己作证。冯·温特施泰因是一位贵族，也是那个维也纳英雄时代唯一尚在的成员。他和奥古斯特·艾克霍恩拒绝了琼斯的"营救"计划，在纳粹占领期间维持着维也纳精神分析的残余部分[18]。拉康知道这一点，这就是为什么他希望自己在讲述弗洛伊德的"瘟疫"如何和"黑死病"以及各种改良理论对立时，能够获得他的关注。但拉康的计划没有成功：虽然1947年的分裂已经导致伊戈尔·卡鲁索伯爵离开了维也纳精神分析协会，但协会还是完全并入了国际精神分析协会，拉康在蒂尔凯的委员会上遇见威廉·索尔姆斯时意识到了这一点。

第 22 章 结构与父姓

就这样，在 1955 年的秋天，拉康在这座已经遗忘了弗洛伊德理论的原初颠覆性暴力的城市中发表了自己被革出教门的伟大演讲。

在和马德莱娜·夏普萨尔的《快报》访谈的第二部分里，拉康以美国模式为对象，指出适应性精神分析是错误的，同样相信分析能够把人从所有束缚中解放出来的论断也是错误的。他引用了弗洛伊德的名言，声称自我永远不能代替无意识或本我。他在这里暗示了自己之前在维也纳的演讲和 1956 年 11 月 6 日在法国精神分析协会中的一次讨论。在那次讨论中，埃纳尔评论了弗洛伊德 1932 年在他的《精神分析引论续编》里"心理人格的解剖"一章的结尾的一句话"Wo Es war, soll Ich werden"。这句话定义了精神分析在文明社会的任务。它的重要性堪比"排空须德海"。1936 年，玛丽·波拿巴的同事安娜·伯尔曼把这句话翻译为"自我必须驱逐本我"。无意识必须接受意识思维的修正。拉康质疑了这个翻译，他利用皮雄提出的"我/本我"这一对词，把这句名言翻译为"它所在的地方，我必须到达"。德语动词 war 以未完成的过去式的方式被直译。这样弗洛伊德的第二地形学得到了一种非心理学方式的解读：精神分析的任务不是驱逐本我、强化自我；恰恰相反，它的目的是让不同元素各居其位。自我并不是"我"的全部，后者可以分为一种想象的第三人称的"我"，或者自我，和一个发声的第一人称的"我"[19]。

拉康在战前就已经做出了这个区分，但基于 1949 年以来对于"我思"主体的新的思考，这一区分获得了更广泛的应用，作为结构语言学的成果出现在两个不同阶段中。在法国，梅洛－庞蒂在他法兰西学院的就职演讲中首次指出从索绪尔的《普通语言学教程》能够发展出一套哲学理论："语言学所发展出的关于符号的理论也许暗示了超越事物与意识的对立，理解历史性意义的可能性……在这样的例子中，偶然之中存在着理性、鲜活的逻辑，和一种我们得以理解偶然性和历史意义相结合的自我构成。现代语言学家索绪尔能够描绘出一种新的历史哲学。"[20]

拉康读出了这个信息。他最早在《罗马报告》中，基于海德格尔的哲学和亲属关系的基本结构，把主体、语言和话语联系在一起。之后他放弃了一切本体论，使用一种逻辑方式提出了一种关于主体与能指之间关系的理论。这项工作逐步得到完善，表现出一种巴洛克式的复杂风格。拉康从来没有直白地阐明这一理论，他不仅仅隐藏了自己的资料来源，剥去了自己理论的任何历史牵连，而且把自己的观点强加在弗洛伊德头上。不仅如此，他在研讨班里分期交叉着讨论问题，仿佛是在模拟布努埃尔电影《他》（*El*）里面患有妄想症的英雄（拉康非常喜欢这部电影，认为它阐明了精神病的严密逻辑）[21]。他在偶数期的研讨班上讨论主体的问题，在奇数期的研讨班上讨论能指的问题（第一、第三、第五、第七等等）。这一流程也印证了拉康理论体系中的一个核心主题，即能指的优先性。但这也使得追溯拉康理论概念的发展阶段变得异常困难。

追随罗曼·雅各布森的研究，通过第二次阅读索绪尔，拉康——和罗兰·巴特（Roland Barthes）、米歇尔·福柯、路易·阿尔都塞等人——成了一种新的学派的奠基人。这一学派建立在和现象学断裂的基础上，它被称为"反人道主义的""结构主义的"和"科学的"精神分析。拉康通过客体小 a（objet a）理论和反映他青年期尼采主义的"文明的妄想性自我"（moi paranoïaque de la civilisation）概念为结构主义加入了颠覆的元素。但尽管受到尼采的影响，拉康并没有接受他的启蒙哲学，而是追随反对神秘主义的科学传统以及无神论的理性主义。科学对拉康的重要性解释了为什么他虽然和海德格尔保持长期友谊，却从来没有认可后者的哲学。

拉康的结构主义基于这样的理念：人类真正的自由来自主体理解了无意识的决定性而意识到自己并不自由。在他看来，这一始于笛卡儿式的怀疑而形成的对我的意识的弗洛伊德式的分裂比关于自由哲学可能性的信仰——例如萨特的哲学——更具有颠覆性。

第 22 章 结构与父姓

拉康对索绪尔的第二种解读开始于 1954 年 6 月 23 日；这是拉康第一次不仅仅是提及了索绪尔的语言、言语或语言学，而且还评论了后者的符号理论[22]。1955 年 5 月 30 日，他通过引述埃德加·爱伦·坡的小说《被窃的信》(La Lettre volée) 进一步佐证了这一理论取向。在之前的 5 月 25 日，他已经阐释了客体小 a 和"大他者"之间的关系，而在 6 月 8 日，他又提出了关于父亲功能的"象征父亲"(père symbolique) 理论，把之前仅仅作为一个概念的"父姓"发展为真正的观念。他在论及"认同性"的研讨班（1961—1962）上又回到这一主题。在对布兰登·罗素的一段讽刺中，他将专有名词与"一划"(un trait unaire) 相等同，用来指示能指作为一（作为全）的特点[23]。

同一时期，在 1956 年 5 月 32 日，拉康首次提到罗曼·雅各布森关于隐喻和换喻的理论，一年后他充分利用了这一理论。1957 年 5 月 9 日——在《快报》访谈的同时——拉康给索邦大学人文科学学生做了一个题为"无意识中文字的动因或自弗洛伊德以来的理性"的讲座[24]。最后在若约芒，在由让·沃尔组织的关于"辩证法"的研讨会上，拉康首次提出了自己对能指的著名定义，从而把主体当成结构（或能指链）中的一个要素："能指是为了另一个能指代表着主体的东西。"[25] 从这里开始，拉康的研究转移到了主体的拓扑结构。

同样是在若约芒，在法国精神分析协会 7 月 10 日到 13 日之间的国际会议中，拉康在一篇关于人格结构的论文里，把自己基于结构主义理念的主体结构和拉加什的人格主义意识形态相对立。拉康一方面和美国式的自我心理学战斗，一方面又和法国精神分析的心理化趋势战斗[26]。

我们知道爱伦·坡的故事。它发生在复辟时期的法国。主人公奥古斯特·迪潘是出身望族的年轻绅士，警察总监找他咨询一个案例。在这个案例中，一封重要的信件被 D 大臣从王后那里偷走，藏在了一个没人能发现的地方。而事实上，这封信就在光天化日之下，它被放在大臣办公室壁炉架上的信笺夹里。警察之所以没有看到它，是因为他们受困于自己的心理。他们没有去看出现在自己眼前的证据，而是在苦思冥想信件如何被精心地隐藏。迪潘意识到大臣采用的策略的巧妙之处就是根本不试图隐藏它。他前去拜访大臣，戴着一副"墨镜"在房间里转了一圈就发现了那封信。他在大臣没有注意的情况下偷走了它，用另一封一模一样的信替换了它。然后他假装落下了自己的鼻烟盒，从而捏造了再次拜访的理由。第二天迪潘再来的时候已经准备了一封假信来替换真的信件。大臣对自己的损失一无所知，他还以为自己控制着王后，但王后知道他并没有，因为他的权力来自持有那封信而非使用那封信。

为了把他的方法解释给故事的叙述者，迪潘谈到学童们有比警察总监更简单、更有效、更机智的方法。"我知道一名八岁的神童，他在玩'猜单双'的游戏里百战百胜，得到众人的钦佩。这个游戏很简单，一个人在手里攥着一定数量的弹珠，让另一个人猜他手上弹珠的数量是单数还是双数。如果猜对了，猜的人能赢一个弹珠，反之则输掉一个。我所说的这个男孩赢得了他学校里所有的弹珠。当然他有一些猜测的技巧，这些技巧就是观察和揣测他的对手的聪明程度。"[27]

在1955年5月的研讨班上，拉康让他的听众们玩这个"猜单双"的游戏以便更好地解释这个故事。这个故事和之前的囚徒困境相似，但它的核心要素不再是一个被迫做出选择来获得自由的主体，而是一封在建立事实的过程中把主体卷入其中的信件。但在两个例子中，观看和游戏都具有重要意义。一个月后，拉康开始写作关于《被窃的信》的文章，8月他在马基雅维利的出生地圣卡西亚诺完成了全文。在这篇被拉康11年后当作他《文集》开篇的重要文本中，他没有再谈论弗洛伊德的无意识理论中象征功能的有限性，而是建构了一个关于能指的"政治"逻辑：一封信总会到达它的目的地，因为信（也就是铭刻在无意识之中的能指）就像福尔图娜

第 22 章 结构与父姓

对于马基雅维利的意义一样，决定着主体的命运。这就是所谓"无意识中文字的动因"，拉康在 1957 年 5 月和 1960 年 9 月解释了它的内容。

费尔迪南·德·索绪尔把语言学符号分为两部分。他把符号的语音形象地称为"能指"（signifiant），把符号的意义内容称为"所指"（signifié）。语音学符号因此被定义为一个价值体系内所指与能指的关系。至于一个符号的价值，它来自和语言中其他符号存在的反衬。所指并不等同于价值，而是通过其与能指的关系推断出来的。为了通过结构语言学来解释弗洛伊德的第二地形学，拉康详细分析了符号的问题。索绪尔把所指置于能指之上，两者之间用一条代表"意义"的横杠区隔，而拉康把这个图形倒置，把能指置于所指之上，以此来强调能指的优先性。之后，他把价值概念纳为己用，指出每个意义都和另一个意义相关联。从这里他得出结论：能指必须独立于所指，就像一封信没有任何实际意义，但却能决定主体的无意识命运。主体不等同于自我，拉康把它定义为"无意识主体"（sujet de l'inconscient）：主体依据弗洛伊德的分化原则和精神病学的不协调理论而被分裂[28]。

在这个背景下，主体并不充分存在；相反，主体由能指代表，由指示语言之中无意识的文字所代表。主体同样由能指链所代表，在其中言说的层面和言说之物的层面不相同。因此，主体是在一个结构的整体中，由一个能指为另一个能指所代表。

拉康以这种方式用弗洛伊德式的"它说"（ça parle）取代了笛卡儿式的"我思"（je pense）。无意识主体这一概念对于维也纳流传下来的理论而言是陌生的。拉康所做的是展示弗洛伊德并没有完全废除主体，而是把它作为自己对在伽利略之后推动现代科学诞生的笛卡儿主义的回应的一部分。弗洛伊德把自己视为哥白尼和达尔文的继承人，而拉康通过柯瓦雷的教学，更倾向于伽利略。虽然如此，他还是利用了笛卡儿式怀疑（让主体作为自己思想的主人）和康德的道德观（主体是工业社会道德意识形态的基石），从而产生出一种关于现代自我的理论。他把现代自我定义为"文明的妄想症主体"。在拉康看来，弗洛伊德革命是"我思"哲学的反面，但通过把笛卡儿和弗洛伊德并置继而引入科学所建立的主体，拉康重新把怀疑的精神引入无意识：一个分裂的主体，一个"我不知道我是谁"的主体。

剩下的工作就是翻译弗洛伊德 Ichspaltung（主格我的分裂）这一概念，进而展示人类主体如何被双重分裂：一个分裂是想象自我和无意识主体的分裂，另一个分裂发生在无意识主体内部，代表着主体的原初分化。拉康使用"裂开"（refente）一词来表示第二次分裂，说明这次分裂永远无法被弥合，因为主体总是通过能指为另一个能指所代表。除了"裂开"，拉康还从英文里借用了"衰退"（fading）一词，来表示主体在能指链中的出现和消失，像是一部电影里的二元溶解。

仅仅是索绪尔的理论还不足以帮助拉康完成自己笛卡儿式的工作，因此他还求助于罗曼·雅各布森的工作。在拉康做"文字的动因"讲座的几个月之前，他读到了雅各布森和莫里斯·豪尔合作的，出版于海牙的《语言学基本》(Fundamentals of Language) 一书。这本书中包含了一篇题为《语言的两个层面和失语症的两种类型》(«Deux aspects du langage et deux types d'aphasie») 的文章，这篇文章帮助拉康为他的语言和无意识理论增添了结构形式。雅各布森指出语言的两极结构，这使得一名演讲者不自觉地执行两种活动：一种是和相似性有关，涉及语言中范式和单元的选择；另一种和连续性有关，涉及这些单元的横向组合。在选择的过程中，演讲者选择一个词而非另一个，例如他使用"鸭舌帽"而非"圆顶帽"或"贝雷帽"。在组合的过程中，演讲者把几个词并列起来产生连续性。例如为了描绘一个人的着装，他把"女上衣"和"裙子"两个词组合起来。

以此为基础，雅各布森指出失语症患者的问题是他要么丧失了选择的能力，要么丧失了组合的能力。他用传统的修辞学来帮助理解这一语言学问题,把语言的选择过程和隐喻相对应,把语言的组合过程和换喻相对应。和第一种语言活动相关的问题阻止主体使用隐喻;而和第二种语言活动相关的问题阻止主体使用换喻。雅各布森还通过观察得出结论:这两种活动都可以在弗洛伊德所描述的梦的功能中发现。他认为弗洛伊德的象征化属于隐喻,而移植和凝缩则属于换喻活动[29]。

拉康利用这一研究提出了弗洛伊德关于梦的工作的理论的新版本。如果说梦是由潜在内容与显在内容的替换过程所组成,那么在索绪尔研究的启示下,可以把这一过程看成是能指之下所指的滑动。能指对于所指的作用是两方面的:一种是凝缩,也就是不同能指的叠加(例如混成词);另一种是意义的转移,意味着一种移置(例如以部分代替整体,或者词语的相近性)。和雅各布森不同,拉康把弗洛伊德的凝缩和隐喻相关联,把移植和换喻相关联。在他看来,症状和隐喻相关,它是用一个身体的能指取代另一个被压抑的能指;而在换喻中,无意识欲望表现为无法得到满足的对于欲望的欲望。

"我作为能指主体所占据的位置和我作为所指主体所占据的位置是同心的还是离心的?"按照他对于"我思"的颠覆,拉康的回答是后者:"我思考的地方我不在,因此我在我不思之处。"拉康的地形学因此是用语言的结构来理解无意识,在这个结构中,"我"被定义为雅各布森所谓的"转换词":它指示话语中的主体但不给予这个主体意义。拉康用否定性能指来描绘它——例如在皮雄关于否定性的著名文章里提到的否定性感叹词Ne[30]。后来拉康又使用不同的公式来解释他所谓的无意识结构:"无意识像语言一样构成";"语言是无意识的条件";以及最后的"无意识是语言学的条件"[31]。

与此同时,拉康提出来能指作用于所指的三个规则。象征功能的第一个规则从抵抗意义的横杠开始。换喻的规则反映了一个能指和其他能指相关联的过程;在这一过程中所指的省略指示了欲望的客体,它总是在能指链上缺失。隐喻的规则反映了一个能指取代另一个能指的过程，通过这一过程，主体得以被代表。拉康用"缝合点"（point de capiton）一词来命名能指链上一个能指和一个所指绑定在一起的特殊点，正是这一点产生了意义。这一概念为拉康之前在《罗马报告》中提出的"断句"技术提供了理论支持，"断句"（ponctuation）反映的是在一次分析过程中对于话语流的内在干扰的必要性。

拉康再次把他的理论方法归功于弗洛伊德，甚至说弗洛伊德已经把无意识当成是能指链。"这一公式是我的，"他说，"但它完全符合弗洛伊德的文本向我们展开的方式。"[32] 拉康把自己视为安排弗洛伊德与索绪尔从未发生的对话的现代组织者。他之后还半开玩笑地说："我是发明无意识的人。"

拉康以一种笛卡儿式的主体哲学和"后索绪尔"的无意识概念来重构精神分析理论。这一出色的理论工作并不仅仅来自他对于雅各布森的阅读，也要归功于他和这位伟大的语言学家的会面：在科耶夫和柯瓦雷之后，雅各布森作为流亡的俄国知识分子的第三位代表，成为拉康理论发展过程中的关键人物。

罗曼·雅各布森 1896 年出生于莫斯科，他很早就表现出语言上的天赋。在 4 岁时他就能阅读，7 岁时就能说法语、德语和俄语。到临终时，他已经掌握了罗曼语、斯拉夫语和日耳曼语。只有他的朋友尤金·波利万诺夫（Evguéni Polivanov）能凭借自己的亚洲语言知识在这方面超过他。雅各布森的父母和尤里·卡甘的家庭交往密切。卡甘是一位擅长处理文学、艺术和戏剧合同的莫斯科律师，他的两个女儿莉莉和艾尔莎是罗曼童年时的玩伴。她们叫他"罗卡"，喜欢他红色的头发。罗曼爱上了艾尔莎。

到 1910 年时，也就是托尔斯泰去世的那一年，雅各布森已经成为象征主义诗人和理论家的支持者，他满怀热情地欢迎最早的未来主义宣言。

1912 年 3 月，莉莉嫁给了奥西·布里克，搬到圣彼得堡居住。罗曼六个月后去那里拜访她："布里克是一个很有才华的人——我对此很肯定……他的目标不是写出很多东西，而是发现事物……他最喜欢的是认识一些年轻人，可以把具体的工作托付给他们。很多出现在别人名字下的作品其实都是受到了布里克的启发。"[33] 在这次旅行中，雅各布森结识了维利米尔·赫列勃尼科夫，后者在他眼里是 20 世纪最伟大的诗人。在知识分子经常光顾的一家酒馆里，两人交流了关于"超国家"语言的看法。这种语言是未来主义者基于对想象单词和真实后缀的混合而创造出来的语言。

1914 年春天，雅各布森在莫斯科认识了弗拉基米尔·马雅可夫斯基（Vladimir Maïakovski）；两人成了非常好的朋友。马雅可夫斯基经常光顾布里克的文学沙龙，这一沙龙聚集了对研究诗的语言感兴趣的诗人和作家。马雅可夫斯基疯狂地爱上了莉莉，成了她的情人。1915 年 3 月，罗曼·雅各布森成为莫斯科语言俱乐部的创始人之一，俱乐部在马雅可夫斯基公寓的楼下的对面，马雅可夫斯基经常来朗读自己的诗作。俱乐部融合了当时三股思想潮流：在博杜安·德·考特尼后，以尼古拉斯·特鲁别茨柯伊为代表的俄国语言学派；胡塞尔现象学；以及未来主义先锋派[34]。一年后俱乐部成员开始接触索绪尔的语言学，索绪尔最后一批学生之一的赛奇·卡塞维奇向他们传播这一新思想。

十月革命爆发的几个月前，雅各布森在彼得格勒创建了 OPOIAZ 协会，这个协会的主要目的是研究诗歌语言，把布里克小组的活动官方化，并融合所谓的俄国形式主义学派。这一协会聚集了一批名人，包括语言学家尤金·波利万诺夫、诗人鲍里斯·艾肯鲍姆、语言理论家维克多·肖罗夫斯基，以及鲍里斯·帕斯捷尔纳克、奥西·曼德尔施塔姆和马雅可夫斯基。协会希望构建一个排除一切外在因素的诗歌体系——无论是作者的"心理"、社会价值还是观念史——仅仅关注文学作品本身。就这样，莫斯科俱乐部和彼得格勒的形式主义小组都把语言本身作为研究对象，把文学研

思想体系的要素

究作为一种自主的表达形式。对两个团体而言，诗歌都代表了语言的精华：一种强调语言自身的语言[35]。

两个团体的活动在十月革命后都被迫中止，小组的成员也选择了不同的出路。有些人流亡，有些人留在俄国，还有一些人——例如波利万诺夫，1938年在高加索被处决——成为斯大林大清洗的受害者。1923年左翼艺术前线成立，布里克和马雅可夫斯基是核心人物，组织的目标是把文艺活动的中心从未来主义向共产主义转移，清扫旧的审美态度，废除俄国的历史文化[36]。当艾尔莎·卡甘1918年离开俄国来到巴黎，嫁给了法国官员安德烈·特里奥莱时，雅各布森为她写了一首诗："这句话只有你我知道，我全身心地爱着你，如果你去了塔希提，我会伤心欲绝。"他后来和路易·阿拉贡在巴黎又见到了艾尔莎。

1920年，当雅各布森抵达布拉格时，他第一次阅读了《普通语言学教程》。他震惊于索绪尔赋予对立问题的重要性。和毕加索、布拉克这样的立体派艺术家一样，他强调事物之间的关系而非它们自身："语言学中的拓扑学观念也出现在艺术和科学中——'对立'一词显然意味着一种隐含的逻辑工作。"[37]在维也纳，雅各布森再次遇到特鲁别茨柯伊，后者刚刚逃离了革命，正在研究音韵学原则。1926年10月，两人一起建立了布拉格语言学俱乐部。两年后，在海牙的一次语言学会议上，他们第一次使用了"结构与功能语言学"一词。他们需要做的是从形式主义转向结构主义，也就是不仅仅研究语言的形式结构，而是包括各种结构功能在内的语言整体，从而推进索绪尔的革命。这是布拉格俱乐部在1929年出版的九部论文集的主旨[38]。音韵学在其中占据了重要地位，它用一种关于音素的科学取代了旧的、仅仅描述物质性声音的语音学。音素是实质上能够表达意义的最小语言单位。就像索绪尔区分了语言和言语，并用价值来定义符号一样，特鲁别茨柯伊认为每一个音素都有不同于其他音素的独特性。对于音素的研究可以得出一种适用于所有语言的普遍结构原则。从这里出发，雅雅各布森在 1941 年的斯德哥尔摩会议上提出了语言整体的宏观的音韵特性。这些特性是孩子最早掌握的内容，也是失语症患者最晚掌握的。更加微观的特性在儿童语言能力的成长过程中逐步获得，在失语症患者的语言丧失过程中逐步失去。

为了逃离纳粹和战争，雅各布森移居纽约。在那里他和一些流亡的精神分析师有密切交往，其中包括雷蒙·德·索绪尔。雅各布森和他讨论了他父亲的工作。在 1916 年写给夏尔·巴里的一封信里，雷蒙已经表达出创建一个同时进行精神分析和语言学研究的领域的想法，但他没有继续下去。从雅各布森那里，他获知了自己父亲《普通语言学教程》一书的普遍意义[39]。至于雅各布森，他在纽约第一次意识到精神分析和语言学有巨大的沟通潜力[40]。

当时也在纽约避难的亚历山大·柯瓦雷把雅各布森介绍给克劳德·列维－斯特劳斯，后者当时自认为是一位"天真"的结构主义者："雅各布森向我展示了在语言学领域中的一个我完全陌生的、完整的结构主义理论体系，这对我是一个启蒙……他是智慧非凡的思想家。"[41] 雅各布森在斯特劳斯写作《亲属关系的基本结构》时也起到了重要作用。两人的兄弟情谊一直保持了下去，后来雅各布森虽然成了美国公民，他还是会定期来巴黎拜访斯特劳斯，以及他挚爱的艾尔莎·特里奥莱，有时候还有从莫斯科过来探亲的莉莉·布里克。

几年后，路易·阿拉贡把雅各布森介绍给一些共产主义作家，这些人虽然憎恨斯大林主义，但还希望复兴形式主义、未来主义和超现实主义先锋派所留下的遗产。虽然雅各布森从来不是一名积极的革命者，但这些人都把他视为一种语言革命的化身，因为和马雅可夫斯基、赫列勃尼克夫、布里克、波利万诺夫一起，他见证并参与了 20 世纪最伟大的革命：语言学革命。因此法国作为 1789 年革命的发源地，成了雅各布森的第二祖国，就像法语也是他的第二语言一样。在早期的拜访中，雅各布森住在斯特劳斯家里，但随着后者把他介绍给拉康，他之后就住在里尔街3号西尔维亚家中一间"他自己的房间"。

雅各布森参加了几次拉康的研讨班，见到了他的同事和朋友。他两次安排拉康去美国做讲座。在1967年，他同意参与拉康"关于幻想的逻辑"研讨班[42]的一次辩论，他精彩地回答了热妮·奥布里对于儿童语言学问题的提问、露西·伊利格瑞（Luce Irigaray）关于转换词的提问和让·奥里（Jean Oury）关于机构中关系背景的概念。在和罗贝尔·格奥尔金[一位杰出的比利时学者，并且是《西特琴笔记本》（*Cahiers Cistre*）杂志的编辑]的一次访谈中，他说他和拉康的交流对两人的工作都有影响。"我们的工作都主要和隐喻和换喻的问题有关。这两者是语义学及其表达的对立的两极，是我们讨论的重要主题。"[43]

雅各布森的这段话主要是对于职业而非理论事实的忠实。他并没有受到拉康作品的"影响"。虽然他对于这位经常接待他的人表示出喜爱和支持，但他从来没有把拉康的观点纳入自己的研究之中。当罗贝尔·格奥尔金希望出版一个关于拉康理论的合集，并向雅各布森邀稿时，他礼貌地回绝了，这让拉康非常受伤[44]。

语言可能是无意识产物的观点在新语法学派和结构主义者中非常盛行。但他们对无意识的理解和弗洛伊德有很大不同。雅各布森在胡塞尔理论的直接影响下，更倾向于使用"潜意识"这样的词语，说明一种隐藏在意识深处，不被主体察觉的直觉知识。雅各布森关于主体性目的和意识意向性的反心理学立场和拉康在战后的理论有很大不同。

在20世纪初，费尔迪南·德·索绪尔和西奥多·弗卢努瓦就在艾琳娜·史密斯所发明的著名的"火星文"中遭遇了语言和无意识的关系问题。索绪尔后来在研究农神拉丁诗歌时，自认为发现了诗人的秘密活动并把其称为"变形词"，此时无意识和语言的问题又再次出现[45]。随着他的研究逐步扩大到希腊史诗、抒情诗以及拉丁诗歌，他又开始怀疑"变形词"

或者隐秘文本的存在究竟是巧合还是作者本身的意图。由于无法得出答案，他放弃了这条研究路线。

由于拉康的出发点是弗洛伊德的无意识，所以他是20世纪第一个在维也纳的著名发现和日内瓦的结构语言学革命之间建立有用的关联的思想家。为了做到这一点，他和所有涉及意向性理论的观点断裂，而是强调（分裂的）主体作为弗洛伊德理论的核心。当列维-斯特劳斯通过雅各布森的介绍开始阅读索绪尔时，拉康是通过亨利·德拉克鲁瓦和皮雄知道了《普通语言学教程》，并利用《亲属关系的基本结构》提出来从自然向文化过渡时的一个普遍化象征功能。最后，雅各布森和特鲁别茨柯伊的布拉格结构主义学派理论使得拉康发展出一个包含主体理论在内的能指逻辑。仅仅这一点就足以让他跻身20世纪最伟大思想家之列。

拉康非常钦佩雅各布森。在他和国际精神分析协会十多年的斗争中，当他感到孤独，感到被散居异国的弗洛伊德主义者所排斥时，他总会从这位来自古老俄国的世界主义学者身上重新发现智力的挑战，正是这种挑战使得年轻的拉康走上了弗洛伊德革命的道路。他开始考虑转向东方，虽然精神分析在那里完全被禁止：这是拉康对所谓美国式精神分析猛烈批判的后续。1953年，拉康把自己珍贵的《罗马报告》交给了共产主义者吕西安·博纳菲；九年后他还想不惜一切代价访问苏联。他意识到在斯大林去世后，对于弗洛伊德学术的激烈谴责已经不复流行[46]。苏联的心理学家开始批判20世纪50年代的巴甫洛夫意识形态，后者不仅仅去除了弗洛伊德学说中所谓的精神性，而且清除了所有精神分析理论。

拉康前往苏联的想法萌芽于一个震惊世界的大事件：苏联宇航员尤里·加加林在1962年4月12日的壮举。拉康坚信哲学的革命总能产生思想上的颠覆，他联系了自己的老朋友、瓦隆的学生、法国共产党成员伊莲娜·格拉西奥-阿尔方戴利，告诉她："我一定要去苏联。我有很多事情要告诉他们。所有事情都要重新思考。现在人类已经可以太空旅行了，在

苏联会出现一种全新的心理学。"⁴⁷

伊莲娜早在1930年就认识了拉康，她的女儿是朱迪斯的好朋友（两人都是阿尔及利亚独立运动的积极活动者）。拉康也把自己的计划告诉了勒内·扎佐："他想去苏联，不是以游客的身份，而是作为客人；不是去几天，而是好几个月。他想告诉苏联人真正的精神分析是什么，他还想组织一个研讨班。他问我能不能帮忙，但我不认为这能成功，我虽然这么跟他说了，但还是承诺等列昂捷夫下次来巴黎时和他谈一谈。"⁴⁸阿列克谢·列昂捷夫出生于1903年，他是苏联教育科学委员会的副主席，也是莫斯科大学心理学系的系主任。他是一名坚定的马克思主义者，也是巴甫洛夫的反对者。他和他的朋友亚历桑德拉·吕里亚一直试图复兴他们的导师列夫·萨米诺维奇·维特各斯基的理论⁴⁹。为了实现这一目标，他请他的法国同事勒内·扎佐和保罗·弗莱斯把维特各斯基的一些著作翻译成法文。表面上看他和拉康没有什么矛盾，他也同意会见拉康。

伊莲娜组织了一场晚宴。当西尔维亚和扎佐夫人在一旁聊天时，拉康和列昂捷夫沉默地坐着。为了打开话匣子，扎佐提到了加加林的太空飞行，以及苏联对于"宇航员心理生理学"的研究。列昂捷夫以为扎佐是在质疑加加林的探索，生气地列举证据。拉康对此毫不犹豫地答复道："没有宇航员这种东西，因为并不存在宇宙，宇宙是一种智识态度。"作为他的好友亚历山大·柯瓦雷的学生，拉康的这句话是在伽利略物理学的背景下说的，后者认为宇宙不能被认为是一个和谐一致的体系。"宇宙"这一名词也确实属于前哥白尼的术语。扎佐尽力消除误解，但列昂捷夫还是感到自己被冒犯了。"你的朋友总是这么讲话吗？"他问。拉康从来没有收到他的邀请。

之后，当他的女儿西比尔在莫斯科时，拉康又希望去看望她。但他的行动太鲁莽了。虽然拉康知道如何优雅地在日常社交圈子里活动，但每当和科学界或者一般学术界的人打交道时，他总是在那些他渴望得到认可的人面前表现得糟糕。例如,当他第一次邀请哲学家和美食家让·伊波利特在一家餐厅里共进午餐时,他让服务员上一小瓶"招牌红酒"。还有一次,当朱迪斯接受她的哲学教师学位的口试考核时,拉康邀请他研讨班的一些学生一起去旁听。考核结束,朱迪斯位列第一。拉康走上台和评委会主席乔治·康吉莱姆激动地握手并感谢他。康吉莱姆(著名的科学历史学家,曾经的抵抗组织成员,以刻板和正直而出名的世俗教育者)始终没有原谅拉康的这一行为[50]。

虽然拉康曾经想和教皇见面,但他大多数时候厌恶和宗教保守主义有关的一切。类似的,虽然拉康希望吸引马克思主义者来学习他的理论,但他对共产主义却毫无同情。回顾历史,他认为马萨林是法国最杰出的政治家;面对现实,他倾向于社会民主制,虽然他从来没有对此做出过任何公开宣言。他始终保留着一些青年期的反议会制立场和对英国民主制的欣赏——虽然这两个立场完全对立——但他唯一真正感兴趣的政治是推动他理论发展的政治。在这方面,他总是谈到从柏拉图到黑格尔的政治哲学史,其中包括亚里士多德、圣奥古斯丁以及马基雅维利。让·拉库蒂尔在写作关于权力人格化的论文时在哈佛大学见过拉康,他惊讶于后者对这一领域的兴趣。拉康对他说:"除了权力的动机与方法,我还研究过任何别的东西吗?"[51]

1954 年,通过马德莱娜·夏普萨尔,拉康结识了弗朗索瓦兹·吉鲁(Françoise Giroud),让-雅克·赛尔旺-施赖伯的《快报》杂志的另一位创始人。两人成了好友。有一次,应克劳德·列维-斯特劳斯的请求,弗朗索瓦兹·吉鲁邀请皮埃尔·孟戴斯·弗朗斯来出席晚宴(在晚宴的最后,弗朗索瓦·莫里亚克和赛尔旺-施赖伯也出现了,他们之前可能还在报社工作)。孟戴斯·弗朗斯认识列维-斯特劳斯,后者曾经带他到跳蚤市场找过一些家族档案[52]。整个晚上,拉康和列维-斯特劳斯都保持沉默,虽然他们的妻子还在进行正常的交谈。"拉康被孟戴斯·弗朗斯迷住了,"

弗朗索瓦兹·吉鲁后来说。"他们就见过那么一次，让拉康感兴趣的是孟戴斯·弗朗斯的名望和他吸引年轻人的魅力。"孟戴斯后来告诉他的妻子他对拉康和列维－斯特劳斯的沉默表示困惑[53]。

在那时，拉康和罗兰·杜马，后来弗朗索瓦·密特朗的社会主义政府中的部长建立了友情。杜马在劳伦斯·巴塔耶遭遇法律问题时为她提供了辩护。在乔治·巴塔耶1962年7月去世后，他建议拉康采取行动使得朱迪斯成为他的合法的女儿。在拉康开始在巴黎高等师范学校任教并发表自己关于"被驱逐"（L'Excommunication）的就职演讲时，这一手续终于完成了。在这样一个神奇的巧合中，拉康在成为自己女儿合法父亲的同时被迫离开了国际精神分析协会，在之后的一系列讲座中，他将为"弗洛伊德派"赋予一个本质上有着他的烙印的学派。在1月15日讲座的听众里，有一个人将成为拉康未来的女婿，他就是当时不到20岁的雅克－阿兰·米勒。他是巴黎高等师范学校富有才华的哲学家，1966年11月12日在盖坦考特迎娶了朱迪斯。所以朱迪斯使用自己父亲姓氏的时间不到两年，便改称为朱迪斯·米勒[54]。

和罗兰·杜马斯类似，加斯东·德费尔也是拉康的朋友。两人通过乔治·贝尼耶的介绍在马赛结识；在战争后期，西尔维亚让他在自己这里小住了几日。他的妻子，小说家埃德蒙·夏尔－鲁说："加斯顿·德费尔和拉康有亲密的私人关系。他们夏天一起去意大利度假。加斯顿尝试教拉康滑水，但没有成功。他们之间这种略显奇怪的友情在阿尔及利亚事件的过程中愈发坚固。"[55]

在拉康于若约芒首次提出主体结构，和他于博内瓦和让·拉普朗什以及梅洛－庞蒂产生对立之间，他的父亲阿尔弗雷德·拉康于1960年10月15日因脑出血平静地去世，享年80岁。四天后他的尸体从布洛涅－比扬古运到了蒂耶里堡，埋在了那里的家族墓穴里，包括艾米莉·博德里在内的大多数家族父姓长辈都埋在那里，除了埃米尔·拉康和他的妻子玛丽·朱莉·德索。拉康为了参加父亲的葬礼开车狂飙，路上因为闯红灯被警察拦了下来，最后差点儿迟到。在葬礼上，马卢的孩子穿着日常的着装，只是戴着臂章，而朱迪斯则一身黑衣，面部还罩着黑纱。她的父亲也是如此[56]。阿尔弗雷德的儿子又一次尽到了自己的职责。

拉康在那一年的研讨班上没有提到自己父亲的去世，虽然他在课上讨论了克洛代尔"库冯塔涅"三部曲中的弑父主题。但七个月后，拉康在梅洛－庞蒂的葬礼上情不自禁地痛哭，并在1961年5月10日的研讨班上充满感情地提到梅洛－庞蒂的去世："这对我是很沉重的打击……因为他的去世，我们再也没有机会把我们的理论和观察联系得更紧密了……我现在获得这个教职是他的主张——虽然这并非我所愿。"[57]

很显然，梅洛－庞蒂永远不会赞同拉康的语言理论，但在他去世前两天，他在盖坦考特度过了愉快的一天，为即将到来的劳动节采摘百合花。他刚刚收到去美国访问的邀请，同时还考虑访问毛里求斯。"在我记忆里有关他的最后画面中，"马德莱娜·夏普萨尔写道，"他正站在63路公交的露天平台上，纽扣孔上插着拉康给他的一束百合花，向我挥手告别。"[58]

虽然在1957年5月《快报》的采访中拉康提到了他对于鼠人案例的评论，他并没有提到他对于施雷伯案例的解读。而这是他1955—1956年研讨班的主题[59]。在思考一般意义上的精神病，特别是妄想症的过程中，拉康提出了"排除"（la forclusion）这一重要概念，这一概念也是拉康第二次结构性理论修正的一部分。它第一次出现在1956年7月4日这一学年最后的一次研讨班上[60]。

我在其他地方已经详细分析过这一术语是如何进入精神分析史，特别是进入拉康的术语的。这一切开始于1895年希波吕忒·伯恩海姆用否定性幻觉来表示催眠中的主体无法感知自己知觉中客体的问题。拉康吸收了这一术语，但在1917年以后不再使用它，因为在1914年他提出了基于阉割理论来区分神经症、精神病和倒错的新框架。在当时他用 Verneinung（"否认"）一词来表示主体以否定性方式认识到被压抑物，但却不接受它的言语机制。"这不是我的母亲，这不是那个人"恰恰意味着"这是我的母亲，这就是那个人"。1934 年，这一术语被翻译为法语的 négation。

弗洛伊德还使用 Verleugnung（"拒认"）一词来表示主体拒绝接受一种负面感知的事实：例如女性缺少阴茎的事实。Verleugnung 是一种神经症的机制，而 Verneinung 则是一种倒错的机制。

在法国，皮雄以类似的方式用 scotomisation（"盲点化"）一词来表示主体让不愉快的事实从意识里消失的无意识机制。正是这一表达引发了拉福格和弗洛伊德在 1925 年的一场争论。拉福格建议把 Verleugnung（"拒认"）和另一种涉及精神病，特别是妄想症的压抑机制都翻译为 scotomisation，但弗洛伊德拒绝了这一建议，提出应该用这一名词来翻译 Verleugnung 和 Verdrängung（"压抑"）。拉福格描述的情景中涉及一种感知的无效化，也就是一种积极意义上类似于"断电"的心理现象；而在弗洛伊德看来，感知被维持在一个消极意义上的框架内，它涉及的不是切断感知和不被认识的现实之间的联系，而是实现一个被"拒认"的感知。这场争论表明双方都缺乏一个用来表达精神病的特殊拒绝机制的术语。拉福格的解决方案是一种"去否定化"，而弗洛伊德则把这一机制置于"拒认"和"压抑"之间来回避这一问题。

在这一背景下，1928 年皮雄在皮埃尔·让内的评论杂志中发表了著名的《法语中否定的心理意义》（«La signification psychologique de la négation en français»）一文。皮雄的出发点是语言而非临床实践，他借用了法学名词 forclusif 来表示法语中否定一词的第二层意义：言说者不把某些事实看作现实的组成部分。这些事实在这一意义上被"排除"了。皮雄和他的叔叔达穆雷特用一个论及两名"法兰西行动"成员的有趣例子解释这一名词。1923 年 5 月 18 日，在《日报》（Le Journal）上的一篇关于埃斯特哈齐之死的文章里，记者写道："埃斯特哈齐说，'德雷福斯事件现在是一本合上的书了'。他一定后悔自己曾经打开过它。"达穆雷特和皮雄指出"后悔"这一动词说明某一确实存在过的时间被有意地在过去中排除出去。他们因此把"盲目化"和"排除"两个概念结合起来："法语通过'排除'来表达'盲目化'的欲望，进而转换了把'盲目化'作为一种病态夸张的普遍现象，拉福格先生和我们之中的一位都描述了这种精神病理。"两位作者在这里没有把 Verneinung 的机制纳入考虑之中。

直到1954年2月3日，这一讨论才又一次通过新的术语在现象学的理论层面上复现。当时弗洛伊德和拉福格之间的通信还没有出版，拉康也没有用"排除"取代"盲目化"。在他和让·伊波利特的辩论中，后者通过 Verneinung 的机制来理解这一问题并建议用 dénégation 一词来翻译。拉康在梅洛－庞蒂《知觉现象学》（*Phénoménologie de la perception*）一书的基础上回顾了这一问题，他特别参考了书中关于幻象的段落，梅洛－庞蒂把这称之为融入主体意向性的"和现实解体相关的现象"。

在分析"狼人"案例的一个段落中，弗洛伊德解释说他的病人对于阉割的承认和不承认都来自一种拒绝或抛弃的态度，这一态度使得这些病人把性看作单纯的关于肛交的儿童假设。通过这一解释，拉康谈到了谢尔盖·潘克耶夫在儿时体验过的一种视觉幻象：他看到他的小指被裁纸刀切到，但却没有发现任何伤口。这种"对现实的拒绝表现为不存在"的现象，弗洛伊德指出这并非是压抑，因为"压抑和拒绝不同"。拉康在1954年和伊波利特的对话中重读了这篇文章，他把 Verwerfung 翻译为 retranchement（"削减"，呼应了"被切断"的意象）两年后，他捡起弗洛伊德对于神经症和精神病的区分，把它用在拉福格和皮雄的术语中。按照他俩的理论，在精神病中现实不可能被"盲目化"。最后，在对施雷伯案例的详细解读后，拉康提出 Verwerfung 一词应该被翻译为"排除"。对拉康而言，它特别适用于建立在妄想症基础上的一般意义的精神病。它所包

思想体系的要素

含的机制是对于一个基础能指的原初转移,把它放置在一个超出主体象征宇宙的位置上。拉康明确了"排除"和"压抑"之间的区别,指出在前者中"被排除"的能指或者代表它的能指尚未融合进主体的无意识,而是通过以幻觉的形式入侵主体的言语感知来实现在现实中的回归。

这一概念的演变过程这么复杂!它最早被一位语法学家提出来,借助德雷福斯事件被定义为对于"盲目化"病态过程的正常和通俗的翻译。1956年这一概念出现在拉康的第二次结构修正的框架内。拉康用这一框架来解读弗洛伊德在施雷伯妄想症和潘克耶夫的幼年神经症中所发现的心理机制。拉康使用了皮雄提出的术语,但他的目的是通过语言学来揭示能指的轨迹。为了表明自己的方案优于拉福格,拉康把"排除"过程的发现和这一新术语的发明归功于弗洛伊德,虽然后者从来没有提出过这些内容[61]。

对于"排除"概念的进一步完善和拉康关于"父姓"的工作有关。拉康在1953年就使用"父姓"一词,但正式形成这一概念的时间是1956年6月27日。在这一过程中,两个新的名词加入了其中:大他者和客体小a。拉康在1955年5月25日首次提出"大他者"这一概念,而"客体小a"一词拉康从1936年起就开始使用了,但他现在把它放置在A/a的二元情境中。拉康从"无意识是他人的话语"的第一阶段过渡到"无意识是大他者的话语"的第二阶段。至于客体小a,它在想象性自我的空间里占据了一个"剩余"的位置,介于实在和不可象征化之间,作为缺失的客体和作为欲望的原因的客体之间[62]。为了保证自我能够落入这一被浪费或缺失的位置,拉康重新引用了乔治·巴塔耶的"异质性"概念,从而确保自己的结构不会像列维-斯特劳斯所担心的那样,用超验性的幌子把上帝重新引入家门。

在拉康提出A/a的二元对立之前,他已经区分了"理想自我"(moi-idéal)和"自我理想"(idéal du moi)两个概念[63]。众所周知,这一区分在弗洛伊德的地形学体系中并不存在。弗洛伊德只是使用"理想自我"作为一种心理内部的组成来表明主体基于婴儿期自恋的全能理想。1932年，赫尔曼·农贝格追随弗洛伊德，引入了"理想自我"和"超我"的区分，前者在遗传意义上先于后者。农贝格认为主体在成长过程中抛弃了他的自恋理想，但却始终渴望回归这一理想，特别是在精神病中[64]。通过阅读农贝格的文章，拉加什和拉康在同一时间里吸收了这一区分，拉加什1958年在若约芒关于人格的研讨会上提出了自己的理论。而1954年，在弗洛伊德和荣格关于自恋的辩论的基础上，拉康没有引用农贝格的观点，而是提出了自己对于"理想自我"和"自我理想"的区分。他把前者定义为源于镜像阶段的自恋构成，属于想象界；而把后者定义为组织主体与他者关系的功能，属于象征界[65]。拉康进而提出了A/a二元性，并把它引入列维－斯特劳斯把乱伦禁忌作为从自然向文化过渡的中介的理论体系中。这一对立的一方是作为文化代表的父亲的象征功能，另一方是依赖于自然秩序的母亲的想象位置，她注定要把作为一个菲勒斯客体的孩子吞并，从而弥补自己缺失的阳具。

这就是拉康关于俄狄浦斯阶段理论的起源。拉康把这一阶段视为从自然向文化的过渡。如果说人类社会是处在语言（大他者、能指）的统治之下，这就意味着父姓功能在主体的历史建构中始终占据一个类似的角色。拉康最早把这一角色定义为"父亲功能"，后来变成了"象征父亲的功能""父亲隐喻"，最后变成了"父姓"。这一概念的演变伴随着拉康能指理论的发展和他关于"排除"的理论的成型。拉康在1956年6月20日，即正式提出"父姓"概念的一周前，曾明确指出："如果没有能指，作为父亲的功能是完全无法想象的。"[66]从自然向文化的俄狄浦斯过渡也是能指的孕育过程：父亲赋予孩子自己的姓氏，进而成为剥夺了孩子的母亲的人，从而导致孩子的自我理想的产生。

对于弗洛伊德理论的这一人类学翻译和拉康的家族史有密切关系。根据马克－弗朗索瓦的很有帮助的回忆，我们现在知道"父姓"的起源可以追溯到拉康的祖父埃米尔·拉康在家族中的位置。拉康一辈子都憎恨这位"让他很小就学会诅咒上帝的可恶的人"。他责怪这位给予他姓氏的祖父对他的父亲阿尔弗雷德实施暴政，令其无法成为一位真正的父亲。在令人敬畏的埃米尔的抚养下，阿尔弗雷德虽然成了一位慈爱友善、尽心尽力的家长，但他对自己长子的学术才华没有丝毫的兴趣，反而指责拉康反复无常和不负责任。

正是他的父亲阿尔弗雷德所承担的不令人满意的角色让拉康在1938年提出了西方社会父亲意象衰落的观点。他在1953年和1963年之间再次思考了这一问题，并提出了一个基于对父亲的象征功能重新评估的结构体系。受到自己童年期和父亲糟糕关系的影响，拉康从埃米尔（他的父亲的父亲）的可怕形象中提炼出来"父姓"的概念。儿时对于阿尔弗雷德羞辱的回忆也免不了影响着他作为父亲的体验。出于不能给予他的亲生女儿姓氏的负罪感，拉康认为仅仅是说出一个单词，或者一个名字的发音，就能使得一位父亲和他后代的关系合法化："我在私下或公众场合谈到我自己，对自己说：'雅克·拉康，这就是为什么你的女儿不蠢；这就是为什么你的女儿确实是你的女儿；因为如果我们很愚蠢，那她就不会是你的女儿。"[67]

丹尼尔·保罗·施雷伯（Daniel Paul Schreber），1842年7月出生于一个很有名望的德国中产阶级新教徒家庭。他的家族曾经出过很多律师、医生、学者和老师。他的父亲丹尼尔·戈特洛布·莫里茨·施雷伯（Daniel Gottlob Moritz Schreber）博士以关于卫生保健、整容手术、体操和日光浴的教学文章而出名。他希望纠正人性中的罪恶、阻止社会的衰退、培养出具有强健体魄和强壮心灵的完美的现代人。他的教学手册建议用野蛮的器具来纠正孩子们的姿势。为了振奋德意志的心灵，他还提倡配有花园的工人阶级住宅，这一理念最早得到社会民主党的支持，后来被谴责为保守

第 22 章 结构与父姓

主义，最后又被国家社会主义者所利用。1861 年，在被倒下的梯子砸到头部一年后，同时也是俾斯麦重新掌权的前夕，施雷伯因为穿孔性溃疡而去世。他当时 53 岁，刚刚完成了自己最后一本书：《作为老师的家庭之友和对德国父亲母亲的指导》（*L' Ami du foyer comme éducateur et guide pour les pères et les mères du peuple allemand*）。

1884 年，他的儿子丹尼尔·保罗·施雷伯，一名杰出的律师和萨克森上诉法庭的主席，作为保守党代表参加了竞选，他代表着俾斯麦所宣扬的道德秩序。但在竞选中他被当地更受欢迎的社会民主党候选人击败。正是在这个节点上，施雷伯的心理问题首次出现了。他接受了神经学家保罗·弗莱克希的治疗，并且两次长时间住院。1893 年，施雷伯成了德累斯顿上诉法庭的主席，但是七年后他被剥夺了这一职位，财产也受到监管。这促使他完成了《我的神经疾病回忆录》（*Mémoires d' un névropathe*），下文简称《回忆录》）一书，在 1903 年出版。施雷伯在书中回忆了他的妄想和幻觉。因为这本书，施雷伯得以从精神病院被释放出来，他的财产也被复原，这不是因为他已经证明了他并不是疯子，而是法庭认为他的疯癫不是监禁他的有效理由。即使如此，1906 年施雷伯还是被再次关进莱比锡精神病院并于四年后在那里去世。在 1910 年年底，弗洛伊德在不知道施雷伯尚在的情况下，开始基于 1903 年的自传来撰写自己对这一案例的评论[68]。后来出版的文本删除了关于叙述者家庭的半章的内容，因为出版商认为这部分不适合放进来。

施雷伯的《回忆录》展示了一个自认为被上帝迫害的男子的非同一般的心理体系。他觉得自己没有胃和膀胱，有时需要"吃自己的喉头"；他相信世界末日即将到来，而他是这些被他称为"匆匆过客"的病人和护士之中的唯一幸存者；上帝用一种"神经的语言"或"基本语言"和他讲话，让他变成一个女人，在普遍衰退的人性之中生育一个全新的种族。施雷伯说人是由身体和神经构成的，而人类的灵魂仅仅被包含在神经里。上帝仅仅由神经构成。在上帝和天堂之间存在着紧密的感官联系。"天堂的前厅"就是人类的神经，在人死后得到净化并被融入上帝之中。上帝通过"光线"对人类施加影响。施雷伯觉得自己在这些"光线"的照射下不断获得新生，这让他变得不朽；但他同时觉得自己受到一些经历过"奇迹"的鸟的迫害，这些鸟由"天堂的前厅"的碎片构成，全身充满尸毒并发泄在他身上。这些鸟还传递给他"以前人类灵魂的神奇剩余"。施雷伯等待着被转变为女人并怀上上帝的孩子，同时他通过对着太阳尖叫来反抗对他的迫害以及弗莱克希博士策划的邪恶阴谋，他把弗莱克希称为"灵魂谋杀者"，认为他曾经性侵了自己并让自己残破的身体腐烂。

和当时所有渴望发现所谓心理疾病的起源的科学家一样，弗洛伊德震惊于施雷伯的语言和他在神秘主义文字启发下写出的惊人的故事。弗洛伊德对施雷伯案例的着迷和他在同一时期对于宗教起源的兴趣有关，他后来在《图腾与禁忌》一书中对后者做出了回答。通过研究这一案例，弗洛伊德提出了一个完整的妄想症的症候学，尤金·布洛伊勒想把它纳入自己对于精神分裂症的新定义里。在我之前提过的维也纳学派和苏黎世学派的辩论中（这次辩论导致弗洛伊德与荣格的决裂）[69]，弗洛伊德希望给予精神病一个精神分析的基础，这一基础的范式就是妄想症。

按照传统的方式，弗洛伊德的妄想症类别中包括了夸大妄想、被迫害妄想、色情狂和嫉妒妄想，他还把对于同性恋的防御加入其中，并认为一个疯子的妄想可能和医生用来解释疯癫的理性观点一样真实，只是后者具有理论意义。在一年前写作关于莱昂纳多·达·芬奇的研究时，弗洛伊德提出过一种理解同性恋的方法，这一方法帮助他分析施雷伯的案例。而在同年和阿尔弗雷德·阿德勒的决裂过程中，弗洛伊德把妄想症知识和一种同性恋的性投注以及对这一投注的拒绝联系起来。和阿德勒的决裂重新唤起了弗洛伊德之前和威廉·弗利斯分道扬镳时的痛苦。他在1910年10月写给桑德尔·费伦齐和1908年2月写给荣格的信中做出了两段著名的评论:"在弗利斯事件后,我内心的这一需求就消失了,我撤回了一部分同性情感的投资,并用它来壮大自我。在妄想症患者失败的地方,我成功了。""我曾经的朋友弗利斯在摆脱了对我的情感后提出过一个值得考虑的妄想症理论,我的这一观点(妄想症中的同性恋因素)要归功于他。"[70]

弗洛伊德探索了施雷伯父亲的教育理论,并标注了反映他专制的家长作风的几个例子。他还指出丹尼尔·保罗的《回忆录》是对他医生父亲的价值观的强烈讽刺,书中指责他的父亲仅仅处理尸体。但弗洛伊德并没有把施雷伯父亲的教育观和他儿子的妄想症联系起来,虽然他已经观察到妄想症幻觉和一种力图改变人类本质的严格体系的相似性。根据他新提出的精神病理论,弗洛伊德把施雷伯对上帝的尖叫看作反抗父亲的表达,把他被压抑的同性恋欲望看作幻觉的来源,把他由爱生恨的情感转变视为妄想症的核心机制。因此,施雷伯的幻觉看上去并非是疾病的开始,而是一种治愈的尝试。通过幻觉,无嗣的施雷伯得以弥合父亲(与兄弟)的去世所带来的缺失,让自己和转变为上帝的父亲形象和解。弗洛伊德把这种治愈效果和转变看作积极意义上的父亲情结的结果,换句话说,他认为老施雷伯虽然是家里的暴君,但还算是个好的父亲。

从1955年秋天开始,拉康花了一年时间评论施雷伯的《回忆录》。他对于妄想症的态度和1911年的弗洛伊德有很大不同。在他1932年的博士论文和关于帕潘姐妹的文章里,拉康已经表现出对女性妄想症中同性恋因素的兴趣。但在他理论发展的第二阶段他的观点有所不同。从"妄想症的知识"这一概念开始,拉康提醒他的学生注意20世纪20年代时的理论以及"艾梅"案例的出版对于法国精神病学史的影响。他引用了他的导师(克莱朗博、塞里耶和卡普格拉)的观点并批判了体质理论。他仔细梳理了之前对于施雷伯案例的研究,特别谈到了伊达·麦卡宾和理查德·亨特的工作。这两人是格洛弗的学生。他们刚刚脱离了英国精神分析协会,翻译了《回忆录》并为其写了序言。两位作者注意到弗洛伊德并没有利用老施雷伯的教育理论。他们提出对于丹尼尔·保罗病例的一种克莱因派的解读。在他们看来，是一种回归原初的未分化力比多状态的退行激活了施雷伯对于婴儿期的幻想[71]。

拉康在向弗洛伊德致敬的同时把问题转移到另一个层面上。他没有把妄想症视为对同性恋的防御，而是认为它在结构上依赖于父亲的功能。基于这个原因，他提议对于老施雷伯的作品进行现实主义的解读，从而引出父亲的教育理论和儿子的疾病之间的关联。但拉康不满足于仅仅用父亲位置取代弗洛伊德的同性恋因素假说，他还转变了弗洛伊德强调妄想知识和理性知识之间类似的观点。妄想知识并非和同性恋投注有关，理性知识也并非是对这一投注的拒绝，拉康使用了他从1932年就提出的疯癫的系谱学观点：不是每个人都能变得疯癫。换句话说，他重新提出了一种假设：疯子是对疯癫有着正确理解的人，以至于他并不把疯癫当成一个事实，而是把它视为作为自身自由界限的内在真理。

在1953年的地形学背景下，拉康对自己的理论进行了第二次结构性修正，他重新思考了弗洛伊德和他对于妄想症的解读，并扩展到对一般意义上精神病的理解。他同意弗洛伊德把妄想症视为精神病的基本范式的观点。在1955年至1956年期间，拉康的理论修正使他提出了两个新概念："排除"和"父姓"。两者的演变过程来自拉康在雅各布森理论启发下对自己能指理论的完善。通过对雅各布森理论的学习，拉康把施雷伯的妄想症定位为"对父姓的排除"（forclusion du nom-du-père），并得出以下结论：丹尼尔·戈特洛布·莫里茨·施雷伯博士的姓——作为一个原初能指，通过他致力于改变人性的教育理论被父亲形象所具象化——从儿子的象征宇宙中被"排除"了，之后以一种妄想性真实的方式在叙事者的话语里回归。拉康通过这一精致的抽象结论解决了包括弗洛伊德在内的所有评论者在处理施雷伯案例时所遭遇的问题。他们都困惑于父亲的教育理论和儿子的妄想之间的关系。之后，拉康在此基础上提出了一个猜想，并在叙述者语无伦次的自传中定义了其功能：年轻的施雷伯笔下的世界里充满了酷刑的器具，这和他父亲推荐的教育器械有奇怪的相似。正是他父亲的姓从《回忆录》和儿子的回忆中被排除了。

拉康意识到自己对于弗洛伊德事业的理论大厦做出了一个重要贡献。由于担心他的口述会被剽窃或误解，他把自己1955—1956年研讨班的内容详细地写了下来，之后发表在《精神分析》评论杂志第四期关于精神病的特刊上。他把这一文本命名为《论精神病的一切可能疗法的一个先决条件》(«D'une question préliminaire à tout traitement possible de la psychose»)，把完稿时间定为1957年12月到1958年1月。他同时开始了对于施雷伯家庭的很多相关研究，并出版了《回忆录》的第一个法文译本，从属于他的"弗洛伊德领域"系列丛书[72]。

当弗洛伊德提出他妄想症理论时，他正处在和布洛伊勒和荣格的辩论中，正在重温他和弗利斯的决裂；而拉康的理论修改也受到他和父亲的关系的影响。我们无法忽视拉康对于老施雷伯教育理论所采取的完全否定的态度和他在童年时所目睹的父亲和祖父的关系、母亲和家庭中其他女性的关系之间的相似性。拉康对于施雷伯案例的精彩解读依赖于他从黑格尔那里借用的专制父亲形象和软弱父亲形象之间的辩证法。这一点的重要性怎么强调也不为过。而从这之中诞生了拉康的在结构主义时期的两个核心概念："排除"和"父姓"。

La puissance et la gloire

PARTIE 7
_权力与荣耀

第 23 章
与路易·阿尔都塞的对话

> 马克思的理论是基于对"理性人"神话的拒绝,弗洛伊德的理论是基于对"心理人"神话的拒绝。拉康认识并理解了弗洛伊德与历史断裂的解放力量。

1963 年冬天,随着法国精神分析协会的逐步瓦解,法国弗洛伊德运动进入了一个新阶段。精神分析从一种精英文化转变为一种大众意识形态。它不再仅仅集中于巴黎,而是扩展到其他省份。精神分析的流行化趋势曾经导致国际精神分析协会发展出新弗洛伊德派,而它现在也开始影响法国的精神分析运动并推动它走向更加现代的形式。

随着这一进程的发展以及标志着弗洛伊德理论法国化的拉康派理论的传播,早先的少数精英逐步被大众机构与组织所取代。如果说法国第三代分析师和他们的前辈还有千丝万缕的关系,可以被视为由移情关系构成的逻辑整体网络的一部分,那么之后的第四、第五代分析师就彻底脱离了这一传统。对于在 1968 年街垒战的影响下成型的第六代分析师来说,制度倾向比个体和理论更重要。这些发展使得拉康处在一个悖论性的局面里。作为当代的苏格拉底和一个理论帝国的国王,他现在所领导的军队不像法国精神分析协会的创始者们那样有学识、有文化、有学历。简而言之,在 1963 年的分裂后,拉康理论的"社会基础"转变了。

诚然,拉康的追随者中依然有很多第三代分析师中的代表人物,包括莫德(Maud)和奥科塔夫·曼诺尼(Octave Mannoni)、塞尔日·勒克莱尔、弗朗索瓦·佩里耶、穆斯塔法·萨福安（Moustapha Safouan）、热妮·奥布里、皮耶拉·奥拉尼耶（Piera Aulagnier）、索朗热·法拉德和让·克拉夫勒尔（Jean Clavreul）。但在下一代分析师中，拉康赢得了数量却失去了质量。他们不再是充满批判精神的能和拉康在哲学讨论会上激烈辩论的学生，而是一群单纯想从拉康那里获得知识、确定性、公式和实践结果的仰慕者。在之前的几十年里，拉康一直都是通过和学生们的对话以及和当代最杰出思想家的交流来进行教学，而现在，在 63 岁的时候，他被迫使用一种完全不同的权力，作为一个学派领袖的权力。

拉康曾经努力确保训练分析师不仅仅接受经典的临床训练，而且要接受精英式的哲学学习，但他现在不得不为以心理学家为主的新一批听众提供教学。法国精神分析运动的普遍化导致了第三代精神分析师和其后代的断裂，这是大学招生民主化的一个后果。在 1955 年至 1965 年之间，随着大学学生人数的迅速增长和心理学系的大量扩增，教书匠逐步取代了知识分子。

在 1960 年以前，要想接受精神分析训练有三种渠道：通过医学研究，进而专攻精神病学或神经学；通过人文学科或哲学研究，进而获得一个心理病理学的学位；或者两者兼有。但随着大学体制的民主化，心理学研究变成了一个独立的学科，之前的渠道逐渐消失了。从 1965 年起，所有的弗洛伊德团体，无论他们的理论取向是什么，都更多的由心理学系的学生构成。心理学对于医学的胜利成了弗洛伊德所推动的精神分析"平民化"运动的最后阶段[1]。

知识分子被教书匠所取代，这一点反映在接受训练分析的新候选人在职业生涯早期做出的教育选择上。更多人选择了心理学。这一取向最符合新一批中产阶级大学生们的理想。他们通过这一取向获得的学位使他们有资格进入不同的治疗机构，包括社区诊所、日间诊所、提供教学和训练的康复中心以及其他医疗或心理服务机构。哲学、精神病学或人文学科这些

"贵族"学科都被看成是过时的,被一个号称其分支能够覆盖所有学科的"心理学"所取代。在第四代分析师中,古典文化知识的严重缺失导致了宗派主义和个人崇拜的滋长,包括拉康在内的重要导师们都卷入其中。在从一位学术大师向学派领袖的转变过程中,拉康发现自己陷入不可控制的旋涡中,他在其中只能允许自己像上帝一样被崇拜,允许自己的理论被视为圣经。最后,他的追随者们也分化为一些以救世主自居的小团体。

心理学作为一门独立学科对大学的入侵在1956年受到乔治·康吉莱姆的抨击。在题为《什么是心理学?》的著名文章中,他把心理学称作"不严密的哲学",因为它虽然宣称客观,但却仅仅是折中主义的;或者是"没有道德的伦理学",因为它对经验做出不加批判性的判断;又或者是"没有规范的医学",因为它关于神经疾病的假说站不住脚。这篇文章以这段话结尾:"当你走出索邦大学,踏上圣雅克路时,你可以选择往上走或是往下走。如果你往上走,你会来到伟人聚集的万神殿,如果你往下走,你会到达警察总局。"[2] 心理学需要选择:是前往万神殿(那里还没有心理学家),还是沦为单纯的技术?

1961年5月,米歇尔·福柯通过了他的论文《疯癫与文明:理性时代的精神病史》的答辩。在包括丹尼尔·拉加什在内的评委会前,他摧毁了心理史学家的研究长期依赖的基础:"这本书不是试图描写疯子相对于理性人的历史,也不是描绘理性相对于疯癫的历史。它试图呈现的是这两者在社会中所分配的比例不断变化的历史。"通过诉诸尼采和巴塔耶的权威,他否认只有通过引入心理病理学概念才能解释疯癫的观点。在他看来,这些概念是基于一种回溯性的假象,把疯癫看成是一种自然存在。但疯癫其实是文化而非自然的产物。它与医学的关系只不过是它和理性的关系的众多历史形式中的一种。乔治·康吉莱姆同意担任福柯论文的介绍人,他认为这篇论文从根本上修正了对于疯癫的精神病学的理解。"因此,"他说,"福柯先生所质疑的是在弗洛伊德革命前实证主义心理学诞生的意义,他也间接地提供了一种新的视角来理解实证主义心理学发展的意义。"[3]

拉康充分意识到心理学的发展对于法国弗洛伊德事业的危害，他欢迎福柯的反心理学立场。虽然拉康并不是福柯派，他认为现代哲学的笛卡儿主义基础并没有排斥疯癫，但他还是把福柯论文的出版看成是一个重要事件。和同一辈的大多数精神病学家，特别是亨利·艾不同，他接受了疯癫具有自己的逻辑，不能仅仅用主体片面的理性话语来理解的观点。他对英美反精神病学运动也很有兴趣。

1963年冬天，意识到自己失去了一部分听众，拉康再一次转向哲学来对心理学发动攻击。到目前为止，他所熟识的哲学家和思想家还没有对他的作品表示出他所期待的欣赏。无论是柯瓦雷、梅洛－庞蒂、巴塔耶还是列维－斯特劳斯、雅各布森、海德格尔，都没有认真阅读他的作品并指出其重要性。只有让·伊波利特和阿方斯·德·维尔汉斯能够和拉康展开真正的对话。但这一局面随着受结构主义影响的新一代哲学家的成长有了改变，他们包括米歇尔·福柯、路易·阿尔都塞、吉尔·德勒兹和雅克·德里达。和他们的前辈们不同，这些新一代的哲学家没有变成拉康的朋友，他们和拉康的家族没有那么接近，也没有产生对他的偶像崇拜。另一方面，他们是拉康理论出色的解读者，他们批判性的评论帮助拉康的作品获得了他期待已久的认可。

法国结构主义并没有一个统一的学派。列维－斯特劳斯、拉康、本维尼斯特、杜梅齐尔和韦尔南是第一批使用结构主义方法的人，但他们的后继者（福柯、德里达和阿尔都塞）虽然也使用这种方法，但方式却完全不同。在这个意义上，法国结构主义理论史可以划分为两个阶段：第一个阶段中，语言学指导着精神分析、民族学和古代历史学；而在第二个阶段中，很多不同的研究领域同时使用了索绪尔的结构主义作为他们的理论基础。在第二个阶段中，拉康的理论被视为是对弗洛伊德的"科学性的再评价"。"转折点出现在，"福柯说，"列维－斯特劳斯以社会为例，拉康以无意识为例,向我们展示'意义'不过是一种表层印象,它是散光和泡沫,而真正从深处影响我们,先于我们存在,而且在时空中支撑我们的是系统。"[4]

1963年7月,拉康被阿尔都塞发表在《哲学教育评论》(*Revue de l'enseignement philosophique*)上一篇题为《哲学与人类科学》的文章所吸引。阿尔都塞在其中写道:"马克思的理论是基于对'理性人'(Homo oeconomicus)神话的拒绝,弗洛伊德的理论是基于对'心理人'(Homo psychologicus)神话的拒绝。拉康认识并理解了弗洛伊德与历史断裂的解放力量。他完全理解了弗洛伊德理论,并使其潜力毫无束缚地释放出来。像所有人一样,他有时也会犯细节错误或是错误地进行了哲学引用,但在核心问题上我们都从他那里受益良多。"[5]

当时两人还从没见过面,但他们却有很多共同点。这些共同点部分来自巧合,部分来自在精神分析的躺椅上所揭露的秘密。解放后,在巴黎高师教授哲学的乔治·古斯多夫为他的学生安排了一系列关于心理病理学的讲座。拉康是受邀前来演讲的人之一。1945年11月,他就疯癫的起源发表了演讲。阿尔都塞讨厌这个讲座:他不喜欢拉康费解的文字风格,同时拒绝接受所谓"我思"包含疯癫的理念。[6]

自1938年以来,阿尔都塞一直饱受抑郁症的折磨。这一病症每年2月都会发作并持续几天。在"二战"期间他被俘虏,在战俘营里被关押了四年,在这期间他第一次因为精神疾病住院。当拉康在巴黎高师发表演说时,理想幻灭的阿尔都塞正处在从青年期的激进天主教向共产主义转变的过程中,他很快会发现后者中斯大林主义的那一面。虽然阿尔都塞此时已经熟读了弗洛伊德,他并没有意识到困扰他多年而且伴随以一段强烈兴奋期的抑郁症的根源可能并非是生理性的,而他却试图通过药物和复杂的技术治疗来处理它。

阿尔都塞30岁的时候,他的个人故事和精神分析史通过他的疯癫交织起来。在1948年后，像他的学生福柯所描述的那种医学监禁，他经历过超过20次。在他的一生中，阿尔都塞和弗洛伊德事业的关系总是矛盾的，他试图把自己作为精神病病人的立场和自己作为思想家的立场区分开来。一方面他是化学疗法自愿的受害者，另一方面他提出来一种关于疯癫的理论来批判他所接受的那种治疗。

1946年，在拜访乔治·勒塞夫尔时，阿尔都塞认识了埃莱娜·里特曼（Hélène Rytmann），一名俄国裔的犹太女性。埃莱娜比阿尔都塞大八岁。她的朋友认为她"有点儿精神失常"。她在抵抗运动中是让·波弗莱的战友，也是伯里克利网络的成员之一。她曾经是共产党党员，但后来因为某种原因被驱逐。她被指控犯下了"托洛茨基派的错误行为"以及其他"罪行"。还有说法说她参与了里昂地区通敌分子的处决仪式。

在两次世界大战期间，埃莱娜和"十月小组"有密切关系，在那里她有可能遇见过西尔维亚·巴塔耶。后来让·雷诺阿拍摄《马赛曲》（*La Marseillaise*）时，她给他担任助理。沦陷期间，她可能在尼斯通过让·巴拉尔和《南方手册》（*Cahiers du Sud*）小组的介绍认识了拉康。当拉康批评她没有尽力帮西尔维亚在蔚蓝海岸找住宅时，两人吵了一架。后来有一天，当两人在盎格鲁大道上聊天时，拉康提议她可以考虑成为一名精神分析师：他欣赏她作为倾听者的敏感和理解他人的力量，但埃莱娜拒绝了这个提议[7]。

"阿尔都塞对于绝对的爱使他成为一个神秘主义者，"让·吉东说道，"这就是为什么他被那个后来成为他妻子的女人所吸引：因为她就是一个绝对的秘密。有一次我们见面，阿尔都塞对我说，'老师，我想向你介绍我爱的女人。'她看起来像是特蕾莎修女。我们共进晚餐。我从见到她第一眼起就能感觉到她支配着阿尔都塞，她是阿尔都塞的灵魂；她取代了我成了阿尔都塞的老师；阿尔都塞在她之中活着，为她而活；她会引导阿尔都塞走向共产主义。"[8] 虽然阿尔都塞并不需要埃莱娜的"影响"来使自己转变为共产主义者，但她在阿尔都塞心里所激发的爱，和阿尔都塞同共产党、精神病院和精神分析长达40年的纠结关系，都出自同样的元素：同样的自责、同样的厌恶、同样的自我毁灭、同样的狂喜和同样的融合的欲望。在某种程度上，阿尔都塞的命运就和某些伊斯兰教或基督教的神秘主义者的命运一样，他们中的一些人希望通过废弃律法，建立"无主体"的精神世界来实现自由；另一些人则挑战个体主义的原则、意识的优先性以及进步论的理念[9]。

在这一背景下，阿尔都塞的抑郁症可以被看作是推动他从激进天主教向科学马克思主义转变的动因，他的治疗从化学药物过渡到了俄狄浦斯的移情关系，之后又陷入了永恒哀痛的地狱。没有什么能阻止他悲剧性的疯癫表现为对于革命的不可思议的欲望，最后只能以一种仪式谋杀而告终。这种疯癫没有逐渐消退，而是变得更加无法理解，因为对于阿尔都塞和他所教育的那一代人而言，所有关于复兴共产主义并把马克思主义转变为一种创造性哲学的希望都消失了。

这一个体的疯癫通过三代人的家庭史得到强化。阿尔都塞出生在一个色当战役失败后定居在阿尔及利亚的法国中产阶级家庭。在20世纪初，一个名叫吕西安娜·贝尔热的女孩爱上了一个名叫路易·阿尔都塞的年轻人。这个年轻人是家中年龄最小的，也是最受宠爱的孩子，在学术上获得了各种成功。他的哥哥夏尔没有那么聪明，也没有那么受宠，他和吕西安娜的姐姐朱丽叶订了婚。1914年战争爆发后，路易应征入伍，在一次对凡尔登地区的侦察飞行中被击落身亡。两个家庭决定遵守在地中海国家盛行的古老律法，这一律法要求未结婚的哥哥迎娶成为寡妇的弟媳。所以当时还是单身的夏尔·阿尔都塞和吕西安娜·贝尔热结婚了，他们用去世的叔叔的名字给自己的孩子命名。这一婚姻的荒谬之处不是在于它遵守一个被内化的传统，而是在于它的过度——路易还没有和吕西安娜结婚。有趣的是，路易·阿尔都塞的家族背景和安托南·阿尔托非常相似：他们有同样的地中海背景、同样对于起源的困惑、同样对于秘密幻想的否认,和同样的神秘主义与一神教的经历。"我没有父亲,"路易·阿尔都塞说,"所以我不得不一直扮演'父亲的父亲'的角色来制造我有一个父亲的幻象,或者说是假设这一角色和我自身的关系……从哲学意义上讲,我不得不成为我的父亲。但这只有通过我承担父亲的必要角色才能实现:我必须在一切场合中成为主人。"[10]

阿尔都塞和精神病学的第一次接触是一场灾难。"这一戏剧性事件发生在埃莱娜第一次亲吻我几天后……我之前从未吻过女性(虽然我已经 30 岁了!),更没有被女性吻过。我心中涌起了欲望,我们在床上做爱。整个过程是新鲜的、刺激的、幸福的和暴力的。当她走后,我陷入了一种无法逃离的极端痛苦的状态。"[11] 皮埃尔·马勒诊断他患有早发性痴呆,把他收容进圣安娜医院,而熟悉各种秘密行动手段的埃莱娜想办法躲避了所有监控,前来医院看望他。她还请胡利安·德·阿久里奥格拉接手这个病例,后者推翻了皮埃尔·马勒的错误诊断,首次提出"躁狂抑郁性精神病"的概念。这一名词来自克雷珀林的现代术语,虽然精神病学家一直用这一词语指示一种天才、艺术家和思想家的精神抑郁状态[12]。阿尔都塞和阿尔托一样都接受了当时医院普遍采用的电击治疗。

在 1950 年 2 月病症又一次发作后,阿尔都塞开始在精神病学家洛朗·斯泰弗南那里接受麻醉分析(使患者进入一种药物诱导下的半麻状态),斯泰弗南之前治疗过阿尔都塞的朋友雅克·马丁。后来阿尔都塞写道:"在我们看来,斯泰弗南有很高的声望(他后来为我们全家提供治疗,包括我的母亲、妹妹和很多亲密朋友)……他曾经告诉我他和一些苏联医生有私人往来,虽然这一直是个谜。他们寄给他一种号称万能药的'伯格莫洛夫血清'。"[13] 这血清让他想起之前在马赛的古怪的奥莫医生的小药罐,吕西安娜·阿尔都塞在向素食主义者转变的阶段里曾经对他非常着迷。

1963 年 7 月,拉康联系了阿尔都塞,希望自己能得到巴黎高师的邀请。

第 23 章　与路易·阿尔都塞的对话

他通过自己的一位长期分析者，也是阿尔都塞的朋友妮科尔·波恩海姆－阿尔方戴利知道了阿尔都塞的疯癫。他还能回忆起自己 1945 年在巴黎高师所做的讲座，并在分析室里得知了阿尔都塞当年给出的负面评价。所以结束在圣安娜医院的最后一期题为"父姓"的研讨班后，拉康于 1963 年 11 月 20 日夜里写给阿尔都塞的第一封信里充满了冷漠和焦虑："我们的关系有段历史了，阿尔都塞先生。"他说。他提到了他听说到的阿尔都塞对于自己的负面评价，之后告诉阿尔都塞他不得不终止他的研讨班。"我不得不这么做，虽然这让我很受伤。"最后他提到巴黎高师的学生都受到阿尔都塞的吸引，因此希望他能对他们"说些什么"，他还邀请阿尔都塞来见他[14]。

这一古怪的对话以通信往来持续了下去。阿尔都塞寄给拉康冗长的说教，解释自己工作的意义和 20 世纪 50 年代弗洛伊德的回归在其中所扮演的角色。拉康则寄给阿尔都塞简要的信息，一般是关于一些具体事物，例如未来研讨班的时间安排或是因为各种原因向他表示感谢。当他收到阿尔都塞的文章《马克思主义辩证法》（«La dialectique Marxist»）后，他仅仅表示这是篇出色的文章，包含了自己正在思考的问题[15]。很明显，他对阿尔都塞的哲学并无兴趣，对他复兴马克思主义的计划也没有信心。他只关心一件事，那就是巴黎高师的学生团体。他知道这些学生都受到了阿尔都塞思想的鼓舞，希望他们能够成为自己潜在的学生，尤其是他们对于哲学的理解不仅能帮助他们理解自己的理论，而且还能为自己的思想和运动提供新的推动力。另一方面，阿尔都塞的信里充满了对拉康的赞美。他解释他对于马克思长达 15 年的研究如何运用了"重返弗洛伊德"思潮中的离心的主体的概念。他还提议两人结成一个联盟："我知道我是在预言，但很大程度上因为你，我们也许正在进入一个新的时代，在这个时代里，一个人可以在他的国家里成为一位预言者……我们现在有权利和途径这么做，这终究是我们的国家。"[16]

拉康自 9 月以来就陷入一种糟糕的焦虑状态中。他有时威胁说要服用过量的镇静剂自杀，有时又忽然陷入暴怒状态，诅咒那些背叛他的人。当阿尔都塞在 12 月 3 日晚上 8 点 30 分第一次来到里尔街 5 号时，他发现拉康正因为自己被驱逐的事情而大发雷霆。他们在圣日耳曼大道上的一家餐厅共进晚餐，之后在街上散步，一直聊到凌晨[17]。

这两人一个希望把法国的年轻一代转变为新一批马克思主义者，另一个希望把他们转变为结构弗洛伊德主义者。但当时拉康已经建立起一个严密的思想体系，阿尔都塞却还没有发表什么东西：只有一本关于孟德斯鸠的出色书籍和几篇文章。这些预示了他之后基于加斯东·巴什拉和乔治·康吉莱姆的法国式科学史来阅读马克思的方式。阿尔都塞希望获得一位"盟友"：他不是想让拉康转向共产主义，而是转向一种超越结构理念的哲学。在他看来拉康还是受到列维-斯特劳斯太大的影响[18]。

拉康对于阿尔都塞成为"父亲的父亲"的游戏一无所知，如果他知道他的对话者在自传里谈到的青春期幻想，他一定会很吃惊："我曾经梦想被称作雅克——我的教子的名字……也许在这里玩弄能指的音素有些过分——但雅克的 J 就像阴茎一样，而第二个字母 a 和我父亲的名字 Charles 中的 a 一样，ques 则很明显代表着 queue（戳）。雅克这个名字的整体让我想起了扎克雷起义，我从父亲那里知道了这场农民运动。"[19] 拉康和阿尔都塞有相同的宗教背景，这部分解释了为什么他们分享去中心化的主体概念和没有因果性的结构概念。如果一个人想要拯救自己的灵魂，把自己从自身分裂出来，融入一个没有任何历史性的历史或一个能指链，这难道不是必须的吗？同样的，两人和"象征父亲"以及"创始文本"之间都存在着镜像关系。

阿尔都塞所坚持的超我缺失的观点和萨特很相似，他背负着死去的叔叔路易的名字。从这一点出发，他认为真正的理论家，特别是 19 世纪末的塞维被排斥的哲学家（尼采、马克思和弗洛伊德）都被迫成为他们的父

第23章 与路易·阿尔都塞的对话

亲。拉康的立场和阿尔都塞正好相反,他不希望成为任何人的儿子。他的一些重要概念引申自祖父对他的责骂,这使得他不断地重温列维-斯特劳斯所提出的象征功能。阿尔都塞相信只有通过摆脱亲属象征体系才能完成奠基的行动,而拉康则认为这样的逃离虽然会产生一种逻辑话语,但却不可避免地会被精神病所侵蚀。

在12月3日这天晚上,这两位各自扮演的角色不仅仅明确了他们的理论立场,而且提出了他们对于对方的要求。阿尔都塞希望找到一个盟友,而拉康希望得到庇护。阿尔都塞扮演着"父亲的父亲"的角色,准备接受对方的忏悔,而拉康则扮演着愤怒的原告的角色,因为朋友的背叛导致自己失去了合法性而大为恼火。第二天,在一封拉康没有回复的长信里,阿尔都塞给出了他对于"拉康案例"的诊断。他写道:

> 你说你在思考分析师的欲望。你还说你观察到学生和病人们态度的转变,以及他们对精神分析理解的转变……你给所有人都带来一张装满鱼的渔网,然后指向了大海。他们能够理解后者的意义,但他们也意识到渔网无法捕获海洋。因为他们理论上的无知,试图让他们超越经验是毫无意义的。一个人不可能在没有断裂的情况下,从实践转向概念。而这一断裂来自外部而非内部。现在你处在外部,他们依然在内部,但他们依然让你承担一切责任,就好像你还在内部一样。[20]

这很好地总结了拉康的处境,拉康也没有充耳不闻。之前的10月13日,他已经被斯德哥尔摩的委员会剥夺了训练分析师资格,但他还没有被国际精神分析协会"逐出",因为当时法国精神分析协会还只是国际精神分析协会下属的学习小组,并非真正的成员。而在程序上,剥夺训练分析师资格也不意味着驱逐出国际精神分析协会。因此,在这之后虽然拉康没有了训练分析师资格,但依然是法国精神分析协会的一员。现在的问题确实是他属于"内部"还是"外部"。如果拉康接受了降职的决定，留在法国精神分析协会，这一协会最终会被国际精神分析协会所接纳。反之，真正的决裂就不可避免。在前一种情况下，拉康最终会成为国际精神分析协会的一员，他不能培训，但依然可以教学，而在第二种情况下，他会失去国际精神分析协会的代表的合法性，成为一名自由的教师[21]。

在阿尔都塞的建议下，费尔南·布罗代尔给了拉康一个巴黎高等研究实践学院的讲师席位，他被允许在巴黎高师的迪萨纳吉教室上课。圣诞节期间，拉康花了很长时间准备将要在第二年1月15日发表的第一次演讲。演讲的题目是"逐出教门"，内容是对于斯宾诺莎被犹太教会驱逐时间的评论。拉康和阿尔都塞的对话有了一定成果：他在后者评论的影响下，把自己和国际精神分析协会的决裂说成是由内向外的过渡[22]。为了强调自己被放逐这一事件的重要性，拉康邀请了依然忠于自己的追随者和巴黎的学术名人出席，其中包括巴黎高师的主任罗贝尔·弗拉瑟利埃（Robert Flacelière）、亨利·艾和列维－斯特劳斯。

与此同时，拉康还去罗马参加了由罗马哲学学会主任恩里克·卡斯泰利组织的关于诡辩的研讨会。拉康在会上做了关于驱力和分析师欲望的即兴演讲。他住在哈斯勒酒店。在这期间，他的情绪一直非常不安，还和保罗·利科发生了一次误会。我之前谈过这件奇怪的事。拉康邀请利科在特拉斯泰韦雷共进晚餐，当他们吃完后拉康说："你付钱，利科——之前博内瓦会议后我带你去了一家很好的餐厅，你记得吗？"但第二天他为自己的失态向西蒙尼·利科道歉[23]。而在这一天晚上他又对莫里斯·德·甘迪拉克说："我没时间去换里拉，你能带我去吃晚饭吗？我们一定要找到一家卖羊奶酪的餐厅。"在游荡了一会儿后，两人在一家非常好的餐厅吃了饭，饭后甘迪拉克买的单。拉康说："你明天一定要来我这里做客。"但第二天他就走了[24]。

第 23 章　与路易·阿尔都塞的对话

在寻求和拉康结盟并且帮助他处理和国际精神分析协会的决裂问题的同时，阿尔都塞也建议他的学生们阅读拉康的作品。之前在1962年至1963年，阿尔都塞已经组织了一系列的关于"结构主义思想的起源"的讲座，在其中他谈到了列维－斯特劳斯、福柯和孟德斯鸠，雅克－阿兰·米勒讨论了笛卡儿的知识考古学，皮埃尔·马歇雷讨论了语言的起源。参与这一系列的还有雅克·朗西埃（Jeacques Rancière）、埃蒂安·巴利巴尔（Étienne Balibar）和让－克劳德·米尔纳（Jean-Claude Milner）。米歇尔·托尔本来计划讨论拉康。米勒和米尔纳都在巴黎高等研究实践学院的罗兰·巴特的门下学习，安德烈·格林曾去那里讨论过拉康的工作[25]。

1963年下半年，阿尔都塞向他的学生介绍弗洛伊德和拉康的讲座与他的晚期思想有很大不同。曾经和主观主义与历史主义战斗过的他现在出色地解释了法国的精神分析运动。他谈到了达尔比耶、埃纳尔、瓦隆、萨特、亨利·艾和波利策。他解释了法国抗拒精神分析的意识形态原因，并且正确地指出了这一运动的内在分裂。最后他谈到了梅兰妮·克莱因、弗朗索瓦兹·多尔多、弗朗茨·亚历山大和勒内·施皮茨的工作。意外的是，虽然阿尔都塞避免求助于历史或个人生活史，他还是谈到了自己和弗洛伊德思想的遭遇。

阿尔都塞对拉康的理解是历史性的。他回忆起"镜像阶段"的故事，疯癫中存在"现实"的观点，来自瓦隆的不被承认的贡献，以及拉康对于美国式精神分析的敌意。他以结盟的需求得出："拉康向人道主义、科学主义和人格主义发动了一场长期战争。他的理论对我们来说是必不可少的。这些理论使我们能用哲学术语思考弗洛伊德，从而走出波利策的死胡同。"阿尔都塞对拉康方法的赞美伴随着他对于拉康及其学生的风格的准确而直接的描述："你们需要去听拉康的演讲……去理解他在体验过超现实主义后在个人层面上表达出的令人炫目而又邪恶的智慧……如果你们去他的研讨班，你们会看到各色人等拜倒在一种无法被理解的话语面前。这是一种知识恐怖主义。"²⁶ 在他的信里，阿尔都塞试图指出，围绕在拉康身旁的这些学生没有能力理解他理论的哲学价值，这一情况必须改变。

阿尔都塞利用这次演说衍生出了一篇关于弗洛伊德与拉康的优秀文章，其中他提出可以把他和拉康的工作结合起来，作为理解法国知识史中结构主义部分的新起点。阿尔都塞开始一方面抨击美国学派的修正主义和对精神分析的剥削，另一方面支持苏联人安德烈·日丹诺夫，把迫害他的那种意识形态和弗洛伊德理论混合起来。就这样，在说明拉康是第一个提出对于弗洛伊德的认识论理解的思想家后，阿尔都塞进一步赞美了拉康个人的斯宾诺莎式的孤独，他写道："拉康语言中的激情从何而来，又是如何在一个充满警告和偏见的环境中存活下来的？这一语言已经遭到了它所威胁到的结构和协会的猛烈围攻与谴责……拉康把他的无意识理论教给医生、分析师和分析者，拉康演讲的修辞就是对于无意识语言的模拟，其本质如我们所知是'笑话'、双关和隐喻。"²⁷

阿尔都塞在这篇著名文章发表在《新批判》（*La Nouvelle Critique*）之前寄给拉康一份副本。他所得到的回复是拉康对于他准确而具有穿透力思想以及他对于主体理论反思的几句赞美之辞²⁸。在这时候，拉康已经得到了他想要的东西。虽然他经常尝试分析那些对他理论感兴趣的人，但他从来没有参与到阿尔都塞的治疗中，也没有向他提供过专业帮助。

但是通过阿尔都塞，拉康认识了一位将会改变他的家庭生活，并且影响他理论主旨的年轻人。雅克－阿兰·米勒出生于1944年2月14日²⁹。当阿尔都塞建议他阅读拉康时，他刚刚完成了自己的哲学学位。他马上去书店买了所能买到的所有《精神分析》期刊，然后把自己关在屋子里研究。他被拉康的理论所震撼："我发现了非同寻常的东西。"³⁰ 这位19岁的年轻人迅速成为拉康派，拉康论及放逐的研讨班又一次给他留下了深刻印象。1月21日，米勒在巴黎高师提交了一篇关于拉康理论的文章，之后又写了两篇³¹。

第23章 与路易·阿尔都塞的对话

当路易·阿尔都塞、米歇尔·托尔和埃蒂安·巴利巴尔试图解释弗洛伊德思想的起源,进而展示拉康如何利用结构语言学发展弗洛伊德思想来对抗心理学时,雅克-阿兰·米勒提供给他的读者一块理解拉康理论的敲门砖,他的报告把拉康理论表现为没有矛盾、缺陷和历史要素的单一整体。米勒1964年笔下的拉康剥离了科耶夫、超现实主义和瓦隆的历史印记,是一个现在时的拉康。拉康和弗洛伊德的联系只剩下一串名字:雅各布森、本维尼斯特和索绪尔。"回归弗洛伊德"的口号就像是通过一个简单的逻辑操作从天而降一样。当然,米勒并不是唯一一个以这种方式解读拉康的人。在结构主义盛行的1953年到1968年之间,很多法国知识分子以拉康在1960年到1962年之间所写的结构主义文本来理解拉康,他们所知道的只有《罗马报告》、文字的中介和排除等等。但只有米勒走得最远,他用严格的结构主义框架来呈现这位大师。

然而按照米勒的解读,拉康的作品成了封闭的理论,它不再是弗洛伊德派而已经是拉康派了。米勒把拉康的那些逐渐演化的概念从它们的历史中抽离出来,消除了它们所具有的模糊性,将它们分类、标签化、消毒,从而剥夺了它们原有的多义复杂性。以这种方式,拉康的术语可以放入学校的教科书了。例如"能指"一词现在伴随着"优先性""菲勒斯""缺失""另一个能指"或者"存在的缺失"。而实在、象征和想象的地形学变成了一个"商标",一个盖了章的、拓扑化的 S.I.R. 图表。

拉康被这位年轻人能从他的无序的思想中总结出逻辑规律的不寻常的能力所震惊。他公开向米勒致意,并宣称他愿意回答米勒的问题[32]。在给阿尔都塞的一封信里他简单地说道:"你的那位年轻学生很不错。"[33]

在1964年至1965年间,米勒参加了一个马克思《资本论》的学习小组,从中他们提出了"症候式阅读"。这一理念部分基于巴什拉的"认识论断裂",部分源自拉康对于弗洛伊德的修正。它的目的是找出马克思文本中不可翻译和无法理解的要点,并把马克思早期依然受黑格尔和主体框架影响的文本和他成熟期趋向科学化的文本区分开来[34]。在小组中还发生了一次略显滑稽的冲突：米勒指责朗西埃剽窃了他的"换喻因果性"概念。这位年轻人怒气冲冲地把自己的指控写在黑板上，并要求对方做出更改[35]。这个插曲是米勒对于拉康绝对认同的第一个症状，和他的象征父亲一样，他也极度害怕被剽窃。

在一开始，米勒对于拉康的理论简化有益于拉康理论的传播。他让公众看到一个看起来晦涩深奥、充满歧义的理论体系其实是相当严谨和严密的。1963年的拉康正处在一个短暂的修整中，他已经完成了大部分的理论建构，所以他很欣赏阿尔都塞的学生对他的崇拜，并认为米勒具有成为他的继承人的全部品质。米勒非常实用主义，他知道如何向这位被之前的学生背叛过的大师提出可行性建议和具体的主意。米勒成长在一个从波兰移民到法国的犹太家庭，他接受的教育理念非常强调个人成功与社会融入。他的父亲让·米勒在巴黎医学圈子里以他收集绘画的方式而出名。"为什么要为一幅画花一大笔钱？"他说，"如果你能不花钱就得到一幅差不多的画？"[36] 他的儿子从小就是一个聪明的学生，他对文学和自由艺术不感兴趣，对待哲学和政治都采取了一种实用主义立场，这反映在他对于拉康的非常逻辑化的简化中，以及一向追求效果的政治态度上。在这一点上，他恰好是拉康的反面，后者希望成为资产阶级的欲望一直驱使他去掌握最复杂和最微妙的哲学思想。然而随着拉康学派和国际精神分析协会的分裂，他依然保留着的传统工匠特质的苏格拉底式教学已经不太适应现代技术精神了，而米勒在这方面似乎成为未来的预言者。

米勒希望让理论面向大众的欲望最终把他引向了毛泽东思想，这确实是当时的时代精神，也反映了1968年后知识分子被侵入大学的教书匠所取代的社会现实。"我在1968年后深受打击，"埃尔韦·勒·布拉说，"一股理性主义潮流使学生们涌向了逻辑学课堂。这样的行为反映了对于理性力量的承认与屈服，很难不把它和技术发展、专家管理的兴起联系起来。"[37]

第23章　与路易·阿尔都塞的对话

1965年1月，吕西安·赛巴格，一位曾在阿尔都塞门下学习过的民族学家，开枪自杀身亡。他当时只有32岁。他在桌子上留下一封写给朱迪斯·拉康的信，和一位之前在他抑郁期里帮助过他的女性朋友的电话号码。他已经接受了拉康好几年的分析。拉康很欣赏他的才华，希望他能为自己的理论提供新的思想。赛巴格比阿尔都塞在巴黎高师的大多数学生们要年长。他在《摩登时代》杂志上的一篇文章里知道了精神分析，在自杀前刚刚出版了一本名为《马克思主义与结构主义》的书[38]。拉康虽然尽了全力，但还是没能阻止他的自杀。拉康后来告诉他身边的很多人，这让他非常痛苦。阿尔都塞回忆：

> 一天早上，有人很早就按响了我在巴黎高师的门铃。是拉康，他处在非常糟糕的状态中。我甚至认不出他来了。我不想详细叙述当时发生了什么。他告诉我吕西安·赛巴格自杀的消息，后者接受过他的分析。"在我通过传言知道这件事之前，拉康亲自告诉了我。"拉康之前不得不终止分析，因为赛巴格爱上了自己的女儿朱迪斯。他告诉我他不得不跑遍巴黎，向他能联系到的所有人解释，从而阻止对他"谋杀和过失的指控"。他非常恐慌，向我解释为什么在赛巴格爱上朱迪斯后无法继续对他的分析："在技术层面上不可能了。"但拉康还告诉我他每天都去见赛巴格，包括他自杀前一天的晚上。拉康向他保证自己随叫随到，因为他有一辆非常快的奔驰。[39]

当年秋天，在《保卫马克思》（*Pour Marx*）一书出版后，阿尔都塞又遭受了抑郁症的困扰。他开始接受勒内·迪亚特金的分析，他当时不知道后者曾经被拉康分析过。阿尔都塞担心自己会自杀，虽然他还从未尝试过。他不认为拉康作为医生会利用所有的医学与精神病学资源来阻止他自杀，但他错了。虽然当时拉康的病人相比他同事的病人有更高的自杀率，但这是因为拉康敢于接受那些其他分析师拒绝接受的、具有自杀倾向的病人。在这个意义上他并非是他的指控者所声称的"凶手"。那些指控者自己都没有勇气面对病人的问题。

在开始接受分析后，阿尔都塞很快得知他的分析师曾经接受过拉康的训练。他开始给迪亚特金写很长的信件，其中充满了对他"分析师的分析师"的赞美，他再次扮演起"父亲的父亲"的角色，试图证明自己在这件事上有发言权。"为什么你要贬低拉康的工作？这是你不应该犯的错误。你的回复谈到了拉康的性格，这完全是跑题的。真正的关键是拉康的工作，是哪种理论应该存在于精神分析领域。为了得到好的结果而做一些不好的事是值得的。我在私底下认为：拉康的'性格''风格'、他的古怪特质以及它们所导致的各种后果甚至伤害——相对于他的理论，所有这些都是值得的。"[40]

第24章
"我以此创立……"：康德和萨德

> 我，凭借自己和精神分析事业的独特关系，在今天创立精神分析的法国学派。我将要在未来四年里推动它前进。

为了在1964年6月21日这天发起行动，成立自己的学派，拉康选择了一个把戏。他提前写好了文章并做了录音。当时在法国精神分析协会内外谣言四起，人们都在说有部分人得到了在弗朗索瓦·佩里耶家举行的秘密聚会的邀请。到了那一天，80多个人在天文台大道聚集。所有人都知道拉康准备进行一次决裂，大家都期待着拉康把这次行动搞得轰轰烈烈。

让·克拉夫勒尔向大家宣布大师已经把他的发言录了下来。他请大家保持安静，然后打开了录音机，里面传来了拉康的声音。他向大家宣布"巴黎弗洛伊德协会"成立了：

> 我，凭借自己和精神分析事业的独特关系，在今天创立精神分析的法国学派。我将要在未来四年里推动它前进。
>
> 这个头衔，按照我的理解，代表了一个必须完成某种"劳作"的有机体——这一劳作的目的是在弗洛伊德所开创的领域中恢复他理论的锋芒；让弗洛伊德以精神分析为名义创建的本源性实践回归到这一事业对于我们所处世界的义不容辞的责任；另外通过不懈的批评，驳斥那些阻碍精神分析进步并使它的实践退化的变体或折中。

为了实现这一目标，我们需要在征服的道路上实施一种新的训练方式，从而使那些接受过我的训练的人真正获得权力，并邀请那些能够接受这一训练的折磨的人加入到我们的事业中来。[1]

录音刚刚播完，在屋子的后面就出现了一阵骚动：拉康出现在了这些目瞪口呆的听众中间。之前由于担心泄密，拉康一直把这份文件视为最高机密，他甚至拒绝透露新学派的名称。按照安娜－丽莎·斯特恩的说法，拉康仅仅向几个最亲密的好友透露过这份文本的内容。他曾希望佩里耶在6月21日宣读这篇文章，但因为佩里耶拒绝了他，所以最后还是选择了录音。

拉康一直都希望亲身参与精神分析史上的关键时刻。然而在他成立自己的学派时，他却选择了录音，让一种他最痛恨的现代设备来为他代言。很显然，这一"播音"代表着一种弗洛伊德式的抵抗，一种戴高乐式的浮夸姿态。而当缥缈的声音逐渐消失后，大师的肉身才出现在观众面前，向大家解释录音中提到的几个新概念："纯粹精神分析""几何学""加一""卡特尔""学派的分析师"（AE）和"学派的分析师成员"（AME）等等。拉康和国际精神分析协会中权贵们的对抗导致了他的决裂，也使他成为在这一时代中唯一能够复兴弗洛伊德思想的尊严和真理性的人物。拉康的"创始文本"非常出色，也非常正确。但他并不是孤单一人。和他站在一起的有曾经的法国精神分析协会的几百名成员，以及将要加入他们的几十位新人。

因此当巴黎弗洛伊德协会成立时，就其成员组成而言，它并不是一个新的组织：只有三分之一的成员和之前的法国精神分析协会没有关联。在这些人中包括巴黎高师的哲学家、一些天主教或新教的牧师、来自其他地方的哲学家，以及很多心理学家。以下这些名字将在之后的历史中发挥重要作用：米歇尔·德·塞尔托、弗朗索瓦·鲁斯唐（François Roustang）、

第 24 章 "我以此创立……": 康德和萨德

科尼利厄斯·卡斯托里亚迪斯、菲利克斯·加塔利（Félix Guattari）、伊夫·贝尔特拉、露西·伊利格瑞和米歇尔·蒙特莱。

事实上，巴黎弗洛伊德协会的运作方式和它所取代的协会一致。拉康授予成员 AE 和 AME 的头衔* 并非基于某种标准，而是他按照等级制度主观决定。所有法国精神分析协会的前成员、之前的训练分析师（贝尔纳·蒂斯、奥科塔夫和莫德·曼诺尼、格扎维尔·奥杜阿尔、皮耶拉·奥拉尼耶、让·克拉夫勒尔、居伊·罗索拉托）以及几名受训者（保罗·迪凯纳、勒内·巴尔格、卢西安·伊斯拉埃尔、路易·贝尔纳特、雅克·肖特、让-保罗·瓦拉布雷格）都成了 AES。被授予 AMES 头衔的成员也情况类似。简而言之，之前法国精神分析协会的头衔都保留了下来。在拉康授予的 AMES 中，有些人在之后的协会发展中起到了重要作用。其中包括夏尔·梅尔曼（Charles Melman）、罗西纳·勒福尔、克劳德·杜梅齐尔、克劳德·孔泰和克里斯蒂安·斯梅托斯[2]。

拉康花了一个夏天的时间来制定协会规章，包括对于不同协会类型的补充条款和对"学派"一词意义的初步分析[3]。他和塞尔日·勒克莱尔还写了一个没有收入巴黎弗洛伊德协会年报的《第四文本》，解释新学派的教学纲领。这一文本在 1964 年 9 月 19 日，规章正式出炉前四天，在学派内部发布。拉康说："需要强调的是，为了保留精神分析的核心特质，我们团体的运作方式需要进行很多修正。这一核心特质基于一个绝对客体：欲望的现实。它必须被赋予科学性。只有足够强大的学科才能消除对它的偏见。这一学科仅仅存在于接受它训练的受训者之中。通过这种方式，精神分析师对他职业的理解才能和心理学家不同。"[4]

在这期间，拉康在从盖坦考特回来的高速公路上发生了一起车祸，好在并不严重，没有造成什么可怕的后果。但拉康还是把这件事小心地隐瞒

---

* AE 是巴黎弗洛伊德协会分析师的非正式且临时的称号，一般是指那些"通过"制度之后三年内的分析师；AME 是巴黎弗洛伊德协会分析师的正式且永久的称号，这样的分析师一般可以进行督导分析。——编者注

了起来。他不希望自己的追随者知道他在成立学派时发生了意外事件[5]。

拉康在9月19日提出的这份报告准确地反映了他正在思考的主题：他希望把欲望的现实性作为精神分析的研究对象，并赋予精神分析一种心理学所不具备的科学性。所以，虽然拉康正在成立的新学派容纳了越来越多的心理学家，他还是再三强调两个领域的根本差别。不过他的哲学立场也一直在变化。

1964年6月24日，拉康在他该年度研讨班的最后一讲上专门讨论了信仰、科学和幻象。他称呼奥斯维辛是"大屠杀"而非仅仅是"种族灭绝"，以此来表示这一现代悲剧无法仅仅用马克思或黑格尔的理论来理解。在拉康看来，奥斯维辛是向"黑暗之神"献身（被"大他者"所吞并）的绝佳例子。他指出斯宾诺莎是唯一一个能够理解包含在"智性之爱"中的牺牲的永恒意义的哲学家。拉康重新梳理了斯宾诺莎的成就：从奴役向自由的转变，必须通过"智性之爱"和对牺牲所唤起的全部情感的抵抗才能实现。拉康因此把哲学史中的一个特殊位置给予了这位从小就对他有很深影响的哲学家。

在1932年至1946年之间，斯宾诺莎的理论帮助拉康对疯癫有了新的理解：疯子是一个不把自己疯癫的思想视为现实，而是视为作为自身自由界限的真理的人。在1959—1960年关于精神分析伦理学的研讨班里，拉康谈到了亚里士多德和斯宾诺莎的伦理学，指出弗洛伊德理论中本体论的缺失。为了弥补这一缺失，也为了提出一种弗洛伊德的伦理学，拉康提议思考生活在病态文明中的现代人的悲剧。他提出的伦理学基于弗洛伊德理论中的欲望和黑格尔意义上的"世界"。他指出，在精神分析的意义上，一个人会因为"向自己的欲望让步"而产生负罪感。换句话说，弗洛伊德的伦理学就是斯宾诺莎的伦理学，它在欲望的实现中看出存在的真理[6]。

就这样，在被"逐出教门"六个月，发布创始文本三天后，拉康回到了斯宾诺莎以及他和奥斯维辛与"黑暗之神"的关系上。在把斯宾诺莎放

第 24 章 "我以此创立……":康德和萨德

上神坛后,拉康又转向了康德,来解释哲学如何被精神分析所取代。他说:"斯宾诺莎的立场对于我们来说是不可靠的。经验告诉我们康德更加正确。我已经证明康德在论及实践理性时所提出的意识理论只有基于一种特殊的道德律才能实现,而如果我们更仔细地观察会发现,欲望是这一道德律的纯粹状态。在牺牲中所酝酿的正是这种欲望,把世界万物作为自己所爱的欲望——我可以这么说,这一欲望不仅仅存在于对病态客体的拒绝中,而且存在于牺牲和谋杀中。这就是我写作《康德和萨德》(Kant avec Sade)的原因。"[7]

"康德和萨德"是拉康在 1962 年 9 月完成的一篇文章的标题。它的目的是对萨德全集的第三卷提供一个导读。这一卷中包括了《瑞斯丁娜或喻美德的不幸》(Justine ou Malheurs de la vertu)和《卧室里的哲学》(La Philosophie dans le boudoir),同时包括了安盖洛·埃纳尔、莫里斯·海涅和皮埃尔·克洛索夫斯基的评论。全集的编辑让·波扬认为拉康的文章无法阅读,所以并没有把它作为全集的一部分出版,而是在 1963 年 4 月的《批判》上作为一篇书评发表。拉康并没有提到这次被拒绝的羞辱经历,他只是谈到在法国出版萨德、康德和弗洛伊德全集的困难[8]。

拉康的文章本身确实非常精彩,但也非常晦涩,它受到了拉康最近阅读的福柯的《疯癫与文明》的启发,但也同时受到马克思·霍克海默(Max Horkheimer)和西奥多·阿多诺(Theodor Adorno)思想的影响。1944 年,在这两位法兰克福学派的思想家在美国出版的一本重要著作中已经通过对理性的界限和进步观的思考把康德和萨德联系起来[9]。拉康在 1962 年的文章里没有提到这本书,但他显然借用了福柯的分类法(理性和疯癫)以及他的"人类学圈"的概念。拉康把康德和萨德并列,和福柯把道德治疗的创始人皮内尔和萨德并列有异曲同工之妙。萨德所代表的是"非理性的虚空"以及"对自我的决定弃绝"。拉康认为萨德的理论是一个颠覆过程的第一步,而康德在其中也起到了重要的作用。在出版于 1795 年的《卧室里的哲学》中包含了一个讽刺性的标题:"再努力一次,法国人。"这揭示了出版于 1788 年的《实践理性批判》中所包含的真理[10]。在这两个出版时间的间隔中发生了一件重大的历史事件:法国大革命。它通过提出人权宣言使得律法的主体成为可能。康德接受了雅各宾派的立场,但他并没有因为律法从非法中得出并被非法所揭示的悖论而退缩,他批判革命暴力是对律法的悬置,但又认为这是创造一个新的律法秩序的必要条件[11]。

在拉康 1962 年的解读中,萨德意义上的"邪恶"被等同于拉康理论中的"善"。两位作者都认为个体应该遵守律法。但在拉康看来,萨德引入了"大他者"的概念来摧残个体,并解释其欲望的客体;而康德通过提出一个主体凭借律法自治的理论使这一客体消失。萨德强调享乐(快感、高潮等等)的必要性,认为律法作为实现个体自由的工具使主体服从于律法:"你必须享乐。"而对康德而言,欲望的破坏力在道德律中反映出来:"你必须把自己从病态中解放出来。"所以拉康认为康德的道德律并非来自一个关于自由的理论,而是来自一个关于客体被压抑的欲望的理论。这一压抑随后将会被萨德阐明。萨德的必要享乐和拉康的绝对命令是一致的。

拉康在这时候是否知道汉娜·阿伦特 1961 年对阿道夫·艾希曼审判的评论?很难说[12]。但无论如何,借助阿多诺和福柯,他的立场很接近阿伦特。阿伦特认为当艾希曼说他是康德主义者时是在说真话,因为对他而言,律法的邪恶无法与律法的绝对力量相提并论。艾希曼因此遵守荒谬的、有关种族灭绝的律法,而没有任何负罪感。拉康在把萨德的享乐和康德的绝对命令并列时所表达的是相似的观点。

1964 年,拉康通过引用自己之前的论述重温了这一话题。他认为精神分析的伦理学是斯宾诺莎式的,是一种基于欲望的展现的存在真理——"不要放弃你的欲望"——但成为康德主义者意味着主体必须服从律法。当拉康发现自己不得不肩负起弗洛伊德所认为"不可能"协调的三个功能(管理、教育和精神分析)时,他用康德的绝对命令来解决自己在创建弗

第24章 "我以此创立……"：康德和萨德

洛伊德学派时所遭遇的矛盾——这一矛盾发生在实践欲望的必要性和律法限制欲望的必要局限之间[13]。

在战后，拉康曾经批判过萨特的自由理论。他认为人类主体要想获得自由，必须通过逻辑推理来使自己成为人性的一部分。《康德和萨德》进一步推进了这一观点：在一个出自比昂的逻辑模型中，拉康添加了斯宾诺莎在安提戈涅的悲剧启发下提出的欲望伦理学，并通过康德和萨德提出主体必须服从律法的原则。从这里出发可以得出一系列推论："如果我们通过哲学来思考人的权利，那么我们从他身上发现的真理是众所周知的。人的权利的本质是欲望的自由。认识到这一点，我们可以按照冲动来行动。欲望的自由是个体可以为之而死的自由。"[14] 拉康还说："欲望的自由是一个新要素，它不是开始革命的自由，而是一个人可以为之战斗和死亡的自由，虽然只有革命才要求个体为他的欲望而战斗或死亡。"[15]

这是拉康新的自由理论：人仅仅通过他对于自由的欲望而自由（斯宾诺莎），这给了他死亡的自由（安提戈涅），但同时也迫使他服从于一个以某种绝对命令来定义善恶的律法（比昂、康德、萨德）。拉康——作为一位在教学中追求真理的理论家、生活中的诡辩者和伪善者、政治上马萨林的崇拜者，一位没有像卡瓦耶斯那样为自由而死的人——在这里向1973年的弑君行为致敬，并思考为什么被渴望已久的自由会迅速转变为奴役的谜题[16]。圣茹斯特在《关于共和体制的片段》（*Fragments d'institutions républicaines*）中有一段话很著名："革命已经冷却，它的原则已经被削弱，剩下的只有戴在阴谋家头上的红帽子。恐怖的行为已经让人对谋杀麻木不仁，就像烈酒让舌头丧失味觉一样。"拉康在评论这段话时指出如果圣茹斯特坚持作为一名自由思想家，他或许能够幸存下来，成为胜利的热月党人[17]。

拉康对萨德的强调是因为在他看来，萨德的理论是另一种由弗洛伊德发起的颠覆过程的第一步。通过把人类文明价值的背面推向野蛮的极致，萨德预见人类将要走上属于死亡驱力的高地，而弗洛伊德把这一区域视为文化的病态的核心。拉康把这种野蛮和一种古代悲剧中"两种死亡之间"（l'entre-deux-morts）的局面联系起来[18]。在拉康看来，萨德的过度和安提戈涅的过度相关，可以被视为一种现代的悲剧形象：他使得我们可以理解代表20世纪的恐惧的奥斯维辛。

我们注意到，在1964年6月，拉康把奥斯维辛描绘为"大屠杀"。在使用这一词汇时，他似乎赞同由犹太或非犹太的神学家们所提出的各种观点。这些观点把这次种族灭绝看成是对于犹太人希望通过人类努力来获得救赎的惩罚，或是一场预示上帝之死的终极灾难。但这并不是拉康的立场。他用"大屠杀"一词仅仅是为了说明斯宾诺莎的欲望理论如何通过脱离犹太教传统而没有屈服于对"大屠杀观念"的痴迷。换句话说，他引用斯宾诺莎是为了反对对于大屠杀做出的任何宗教或美学方面的神学化：它既不是人类反抗野蛮奴役时所遭遇的自我牺牲的反动，也不是一种弃绝神圣秩序的无意义事件。拉康没有在新海德格尔的意义上反思犹太法典，而是把奥斯维辛普遍化，使其成为涉及全人类的20世纪悲剧[19]。

通过把自己学派的基础和奥斯维辛联系起来，拉康剥夺了国际精神分析协会代表弗洛伊德理论离散的历史的资格。作为一个认同于斯宾诺莎的非犹太人，拉康告诉那些坚持所谓美国式精神分析的适应性理想、封闭在正统派帝国里的权贵们，他们已经没有资格来传承犹太人的反抗精神和对现存秩序的挑战，而这正是弗洛伊德所赋予他们的职责，也是奥斯维辛让人重新思考的内容。在1967年10月，拉康还会在对"通过"制度的讨论中回到这一话题。

在1964年6月和9月之间完成的巴黎弗洛伊德协会的所有创始文本——"我以此创立""附加条款""前言"以及"对于理论的一些要素的笔记"——都反映了拉康从囚徒悖论中得出的自由理论。在《康德和萨德》中，这一理论实现了自己的终极表达。与此同时，所有这些文本都受到了

第24章 "我以此创立……":康德和萨德

拉康反国际精神分析协会之道而行之的欲望的影响。他事实上是在开辟另一条把弗洛伊德国际化的道路。它使用"学派"这一词来表示正统派们所说的"协会"或"组织",并用"弗洛伊德的"取代"精神分析的"。拉康在建立一个思想的共和国,一个创造性思想的伟大实验室。

这样一个事业是空前的。自1910年以来,弗洛伊德理论的国际化所采取的就是官僚体制式的扩张的道路。众所周知,国际精神分析协会由很多小的协会构成,这些成员并不享有同样的权利。每个协会都要接受基于弗洛伊德学说的理论,同时不能违背任何技术规范。这一态度导致了弗洛伊德学说、它的实践者和它的理论价值的去知识化。好在由于这一官僚体系的麻木,整个系统还算稳固。

拉康为他的学派所制定的原则彻底推翻了这样一种组织结构。没有任何技术规则强加到巴黎弗洛伊德协会成员的头上。每个成员都可以自由地选择训练分析师和控制分析师,而不需要咨询一个"名单"或一个委员会。同样,对于每次分析的时长没有硬性要求。每个分析师能按自己的需要安排自己的时间,再也没有时间必须控制在45分钟的分析了,分析的频次也不需要提前确定。对于一个生产技术员的全能帝国而言,拉康反对所谓欲望意识的乌托邦式过剩。他的学派的成员摆脱了技术规则的奴役,但却成为另一种形式的奴隶:他们必须把弗洛伊德的文本视为神圣的经典,而只有拉康的解读能让它们复活。正统主义的体系包括了很多理论倾向,但没有任何民主的改革。而在拉康的体系中不存在理论的多元化,但制度和其所推行的训练方式是真正民主的。最奇怪的地方在于,在巴黎弗洛伊德协会存在的短短16年里,作为一个同时兼容平等主义的民主、寡头制的权力和教条主义的思想体系的机构,它对于现代哲学所有主流理论比法国精神分析协会和巴黎精神分析协会都要更开放。

巴黎弗洛伊德协会的寡头体系并没有排除不同理论倾向的发展和思想

的分歧。在医学和精神病学机构中实施的各种实验都能在拉康派的家族中得到积极的回应。在拉康的体系中，每个小组都能自由地实践自己的批判精神。在这些实验中最重要的有包括热妮·奥布里在内科尔医院对患病儿童的研究，弗朗索瓦兹·多尔多在特鲁索医院的工作，让·奥里在库谢韦尔尼的诊所和克劳德·让吉拉尔在谢莱的诊所的工作。很多新的评论期刊发行了，这些期刊有些是独立的，有些和学派有直接关系，其中包括阿尔都塞在巴黎高师的学生们创办的《精神分析手册》；从《精神分析》杂志脱离出来的《无意识》(*L'Inconscient*) 杂志（它的运营人是巴黎精神分析协会的分析师和法国精神分析协会的一些前成员，第五代分析师中的自由派在这本杂志上很活跃）；米勒编辑的《换句话说》(*Scilicet*, 后来取代了《精神分析手册》)；最后是《苍鹭》(*Le Coq Héron*, 唯一一本尚在的评论杂志，发表一些巴黎弗洛伊德协会以外的分析师的文章）。另外还有《弗洛伊德学派书信》(*Les Lettres de l'école freudienne*)，它记录了学派的日常活动：会议、讨论、演说等等。厚厚的 27 卷报告为我们了解弗洛伊德创建的机构的日常生活提供了宝贵的途径[20]。

但是巴黎弗洛伊德协会作为一个由精英构成，被一位具有绝对权力的大师所领导的共和国，其实是非常脆弱的。首先，它的结构不适于大众精神分析的发展；其次，它的工作集中在欲望、移情和爱，而这些内容都汇集到拉康个人身上。这个组织因此呼应了拉康实践的演化：短时分析被化约为最简单的词汇，然后被进一步化约。作为一个既反对大众意识形态，又依靠大众意识形态来维系的学派，它的生命是短暂而悲剧的。在弗洛伊德理论史中，它代表着一个关于梦想、乌托邦、革命和欲望的学派。它揭示了在自由主义反抗和对现存秩序的挑战中学习弗洛伊德理论的一代人的希望、挣扎和痛苦。反殖民主义、反帝国主义、新马克思主义以及关于知识分子承诺的后萨特模型：这些领域和思潮都驱使第四代和第五代分析师走向拉康的学派和他的言说。

第24章 "我以此创立……":康德和萨德

仅仅几年时间,巴黎弗洛伊德协会的优点就丧失殆尽了:它无法承担自己在法国年轻一代人中间的成功。在学派成立的 1966 年 9 月到 1967 年 1 月之间,超过 80 名新成员被吸收进来,导致成员总数超过 200 人。在 1968 年 5 月后,一次糟糕的分裂导致包括奥拉尼耶、佩里耶、瓦拉布雷格在内的多人出走,但学派的成员数依然在上升。到 1971 年,学派共有 276 名成员;1975 年,401 名;1977 年,544 名;到 1979 年 12 月,即学派解散之前,它的成员数已达到创纪录的 609 人。在 16 年的时间里,它吸收了 468 名新成员,没有任何弗洛伊德协会能如此快速地发展。这样的扩张让国际精神分析协会下属的法国团体受益。到 1985 年,巴黎精神分析协会和法国精神分析组织的人数达到 468 人,在总人数上位列世界第四,仅次于美国、巴西和阿根廷,而在每平方公里的分析师数量上已经成为世界第一[21]。拉康派——作为国际精神分析发展史上最著名的"法国式例外"——极大地推动了正统弗洛伊德派的扩张。我以前曾说过,快速扩张导致的危机在 1966 年 12 月[22]就已经影响到了学派。而现在我发现,佩里耶在 1965 年 1 月写给拉康的一封有趣的信里就已经提到了威胁他们的制度危机。"你正在摧毁你所建立的东西,"佩里耶说:

> 无论它是一个学派还是你的朋友对你的信任。我不能告诉你导致这一危机的原因和方式……你认为你在审判分析师的协会以及它的"结构",但事实上,你呈现出来的是你和其他学派的关系:一个被所有学派排斥的孤独者。国际精神分析协会对于你和你的学派的阴谋并没有给你权力去否定它在 1960 年以前的成功,以及它的研究和训练的有效性,哪怕这些都是基于共同的规范。你的指控没有区分结构和制度。在你的创始文本中唯一提到的结构是由你、你的躺椅和你的研讨班所组成的复杂、有效、特殊和富有成果的结构,但你却忽视了一个很重要的因素:对于灾难的考量……另一个问题是,6 月你在文件中所制度化的结构完全是你

的个人观点，缺少必要的讨论与平衡。

你和其他独立小组，特别是那些由你的真正朋友所组成的小组总是难以沟通，因为你总是怀疑存在针对你的同谋关系。所以你一直在分化，而没有统治。你没有接受自己已经毫无疑问地得到认可和崇拜的事实，依然用旧的方式发号施令，试图抢占地盘……我们希望你能基于一个基本成型的理论来平和地实施权力，而不是像游击队和亡命徒一样进行盲目地战斗。[23]

这是一封很精彩的信。虽然佩里耶没有提出弥补危机的任何建议，但他对拉康的描绘是非常到位的。拉康当然也认识到佩里耶的批评有合理之处，但他的回复依然是他处理类似局面时的老一套。他谈到了"背叛"，说他会为佩里耶保守秘密，又说他会把这封信给另外三个人看——勒克莱尔、克拉夫勒尔和奥拉尼耶。之后他又抱怨自己的"孤独""坏运气"，并谴责那些抛弃他的人：我既不要分化，也不要统治。或者说：要么你们和我站在一起，要么你们继续站在一起——你们所有人，但没有我。"[24]

第 25 章
《文集》：一名编辑的肖像画

> 一方面他害怕被剽窃，希望保守自己绝妙思想的秘密；另一方面他又渴望自己的思想得到全世界的认可。

在他给 1990 年 6 月的题为"拉康与哲学家"讨论会的投稿中，德里达回忆了他于 1966 年在霍普金斯大学举办的关于结构主义的讨论会上和拉康会面的场景[1]："在巴尔的摩……他告诉我说他认为在他死后，他的作品会被人解读，特别是被我……他的另一个焦虑是关于《文集》的，当时《文集》马上要出版。瑟伊出版社的人建议他把一切都放进这本超过 900 页的书里，他对此并不感冒，特别担心装订不够牢固以至于书会散架。'你等着看，'他比画着说，'这本书支撑不住。'"[2]

每当有关出版的糟糕问题出现时，拉康就会产生这样的焦虑。他后来把出版称为 "Poubellication"，其中隐含了 "poubelle"（垃圾桶）一词。这可能指的是他理论中的最宝贵的欲望客体的剩余或废物。拉康把他的研讨班称为 "stécriture"，这个词把"速记"和"书写"两个意思压缩在一起，用来表达拉康对于从言说向文字转变的轻视。拉康的态度是模棱两可的。一方面他害怕被剽窃，希望保守自己绝妙思想的秘密；另一方面他又渴望自己的思想得到全世界的认可。虽然拉康是天才，但他内心里还是充满了对于自我形象的焦虑，对于他人批判的紧张和对于自己的作品被以一种意料之外的方式解读的恐慌。所以他仅仅允许自己的演讲被记录下来，在弗洛伊德机构和相关期刊的有限圈子里流传。

就像他由于担心自己的衰老，必须照过镜子才能走进西尔维亚的卧室一样³，拉康把自己的研讨班笔记和文章等大部头文件都存放在自己的书柜里，好像这样他就永远不会和它们分开。他有时会看着它们叹息道："我要拿这些怎么办呢？"有时他会把它们发表出去当作是奖赏。这个举动既代表了微妙的付出，也体现了他的自信。

所以在 1963 年，拉康的工作并没有在小圈子之外"正常"流转。他 1932 年的论文没有再版，已经要被遗忘了。如果一本拷贝偶然出现在了某个专业书店，拉康会迅速把它买回来。"1967 年，"让·阿卢什写道，"我想要买一本拉康的博士论文，所以我走进了弗朗索瓦书店，但他们告诉我已经卖完了。当我询问店员时，他说前一段时间，这本书的作者曾经扫荡了整个书店，买下了剩余的所有书。"⁴ 这位害怕被迫害的理论家以及对书有恐惧的藏书家，身上一定有阿尔切斯特和道林·格雷的气质。

如果拉康没有遇到一位非同寻常的编辑，这一状况可能还会持续下去。弗朗索瓦·瓦尔的父亲是巴黎老佛爷百货公司的一名主管。他的母亲学过医学，曾经在圣安娜医院的精神病部门待过一段时间。瓦尔通过来家里吃饭的苏菲·摩根斯坦和弗朗索瓦·明科夫斯卡知道了弗洛伊德的理论。他说："我是通过阅读波罗的教科书学到的。"⁵

作为一名曾经受到过反犹太迫害的犹太人，当瓦尔在法国沦陷后的煎熬期里发现自己是同性恋时，他并没有负罪感。他的父亲被分配到非沦陷区的百货公司分部。在里昂，他见证了抵抗运动的诞生并参与其中，同时他在自己第一年的哲学学习中表现出色。1943 年初，本笃教会的一位朋友托他打印一些圣奥古斯丁的拉丁文，给他在修道院里提供了一个住处。但他的父亲被一个会计告发，于 9 月 8 日被捕，之后被遣送到奥斯维辛：他是一名曾经参加过"一战"的、被同化的犹太人，从来没有想到这样的事情会发生在自己身上。弗朗索瓦在红衣主教的保护下进入位于蒙特布里松

第25章 《文集》：一名编辑的肖像画

的神学院学习，在那里他用邦菲斯的化名成了班长和指导员。1944年6月，他重新加入了抵抗运动，解放日的时候他在巴黎。

当时瓦尔的母亲在马赛的儿童救助机构工作，负责照顾流放者的孩子。瓦尔在那里认识了埃利·威塞尔。在帮助他获得高中文凭的过程中，瓦尔接触到了犹太教，第一次意识到犹太人需要建立自己的国家。通过罗贝尔·米斯拉伊的介绍，他加入了犹太复国运动极端组织在巴黎的分部。在1948年以前，他一直在筹划建立以色列。同时他在索邦大学继续自己的哲学学习，在这期间他拜访了拉加什，说他想成为一名分析师。拉加什尽他所能来打消瓦尔的这个念头，但最后还是写了一封推荐信，把他推荐给勒波维奇。瓦尔发现拉加什"缺乏同情心"，并没有按照约定和勒波维奇见面。后来他通过一位朋友听说了拉康，并去听了后者关于"自我的终结"的演讲。瓦尔后来说："拉康刚刚失去了母亲，他非常悲伤和痛苦。在演讲中，他谈到了圣安娜医院的一名女病人，她在父亲死去后选择跳楼，因为她觉得自己失去了依靠。"[6]

1954年3月，作为拉康一个患有疑心病的年轻患者的朋友，弗朗索瓦·瓦尔和这位"伟大的巫医"一起喝了下午茶。"我们谈到了斯多葛学派哲学家，拉康告诉我：'你已经开始接受分析了。'"[7]瓦尔的分析从1954年持续到了1961年，每周三次，每次五到十分钟。在周日，这两个年轻人会骑摩托车来盖坦考特，接受一小时的分析。"拉康不说话，他只是聆听。我在这过程中梳理了自己和柏拉图的关系以及私人生活中的问题。"[8]

1957年5月，瑟伊的弗朗索瓦-里基斯·巴斯蒂德给了瓦尔一份编辑的工作。他对于意大利的喜爱使他发现了卡洛·埃米利奥·加达和朱塞佩·迪·兰佩杜萨的作品，并和伊塔洛·卡尔维诺和翁贝托·埃科（Umberto Eco）成了朋友。1956年，通过米切尔·比托尔的介绍，他认识了罗兰·巴特。他和拉康的分析结束于1961年春天。瓦尔当时和古巴作家萨维罗·萨杜伊住在一起。"我去参加了拉康1959年就建议我参加的研讨班，但是时候结束分析了。我把我的决定告诉了拉康，他回复道：'很显然你的经验能解决问题了。'我在那之后没有再见到过他，但他经常给我在瑟伊的办公室打电话询问相关书籍。他总是告诉接线员这是'十万火急'的事情。"⁹

瓦尔不仅仅是拉康的分析者，而且参加了拉康的讨论班，和他有学术上的讨论。他是克服这位大师的恐惧症，劝说他出版自己著作的理想人选。但瓦尔始终和拉康保持一致，这也是拉康一直强加在他的追随者身上的要求。为了赢得拉康的信任，避免被指控为背叛或剽窃，瓦尔要么完全不参与任何活动，要么在"分析－研讨班－移情"的循环中完全认同于拉康。拉康一直很尊重那些在他的领域之外批判他的人，但他对那些进入他的圈子但又试图挣脱的人充满怨恨。

瓦尔的同性恋是另一个优势。虽然拉康很善于和女性打交道，但他对于同性恋者有一种特殊的情感。他使用柏拉图的《会饮篇》作为讨论移情的爱的起点并非偶然。瓦尔观察到了拉康的这种情感。有一天，他告诉拉康自己在1968年遭遇的一次车祸："简直是奇迹。整个车都报废了，但我们却毫发无损。当车祸发生时，萨维罗用一种保护的姿势紧紧抓住我的手。当我把这告诉拉康时，他流下了眼泪。他说：'上帝知道，我一般并不会因为爱情而动情，但这个故事真的打动了我。'"¹⁰

所以在1963年，瓦尔就像之前的阿尔都塞一样，是在正确的时间出现在拉康生活中的正确的人。像代表拉康和国际精神分析协会谈判的勒克莱尔一样，他也扮演了一个谈判者和推手的角色。瓦尔非常善于通过提出有用的建议和在必要时改写部分文本来帮助作者。每个和他打交道的人都知道他会带着激情和不妥协的态度进行编辑工作。他的敌人，一般是那些被退稿的人，指责他太过实用主义。这可能是对的，但需要注意到，瓦尔的立场是在爱的逻辑和对历史主义的批判观之间进行哲学选择的结果。他扮演的不是审查者或制定标准的人，而是遵循着和作者一样的原则，无论这种实用主义被理解为是正面的还是负面的。他从未出版过一本对形式或内容不满意的书；他从未因为商业原因夸大作者的才华；他从未放松过自己哲学上的严谨态度。有时候他会故意拒绝出版一些重要的著作，他还会为那些只有他欣赏的作家辩护。在他看来，苏格拉底式的真理道德比空洞的实用主义更好。他是一名出色的编辑。

翁贝托·埃科的证词说明了瓦尔在重述和真理的问题上有多么严谨。在谈到自己《开放的作品》（*L'œuvre ouverte*）时，埃科说：

> 我不是修改它，而是重写了它。一方面是因为瓦尔的批评，另一方面是因为我当时和巴黎符号学分析小组（特别是巴特）进行的实验，以及我正在阅读的特鲁别茨柯伊和俄国形式主义学派的影响。我对这本书进行了大修。正是在这紧张的智力活动中间，瓦尔以同样迫切的心情告诉我关于拉康的事，他正在追随拉康并尽力劝说他出版他的文集……当我的著作《缺失的结构》（*La Structure absente*）出版后，弗朗索瓦·瓦尔以他一贯的直白（正是这种直白使我们在诸多观点的分歧之外依然能保持友谊）给我写了如下这封信："我不会出版你最新的这本书，我不建议它在法国出版。我之前已经反对它在意大利出版。"我被指责犯下了反拉康主义的罪行。[11]

埃科的批评并没有妨碍拉康和他保持友好关系，甚至也没消减拉康对他的吸引。在一次晚宴上，拉康说了一句改变了埃科的生活的话："吃了你的此在。"（一个利用了德语 Dasein 和法语中 dessert 的相似性的文字游戏）他大喊道。"以他吞噬灵魂的才华，拉康知道当我在说其他事情时，我其实是在说自己；他也是如此，通过顾左右而言他让自己的真实意图正中要害。"[12] 埃科后来承认他的批评更多是针对拉康派而非拉康本人[13]。

瓦尔编辑过几个不同系列的图书。在 1989 年之前他一直是瑟伊人文科学部的负责人,推动了20世纪60年代法国结构主义的兴起。他出版了罗兰·巴特、保罗·利科、热拉尔·热奈特和与评论杂志《如是》(*Tel quel*)有关系的作家的著作。在他和拉康的纠结关系中,他一直得到瑟伊的创始人保罗·弗拉芒(Paul Flamand)的支持,后者对于出版的态度与瓦尔截然相反。"作为一位出版商和总经理,"他说,"我拒绝透露自己最喜欢的书籍。每周我都要花上一小时和每个编辑在一起讨论,搞清楚我正在出版的是什么书。"[14]

弗拉芒意识到拉康和瓦尔之间存在着一种微妙的关系——"像是父子一样的"——他让瓦尔去处理这件事。弗拉芒和拉康的关系单纯是业务性质,但在和他的多年好友弗朗索瓦兹·多尔多的关系中,他扮演的是角色几乎和瓦尔一模一样。"她害怕出版,但我成功劝说她改变了主意。我非常仰慕她。最后她甚至出版得太多了。"[15] 就这样,两位离开国际精神分析协会建立巴黎弗洛伊德协会的大师通过和不同的人的交往,发现自己都在面对同一家出版社。瑟伊因此成为弗洛伊德理论的法国分支拉康派的喉舌。

1963年6月,瓦尔建议拉康出版他的著作。这个主意开始萌芽,但直到一年后拉康和国际精神分析协会彻底断裂,它才开始产生实际效果。1964年4月3日,拉康和瑟伊签订了合同,准备启动一个名为"弗洛伊德领域"的新图书系列。合同的第二条款规定这个系列里的图书会由拉康建议给出版商,没有他的允许,任何书稿都不能被包括进来。拉康的报酬是售出的每本书的价格的2%。至于外文版图书,拉康有权力审核它们的翻译[16]。一个月后的5月20日,拉康签订了一份新合同,其中声明他会写一本名为《对精神分析师的质疑》的书[17],但他随后取消了合同,因为他从开始就没打算这么做。当时的计划不是出版一本已经发表的文章的合集,而是写一本全新的书。但这个计划没有付诸实践。不过,开启一个新系列

第 25 章 《文集》：一名编辑的肖像画

至少是向它的出版迈出了第一步。拉康作为一名编辑而非作者，处在一个很有利的位置：他能自由选择他想要出版的任何手稿，其中也包括他的。这个系列中的第一本是莫德·曼诺尼的《智障儿童及其母亲》（*L'Enfant arriéré et sa mère*），出版于 1964 年。

两年后，拉康终于同意把他的《文集》纳入这个系列中。在 1965 年保罗·利科的《论阐释》（*De l'interprétation*）在他全权负责下出版后，瓦尔成功说服拉康接受了这个建议。众所周知，利科这本书的出版让拉康大为恼火：整本书的主题是弗洛伊德和他的追随者，但却丝毫没有提到拉康的理论，虽然利科五年以来一直出席拉康的研讨班[18]。

拉康无法整理他的文稿。他请他最亲密的追随者代他完成。但由于当时学派正处在危机之中，没有人愿意接手这一任务。最后在瓦尔的催促下，拉康请西尔维亚和她的助手格洛丽亚·冈萨雷斯来为他整理资料。她们没有找到他 1936 年"镜像阶段"的讲稿，拉康也没找到，他搜遍了自己的书柜但却一无所获。由于他和瓦尔都把"镜像阶段"作为他理论的基础，拉康因此建议把他 1938 年为《百科全书》写的文章放入合集之中，这篇文章是 1936 年在马里昂巴德演讲的延续。但瓦尔拒绝了这个提议：他不认为这篇文章足够"拉康"，和真正的拉康风格比起来，它太"弗洛伊德"了。瓦尔希望整本书是全面和可读的。1965 年冬天，瓦尔开始审阅这些发表在不同期刊上的文章。1966 年 3 月，随着编辑工作逐渐加重，编辑和作者之间出现了紧张的理论角力，而《文集》正是在这次角力中才被孕育出来。

瓦尔面对的文本有四种类型：之前已经发表过的文章、原始手写稿、拉康修正过的打印稿，以及从未发表过的文稿。所有这些文本都得到了校订，其中一些（例如对《逻辑时间及预期确定性的肯定》《弗洛伊德之物》《典型疗法的变体》《无意识的位置》《康德和萨德》）改动较大。瓦尔"发明"了一种句读来理解所有这些文本。当他读到一个不理解的地方时，他会在午餐时向拉康请教。到了夏天，瓦尔来到位于阿让蒂耶尔的罗切－罗杰酒店对文稿进行最后的校正。他随身带了几千页的手稿和一大箱子书。每天他都给拉康寄去一部分附上自己疑问的稿件，拉康会把稿件寄回来，在每页的页脚写下对这些问题的答复。"虽然我能收到他修正后的文本，"瓦尔说，"但我不知道他的思想过程是怎样的。"[19]

阿让蒂耶尔的邮差从未见过包裹如此频繁地来回。有时拉康会放一本参考书进去，有时他们会通过电话解决问题。拉康很认真地工作：他第一次——也是最后一次——重新阅读那些代表他一生研究成果的文字。大多数修正在1966年3月到8月之间完成。9月回到巴黎后，瓦尔在他的桌子上发现了一份1958年的未出版手稿《菲勒斯的意义》。拉康在文本即将被送到印刷厂之前的最后时刻发现了它。这篇手稿的用纸已经破旧不堪，拉康在上面用墨水做了很多修正。瓦尔精疲力竭，但很高兴。他终于迫使拉康从对言语的执念中走出来，完成一些真正的写作。

虽然所有的文字修正都是在瓦尔的启发下完成的，但瓦尔在作者没有允许的情况下没有改动过一个字。只有一些句读的处理反映了瓦尔的贡献。这是一场摔跤比赛。有时候瓦尔希望重新组织拉康矫揉造作的从句堆砌，但拉康不同意：这是他的风格、他的句法、他的创造。是拉康选择了"文集"这个标题，以此把这些文字工作和他在研讨班上继续进行的言语工作区分开来；是拉康给这个合集加入了一段开场白和描述了自己进入弗洛伊德事业的过程的自传性文字；是拉康最终决定把《关于〈被窃的信〉的研讨班》作为文集的开篇。瓦尔不同意这个建议，他没有要求拉康移动这个文本，而是请他在文末加一段附录，解释此文在全书中的位置。所以拉康写了《导论的引子》（«Présentation de la suite»）和《插话中的插话》（«La Parenthèse des Parenthèses»）两篇短文来对原文进行逻辑梳理。

在自传性质的短文《关于我的经历》中，拉康谈到了超现实主义者对他博士论文的反应，声称克莱朗博是他精神病学领域唯一的导师（他忘记

第 25 章 《文集》：一名编辑的肖像画

了他曾经和克劳德站在一起反对他）。他没有提到科耶夫或瓦隆，而是把自己展现为是"镜像阶段"理论的发明人。他没有把自己进入弗洛伊德事业的时间定在写作博士论文的阶段，而是定在马里昂巴德大会，也就是他第一次出现在国际精神分析协会的舞台上的重要时刻。《文集》因此呈现出一种在弗朗切斯科·博罗米尼式的错视图背景前的未来完成时风格。拉康不仅仅用他现在的理论来重新解读他早期文本的历史，而且认为这种后见之明是有益的。一本书应该通过它最后的演化来理解。拉康希望他 1966 年的读者们用《文字的动因》中的结构主义拉康来理解战前的拉康，再用 1965 年的拉康来理解结构主义拉康。

如此说来，《文集》最好的开篇可能并非是《关于〈被窃的信〉的研讨班》及其两篇附录，而是一篇题为《科学和真理》（«La Science et la vérité»）的文章。这篇文章源自拉康 1965—1966 年关于"精神分析的客体"研讨班的第一课，之前已经发表在《精神分析手册》的第一期上。在文章中，拉康在一定程度上参考了他的老朋友亚历山大·柯瓦雷的理论，对他之前主体和能指的结构理论进行了逻辑修正。他从柯瓦雷那里得到这样的观点：产生"我思"的现代科学导致了人类存在的巨大贬值。从哥德尔那里，他借用了第二不完备性定理：真理不能被完全表达。他指出笛卡儿式的怀疑导致主体或个体在真理和科学之间的分裂。在他看来，主体（分化的、分裂的、被排除的）是科学的对应物，这一对应物被称为"科学主体"。虽然古典结构主义一直致力于主体的离心化，就像弗洛伊德所做的那样，但是由于它过分迎合科学，存在着在无意中重构一种关于完全主体的人道主义的风险，因此很可能会忽视无意识的位置。因此，只有通过一种特殊逻辑才能把精神分析从人类科学的剩余部分中拯救出来。这一逻辑在拉康看来是一种不完全逻辑，一种关于丢失的主体的科学，一种关于相关物的不完全科学。简而言之，只有关于"科学主体"的科学才能聆听被笛卡儿的二元论抛弃的"妄想狂的主体"的声音，才能关注现代科学文明中"去中心的"或"离心的"主体[20]。

拉康在这里试图用一种象征功能的逻辑来对抗逻辑思维的权力。他想以普遍主义的科学理想的名义来反对心理学把精神分析变成人文科学的企图。他把科学主体作为精神分析的研究对象，而科学主体本身就是能指的产物。如果拉康的计划成功了，那么精神分析就能一方面拒绝巫术，另一方面拒绝宗教：前者是因为它把主体包含在自然秩序之内，后者是因为它迫使个体把欲望的原因和上帝联系起来[21]。

"科学和真理"这一讲座是拉康对于雅克-阿兰·米勒前一年在拉康研讨班[22]上一次发言的明确回应。米勒的那次发言也被收入了《精神分析手册》第一期，题目是"缝合：能指逻辑的要素"[23]。借用他和他朋友伊夫·迪鲁刚刚研读过的戈特洛布·弗雷格的《算术基础》[24]，米勒把弗雷格的算术理论和拉康的能指理论联系起来，用"缝合"来命名主体和能指链之间的关系。他补充道，主体占据着零的位置，"代表着缺失"。米勒发现"缝合"这一词汇并没有出现在拉康的理论中，但他坚持认为拉康和弗雷格一样把意识排除在主体的定义之外。

就像米勒在1963年的论文中所做的一样，他把拉康激进化，同时也简单化。拉康的理论是充满歧义的，而米勒的解读则是用清晰、单一和封闭取代开放。拉康意识到这位即将成为他女婿的年轻人正给他的理论引入一种之前缺乏的逻辑思维。这就是为什么在《科学和真理》中，拉康没有引用米勒的文章，但却采取了一种对立的立场。他没有把主体和能指链的关系称为一种封闭的"缝合"，而是坚持了它的开放性，认为科学无法缝合或者产生完全形式化的主体。

拉康对于他1965年理论立场的修正受到了阿尔都塞的学生在巴黎高师的工作的影响，特别是米勒的评论。但是虽然米勒的贡献让拉康很受用，它的要义却和拉康相反。拉康的主体逻辑是开放的、歧义的和模糊的，无法被彻底掌握；而米勒对于这一逻辑的解读则成为后来所有教条主义的

第25章 《文集》：一名编辑的肖像画

先驱。

1966年10月，在他的伟大作品被送到印刷厂后，拉康在半夜里给瓦尔打电话说："我们必须加上一个索引！"瓦尔在数月工作后已经筋疲力尽，他拒绝再次从头开始。最后是米勒在他和朱迪斯结婚的几个星期前接手了这份工作[25]。在完成这个索引时，这个年轻人犯了一个巨大的失误：他遗漏了乔治·巴塔耶的名字，而后者在正文中一定被提到过[26]。但米勒还是完成了一个"主要概念索引"和一幅"注解图表"[27]。这两个附录完成得很出色，它们强调了拉康理论的未来完成时：米勒没有按照概念出现的时间顺序来排列并描述概念的演化，而是把每个概念放置在它和理论整体的结构关系中。他从最近的理论出发回溯性地把拉康的理论划分为五个领域。他指出有些文本太过复杂，不能被纳入这个分类中，并表明这本书的组织方式反映了他对拉康体系的个人解读[28]。

1966年秋天，这本巨著经过长期的孕育后终于出版了，它包括了拉康的重述、瓦尔的编辑和米勒的简化。11月15日，书被送到各大书店。30日，拉康和瑟伊签订了一份关于《文集》出版事宜的合同[29]，在第12条款中，拉康把瑟伊认定为后续五本书的版权的首选。

在著作上架的第一天，拉康就收获了他期待已久同时也是完全应得的喝彩。超过5000册书在不到两周时间内就已售出，甚至连书评都还没来得及刊登出来。标准版一共卖出了超过5万册，而平装版更是打破了这类高深书籍的销售纪录：第一卷（平装版分为两卷）卖出了超过12万册；第二卷卖出了超过5.5万册。评论家对这本书褒贬不一。埃马纽埃尔·贝尔、弗朗索瓦·夏特勒、吕西安·赛夫、卡特琳·克莱芒特、贝尔纳德·潘戈（Bernard Pingaud）、路易·贝尔纳特和安德烈·雅各布对此大加赞赏[30]；而雅克·普罗斯、让-弗朗索瓦·雷维尔和安德烈·罗比内则横加批评。在《文学半月刊》（*La Quinzaine littéraire*）上，迪迪埃·安齐厄对他之前的分析师进行了猛烈的攻击，把他称为异端者并预言了他的垮台。夏尔·梅尔曼对此给予了教条主义的回复[31]。

瓦尔赢得了这次伟大战役的胜利，他成功出版了拉康的作品。在这之后，拉康将会以一位重要的思想家的身份被认可、敬仰、崇拜、攻击和憎恨，而不再仅仅是一名优秀的精神分析师。

拉康很快就深化了他和瑟伊的合作。1968年3月，作为"弗洛伊德领域"系列的一部分，拉康创办了《换句话说》（*Scilicet*），在上面刊登自己的文章和学院内其他成员的匿名文章。但是这一尝试最终失败了[32]，后续的出版计划无不充满坎坷。但尽管如此，瓦尔和弗拉芒还是坚定不移地支持这位任性的作者。

第一次冲突发生在平装本的《文集Ⅰ》的出版过程中，这本书本来计划要包含拉康1966年标准版的五篇文章[33]。1970年1月，负责这一本书的保罗的儿子布鲁诺·弗拉芒给拉康寄去了样书。三天后拉康把书寄回来，并附上了一张纸条："我不想让你久等。"[34]布鲁诺于是直接将样书送到了印刷厂。但一个月后他发现第五篇文章《文字的动因》缺失了。他给拉康写信表示自己承担全部责任，他把问题归结为出版计划的紧急以及其他任务的干扰，并建议为了减小损失，他会尽快出版《文集Ⅱ》并把《文字的动因》放在卷首[35]。

拉康不仅拒绝了这个解决方案，而且大为恼火。他在和瓦尔的一次很长时间的通话里提出来三点要求："如果这本书不重新印刷，并送到各大书店替换之前的不完整版，那么第一我要禁止《文集Ⅱ》的出版，第二我以后不会给瑟伊任何书稿，第三这些话我说到做到。"之后他给布鲁诺·弗拉芒写了一封信，要求得到如下补偿：为了弥补这次出版时"荒谬的疏忽"，他建议每一本卖出的书都要回收并补偿给买家一本完整版。弗朗索瓦·瓦尔把他和拉康的谈话报告给了保罗，并附上自己的意见："就我个人而言，我会毫不犹豫地照做。"[36]瑟伊最终让步了。《文集Ⅰ》被重新发行，而之前有问题的版本被全部回收。

第25章 《文集》：一名编辑的肖像画

在拉康的博士论文的再版上出现了另一个问题。瓦尔一直想要重新出版它，但拉康坚决反对。后来当《文集》上架后，西尔维亚的劝说让拉康改变了注意。"你不会相信，"她告诉瓦尔，"这篇论文对我们这代人有多么重要。"[37] 拉康经常引述他年轻时的这篇作品，有时候提到艾梅，有时候提到帮助他在圣安娜医院散布这篇论文的弗朗索瓦·托斯盖勒。偶尔拉康还会谈到和这篇论文有关的阴谋与剽窃。有一次，他说在战后他被"针对"就是因为这篇文章。还有一次，他指责安齐厄剽窃了自己的思想："当我发现他在一本名为《自我分析》的书里剽窃我的思想时非常生气，那是我的东西，但却被他包装得面目全非。"[38]

1972年，精神病史学家雅克·波斯特尔建议重新出版这篇论文，并纳入他为普利瓦出版社编辑的"拉达曼提斯"系列中。拉康拒绝了这个建议："你应该明白，之所以它一直没有再版，和我是有关系的。"[39] 他进而表示说他愿意和瑟伊合作。1974年，在对女性妄想症感兴趣的卡特琳·克莱芒特的请求下，拉康同意把论文中涉及攻击于盖特·迪弗洛以及后续失忆症的一章拿出来重新发表。这篇文章发表在完全由女性作者供稿，用来纪念拉康的《弓》（*L'Arc*）的相关几期上面[40]。最后，几个月后，拉康和瑟伊签订了合同，同意再次出版自己的博士论文，于1975年5月上架。合同中的第12条款作废了，因为拉康在这之前已经给瑟伊提供了他和雅克－阿兰·米勒合作编辑的三期研讨班以及一次电视访谈的讲稿。这次的论文是拉康在瓦尔的支持下出版的第六本书。我后文还会再谈到这一点[41]。

瓦尔在帮助拉康把言语转化为文字的过程中出色地完成了任务，他同时也帮助拉康重新梳理了自己理论发展的历史。在他为拉康1932年博士论文的再版所写的两页纸的导言中，瓦尔认为这篇文章既不属于弗洛伊德派也不属于拉康派，而是依然具有浓厚的精神病学色彩，因为在当时，人们依然相信精神病的主要病因是体质的。艾梅的写作是通过一种语言学方法进行分析的[42]。在这篇导言中没有提到1932年拉康如何推动精神病学和精神分析的发展。我们应该记得，拉康在当时已经是弗洛伊德派了，虽然和 1936 年的他还不一样；他的论文表达出的反体质主义思想已经得到了他那一辈人的接受，而他对艾梅的分析也不是语言学的，而是受到超现实主义的启发。

把拉康表现为一位无师自通、在前弗洛伊德时期就创建了自己的体系并进而发展出拉康派的大师，符合拉康希望传达的形象。但这一形象也是当时受到媒体歪曲的结构主义的产物。在 1966 年至 1975 年之前，它被每一个讨论拉康理论的人所接受。除了少数例外，所有讨论拉康和他重新出版的博士论文的文章都在构建一个虚假的神话：拉康来自伟大的巴黎知识分子资产阶级，他是镜像阶段的发明人，他是在海德格尔和索绪尔影响下重新理解妄想症的第一人，他在精神病学领域只有一位导师：乔治·克莱朗博[43]。换句话说，去历史化不仅成了拉康理论的核心，而且催生了一个建立在谣言和虚构基础上的想象形象。

第 26 章

革命：让－保罗·萨特和雅克·拉康，交替的同辈

"交替的同辈"一词精准地把握了两位大师的历史渊源、理论思想与政治处境。萨特和拉康自 1943 年以来一直持续碰撞、交锋、互相批评，但却从未见过面。

1981 年，在和迪迪埃·埃里邦的一次未发表的访谈中，米歇尔·福柯指出萨特和拉康可以被称为"交替的同辈"*。福柯注意到在 20 世纪 30 年代，这两人都是重新理解德国哲学的反沙文主义运动的成员。在同一时期发表在意大利报纸上的另一次访谈中，福柯提供了更多的细节。他讲到拉康和列维－斯特劳斯的理论在 20 世纪 50 年代对他有多么重大的影响："这是新的东西：我们发现哲学和人文学科依然在遵循关于人类主体的非常传统的理念。仅仅谈到个体一方面根本上是自由的，另一方面被社会条件所决定是不够的。我们发现了解放隐藏在简单的主格我背后的意义的必要性。主体有时候是复杂而脆弱的，我们很难讨论它，但也不能不讨论它。"福柯补充道，拉康的神秘主义与晦涩风格是他的意图所在："他写作的晦涩对应于主体的复杂性，理解主体的工作必须在一个人自身身上展开。"至于拉康所谓的"恐怖主义"，福柯指出："一个人所施加的影响并不等同于他所强加的权力。"换句话说，拉康仅仅让那些本来就害怕的人感到恐惧[1]。

"交替的同辈"一词精准地把握了两位大师的历史渊源、理论思想与

---

* contemporains alternés，"交替"一词意味着周期性的对立，例如"隔行韵"或"交流电"。——原注

政治处境。萨特和拉康自 1943 年以来一直持续碰撞、交锋、互相批评，但却从未见过面。在《文集》出版的时候，舆论正普遍指责萨特误解了弗洛伊德和精神分析。当时他应约翰·休斯顿[2]之邀完成的《弗洛伊德剧本》（*Scénario Freud*）还没有出版，所以没人能意识到萨特有多么熟悉弗洛伊德的科学与理论工作。至于萨特和精神分析的关系，20 世纪 60 年代的结构主义者们仅仅注意到《存在与虚无》中萨特的现象学立场，以及他在《文学生涯》（*Les Mots*）中对英国人对于精神病学的负面态度的同情。后者被视为是他支持一种粗糙的反弗洛伊德主义的证据。更重要的是，萨特和他同一辈的思想家一样没有读过拉康。他的弗洛伊德是一种"萨特式"的弗洛伊德，没有受到拉康解读的影响。

另一方面，拉康是萨特忠实的读者。我们不能忘记拉康的主体理论和自由观都是和萨特的观点背道而驰。后来随着拉康巨著的出版以及知识潮流的转变，萨特开始重视起这个之前没有被发现，但却有可能成为取代存在主义的新学派代言人的对手。

贝尔纳德·潘戈的一篇向萨特致敬的文章触发了这场辩论。他在文章中指出在 15 年前如日中天的哲学正在给人文学科让位。这意味着一次改朝换代正在到来："如果我们想要摆脱一位伟人，那么我们会用鲜花把他埋葬。但如果他拒绝离开我们该怎么办？……与其向萨特无意义地致敬，我们不如把他放置在正在兴起的、部分和他思想对立的新思潮中来理解他。"[3]

至于萨特本人，他反对人文科学取代哲学或抛弃历史学的声明。他指责拉康、福柯和阿尔都塞试图用最后的"资产阶级"壁垒来抵抗马克思主义，虽然他没有把像列维-斯特劳斯、本维尼斯特和索绪尔这样真正的学者归入"结构主义垃圾桶"中。他忘记了杜梅齐尔，但承认拉康是忠于弗洛伊德的[4]。

对于媒体而言，这是一个千载难逢的机会来把两位"具有魅力的领袖"对立起来。在和吉列·拉普热的一次访谈中，拉康声称他和萨特是对手的说法很荒谬。"我很难相信这个主意是为了让萨特再次流行起来的说法，"拉康说，"萨特依然是法国哲学最知名的代表。但在承认这一点的同时并不意味着所有不属于萨特的理论都需要通过萨特哲学来定义……人们试图把我塑造成萨特的继承者。这是我觉得很有意思的一个观点。萨特具有值得敬佩的影响力，但这和我的研究毫无关系。萨特比我年轻。我一直很关注他的成长，但我不认为我和他有任何关系。"[5]

多么坚决的否认！虽然拉康拒绝了这种比较，强调他的理论和萨特的理论没有任何关系，两个人的声望也不会互相排斥，但作为一种新的主体性反抗模型的理论家的他还是被迫在1968年5月面对革命的问题。

在和巴黎高师的学生会面后，拉康第一次把自己的签名写在一系列宣言上。一个是1967年4月19日要求释放雷吉斯·德布雷的宣言。雷吉斯·德布雷是一位年轻的法国知识分子，他是切·格瓦拉的朋友，刚刚因为在玻利维亚的颠覆活动被判处30年监禁；还有一个是1968年5月8日支持学生运动的宣言[6]。拉康之前从来没有做过这样的事情，虽然经常有人希望他这么做。直接参与政治一直是他日常生活中的一个重要问题，一方面是因为西尔维亚一直属于极左翼，另一方面是因为劳伦斯·巴塔耶在阿尔及利亚战争中是一名活跃分子。

通过转换平台，支持《精神分析手册》的工作，拉康需要更直接地面对这一问题。在他危机四伏的学派里，他管理着一群自1950年起就追随他的学生；而在巴黎高师，围绕在他身边的是理论先锋派，他们在思想和理想上都和学派里的成员有很大不同。在传统临床价值观的孕育下成长起来的学派成员们支持一种和弗洛伊德研究密切相关的经典拉康理论，但年轻一代却更加激进。他们不仅瞧不起那些在他们看来没有文化、缺乏理论创新、资产阶级化的老一辈，而且开始谈论一种摆脱弗洛伊德起源的"纯粹"的拉康主义。

虽然有很多次——尤其是塞尔日·勒克莱尔的——的维持临床多数派和巴黎高师政治少数派之间关系的尝试，但这两者之间的鸿沟无法弥合，只会随着时间的推移更加深化。勒克莱尔意识到这个僵局，更倾向于选择大学。1969年，他创建了巴黎八大的实验中心作为法国第一个精神分析学系：第一个摆脱心理学庇护的精神分析学系。勒克莱尔的意图是尝试一种继承弗洛伊德遗产的新方式，与此同时，摆脱影响之前所有精神分析机构的危机。众所周知，拉康一开始拒绝支持这一尝试，但1974年在雅克－阿兰·米勒的帮助下，他接管了这个精神分析学系[7]。

在1968年5月那时，拉康没有萨特那么出名，也没有后者的国际影响力。此外，他的理论支持一种怀疑主义，把一切主体性承诺都视为主体对于能指的依赖。但是萨特和拉康尽管出自完全不同的取向，却都被1968年秋天聚集在无产阶级左翼旗帜下的年轻一代的知识分子所靠拢。就像拉康和巴黎高师的学生的相遇使他脱离了原有的由信徒组成的家族一样，萨特同样通过和哲学家、前无产阶级左翼领袖，后来在1973年萨特失明后成为他私人秘书的本尼·莱维的合作脱离了自己在《摩登时代》的"家庭"。

萨特和拉康的转向的背景是1966年发生在中国的"文化大革命"。这点燃了一代哲学家、反殖民主义者的想象。他们一直梦想着"文化大革命"能重新激活革命意识。在这一背景下，似乎伟大的革命舵手在向知识精英们传递一种哲学真理。

无产阶级左翼成型之后迅速在自己的阵营里统计来自法国各个左翼组织的战斗者。在这个组织中，来自巴黎高师的学生分为两个阵营：一方是《精神分析手册》的拉康派，其中包括让－克劳德·米尔纳、朱迪斯和雅克－阿兰·米勒；另一方是《马克思－列宁手册》(*Cahiers marxistes-léninistes*)的阿尔都塞派，其中包括罗贝尔·林哈特。本尼·莱维使用了皮埃尔·维克多作为化名，他接触无产阶级左翼的方式和别人不同。作为埃

第26章 革命：让-保罗·萨特和雅克·拉康，交替的同辈

及裔的西班牙犹太人，他没有祖国，面临着各种行政上的困难。在15岁时，他在萨特的作品中发现了一种吸收法语的方式和构建自我身份的渠道。他非常教条主义，着迷于原始部落的领导方式，把自己视为人人需要遵循的律法的化身。无产阶级左翼的领导集团还包括克里斯蒂安·让贝和居伊·拉尔德鲁，两位同时受到阿尔都塞和拉康影响的哲学家[8]。

在一开始，拉康饶有兴致地观察学生运动。在1968年5月，在知道精神病学专业的学生正邀请不同精神分析学派的代表来医学系会面后，他请求艾瑞娜·迪亚曼蒂（一位属于自己的学派中热妮·奥布里领导的小组的年轻分析师）联系大会的组织者要求会面。他希望收到邀请，但不想主动去要。两位大会的组织者来到里尔街，拉康听了其中一人几分钟的讲话后生气地把他赶走。他不喜欢"对话"一词，同时因为后者对弗洛伊德的无知而感到恼火。在谈到医学系中那些和他对立的学派的存在时，他喊道："满足于那些神像吧！"之后他又喊来艾瑞娜，批评她邀请来的这些人无足轻重[9]。他希望见到领导人，这个要求实现了。

后来是安娜-丽莎·斯特恩通过米歇尔·巴尔格的斡旋，组织了拉康等人和丹尼尔·科恩-本迪特等人的会面。米歇尔·巴尔格是科恩-本迪特在巴黎第十大学组织的学生运动中的一员，她的父母之前都是拉康与巴黎弗洛伊德协会成员的学生。科恩-本迪特等人试图向拉康解释他们运动的目标，而分析师们仅仅想要听听这些抗议者的声音。双方没有什么太多可说的，只有勒克莱尔问了一个有价值的问题："你们如何对待退伍的老兵？你们是否会建立全国性的学会来管理革命？"科恩-本迪特对这个问题感到惊讶，他回答说士兵们根据他们所参加的战争的不同性质而不同：参加西班牙内战共和派的士兵不能和参加凡尔登战役的士兵相比。在会谈结束后，分析师们给了学生们一些钱，之后学生们又去和他们的捐助人共进晚餐，重复了一遍同样的流程。

那天晚上拉康没有发表评论，但是第二天他终止了自己关于"精神分

析的行动"的研讨班来响应大学教师工会提出的罢课的号召。他赞扬了科恩-本迪特，同时批评了他的追随者："我费尽功夫告诉精神分析师们，他们应该对这些反抗者有所期待。但他们中的一些人回复我：'那么这些反抗者对我们有什么期待？'反抗者们的回答是：'我们期待你们在时机出现时帮我们扔石头。'"拉康接着把石头和毒气罐与客体小 a，也就是欲望客体的功能联系起来。

8月，在卡拉拉的一次会面中，丹尼尔·科恩-本迪特告诉伊雷娜·迪亚芒蒂他刚刚才意识到之前勒克莱尔那个问题的重要意义[10]。

弗朗索瓦兹·吉鲁在《快报》上一篇题为《当大他者是上帝》的文章中谈到了5月15日的研讨班。她引用了拉康所讲的一句话："没有对话这种东西，对话是欺骗。"她对此评论道："拉康认为对话这个理念中隐藏着欺骗是因为在两个个体之间没有真正的交流。有可能会有客观信息的交换、关于事实的交流，或者达成某种共识……但在其他一切对话中只有个人独白的叠加。"[11] 以类似的方式，拉康很快会提出"性关系是不存在的"（n'y a pas de rapport sexuel）这一命题，从而表明性关系并不是一种关系。他还会说"女性不存在"（la femme n'existe pas），从而指出一种所谓的女性本质其实是不存在的[12]。

弗朗索瓦兹·吉鲁的文章揭示了拉康思想在1968年至1975年之间的一个重要转变：拉康逐渐把公式置于说理之上，把标语置于证据之上，把生造词置于论点之上。在1970年后，这一习惯变得如此明显，以至于拉康的语调都变成了救世主一般的超自然的声音。拉康与巴黎高师的逻辑主义精英的碰撞驱使他把自己的话语去历史化和纯粹化，而这一过程的最后阶段就是把拉康的理论变为一堆公式。这样的结果是悖论性的：逻辑主义的解读虽然把自己视为"精英化的"，但是却以一些大众所能理解的通俗公式作为结论。这些标语和媒体所宣扬的新的交流代码不谋而合，而这正是这些"精英"所拒斥的。

第 26 章　革命：让-保罗·萨特和雅克·拉康，交替的同辈

1969 年春天，在贝桑松任教的雅克-阿兰·米勒成为无产阶级左翼的成员。虽然无产阶级左翼的目标之一是"摧毁大学"，他依然继续在勒克莱尔所创建的巴黎八大精神分析学系里教书[13]。"我记得他思想上的大转变，"弗朗索瓦·瓦尔说，

> 1968 年的一天晚上，在索邦的露天剧场，雅克-阿兰·米勒和让-克劳德·米尔纳满脸怒气。他们觉得自己完全受骗了。米勒开始质疑拉康所说的一切。但当他后来从贝桑松回来后，他彻底转变了立场，变得干劲十足、充满热情，还询问保罗·弗拉芒有没有给工人们的书。当无产阶级左翼转入地下后，拉康感到焦虑和失望。但他同意充当"邮箱"来传递情报。有一天晚上在我和他共进晚餐时，他接到某人打来的电话，请他给米勒捎去一则消息。他马上照办了。拉康并不认同毛泽东思想，他认为毛泽东思想者被误导了，但他很认真地对待他的女婿和女儿的政治信仰，从来不会开他们的玩笑。[14]

事实上，拉康派和《精神分析手册》相关成员的毛泽东思想信仰对于拉康来说是一场灾难。他曾经在巴黎高师聚拢了一群年轻人，但现在他被这些给予厚望的人所抛弃[15]。他不仅仅需要独自面对自己学派的危机，更让他感到无法忍受的是，作为一个中国人口中的"文化人"，他不能接受一位无产阶级领袖的格言比他的思想更受欢迎的事实。这就是为什么当阿兰·热斯马尔后来找他要钱来帮助无产阶级左翼时，他回答道："革命，我就是革命。我不知道我为什么要资助你们。你们摧毁了我的革命，夺走了我的追随者。"[16] 但是，拉康也无法完全置身事外，他的理论在很多方面受到了引入法国的毛泽东思想的影响。

1967 年 10 月，为了解决学派内部的危机，拉康提出引入一种考核分析师的新途径。他把学派中普通成员经过分析获得 AE 头衔的过程称为

"通过"（passe）。整个程序是这样的：一名"通过者"的候选人，也就是"正在通过的人"，需要向两位分析师——"渡者"*——递交关于自己分析的材料，这两位分析师再把材料转述给一个委员会。委员会由拉康依据职权主持，它的成员由学派内获得 AE 头衔的分析师组成，通过学派大会选拔得出。这一提议在层级和等级之间做了区分，用欲望的辩证法和主体性缺失来定义分析的终结。拉康用"假设知道主体的隐去"来命名移情的消除，通过这一过程，被赋予全能地位的分析师发现自己成为某种剩余。拉康提出了一个将会在他的国际精神分析协会的对手中引起极大争议的结论："精神分析师为自己授权。"他不是说任何人都可以成为精神分析师，而是说"通过"只有通过和移情相关的主体性检验才能发生。换句话说，他授予神秘的"通过"制度以正统的地位，使其独立于所有委员会和任何形式的官僚选拔体系。

毫无疑问，拉康所提出的这一建议和他在面对著名的蒂尔盖委员会时的经历密切相关，但同时也反映了他的主体性。玛丽－皮埃尔·德·科斯－布里萨克讲述了她在 1950 年参与的一个猜谜游戏。她当时和《摩登时代》的一批人关系很好。有一天，其中一人邀请拉康来玩"渡者游戏"，"拉康欣然同意，他微微一笑，双手非常灵巧。我们天天思考政治问题的头脑都放松下来。他用我们的问题和回答自娱自乐，看着我们陷入曾经鄙视过的心理与象征领域之中。拉康后来还来过几次，在晚上他像往常一样站在火炉边，我们在那一刻都变成了孩子。他是一位魔术师，我至今还能回忆起那些话：'雅克，雅克，来和我们做游戏吧。'"[17]

正如我们所知，拉康在他从事任何智力或体力活动时都需要一位"渡者"。"文化大革命"以及法国学生的反抗也影响了"通过"制度的形成与应用。"通过"的目标是重新建立起"纯粹的精神分析"和"重新产生"

---

*"渡者"，指的是某个帮助他们穿过困难的区域到达安全地方的人，就像在战争期间帮助犹太人、逃亡的囚犯和其他难民的人。——原注

第 26 章 革命：让-保罗·萨特和雅克·拉康，交替的同辈

训练分析师的方法。对拉康来说，这意味着在巴黎弗洛伊德协会内部进行一场精神和制度的革命，通过领袖和草根群众的合作迫使管理层改变他们的日常实践。但在 1967 年，拉康还不认为彻底废除学派中旧秩序的时机已经成熟。他之前的大多数同事对这一革命都充满敌意。虽然学派内部的调查表明大多数人站在他这一边，但是他更倾向于推迟这一计划而不是造成分裂。这是一个明智的决定。在 1968 年 5 月的事件发生后，拉康重新把提案拿出来进行表决，并得到了大多数巴黎弗洛伊德协会普通成员的支持。一些老成员表示反对，进而导致奥拉尼耶、佩里耶和瓦拉布雷格的出走。这是法国精神分析运动史上的第三次分裂，第四个精神分析团体（法语精神分析联盟）从中诞生。考虑到这一提议的内容及其应用的方式，拉康在说他的"通过"制度必然会遇到阻拦时是正确的[18]。

在 1969 年，还有一系列事件反映了拉康参与学生革命的情况，其中包括米歇尔·福柯于 2 月 22 日在法国哲学学会上的发言；6 月 26 日拉康的研讨班被禁止使用迪萨纳吉教室的规定；以及 12 月 3 日的"文森插曲"。

在主题为"作者"的讲座中，福柯继承了康吉莱姆的思路，谈到文学意义上的作者和作为一种话语的创始人的作者之间的区别。后者指的是像弗洛伊德和马克思一样以自己的名字创造了一种具有无限可能性的话语。"他们打开了空间，"福柯讲道，"使在他们之外，但又属于他们所创造的东西成为可能。"[19] 福柯进一步区分了一种话语的发起者和一门科学的创立者。他认为话语的起点和它之后的变形不同，而一门科学的创立却和创始人工作中的一系列基本原则有关。"当我们重新阅读伽利略的一篇文献时，我们关于力学历史的知识可能有所改变，但力学本身不会改变，而重新阅读弗洛伊德的文本会改变精神分析自身，就像重新阅读马克思的文本会改变马克思主义一样。"[20]

福柯没有提到拉康的名字，但他对"回归"这一理念进行了精辟的解读。所谓回归，首先意味着一种促成和遗忘。回归一个文本不是"对于话

语进行历史性的增补"，而是积极地转变话语自身。福柯在这里没有提到拉康和拉康的理论可能并非出于偶然，虽然他确实详细地谈到了专有名词和回归弗洛伊德的问题。他的沉默指出了拉康话语中的盲点：拉康不能把弗洛伊德的话语和它之后的各种变形区分开来。拉康知道自己是弗洛伊德派，他也在很多场合说过弗洛伊德不是拉康派，但由于担心剽窃的问题，拉康一直说自己是他借用的各种概念的真正"作者"。他因此使用未来完成时的概念创造了一个关于自己理论起源的虚幻历史。他有时把一些并非弗洛伊德的术语归于弗洛伊德，有时又说所有话语的创建者——从柏拉图到海德格尔，包括马基雅维利在内——都是"拉康派"。在这个意义上，拉康声称所有在他之前的话语都"已经"是他的声音，也就是在否认他人的话语和自己的话语之间的差异。出于同样的原因，他认为所有对弗洛伊德的非拉康派的解读都是离经叛道的，而没有理解精神分析的历史应该被视为对于原初文本解读和再诠释的历史。

拉康那天晚上出席了福柯的讲座，讲座的内容让他感到焦虑。他说邀请来得太晚——"总是时间（的问题）！"——然后开始自我表扬，以为福柯是在向他对弗洛伊德的回归致敬。福柯说："回归弗洛伊德是我在一些战场上竖起的旗帜，所以我想向你表示感谢：你做了我一直希望做的事情。你所谈到的'回归'与弗洛伊德的关系给我留下了深刻印象，因为这和我在这一问题上所做出的贡献完全契合。"[21]

当福柯谈到作者这一概念的相对性时，他不仅是在回应萨特，也是在回应他的批评者（那些指责他通过主体之死的预言而在结构中消解主体的人）。他的辞说理论占据了一个主体完全自由论和完全决定论之间的中间位置。福柯以拒绝向"人－拉康"辩解的方式来向拉康致敬。

在之后的一次讨论中，吕西安·戈尔德曼提出了一个更加学术性的批评：是人在创造历史而不是结构。他用1968年5月索邦大学黑板上的一句名言作为说明："结构不会上街。"[22] 如果说拉康在回应福柯时有困难，那

第 26 章　革命：让-保罗·萨特和雅克·拉康，交替的同辈

么在回应戈尔德曼时他获得了灵感："我不认为说结构不会上街是正确的，如果说 5 月发生的事件证明了任何东西，那就是结构确实走上了街头。"他补充道，这句写在黑板上的话恰恰证明了"一种行动总是误解自身"。[23]

拉康在这里采取了和福柯一致的立场。他对那句名言做出了非常正确的解读。在 1967 年至 1968 年的索邦，"结构"是自由艺术与语言学学生们争论的热点话题。很多人后来都是以"结构"的名义走上街头发动学生运动：他们要求雅各布森、巴特和俄国形式主义理论取代那些腐朽的无意义课程。某个匿名的学生在黑板上写下的这句话反映了在 5 月之前结构的支持者和反对者直接的争论：他或她所写下的是对自己不同意的事物的消极反应[24]。但是结构主义中的一个基本观点是结构并不意味着对人类自由的系统性否定，拉康对戈尔德曼的回应很好地表达了这一事件背后的真理。

在 1965 年之后，拉康在巴黎高师基于"结构"概念的课程很快成为现存秩序代言人的眼中钉。1969 年 5 月，他收到了来自巴黎高师主任罗贝尔·弗拉瑟利埃的一封信，告诉他迪萨纳吉教室下一年将不再向他开放。信中没有给出任何原因，但众所周知，弗拉瑟利埃一直在抱怨学校里有太多关于"菲勒斯"的讨论，他还因为每周日午餐时间的乌尔姆街被拉康的时髦轿车所堵而感到恼火。拉康在 6 月 26 日的研讨班上把这封信公之于众。他对此的评价是用弗拉瑟利埃名字的很多双关来进行嘲讽，"胀气"（Flatulencière）就是其中的一个。

但私下里拉康非常生气。他又一次被当成替罪羊，被权力机构所排斥，即便他在这里取得了成功，让大家听到了他的声音。弗拉瑟利埃前一年就想驱逐拉康，但阿尔都塞和德里达劝他改变了主意。在拉康宣读完这封信后，他的听众们决定占领主任的办公室。首先到场的一批人中包括让-雅克·勒贝尔、安托瓦内特·富克、菲利普·索莱尔斯（Philippe Sollers）和朱丽叶·克里斯蒂娃（Julia Kristeva）等人。新闻界关注了这一

事件，很多知识分子也联名支持拉康。弗朗索瓦·瓦尔请克劳德·列维－斯特劳斯签名，但后者拒绝了，说当你被邀请进入其他人的画室时你不能惹麻烦。皮埃尔·戴来到里尔街向拉康保证阿拉贡和整个《法国文学》都支持他。

但拉康还是觉得很孤独。他坚信有一个反对他的"阴谋"，还向索莱尔斯暗示德里达和阿尔都塞没有阻止弗拉瑟利埃做出决定。有一天他在《快报》和索莱尔斯、安东内拉·瓜拉尔迪（一位年轻的意大利哲学家）、弗朗索瓦兹·吉鲁共进午餐。吉鲁刚写了一篇文章谈论这个事情，并附上了吉尔·德勒兹的评论。德勒兹说："拉康博士是当代思想的大师。剥夺他教书的权利是非常让人遗憾和不安的。"[25]

12月，拉康来到巴黎八大。他一方面想要"复仇"，另一方面要暗中破坏勒克莱尔的大学实验。拉康演讲的阶梯教室没有坐满，但却有很多不知名的扰乱分子，他们大声宣泄着对权力机构、警察和精神分析师的厌恶，并要求拉康进行"自我批判"。拉康不为所动，这时一名男子跳上讲台，开始脱衣服。拉康请他继续，接着提醒观众他对1968年5月的运动充满同情。他回忆了自己的超现实主义背景，最后总结了他的政治立场："作为革命者，你们想要的是一个主人，你们会得到的……我和所有人一样都是自由派，我是反对进步论的，但我却陷入了一个理应被视作进步的运动之中，因为它在反思精神分析辞说的基础。完成这一反思能使你们认识清楚你们反对的是什么。"[26]

当拉康在索邦完成这一"即兴表演"时，他刚刚读完《知识考古学》（*L' Archéologie du savoir*），同时在继续跟随福柯的讲座来构建一个关于话语的理论，这一理论将会构成对萨特自由观的回应并影响拉康对于无产阶级左翼的态度。

如我们所见，拉康拒绝支持无产阶级左翼，虽然他在他家庭成员的政治活动中充当中间人。萨特则同意从写作关于福楼拜的书里抽出部分精

第 26 章 革命：让-保罗·萨特和雅克·拉康，交替的同辈

力，成为1970年春天后各种转入地下的激进主义和毛泽东思想出版物的公开支持者。虽然萨特的政治立场和无产阶级左翼有分歧，他还是和其中一些人保持着友谊并阻止他们走向恐怖主义。拉康以自己的方式呼应了萨特的行动，但他的立场和萨特有根本区别。他的角色更像是一位固执的父亲[27]。他认为任何革命都不可能使主体摆脱被奴役的状态。在他的分析室里，他阻止了很多接受分析的社会活动者去进行武装斗争[28]。

拉康这一"严厉的父亲"的角色体现在当时一系列事件中。在1969年1月底，刚从拉丁美洲回来的皮埃尔·戈尔德曼准备在里尔街实施一次抢劫计划。他研究了当地的规划图并制订了一个计划。"对我来说有趣的事情是这次抢劫将会发生在一位著名的精神分析师的家中。"戈尔德曼计划强迫那些分析者背诵安托南·阿尔托的诗歌，然后彬彬有礼地告诉拉康他手里挥舞的枪并不是一个菲勒斯的象征，而拉康脸上的恐惧也不是对于阉割的恐惧。到了约定的那天，他和一名手持道具的黑人按计划前往拉康的公寓。"在上台阶的时候，我们遇见了拉康和他的秘书。我看见他充满威严地从楼梯上走下来。我的助手提醒我这是我们行动的好时机……但当我看见他白色的头发时，我感到吃惊、动摇、印象深刻：我没法用枪指着他。我告诉了我的助手，然后我们离开了。"[29]

一年之后，当皮埃尔·戈尔德曼被捕并被指控在之前抢劫一家药店时犯下谋杀罪后，另外两个人出现在拉康的公寓，准备完成戈尔德曼之前没有完成的计划。他们中的一个接受了拉康的一个学生的分析。两人用枪指着拉康向他要钱，但拉康拒绝他们的要求，告诉他们以自己的年纪他随时都可能死亡，而且他也不想活了。为了赶紧了结这件事，当时碰巧在场的穆斯塔法·萨福安给了闯入者1000法郎的支票并保证不会报告银行或警察。两人离开后，没有做出任何承诺的拉康迅速报了警。第二天，萨福安希望留给劫匪们足够多的时间去兑现支票，所以他直到中午才去银行，可没想到他和前一天晚上的一个劫匪正好在那里打了个照面，那人随后就被

捕了[30]。

拉康知道《精神分析手册》的支持者们正在转变立场。毛泽东思想的拉康派把无产阶级当成阶级斗争的象征,希望通过他们把整体性思想转变为整体性行动。这正是无产阶级左翼的目标:通过后者来消灭前者——特别是大学,以及废除法律、匿名性、秘密社会和科耶夫意义上的历史终结观[31]。

在和《精神分析手册》的逻辑主义者辩论的过程中,拉康的立场始终和米勒对立。他坚持"并非全部"(pas-tout)的思想[32]。这种"并非全部"是通过弗洛伊德革命引入社会的开口、裂缝和缺陷而实现的。它表现为分裂的主体、丢失的客体、丢失和缺失等。拉康认为革命的欲望可能仅仅反映了对一个新的主人的渴望。他把用弗洛伊德革命来反对毛泽东思想革命视为己任,把后者贬斥为极权主义。在他看来,精神分析实践是整体性思想的唯一替代物,也是真正能摧毁整体性思想的行动。

在几次交涉后,拉康获得了正对着万神殿的法学院阶梯教室的使用权,从而得以在巴黎高师继续自己的研讨班。这是一间非常大的讲堂,而拉康的研讨班从1969年11月26日的第一堂课起就人满为患。这一情况和之前只有少数听众的圣安娜医院研讨班,或听众略多的巴黎高师研讨班有很大不同。从这里开始,拉康的研讨班将会和巴黎弗洛伊德协会一样为盛名所累。

从1969年至1978年,任何想要旁听拉康每月两次、从中午到下午2点的研讨班的人都要早早来占位。拉康一头白发,看上去非常威严。他一般会穿着格子花纹的紫色西装现身,外面披着一件灰色的羊毛大衣,里面穿着浅色衬衫,配着领结。格洛丽亚·冈萨雷斯会和他一起出现,她对于拉康是不可或缺的:她负责安排他的日程、问候他的病人、管理他的通信和手稿,甚至监管他的银行账号。她的丈夫阿卜杜拉耶·耶罗迪亚帮助她完成这些工作。耶罗迪亚1933年1月3日出生在刚果,在1963年认识了

第26章 革命：让-保罗·萨特和雅克·拉康，交替的同辈

拉康。作为一位哲学家，他在联合国教科文组织工作。在1967年和格洛丽亚结婚后，他经常开车送她去里尔街，有时候也会充当拉康的司机。他是拉康研讨班的常客，会在第一排为特殊嘉宾保留座位，并在研讨班结束后送演讲者回家。从1970年开始，格洛丽亚夫妇完全为拉康的生活服务。等到朱迪斯和雅克-阿兰·米勒在无产阶级左翼解散的前夕回归拉康派后，这两对夫妻凭借对拉康无可动摇的忠诚联系了起来。他们有相同的政治背景，也有着作为地下激进主义者的相同经历。

我之前已经讲过，在1969—1970年著名的题为《精神分析的反面》（«L'envers de la psychanalyse»）的研讨班作品中，拉康对路德维希·维特根斯坦在1921年出版的《逻辑哲学论》做了长篇评述[33]。这是拉康在1965年与巴黎高师的逻辑主义者碰撞后对自己理论进行"逻辑重构"的第二阶段，也可以为称作"数学重构"阶段。

维特根斯坦的《逻辑哲学论》探讨了逻辑与逻辑主义的局限性。对维特根斯坦来说，语言只有在陈述客观世界的事实时才会是被正确使用了的。如此来说，哲学是一种语言游戏，我们可以通过一种使用语言的新方式来"拯救"哲学。维特根斯坦的名言回答了"什么能被表达"这一问题："凡能够说的，都能够说清楚；凡不能谈论的，就应该保持沉默。"不能说的内容被维特根斯坦定义为是"剩余"，属于无法表达、无法描述的道德美学领域。这两个领域是不相容的：一方面是可以说出的，另一方面是被显示的。*哲学因此必须意识到自己有义务保持沉默，在整体性的形式化过程中总是有未被包含的"并非全部"。

拉康对于"说出"和"显示"之间的不相容性的兴趣是显而易见的，因为他通过自己的研究得出了类似的观点。但他不认为维持这两种无法兼容的领域是必要的，它们可以互相转化。当精神分析被简化为一种治疗

---

* "说出"（gesagt）和"显示"（gezeigt）都是维特根斯坦的用语，而且是贯穿他哲学体系的关键概念。——编者注

时，它在实质上变成了一种无法传授的魔术，一种宗教行为；但当它向教条转化时，它又变成了一种学术知识的分支。为了避免成为神秘主义，同时又不沦为教条，精神分析辞说必须能够被传授。拉康的观点是辞说必须被"形式化"，从而把精神分析从巫术和催眠术的起源中拯救出来，同时使它区别于在当代社会中获得宗教崇拜的学术知识。

利用"四进制群"（groupe quaternaire）概念和他的朋友乔治·吉尔博（Georges Th. Guilbaud）的理论，拉康构建了一个他称之为"四角锥体"（quadripodes）的数学模型。第一个图形是"主人辞说"（discours du maître），其本质是科耶夫1936年辩证法的重构。S1作为"原初能指"（signifiant primordial）占据了中介的位置；S2作为"无意识知识"（savoir inconscient）占据了"工作"的位置；$作为"被划杠的主体"（sujet barré）占据了真理的位置；客体小a作为"断裂、丢失和缺失"占据了"剩余享乐"（plus-de-jouir）的位置。这四个术语的位置转化使得拉康得以定义"癔症辞说"和"精神分析辞说"。"大学辞说"是"主人辞说"的产物，它的图形是"主人辞说图形的逆时针旋转：a占据"工作"；S1占据真理；$占据"剩余享乐"；S2占据中介。在拉康看来，"大学辞说"产生出作为"价值集合"的主体。它试图通过技术来获得真理，把知识视为多学科的共同贡献，它的目标是获得知识，而不是获得生产知识的能力。鉴于此，拉康把苏维埃体系包括在"大学辞说"之中，而把毛泽东思想定义为"主人辞说"，从而说明在革命之中的革命会导致主人的产生。

拉康这一新的辞说理论回应了一个自从当年他和巴塔耶的对话以及1945年他对萨特《密室》评论后就一直困扰拉康的问题：人民为什么会爱戴一位暴君？为什么"自由"的实现离不开律法？在和萨特的交锋，同时也是延续福柯的思考的过程中，拉康依然用弗洛伊德学派的立场来理解关于人类本质的问题：一个主体在被他的无意识的存在所决定的情况下如何获得自由？为什么他的无意识阻止他获得言语或行为的自由，但却从未阻

第 26 章 革命：让-保罗·萨特和雅克·拉康，交替的同辈

止他对自由的追求？

拉康没有直接回答这些问题，而是在《康德和萨德》之后继续对革命的本质进行长期的思考。他认为革命注定要产生一位比革命所推翻的主人更加残暴的主人。至于"五月风暴"，他指出学生运动废除了古老的大学功能，然后以看似基于交流和教育但实则专制的系统取而代之。他的观点非常正确——在今天看来，1968 年的革命是大学用技术员取代知识分子过程中的一个重要阶段。

拉康对于革命的态度和萨特截然相反。作为无意识的理论家，拉康和革命保持着距离，更加倾向于政治怀疑论和弗洛伊德的悲观主义；而作为讨论存在与虚无的哲学家，萨特参与到一场导致自我的否定的革命斗争中，虽然他所写的关于福楼拜的书正是要避免这一结构。拉康认为自由只有在律法的限制下才有可能，而萨特认为自由仅仅存在于对律法的逾越之中。但两人有一个共同点——福柯在这一点上也和他们一致——那就是他们都不支持对秩序的服从。在这一点上两人都在反抗者这一边——也可以说是站在革命这一边——陪伴着这些人共同前进，只不过一个人是用兄弟般的同情的方式，另一个人是用父亲般的权威的方式。

研讨班《精神分析的反面》还清楚地表达了另一个重要的观点。它在字里行间所描绘的 20 世纪 70 年代的拉康是之前评论柏拉图《会饮篇》的拉康的"反面"。在 20 世纪 60 年代，拉康是一位被追随者簇拥着的主人，而到了 20 世纪 70 年代，他成了一位暴君，被公众崇拜，被反抗者挑战，被侍从们服侍，马上还会被狭小的家庭圈子所保护。很容易理解为什么拉康在这时候开始思考被简化为心理教育功能的大学的未来，思考在一个大众取代精英的未来社会里精神分析如何传承。如果说之前拉康把自己视为苏格拉底，那么现在他成为阿尔弗雷德·杰瑞笔下的乌布王，在荣耀的巅峰时似乎已经预感到了自己的黄昏。

迪迪埃·埃里邦对吉尔·德勒兹的访谈显示出拉康对他当时的处境多么不满。在《反俄狄浦斯》(*L'Anti-œdipe*)出版几个月后，拉康把德勒兹叫到他满是分析者的公寓里，告诉他除了米勒，他的追随者们都"不可救药"。"我太需要一个像你这样的人了，"他对德勒兹说道。德勒兹被逗乐了，他想起宾斯万格曾经讲过一个类似的故事：弗洛伊德曾向他抱怨琼斯和亚伯拉罕等人，而宾斯万格知道弗洛伊德也会向其他追随者抱怨他[34]。德勒兹是对的：当时拉康正在向玛丽亚·安东涅塔·马乔基抱怨德勒兹，认为《反俄狄浦斯》的思想完全出自自己的研讨班。他认为自己的理论已经包含了"欲望机器"这一概念[35]。他依然担心被剽窃。

La recherche de l'absolu

PARTIE 8
_寻找绝对

第 27 章

东方的渴望和丧亲之痛

> 虽然"道"是一种绝对的空洞——一种无法表达的无名之物——但它能够产生最初的生机,也就是一。

雅克·拉康一直向往远东。我们知道沦陷期时他在巴黎的东方语言学校学习过中文。1969 年,当他在维特根斯坦区分"说出"和"显示"的基础上发展自己的辞说理论时,他还满怀热情地研究了中国的语言和哲学。这是他对自己《精神分析手册》的学生们和毛泽东思想接触的另一种回应。和以往一样,他需要一位"渡者"来帮助他,所以他提议和汉学家程抱一*定期会面。程回忆道:

> 理论上我们应该一周见一次,但事实上如果他遇到了一些重要的问题,那么他会放下一切事物,让我迅速过去教他……他也会在一些特定的时间打电话,比如说半夜或早上 7 点……他有时候会使用那时的一种私人电报,这种电报传送速度非常快,他可以把让他感到麻烦的中文字写下来……在我看来,拉康博士已经达到了生命中的某一阶段,他成了思想的化身,当我和他一起工作时,我总是会想他是不是没有一秒钟不在思考重要的理论问题。[1]

---

* 程抱一(François Cheng),著名汉学家、法兰西学院院士。——编者注

寻找绝对

在进入中国思想的核心的过程中，拉康首先试图解决一个自《文集》出版以来就一直困扰他的问题：如何对"实在－象征－想象"（R.S.I.）的著名地形学进行形式化。他和程所研读的文本是老子的"道生一，一生二，二生三，三生万物，万物负阴而抱阳，冲气以为和"。[2] 拉康对于老子哲学的解读和他对于海德格尔对赫拉克利特"逻各斯"的评论的解读类似。他依然是在展示"一"作为多的源头超越了物理性存在。虽然"道"是一种绝对的空——一种无法表达的无名之物——但它能够产生最初的生机，也就是一。"一"产生"二"，在"二"之中包含着"阴"（消极的力量）和"阳"（积极的力量）。在"二"和"万物"之间存在着"三"作为中介。"三"来源于原初的空，充当"阴"和"阳"之间的联系。拉康在这里使用"中空"这一概念对实在界在纽结理论框架中重新定义。

1973年，程抱一停止了和拉康的合作，他要写一本书。拉康对此感到非常失望，他对程说："那我怎么办？"当两人在几年后再见面时，拉康拍着他朋友的肩膀说："根据我对你的了解，你在一生中一定经历过好几次断裂：与自己过去的断裂和与自己文化的断裂。但你能够把这些断裂转化为一种中空，把你的过去和现在、东方和西方联系起来，不是吗？在最后，你会活在自己的世界里，我知道你已经做到了。"[3]

通过对经典文本四年时间的研读，拉康几乎触碰到了遥远东方的红色中国背后的"真实的"中国。他一直有兴趣安排一次中国之行，但直到他读到玛丽亚·安东涅塔·马乔基在法国知识分子间很受欢迎的著作《论中国》（*De la Chine*）后，他才真正开始严肃思考这一计划。玛丽亚第一次见到拉康时，她发现拉康既不是厌女者，也不是女权主义者，而是痴迷于"注定要牺牲"的女性形象，就像那些关在萨彼里埃医院的疯女人们一样。她还注意到拉康衬衣上无数被严谨地熨烫出的小褶皱，就仿佛那衣服是法师的圣衣。拉康对玛丽亚和路易·阿尔都塞的友谊很感兴趣，他问她：

第 27 章　东方的渴望和丧亲之痛

"为什么阿尔都塞不来找我做分析？"玛丽亚不知道如何回答，转而问拉康关于他家庭背景的问题。

"自我祖父这一辈以来，我的家族就定居在巴黎，"拉康回答，"虽然我的家族可以追溯到腓力四世，但我的父母都是中下层阶级。奇怪的是，我的母亲每周都有一天在家待客。我的一位先辈很崇拜拿破仑。为了保护拿破仑，他在百日王朝期间当上了拿破仑的马车夫。他总是走在马车旁边。"

在回忆了这位本来将要拯救国王的家族先辈后，拉康告诉了玛丽亚他对东方的渴望。他之前提到拿破仑可能并非偶然。

"你想和我一起去中国吗，亲爱的？不感兴趣？有些犹豫？带上你的丈夫，你没什么可担心的！"

玛丽亚说她正在试图理解为什么巴黎知识分子对中国如此着迷，她在怀疑这种痴迷是否是"真诚"的。拉康笑了，他先是挖苦了一些名人，然后解释了马克思在其中的影响："因为马克思，资本主义得以对其结构进行准确地分析。马克思使得资本主义获得了自己的身份，并扩展到全世界。苏联和东欧的结构是一样的，没有什么改变。亲爱的，这就是为什么大家都对中国感兴趣。"

拉康邀请玛丽亚·安东涅塔来他的研讨班，当她到了后，正在讲台上谈论"纽结"的拉康给了她一个飞吻。在研讨班最后，他又像往常一样抱怨听众："你看看他们。他们来干什么？他们在想什么？他们的眼睛如此迷茫，所有的录音机都像枪一样指着我！他们不理解，我很确定他们不理解任何东西。他们来仅仅是为了说他们在写一本关于拉康的书，一本拉康的传记。"在这里，拉康又用否定的方式暗示了他希望看到各种关于自己的书籍。

之后拉康说他想见一些中国人。拉康和玛丽亚安排了和来自中国大使馆的两个年轻人共进晚宴。那两人穿着蓝色的制服，戴着官方的徽章。当时在中国，反对孔教的运动正如火如荼，而拉康有意赞美了孔教，认为这是世界上最伟大的哲学之一。他向客人引用了一些经典文本，两人对此很吃惊，但对他来中国表示了欢迎。

一天早上，一位中国大使馆的代表坐着官方用车来到里尔街。代表给拉康带来了他的护照和一份来自领袖的礼物，而拉康为北京的科学院准备了一本签名的《文集》。这次中国之行计划以代表团的形式出发，其中包括罗兰·巴特、弗朗索瓦·瓦尔、菲利普·索莱尔斯、朱丽叶·克里斯蒂娃和马尔塞林·普雷奈。索莱尔斯在和法国共产党的短暂接触后转向了毛泽东思想，他认为把拉康带到中国能够"消除拉康派和修正主义之间的客观联盟"。他在《如是》杂志的总部，也就是自己位于雅各布路的办公室里积极响应反儒运动。

在中国代表拜访的三天后，拉康给玛丽亚·安东涅塔打电话说："亲爱的，我如果只和你一起去中国，我会很高兴。但现在有了一整个队伍，我可能要和索莱尔斯一起去——是的，他比我有名——但是……"所以拉康退出了这次旅行。《如是》杂志发表了一篇声明：

> 拉康本来计划和我们一起去中国，但不幸的是，如他在致歉时所说，他没有足够的时间去重新温习中文。从我们的角度讲，我们很愿意看到拉康和中国群众的即兴谈话，那会是非常有趣的体验。诚然，拉康对中国的反儒运动和把儒家思想视为一种奴隶的意识形态的看法感到不安。但是对"天意""良知"和"中庸之道"的批判会动摇精神分析的基础吗？有可能。[4]

除了精通中文，拉康对日本也很有兴趣。在1963年，他被京都和奈良的精美佛像深深吸引。亚历山大·科耶夫四年前去过日本，在远东他见证了"历史的终结"。回来后他转向了一种和巴塔耶立场相似的虚无主义，把西方消费主义社会和一种基于优良文化的东方生活方式相对比。日本的茶道、礼仪和戏剧中永恒的象征主义令他着迷。他在那里发现了一种普鲁斯特式的"被恢复的时光",在其中,爱和死亡的艺术以及一种享乐体验都达到了后现代虚无主义的最高形式。"所有的日本人,"科耶夫说,"都依据一种完全形式化的价值观生活——这种价值观完全是非人化的和非历史化的。"[5]

拉康发现被科耶夫理想化的日本非常有吸引力,他对于东方的渴望和一种"对于绝对的追求"密切相关。他希望能够发现一种对于社会联结的完全形式化的展现,并在结构和社群优先性的基础上建构人类的自由观。1971年,拉康游学日本,并在那里组织了一次研讨班,当时《文集》的日文版也在筹划之中。当他回到法国后,他决心定义所谓"日本现象":他把一种特殊的享乐归为基于日本书法的"日本主体"身上。这种书法的纯粹性在他看来是任何西方主体都无法达到的。他把这种文字的功能称之为"边缘性的",并把它置于知识和享乐之间。换句话说,所谓的"日本现象"提供了拉康对于德里达关于文字的看法的回应。形式化——或者书法——成为一种具有优越性的活动,它没有排除享乐,而是把享乐保留在客体小 a 作为"剩余"的位置上[6]。

拉康在谈论"中空"和"日本现象"时,其实也是在谈论他的享乐。虽然方式不同,但和他的朋友科耶夫一样,拉康也被一种历史终结的欲望、一种把抽象知识推演到极致的浮士德梦想所裹挟。他不满足于想象永恒东方的"被恢复的时光",而是希望把这一想象变成现实。他在日本认识了莫里斯·克鲁克,后者住在东京的法日中心,同时在东京大学教授建筑学。拉康回到法国后,他请克鲁克在他新买的一块土地上盖一栋客房,他准备在那里学习茶道。他之前已经收藏了一些稀有的古董,包括他最喜欢的古董商为他精心挑选的瓷碗[7]。

随着时间的推移,拉康在盖坦考特的房子逐渐变成了名副其实的博物馆。拉康是一位伟大的收藏家，他在那里收藏了众多艺术品，从绘画到各种稀有书籍。莫里斯·克鲁克说："我可以想象他把这些都收藏在家里是为了闲暇时可以欣赏。他偶尔会提到这些古董如何启发他的思考，触发他新的思路。在我看来，他所拥有的一切都不断给他提供思想的养料。这些艺术品的存在以及和它们的日常接触是拉康生活的一部分。它们的价值体现在它们和拉康家庭与朋友的联系以及它们所包含的秘密与神话之中。"[8]

拉康的家仿佛是阿里巴巴的藏宝洞。它的主体部分是一间存有5147件藏品的图书馆。其中包括马松、雷诺阿、巴尔蒂斯、德兰、莫奈、贾科梅蒂和毕加索的绘画，古希腊、罗马和亚历山大时期的小雕塑、象牙制品、异域赤土陶器、彩绘花瓶、纳斯卡陶器、印第安玩偶以及狄德罗《百科全书》的首印本[9]。一对西班牙裔夫妻负责照看这些藏品，他们之前也是拉康的管家。

从拉康沉浸在中文学习中到他最后走上数学和纽结的道路之间，两起影响他命运的悲剧性事件发生了。1969年12月，蒂博第二次结婚，并有了自己的第一个孩子：一个名叫皮埃尔的男孩。拉康对此非常高兴，因为终于有一个男孩继承了他的名字。但他的兴奋没有持续太久，婴儿三天后就不幸夭折[10]。

另一悲剧性的丧亲之痛发生在不久之后。1973年5月30日，卡罗琳在法国南部的一起车祸中不幸身亡。当时她正在黑暗中横穿马路，往对面的一间餐厅走。一位超速行驶的日本司机撞到了她，撞击的冲击力甚至把司机弹出车外[11]。卡罗琳的丈夫布鲁诺·罗杰马上赶到那里，他用私人飞机把棺材运回巴黎。

拉康当时和卡特琳·米约在阿尔巴尼亚，后者的父亲在地拉那担任大使。他刚刚结束了布达佩斯之行，在那里和伊姆雷·赫尔曼详细谈论费伦齐。让－雅克·格洛克充当了翻译[12]。拉康一听到这个噩耗就迅速回到巴黎，在鲁莱圣斐理伯教堂参加了卡罗琳的葬礼。他的第一个家庭的成员都在那里：马克-弗朗索瓦、马卢、蒂博、西比尔和西尔维安·布隆汀。"我的母亲再也没有从卡罗琳的死亡中恢复过来，"西比尔说，"她一夜之间老了十岁。站在棺材旁边，我的父亲握着母亲的手，他在哭泣。我之前只看过他哭过一次——在梅洛-庞蒂的葬礼上。"[13] 拉康回复保罗·弗拉芒的吊唁说："是的，我的朋友，是我的大女儿。我非常非常悲痛。"[14]

布鲁诺·罗杰决定不告诉他的两个儿子（9岁的西里尔和7岁的法布里斯）他们母亲死亡的情景，他们没有来参加葬礼。拉康对此抗议道："剥夺孩子知道自己母亲死亡的权利是不对的。"[15] 但他尊重自己女婿的决定，没有说什么。他从20世纪60年代开始就和卡罗琳非常亲近，后者经常来盖坦考特照料他在房地产方面的生意。

等到西里尔长到13岁时，他请求他的爷爷给他做分析。拉康拒绝了，但同意接待他三次。至于法布里斯，他依然记得拉康在卡罗琳去世后第一次来家里拜访的情景："我们当时住在里斯本大道。拉康按了一次门铃，然后又按了十下。他缺乏耐心，沉默而神秘。他情绪很低落，给我们讲了关于母亲之死的一些事。看到我们对他来说是很痛苦的。直到后来我们才知道朱迪斯的存在。"[16]

马卢给了卡罗琳的两个儿子他们所需要的母爱。后来，当他们和他们的叔祖父马克·弗朗索瓦熟悉后，他们逐渐变成了基督徒。两人在巴黎高师成绩优异。西里尔拿到了社会科学的学位，之后在国家行政学院（法国培养公务员的学院）进修，后来成了国务院的一位官员。1983年，在经过复杂的行政流程后，卡罗琳的两个儿子都获得了使用"罗杰-拉康"作为姓氏的权利。"这是因为我们想使用母亲的娘家姓，而不是用爷爷的姓。"[17] 但是因为这一改变，他们成了拉康的孙子辈中唯一继承了他的姓氏的男性。蒂博有两个女儿，阿丽亚娜和艾利斯；西比尔没有后代。朱迪斯的孩子卢克和伊娃继承的是米勒的姓。

第28章
数素与波罗米结

> 数素是基于象征逻辑的语言学模型,波罗米结是基于拓扑学的结构模型。拉康的目的是实现从象征到实在的根本转变。

"在所有那些我应该进一步发展的主题上,我的进度都大大落后。但我发现很难前进。"[1] 拉康1966年在巴尔的摩研讨会上说的这句惊人之语反映了他生命中存在与时间这一重要主题。从小因为迟钝、压抑和焦虑而困扰的拉康从来没有停止对"并非全部"这一概念的深化。这驱使他不断试图掌控时间、阅读所有书籍、拜访所有重要的文化遗址、拥有所有的文物,并得到所有的女性。他不耐烦的性格和希望得到一切的欲望随着年纪的增长愈发明显。他不仅进一步缩短了他的分析时间,每天睡眠时间不到五个小时,以完全无视交通安全的速度开车,还愈发被巴尔扎克的《驴皮记》(*peau de chagrin*)中的幻想所吸引——一张具有魔力的驴皮能为主人实现任何愿望。但愿望一经实现,驴皮会立刻缩小,主人的寿命也随之缩短。他从自己衰老的迹象中知道他的智力活动和个人魅力将要走向终点。这样一种自我毁灭的恐惧使他开始重新梳理那些构成他对弗洛伊德解读的基础的伟大神话:阉割、剩余、性、享乐、文字、死亡、神秘主义和三位一体。

在65岁时出版了自己的主要著作后,拉康不仅给予这本书,而且给予他带有个人印记的写作方式以本体论的分量。对他而言,这种印记是一种"原初事件"的一部分。在瓦尔的建议下，拉康的《文集》被视为一本回忆录，或是一栋建筑，这本书通过对编年史的操纵和对主观视角的重新历史化使它脱离了拉康的真实生活。

随着时间的流逝，这一被建构为"原初事件"的客体获得了神圣的地位，成为不可触碰的圣物。从这一印记中诞生了一种新的理论诠释。这部作品的"作者"和他的追随者们一样，把评论自己的文本视为义不容辞的责任。他要成为自己话语的代言人。从1970年左右起，拉康开始引用自己的观点，以第三人称谈论自己，玩弄自己之前编造出来的异形字和生造词，对自己的立场进行过度解读，甚至模仿自己之前的言语风格。拉康的独白再现了萨缪尔·贝克特（Samuel Beckett）笔下的人物风格。

但拉康依然是一位真正的学者。他不满足于对自己进行自恋的重复。因此在他生命的最后十多年，他被一种抵达事物本质的马拉美式的激情所鼓舞，再一次投身于精彩的理论实验，并重新组合他的研究所需要的移情条件。这一次的理论革命发生在三个层面上：学派中、研讨班里和躺椅上。它利用了两种形式化模型：数素（mathème）和波罗米结（nœuds borroméens）。前者是基于象征逻辑的语言学模型，后者是基于拓扑学的结构模型。拉康的目的是实现从象征到实在的根本转变。

拉康对数素的详尽阐述使他再次把目光投向精神分析的知识在传递过程中的科学问题。他改变了自己对于大学的态度，开始希望接管勒克莱尔在巴黎八大创建的精神分析学系；他提出了治疗精神病的新的临床方法，并选定了他的合法继承人——他的家庭而非他的追随者。

但是随着拉康进入纽结的世界，之前通过数素得以建立的东西又都被他毁灭。拉康认为自己能够进入思维的本质核心，因此完全投入到对纽结、编织、圆环面和绳结的几何学研究中。这使他最终成为尼采式失语症的沉默化身。就像巴尔扎克（Balzac）《绝对的探求》中的巴尔塔扎尔·克拉斯因为对炼金术的痴迷而被毁灭一样，拉康也是在探求绝对的秘密。他在一群数学家的帮助下进行自己的研究。在生命的最后，他以浮士德的方式，执着地和魔鬼签订了契约。无意识正是以一种浪漫主义的方式在这之中诞生[2]。

拉康的这一知识探索发生在科技理性主义逐渐上升、革命理想渐渐失去其力量的时期，这是当代思想史中的一个非常奇怪的现象。

拉康把他1970年的教学分为两个不同的系列讲座。第一个系列的名字是"……或者更糟"，上课地点在法学院；第二个系列"精神分析师的知识"的上课地点在圣安娜医院。理论上，这两个系列应该相互区别。在法学院的研讨班中，拉康赋予实在界——也就是"更糟的"、不可能的——以更加重要的地位。在圣安娜医院，他集中讨论知识。但事实上两个讲座的内容相互交织，讨论的主题也有重合。拉康晚期理论中的两个关键概念需要在这两个不同的地点展开，而这并非偶然。数素这一概念和疯癫的历史有关，它是在精神病院被创造出来的，而纽结是对科学的挑战，所以在传统的学术背景下对它进行讨论更为合适[3]。

"数素"这个概念第一次出现是在拉康1971年11月4日的讲座，它不是数学用语，而是源自克劳德·列维-斯特劳斯的"神话素"（mythème）和希腊语中的"知识"（mathêma）。拉康从康托尔的狂躁症开始讲起：如果这种疯癫不是因为客观上的迫害，而是由于数学本身的无法理解而产生的阻抗呢？拉康把自己的教学和数学家康托尔的教学进行了比较：这种教学的无法理解是否意味着某种症状？是否可以传授那些"看上去无法被传授"的知识？

在读完维特根斯坦的《逻辑哲学论》后，拉康用"数素"这个概念对这一问题做出了回应。在1972年和1973年之间，他赋予这一概念好几种定义。开始用单数称呼，后来变成复数，最后又回到单数。他把自己在研讨班"精神分析的反面"中提出的"四边形"和"数素"联系起来，从而说明写作可以传递无法言说的东西。拉康在这里反对维特根斯坦:他拒绝接受对于不可理解之物的区分,而是试图从无法表达之物中获得知识,并赋予其可以被传递的形式。这一形式就是数素。数素并非是完全形式化的场所,因为它总是暗示了无法被捕捉的"剩余"。通过这种定义,单数的数素包括了复数的数素,也就是包括了使得拉康的教学得以可能的所有数学符号。如果不同的话语之间无法兼容,那么在大学里以数素而非学术话语的方式来传授精神分析,话语之间的兼容就变得可能了。拉康的态度在这里发生了转变:在曾经激烈地批判过大学体制后,他于1974年11月在巴黎八大开始了自己的教学,雅克-阿兰·米勒是他的代言人(我在别的书里讨论过这个故事)[4]。

在他引入"数素"概念的那一节课上,拉康还发明了一个新词:lalangue。它巧妙地借用了著名哲学辞典的作者安德烈·拉朗德名字的一部分[5]。拉康用这一词表示欲望的形成(langue 的意思是语言、舌头),它的意思还有"一种不自觉地知道自己的知识",因此超越了数素的表达。拉康在这里又把完全传递的理念和它的对立面进行了比较:穷尽的不可能性、并非全部和剩余。

正如在1965年的冬天雅克-阿兰·米勒对于"缝合"的解读意图把拉康的理论通俗化,他对于"数素"的使用也是实用主义的。在离开无产阶级左翼后,他成为拉康家庭中的重要一员。他在1972年建立了自己在拉康相关出版物上的官方地位。他提出编辑拉康关于数素的研讨班,把言说完全转化为书写[6]。之后一年,米勒在伯努瓦·雅克拍摄的关于拉康的影片中充当了不可见的对话者。该影片于1974年3月在电视台播放。在电影中拉康完全照搬了研讨班的讨论方式。在影片上映之前,拉康的讲话稿以《电视》(*Télévision*)的名字被瑟伊出版。瑟伊没有咨询米勒的意见,但保罗·弗拉芒给拉康写了信询问这么做是否妥当[7]。

十个月后,作为拉康"研讨班"系列共同作者的米勒加入了瑟伊,成为"弗洛伊德领域诸连接"系列丛书的编辑。这一系列包括了之前拉康的"弗洛伊德领域"系列,但米勒获得了拉康的支持,拥有独立的编辑权。他的工作是有偿的。后来他凭借自己善于推广的优势,提出要和瑟伊进行"新的合作"[8]。

这一新系列推出的第一本书是雅克-阿兰的兄弟杰拉德·米勒(Gérard Miller)所写的《贝当将军的快乐原则》(Les Pousse-au-jouir du maréchal Pétain)[9]。这是一本研究贝当的写作、神话与言语的书。罗兰·巴特为它写了一篇精彩的序言,他在其中把作者比作米什莱和20世纪的著名艺术家:"米勒在文章中使用了一种非常先进的话语形式,这一话语之前仅仅被狄德罗、布莱希特和爱因斯坦使用过,它由理解和再生产所组成,反对之前隐藏在亚当主义的虚假修辞背后的姿态。"[10] 由于这篇序言和书本身的内容,这本书轰动一时。

米勒一方面在强化自己在瑟伊的影响力,另一方面在使用"数素"对勒克莱尔于1969年建立的精神分析学系进行系统性改革。"如果说存在一种精神分析的数素,那么它的整体是可以被传授的……但是数素本身还有疑问。它不存在于任何现成的文本之中……这就意味着只有真正投身于基于弗洛伊德理论领域的原创性工作的人才能在系里获得职位。"[11]

最后,通过使用一种意义受限的"数素",米勒完成了自己的"罗马报告"[12]。1974年10月31日,在巴黎弗洛伊德协会的大会上,他向800名听众发表了这一演讲。当时年仅30岁的米勒信心满满。他知道自己已经是拉康的法定继承人。他批判了拉康之前的同事们,指责他们把精神分析当成一种"有保障的收入",而把自己——他没有被分析过——表现为腐朽的寡头体制的受害者。他把拉康放在四边形的四角:拉康同时是主人、分析师、学者和歇斯底里患者,在严密的权力体系内被神化。拉康是伟大的舵手。他的职责是把人民从自我满足的邪恶巨头们的手中拯救出来。他被剥去了幽默、才华和超现实主义的风格而变成了没有生命的纸板英雄。

虽然当时旁听了这次演讲的拉康对于他女婿赋予他的形象并不满意[13]，但他还是给了米勒毫无保留的支持。他对于自己的支持者感到厌倦和失望，而他们也被严格的"通过"仪式搞得疲惫不堪。米勒的实用主义看上去很有吸引力。拉康欣赏这位年轻人的效率、活力和征服世界的决心。在短短几年内，米勒就在自己周围聚集了一大批年轻的拉康派。他们都受到1968年大众文化的影响，心甘情愿地接受教条。米勒创办了评论杂志《奥尼卡？》(*Ornicar*?)，在大学里创建了一个以数素作为传授教条的工具的临床部门来强化自己的权力。最后，在接受了夏尔·梅尔曼的分析后，他开始以分析师的身份执业。在巴黎弗洛伊德协会解散的前夕，他已经和其中的一些成员结成了联盟，从而掌握了拉康社团中的所有权力。

469

早在1950年，拉康就在他的教学中提到了数学。他和数学家乔治·吉尔博的交往对于理解他更加频繁地使用拓扑图形的趋势有重要意义。两人外貌相似，有着长达30年的伟大友谊。在1951年，拉康、本维尼斯特、吉尔博和列维-斯特劳斯开始定期会面研究结构问题，并尝试建立社会科学与数学的关联。他们互相交流理论和对拓扑学的理解，并合作完成了一些项目。拉康每天都要做一些数学练习。有时候如果他在旅途中遇到了问题，他会给吉尔博打电话，两个人一起解决。吉尔博从来没有来参加过研讨班。他和拉康的关系完全是私人性质的。但私下里，两人有着同样的热情，总是在尝试解开各种绳结、把玩孩子们的游泳圈、编织东西或者拆解东西。当拉康指导他的学生用拓扑图形来理解他的理论时，他已经对这些东西很有兴趣了[14]。

莫比乌斯带——一个没有正面与背面之分的连续表面——代表着无意识的主体；环面或者内胎代表着空或中国哲学中的"中空"，一块构成性的但又并非实存的空间。除此之外，拉康还增添了可以用来闭合莫比乌斯带的"交叉帽"和象征空表面的"克莱因瓶"。但在之前的25年中，拉康仅仅用这些形象作为例证，而没有把它们发展为理论形式。直到1971年他阅读了维特根斯坦，提出了"数素"和"lalangue"两个概念后，他才开始寻找一种新的术语来把精神分析和其他话语联系起来。为了实现这一目标，有必要从"言说"过渡到"示范"。换句话说，引导每一位听众（包括他）行动的不再是话语而是展示（monstration）。

新的改变发生在1972年2月9日题为"……或者更糟"的研讨班上。拉康在那里首次提到波罗米结。在一次晚宴上，年轻的女性数学家瓦莱丽·马尔尚给拉康讲述了米兰王朝中波罗米奥家族的故事[15]：他们的徽章有三个圆以三叶草的形式组合起来，代表着三重联盟。圣查尔斯·波罗米奥，家族中最杰出的代表，是反宗教改革的英雄。作为一位红衣主教，同时也是庇护四世的侄子，他在16世纪把更加严格的规范引入了教士生活。在1576年的瘟疫中他做了大量的慈善工作，等他去世时，新教已经被部分地赶出意大利北部。马焦雷湖上著名的波罗米岛在一个世纪后被一位波罗米奥伯爵占领，他用家族的名字给岛命名，并使它变成意大利最巴洛克式的景点[16]。

拉康发现波罗米结的过程[17]和他与几位年轻数学家的相识有关，这些数学家同属于米勒和拉康在巴黎高师的学生这一代。他们也有着极"左"的历史。皮埃尔·苏里（Pierre Soury）是其中最有魅力的一位。那些喜欢他的人在今天这样描述他："和他之前的同时代的学者或哲学家相比，皮埃尔·苏里将在历史中占据一个位置。他会被视为西方文化的巨人之一。他的科学和哲学工作的直接影响力比得上维特根斯坦……在当时苏里只被参加拉康1975—1980年之间的研讨班的少数人所知，拉康提到他30多次，还有几次请他代表自己发言。"[18]

皮埃尔·苏里于1942年8月28日出生在尼姆的一个新教徒家庭。1961年他考入巴黎理工综合学院，两年后他获得了科学学士学位。作为一位受训的物理学家,他通过同学克里斯蒂安·莱热(Christian Léger)了解了数学。1967年,作为一个反动派,他被巴黎理工综合学院开除。他找到一些精神病学家,开始接受让·克拉夫勒尔的分析。等到他进入国家科学研究中心的时候,苏里已经在参加拉康的研讨班。他住在一个公社里,和其他人共用房间并分有财产。

1968年,在3月22日学生运动的一次大会上,苏里认识了米歇尔·托梅(Michel Thomé)。后者是一名哲学学生,海军士官的儿子。托梅之前在弗莱切学院学习过弗洛伊德和拉康的理论,他的老师接触的是弗朗索瓦·勒尼奥。在"五月风暴"后,苏里因为砸坏窗户而被逮捕。"专家政治是软弱的,"他之后在一张传单上说,"为了避免战斗,他们说被指控的人是无责任的。他们以无责任作为借口。在对我的审判上,莎玛丽丹百货公司指控我砸坏了他们的窗户,索要一法郎的赔偿……我被认为是疯子而被释放了,'因为我拒绝接受精神病学检查,而且对法官大喊大叫'。"[19]

1971年,在又一次尝试了集体公社的生活后,托梅和苏里决定在第十一区的达荷美路租一间公寓。在一开始,那里还住着一名吉他手,但他很快离开了。在这之后,关于波罗米结的伟大探险才正式开始。"我们都是逃避社会的人。我们的共同点是对社会的彻底拒绝。"[20] 这种拒绝没有以政治承诺的形式表现出来,而是反映在一个代表最小社会联结的纽结中。这一纽结把三个要素绑定在一起。"生活在一个小群体里,"苏里写道,"让个人感受到稳定。就像是婚姻……一个小群体诞生又消失,但你不能进入它或离开它。理想的小群体是一个波罗米结式的群体,波罗米链反映了小群体之间的关系。"[21]

在这一小群体理想的指引下,苏里一直梦想着建立一个以儿童为主的国际组织。出于对这一乌托邦的忠诚,他拒绝成人世界。在假期里,他经常会给朋友带去花、香槟、黏土和魔法蜡烛。"我想当一位祖父来照顾孩子,"他一边说着[22],一边扛着一个大袋子,里面装满了细绳、练习本和当季的各种水果。他们的波罗米结的核心是神秘的女性性欲和歇斯底里。而象征着这种神秘并引发所有讨论的女性的名字是朱迪斯。

为了把思想转化为行动，托梅把苏里介绍给精神分析和政治小组里的女性们。她们当时正在安托瓦内特·富克的领导下提出一个基于"剩余"概念的女性理论。我在别的地方介绍过这一历程[23]。在这里我简单地重温一下它的主要阶段：在西蒙尼·波伏娃的名言"你不是天生是女人，而是变成了女人"的背景下，安托瓦内特·富克从1968年起就接受了女性特质作为"剩余"的理念。这一理念发源于1960年佩里耶、格拉诺夫和拉康在阿姆斯特丹关于女性性欲大会上的讨论。但她把这一问题进一步转移到女性本质中被假设的"同性恋欲望"，或者说被性欲化的力比多。"你不变成女人，"她说，"你是（复数）一个。"成为女人意味着超越菲勒斯或"女性主义"阶段，从而到达一个使个体完成"同性恋化"的生殖器阶段。富克的理论是结构主义的：它基于拉康的"剩余"概念和德里达的"差异"概念。以这种方式，波伏娃通过弗洛伊德得到修正，弗洛伊德通过拉康得到修正，拉康通过以同性恋化的象征主义对抗男性世界的"语言"的"后菲勒斯主义"得到修正。

苏里在和这一小组的女性会面后，吃惊地发现作为一个男人，他被贴上了强奸犯的标签。当时正在思考纽结和女性关系的托梅开始接受精神分析，他认为苏里和拉康应该见面。由于对自己的分析不太满意，托梅给拉康写信，希望能接受拉康的分析。拉康的回复出人意料。1973年12月18日，刚刚结束了研讨班的拉康给他寄来一张纸片，上面有他的回复。他感谢托梅寄给他卡斯塔尼达的书《恶魔的草和烟》（*L'Herbe du diable et la petite fumée*），表示自己希望更多地了解他，还抱怨自己看到的都是无聊的东西[24]。托梅去了里尔街。他对拉康说："纽结让人发疯。""是的。"这是拉康的回复[25]。

当这次会面发生的时候，苏里正在巴黎社会高等学院的贝尔纳德·若兰的手下工作。在1973年至1974年,他开始给巴黎七大的一个名叫"大学教育方法"的学习研究小组开设研讨班。在之后的四年里,这一研讨班吸引了很多人,包括纽结方面的专家格南、让－克劳德·泰拉森、皮埃尔·阿沙尔和让－米歇尔·瓦珀罗,之后巴黎弗洛伊德协会的一些后来和评论杂志《沿岸》(*Littoral*)有关系的精神分析师也加入其中:埃里克·波尔热(Eric Porge)、让·阿劳奇、菲利普·朱利安和马耶特·维尔塔德[26]。

苏里私下的和在公共场合的教学目标都是建立一个能够帮助理解拉康的逻辑与拓扑理论的数学模型:"我们的出发点是什么?是在波罗米结中从纽结到辫带的转化。这就是 casse-tête 的定义,一个 casse-tête 是一个简单的、不可见的问题,它的答案不能被重复,无法感知,不能转移,也不能改变。"[27] 在达荷美路、里尔街和万神殿旁边的阶梯教室之间,这些参与拓扑游戏的成员正在形成一种合作关系,并进行着浮士德式的探索。在他们的帮助下,拉康用六年时间彻底转变了他的教学和精神分析实践:他和他的小组所产生出的拓扑学物体将会展示给研讨班的广大观众。

所有这些过程的基础是对圆环面、四面体、三重圆环和绳结链的示范。随着示范逐渐取代话语,拉康说得越来越少:他更多地画图而非写字,之后当他不能画图或说话时,他就像孩子一样玩那些圆环。为了解决拓扑学的谜题,拉康和数学家们保持着长期的通信往来:最开始是苏里和托梅,后来克里斯蒂安·莱热在1977年也加入了他们。拉康写了50多封信,他的同事写了150多封。这是一段充满痛苦和忧郁的史诗。每个人都在电报、快递和平信里尝试解决无意识的秘密。有时候,在花费了很多小时画图、扭曲内管、用绳结和剪纸装满篮子后,其他人会收到拉康的提问。拉康和他们都找不到答案,探索只能继续下去。"我要疯了,"拉康会说,"请给我打电话或者来见我。"[28]

有时候,当拉康感觉孤独时,他会到第十一区去,回来后心情会好很多。他会祝贺他那两个同事的新发现,并在之后的私人会面或研讨班上请他们继续努力。他的信件中充满了图形、计算和绘画。有时候只有一句话："你们的进程如何？"[29] 当他们聚在一起讨论时，主题往往是如何用四叶草或三叶草组成纽结，以及如何把纽结转化为辫带[30]。

不久之后，数学家让－米歇尔·瓦珀罗也进入了纽结的世界。瓦珀罗是让－图桑·德桑蒂的学生，在1968年5月是一名托洛茨基分子。后来他在贝尔纳德·若兰的弟弟罗贝尔·若兰管理的民族学实验室工作。瓦珀罗当时正在寻找一种新的理性，他和德勒兹、德里达以及索绪尔同时发现了拉康的理论，并都在1970年见到了拉康。拉康在读过德桑蒂的《数学理想》（*Les Idéalités mathématiques*）[31] 后，请作者给他写一篇关于直觉主义的文章。德桑蒂写了15页，当拉康请他推荐对拓扑学很有研究的人时，德桑蒂推荐了瓦珀罗[32]。

当瓦珀罗接到拉康的电话时，他正处在抑郁之中，一方面是因为"五月风暴"后的理想幻灭，另一方面是因为他祖父的去世。他的好友罗兰·杜马已经建议他去见拉康，告诉他在1968年春天自己曾经和拉康一起身处街垒。

他们第一次会面时，拉康走进等候室，看了瓦珀罗一眼，问了他一些刁钻的问题，例如"什么是阿基米德固体？"之后两人在里尔街每个月会面一次。拉康询问他一些关于直觉主义的问题，有一次还给他一封勒内·托姆写的讨论突变的长信。"数学家们，"他说，"不知道我在说什么，但没有理由不去阅读他们的东西。"拉康和瓦珀罗的讨论主要是关于圆锥截面。1972年7月的一天，瓦珀罗出现了幻听，他请拉康给他进行分析。"他当时正在修理他的眼镜，它们坏了。他让我9月再来。"

在这个夏天，瓦珀罗把他的论文留给罗兰·杜马，搬去塞弗勒市的一栋建筑，和他的兄妹和姐夫住在一起。他在这个英美风格的公社里住了三年，同时维持着和拉康的奇怪关系。他一方面接受极短时长的分析，另一方面和拉康讨论数学问题。他照顾着一位反精神病学主义者送过来的精神有问题的人，后来拉康接手了。在这段关系中，拉康送给年轻人自己的书作为对他的贡献的报答，例如《文集》和《换句话说》。1973 年的冬天，瓦珀罗报告了一个有限拓扑学的点子，拉康认为他有所发现。第二年春天，瓦珀罗把他的家庭史画在了一个莫比乌斯带上，并解释说："这个带的空处正在不断变小。"拉康惊呼："你怎么能如此了解我！"有一次他早上 6 点会见分析者，还让用人把煮蛋和咖啡送进屋里。还有一次拉康把瓦珀罗留在图书馆待了一个下午，让他想一本书。瓦珀罗感觉他在接受一种儿童分析："拉康把我们带到存在的痛苦核心。如果他不在那里，我可能已经死了或疯了。我们都有心理疾病，但这并不意味着我们是疯子。疯子是把自己灵魂的问题归罪于全世界的人。"[33]

1975 年，瓦珀罗遇到克拉夫勒尔，请求他允许自己完成"通过"流程，成为一名分析师。克拉夫勒尔让他去见拉康，拉康说："没问题。"他回过头来找克拉夫勒尔，后者却告诉他："拉康告诉我你没有接受过他的分析。"瓦珀罗很吃惊，他又去找拉康，拉康告诉他："分析得重做。"于是瓦珀罗继续接受分析，这一次他要为分析付费。后来他成为一位精神分析师，开始在苏里手下工作[34]。他不是达荷美路小团体的一员，但他开始向公众解释自己的拓扑学研究，并继续和拉康会面。

在这个具有局限性的实验中，关于纽结的工作模糊了精神分析实践与理论之间的区分。它把精神分析转变为一种波罗米空间，移情关系在其中以字符的形式使主体重新发现他们的童年：关于游戏、养育、空洞、缺失和"并非全部"的童年[35]。

拓扑学研究不仅仅是对绝对的探求、召唤关于童年的能指和疯癫的幻想，它还导致性理论的重塑。拉康于 20 世纪 60 年代在这一领域做出的重要进展为后世所铭记，他还希望回应当时女权主义运动对弗洛伊德"阳具中心主义"的批判。1972 年 3 月，在引入波罗米结后，拉康开始构建一个关于性身份的数素，其中包含了一个阿普列乌斯的逻辑矩阵，他把它称为"性化公式"（formules de la sexuation）[36]。

拉康提出了四个命题。第一个是全称肯定命题，他把"所有男人都有一个菲勒斯"公式化为"对于每一个 x，属性 Φ 适用于 x"。第二个是全称否定命题，他把"没有女人有一个菲勒斯"公式化为"对于每一个 x，属性 Φ 不适用于 x"。这两个公式在对于男性的定义和对于女性的定义之间是一种互补关系，但拉康认为这里有一个僵局：在一个由差异所统治的领域内不存在互补。

拉康因此又提出两个修正的命题。第三个是特称否定命题，源自弗洛伊德原始部落的神话：部落里的所有男人都要接受阉割，只有一个人例外——原始部落的父亲，也就是象征父亲。拉康发明了一个异形字 hommoinzin（"至少一个"）来指示这个父亲，其功能是引入一种关于绝对享乐的幻想来指示所有其他男性必须接受的禁忌的客体：乱伦禁忌意味着无法达到的享乐。

第四个命题是一个双重特称否定命题，翻译为"没有一个 x 是菲勒斯功能的例外"。拉康在这里试图说明的是男女性别身份在无意识中的基本的非对称性。对女性来说，没有享乐的限制。在这个意义上，一种普遍的"女性本质"并不存在。所以他提出"女性不存在"或"女人并非全部"。女性享乐是一种"额外"的享乐。拉康把两种性身份之间互补性的缺乏表示为"不存在性关系。"[37]

1973 年的这些公式其实仅仅是拉康对他 30 年前观点的重提。他在这里又谈到了"工业社会中父权的衰落"，并展示了女性的权力相比脆弱的菲勒斯是多么强大。拉康反对把女性视为男性压迫受害者的经典的女权主义观点。他没有否认压迫——虽然他也没有挑战——而是指出从无意识的角度，这一压迫能转变为其对立面，因为两性之间的关系是由一种基本的不对称性原则所控制的。拉康和弗洛伊德一样保留了原初菲勒斯主义和单一力比多的观点，但他用从巴塔耶、超现实主义者和自己对于女性疯癫的研究中得出的"额外"概念对这一理论进行了修正。[38]

晚年的拉康依然感受到对母亲的仇恨和对疯癫或神秘的女性的痴迷。虽然他试图给自己的理论提供一种免除所有情感因素的形式化基础，他的个人家庭史似乎依然在侵入他的教学。在拉康的家庭情景剧中，母亲的统治总是被展示为对于父亲功能的摧毁或贬低。自从拉康认识了巴塔耶并阅读了《爱华妲夫人》后，女性性欲对他来说就成为一种恐怖、一个空洞、一种口腔中不可见的极端之物，或是一种实在和"异质性"。1955年3月，拉康对弗洛伊德著名的梦"艾玛的注射"给出了惊人的评论。他把艾玛"张开的嘴"与一个开裂的性器官联系起来，其中美杜莎令人恐惧的头正在浮现。之后在1970年的第十七期研讨班上，拉康用一个动物的隐喻总结了母亲让他产生的所有恐惧以及他对神秘的口的痴迷。他说："一只巨大的鳄鱼，你在它的嘴巴里——这就是母亲。你不知道什么会使她的嘴突然闭上。这就是母亲的欲望。"最后，拉康在这一主题上最剧烈的情感爆发出现在他对于利顿·斯特雷奇关于维多利亚女王的传记的评论中："阿尔伯特亲王怎么会被女王所控制？他对于女性没有特殊的喜爱，但是当一个人遇见维多利亚女王所拥有的那个巨大的带锯齿的阴道时……一个成为女王的女人，我们不可能找到一个更有效的带锯齿的阴道了。"拉康还把所谓"带锯齿的阴道"用在其他具有吞噬力的女王的身上——塞米勒米斯、伊丽莎白一世等等，从而进一步为他的幻想找到出口。这和他在爱丁堡大会之前对于掌管国际精神分析协会的"女性们"所做出的评论具有同样的风格。[39]

发现波罗米的世界使得拉康能够复苏一些童年期和青春期的关键能指。他关于纽结的工作使他把对于绝对的追求和20世纪最有创新精神的文学巨匠詹姆斯·乔伊斯联系起来。拉康从未严肃地研究过乔伊斯的作品。但正如我们所知，他在自己人生的关键阶段读到过乔伊斯。当时他刚刚拒绝了天主教，正在反抗给他童年带来不幸的父亲形象——专制的祖父埃米尔和被他父亲以及强势的妻子所压垮的父亲阿尔弗雷德。在这位正在寻找某种身份的年轻人的想象中，这些人物都成了他的家庭情景剧中的负面形象。

50年后，当这位大师怀着激情投入到对《尤利西斯》《斯蒂芬英雄》和《芬尼根的守灵夜》[40]的阅读时，这些形象依然存在。一名年轻的学者雅克·奥伯特在1975年鼓励拉康走上这条道路。奥伯特是《文集》的读者，曾经在他的文学研究中使用过拉康的概念。他建议拉康参加当年6月在巴黎举行的关于乔伊斯的第五届国际研讨会。拉康同意了。"我们有特殊的交流方式，"奥伯特说，"他可能对某些东西有兴趣，例如特定的段落，我会把这记录下来。他会问我问题，还会咨询我整个段落的意义。"[41]

在和奥伯特合作的同时，拉康还读了大量有关乔伊斯的书籍，包括传记和批判性研究。他咨询了评论杂志《如是》（*Tel quel*）和《改变》的一些撰稿人：菲利普·索莱尔斯、让-皮埃尔·法耶和让·帕里斯（Jean Paris）[42]。"有一次拉康凌晨1点出现在法耶家的门口，"让·帕里斯说，"他想使用一个我发明的混成词。"[43]

1975年6月16日，在索邦的阶梯教室，拉康在玛丽亚·乔拉斯之后发言。他这段简短的谈话的标题是"乔伊斯和症状"。[44]在开头，拉康回忆了自己和乔伊斯的会面，他毫不犹豫地认同后者，认同他的精神恍惚、他的流放和他对于家庭与宗教的仇恨："我来自一个相当污秽的地方（斯坦尼斯拉斯，不庸讳言），并且和乔伊斯一样是牧师之子——我的父亲是耶稣会教士，没有他的那么严格——简而言之，从这个污秽的环境中成长起来的我在17岁时经常去阿德里安娜·莫尼耶的书店，我在那里见到了乔伊斯。后来当我20岁时，我又聆听了《尤利西斯》译本的第一次公开朗读。"他补充道，"我们认为我们说我们想说的东西，但事实上我们说的是我们的家庭想要通过我们传达的东西……我不应该谈论我，但我这么做是为了向詹姆斯·乔伊斯表示敬意。"[45]

在参加了学术研讨会后，拉康在他 1975 年至 1976 年的研讨班上研究乔伊斯的生活与著作。他把当年的研讨班命名为"圣状"（Sinthome），一个基于"症状"（symptôme）的生造词。"如果你阅读布洛赫和沃尔伯格的语源学辞典——那是一本很好的书——你会发现 symptôme 一词最早写作 sinthome……圣状听起来像是对于圣洁的幻觉。"（在法语中，这个词听上去像是 saint homme，也就是"圣人"。）[46] 拉康发明了这个乔伊斯式的生造词来表达一种通过文学实现救赎的理念。这个词还唤起了其他一些在拉康看来在乔伊斯的世界里充当"能指"的词汇，其中包括爱尔兰人寻求从英国独立出来的口号"地方自治"中的"地方"（home）一词，以及"圣托马斯"（saint Thomas）。因此 sinthome 还可以写作 sinthome rule 或 sinthomadaquin。后者所暗示的是乔伊斯曾从圣托马斯"美的三要素说"中借用了第三个要素"明晰"，意思是客体在成为自身时展现其本质。小说中的人物斯蒂芬·迪达勒斯表达出这种创造说，把它称之为"显现"。这一词汇常见于乔伊斯的早期作品中。"显现"的意思是"一种突然的精神展现，可以被日常语言和行为翻译，或者被心灵产生的令人难忘的短语所解读"。[47]

对拉康来说，一次"显现"是一个圣状，是对于"存在的壮丽"的表达。乔伊斯被拉康称为"圣状"的症状所决定。换句话说，他的名字和他所采用的"显现"的理论融合起来，把创造视为一种发生在时间之外的具有宗教神秘性质的狂喜。这一观点把拉康拉回了他在 20 世纪 70 年代研究的主题：寻找一种超越时间和历史的逻辑；追求一种越来越不可能的"现实"；痴迷于享乐问题以及它和"日本现象"、神秘狂喜、"文学性"及倒错（法语 perversion，写作 père-version）之间的关系。

通过把他全部的研究努力以宏大的波罗米结构的形式表现出来，拉康把圣状融入了他新的理论体系之中。在一开始，他尝试建立一个四面体的

寻找绝对

纽结,"一个四个环的波罗米结",但没有成功。之后他请他的数学家朋友解决这一难题,他们照做了。托梅最先画出一幅包含四叶草的图像。拉康说:"我感觉到一种激情。在我几个月后见到他们时,我想他们展示了某些内容。但至于他们是怎么发现了它的,他们没法解释给我。"[48]

通过把圣状作为第四个环引入自己之前的三元结构,拉康依然试图把他的理论和家庭史引入乔伊斯的作品。他指出圣状或"父亲的说法"(version vers le père)是一种"朝向父亲的说法"。他把《尤利西斯》视为乔伊斯的自传,把其中两个英雄利奥波德·布鲁姆和斯蒂芬·迪达勒斯的关系看成是乔伊斯依然依附于他的父亲,哪怕被后者抛弃的证据。从这里他得出结论:乔伊斯的父亲是疯癫的,父姓因此被排除在乔伊斯的话语之外。为了弥补这个缺失,乔伊斯渴望"为自己正名",留下一个可以被后代所继承的姓氏,"迫使学者们花上三个世纪来研究他的作品"。"难道乔伊斯希望成为一位被所有人敬仰的艺术家的欲望不正是为了弥补他的父亲从来没有成为一位真正的父亲的缺失吗?"[49]

进一步地发展这一排除理论,拉康认为乔伊斯女儿露西娅的精神分裂可以通过他父亲的缺失来进行解读。拉康说乔伊斯一直认为他的女儿具有心灵感应术,并拒绝接受医生的治疗。拉康把他对于心理感应和对于语言来自另一个世界的信念看成是乔伊斯式艺术思维的症状,由此诞生了《芬尼根的守灵夜》,重构一种把语言消解作为基础的语言。

通过把《尤利西斯》解读为一本自传体小说,拉康——阿尔弗雷德之子——把自己认同于乔伊斯,从而讲述自己的生活剧。他一直渴望名望。当他谈到露西娅·乔伊斯的精神分裂时,他其实是在暗示自己作为父亲无法给予女儿自己的姓氏的负罪感与悲剧。当面对乔伊斯的世界时,拉康又一次陷入了关于自己生活史的幻想式沉思。这同时也加速了因为他对纽结的痴迷而导致的话语的瓦解,因为如果说乔伊斯作品里的人物和乔伊斯的个人经历阐释了父亲的不可能性的永恒主题,那么乔伊斯在《芬尼根的守灵夜》里所使用的写作技巧则表明了一种语言学的变形。

正如我们所知，乔伊斯花费了 17 年时间才完成了他最后这部伟大的著作，在这期间他一直称之为"进行中的工作"。在书中，乔伊斯使用了 19 种不同的语言，包括古冰岛语、藏语、希腊语和梵语等，并且根据弗洛伊德的凝缩机制挖掘了普通词语背后的多重含义。在使用双关和其他形式的语言游戏时，乔伊斯利用了物理学家和数学家的研究，以及他的语言学知识。"就像极简单的原子被分解为质子、中子和电子一样，"让·帕里斯写道，"词语可以被分解为逻辑的、语音的、语法的和语源学的要素……有时候，一个电子就可以使他们变成双关，就像乔伊斯把 Rothschild 写作 redshields，把 goat 变成 Gott（Dieu，上帝）。[50]

拉康对于文字游戏的长期兴趣使他更加痴迷于《芬尼根的守灵夜》。他的拓扑学研究也使他走上了和乔伊斯相似的浮士德式的探索道路。他开始以《芬尼根的守灵夜》的风格来说话和写作，就好像是在揭示乔伊斯最后的作品中关于人类疯癫的秘密后，拉康也陷入了精神病的语言之中，并在死亡将至之时把它和在 20 世纪 30 年代早期启发他进入精神分析史的"自动书写"关联起来。"我是通过'自动书写'开始我的研究的，所以当我看到乔伊斯时，我不应该惊讶……乔伊斯疯了吗？他的作品受到了谁的启发？"[51]

拉康的演说一直在模仿无意识的语言。但从 1975 年起，在乔伊斯影响下，他的教学变得几乎完全由双关语、变形词、生造词和旧词新义组成，仿佛在回忆他生命与理论中的那些基本能指。例如 cra-chose（cra-thing）既指弗洛伊德的"物"（chose），又指弗洛伊德发明的一种聊天方式（cracher, postillonner［唾沫飞溅］）；jaclaque，意思是"受够了雅克·拉康"（avoir sa claque, claque 也有"耳光"的意思）；folisophie；affreud；等等。

1978 年，当之前关于乔伊斯的学术讨论会的论文集将要出版时，拉康寄去了这样一段文字：

乔伊斯症状应当被理解为 Jésus la caille: 这是他的名字。人们能从我这里期待任何别的东西吗？（emmoi，我的，在法语中听上去像是 emoi，情感）：我命名（在法语中听上去像是 jeune homme，年轻人）。如果这句话听上去像是"年轻人"，这就是结果，我对此只有一点要说。我们是人（sommes z'hommes）。

LOM（l'homme，人）：在法语中这个词说出了它的意思。你只需要按照读音把它写出来：faunetically he's eaubscène[ça le faunétique(faun...), à sa mesure]。把"eaub-"写在前面，eau 来自 beau（beautiful），使我们可以想到美丽并非它物。

在这段几乎无法理解的文字后面，是更加无法翻译的一段话：Hissecrobeau à écrire comme l'hessecabeau sans lequel hihannappat qui soit ding! D'nom dhom. LOM se lomellise à qui mieux mieux. Mouille, lui dit-on, faut le faire: car sans mouiller pas d' hessecabeau.[52]

疯癫、父姓、实在、纽结、幻觉、症状——这些都是拉康在 1975 年秋天第三次访美时所思考的主题。九年前的 1966 年 2 月，拉康曾经第一次跨过大西洋访问纽约、底特律、芝加哥和波士顿，举办了关于欲望和请求的六次讲座。罗曼·雅各布森安排了这次持续三周的访问，并亲自办妥了美国顶尖大学对拉康的邀请。拉康后来去了墨西哥，并在当年 10 月参加了在巴尔的摩举行的关于结构主义的研讨会。[53]

虽然没有忘记英国人和美国人在 1963 年分裂时是如何排挤他的，但拉康对于第三次访问美国倒也没有什么反对意见。他看到自己的理论正开始被美国一些专注研究法国文学和女性主义的大学所熟知。但与此同时，他还是被保罗·利科和德里达在西方世界的知名度所激怒。1975 年的时候，拉康在法国正如日中天。巴黎弗洛伊德协会虽然遭遇到内在危机，但依然蓬勃发展，具有极大的影响力。相关书籍和文章如雨后春笋般出现。人们蜂拥赶来旁听研讨班。同时在雅克－阿兰·米勒的影响下，拉康派开始在巴黎八大站住了脚跟。但在美国，对拉康的认同却大大滞后。拉康派正在进入大学，但传统弗洛伊德理论的地位却不可动摇。在包括大部分北欧国家在内的英语世界中，拉康的作品被归于法国哲学史的一部分，而不被视作临床理论。英美精神分析圈排斥一切和拉康有关的精神分析运动。[54]

1973年之后，一名来自纽约的年轻学者在巴黎接受了拉康的分析，在之后几年的时间里，斯图尔特·施奈德曼成了北美大陆上唯一一位拉康派精神分析师。他对于法国历史或拉康的了解大都来自传说和谣言，这就是为什么他在1983年会这样描写拉康在沦陷期的所作所为：

> 拉康在战争期间在哪里？经常有人问这一问题，就我所知，拉康在一天夜里和妻子乘船渡过了卢瓦尔河，逃离了沦陷区。在之后的大部分时间里，他住在圣洛朗。拉康的妻子西尔维亚·巴塔耶是一名犹太人，根据卡特琳·克莱芒特在《雅克·拉康的传奇一生》（*Vies et légendes de Jacques Lacan*）中所说，她在沦陷初期被告发到盖世太保那里。拉康知道此事后冲进盖世太保的总部，要求拿回妻子的档案，最后他拿着档案走了出来。克莱芒特没有说明他是如何做到的，是通过贿赂还是自己人格的力量？但如果这是真的，拉康处理这个危机的方式在很大程度上能说明他的为人，我们可以说拉康是一个具有无可指摘的道德操守的人。[55]

这本书展现了法国第四代和第五代精神分析师是如何深受当时拉康理论去历史化进程的影响，这一进程由1966年《文集》的出版所引发，但在拉康的早期理论中已有暗示。

1973年7月，帕梅拉·泰德尔在位于第六区谢弗勒斯路的里德大厅遇见了拉康，当时哥伦比亚大学在那里组织了一个关于精神分析和文学的研讨班，参与的嘉宾还有吉尔·德勒兹、菲利克斯·加塔利、德尼·奥利耶和卡特琳·克莱芒特。拉康刚刚失去了自己的长女，在他演讲时大家都表示默哀。讲座结束后，帕梅拉·泰德尔在酒吧里问了拉康一些相关问题，她之前读过《文集》，对法国精神分析相当熟悉。后来她返回哥伦比亚继续自己的博士学习。当拉康1975年降落在纽约并准备发表演讲时，她和在萨拉劳伦斯学院教授法国文学的保罗·纽曼（Paul Newman）负责接待。和拉康同行的还有代表巴黎弗洛伊德协会的泰雷斯·帕里索（Thérèse Parisot）。

第一场讲座的时间是11月24日，地点是耶鲁大学。拉康谈了他自己、"艾梅"案例，以及精神病在他研究中的重要性。"精神病是追求严谨的尝试，"他说，"在这个意义上我会说我是精神病人，因为我一直在试图变得严谨。"[56] 在之后肖莎娜·费尔曼和雪莉·特克在场的辩论中，拉康强调所有的历史研究都应该基于书写的文档。"没有书写的文档，你知道你活在梦里。历史学家必须掌握文本，一段文字或一张纸。在所有的事件中，一定在某个地方，在某个文档里有用文字写下的证明，如果没有它，历史就变得不可能……"[57] 对于这位一辈子都坚持口头教学，把自己的历史去历史化并喜欢谈论假象和流言的人来说，20世纪新的录音技术和交流方式使得口头记录变得更加可靠和宝贵。这是对于历史学家的巨大挑战。

在纽约，拉康住在瑞吉酒店。"感恩节，"纽曼写道，"对于美国人是特殊的一天，它的历史可以追溯到最早的清教徒殖民者——这是充满感恩与和解的一天，是家庭团圆的一天。在纽约，这是平静的一天。在这天早上，拉康起床后坐在酒店的休息室里。他没有说话，只是坐在自己的椅子上，抽着一根雪茄。在很长一段沉默后，他的思绪转化成了一句充满厌倦情绪而又让人困惑的句子：'美国把我摧毁了。'"[58]

拉康坚信他已经是世界名人，要求获得私人访问大都会歌剧院的机会。"告诉他们我是拉康。"他对三位不知所措的同行者说。后来帕梅

第 28 章　数素与波罗米结

拉·泰德尔用一种非常拉康式的幽默解决了这个问题：他打电话给大都会歌剧院的主任，告诉他让－保罗·萨特希望匿名前来参观。主任受宠若惊，表示非常愿意招待这样一位著名的访客。帕梅拉告诫他说鉴于萨特的古怪性格，他最好不要直呼其名。虽然帕梅拉努力掩饰，还是有人去询问波伏娃，但这个骗局没有被戳穿。拉康的英语没有好到能察觉出异样的地步，而帕梅拉作为他的翻译尽自己所能维持了这个谎言："我们一直在充当中间人，纽约方面和拉康之间的所有交流都要通过我们来传达，我们从早上 8 点就开始工作。"这是值得纪念的一天，拉康对于他所受到的欢迎非常满意。[59]

依然痴迷于波罗米世界的拉康和同行人去餐厅用餐时都要在餐巾上画纽结图形。一天下午，他发现自己没有带朱迪斯给他制作的、同时也是他最喜欢的圆环。他希望马上拿到一些替代品。帕梅拉去梅西百货买回来一些五颜六色的非常漂亮的窗帘用环，还买了一些有弹性的电话线。虽然忙碌了半天，但她对于自己的选择非常满意。可是让她惊讶的是，拉康看到这些东西后大发雷霆，把包装纸扔到地上，怒气冲冲地离开了房间。第二天，他又完全忘记了前一天的事件，宣称自己非常喜欢他的新玩具：这些圆环和朱迪斯制作的一样好。

当时经常出现的一个场景是：拉康说"我要去思考"，然后就起身离开了客人，去房间里做他的拓扑学练习。他会把所有的圆环按照自己喜欢的次序排列好，每一个标记都在正确的位置上，然后开始默默地画图。在哥伦比亚和他后来所去的其他地方，他都要在说话之前先在黑板上把他的纽结画好。

一天晚上在一栋摩天大楼里用餐时，拉康偶遇了塞尔日·杜布洛夫斯基和他的同伴。拉康非常高兴，和他们谈到了自己的导师克莱朗博。[60]

另一天早上，帕梅拉在瑞吉酒店遇到了萨尔瓦多·达利，达利在这里有一间终年为他准备的房间。他穿着一件华丽的水貂披肩，来纽约召开一场关于自己作品的回顾展。达利和拉康有 40 年没见面了,两人热情地拥抱在一起。达利邀请拉康和他的朋友来布鲁塞尔餐厅共进午餐,他的妻子也在场。餐厅的主管被吩咐不再允许任何人进入。在这里出现了一段精彩的对话:

"我打结。"拉康说。

"是的,当然,"达利说,"波罗米结。"

拉康拿起一张餐巾,达利把它夺过来。

"让我来,"达利说,"你必须按照一定的顺序,否则就做不好;你不能把它们分开。我是在意大利知道这一切的,如果你去过查尔斯·波罗米奥的坟墓,你就会明白我的意思。"

之后,回忆起之前关于妄想症的那次著名会面,他问道:"为什么你看到我在鼻子上缠了一块儿绷带,却没有说一句话?"

"因为我知道这对你来说没什么。"

"好极了!你是唯一一位没有说一句话的人。"

两人之后在曼哈顿散步。每个人都扭头看达利,他的照片出现在所有杂志里。而每当有人认出他们时,拉康都会向他的仰慕者点头致意。达利买了几份纽约的报纸,阅读上面有关他的展览的报道。拉康则让他在几天后留意报纸上关于自己讲座的报道。[61]

在位于波士顿的麻省理工学院,拉康又一次见到了罗曼·雅各布森。他在由数学家、语言学家和哲学家组成的观众前发言,坐在下面的包括威拉德·蒯因和诺姆·乔姆斯基(Noam Chomsky)。拉康在离开巴黎前,曾在圣安德烈艺术大道上一家名叫"重复"的书店里拿到了乔姆斯基的著作。那里的人都认识他,他和他们友善地交谈,讲到在他之后的美国之行中有可能遇到这本《笛卡儿语言学》的作者。他既激动又紧张,迫不及待地想要告诉乔姆斯基自己对语言的理解。一个小时后,拉康夹着一大包书离开了书店,他忘记付钱了。店员不敢说什么,以为自己第二天会收到一张支票，但他什么也没收到。[62]

虽然麻省理工学院的数学家并没有对拉康的纽结理论和他对于"基础"的探索进行数学上的批评，但他们同时也无法理解拉康的拓扑学。刚刚结束在巴黎对于法国精神分析近距离研究的社会学家雪莉·特克目睹了两个世界之间的沟通失败。拉康所讲的内在与外在主体对他的听众来说像是天方夜谭。"对我来说唯一能证明它的东西是我们所产生的粪便。人的特质在于——这和动物非常不同——他不知道如何处理他的粪便。他为后者所累。但为什么他会因为这些本质上非常隐秘的东西而感到烦恼？我们总是会看见猫的粪便，但猫是被驯化的动物。如果我们以大象为例，我们会惊讶地发现它的粪便在自然中是多么的不起眼，而在我们的想象中大象的粪便应该是非常巨大的。这是很有趣的一件事。文明就是粪便，马克西姆下水道。"[63]

更糟糕的是，拉康对于乔姆斯基的一个关于思想的问题的回答让所有人蒙羞："我们以为我们是用头脑来思考；但在我看来，我们是用脚思考。这是我能想到的和任何实在的东西接触的唯一方式。当我撞到什么东西的时候，我有时候认为我们是用前额来思考。但我看过足够多的脑电图，足以知道在大脑里并没有思维的任何痕迹。"[64] 但他听到这些时，乔姆斯基认为演讲者是一个疯子。虽然之后他的朋友米迪松·罗纳竭尽全力向他解释说拉康是打个比喻，但乔姆斯基依然坚信拉康对他的美国听众毫无尊重，竟然他对麻省理工学院的科学家开玩笑说大脑的所在是骨头或指头。这个事件导致了一些谣言，甚至演变为一个传说：拉康试图用另一次反启蒙主义的瘟疫来祸害美国，他认为人类智力的源头是他的脚。[65]

拉康让帕梅拉·泰德尔和保罗·纽曼陪他和泰雷斯·帕里索去波士顿。在把拉康送到机场后，两人乘坐长途巴士前去波士顿。[66] 第二天，拉康坐在自己酒店面对一桌丰盛的早餐等着他们。他们没有和拉康一起去麻省理工，但在讲座之后于瑞兹餐厅的晚宴上和拉康以及麻省理工的教授们齐聚。作为新英格兰的一家高档餐厅，瑞兹要求所有宾客佩戴领带。但拉康出现时，他穿着一件奢华的丝绸衬衣，披着一个很长的斗篷。当总管给他拿来一条领带时，他突然大发雷霆，掀翻了椅子，破口大骂，然后拂袖而去，让他的朋友以及波士顿上流社会的女士们都目瞪口呆。在大街上，拉康继续诅咒清教徒的美国，但几个小时后他完全忘记了这件事儿，就好像它从他的记忆中被"排除"了一样。[67]

这就是拉康带给美国的瘟疫。伴随着他年轻时超现实主义与虚无主义的风格，拉康用它的双关语、文字游戏和怒火挑战了新世界。在衰老的阴影即将降临时，他似乎想尽可能地把那句荣格曾经报告过，但弗洛伊德从未真正说过的名言的意义重新展现出来。

最后，拉康回到了巴黎，回到了纽结、圣状、达荷美路和他对于绝对的追求之中。在之后的三年里，他和那些研究波罗米世界的数学家的通信在继续。[68]

在这段时间里，另一个富有才华和热情的年轻人开始在拉康手下工作。这次不是数学家。弗朗索瓦·鲁昂（François Rouan）出生于1943年的蒙彼利埃，在15岁时他决定当一名画家。在他一岁之前，他和他的母亲曾经被亲德国的法国民兵当成人质，关在一所学校里，孩子们在那里受到了折磨。"这些事情发生时他也在场，"德尼·奥利耶说，"但他没有看到这一切。他属于出生在战争时期但没有目睹过战争的那一代人，对他来说，这些都是太过遥远的童年回忆。"[69]

目睹那些无法名状的客体的欲望在某种程度上反映在鲁昂早期画作中的拼贴技术里。追随着马蒂斯、蒙德里安和美国极简主义者的脚步，鲁昂的画作展示出那些经常被掩藏起来的东西：那些用来支撑画作的物质媒介。他先把空白的画布浸透在染料里，然后把它们裁减和拼贴起来，在这之上才是作画。"工作压抑着我，"鲁昂说，"在一开始，拼贴仅仅是我用来摆脱面对一块儿空白画布时所感受到的压抑的方式。我需要作画，但我没有什么可以画的。"[70]

当鲁昂在 1972 年的复活节遇到拉康时，他已经在位于罗马的美迪奇庄园居住了一年，那是巴尔蒂斯指导下的法国美术学院的一个分支机构（赢得法国罗马大奖赛的艺术家能获得在那里居住三年的资格）。鲁昂早在 1968 年 2 月时就已经脱离了毛泽东思想，他离开巴黎，希望学习文艺复兴和巴洛克时期的意大利艺术。他当时依然在使用拼贴技术完成一系列名为"罗马的出口"或"大门"的绘画。之后他放弃了这一技术，转而采用一种对于拼贴的绘画仿真技术，这一改变来自他对于普桑、洛伦泽蒂和罗马绘画传统中风景画、花园与建筑风格的新兴趣。[71]

鲁昂和拉康在巴尔蒂斯的朋友、画家和雕塑家布丽吉特·库尔姆的家里相遇，库尔姆很喜欢拉康，她曾经说过："如果魔鬼存在，那么他应该和拉康一样。"鲁昂和摄像师之间有些问题，后者总是不能令人满意地拍出他的绘画。拉康整个下午都待在画室里，他对于鲁昂的技术很感兴趣："各种小的方块、副本、表面和底层；出现和消失。"[72]

拉康带走了一系列绘画，并送给这个年轻人自己的前两期研讨班。在《继续》中，鲁昂不仅仅发现了他当时还没有听说过的波罗米结，而且发现了很有震撼力的一句话。拉康把巴洛克描述为"用 X 光监管灵魂"，并谈到罗马教堂壁画上那些受苦的烈士的形象。"这才是我们绘画的内容，"他说，"直到石板被清除干净，人们变得仅仅关心自己的一亩三分地。"[73]两人之后开始经常见面，保持着非常愉快的关系。一天晚上，鲁昂和拉康在共进晚餐，一个保守派报社的记者为拉康准备了一个礼物：通过一把从女修道院里偷出来的钥匙，拉康得以躲在一个阴暗的角落里，偷窥修女们参加一个浴足的仪式。

后来，在一次路过巴黎的时候，年轻的画家第一次有机会来里尔街拜访。拉康希望买下他所有的画作，但在交谈中出现了一个奇怪的误会。

"事情怎么样,我的朋友?"

"很好,谢谢。"

"你看,"拉康说,"我不是把你送到那里,让你无话可说的!"

"送到哪里?"

"哪里?当然是瑟伊的编辑部!我给你搞到了那份工作!"

后来拉康承认他犯了一个错误:他记错人了。之后他们开始讨论画作的价格。鲁昂提出了一个合适的价格,并愿意多加一幅画作为礼物。拉康想要考虑一下。他说自己和其他人一样有经济问题。第二天早上,他给年轻的画家打电话说:"我的朋友,我的处境和其他人一样——我不得不忍痛割爱,放弃你的两幅画。"

两天之后,在同样的时间,拉康又打来了电话:"我的朋友!对我来说,放弃你的画是不可能的!"他提出用半价买下它们——这个价格是鲁昂把画卖给画商的价格。[74]

随着他们交流的继续,鲁昂愈发感觉他是在接受精神分析。在每次会面时,拉康都让他承诺"带一些东西来",就好像如果他空手而来拉康会非常生气。"他总是会欠些钱。每次我卖给他画的时候,他都会问我是否介意他不一次付清。"一天拉康告诉鲁昂:"我很出名,你知道的。"之后他表示鲁昂的画作和他自己以及苏里关于波罗米结的工作非常相似。无论鲁昂怎么向拉康解释他并没有在那些布条上作画——他把画布拼贴起来然后在上面作画——拉康依然在喋喋不休地谈论他关于波罗米的执念。他坚信这位画家知道一些秘密但却不愿坦白。

1977年间,鲁昂目睹了两件奇怪的事情。第一次,他和拉康去西尔维亚的公寓共进午餐。在上楼的时候,拉康忽然骄傲地说:"我们要去见我的妻子。你知道,她是西尔维亚·巴塔耶。"等他们进屋坐下后,拉康让侍从给他拿一些笔和纸。西尔维亚厌倦了每天看到的纽结,对他说:"请住手,整个星期天都是这样的!"然后离开了房间。还有一次,鲁昂叫拉康出来共进晚餐。"我在节食。"拉康说。他和鲁昂来到他常去的一家餐厅，点了他通常点的菜。服务员端上来一瓶波马特酒和一大碗深灰色的汤，原来是为拉康专门准备的松露汤。拉康开始津津有味地品尝。[75]

和之前乔伊斯的例子一样，拉康在面对这位画家的作品时，也是在寻找他的诉求的回声。至于和这位艺术家的关系，拉康把它建构为一种融合性的移情关系。很久之后鲁昂才意识到这个关系对于他的影响。这一在年老的大师和年轻的艺术家之间基于共同兴趣和相互启蒙而建立起来的亲密关系使得鲁昂可以脱离追求时髦的品位，从而理解拉康拓扑学的意义：空间的特质并不随着空间的扭曲而改变。

拉康曾经表达过就鲁昂的作品写些东西的打算，他对那些画作很着迷。后来，当马赛的坎缇尼博物馆馆长玛塞勒·拉图尔请鲁昂推荐一个人给她正在筹划的艺术展的目录手册写序言时，鲁昂提到了拉康的名字，后者欣然同意："我亲爱的朋友，我非常乐意，我一定要写。"鲁昂以为他在开玩笑，但他很快从格洛丽亚那里得知拉康整个晚上都在忙着写这个序言。但当时他已经患病，无法完成此文。最后在1978年6月的时候，拉康把他的劳动成果寄给玛塞勒·拉图尔。她目瞪口呆："这不是文章——就是一些绘画，"她在电话里告诉鲁昂，"我不能出版这个——我会成为一个笑话。"鲁昂请她无论如何也要把拉康的"礼物"包括在目录手册里，但她仅仅把它放在后记中，而且整本书的印刷质量非常糟糕。

鲁昂非常不安，当他和布丽吉特·库尔姆来盖坦考特时，他不敢把这个非常冒犯的东西拿给拉康看，但他忘记了拉康的风格：他坚持要"看"。在晚宴上（罗兰·杜马也碰巧出席），拉康大发雷霆，威胁玛塞勒·拉图尔说要通过他的朋友马赛市长加斯顿·德费尔来进行报复。鲁昂试图让他冷静下来，跟他解释说外省人都很无知，但拉康打定主意要起诉。当然最后什么也没有发生。"他像小孩子一样情绪低落。他期待着他的玩具，但却失望了。"[76]

这是拉康发表的最后一篇文章：在六页纸里，文字和图画混杂在一起。拉康颤抖的笔迹似乎已经流露出死亡的阴影。[77]

1977年3月，巴黎弗洛伊德协会的一名年轻的分析师朱丽叶·拉宾（Juliette Labin）在山里的一间小屋中自杀，她吞下了之前准备好的毒药。作为法国第五代分析师中的一员，她曾经是1968年学生运动中很多成员的分析师。她一直觉得自己受到了制度的迫害，但对于她那一代人来说，她象征着拉康派所能培训出来的最好的分析师：能够真正聆听无意识的分析师。由于厌倦了官方的教条主义，她自愿作为一位"通过"的候选人，试图挑战委员会，但在长时间的耽搁后，他们拒绝了她的候选人资格。她的自杀触发了巴黎弗洛伊德协会最严重的一次制度危机，并最终导致了学派的解散。我在其他书里已经讲过这个故事。[78]

这次危机让拉康变得更加沉默。他对于自己早期同事的命运没有发表任何观点。但除了塞尔日·勒克莱尔，他其实是委员会中唯一了解朱丽叶·拉宾自杀背后真相的人："我已经说过，精神分析师的权力来自他自身，这是无可置疑的，但这之中却隐藏着风险。我需要补充说精神分析师并不必须要在'通过'的过程中承担这一风险，他是自愿承担。"[79]

在这个节点，曾经接受过朱丽叶·拉宾分析的克里斯蒂安·莱热重新加入了住在达荷美路的托梅与苏里，但是大家住在一起导致了很多问题。从1976年12月开始，苏里开始用一个文件夹保存涉及公寓和"达荷美人"观点的通信。他在其中说道："我不想再当一屋之长了。这是一个空洞的职位，像我的祖父和所有家长一样。但一个人居住非常困难，而大家在共同生存这一点很吸引我。"[80]

苏里对于各种治疗方式都很有兴趣。这一年他和托梅来到维也纳，拜访了一个名叫奥托·穆尔的人所领导的公社。穆尔自称是"行动主义者"，鼓励各种各样的极端实验。公社中的成员剪自己的头发、赤身裸体、杀动物、咆哮、挥舞着手臂、在其他人的身体上作画。当苏里把这些告诉拉康时，拉康不明白这些人在干什么。关于纽结的工作一直持续到学派的解散。

随着拉康越来越深地陷入沉默之中，波罗米结小组也逐渐瓦解了。它从来没有真正整合成一个学派。1980年1月5日，苏里决定申请成为新的"弗洛伊德事业"学派的成员，同时请求得到拉康的分析。"除了你的话语和精神分析的实践，我对别的都毫无兴趣，"他写道，"在这几个月以来，我来到里尔街好几次，但格洛丽亚女士告诉我说你现在不方便见面。"[81]

但苏里的请求没有得到任何回复，拉康继续他的编织，直到沉默和黄昏都走向终结。苏里用一个非常波罗米的方式解决了问题："我要尝试自杀，"他给他的朋友写信说，"我寄来五千法郎给米歇尔让他来管理公寓。如果我没有死，我会把钱拿回来，如果我死了，那么这些钱以及我寄给克里斯蒂安的五千法郎将会帮助你处理一切和公寓有关的问题。"[82]

他混合了一些氰化物，把它们放进三个长颈瓶里。然后在1981年7月2日，他坐火车来到位于马赛的一个叫作"法斯-瑞珀斯"的树林里（这个树林的名字听上去像"false rests"，意思是"不成功地放下重负"）。在走到树林的中央后，他站在三条小路汇合的地方，喝下了三个瓶子里的东西。他当场死亡，年仅31岁。

后来，米歇尔·托梅整理了他的遗物：苏里是拉康最后一位挚友，一位有着天使般笑容的、关心三叶草的渡者。

第29章
回到零的精神分析

> 他不仅仅更多地保持沉默,摆弄着手头的纽结和辫带,而且失去了倾听病人言说的能力。他不再从别人和自己那里聆听真正被表达的现实,而是试图去聆听精神病的基本语言。

在 1977 年至 1978 年间,拉康和他的学派进入了黄昏。拉宾的自杀导致了巴黎弗洛伊德协会的危机,并最终在 1978 年 1 月多维尔的大会上爆发出来¹。巴黎八大临床部门的成立以及米勒在拉康派中所推动的教条主义都预示着一次真正的崩溃。而在同一年,由勒内·马若尔(René Major)、多米尼克·雅尚和一批对之前自己所属的精神分析机构不满的成员所组成的抵抗运动也加速了崩溃的过程²。

1976 年 12 月,在德勒兹和加塔利出版《反俄狄浦斯》并在其中对精神分析发动一系列猛烈批判的四年前,弗朗索瓦·鲁斯唐已经从另外一个角度发起了攻击。他的著作《悲伤的命运》(*Destin si funeste*)嘲讽了弗洛伊德派和拉康派的偶像崇拜³。他的书没有像《反俄狄浦斯》那样构成对整个结构主义历史的内在批判,而是把拉康的整个思想体系视为一种极权主义,一种"心灵的古拉格"。它还同时宣称要在对结构主义决定论的批判的基础上恢复人道主义。

这一批判和萨特毫无关系。它的目的是把弗洛伊德理论简化为一种移情的话语,并认为精神分析著作都是疯言疯语,会让其他人也发疯。罗斯坦批判了拉康、福柯和阿尔都塞所代表的"理论性的反人道主义",转而宣扬一种重视个体高过社会、重视职业精神高过智力探险、重视人性高过充满独裁野心的理论的新的道德秩序。

1977年4月，巴黎弗洛伊德协会的前成员科尼利厄斯·卡斯托里亚迪斯在《地形学》(*Topique*) 上发表了一篇对《悲伤的命运》表示赞同的评论："过去15年间在巴黎滋生的意识形态——其中拉康的'精神分析'是其中重要的一部分——已经进入了瓦解的阶段。"[4] 在这篇充满攻击性的长文里，他对于整个结构主义时代做出完全负面的评价，毫无差别地指责福柯、巴特、拉康和阿尔都塞"代表共产党实施了牵制策略"。[5] ——换句话说，他们用能指的理论掩饰了斯大林主义和毛泽东思想的行为。他还批判德勒兹和加塔利，把他们描述为"出色的哲学家，但却突然像先知一样为旧制度中的正统马克思主义者们的精神分裂症代言，并试图把他们过剩的力比多宣泄到全世界"[6]。

在这一连串攻击的背后是亚历山大·索尔仁尼琴在1974年至1975年之间出版的三卷本的《古拉格群岛》(*L'Archipel du Goulag*)，它导致了对于马克思主义和一般意义上的社会主义充满痛苦的重新的评价。卡斯托里亚迪斯在文中还提出了一个简单化的精神分析史：在他看来，精神分析同时是西方世界瓦解的原因和产物。拉康在1938年提出过一个类似的理论，而他的解释更加复杂也更加精致。卡斯托里亚迪斯赞扬了拉康通过吸取其他学科知识来反抗正统弗洛伊德派中"白痴"和"伪专家"的努力，但同时指出拉康渐渐地开始阻止别人用任何一种独立于他理论的方式进行思考。卡斯托里亚迪斯批判的核心是拉康分析治疗的市场："这一实践在很多年前就已经臭名昭著——它之前只是拉康的特权，到现在已经成为拉康派的普遍方法。我们找不到为这一实践辩护的任何理由，虽然每个人都知道这个欺骗性的'弹性时间'意味着什么。"[7]

到1977年的时候，拉康已经把他的每次的分析时间缩短到几分钟，这也导致了很大的争议。但卡斯托里亚迪斯说所有拉康派——也就是巴黎

寻找绝对

弗洛伊德协会所有成员——都模仿他们的大师的做法是不准确的。事实上恰好相反，在当时只有少数几位拉康的学生逐渐把每次分析的时间缩短到10分钟以内。一些人以20分钟为限。但大多数人都坚持每次分析至少应该持续半个小时，每周进行三到四次。对于每周一次面对面的分析，则是在45分钟到一小时之间。而在另一边，国际精神分析协会的分析师们依然严格坚持每次分析45到50分钟之间的规定，一些拉康派也是这么做的。卡斯托里亚迪斯认为拉康的实践方法只在他的学派中使用也是不确切的，恰恰相反，他的实践方式非常开放——它的恶名也成为导致巴黎弗洛伊德协会危机的一个主要原因。

在和国际精神分析协会决裂后，拉康摆脱了所有机构的限制。他像以前一样继续使用各种分析技术而无视传统规则。他不仅仅同时分析一个家庭的几名成员，而且和他的病人保持友好的关系，这也并不妨碍他在情感领域和治疗领域之间划出清晰的界限。他还分析自己的老师，甚至从他的接受训练的分析者或普通病人中选择老师。但拉康依然遵循一些规定。例如，他从来没有滥用躺椅做出任何违反性关系禁令的事情；他从不威胁或强迫任何人；他从来不进行任何性交易；他也从来没有坚持要求病人付款。他是一个风流的人，但不是独裁者；他通过言语和对方自愿的献身来实现统治，而不是通过操纵、欺骗或腐败。他从来没有利用移情的力量来从那些患有心理疾病的人身上获利。至于女性，他虽然分析过一些和他有过肉体关系的女性，并结交了他的一些病人，但这些关系都发生在分析之外，从来没有在分析进行的时候发生。

他无法满足的好奇心使他不断探索移情纽带的任何可能的变种或组合。无论是在训练中还是在治疗中，在他的研讨班上还是在"通过"流程中，在督导分析还是在病例展示中，他都一直在研究无意识的基本意义。在成为一个学派的领袖后，他实践着一种精神上的君主制，混合着自由和

第29章 回到零的精神分析

苏格拉底式的爱。在1964年至1979年之间，他的分析时长越来越短。他从来不拒绝任何人，也不会限制对方在他身上所投注的情感。他表现得既像任性的孩子又像慈爱的母亲，虽然这两个形象在他的理论中是对立的；他贬低一般意义上自由的全能，但却同时强调他的绝对权威。第三代分析师中的一些年长者在他那里接受无止境的督导分析，而大批年轻人因为从拉康理论中得到启发而向他这里涌来。拉康不再约定固定的会面时间。他在里尔街的公寓成了一个救济所。每个人都可以在书、艺术杂志和各种艺术收藏之间游荡。

关于拉康在他生命最后15年里的实践有很多不同的说法。其中之一是弗朗索瓦·魏尔甘斯在1973年出版的小说《小丑》(*Le Pitre*)[8]。这是这位年轻作家的处女作，也是他生前出版的唯一著作。书中详细讲述了主人公和拉康进行的一次分析。但这是虚构的作品，和现实有很大差距。书中的医生名叫"大维齐尔"，他具有类似萨德、卡廖斯特罗和巴尔扎克的《欧也妮·葛朗台》中悲惨父亲的性格。主人公着迷于他的分析师的收藏欲，以及他让主人公从口袋里乖乖掏钱的能力。"大维齐尔"把主人公送到一个妓院，让一位漂亮的小姐来治疗他的性无能。

还有一个说法来自斯图尔特·施奈德曼所写的在1983年由哈佛大学出版社出版的著作《一名知识分子英雄的死亡》。[9] 施奈德曼的著作混杂着关于拉康私人生活的幻想、谣言、野史和轶事，把拉康在美国读者面前展示得像是一位禅宗大师。但在这本书中第一次如实地解释了拉康的"短时分析"："在短时分析中有一种死亡恐惧，因为它的终止时间无法被预期……短时分析的压力和它结束的不确定性能有力地推动一个人进行自由联想的倾向。无论想到什么他都会立刻说出来，因为没有时间让他去仔细思考或是寻找最合适的表达。"[10]

除此之外还有一些简短的声明，我在1986年已经把它们搜集到我的《法国精神分析史》一书的第二卷之中。

寻找绝对

1989年，皮埃尔·雷出版了《和拉康的一季》(*Une saison chez Lacan*，书名参考了兰波的《地狱一季》)。这是第一本展现了接受拉康分析的完整过程的书。作者的语言生动简洁，带有新闻写实主义风格，既去除了流言蜚语，也摆脱了误读或圣徒传记式风格的影响。皮埃尔·雷在成为周报《嘉人》(*Marie-Claire*)的编辑之前曾担任记者。他在一位分析师朋友的建议下来找拉康，分析从1969年底开始，一直持续到了1978年。[11] 从头到尾一直是面对面的分析，这花了他一大笔钱："我的价值观完全混淆了。这种混乱发展到很严重的程度，以致于我对公职毫无兴趣而转向了赌博。开始时我会早早吃完晚饭赶去赌场玩牌，不久之后我会一次在赌场待12个小时，从下午3点到凌晨3点，我的心脏的跳动和赌场的脉动是同一个节奏。每半个小时我都会体验到30次死亡和30次重生，其中间隔着庄家发牌带给我的炼狱般的体验。"[12]

但在三个月后，病人的情况有所好转，他的恐惧症消失了。但分析继续以危险的高速进行，始终围绕着自杀、性、时间、金钱和艺术工作的主题。一天，雷在里尔街遇到了一个同样在做分析的拉康的情妇，"她非常漂亮，像洋娃娃一样。她穿着非常高雅的衣服，脸上的妆容比妓女还要厚，浑身上下散发着性吸引力……"[13] 雷把她带到酒店和她共度良宵。第二天他把这事告诉了拉康，后者流露出忌妒的表情。还有一次，雷把他自己的一个画册带到了分析室：画册的名字叫作《菲勒之子》，由69幅以"生殖器学"为主题的画作所组成。雷只有这么一本。拉康看了这些画作，希望能保留它们一段时间。"三个星期后，由于拉康还是没有提到归还的事情，我就向他主动要。他告诉我说他多么喜欢这些画，很贪心地试图说服我，还问有没有任何可能——他会非常感激的——我把这些画作为礼物送给他。我愿意把生命交给他，但不是我的画……最后他让格洛丽亚把这些画复印下来留给他。"[14]

还有一件惊人的事情展示了拉康如何冒着巨大的风险接收困难的病

例，特别是同意分析那些有自杀倾向的患者。一天晚上，雷看见一名女性从拉康那里回来，他问她去那里干什么。她冷静地向他解释说她曾抱着自己的孩子从八楼的窗户跳下来。但是她的"累赘"，她解释道，"承担了撞击而不是她"，所以她活了下来。她在分析间隔的时候长时间待在拉康的图书馆里。

《雅克·拉康，里尔街5号》(*Jacques Lacan, 5 rue de Lille*) 是让-居伊·戈丹在1990年出版的著作，它描述了拉康如何处理那些同时接受分析和督导的受训分析师。书的风格很沉闷，但它提供了有关拉康分析技巧和在里尔街发生的很多事情的重要信息，包括拉康的分析时长是如何逐渐缩短的，以及他对于金钱的贪婪。"对于那些第一次来这里，不知道分析将要花费他们多少钱的人……他会嘀咕道，'给我什么东西，我的朋友！'……'给我留下一些小东西，'[15] 他会用那不勒斯乞丐的那种无力而颤抖的声音说。"戈丹还指出他和他的一些同事之所以希望得到这位著名医生的分析，是有自己的私心在里面的："事实上对于我们来说，拉康就像一个我们都参股的公司。在20世纪70年代初期，这些股份的价值是在不断上涨。但拉康并不属于我们，即便我们在幻想是在为他的一部分付款，我们买下了他的一部分；而事实上我们的股份仅仅意味着责任。至于股息，它们只会在很久之后才到来，如果真的会到来的话。"[16]

在同一年，弗朗索瓦兹·吉鲁在她的著作《私人课程》(*Leçons particulières*) 中专门用一章描述了拉康对她的分析。这段分析持续了四年，从1963年至1967年，包括了400多次会面，每次在20分钟左右（这时候拉康还没有开始走向极短分析）。拉康在《快报》那里认识了弗朗索瓦兹·吉鲁，差不多是他认识马德莱娜·夏普萨尔的同一时间。"我曾经精心策划了一次自杀，但没有成功，"她写道，"分析师一般对于自杀类型的病人会非常警惕，因为病人的死亡总会带来负面的影响。但拉康接收这批人。"[17] 在尝试自杀之后，吉鲁和让-雅克·赛尔旺-施赖伯分手，躲到法国南部疗养。拉康过来拜访她,并带她去看了一场莫扎特的《唐璜》(*Don Juan*)的表演。在回来的路上,她请求得到拉康的分析。拉康很快察觉到她又有自杀的倾向,确实如此。"当我开始分析时,我的私人生活一团糟。当分析结束时,我能够在一个全新的层面上和一个男人建立稳固和谐的关系。"[18] 在给她进行分析的同时,拉康还给她的儿子进行了传统风格但同样成功的分析(他后来在一次滑雪事故中身亡)。1968 年,拉康还分析了弗朗索瓦的女儿卡罗琳·埃里柴夫,后者在完成了医学学习后成了一位精神分析师[19]。

拉康位于里尔街 5 号的公寓处在院子中间层的远端。它既是拉康的会诊室或办公室,也是他的住所。拉康在那里有一间非常舒适的卧室,还有四间用来接待病人和其他访客的房间。紧临前门的候诊室装修很朴素:里面有一个彩绘的金属花瓶、一张红木镶片的桌子和一个黑漆的木质书架,上面放着很多乔治·贝尼耶提供的杂志。

走过这间房是一个过渡区域,它一边连通候诊室,另一边连通图书馆,后者有时候被称作"地牢"。在这个作为过渡区域的"无人之地"里,拉康有时候在此准备他的研讨班。这里放着很多书以及一个展示柜。里面放着一个代表纽结的石头雕塑、一些赤土陶器、非洲木刻、埃及浅浮雕和东方青铜器等等。安德烈·马松的画《在瀑布下沐浴的女人》(*Les Baigneuses à la cascade*)挂在壁炉的上面。在大理石的壁炉架上还放着一个来自马达加斯加的精美的殉葬雕塑。

从右手边的门可以进入图书馆,这里也被用作第二个候诊室。它的 16 个书架上放着 400 多本稀有书籍。房间里还有一张桃心木桌子、两把莓红色的大靠背椅以及一对扶手椅。在它们上方挂着马松的另一幅画《多米诺玩家》(*Le Joueur de dominos*)。会诊室在图书馆的左边,可以通过中间房间的过道到达。

第 29 章　回到零的精神分析

拉康在里尔街的公寓是拉康理论的体现。房间以四角锥体的形式安排，病人在它们之间以一种类似"通过"的仪式穿梭。这种空间的等级制使人想起入会的迷宫。每个病人在这里都能找到和他的心理状态相符的避难所。一些人会独自走进"地牢"，在那里待上几个小时，然后出来和其他人会合。另一些人则随自己所好分配时间。在高峰期每次分析只持续几分钟，在平淡期可以延长到十分钟。

拉康经常一起床就开始接待病人，穿着他精致的睡衣和黑色的卧室拖鞋。在很快地结束了几次分析后，他会退下来洗漱，喷上一些香水。有时候他会让格洛丽亚给他修剪指甲，在每次剪刀剪断指甲的声音中像孩子一样呜咽。他经常在进行分析的同时接待他的裁缝、修脚师和理发师。在午餐时候他会离开里尔街 5 号，到里尔街 3 号的西尔维亚的公寓里和她共进午餐。

拉康用这种安排时空的方式模糊了他的私人生活与职业生活之间的界限。虽然他具有惊人的记忆力，但随着时间的推移，他逐渐记不清谁是来接受他的分析，谁是来接受他的督导，谁是来带给他纽结或数素，谁又是仅仅来会见他。格洛丽亚不得不准备一个名片集。

在晚上 6 点到 8 点之间，帕吉塔会替换格洛丽亚。帕吉塔是一名年轻的西班牙女性，性格很平静，有一点耳聋。里尔街奇怪的氛围对她没有影响。拉康称她是"可怜的怪人"，经常会大声喊她的名字。她以一种令人震惊的漠然态度对待他一切怪异的要求。有时候拉康会叫她准备一些茶，当她正在准备的时候，拉康又改变了主意想要一些别的。她会过来接受指令，然后转身去完成新的差事，并随时准备着再次被召唤回来，直到她结束这天的工作。

拉康的分析也不再仅仅局限在他的会诊室里，也可以发生在其他地方。一开始是在他公寓里的其他房间，之后是在研讨班上，最后到了"两个瓷人"咖啡馆，分析者在那里会聚在一起讨论他们分析的内容（或没内容），有时候他们会得出对于拉康语言和行为的精彩解读。当拉康聋了后，他的一些学生拒绝承认他们所崇拜的伟大耳朵再也听不见了。"他没有聋，"他们说，"他只是在假装听不见。"同样，当1968年拉康的心血管疾病的最早症状出现时，拉康的"茫然"、他的沉默、他突然的暴怒和拳头的重击要么被解读为精妙的"解释"（也就是分析者试图通过分析者的言行来解释其背后的含义），要么被视为拉康衰老的迹象。仅仅是拉康的在场以及他所唤起的那些使他如此伟大的回忆，就足以在死亡的阴影下聚拢一个脆弱的团体[20]。

我所发现的关于这段时期最引人注目的证词来自胡达·奥蒙。

1974年，当我决定接受分析时，我25岁，是一名学生。作为一个阿尔及利亚移民，我曾经和日内瓦一个小组的活跃分子，以及无产阶级左翼有密切联系，但最后的结果让我非常失望。我们曾经努力工作了一年来组织一次大型的游行，支持那些只能得到临时工作，没有任何权利的葡萄牙移民工人。但是到了那一天，虽然我们动员了群众，却只有一个人能到场。我和左翼政治的接触非常短暂。在那之后我定居在巴黎，继续我的学习。我开始以一种"反男权"的精神来阅读红宝书，这使我进入了女权主义。在我15岁之前，我曾经在巴黎住过，后来我去阿尔及利亚和我母亲一起生活了一年。我不会说阿拉伯语，对于压迫阿尔及利亚女性的教育感到恐惧。这是一种典型的穆斯林压榨，它试图阻止女性拥有任何社会生活。在我结束我的左派分子的身份后，我于1972年回到巴黎，加入了一个"分析和政治"小组。在所谓女性解放的表现背后，我发现我再次被囚禁了起来——在一个女性共同体中，大部分成员都是同性恋者，但我不是。在那时，我无法和其他人建立联系，而妇女团体对我也没有帮助：和她们一样，我看见"到处都是男性"。

但在一段时间里，我一直处于一个假象中，仿佛在这个团体中的我

第29章 回到零的精神分析

是在接受某种团体分析。我们谈论男性沙文主义和男男关系，但几乎不讨论女性气质本身，我们认为那是男性为我们设下的陷阱。我们花时间进行自我分析，在我们的女王安托瓦内特·富克的指导下进行自我批判。我们每天都见面，有时候会一直持续到凌晨：这些会议的目的是鼓励表达。虽然过程完全是折磨，但我很高兴处在一个完全由女性组成的温暖环境中。这好像是一种释放。

我确信应该让一位女性来分析我。所以我来到巴黎弗洛伊德协会，记下了一些女性分析师的地址。我在那里的时候遇见了拉康，但我当然没有想到去接近他。我决定去见住在里尔街的拉德米拉·祖格里斯，但她没有时间，只好把我送到了另一位女性分析师那里，后者给我进行了一番投射性的解读，我于是放弃了。我和拉康约了一个时间，试图从他那里了解这些事情的原因。我之前不认识他，但我知道他是谁。第一次会谈持续了一个小时，拉康很明确地告诉我他对我的案例有兴趣。他问我能支付多少钱，每次分析的价格一直到最后都不高：在前些年是每次100法郎，最后两年是每次150法郎。分析安排在下午4点。如果我迟到了，他总是会指出来。他非常准时。他会用我能听懂的语言问我问题，有时候重复我的话和表达，但从不使用任何晦涩的术语。

有一天我在谈论"实语"和"虚语"，试图向拉康展示自己是一名好学生。拉康问我在说什么，并告诉我没有必要去思考这些东西。很多年来我都像是"被施了巫术"一样，而拉康从来没有表现得像宗教领袖，也不会使用任何魔术伎俩。他有一对非常敏锐的耳朵，和一种非常老练和敏感的人本取向：我总是感觉到他能理解我的痛苦，没有看不起我。

驱使我来寻找拉康的原因是我的父亲。他住在里尔街。我去会见拉德米拉·祖格里斯的那天也顺路去拜访了他，并在里尔街的一家酒店订了房间。我的父亲是一个非常安静的人，他是一个工人。在独立战争期间，他和梅萨利·哈吉的阿尔及利亚人民党（PPA）关系很近，后者和阿尔及利亚自由斗士党（FLN）对立。事实上，他抛弃了他的家庭去加入PPA。在我接受分析的过程中，通过我弟弟的帮助我发现我的父亲曾经杀过一个人：一个曾经把梅萨利·哈吉的支持者举报给法国警察的FLN成员。我的父亲得到了杀他的指令，在那之后他被逮捕并被送到了监狱。我对此一无所知，因为那时候我的父母已经离婚了，我和我母亲住在一起。我的母亲从来没有告诉过我这些事。当我的父亲出狱时他已经残废，在狱中他患上了肺病。

拉康不仅教会我如何和我的父亲和解，他还把我从女权主义的积极性中拯救出来。他对于非官方的、无督导的所谓"团体分析"持有批判态度。在接受他的分析时我仿佛遇到了一位可能的父亲——愉快的、客气的、乐于见我并鼓励我在现实世界中更加活跃的父亲，他希望我能更多地拜访我的真实父亲。在1974年，我开始和一些巴黎弗洛伊德协会的成员以及拉康身边的人交往。有一天在一次鸡尾酒会上，拉康出乎意料地逮到我，告诉我这些社交可能会影响我的分析。精神分析是一个严肃的事情，他说，需要花时间去思考。1975年以后，我开始参加拉康的研讨班和学派的日常活动。我认识了劳伦斯·巴塔耶，和她成了朋友。在那时很多接受拉康分析的分析者，包括我在内，会在一个咖啡店或路边见面，继续讨论或是反思之前的分析。讨论的氛围非常好（特别是在最后一年），每个人都自由地评论拉康所说的话并给出自己的解读。个人私事很快成为公共财产。

1978年秋天，事情开始急转直下。10月的一天我忽然听说我的父亲因霍乱而病故。当我来接受分析时我依然处在震惊之中，我告诉拉康："我的父亲死了。"拉康非常安静，毫无反应。当然这可能也是一种"解释"，但在我看来，他没有在听我说话，没有理解我说话的内容，他根本就不在场。那一天我没有等到分析结束就起身离开。随后的分析和往常一样，就像什么事也没有发生。但我的信心动摇了，虽然我依然维持着

第29章 回到零的精神分析

对于分析的幻想。在之后的分析中，拉康有时候会在我一开始说话时就打断我："我应该告诉你这个……"但他会在这里结束分析："这就是这个……"我开始变得抑郁，在每次分析结束后大哭。我想要明白他所说的"这个"是什么意思。我确信他想要解读我与阉割和哀痛的关系。为了自我安慰，我开始大吃巧克力。九个月的时间里我的体重增加了20磅。

之后我开始明白发生了什么。我无法再把拉康视为曾经的那位伟大的分析师。我依然维持着对分析的幻想，依然来接受分析，但不说任何东西。整个气氛都是疯癫的：拉康让他的病人每天来接受分析，有时候会把他们直接赶出来。有时候他会突然怒气冲冲，甚至打人。有时候这些又只是佯怒。他对我说他无法忍受我不说一句话。他让我躺下来，然后他走过来，满脸怒气，用手揪着我的头发命令我："说话！"我非常震惊，觉得自己必须做些什么来防御这样的行为。当天晚上，拉康给我打电话道歉，坚持要我继续来接受分析。还有一次我被他叫入分析室，却发现躺椅上已经躺了一位病人。当我提醒他注意到这一点时，他大惊失色，身体不住地颤抖，陷入迷茫的状态。我在格洛丽亚的帮助下扶他到书房。在这种情况下，格洛丽亚总是能够保持惊人的镇静。

当我把揪头发的事情告诉我的精神分析的小圈子后，他们解释说这是一种"解释"。最独特的观点是："拉康揪起你的tifs（法语中表示头发的俗语），而Sétif是你出生的地方！"我们都痴迷于能指，以拉康维生，他一直和我们在一起。如果我们去乡下（la compagne），我们都忍不住要喊"Lacanpagne"！

在拉康去世前几个月，我结束了我的分析。我可以看出他非常疲惫，希望对他的衰老表示尊重。拉康的死对我影响很大，我感到非常悲伤。几年之后我开始了另一段分析，到那时我才能够处理分析遗留的问题。后来我也开始聆听别人的话语。我改变了我的实践方式，抛弃了对拉康的各种模仿。例如，我抛弃了短时分析。[21]

寻找绝对

下面这段是来自克劳德·哈尔莫斯的证词，他在 1974 年 9 月到 1979 年 7 月之间接受了拉康的督导。

我没有参加过研讨班，但我在 1974 年秋天来见拉康，讨论督导的问题。他是唯一能对我进行督导的人，像父亲一样。我当时在外省的一家儿童精神症所担任精神分析师。当我在电话上和他预约时间时，他让我重复了我的名字好几次。

在那些日子里，我经常随身带着一个大包，里面放着其他小包。当拉康召唤我进来后，他问我："你真的需要那些吗？"然后他问了我的分析师是谁，我为什么想当一位精神分析师。对我来说，成为精神分析师的愿望和我父亲不让我学习我的母语匈牙利语有关。当我听到别人说话时，我不能理解他们。我在寻找某种意义。这一次会面持续了 45 分钟。拉康说了一下费用，我记得是 300 法郎。之后他说："我不想让这成为你的负担。"这个价格很贵，但我说我会想办法筹集。

我每周在午餐时间去见拉康一次。我不记得每次会面有多久，但一般都很长，在 20 到 30 分钟之间。我谈论了几个案例，但很快拉康说："这就是你让我来督导的所有东西？"我意识到我不应该仅仅把原始材料带过来，我应该反思上一次会面所做的笔记。在一系列会面后，拉康做出的唯一评论是："我年轻的女士，你棒极了！"这让我发疯。我告诉他我是来学习的，我不认为我棒极了。"这就是问题！"他回答道。之后在谈到一个具有各种问题，而且自己的姓和另一个女孩的名字相同的男孩的病例时，我尝试找到正确的思路，谈论了拉康关于能指的一些理论。

拉康马上把我拉回了现实，他问我是否问过这个男孩的母亲她想不想要这个孩子。他拒绝给出生硬和快速的解释，或者告诉我什么是"最好"的方法。他试图通过发现那些激励我的东西，使我通过发现自己的"风格"而成为一位分析师。他让其他人接受他们的个体性，但与此同时

第29章　回到零的精神分析

他也坚持原则。你可以说或者做什么事情，只要你保持和病人的象征距离。例如，你不应该在治疗期间和病人谈论你自己。

1976年，我曾照顾过一名患有精神病，并几次试图把自己扔出窗外的儿童。他不认字，因为下流举止被学校停课。四岁时，他在他祖父的坟墓边第一次发生了癫痫，之后又几次陷入无法解释的昏迷。医院的诊断是脑炎，并给出了非常悲观的预测。你可以说他已经被宣判死刑了。在他的妄想中，他创造了一对双胞胎兄弟，给他们起名字，并通过倒立来代表他们。拉康指出这是一个在医学和精神分析边界上的案例。"20年前，这样的案例是不会被精神分析接受的，"他说，"但现在接受它是我们的责任。"这个孩子的母亲同样患有妄想症，他的姥姥和舅舅也经常被精神病院收容。孩子的父亲是性变态，他让家里的其他人疯狂。他一开始就对我说："你肯定不认为你能挽救他吧？"

"这确实是一个挑战，"拉康告诉我，"但这是我们必须接受的挑战。"孩子在治疗过程中通过画画和胶泥土表达出来的内容似乎在暗示他曾经并且依然在他母亲默许的情况下受到家庭中男性成员（他的父亲或者叔叔）的性虐待，但鉴于他的精神状况，这一点无法得到确认。我无法向我的同事或法律证明这一点，我没有证据。他们认为这是我的想象。但几年后，这个男孩的妹妹——她没有妄想症——有一天来到她的保姆的家里，手里拿着被撕碎的内裤，说她的父母"和她玩"。

拉康相信了我。他听了我的描述，甚至没有要去看那些绘画和胶泥模型。之后他鼓励我向执法机构报告，把孩子从他的家庭中带走。通过督导，他帮助我在日常生活中保护孩子，并对他进行传统的分析。治疗的第一步是把世界以正确的方式向孩子展现出来，并帮助他重构自己。小男孩很快向我要他的奶瓶。拉康让我照做："毕竟他还是个婴儿。"小男孩逐渐摆脱了他妄想中的"双胞胎"。这次分离非常成功。有一天我忘记告诉小男孩他要接受医学检查。我把这事告诉了拉康，他仅仅说道：

"也许他患有精神分裂症。"当小男孩被送到他的寄养家庭,他的父母不被允许去看他后,他的癫痫症状消失了;但当他的父母强行干预时,这些症状又再次出现了。分析持续了两年半,后来小男孩又出现了一些神经性问题,在检查后发现他的脊髓上长了一个之前一直没有被察觉、具有反复性的良性肿瘤。我陪他去做了手术。拉康在这期间一直支持我,他每天都给我打电话。

在手术结束后,小男孩说他不想再接受分析了。事实上在移情的过程中,他已经把我放在了一个能够给予他生命的母亲的位置上,他想试探这个母亲能否在离开孩子以后继续生活。但我不知道这一点,也不知道该对他说什么。拉康没有告诉我该怎么做。他仅仅说:"你想想你应该对他说什么,然后给我打电话告诉我这就是你要说的话。"以这种方式,拉康暗示我我应该对他说:他有能力照顾好自己。这就是我告诉他的话。他决定继续接受分析,并逐渐从疯癫中走了出来。

到了1978年底,我注意到拉康在督导中越来越心不在焉。我不能理解他的真实状况,第一反应是把他的沉默和督导时长的缩短理解为一种"解释":一种告诉我我的实践存在问题的方式。我觉得这都是我的错。但我的分析师说的话对我帮助很大:"拉康,"他说,"和你移情中的拉康,不是一个人。"我决定结束督导。后来我收到了拉康的一张便条,上面的字迹很潦草,还有涂改。拉康希望我回去,他保证自己会更小心。但我没有这么做。在1981年后,我在弗朗索瓦兹·多尔多那里又接受了一次督导,我再次谈到了那个男孩,他当时已经13岁了。他们在他脑子里发现了一个无法进行手术的肿瘤。我一直陪他到最后。在我最后一次探访时,他已经奄奄一息。他的父亲站在床边,他转过头来对我说:"这次他不会再回答你了。"[22]

随着拉康越来越深地陷入波罗米世界的无穷演变中,分析的时长被压缩到极致。在精神分析的历史上,第一次有一位具有卓越的理论才华和实践能力的思想家把弗洛伊德用以支撑整个移情大厦的基本原则彻底抛弃。拉康以这种做法对科学发起了挑战。在这几年里的几个病例中,拉康把"短时分析"发展为"零时长分析"。精神分析回归于零的同时伴随着拉康对于数素和纽结的浮士德式探索。他不仅仅更多地保持沉默,摆弄着手头的纽结和辫带,而且失去了倾听病人言说的能力。他不再从别人和自己那里聆听真正被表达的现实,而是试图去聆听精神病的基本语言,那种施雷伯在他的《回忆录》中所描述的语言——数素的语言,它取缔了日常用语中所有的不确定性。和短时分析不同,它不允许病人说话——拉康没有时间去听——也不允许他们不说话:他没有时间去浪费[23]。

从 1977 年至 1981 年,几乎没有拉康的分析者能意识到短时分析在变为零时长分析,就好像这种对于时间的摧毁无法被他的行动者和观察者感知。即使在今天,他们中的大多数人依然试图在维持一种极短时长的假象。

随着时间的推移,拉康对于金钱的痴迷愈发强烈,他一方面奢侈无度,另一方面又极端吝啬。黄金对他具有极大的吸引力,以至于他开始收藏金砖。到他去世时,他有四个银行账户。在 1979 年至 1980 年之间,拉康每个小时能接待 10 位病人,每天工作 8 个小时,每个月工作 20 天,每年工作 10 个月。一次分析的价格在 100 到 500 法郎之间,而一次督导的价格在 300 到 500 法郎之间,这么算下来拉康每年能通过精神分析赚 400 万法郎。除了里尔街的公寓,他还有两栋房子,沙兹勒路的一栋,玛丽-路易丝·布隆汀(马卢)住在那里;拉康之前的一位管家住在另一栋。他在盖坦考特的那栋房子已经变成了一家民事不动产公司[24]。

所以和巴尔扎克不同,拉康去世时是一个非常有钱的人:他有黄金、现金、各种金融资产、房地产、书籍、艺术品和绘画。

第 30 章
法老的坟墓

"我很固执……我要死了。"

515　1978 年的秋天，拉康和皮埃尔·苏里驾车前往盖坦考特。在巴黎郊区，他们的轿车忽然打转滑出了公路。拉康没有受伤，但他周围的人发现他好像变了，开始走上了下坡路。他经常感到疲惫，沉默的时间越来越多。他的第二十六期研讨班的主题是"拓扑学与时间"。但在 11 月 21 日的第一堂课上，他发现自己无法讲话。他的听众一片沉默，像他一样吃惊。他们就坐在那里，在这个悲剧性的场景里，看着这位疲惫的老人无法用他曾经在四分之一个世纪里聚集起一代精神分析师和知识分子的声音说话。他把他的纽结和辫带画在黑板上，然后茫然地停下来。他转过头看着听众，简短地承认了错误，然后离开了房间。"没关系，"有人在下面小声说，"我们一样爱你。"[1]

虽然沉默伴随着研讨班的每一堂课，但没有人想要承认大师可能患病的事实。1979 年 12 月，当巴黎弗洛伊德协会要解散的消息传出来时[2]，人们开始谈论的不是他的疾病——他们不知道有什么问题，而且当时也没有确切的诊断——而是他老了，太累了。有人说他是故意保持沉默来更好地倾听，他的思维依然很敏捷，他的听力依然敏锐。他们试图无视他所忍受的，并在突然的大笑或流泪中所流露出来的痛苦。

热妮·奥布里——克洛维斯·文森特的学生，一名受训中的神经学家——长期以来一直是拉康和西尔维亚的朋友。她的医学工作展现了她出色的临床观察能力。在 1979 年的春天，她意识到拉康的沉默可能不仅仅是因为他的年纪增长导致的疲惫。在一次午餐时，他忽然认不出她来，他的沮丧反映在扭曲的面部表情中。奥布里觉得可能是中风导致了他大脑中轻微的血管障碍³。她是正确的：她观察到了——虽然没有指明——一种慢性疾病的早期迹象。直到 1980 年 7 月，这一疾病才变得明显。拉康从未完全丧失他的清醒思维，只是会陷入一种"空白"中，表现出愤怒、无意识的手势，和无法用年龄、疲惫或任何心理抑郁来解释的失忆症。

只有少数几个人注意到拉康最早期的"思维空白"，他的侍从们否认了这些迹象的存在。帕梅拉·泰德尔的证词很关键。在 1978 年底，她来会见拉康，给他展示自己的书稿。拉康听着她说话，手里忙乱地整理他的论文。他的拉链没有拉上，衣着不整——很难想象一个在个人生活中如此讲究的人会做出这样的事。之后拉康忽然盯着墙壁说道："蝴蝶。"帕梅拉把这事告诉了她的两个非常了解拉康的女性朋友。她们中的一个拒绝相信她，而是给米勒打电话告诉了他这件事。后者保持沉默。⁴

1979 年 11 月，在和西尔维亚的一次访谈后，奥布里在巴黎一家大医院的神经部门给拉康挂了号⁵。谣言和诽谤开始在那些之前不敢说皇帝没有穿衣服的人群中传播。到处都有小册子在指责某个"A 夫人"说"拉康丧失了理智"，或者"他要在 1 月 21 日接受脑部手术"⁶。

1980 年 1 月 8 日，巴黎弗洛伊德协会的成员们收到了著名的"解散通知"，信的时间是 1 月 5 日，拉康在其中表示他希望终止他的学派。这个消息在报纸上引起了广泛讨论，每个人都热切地想对信中的特定段落做出自己的评论。"我不抱希望地说……我 père-sévère（字面的意思是'固执的父亲'，同时也是'延续'一词的同音异义词）……宗教的稳定性来自意义总是宗教性的"等等。⁷ 在他们收到这封信的同一天，学派解散的支持者们也感到一丝怀疑：之前一年已经在研讨班上很少讲话的拉康，在那一天把整封信缓慢地朗读了一遍，虽然他时不时会无法理解信上的文字。最后，他加入了一些他寄给巴黎弗洛伊德协会成员并最终出现在报纸上的信里所没有的内容："这就是我签名的东西。雅克·拉康，1980年1月5日在盖坦考特。所以，现在还有什么要说的吗？"[8]最后这句话提供了一些有用的信息。

在1月8日到6月10日之间总共有五期研讨班。同样的情景重复出现。拉康说话了——这让他的听众们很高兴，他们已经习惯了他的沉默——但不是以自己往常的方式：相反，他朗读打印出来的稿子，这些稿子随后发表在《世界报》(Le Monde)和《奥尼卡？》上。同样的事情发生在1980年3月18日拉康在圣雅克酒店的讲话，在那里路易·阿尔都塞把拉康比作"一个杰出而又可怜的小丑"；以及7月12日拉康在加拉加斯的讲话，他号召拉美人民聚集在"弗洛伊德事业"的旗帜周围[9]。至于那些伴随着巴黎弗洛伊德协会的解散、"弗洛伊德事业"的成立以及随后"弗洛伊德事业"学派的建立的各种文件，没有任何证据来证明或者否认拉康是它们的作者。出于这个原因，随着拉康运动在1980年至1981年间逐渐分裂为不同的分支，并在拉康死后进一步加剧，关于谁是拉康后来的研讨班的作者，谁又写了那些文件并把它们寄给媒体和巴黎弗洛伊德协会成员的问题越来越多。

1986年，我曾经发表了巴黎弗洛伊德协会解散事件的两个主要参与者索朗热·法拉德和雅克－阿兰·米勒的证词来第一次试图回答这个微妙的问题。索朗热·法拉德认为解散学派的决定是拉康于12月30日在米勒的处所做出的，拉康当时意志消沉："有必要迅速完成这一事情，否则就太晚了。拉康当时已经不能写作。后来确定下来由米勒完成草稿，然后拉康再修改。拉康删除了那些他不喜欢的段落。我没有回到盖坦考特，但在新年的第一周里，米勒打电话告诉我说信已经打印出来，准备寄送了。"

第 30 章　法老的坟墓

另一方面，雅克－阿兰·米勒坚持说是拉康自己写了那封信。"1月6日在盖坦考特，他把解散学派的信交给我，让我在第二天寄出去。周二（1月8日）的早上，我来到里尔街，当时所有人都在给我打电话。塞尔日·勒克莱尔在电话里说'我所有的爱'。拉康在去上研讨班之前又对他的信做了些修改。"[10]

至少有两件事法拉德和米勒是同意的，也没有人对此有异议：第一，拉康在经过讨论做出解散学派的决定时是清醒的。第二，他对那封信进行了修正。至于其他部分，索朗热·法拉德的证词证明了拉康在1月8日所说的——"这就是我签名的东西"——即便这句话并没有出现在文本里。拉康这封信的原件从来没有泄露出来，对于这样一件具有很大争议的事情来说，这是很遗憾的。[11]

当拉康在准备他的研讨班和讲座时，他总是会留下一个文本，至少是一些笔记。在他处理有关学派的官方文件时也是如此。至于信件，除了少数例外，拉康都是手写的。那么我们怎么解释在这一时期，拉康没有留下关于那些极其重要的文本的任何手写记录呢？别忘了拉康非常强调关于历史的"文本来源"的重要性。索朗热·法拉德说拉康在1979年12月时已经无法写作，这可能是正确的。我们可想而知在1978年6月拉康给弗朗索瓦·鲁昂的展览写六页纸的序言时是多么困难。此外，我所能找到的拉康在1980年至1981年的手写信件都有同样一个特点：它们最多只有几行，笔迹越往后越潦草。

在1980年初，拉康搬到他在阿萨斯路新租下的一间公寓，和他的女儿女婿住在一起。作为合租人，拉康和雅克－阿兰·米勒一起签下了六年的租赁合同。[12]他晚上住在那里，白天在护送下回到里尔街会见病人。拉康的病人在悄然流失，这对每个人来说都是非常痛苦的：对拉康来说，病人的离开是一种无法忍受的抛弃，他做了他能做的一切来留住他们；而对这些病人来说，他们因为离开拉康的想法而充满负罪感。

在环境的作用下，同样也是因为合法性的原因，米勒的家庭以及格洛丽亚·冈萨雷斯、阿卜杜拉耶·耶罗迪亚，还有一段时间里劳伦斯·巴塔耶的支持，是拉康唯一的庇护所。在这一时期米勒已经开始接待病人，他不仅仅成了一个学派的领袖，而且成了那些渴望和拉康原有的同事划清界限的新一代分析师们的导师。作为拉康文本的合著者、拉康所住地方的合租者、拉康最喜欢的女儿的丈夫以及她的孩子的父亲，米勒是掌管在2月刚刚建立的新学派"弗洛伊德事业"的最佳人选。而正是在这一点上最后一场危机爆发了，它最终导致了合法家庭和精神分析师族的分裂。

1980年10月，伴随着多数票的通过，巴黎弗洛伊德协会在"拉丁美洲之家"正式宣布解散。很明显拉康已经无力维持他的团体。在9月20日，他周围的一些人已经得知他患上了直肠癌。在一位医生给拉康做了直肠检查但没有发现任何东西后，拉康自己做出了诊断："他是个蠢货，我知道我有什么问题。"[13] 但是在他这个年纪，早期直肠癌并没有生命危险。肿瘤还没有扩散，如果马上做手术切除它，拉康能够痊愈。但是拉康顽固地拒绝手术，他一直对手术和一般意义上的身体疾病感到恐惧，他无法忍受对他身体的外来干涉。

拉康患有癌症消息的传播加速了"弗洛伊德事业"的崩溃。一种"真正的"、可以辨识的疾病使人们睁开眼睛，看到拉康身上那些从未被命名或诊断，但通过面部痉挛表现出来的"其他"疾病，并进而转化成谣言。在"拉丁美洲之家"的集会上，大家似乎普遍意识到有什么东西被压抑了。当巴黎弗洛伊德协会解散的消息正式公布时，克劳德·多尔热耶写道："拉康古怪地笑着，没有任何满意的迹象……他看起来心不在焉，机械地和大家握手，似乎没有认出那些接近他的人。最后一次委员会会议在一楼举行，会议后发布了一份公告，宣布巴黎弗洛伊德协会不再存在。拉康没有说话就离开了。"[14]

奥科塔夫·曼诺尼也有同样的印象："他盯着我看了很长时间，似乎是在努力认出我,但却一直保持沉默。我对此感到沮丧,给自己倒了一杯香槟。他没有注意到,格洛丽亚在照看拉康,就好像他是动物一样。"[15] 莫德·曼诺尼观察道:"他的追随者们以某种偶像崇拜的方式来庆祝学派的解散。他坐在那里,格洛丽亚陪着他。他认不出别人,眼神空洞,双手耷拉着。在这之后一年里,他的侍从把他拉到各个会议上,这样他的存在可以使那些以他名义完成的东西合法化。我们在目睹的是对一个身患疾病的人的展览……拉康变得完全沉默了,但他的影响力是如此巨大,以至于人们通过他的沉默听他说话。"[16]

10月10日,拉康前往圣安娜医院进行他最后一次案例展示。几年来这些展示都是由巴黎弗洛伊德协会的成员马塞尔·切尔马克组织的,此人在1972年之后得到了来自亨利鲁塞尔医院的乔治·多梅宗的协助。切尔马克在1978年6月注意到拉康开始无法正常地检查病人。到年底时,好几位圣安娜医院的同事都注意到拉康衰退的表现,并把这归因于脑部疾病。其中一位是神经外科医生路易·梅里耶纳教授[17]。

现在,自1980年至1981年起,切尔马克悲伤地发现拉康的情况更加糟糕了:唾液分泌增加、面部失衡、步态缓慢、易怒、时空定位困难。米勒要求这次展示安排在私人场所而非阶梯教室。当病人被带进来后,拉康听他说了几秒钟,站了起来,说了两三个单词,然后离开了房间。在那之后再没有展示了。[18]

让·克拉夫勒尔早在1978年的夏天就注意到同样的症状:"主动交流越来越困难,几乎无法面对一个复杂局面……这些无可置疑的疾病迹象可以用来和他1979年至1980年在加拉加斯中心的研讨班上的表现相比。在那时的研讨班上,拉康没有像以往那样讲话,而是朗读文稿。"[19]

"弗洛伊德事业"学派的成员让-路易·高尔特持有不同的观点。在1992年时他回忆了自己在1976年至1980年之间接受拉康分析时是如何察觉到拉康的问题的。

在我看来，人们说拉康没有亲笔记录自己的最后一期研讨班是很奇怪的说法：它们和拉康一直以来的观点完全一致，是人们所能猜想到的拉康的欲望的反映。即使最后被证明这些文本不是他写的，也不会改变我的看法。对我来说这些超越了经验观察的结论总是能被质疑的。有人可能会指责我被自己的感觉所蒙蔽，但我相信的是拉康的逻辑和他的欲望，这不仅仅依赖于他的生理存在或力量。他可能患有身体疾病，但这和他的欲望以及他和精神分析的关系无关。[20]

1980年11月13日，拉康在一位律师和两名见证人——格洛丽亚·冈萨雷斯和一位医生——在场的情况下起草和签署了遗嘱，并打印出两份。他指定他的女儿朱迪斯作为他唯一合法的继承人，如果她在自己之前去世，那么由她的孩子继承。雅克-阿兰·米勒被指定为拉康已发表和未发表作品的执行人，对这一点没有补充说明[21]。

一个月后，米勒和拉康之前同事们的分裂被证实。这个分裂一方面是关于巴黎弗洛伊德协会的房产是否应该租给新成立的"弗洛伊德事业"，另一方面是关于新协会规章的起草。夏尔·梅尔曼（米勒的分析师，同时也是他的长期盟友）站出来抨击米勒使用"杜撰的文本"：

现在的局面有必要让一位"老人"站出来说明事情的真相。"弗洛伊德事业"从襁褓里就已经表现出一种畸形，它很可能会变成一个怪兽。为什么？因为一切都是在拉康名义下决定和记录下来的，但我们必须指出拉康在其中的贡献仅仅是提供了一个签名。这是事实，很悲伤但确实是真的。这一点被拉康学生们对拉康最终建立一个他们能真正具有归属感的新组织的热切期望所掩盖了。然而我们必须面对事实，"弗洛伊德事业"不是由拉康建立的，虽然我们很庆幸他还在我们中间。他的年龄的增长和衰老给那些能够利用他的签名乃至声音的人打开了方便之门，使这些人杜撰的并非服务于"弗洛伊德事业"的文本能被拉康认可甚至是朗读。令人震惊的是，在过去几个月里，拉康文本的评注家没有注意到那些有他署名的文本里的形式主义与新思想的匮乏，除了一两个来自旧草稿的观点。[22]

所以，拉康最亲密的随从们花了12个月时间，经过了一系列事件才最终意识到热妮·奥布里很早以前就已经发现的在当时只给她带来了诋毁的问题。

米勒把这些抨击视为试图"埋葬"大师：

> 拉康很久以来在他的朋友面前都是一个代表权威和活力的超级形象。人们会因为想到这样一位杰出的人物的存在而感到庆幸甚至"过分享乐"。他从早到晚分析大批患者，同时也是作家和学者。他贪婪地、无法阻止地、毫不妥协地学习着。简而言之，他无与伦比。在我看来，就像波德莱尔所说，他用一秒钟时间活出了三秒钟的内容。但现在他老了，非常老……很多曾经崇拜他的人——为什么不承认这一点呢？——在他像诗人说的那样"离泥土还有两步"时，就已经希望他死去并下葬。[23]

但到了1981年初，大量的证据已经无法否认。虽然米勒还是坚持所有指控都是对手的中伤，但他也被迫承认1月17日在巴黎注册的"弗洛伊德事业"学派并非是拉康所创[24]。他倾向于使用"采纳"一词，宣称拉康希望这个新的"拉康-米勒"学派是"他学生们的学派"而不是"他自己的"。[25]

但"采纳"一词产生了新的问题，因为米勒正逐渐在各个场合像拉康一样说话和写作，成为拉康的嘴和耳朵，成为拉康派合法性的代表。但是成为某个人理论遗产的合法执行人是一回事，在法律的名义下代表他全部的理论遗产是另一回事。由于无法区分这两者，并试图通过法律手段来解决理论和政治争议，米勒逐渐把"弗洛伊德事业"学派变成了一个盲目的教条主义机构。在它成立时有 90 名巴黎弗洛伊德协会的原有成员，他们怀着重新成为拉康派一员的热情加入进来，但对起源的质疑声给学派蒙上了阴影。十年过去后，在一次又一次的退会中，它依然被对它起源的怀疑所困扰。同样的问题不断出现：这个学派能宣告自己相对于其他拉康学派的优越性吗？它真的得到了其他学派所没有的拉康的承认吗？它是父亲合法的孩子吗？它是否有资格以父姓的名义伸张自己的权利？

在从巴黎弗洛伊德协会向"弗洛伊德事业"学派过渡的时期，皮埃尔·勒让德写了一篇非常出色的文章《管理精神分析》（*Administrer la psychanalyse*）。他在其中展示了拉康向一个法律认可下的家庭中父亲角色的转变不仅仅导致了他的理论的沉没，而且导致了对他个人的仇恨，虽然这种仇恨往往伪装成爱[26]。我将在后文回到这一问题。

在他去世的前夕，这位沉默的创始人回到了他生命中的基本能指，不再回答那些向他提问的人。他像斯芬克斯一样蜷居在波罗米星球的山间，只是偶尔打破沉默，用谜语的形式说出真理。

1981 年 8 月 12 日，拉康独自待在盖坦考特。朱迪斯和雅克－米勒在科西嘉岛度假，西尔维亚在雷岛，格洛丽亚在西班牙陪伴她卧床不起的母亲，阿卜杜拉耶·耶罗迪亚在达喀尔之行中。那天晚上，蒂博在他巴黎的公寓里接到了一通电话，他听出了他父亲虚弱而焦虑的声音。

"你打电话有什么事吗？"

"我就是想打一个。"

"你在哪里？"

"盖坦考特。"

"你希望我过来吗？"

第 30 章 法老的坟墓

拉康告诉他的儿子在十天后来见他。这是他们之间最后的对话，也是最后一个没有被遵守的约定。

21 日，拉康因为肠梗阻而产生剧烈的腹痛，无法喝水。手术不可避免。15 日从西班牙回来的格洛丽亚立即给医生打了电话，并把拉康送回巴黎，住进哈特曼的诊所。拉康的母亲 31 年前在这里去世。朱迪斯、雅克-阿兰、西尔维亚和阿卜杜拉耶都赶回了巴黎。蒂博被吩咐不用来盖坦考特赴约：格洛丽亚告诉他"一切都好"，他的父亲仅仅是来医院做检查。当他生气地要求知道更多后，她告诉了他真相并说"拉康并不想告诉他"。蒂博之后每天都来医院探望他的父亲。[27]

肿瘤还没有扩散，血管症状也没有继续发展。有两个可能的手术方案：要么做两次手术，并临时使用一个人造肛门；要么只做一次手术，使用一种新的机械缝合技术。第一种方案更可靠，但对病人来说更痛苦；第二种风险更大，但不会有任何的临时障碍。两位主治医生和米勒都倾向于选择并最终采用了第二种方案。在手术之前，拉康抱怨打针，对护士表现得非常急躁。手术后几天，他看上去恢复得很好。但突然机械缝合的地方爆裂了，导致出现腹膜炎和败血症。病人陷入极大的痛苦之中。像弗洛伊德床边的马克斯·舒尔医生一样，拉康的医生也决定使用一切可能的药物来迅速结束他的痛苦。在人生的最后时刻，拉康愤怒地瞪着眼睛。他于 9 月 9 日上午 11 点 45 分去世，去世前他只来得及说几个字："我很固执……我要死了。"[28]

拉康的遗体当晚被运回阿萨斯路，第二天上午 9 点，死亡登记在第六区的区政府完成。证书上写着拉康"在位于阿萨斯路的家中去世"。[29] 拉康登记的去世地点甚至不是他真正的家，而只是一个他临死时居住的地方：这就是这位追求真理的伟大思想家的最终命运[30]。

马克-弗朗索瓦在接到蒂博的通知后马上从上库姆修道院赶来，一同前来的还有他的姐姐马德莱娜。他因为没有在他哥哥生命最后时刻帮助到他而感到悲伤。当时在威尼斯的西比尔在接到通知时已经太晚了,她来不及见她的父亲最后一面。

殡仪所指派了一名经过专门训练的专家来为遗体进行火葬前的准备。拉康穿着蓝紫色花格的夹克,带着蝴蝶结[31]。

第二天,拉康去世的消息在广播和电视上被宣告。在那些没有见到遗体的拉康派中间谣言四起。一些人认为拉康的"敌人"已经渗透进了电视和广播系统来伪造谎言了。在欧洲一套的广播台,广播员觉得"祸不单行"是一个好主意:"拉康去世了,而乌云正在西面聚集。"拉康鲁汶讲座的摘录出现在当天晚间的电视里,配上了他的头像。只有纸媒和《法国文化》(France-Culture,国家广播网的一个文化节目)准备了适当的讣告,只有《自由报》(Libération)有足够的勇气在文本中加入具有"拉康式风格"的词语:例如,"Tout fou Lacan"(一个双关语,字面上的意思是"拉康很疯狂",但听上去像是"tout fout le camp",意思是"一切耗尽")[32]。

阿萨斯路的公寓对拉康所有的朋友和追随者关闭。只有少数"弗洛伊德事业"学派的活跃分子获准作为代表来上门表示哀悼。葬礼的日期没有被公布,地点也是事后才在晚间的《世界报》上公布。11 日的星期五,在成为牧师 50 周年的纪念日上,马克-弗朗索瓦在圣方济各·沙雷氏教堂做了弥撒,在场的还有蒂博和卡罗琳的孩子。西比尔不在场,遗体也不在。拉康是一个无神论者,哪怕他曾经虚张声势想要一个盛大的天主教葬礼。马克-弗朗索瓦请教徒们为他的哥哥祈祷,认为他所有的理论都浸润着天主教的文化,即便"教堂和福音书"不是其中的核心部分[33]。

周六,30 个人和送葬队伍走在通往盖坦考特的墓地的乡间小路上。在他们之中和拉康曾经关系密切的有西尔维亚的朋友:米歇尔、路易·莱里斯和苏珊娜·梅洛-庞蒂。一个来自"弗洛伊德事业"学派的人代表他曾经的随从出席。没有曾经的战友,没有朋友,也没有名人。马克-弗朗索瓦没有出席这个世俗的葬礼。拉康两个家庭的成员在这里聚集。蒂博朗读了简短的颂词，朱迪斯宣告这里埋葬的是她的父亲。拉康的墓地在村庄上方，正对着山。他的墓碑上刻着简单的金字："雅克·拉康，1901年4月13日到1981年9月9日。"

一天，在和他的朋友玛丽亚·安东涅塔·马乔基谈话时，拉康动情地吐露了心事："亲爱的，意大利人是如此智慧。如果我能选择我在哪里去世，我会愿意在罗马结束我的生命。我知道罗马的每一个角落、每一座山峰和每一座教堂……如果不是罗马，那么威尼斯或佛罗伦萨也可以。意大利是我出生的标志。"[34]

在拉康去世后，不同的拉康学派开始了至今仍未结束的争斗。至于他的家庭，玛丽-路易丝·布隆汀的孩子和孙子——唯一两个继承了拉康姓氏的人——认为他们在拉康的遗嘱里没有被公平对待。拉康的遗嘱把大部分财产和处理他著作的绝对权力给了米勒家庭。在之后的十年时间里，这个家族的两个分支就艺术品和金钱展开了一系列法律斗争。刑事调查都被启动了，但最后因为缺少证据而撤销。

在美国，拉康去世的消息只出现在《纽约时报》的几行文字里。作为法国弗洛伊德派的拉康派在法国的土壤上赢得了关于无意识的斗争。拉康的著作也是唯一赋予弗洛伊德理论以真正的哲学框架的理论。但是拉康派运动没有占领作为正统弗洛伊德理论根据地的新世界。

Héritages

PARTIE 9
_遗产

第 31 章
"研讨班"系列的历史

> 这就导致了两个问题。一方面是 1957 年 3 月 11 日通过的版权保护法，另一方面是对科学真理和理性的追求，而这些速记本又的确是拉康教学的真实记录。

在《文集》出版和"弗洛伊德领域"系列丛书启动后，拉康面临着出版"研讨班"系列的问题。和对他其他作品的态度一样，拉康在这里也表现出犹豫和抗拒。我在别的地方已经回忆过笔录研讨班的复杂历史。[1] 现在新的文献使我可以更加准确地讨论这一问题。首先让我们简要描述一下这段历史。

早在 1953 年，拉康就雇了一个速记员来笔录他的演讲。这些文本后来交给了当时担任法国精神分析协会图书馆管理员的弗拉迪米尔·格拉诺夫，之后又对协会的成员开放。三年后，从 1956 年至 1959 年，让－贝特朗·彭塔力斯在拉康的授意下整理了《客体关系》《无意识的形式》和《欲望及其解释》三期研讨班的内容。[2]

在 1960 年左右，索朗热·法拉德把她的秘书借给拉康用，从而提供一个更好的笔录版本。她还提出使用录音机的想法，这一点在 1962 年实现了。很多拉康的学生也做了笔记，这些在现在都成了重要的信息来源。拉康经常把他研讨班的笔记当成礼物送给别人，有时候会亲自修改它们。对大师文字的崇拜正在逐渐形成。在巴黎弗洛伊德协会成立后，拉康担心被剽窃，所以不再分发他的文件，但允许他的听众的手写笔记自由流通。

遗产

1963 年，来自拉博德诊所的一个团队在让·奥里和吉内特·米肖的带领下分发了几百份基于录音整理的研讨班的笔记。当巴黎弗洛伊德协会的图书馆建立后，这个团队把他们的笔记也送到那里，图书管理员妮科尔·泽尔斯在杰罗姆·泰朗蒂埃的帮助下把这些笔记分类入档。

拉康一方面鼓励他的"研讨班"系列的传播，另一方面也怀有很深的不信任，这种模棱两可反映在他对待自己所有工作的态度上。就像出版《文集》时一样，他需要一位"渡者"。所以他一直等待某人提出这个建议，并监督笔录工作。而唯一能做到这一点的是他在瑟伊的编辑弗朗索瓦·瓦尔。

1970 年，这一工作正式授予了雅克·纳西夫。他是巴黎高师的一位哲学家，阿尔都塞的学生，正在保罗·利科的指导下准备硕士论文。[3] 巴黎弗洛伊德协会以瑟伊的名义支付他薪水。纳西夫提议每年整理两期《研讨班》，从《从大他者到小他者》这一期开始。[4] 但这项工作没有进行下去。[5]

1972 年，雅克-阿兰·米勒在德勒兹和加塔利《反俄狄浦斯》的成功的影响下（这本书也是从口头和文本材料中提炼出来的）接受了这个挑战并开始整理《研讨班 □》，这是拉康开创巴黎弗洛伊德协会后的第一期研讨班。米勒去了意大利，花了一个月的时间整理出一个基于速记员手稿的版本。拉康看后表示认可。瑟伊起草了一份合同，计划用"研讨班"作为这个系列的标题，拉康是唯一的作者。[6]

在看过合同后，拉康请保罗·弗拉芒做一些修正。他希望标题更明确一些，建议使用"雅克·拉康的研讨班"，在后面跟上每一期的标题和序号。他同时指出米勒的作用被低估了，希望对此进行更加详细的讨论，这样"能够让肩负这个系列的未来的人也能分享荣誉"。[7] 合同的最终版本被各方签署：合同规定米勒作为"研讨班"系列的合作者可以享受报酬，还规定这个系列应该作为"弗洛伊德领域"的一部分。拉康作为这一系列的主编可以获得一份额外的版权收入。[8]

用"研讨班"作为系列名称并将其按编号分册是米勒的主意。⁹"研讨班"系列出版的顺序反映了米勒对于拉康派历史的理解。于1973年2月出版的第一本《研讨班》是这个列表上的第11册——1963年至1964年的研讨班——这是拉康在和国际精神分析协会决裂后来到巴黎高师,遇见他未来的合作者的时期。1963年至1964年标志着对于拉康理论的"米勒式解读的开始",选择这一时期因而具有了回溯性的枢纽作用,它把拉康的理论分为两个阶段:"前米勒"和"后米勒"时期。在这之后,每年计划出版两期研讨班,一期来自1953年至1963年的前米勒时期,另一期来自后面的时期。之前的研讨班按照时间顺序出版——从第一期开始到第六期——但之后的研讨班按照倒序出版。拉康最新的研讨班最先出版,然后依次往前出版。¹⁰

但这个计划被证明无法坚持下去。拉康很快放弃了每年出版两期研讨班的念头。之后他不再遵守自己制定的规则。《研讨班 □》在1973年出版后,另外两本在1975年出版:第一期(1953—1954)和第二十期(1972—1973)。过了三年后,第二期(1954—1955)才出版。1981年,第三期(1955—1956)出版。在1974年至1977年之间,米勒把拉康最近的研讨班的笔录内容放在了他运作的杂志《奥尼卡?》中(第二十二期、二十三期和二十四期)。在拉康去世后,之前的计划不再执行,研讨班的笔录也不再有特定的顺序:第七期(1959—1960)在1986年出版,第八期(1960—1961)在1991年出版,同年出版的还有第十七期(1969—1970)。

虽然米勒从文学传统中借用了"établissement"一词来描绘"研讨班"系列的制作过程,这一词语同样让人想起了法国的毛泽东思想历史。在1968年5月后,这一词语用来表示活动分子去工厂工作的决定。它还用来表示汽车工厂里的工作台,工人在上面把车门制作好然后组装到车身上。¹¹

在"生产"《研讨班》的过程中,米勒出色地整合了不同的速记版本。他去除了有歧义的文字,删除了累赘部分,对文本重新进行了断句。他的工作最大的优点是把一种无法理解的文字变成可读的。它的缺点是抹平了拉康散文中巴洛克式的风格和持续不断的发酵过程。这样的产品是一个米勒作为作者，拉康作为担保人的文本。"研讨班"系列如此一来既不是拉康的也不是米勒的。它反映的内容是拉康派的，但却受到米勒解读的很大影响。

弗朗索瓦·瓦尔的编辑工作让《文集》的出版成为划时代的标志事件，而米勒对"研讨班"系列的编订却引起了不同的反响。《文集》的出版没有任何争议，虽然有批评之声，而且也确实需要对它进行注释和补充，但这样的工作被视为瓦尔原始工作的延续。没有任何人会想要去质疑这本已经存在了四分之一个世纪的文本的真实性：每个人都知道拉康是它真正的和唯一的作者，即便瓦尔留下了他的印记。当研究者对文本中的不同变体进行比较时，他们不会觉得有必要否认这个版本自身。没有人想要编造另一个版本的《文集》，并声称它会比瓦尔的版本"更真实"、更符合拉康的演讲。瓦尔和《文集》的关系是一个自由的人自由地运用自己的判断力得出的成果。他让拉康成为这本书的唯一作者，成为文本中体现出来的思想体系的唯一的创立者。

"研讨班"系列则不一样，当米勒使拉康面临某种可能的笔录方式的风险时，他已经成为一种米勒派解读方式的代表。他不是瓦尔那样的编辑，而是一个有着意识形态和家族利益的个体，并且很快具有了共同作者的合约地位。他没有让文本以自身的形式出现而保持自己与它的距离，而是在法律上和理论上占有了这些作品。

支配文本的欲望在米勒的笔录方法中表现得并不明显。米勒仅仅是对大量糟糕的笔记进行了简化。但在出版过程中的编辑选择上，米勒对于任何形式的学术话语表示敌视——虽然他就是这种话语的产物——决定不采用任何帮助理解这类出版物的方案。他基于自己的政治立场和实用主义观，认为研讨班针对的对象是"群众"，也就是"五月风暴"后的年轻一代的精神分析师，而他通过继承拉康成了这些人的代言人。"研讨班"系列出版时没有任何辅助材料帮助读者理解文字里的多重含义和变化：没有脚注、没有索引、没有其他重要材料，也没有参考书目。为了证明他编订版本的合法性，米勒没有去纠正拉康的错误：比如，拉康把巴尔扎克和拉罗什福科（La Rochefoucauld）的话安在缪塞和雨果头上，错误使用希腊词汇，把名字和观点搞错的问题都原封不动地保留了下来。此外，和瓦尔不同，他没有坚持让拉康审读和修正文本。就好像他是在刻意把一种学术思想转变成理解拉康话语的工具。

毫无疑问，拉康对他的工作表示了支持，但那时候他已经开始了波罗米星球上的旅行。当《研讨班 □》出版后，拉康非常生气，不是因为他的作品呈现出来的方式（保留了错误、没有注解），而是因为弗朗索瓦·瓦尔和保罗·弗拉芒忽视了印刷错误，特别是把一些他认为至关重要的图表搞错了。他把这本书称为"纯粹的垃圾"[12]。作为补偿，他要求当时正在等待出版的皮埃尔·勒让德的《审查之爱》（*L'Amour du censeur*）马上作为拉康系列的一部分出版。保罗·弗拉芒同意了，他提醒拉康自己从来没有打算拒绝那份书稿。[13]

拉康支持他女婿的工作，但他并不认同后者的理念。在他给《研讨班 □》写的后记中，他使用了"抄写"一词，指出米勒的工作不是真正的书写。米勒是制作这本书的人而不是创作这个文本的人，文本在再生产的过程中没有丢失口语中的任何东西。换句话说，拉康把这个打印本看成一个数素：一个以自己的方式完全重现了口语中无法言说的内容的翻译。

米勒在他简短的解释中表明了一个不同的立场。在他看来，一方面他不是作者，另一方面他的打印本完全超越了原来的速记稿。"我既不试图强加自己的意志，但同时也试图从拉康的口语中提炼出一份权威的文本，可以在未来继续代表那份从未存在过的原始文本。"之后他补充道，"之后每年出版的《研讨班》都会依据同样的原则。"[14]

遗产

这两种态度是完全对立的。拉康认为米勒是这个打印本的唯一作者，这个文本没有超越原来的口语内容，但完全重构了它。米勒则认为他没有影响到文本，拉康是它唯一的作者，但同时他认为他的版本是唯一具有法律和理论权威的基础文本。简言之，拉康用科学的术语给了米勒的版本一个正确的定义，而米勒则诉诸律法，把自己作为执行人的权利施加到文本之上，虽然他并没有得到这样的许可。他把理论基础和权利的实施联系起来。

但随着时间的推移，拉康和米勒的立场逐渐趋向一致。现在很多人认为拉康在《研讨班 □》的后记中说的话包含了他对于口语资料应如何进行编辑的指示，但事实上这些指示是在米勒的笔记中发现的。随着谣言、传说、权力和误读的影响，儿子的话被看成是父亲的话。

随着《研讨班 □》的出版，米勒开始行使他作为立法者的权利。这帮助他确立了自己在巴黎八大、巴黎弗洛伊德协会和瑟伊的地位。在启动了一个新的图书系列后，米勒逐步取代了之前瓦尔所占据的位置。在1981年之前，米勒和瓦尔作为图书的誊写者和编辑保持着友好的合作关系。瓦尔会阅读"研讨班"系列的样稿，纠正其中的错误并给出自己的意见。他从来不干涉米勒的方法，也不会要求改变文稿的表现方式。他接受了拉康的选择，给予米勒长期的支持。"当米勒被指定负责'研讨班'系列时，"他说，"我不认为我有权利去干预，我把这份工作留给了他。我对'研讨班'系列不负责，只对《文集》负责。我校订了四期研讨班，对第五本（第三期，《精神病》）改动了一些，第六本（第七期，《精神分析的伦理学》）没有改动。"[15] 在1973年至1981年之间出版的五期研讨班也确实留下了瓦尔作为编辑的印记：它们的错误更少。

拉康教学的速记本在没有任何法律问题的情形下流通了整整25年。1978年之后，这些速记本的传播者遭到起诉，这一事件反映了不同人对于拉康思想法律和理论理解的冲突。这些速记本之前一直在书店里或巴黎弗

第 31 章 "研讨班"系列的历史

洛伊德协会的会议上出售。当然也有一些没有道德的人确实通过售卖拙劣的版本来获利。这就导致了两个问题。一方面是 1957 年 3 月 11 日通过的版权保护法[16],另一方面是对科学真理和理性的追求,而这些速记本和一些磁带录音又的确是拉康教学的真实记录。

米勒利用现存的法律来强化他的理论立场,声称只有他的版本具有法律效力。那些反对他的方法,认为有必要传播拉康原始讲话记录以便对比不同版本的人得不到法律的支持。和拉康不同,米勒把法律权威和理论权威结合起来,他通过在法律意义上出版"研讨班"系列来达到解决理论问题的目的:在他的要求下,瑟伊开始起诉那些散布私人版本的人。在 1977 年底,拉康签署了一份打印的文件交给保罗·弗拉芒,要求他召回一本名为《工作和演讲》的小册子,里面包含了他的一些未发表的演讲[17]。两年后,在巴黎弗洛伊德协会解散一个月后,弗朗索瓦·瓦尔起草了另一封信让拉康签署,信中建议系统性地打击所有盗版行为[18]。

在《研讨班 □》即将出版时,合约有了一个变动[19]。1980 年 7 月 7 日,一封有拉康署名的信寄到了弗朗索瓦·瓦尔手里。信中要求之后所有的研讨班要和之前的保持连贯性。"很明显,这不是一封随意的信件,"弗朗索瓦·瓦尔写道,"这是对于瑟伊因他没有签署任何后续协议的焦虑而做出的有限制的妥协……这是拉康在这类信件中典型的风格。"[20] 这封信没有解释拉康希望之后的研讨班以怎样的方式出版;它仅仅要求延长以前的合同。拉康在 11 月签署的遗嘱也没有这方面的指示。

当拉康指定米勒作为他的遗产执行人时,他让米勒拥有了对于出版物的控制权。他没有指示他应该如何呈现这些出版物:是否包含索引、是否包含其他重要材料、是否进行修正。同时通过指定朱迪斯作为唯一的继承人,拉康限制了他的其他后代所能通过合约分享到的财产[21]。1980 年 10 月合约的更改和 11 月遗嘱的签署的直接后果是让拉康在第二段婚姻中的后代获得了对他的作品在法律、经济和理论上的控制。

遗产

在1973年至1981年之间,有四期新的《研讨班》出版,拉康的其他追随者们没有任何反对意见。米勒的笔录不仅仅被众人所认同,而且得到了那些后来变成他坚定的反对者们的吹捧。和在其他事务上一样,在拉康在世的时候,对于米勒解读的敌意无法在巴黎弗洛伊德协会立足。争议发生在拉康去世后《研讨班 □:精神病》的出版。这一期相比之前的几期错误更多,拉康社团的大多数人相信拉康在1980年1月之后已经不是这个文本的作者了,米勒被指责通过"审查"和"篡改"伪造了这期《研讨班》。这场争论非常激烈,以至于在1985年之前,对于这本书的任何学术讨论都无法进行。

早在1980年初,即使是一些米勒的支持者也已经意识到理解"研讨班"系列需要一些其他辅助材料的帮助。所以在巴黎弗洛伊德协会解散的期间,他们中的一些人聚集在一起,开始对第三期和第二十期《研讨班》中出现的名词和术语进行索引。他们的成果发表在图卢兹的评论杂志《并非如此》(*Pas tant*)上,并附上了米歇尔·拉佩尔的长篇评论:"这个索引反映和记录了《研讨班》的整体进程……它可以被视为一个关于《研讨班》所有重要概念的索引的一部分。它的直接目的是为每一期《研讨班》提供一个词汇表,从而确保以合适和量化的方式对《研讨班》作为整体进行阅读……这个索引是一个研究工具,它和它所反映并鼓励的一种研究方法联系在一起。"[22] 但是如果这样一个索引在米勒的支持者看来是必不可少的,那么他们为什么要把它发表在一本评论杂志上,而不是放在瑟伊出版的《研讨班》正文的后面,从而让它能最大限度地得以利用?

米勒的地位一方面受到合法性的保护,另一方面又遭到各方面的攻击。在好几年里,米勒的支持者都把他视为一个烈士——特别是当对他最恶毒的攻击来自他之前分析师的随从时。米勒没有把这个丧失领袖的团体的各个分支整合起来,这些分支都觉得他们在法律的强迫下被剥夺了理论的遗产。相反,他和他们展开了战斗。如上文所说,瑟伊在他的要求下开始大规模起诉盗版行为[23]。

由于米勒负责拉康所有的工作,那么在1981年以后,他本来可以把弗朗索瓦·瓦尔没有放进《文集》的文章整理起来,加上之前散落在各类期刊里的演讲稿,一起出版成一卷本或两卷本。但他没有这么做,而是让那些没有被收集起来的文稿保持原样。他确实重新发表了之前的几篇文章,但不是把它们放在一本书里,而是放在《奥尼卡?》杂志的很多期里面。这给那些希望研究拉康文本的人增加了困难。拉康的理论整体依然是破碎的、零散的、晦涩的,盗版也开始变得猖獗。

1984年,当米勒把拉康于1938年论及家庭的重要文本用一本薄薄的小册子重新出版时,他遵从之前出版《研讨班》时的做法:没有辅助材料,没有笔记,也没有索引。米勒甚至没有加入拉康所写的详细的参考书目[24]。他确实有理由把副标题排除在外,这些副标题之前是被《百科全书》的编辑加上去的,但是他为什么要在之前重新出版关于妄想症的博士论文时保留了参考书目的情况下,这次又把它们排除在外?

由于这些问题,米勒的编辑工作——无论是对口头材料的笔录还是对文字材料的整理——都受到越来越多的质疑。1983年,《沿岸》杂志组织了一些人翻译"研讨班"系列,他们发行了一个名为"Stécriture"的小册子[这个名字是"St."(圣)和"écrit"(文集)两个词的结合,读起来像"scripture"(圣典)或"stricture"(约束)],整理发表了拉康第八期研讨班中的几次演讲。他们的版本是对速记稿的完善,纠正了记录者和拉康本人的错误,并按照学术规范增加了注释和补充材料,同时提供了不同版本作为参照。在对于研讨班的展示上,这个版本完全没有采用米勒的方法,而是更加尊重拉康的原话。尽管如此,它的问题在于风格过于沉重,评论过度,而且过于依赖科学视角。

这个版本的作者们违反法律,通过卖书来弥补他们的开支。于是瑟伊和米勒对他们提起了诉讼,并在1985年底得到了法律的支持。对方辩护律师并不怎么高明：他们否认了伪造，声称这是他们小组的原创作品，并不是对拉康研讨班的笔录。

米勒因为这次胜利而欢欣鼓舞，他告诉媒体他是拉康言语的唯一解读者："在我看来……我必须说我是唯一一个能理解拉康的人……我发现人们在我完成笔录前都读不懂'研讨班'系列。我观察到了这个事实。在我的工作——一部分是编辑，但更大一部分是逻辑化——完成前，'研讨班'系列是无法理解的。人们只能从这里或那里偶然发现些东西……我在'研讨班'系列中不存在，因为我把自己放在一个特殊的位置上。'研讨班'系列里的'我'指的是拉康，这个'我'在原作者死后依然能继续代表他。"[25]

菲利普·索莱尔斯在听证会上提供了支持 Stécriture 的证词。劳伦斯·巴塔耶也同样支持他妹夫的对手，虽然她并没有攻击米勒。1982年11月，她令人震惊地退出了弗洛伊德事业学派，以此来表示对于米勒用拉康签名的通告来维持一个拉康没有创立的学派的做法的不满。"在1980年后，有拉康签名的文本开始服务于特定的目的。这些文本继续在每年的年报中发表，但那些在学院接受分析的人真的需要这样的帮助才能立足吗？如果真是如此，那么他们没有能力成为真正的精神分析师——拉康派的精神分析师。我无法原谅这样的行为。如果我接受它，我就无法继续作为一位精神分析师的事业。这就是为什么我要从弗洛伊德事业学派退出。"[26] 劳伦斯·巴塔耶在 Stécriture 事件爆发六个月后因癌症去世。

弗朗索瓦·瓦尔在这个事件中起到了重要的作用，但他是支持米勒的一方。他写了一封很长的信，指出拉康无条件地支持他的女婿的工作[27]。这是他对于这位伟大思想家的最后一次效忠。1981年，为了维持正在分崩离析的拉康派运动的理论的完整性，瓦尔出于和孔塔尔多·卡利加里的友谊，建议瑟伊出版评论杂志《精神分析辞说》（*Le Discours psychanalytique*）的第一期，但他要求杂志中不能出现攻击拉康法定继承人米勒的话。但是杂志的编辑夏尔·梅尔曼写了一篇没有署名的社论，其中有这句话："拉康的思想得到了完善,并被专题讨论。这一理论防腐的过程把拉康的言辞转化为商品。博物馆的建造者和浅薄的媒体之间实现了和解。"[28]

米勒在知道这篇评论的内容之前就已经坚持要求瑟伊把它从杂志中撤下来。瓦尔有尊严地让步了:他知道已经不可能在这个混乱的领域建立任何秩序了[29]。从那天起,这位曾经负责"弗洛伊德领域"系列全部图书的人目睹着他所建立起来的理论大厦逐渐瓦解。在拉康死后,其他作家纷纷离开。在瑟伊位于雅各布路的办公室里,米勒是唯一一个整理他岳父遗留作品的人。瓦尔不得不再次有尊严地退出。他们之间的决裂是安静的、低调的,但也是决绝的。1985年以后,瓦尔再没有纠正过"研讨班"系列,他只是偶尔提出些评论。

虽然米勒赢得了法律之争,但他对于 Stécriture 的起诉向公众证明了拉康的女婿并非是唯一一个理解拉康文本的人。1984年,在听证会结束后发表的一篇和弗朗索瓦·安塞梅的访谈中,米勒再次重申了他在1973年说过的话;《研讨班》的原始文本并不存在。他还说拉康也表达过同样的意思。他补充说大师希望所有"研讨班"系列都按照1973年的模型出版,也就是遵循同样的方法和形式。"拉康从未把速记稿视为原始的文本……我们决定所有的'研讨班'系列都要以这种方式出版。"[30] 以这种方式,米勒把他的观点表达为拉康的。(我们之前已经看到拉康在《研讨班 □》的后记中的话和米勒在笔记中表达的意思并不一致。这一矛盾在这次访谈中也表现得很明显。)

这次访谈还导致了一种错误印象。1985年后,认为拉康留下了他的"研讨班"系列应该怎样编辑和出版的指令的观点流行了起来,但这是错误的:拉康仅仅是口头上承认他的女婿的工作具有法律效力,但并没有明确的书面安排。这一区分很重要。但在现实中,米勒继续混淆着法律权益和科学争论。通过把自己封闭在正统拉康派的堡垒里,米勒切断了和历史上以及现实中其他拉康学派的联系。他和其他拉康理论的评论家越来越疏离,即便后者的工作本可能对他有所启发。在法国精神分析协会期间,如果有研讨班没有被记录下来,他也不会利用其他资源——包括听众们的笔记——来帮助他改进他的笔录本。他仅仅使用速记稿,而这些速记稿即便内容完整也还是有很多缺陷。

当米勒于1986年秋天出版《研讨班 □》(精神分析的伦理学)时,没有人抨击他。他的对手因为Stécriture的失败而保持沉默。但这一期《研讨班》问题更大。米勒可能已经预见到这个问题的严重性,所以他请求了其他几个人的帮助:朱迪斯·米勒帮助他校对了希腊文的引文,弗朗茨·卡腾贝克帮助他检查了德文材料,三位学者为他做了调查,还有几位朋友校对了样稿。弗朗索瓦·瓦尔读了样稿,但他身体不适,仅仅做了几个批注[31]。米勒又一次宣称拉康希望他的"研讨班"系列遵守1973年设置的"原则"[32]。

米勒把一份样书寄给了皮埃尔·维达尔-纳奎特,还附上一封便条:"致皮埃尔·维达尔-纳奎特先生,希望您能阅读书中论及安提戈涅的三次讲座。拉康也一定希望把这本书寄给您。"维达尔-纳奎特马上开始阅读论及安提戈涅的那一章,他吃惊地发现每一页上都至少有两处错误。没有一个希腊单词是正确的,好几处引用有误,还有很多印刷错误,而拉康严重的错误都没有被发现。

为了改进下一个版本,这位著名的希腊专家提笔给米勒写了封长达八页的信,列举了各种错误,并附上了自己的评论。过段时间,他偶遇朱迪斯·米勒,和她说起这封信的事。朱迪斯回答道她从未收到这封信,请他再寄一次。维达尔-纳奎特照办了,但他还是没有收到任何回复[33]。也许德里达在评论爱伦·坡《被窃的信》时所说的是对的:有些信永远不会送达目的地。不论如何,关于拉康"安提戈涅"的两封重要信件到今天也没有公布。

米勒早在1981年的一期通告中就宣称他希望大家能指出"研讨班"

系列的一切错误。在《研讨班 □》出版的前夕，他的号召得到了响应。语义学专家加布里埃尔·贝古尼乌给他写了封信，指出了《研讨班 □》中的 7 处印刷错误和 1 处拼写错误，他没有纠正拉康的错误，但指出了 9 处大的更正和 9 处小的更正。米勒鼓励贝古尼乌继续他的工作，并邀请他来参与自己的"研讨班"系列的工作。贝古尼乌后来又寄给他关于《研讨班 □》和《研讨班 □》的更正建议，在前者中有 17 处重大错误和 21 处微小错误，另外有 79 处印刷错误——这个数量相比《研讨班 □》大幅增加；而在后者中，贝古尼乌对拉康的希腊文表达提出了和维达尔－纳奎特类似的建议，他还指出了 25 处重大错误、43 处微小错误，以及 72 处印刷错误[34]。

1985 年秋天，雅克－阿兰·米勒和拉康前两期《研讨班》的英译者约翰·弗里斯特之间产生了争执。弗里斯特是一位杰出的学者和弗洛伊德学派历史的专家，他的翻译非常出色。他不仅仅纠正了拉康的所有错误，而且附上了笔记、索引和补充材料来帮助读者理解拉康的引用、暗示和语言的微妙。他还专门为英语读者准备了相关信息。弗里斯特的合同是和剑桥大学出版社签订的，他的翻译符合英美世界的学术标准。而众所周知，英美世界一直很难接受拉康。

米勒看到弗里斯特的版本后非常生气，他要求他去除所有的笔记和评论，恢复拉康的错误。只有索引和一些特殊的附注得以保留。米勒允许弗里斯特保留他对弗洛伊德引文的解释，但拒绝了他的所有个人评论。他禁止类似"拉康在这里是错误的"或者"法文文本是有缺陷"的语句出现，认为既然印刷错误已经在所有版本中得到了纠正，就没有必要再在附注里提醒大家注意[35]。值得注意的是，米勒在这里只提到印刷错误，而拉康的错误则从来没有被修正。

1990 年，弗朗索瓦·瓦尔退休，不再参与瑟伊的任何活动。没有人接手他的职务。巧合的是，他的编辑成果被交给了朱迪斯·米勒的一位朋友。后来朱迪斯接手，开始负责瑟伊的全部精神分析出版物，包括拉康和

遗产

巴特的所有遗作。她成了米勒的编辑。

弗朗索瓦兹·多尔多于1988年夏天去世后，她的女儿卡特琳·多尔多－托里奇本打算继续和瑟伊合作，但在一系列纠纷后，她拿着她母亲的通信和未发表的作品去了另一家出版社。这对于瑟伊是一个很大的打击：弗朗索瓦兹·多尔多生前出版的作品都是保罗·弗拉芒负责的，她和拉康是瑟伊精神分析书目的招牌。

在1981年后，"弗洛伊德领域"系列名存实亡，只有穆斯塔法·萨福安和塞尔日·勒克莱尔两人属于瓦尔负责的作家，他们没有加入米勒的阵营。瑟伊新的执行主任克劳德·舍尔奇决定把新的精神分析系列交给朱迪斯和雅克－阿兰·米勒负责。1991年春天，这一新系列出版了四本书：塞尔日·勒克莱尔的《他者之地》(Le Pays de l'Autre)、多米尼克和杰拉德·米勒的《六点一刻的精神分析》、第八期和第十七期《研讨班》。

米勒在Stécriture事件发生六年后出版了第八期的《研讨班》。他的做法具有挑衅性。所有人都以为他会改变自己原先的方法，利用之前被禁版本中的内容，因为那个版本是基于几乎没有错误的速记稿，而他所依赖的速记稿问题重重。但事实并非如此，第八期《研讨班》的形式和之前的一样，但这次它的问题更快地被发现，因为所有人都会拿它和Stécriture的版本进行对比。争议迅速发酵，甚至出现在报纸和电视上。早在1月这两期《研讨班》出版之前，就已经有一封由知识分子、精神分析师和拉康派中几乎所有非米勒派的成员签署的请愿书，要求所有的《研讨班》附上文献目录和注释，以便查阅和研究。[36]

雅克－阿兰·米勒拒绝加入这些学术论辩，他把他的反对者视为敌人。卡特琳·克莱芒特和克劳德·舍尔奇站在他这一边。前者在《文学杂志》的一篇文章中声称存在着对拉康后人的"政治迫害"："这些请愿书是由某种政治势力策划的，他们的指责基于猜想而非事实，违背了拉康最后的愿望。对于米勒编辑版本的批评往往是认为它们缺少'学术规范'，但拉康根

第31章 "研讨班"系列的历史

本不想要这些规范。这些争议是虚假的,它们仅仅针对两个人:拉康的女婿,他因为自己的身份而获罪;他的妻子朱迪斯,她更有罪,因为大家渴望吮吸她死去的父亲的鲜血。精神分析运动的历史将会正确评价这个家庭以及那些隐藏在背后的仇恨。"[37] 随着谣言四起,在毫无证据支撑的情况下断定拉康"口授了自己最后的愿望"并且禁止"任何学术规范"也变得合情合理了。但是这些愿望又是在哪里被发现的?又是在哪里被拉康说了出来、记录下来并保存至今?这篇文章的作者没有回答这些问题。

克劳德·舍尔奇更加谨慎,但当我认为这些有问题的《研讨班》"无法使用"时,他严厉地批评我的"自大"和"片面"。"这些新出版的《研讨班》,"舍尔奇写道,"完全遵守了拉康的愿望:不要添加注释、索引和文献目录。这是对于口头文字的笔录,而不是学术类的书面材料。"[38] 为了证明他关于拉康"愿望"的声明,舍尔奇引用了米勒1963年笔记里的一段话:"每年出版的《研讨班》必须遵循相同的原则。"再一次,儿子的话被当成是父亲从未说过的指示。

1991年9月,Stécriture团队以"转移和它的勘误表"为题发表了一个列表,里面包含了《研讨班□》中的所有错误:文字省略、读音相似的单词的误录,听写错误,外文翻译错误,速记稿审读错误,错误的文献引用和拉康的错误,共计587处[39]。问题如此严重,以至于米勒也不得不承认其中至少四分之一的错误是真实的。这也迫使他首次决定修订和重印这一期《研讨班》。

最后,这里有一份我在1992年9月和舍尔奇访谈的摘要。在这次访谈中,舍尔奇再次声称,拉康在《研讨班□》的后记里希望米勒笔录的版本不要加上补充材料:

> 当我在1989年担任瑟伊的执行主任时,我请雅克-阿兰·米勒继续完成对研讨班的笔录工作。他之前停了下来,因为他和瑟伊精神分析图书

遗产

方面的负责人的关系有了变化。我们两人并不熟。我曾经和他这一代的巴黎高师的学生混在一起。我们后来一起工作，我很支持他。雅克·拉康在他生前把笔录口头材料的责任交给了雅克－阿兰·米勒，指定他作为自己的遗产执行人。在1973年出版的《研讨班□》的后记中，他表达了自己对于未来的安排：以后的"研讨班"系列必须要以同样的方式出版，也就是由米勒负责，不添加补充材料。我们尊重了这一决定。在今天，没有人能比得上弗朗索瓦·瓦尔对于拉康的重要地位。在拉康生前，瓦尔可以提出修改建议，但现在的环境完全不同了。雅克－阿兰·米勒是"研讨班"系列的共同作者。他选择了在他看来合适的方式。拉康给了他这个权力。遗作都是很难处理的，特别是当它们是口头材料时。我认为在拉康的例子中，出版存在微小错误的作品比不出版要好。

至于《研讨班□》，事情是这样的：雅克－阿兰·米勒和我谈到了对他笔录的批评。他并不赞同其中的很多观点，但是他承认有些错误是应该在以后重印的时候被纠正的。在他的请求下，我决定暂时不卖出这本书的版权，直到这些错误被修正。唯一的例外是巴西的出版商，他们已经开始基于样书进行翻译。我从来没有收到过那份勘误的文件。我收到了各种请愿书，但没有勘误的文件。我没有对任何可能存在的错误发表意见，直到雅克－阿兰·米勒来找我并让我纠正这些错误时我才意识到问题的存在。他是拉康作品的法定执行人，我们只是出版商。没有人阻止其他笔录版本的存在，或者禁止它们附上参考书目。[40]

弗朗索瓦·瓦尔曾经是拉康的编辑，保罗·弗拉芒曾经是弗朗索瓦兹·多尔多的编辑。克劳德·舍尔奇不得不承认，无论他是否接受，为了把"父姓"保留在他们的书目里，瑟伊现在仅仅是拉康的合法代表人雅克－阿兰·米勒的出版商。

第 32 章
弗洛伊德的法国：当前状态
（本章信息截至1993年）

> 虽然精神分析不再是精英主义而成为大众实践，但它却变得更加专业化，变成往往只有技术专家才能理解的复杂术语。这似乎是"法国式例外"的历史结束的方式。

1985年，弗洛伊德主义的法国领土分裂为20个组织。其中巴黎精神分析协会（SPP，1926）是最古老的，它和法国精神分析协会（APF，1964）代表着正统弗洛伊德学派的法国分支。这两个机构共有478名受到国际精神分析协会认证的精神分析师以及相应数量的学生。除此之外，还有两个中间派的精神分析机构，它们既不从属于国际精神分析协会，也不从属于拉康派：法语精神分析组织，又被称为"第四团体"（OPLF，1969）；和精神分析师学院（1980）。前者有30名成员，后者有120名成员。它们在历史上和拉康派有联系："第四团体"是从巴黎弗洛伊德协会中分裂出来的，而精神分析学院是在巴黎弗洛伊德协会解散后成立的。

同时成立的还有另外13个组织。弗洛伊德事业学派（ECF，1980）拥有273名成员，代表着正统拉康派（也就是米勒学派）。其他12个组织是较为温和的拉康派，没有那么教条主义，以自己的方式发展。它们按照建立时间的先后排列如下：弗洛伊德协会（AF，1982），有123名成员；精神分析研究与教育中心（CFRP，1982），有390名成员；弗洛伊德圈（1982），有50名成员；弗洛伊德分析的卡特尔构成（CCAF，1983），有212名成员；弗洛伊德的风格（1983），有50名成员；精神分析联盟（1983），有117名

遗产

成员；精神分析公会（CP，1983），有212名成员；弗洛伊德成本（1983）；精神分析地区小组（GRP，1983，马赛）；艾瑞塔（1983），有15名成员；精神分析拉康学派（ELP，1985），有45名成员；当前的精神分析（1985）。

除了这些组织，还有两个史学协会：精神分析与精神病学历史学国家协会（SIHPP，1983），有165名成员；精神分析史国际协会（AIHP，1985），有60名成员。最后还有一个教学机构：无意识知识的预科学校（EPCI，1985）[1]。

在1985年到1993年之间，从之前的巴黎弗洛伊德协会衍生出来的组织数量迅速增加：八年时间里有14个组织形成，其中6个是新组织，2个是之前组织分裂的结果，还有6个旨在整合现有组织以便在欧洲或国际层面上运作。因此当此书动笔时，法国已经有34个弗洛伊德组织，还不包括那些无法统计的正在形成中的巴黎或地方组织。

6个新组织按照建立顺序如下排列：弗洛伊德与拉康研究图书馆（斯特拉斯堡，1986）；巴黎精神分析研讨班（1986），有230名成员；精神分析和社会领域（CPS，1989）；精神分析师的一个机构之协会（APUI，1900年1月21日）；精神分析研究国际交流协会（普罗旺斯艾克斯，1900年3月）；以及个案表达协会（1911年4月）。6个组织都是由巴黎精神分析协会的前成员成立的：让-大卫·纳索建立了巴黎精神分析研讨班；塞尔日·勒克莱尔建立了精神分析师的一个机构之协会；吕西安·科赫建立了精神分析和社会领域。

一个取名为"弗洛伊德维度"的小组在1911年10月12日成立，它从弗洛伊德事业学派中分裂出来。弗洛伊德分析协会成立于1992年2月24日，衍生自弗洛伊德分析的卡特尔构成。

6个欧洲或国际性的组织各不相同。精神分析国际协会成立于1991年1月，创始人是几位法国第四代和第五代的分析师，他们希望"消除不同机构之间的差异"。[2] 这一协会目前关联着其他11家协会：精神分析研究与教育中心、弗洛伊德分析的卡特尔构成、弗洛伊德协会、精神分析公会、巴黎精神分析研讨班、精神分析和社会领域、艾瑞塔、弗洛伊德圈、弗洛伊德学派和现实精神分析——换言之，它包括了除弗洛伊德事业学派和精神分析拉康学派以外所有从之前巴黎弗洛伊德协会中分裂出来的协会。

精神分析欧洲联盟（FEP）成立于1991年4月，它源自弗洛伊德协会，后者变成了国际弗洛伊德协会。FEP的目的是限制精神分析国际协会的制度权力，并和米勒主义进行对抗。

在今天，由"米勒家族"所代表的正统拉康派虽然并不像正统弗洛伊德派那么稳固，但也是建立在非常官僚制的堡垒上的。在1989年以前，由朱迪斯·米勒领带的弗洛伊德园地（CF）和世界各地的不同拉康派团体都保持着联系。而与此同时，另一个国际性组织也成立了。米勒组织的一个重要特点是它能够不断分化成为新的组织、团体、学派和网络，而同时又能让它们团结在一起。所以在CF继续运行的同时，米勒于1990年的秋天决定在巴塞罗那成立精神分析欧洲学派（EEP），原来从属于CF的各个团体定期在那里会面。西班牙是合适的土壤，直到今天它还是世界上唯一一个拉康派占据多数的国家。那里80%的团体都和米勒及其组织有所关联。而在世界上其他地方，特别是南美洲，拉康派运动是多元化的，而正统拉康派虽然强大但也只是少数。在EEP成立之前，弗洛伊德园地学院已于1985年在加拉加斯成立。之后在1992年1月2日，第三个组织在阿根廷的布宜诺斯艾利斯成立：拉康取向学派（EOLCF）。阿根廷已经有三个和国际精神分析协会有关联的大型组织和69个小型的拉康团体，其中只有两个同意加入EOLCF。

1992年初，委内瑞拉的弗洛伊德园地学院、法国的弗洛伊德事业学派、西班牙的精神分析欧洲学派以及阿根廷的拉康取向学派共同组成了一个多元化的组织：其中三个是国家性组织，而另一个看似是洲际组织，其实主要局限在西班牙之内。为了整合这些组织并进一步增加其他组织——例如正在筹划中的巴西学派——米勒决定把他的运动国际化。1992 年 2 月，他建立了精神分析世界组织（AMP），把创始文件命名为"巴黎公约"。在精神分析历史上第二次出现了一个国际性的机构。AMP 的主要工作语言是西班牙语，而国际精神分析协会是英语。这份公约的签订是战争的宣言。"这再也不是制衡国际精神分析协会的问题了，"弗洛伊德事业协会的主席弗朗索瓦·勒吉伊说，"我们的组织的制度化表明了我们反对国际精神分析协会并最终推翻它的意图。没有其他的选择：在安娜·弗洛伊德派所主导的国际精神分析协会所控制的地方，精神分析总是向当局竖起白旗，希望它能约束竞争者、管理市场，从而保全自己的地位。"[3]

1981 年塞尔日·勒克莱尔拒绝建立学派，他希望给年轻人机会。但十年后他实现了重大的回归，在法国精神分析的历史上留下了重要而饱受争议的一笔。他的出发点的新颖之处在于指向整合。法国弗洛伊德运动正在陷入危机，而勒克莱尔的精神分析师的一个机构之协会旨在为所有给大众提供精神分析治疗的实践者们提供庇护，无论他们是拉康派的孤儿还是国际精神分析协会中的异议者。这些人被剥夺了实践的合法性，被正统体制排除在外。而精神分析作为一门人文学科正在药理学和基因研究的攻击下逐渐解体。"30 年来，"勒克莱尔说：

> 法国精神分析运动一直是世界上最有生命力的。如果我们把它和美国的精神分析运动相比较，这个结论依然是真的。但我感到它正在僵化，陷入一种宗教战争之中，那些理论的争辩再也不能产生新的东西。法国精神分析运动以这种状态进入 1992 年并不是一件好事……现在的危机在于分析正在被稀释。大多数法国的分析师都不为人知。他们不属于任何学派。这些人年龄在 35 到 40 岁之间，他们对于那些老人们的争吵不感兴趣。他们需要空间、一个团体。这就是我们协会成立的动机所在。它不

受之前成立的任何协会的影响。⁴

勒克莱尔的规划是正确的。他希望把法国从国际精神分析协会到弗洛伊德事业学派的所有精神分析师都聚集起来。他指出了当前分散的状态对拉康派运动乃至整个法国弗洛伊德事业都有负面的影响，虽然后者看上去还很稳固。但在它的创始文件中，"ordinal"一词的使用引发了争议。这个词语让人联想到秩序，特别是医学秩序。它似乎是在建议用一个法律约束下的组织取代精神分析的自由联想。这导致勒克莱尔遭到了各方面的攻击。

事实上，他的观点被他的反对者们采用了，特别是精神分析国际协会的组织者们。他们也注意到了当前的危机，希望通过整合的方式来解决它。但他们不是整合个体，而是联合不同的组织。这一尝试的开头非常困难，但在索邦大学阶梯教室的一次研讨会上，之前从巴黎弗洛伊德协会分裂出来的协会们第一次聚集在一起，现场的气氛是欢乐的。《自由报》以头版标题报道了这次聚会："拉康的孩子们团聚了。"之前曾经批评过勒克莱尔的帕特里克·居约马尔毫不犹豫地表示："勒克莱尔的提议促使了这一切。的确，每个人都反对一种秩序的建立……但他对于现状的分析是准确的。"⁵

小组数目的增加并不意味精神分析师人数的增长，而仅仅是拉康派运动从一开始就表现出来的一个特征。虽然拉康派希望成为正统，但它注定被归为反对派，它的历史也是在不断的分裂中前进。这一特征和拉康派的短时分析很像，它们都具有断裂性、颠覆性和革命性。如果说国际精神分析协会的固定时长分析把时间理解为一种永恒的回归，那么拉康派的历史是一种不断爆发和冒险的历史，是一种超现实主义的时间。这一"行动的历史"流露出"法国式例外"的痕迹。法国是世界上唯一一个精神分析在100年时间里持续进入文化生活的各个方面的国家。拉康派反映出这种

遗产

"法国式例外"，它是一种颠覆行动，一种逾越。它从法国大革命和德雷福斯事件中继承了那种反抗现存秩序的精神。

"法国式例外"的主要表现是超现实主义、胡塞尔式的现象学和结构主义。但在社会上和政治上，这一例外只有在被德国法西斯所控制的欧洲大陆才能形成。这导致了德国弗洛伊德先锋派的流亡，而后来雅尔塔协定则禁锢了东欧精神分析的发展。随着共产主义体系的崩溃、柏林墙的倒塌和中欧国家之间冲突的加剧，这段历史也随之终结。中欧曾经是精神分析的发源地，但由于长期作为苏联的卫星国，弗洛伊德学派没有任何存在的合法性：没有运动，没有理论，也没有机构。只有在1993年之后处在萌芽期的自由主义政府的建立才重新激活了弗洛伊德思想。但这又是以何种形式呢？

精神分析的根本原则要求分析者在分析师的躺椅上花费一定时间，这一点只有在自由和法治政府的保障下才能实现——政府需要限制自己相对于人民的权力，并尊重这一限制。这一点解释了为什么精神分析在美国、抵抗法西斯主义的欧洲国家和刚刚从独裁统治中解放出来的南美国家中盛行。在共产主义、纳粹主义和其他并非自由和法制的国家中，它不可能建立起来。在国家的保障下，精神分析可以发展自己的训练模式、规则、团体、宗派、协会和党派，分析师们和政党中的成员或其他公民团体中的人物一样，可以自由地进行竞争。

这种集会自由使得精神分析发展出两种不同的培训模式：国际精神分析协会和精神分析世界组织。两者都是正统派；都通过法律和家族继承获得合法性，并且守卫着精神分析运动的官方形象、理论文件和具体实践。长期以来，安娜·弗洛伊德代表着国际精神分析协会中的正统派。到了今天，她的影响力正在日渐衰弱；而在拉康派运动中，雅克－阿兰·米勒的家庭是统治者。米勒是政治领袖，也是拉康遗产的执行人；朱迪斯·米勒是遗产的继承人，负责交流；雅克－阿兰·米勒的兄弟杰拉德·米勒掌管财务。

国际精神分析协会允许各种理论变种,但禁止它们打破技术规范。米勒派则一方面禁止其他的理论解读,另一方面不强加有关分析师训练的技术规范。经验证明,一个精神分析的帝国坚持技术统一性会比坚持理论统一性更加稳固,因为前者和精神分析实践的民主自由精神更加兼容。理论禁锢导致视野的狭隘,技术禁锢导致体制的僵化。这就是为什么米勒派的国际主义永远无法变得像国际精神分析协会一样强大。

拉康派的颠覆精神和挑战秩序的欲望注定了它脆弱和分裂的命运。这就是为什么正统拉康派(米勒派)在大多数国家中都只是少数派。一个极端的中央结构、对拉康的个人崇拜以及严格的理论限制都直接违背了拉康派运动多元的、创造性的、巴洛克式的和差异性的精神。米勒派表面上的制度力量掩盖了它内在的软弱和在处理矛盾时的无力。为了维持自身的国际性,米勒派不得不与它不能接受的理念进行外在的斗争。这就是为什么它总是要反对国际精神分析协会,把后者视为绝对的他者、恶魔和把真神从万神殿驱逐出去的罪犯。30年后,斯德哥尔摩的事件依然是拉康家族的噩梦,仿佛历史在格利普霍姆城堡的门前终结了一样。

争夺未来的战争表现为争夺东欧的战争。东欧已经被两个不同的精神分析模式所殖民。由于正统拉康派人数有限,必须寻求第三种力量来维持法国式弗洛伊德理论的传播。这一力量就是由19个不同组织所代表的多元化拉康派。它不仅在法国占据着多数,而且在阿根廷、巴西甚至意大利都有影响,纵然拉康在意大利执行过错误的政策[6]。意大利的协会包括弗洛伊德事务协会、那不勒斯拉康中心和都灵弗洛伊德协会。[7]

在20世纪50年代的法国,只有富有才华的医生和哲学家才能接触到弗洛伊德的文化,而现在精神分析早已不再是精英们的特权。与此同时,它逐渐撤出了那些之前曾经滋养过它的领域:一方面是精神病学,它对于疯癫的研究和从启蒙哲学继承下来的人道主义传统影响了精神分析;另一方面是知识分子阶级，精神分析从这里获取了颠覆精神和理论资源。虽然精神分析不再是精英主义而成为大众实践，但它却变得更加专业化，变成往往只有技术专家才能理解的复杂术语。这似乎是"法国式例外"的历史结束的方式。

精神分析的问题在很大程度上受到当时社会问题的影响。当它失去了先锋派的地位，当精神分析师不再把自己视为精英后，它的成员和社会大众拥有着同样的理想和缺陷：渴望个人成功、循规蹈矩、缺乏批判精神、无病呻吟和迎合上层人物。精神分析协会无论具有哪种倾向，本质上都变成了保护性的茧。它们的词汇各不相同，但术语都是一样的：这种术语试图模仿一种不可避免的死亡，但还没有被彻底埋葬和遗忘的精英主义[8]。

"法国式例外"的终结使得当代拉康派精神分析出现了一道裂痕。哲学辞说和学术训练把拉康的理论视为一种思想，脱离了任何临床应用或制度影响。它被世俗化的同时也和巴特、福柯、列维－斯特劳斯的思想一样成为法国思想史的一部分。这一种世俗化理解的最好例子是勒内·马若尔于1990年5月在哲学国际学院所组织的一次国际会议。这次会议的名称是"拉康和哲学家"[9]。来自不同取向的精神分析师、哲学家、历史学家、逻辑学家和古文物专家参加了会议。阿兰·巴迪欧（Alain Badiou）朗读了一篇关于拉康对于柏拉图的理解的论文；菲利普·拉库－拉巴特和妮科尔·洛罗谈到了安提戈涅；勒内·马若尔讨论了精神分析中的德里达潮流；德里达讲述了他和拉康的关系；让－克劳德·米尔纳提出了关于科学地位的问题。贝特朗·奥格尔维、皮埃尔·马歇雷、埃蒂安·巴利巴尔和米克尔·博尔奇－雅各布森聚在一起对话，他们分别继承了阿尔都塞、福柯、康吉莱姆和德里达的思想。这次会议表明不同的读者对于拉康理论有着不同的理解。会议讨论的一个核心是拉康对于海德格尔的理解，这决定了拉康理论的哲学地位。和精神分析领域一样，哲学圈子里关于拉康理论的辩论也同样激烈[10]。

关于哲学家和学者对于拉康理论的世俗化，最近十年中出现了两部著作：让－克劳德·米尔纳的《模糊的名字》(Les Noms indistincts)，以及克里斯蒂安·让贝的《阿拉穆特的伟大反叛》(La Grande Résurrection d'Alamût)[11]。这两位作者都是 GP 的前成员；米尔纳后来成了语言学专家，而让贝作为亨利·科尔班的学生成了伊斯兰教什叶派的专家。两本书文笔优美，充分利用了拉康后期的"实在－象征－想象"的结构来讨论当代的精神忧郁、革命的终结、自杀、疯癫以及结构主义一代的身份丧失。让贝还以 12 世纪的伊朗为背景讨论了自由的极端形式。波罗米结也出现在两本书之中，但不是以漫画和条幅的形式出现，而是代表着对于绝对的追求，正是这种追求困扰着里尔街那位大师的最后岁月。

另一方面，在精神分析运动当中，拉康理论被视为圣经。它成为每个团体建立和组织的主导话语。学术话语和精神分析辞说的这种对立在拉康生前并不存在，一方面是因为拉康一直试图超越学科界限，另一方面是因为当时拉康理论还没有那么流行。

封闭在城堡里的弗洛伊德事业学派的文本脱离了学术传统。米勒编辑"研讨班"系列的方法被应用在米勒学派之后的大多数出版物上：这些出版物没有笔记，没有注释，没有辅助资料。它们大多以匿名或团体的名义出版，其目的是把个体融合在群众之中。例如弗朗索瓦·勒吉伊把自己描述为"邻家分析师"，以表示对精英主义和任何形式的极权主义的厌恶[12]。正统拉康派的两本代表作都是一些争强好胜的文章的合集：杰拉德·米勒编辑了第一本；朱迪斯·米勒负责第二本，其中包括了很多拉康的照片[13]。在他于 1986 年出版的著作《拉康》中，杰拉德·米勒为雅克－阿兰·米勒进行了长篇辩护："他不是这本书的共同作者，他的贡献比这大得多。在过去十几年间，他在巴黎八大的讲座和每周的研讨班提供了对于雅克·拉康作品的出色而合理的解读。这本书的内容参考了他的教学，并且受到他对于《文集》和"研讨班"系列的评论的影响，后者是他在拉康指示下编纂的。"[14] 杰拉德·米勒的这本书是对于拉康理论的基础性解释。在书结尾的参考文献中"研讨班"系列就占据了一页,仿佛这是经米勒之手完成的拉康的最重要的作品,而《文集》被视为是次要的,只有短短三行字,弗朗索瓦·瓦尔的名字也没有出现。

《你知道拉康吗?》(*Connaissez-vous Lacan*?)出版于1992年,其中包括了一系列纪念拉康去世十周年的文章。拉康被描述为"伟大的舵手",一名"把弗洛伊德从遗忘和背叛的灾难中拯救出来的助产士"。[15]

弗洛伊德事业学派实践的封闭性和孤立性把它的成员和拉康派运动的历史隔离开来。他们学习的是米勒加工后的拉康,拉康成为被引用的对象。米勒定期举办研讨班,在课堂上他模仿自己岳父的风格评论拉康的"研讨班"系列。听众们有400多人,一半说西班牙语,一半说法语。这些没有机会亲身经历拉康的传奇事迹的孤儿们认同于拉康的女婿,希望通过某种神秘的情感宣泄,从空洞中复活那些永远消失的话语。和其他拉康派不同,弗洛伊德事业学派的成员们很少走出他们的机构,哪怕他们意识到其他多元化的拉康派的存在。他们从未想过找巴黎弗洛伊德协会的前成员或其他拉康派协会的分析师来给自己进行分析或督导。相反,他们在同一代人的"兄弟"之间互相分析,这也是为什么他们如此希望推广临床教学。

和弗洛伊德以及英美精神分析运动的领袖们不同,拉康从未发表过一个案例分析(除了他的博士论文,不过如我们所知,他在当时也没有真正"分析"他的病人)。不仅拉康的理论是通过重返弗洛伊德理论的真义而发展起来的,他的临床教学也是对于精神分析历史上的重要案例的评论而实现的。他的继承者因此不得不面对这样的问题:他们必须通过对评论的评论来挖掘拉康的临床理论。

弗洛伊德事业学派的大多数领导人在1970年至1980年之间接受过拉康的分析,经历了分析时长不断缩短的混乱过程。这种经历只有通过他们

第 32 章　弗洛伊德的法国：当前状态

为拉康写的圣人传的方式被保留下来。这些人把拉康在里尔街对他们使用的分析方法移植到他们的患者身上。没有人敢彻底放弃对时间的控制，15 分钟成为弗洛伊德事业学派中不成文的规则。有些成员不再安排固定的会面时间，还有些人把分析时长缩短到 5 分钟。很多拉丁美洲的培训者以这种方式接受分析：他们每年来巴黎一个月，在这段时间里他们每天接受三到四次时长 15 分钟的分析。这保证了帝国权力的集中。

弗洛伊德事业学派本身以中央政府的方式组织起来，下面有各种网络和单元。10 个研究部门对应着弗洛伊德事业学派和巴黎八大的精神分析系之间的劳动与权力分配。"临床与高等研究部门"由杰拉德·米勒指导，它是其他部门的范本。"数学分析思考部门"旨在把拉康的教学理性化，实现"完全的传播和可能的数素"，它的工作由雅克-阿兰·米勒进行协调。"塞瑞达"是一个网络组织，旨在发展关于拉康派儿童精神分析的国际化理论。它的委员会成员包括罗西纳·勒福尔、雅克-阿兰·米勒和朱迪斯·米勒。GREPS 是一个身心研究小组，雅克-阿兰·米勒是小组的顾问之一。GRETA 处理毒瘾和酗酒行为。"拓扑学临床研究小组"（GRTC）研究波罗米结。CF 的"研讨班"系列保证了弗洛伊德事业学派的理论可以如实地传播到世界各地[16]。"精神分析概念的精神病学应用小组"处理法国国内外的精神病学问题。"弗洛伊德学院"在多米尼克·米勒的领导下负责教学与培训。最后，"Scilicet 之二"网络对 CF 的出版物——包括《奥尼卡？》在内——进行校对。从 1992 年起还有一个和弗洛伊德事业学派有密切关系的弗洛伊德事业协会（ACF）负责在法国外省推广米勒派精神分析[17]。

米勒派组织的复杂的官僚体系和拉康在 1964 年关于简单性和透明性的设想背道而驰。网络、单元和小组的不断增加说明弗洛伊德事业学派在创建十年之后依然受困于合法性的问题。关于它的创始文本是否出自当时已经不能说话的拉康之手的疑问在劳伦斯·巴塔耶退出协会后继续笼罩着米勒派的新拉康主义。在这个背景下，1989年冬天协会出现了一次重大的危机，最终导致杰拉德·波米耶和卡特琳·米约的退出。

1989年秋天，波米耶出版了著作《精神分析的儿童神经症》(*La Névrose infantile de la psychanalyse*)，其中包含了这样一段：

> 虽然他的方法被大多数精神分析师排斥，但拉康的女婿雅克-阿兰·米勒依然坚持自己的合法性，无论是在媒体上、对当局的态度上还是在大学里……在让·克拉夫勒尔的新书《欲望和律法》(*Le Désir et la loi*)之中，我们读到"1980年1月5日解散巴黎弗洛伊德协会的公开信，以及后来拉康在研讨班上朗读的所有文稿，都出自米勒之手"。这样的行为是非法的，在之前已经有过判例，但为什么米勒一直否认这个事实呢？为什么不承认拉康请求他的帮助？除非这些文本恰恰是保证他的合法性的文本。[18]

这次抨击丝毫不留情面，特别是它出自一个曾经支持过米勒事业的人。在弗洛伊德事业学派的公开日上，杰拉德·米勒把这部著作从书展上撤了下来。但在这个事件背后有一个至关重要的问题，雅克-阿兰·米勒自己也很清楚。他解释说学派里的危机"已经影响了学派的基础……这一事件本身和它背后的逻辑相比是微不足道的。在当前的形势下，很明显这场危机已经无法避免。它来自学派的基因，并且在成员之间传播开来"。

在这之后，米勒用自传体的方式要求大家公正地回答他的问题，并向他提问："在这十年里，我一直使用'我们'而不是'我'，这么做是为了尽力使自己消失在学派不同机构所构成的集体背后。我希望学派的文件能从客观的视角反映普遍意志。这对我有很大好处。但他们想要的是'雅克-阿兰·米勒'这个名字，他们骚扰他、追捕他，用矛、枪和喷火器铲除他。好吧：你赢了。我在这里。从今天起，我会在学派里使用'我'，看看这样是否会让你们满意。"米勒继续谈到了历史和巴黎弗洛伊德协会,把后者称为"九头蛇"。"是你们让我放弃了我的矜持吗?不,是她。那头野兽,那条九头蛇。我从20岁开始就一直和她战斗。我以为我击败了她,我以为她所有的头都被砍掉了。但现在我忽然间看到她又站了起来,站在学派的中央,站在我面前。她所有的头和腿都在那里,流着口水,扭曲着脸,大声尖叫着,想用内萨斯的长袍埋葬我。"[19]

几个月的时间里,弗洛伊德事业学派被造反的浪潮所席卷,但它的体制并没有改变。一大批分析师,包括之前因为尊重拉康的决定而加入米勒争议的弗洛伊德事业学派的前成员,离开了协会,创建了名为"弗洛伊德维度"的新组织。在这之中,卡特琳·米约的离开影响最大,堪比之前劳伦斯·巴塔耶的退出。米约很有魅力、富有才华,在协会中名望很高。她于1971年在索邦学习哲学期间开始接受拉康的分析,并成为米勒家庭的一员。后来她加入巴黎弗洛伊德协会,担任巴黎八大的老师,成为正统拉康派的一员。当拉康去世后,出于对拉康决定的尊重,她加入了弗洛伊德事业学派,在那里接受了米歇尔·西尔韦斯特的督导和布里吉特·勒米尔的第二阶段的分析[20]。在她离开的公开信中,她向她的挚友们表示:这个学派从诞生起就受困于一个"根本的怀疑"。

> 尊崇那些真实性受到怀疑的文本是把这些文本转化为一种信仰的客体。弗洛伊德事业学派的每个人都要保证这些文本的真实性……它也使得这些文本成为一种集体催眠的对象:由于大家都被这些文本是真是假的问题所催眠,因此没有人看到这些行为的对象。这是超我的一种巧妙的手段,让每个人都臣服于拉康最后的愿望,学派成了这个愿望的解读者,而拉康的"道德继承人"成了必要的传声筒。[21]

虽然米勒对于拉康的理论进行了过分简化的解读,但它并没有让他

566　领导的精神分析运动脱离拉康理论的基本立场。换句话说，米勒学派依然是弗洛伊德派。它保留了拉康通过重返弗洛伊德的文本而和弗洛伊德学派的历史建立起关系的理念。但如果拉康的概念和米勒的解读一直混淆在一起，这样的联系能保留多久？如果要把拉康理论和他女婿的解读区分来开，就要同时区分弗洛伊德的思想和拉康对弗洛伊德的解读；而把两个理论等同就要承担把弗洛伊德视为"前拉康派"的风险。

"根本的怀疑"所带来的重大的理论问题为弗洛伊德事业学派的起源和"研讨班"系列的出版带来麻烦。所有法国的拉康派都受到它的威胁，因为拉康从来没有在理论上明确指出自己解读弗洛伊德的方法。我之前已经多次指出，拉康经常把他的理论创新归功于弗洛伊德。

对有关拉康"排除"这一概念的文本进行仔细地阅读会揭示这种危险。很多评论者指出"排除"并不存在于弗洛伊德的理论中。"Verwerfung"一词在弗洛伊德那里的意思是"拒绝"，后来被拉康概念化。但有时候他们忘记提到皮雄的贡献以及关于心理盲点的辩论，或者走到另一个极端，宣称皮雄已经对弗洛伊德的无意识做出了拉康式的解读。最糟糕的是，有些评论家产生了"错觉"，认为弗洛伊德已经用"Verwerfung"表示"排除"，拉康只是把它翻译为法文并用它来理解精神病。在这种说法中，皮雄的作用被完全忽视了[22]。受此影响，越来越多的读者开始向书店咨询弗洛伊德关于"排除"的著名文本。"这样的请求在拉康去世后不断增加。"蒂埃里·加尼尔表示[23]。

567　当然，对于那些非拉康派、反拉康派或者"去拉康派"的弗洛伊德派来说，并不存在这样的困惑。但这里又有另一种危险：他们完全低估了拉康解读的价值，认为可以回到一种原初的、"德国式"的弗洛伊德，摆脱从皮雄到拉康的一切法国式解读。这样的动机驱动着让·拉普朗什和安德烈·布吉尼翁领导着一个小组来重新翻译弗洛伊德全集。这在1988年引发了很大争议[24]。

精神分析拉康学派（ELP）是受到这种理论延续性的破坏影响最大的协会，但对于拉康理论最有原创性的工作也同样出自它的成员，包括埃里克·波尔热、菲利普·朱利安、居伊·勒·高菲、达妮埃尔·阿尔努、让·阿卢什和其他几位为评论杂志《沿岸》写稿的人。ELP是第一个称呼自己为"拉康派"而不是"弗洛伊德派"的协会。这种称呼的转换隐含着弗洛伊德理论和拉康理论之间的彻底断裂。拉康理论变成了一种幻觉和神秘的解释学。

精神分析研究与教育中心（CFRP）在20世纪90年代成为法国精神分析运动的中心，代表着一种对于包括国际精神分析协会在内的所有弗洛伊德派开放的多元化拉康派。但这意味着它要承担过度扩张的风险。两个在1985年没有预见的原因导致了这一巨大成功：联合领导制和对"通过"制度的抛弃。通过后者，CFRP实施了一种温和的训练方法——结合了国际精神分析协会和之前的巴黎弗洛伊德协会的方法——纵然这种做法有折中主义的风险。至于前者，它帮助第四代和第五代精神分析师获得真正的权力，而不像在其他协会中那样，权力总是被年老的第三代分析师所掌握。在这一过程中，国际精神分析协会的成员莫德·曼诺尼凭借她和比利时精神分析协会的关系起到了和塞尔日·勒克莱尔一样的整合的作用。她把弗洛伊德的遗产和充满争议的拉康的遗产重新结合起来。这样关键的角色由一位女性来担当可能是当时争议频出的原因之一。

还有一个问题：今天的精神分析师们为什么不再出版书籍，反对那些晦涩术语、官僚体制和教条主义？这很难回答。这样的分析师确实存在，他们也还在工作。有的出于对拉康的忠诚依然留在各自协会中，但拒绝被标准化；有的从协会中退出，走上了流亡之路，坚信弗洛伊德就是一名持异议的犹太人和永远的怀疑者；还有一些人在不同小组之间自由交流以寻求差异。"文化主义"作为一种新的现象在法国出现。它研究精神分析历史上存在过的其他聆听技术,在历史中寻找能够回答当下问题的答案。这些分析师研究弗洛伊德、温尼科特、梅兰妮·克莱因、多尔多、拉康和费伦齐的理论与实践。他们在救护机构和移民、疯子、脱离社会的人、儿童及艾滋病患者打交道,在自己的诊所里面对神经症和抑郁的受害者。他们年龄各异,诉求各不相同。他们是精神分析的未来,代表着精神分析的激情和荣耀。

只有一点可以肯定:他们不再像前人那样相信一种技术一定优于另一种。即便他们声称自己是弗洛伊德派,他们也会根据近十年来精神分析和患者话语的变化来修正临床技术。患者改变了:他们的病症更加明显,寻求帮助的呼声更加迫切。因为他们每天都要面对关于成功、自由、疯狂、玄秘和科学主义的各种理想。他们需要的不仅仅是一次扫描、一个数素或一块儿秒表。这些精神分析师无须再像前人一样选择一种技术,一种理论或一个学派。他们和他们的患者可能能够给予弗洛伊德理论新的动力。

谨以此书向他们沉默的历史致敬。

致谢

非常感谢西比尔·拉康,她的支持帮助我完成了这本书。她还提供给了个人回忆和档案供我使用。

感谢马克－弗朗索瓦·拉康,在几十年间通过不断的讨论和通信来帮助我。

同样非常感谢蒂博·拉康友好的陪伴,帮助以及提供的私人回忆。

最后,我想感谢西里尔·罗杰-拉康、法布里斯·罗杰-拉康、布鲁诺·罗杰和马德莱娜·拉康－乌隆为此书做出的贡献。

我对使这本书得以完成并出版的下列人表示感谢:

乔治·贝尼耶和弗朗索瓦·瓦尔,他们的叙述非常重要。

Angel de Frutos Salvador 提供给我关于拉康作品不同版本的博学知识。

瑟伊出版社的工作人员,从 1986 年以来允许我使用他们的全部资料。

Jean Bollack 翻译了拉康的《逻各斯》。

Olivier Corpet、François Boddaert,他们给了我进入位于当代出版记录中心的路易·阿尔都塞档案室的权限。

Catherine Dolto-Tolitch、Colette Percheminier,他们提供给我弗朗索瓦兹·多尔多的档案。

马德莱娜·夏普萨尔、奥莱夏·显克微支、西莉亚·伯尔汀、玛丽亚·安东涅塔·马乔基和凯瑟琳·米拉特，他们为此书做出了贡献。

Didier Eribon 允许我参考他的笔记，告知我他的研究结果和许多消息源。

Yann Moulier-Boutan 和我有过一些有用的交流。

Didier Anzieu、Annie Anzieu、Christine Anzieu，他们同意和我讲述关于玛格丽特·庞泰纳的故事。

Renée Ey、Patrick Clervoy，他们给了我查看亨利·艾档案的权限。

Peter Schöttler 提供了他关于吕西安·费弗尔的研究。

Michel Surya 在关于乔治·巴塔耶的话题上提供了帮助。

Pamela Tytell、Michel Thomé、François Rouan、Jean-Michel Vap-pereau 他们使我能够完成这本书的最后一部分。

Me Muriel Brouquet 提供了建议和支持。

Dominique Auffret 提供给我了一些科耶夫的手稿。

Caterina Koltaï 一直配合我的工作。

Céline Geoffroy 修改了我的书稿。

Michel-Edmond Richard 提供了作为系谱学者的技能。

Per Magnus Johansson 提供了有用的评论。

Élisabeth Badinter 阅读了我的书稿；Claude Durand 欢迎我来到法雅德；Jacques Sédat 修改了我的手稿并允许我使用他的图书馆和档案馆。

在写这本书的过程中，我再次用到了很多我在写《法国精神分析史》时用过的档案，个人记录和文件。这些材料是下列这些人提供给我的：Jenny Aubry、Laurence Bataille、Serge Leclaire、Wladimir Granoff、Jacques Derrida、Paul Ricœur、Jean Laplanche、René Major、Jean-Bertrand Pontalis、Robert Pujol、Daniel Widlöcher、Solange Faladé、Moustapha Safouan、Sylvia Lacan、Jacques-Alain Miller、Julien Rouart、Kostas Axelos、Georges Canguilhem、Xavier Audouard、Maud Mannoni。

我还要感谢所有其他给我提供书籍和补充材料的人：Julien Green、Claude Lévi-Strauss、Louis Leprince-Ringuet。

斯坦尼斯拉斯学校的 Abbé Jean Milet。

华盛顿国会图书馆的 Henry Cohen et Peter Swales。

伦敦弗洛伊德博物馆的 Michael Molnar。

Jean-Éric Green、Florence Bellaiche、Dominique Bonnet、Silvia Elena Tendlarz、Hélène Gratiot-Alphandéry、Jean Allouch、Sven Follin、Paul Sivadon、Jacques Postel、Geneviève Congy、Claudejumézil、Léon Poliakov、Françoise Bernardi、Dominique Desanti、Jean-Toussaint Desanti、Stella Corbin、Christian Jambet、Jeffrey Mehlman、John Forrester、Henri F. Ellenberger、Michel Ellenberger、Muriel Drazien、Flavie Alvarez de Toledo、Nadia Papachristopoulos、née Pastré、Françoise Choay、René Gilson、Gabriel Boillat、Jean Jamin、Frédéric François、Zanie Campan、Baber Johansen、Pierre Rey、Françoise Giroud、Robert Georgin、Raffaella di Ambra、Françoise de Tarde-Ber- geret、Renaud Barbaras、Deirdre Bair、Jean Schuster、Jean-Baptiste Boulanger、Paul Roazen、Irène Diamantis、Florence Delay、Madeleine Delay、Nadine Mespoulhes、Jean-Pierre Bourgeron、Claude Cherki、Anne-Lise Stem、Houda Aumont、Patrick Aumont、Thérèse Parisot、Jean Paris、François Leguil、Pierre Vidal-Naquet、Patrick Valas、Serge Doubrovsky、Maud Mannoni、Mario Cifali、Michel Coddens、Bertrand Ogilvie、Pierre Macherey、Michel Plon、Didier Cromphout、Marie-Magdeleine Chatel、Danièle Amoux、Guy Le Gaufey、Erik Porge、Claude Halmos、Roberto Harari、Denis Hollier、Paul Henry、Jacques Le Rider、Roland Cahen、Michel Fraenkel、Julia Borossa、Jean Lacouture、Pierre Verret、Jean-Pie Lapierre、Daniel Bordigoni、Charles Reagan、Edmonde Charles-Roux、Pierre Morel、Jean Szpirko、Michel Roussan、Thierry Garnier、Alain Vanier、Phyllis Grosskurth、Jean-Pierre Salgas、Françoise Gadet、Jacqueline Pinon、Sandra Basch、André Haynal、Maurice de Gandillac。

Appendice

_附录

ABRÉVIATIONS
缩写

附录

协会与期刊

AAAP	American Association for the Advancement of Psychoanalysis
AAGP	Allgemeine Arztliche Gesellschaft für Psychotherapie
AE	Analyste de l'École (EFP)
AF	Association freudienne 弗洛伊德协会
AIHP	Association internationale d'histoire de la psychanalyse 精神分析史国际协会
AME	Analyste membre de l'École (EFP)
AMP	Association mondiale de psychanalyse 精神分析世界组织
AP	Analyste praticien (EFP)
APA	American Psychoanalytic Association 美国精神分析协会
APF	Association psychanalytique de France 法国精神分析联合会
APUI	Association pour une instance des psychanalystes 精神分析师的一个机构之协会
BPS	British Psychoanalycal Society 英国精神分析协会
CCAF	Cartels constituants de l'analyse freudienne 弗洛伊德分析的卡特尔构成
CERF	Centre d'études et de recherches freudiennes
CERM	Centre d'études et de recherches marxistes
CF	Champ freudien
CFRP	Centre de formation et de recherches psychanalytiques 精神分析研究与教育中心
CHU	Centre hospitalo-universitaire
CMPP	Centre médico-psycho-pédagogique
CNRS	Centre national de la recherche scientifique
CP	Convention psychanalytique 精神分析公会
DPG	Deutsche Psychoanalytische Gesellschaft
DPV	Deutsche Psychoanalytische Vereinigung
DSM III	*Diagnostic and Statistical Manual of Mental Disturbances (APA)*
ECF	École de la cause freudienne 弗洛伊德事业学派
EEP	École européenne de psychanalyse 精神分析欧洲学派
EF	École freudienne
EFP	École freudienne de Paris 巴黎弗洛伊德协会
ELP	École lacanienne de psychanalyse 精神分析拉康学派
EMP	Externat médico-pédagogique

ENS	École normale supérieure
EP	Évolution psychiatrique (groupe)
EP	*Évolution psychiatrique (journal)*
EPCI	École propédeutique à la connaissance de l'inconscient 无意识认识教育学会
ESI	Éditions sociales internationales
FAP	Fédération des ateliers de psychanalyse
FEP	Fédération européenne de psychanalyse 精神分析欧洲联盟
GEP	Groupe d'études de la psychanalyse (Study Group)
GP	Gauche prolétarienne
GRP	Groupe régional de psychanalyse
IJP	*International Journal of Psychoanalysis* 国际精神分析期刊
IMP	Internat médico-pédagogique
IP	Institut de psychanalyse
IPA	International Psychoanalytical Association 国际精神分析协会
ME	Membre de l'École (EFP)
MLF	Mouvement de libération des femmes
NC	*La Nouvelle Critique*
NRF	*Nouvelle Revue française*
NRP	*Nouvelle Revue de psychanalyse*
OPLF	Organisation psychanalytique de langue française 法语精神分析组织
PCF	Parti communiste français
RFP	*Revue française de psychanalyse*
RHLF	*Revue d'histoire littéraire de la France*
RJHP	*Revue internationale d'histoire de la psychanalyse*
SASDLR	*Le Surréalisme au service de la révolution*
SBP	Société belge de psychanalyse
SFP	Société française de psychanalyse 法国精神分析协会
SHC	Sciences humaines cliniques
SIHPP	Société internationale d'histoire de la psychiatrie et de la psychanalyse 精神分析与精神病学历史学国家协会
SPP	Société psychanalytique de Paris 巴黎精神分析协会
TM	*Les Temps modernes*
TQ	*Tel quel*

附录

UEC	Union des étudiants communistes
UER	Unité d'enseignement de recherche
UJCML	Union des jeunesses communistes marxistes-léninistes
UV	Unité de valeur
WPA	World Psychiatrie Association

主要人物

E.R.	伊丽莎白·卢迪内斯库
J.A.	热妮·奥布里
J.-A.M.	雅克－阿兰·米勒
J.-L.D.	让－吕克·多内
R.E.	勒内·艾
R.M.	勒内·马若尔
S.L.	塞尔日·勒克莱尔
W.G.	弗拉迪米尔·格拉诺夫
X.A.	格扎维埃·奥杜阿尔
J.S.	雅克·赛达特
L.A.	路易·阿尔都塞
F.D.	弗朗索瓦兹·多尔多
M.-F.L.	马克－弗朗索瓦·拉康
S.La.	西比尔·拉康

参考文献与拉康著作

HPF, 1 et 2　伊丽莎白·卢迪内斯库，《法国精神分析史》，第一、二卷。巴黎，瑟伊出版社 1986 年版

J.L.	雅克·拉康
E.	《文集》
TPP	《妄想性精神病及其与人格的关系》（拉康的博士论文）（瑟伊 1975 年重印）
S.	《研讨班》（后接罗马数字表示研讨班的期号）
F.	《论家庭》《法兰西百科全书》第八卷

NOTES
尾注

附录

第一部分 父亲形象

第1章 制醋商人

1. Claire BILLON et Georges COSTES, *La Vinaigrerie Dessaux*, Commission régionale de l'inventaire Centre, Orléans, 1984. *Journal de la Sologne et de ses environs*, 47, janvier 1985, p. 36. *Orléans*, journal d'information édité par la mairie, 4 mars 1990, pp. 52-55. Michelle Perrot, *Jeunesse de la grève*, Paris, Seuil, 1984.

2. 意大利人卡廖斯特罗（朱塞佩·巴尔萨莫，1743—1795）经常被混淆为奥地利人弗朗茨·安东·梅斯梅尔（1734—1795），后者是"催眠术的倡导者（*Le Magnétisme animal*, Paris, Payot, 1970）。在法国大革命之前，两人都是共济会成员，但梅斯梅尔是一名真正的医生和科学家，是早期动力精神病学的创始人。参见 *HPF*, 1, pp. 51-84.

3. 作者在 1990 年 10 月对 M.-F.L. 的访谈。

4. 1991 年 12 月 1 日对 M.-F.L. 的访谈，以及 1990 年 4 月 30 日对亨利·德索的访谈。

5. J.L., *S. IX*, 1961 年 12 月 6 日，米歇尔·茹桑翻译。

6. M.-F.L.1986 年 10 月 3 日给 E.R. 的信，参见第六部分第 22 章。

7. 1990 年 10 月 5 日和 1991 年 12 月 1 日对 M.-F.L. 的访谈。

8. M.-G. CHATEAU et J. MILET, *Collège Stanislas*, notice historique, éd. du Collège, novembre 1979.

9. Madeleine BARTHELEMY-MADAULE, *Marc Sangnier*(1873—1950), Paris, Seuil, 1973.

10. Jean CALVET, *Visage d'un demi-siècle*, Paris, Grasset, 1959.

11. Robert De Saint Jean, *Passé pas mort*, Paris, Grasset, 1983, p. 47.

12. 1900 年 10 月 5 日对 M.-F.L. 的访谈。

13. Robert DE SAINT JEAN, *op. cit.*, p. 47.

14. 斯坦尼斯拉斯学校档案；1990 年 1 月 17 日对路易·雷帕士·兰纪的访谈。

15. M.-F.L.1986 年 10 月 3 日给 E.R. 的信。

16. 参见 *HPF*, 2, 第一部分第四章。

17. 让·巴吕齐（Jean BARUZI）, *Exposé de titres pour la chaire d'histoire des religions au Collège de France ; Saint Jean de la Croix et le problème de l'expérience mystique*, Paris, Alcan, 1931.

18. 亚历山大·柯瓦雷（Alexandre KOYRE）, *L'École pratique des hautes études*, 1931 et *De la mystique à la science*, éd. par Pietro Redondi, Paris, EHESS, 1986, pp. 6-315.
19. *Ibid.*, p. 14.
20. 让·巴吕齐（Jean BARUZI）, *Saint Jean de la Croix, op. cit.*, «Préface», p. IV.
21. Augustin GAZIER, *Histoire du jansénisme*, Catalogue de la bibliothèque de J.L. à Guitrancourt, Arch. Sibylle Lacan. Et entretien avec M.-F.L.
22. 1990 年 10 月 5 日对 M.-F.L. 的访谈。
23. 对乔治·贝尼耶的访谈，基于丽丝·德哈姆 1991 年 10 月 2 日的回忆。
24. *Voir HPF*, 2, p. 119.
25. Robert DE SAINT JEAN, *op. cit.*, p. 47.
26. 1990 年 10 月 5 日对 M.-F.L. 的访谈；M.-F.L.1986 年 10 月 3 日给 E.R. 的信。
27. 1983 年 3 月 4 日对马德莱娜·拉康 – 乌隆的访谈。

第 2 章 病房里的侧面像

1. 参见 *HPF*, 1, pp. 269-435.
2. Henri F. ELLENBERGER, *À la découverte de l'inconscient*, Villeurbanne, Simep, 1974.
3. 关于雅内和柏格森，参见 *HPF*, 1, pp. 223-269.
4. 西格蒙德·弗洛伊德（Sigmund FREUD）,《性学三论》*(Trois Essais sur la théorie de la sexualité)*, trad. (1923) par Blanche Reverchon-Jouve, Paris, Gallimard, coll. «Idées», 1962. Nouvelle trad. par Philippe Koeppel, Gallimard, 1987.
5. Sur la question de la «voie intellectuelle», Voir *HPF*, 2, pp. 19-115.
6. J.L., *Revue neurologique*, 1926. Voir bibliographie.
7. Voir *HPF*, 1, quatrième partie.
8. Michel COLLÉE et Olivier HUSSON, «Entretien avec Julien Rouart», *Frénésie*, automne 1986, p. 109.
9. Lettre de H. Ellenberger à E.R. Entretien avec Paul Sivadon le 24 janvier 1990. Paul SIVADON, extrait d'un entretien, *Ornicar ?*, 37, été 1986, p. 143.
10. Paul SIVADON, «J'étais interne des asiles de la Seine 1929—1934», *Actualités psychiatriques*, 2,1981.

附录

11. 西格蒙德·弗洛伊德，约瑟夫·布罗伊尔 (Joseph BREUER),《癔症研究》(*Études sur l'hystérie*), trad. A. Berman, [1956], Paris, PUF, 1967.
12. Sur l'itinéraire d'Édouard Toulouse et de Georges Heuyer, Voir *HPF*, 1, pp. 206-210 et 344.
13. J.L., « Abrasie chez une traumatisée de guerre », *Revue neurologique*, 1928. Voir bibliographie.
14. Texte réédité dans *TPP*, 1975. Voir bibliographie.
15. Voir *HPF*, 1, pp. 66-73.
16. 西格蒙德·弗洛伊德 (S. FREUD),《杜拉：一例歇斯底里案例分析的片段》(Dora: Fragment d'une analyse d'hystérie »), *dans Cinq Psychanalyses*, trad. M. Bonaparte et R. Loewenstein, Paris, PUF, 1967.
17. H. CODET et R. LAFORGUE, « L'influence de Charcot sur Freud », *Progrès médical*, 22,30 mai 1925. Voir *HPF*, 1, p. 75.
18. 安德烈·布勒东 (André BRETON),《布勒东全集》第一卷 (*Œuvres complètes, 1*), Paris, « La Pléiade », Gallimard, 1988, p. 949. Voir *HPF*, 2, p. 23.

第 3 章 精神病学导师

1. 克劳德·列维-斯特劳斯 (Claude LÉVI-STRAUSS),《忧郁的热带》(*Tristes Tropiques*), Paris, Pion, 1955, pp. 5-6.
2. Jean Delay, « L'œuvre d'Henri Claude », *L'Éncéphale*, 4, 1950, pp. 373-412. Claude Quétel et Jacques Postel, *Nouvelle Histoire de la psychiatrie*, Toulouse, Privât, 1983. Henri Claude, « Les psychoses paranoïdes », *L'Éncéphale*, 1925, pp. 137-149. Paul Bercherie, *Les Fondements de la clinique*, Paris, Navarin, 1980.
3. Préface à R. LAFORGUE et R. ALLENDY, *La Psychanalyse et les névroses*, Paris, Payot, 1924.
4. Gaëtan GATIAN DE CLÉRAMBAULT, *Œuvres psychiatriques*, Paris, Frénésie-édition,1988. Silvia Elena TENDLARZ, *Le Cas Aimée. Etude historique et structurale*, thèse de doctorat sous la direction de Serge Cottet, I et II, université de Paris VIII, juin 1989. *HPF*, 2, pp. 121-127. Elisabeth RENARD, *Le Docteur G.G. de*

Clérambault, sa vie et son œuvre (1872—1934), Paris, Delagrange, 1992, préface de Serge Tisseron. Danièle ARNOUX, « La rupture entre Lacan et de Clérambault », *Littoral*, 37, printemps 1993.

5. 1990年1月24日对保罗·萨维尔登的访谈。

6. J.L., rééd. *Ornicar ?*, 44, 1988. Voir bibliographie.

7. P. SERIEUX et J. CAPGRAS, *Les Folies raisonnantes*, Marseille, Laffitte Reprints, 1982.

8. Jules DE GAULTIER, *Le Bovarysme*, Paris, Mercure de France, 1902. 对于影响拉康理论工作的精神病学资源，参见 S. TENDLARZ, *op. cit.*

9. 雅克·拉康,《妄想性精神病的结构》(« Structures des psychoses paranoïaques »), *op. cit.*, rééd. *Ornicar ?*, 44, 1988, p. 7. Voir bibliographie.

10. *Ibid.*, p. 10.

11. 参见 *HPF*, 2, p. 124. 1984年1月对朱利安·欧内斯特的访谈；1984年9月30日对勒内·艾的访谈；亨利·埃伦伯格给作者的信。

12. J.L., « Folies simultanées », 1931. Voir bibliographie.

13. J.L., « Écrits inspirés : schizographie », rééd. *TPP*, 1975. Voir bibliographie.

14. J.L., *ibid.*, *TPP*, 1975, pp. 379-380. Sur le surréalisme et la psychanalyse, *HPF*, 2, pp. 19-49.

15. Thèse de S. TENDLARZ, I, *op. cit.*, pp. 85-93.

16. Henri DELACROIX, *Le Langage et la pensée*, Paris, Alcan, 1930.

17. 费尔迪南·德·索绪尔 (Ferdinand DE SAUSSURE),《普通语言学教程》(*Cours de linguistique générale*), Paris, Payot, 1965.

第二部分　疯女人

第4章　玛格丽特的故事

1. *SASDLR*, 1, juillet 1930, rééd. J.-M. Place, Paris, 1976.

2. Voir *HPF*, 2, chapitre i.

附录

3. *SASDLR, op. cit.*

4. Patrice SCHMITT, « Dali et Lacan dans leurs rapports à la psychose paranoïaque », *Cahiers Confrontation*, automne 1980, pp. 129-135.

5. Sarane ALEXANDRIAN, *Le Surréalisme et le rêve*, Paris, Gallimard, 1976.

6. *RFP*, 1932, V, nouvelle trad. sous le titre *Névrose, psychose, perversion*, Paris, PUF, 1973.

7. Sur la question des traductions à la SPP à cette époque, Voir *HPF*, 1, pp. 376-395. Pour le cas Schreber, *RFP*, 1932, V, 1.

8. O. FÉNICHEL, Voir J.L., *TPP*, p. 258, note 7.

9. J.L., *TPP*, p. 154.

10. *Le Journal*, 19 avril 1931. Voir aussi S. TENDLARZ, *op. cit.*, et Jean ALLOUCH, *Marguerite ou l'Aimée de Lacan*, Paris, EPEL, 1990.

11. *Le Temps*, 21 avril 1931.

12. *Ibid*.

13. Sur le mythe de l'Atlantide, Voir P. VIDAL-NAQUET, « Athènes et l'Atlantide », *Revue des études grecques*, t. XXVII, Paris, Les Belles Lettres, 1964.

14. J.L., *TPP*, p. 156.

15. *Ibid.*, p. 204.

16. 基于和迪迪埃·安齐厄达成的协议，我在 *HPF* 第二卷中没有重述玛格丽特的故事。现在新的文献和个人回忆让我能够这么做：J. ALLOUCH, *op. cit.* S. TENDLARZ, *op. cit.* D. ANZIEU, *Une peau pour des pensées*, entretien avec G. Tarrab, Paris, Clancier-Guénaud, 1986. « Historique du cas Marguerite », *Littoral*, 27-28, avril 1989.

17. D. ANZIEU, *Une peau, op. cit.*, p. 16.

18. J.L., *TPP*, p. 224.

19. *Ibid.*, p. 159.

20. D. ANZIEU, *Une peau, op. cit.*, pp. 8-9.

21. Jean ALLOUCH et Danièle ARNOUX, « Historique du cas Marguerite, suppléments, corrections, lectures », *Littoral*, 37, printemps 1993.

22. J.L., *TPP*, p. 161.

23. *Ibid.*, p. 162.

24. 关于都德事件，参见 *HPF*, 1, pp. 59-67.

25. J.L., *TPP*, pp. 295-296.
26. Voir *HPF*, 1, pp. 340-342.
27. Extraits du roman, publiés par J.L., *TPP*, p. 182.
28. *Ibid.*, p. 195.
29. *Ibid.*
30. S. TENDLARZ, *op. cit.*, pp. 330-331.
31. J.L., *TPP*, p. 171.

第 5 章 妄想狂的颂词

1. J.L., *TPP*, p. 178. 1911 年 9 月 4 日对弗朗索瓦·德·塔尔德-伯格里特的访谈。值得注意的是，雅克·里维耶尔在 1922 年发表了一篇向普鲁斯特致敬的短篇小说《艾梅》，不能排除拉康知道这个文本的可能性。
2. Georges POLITZER, *Critique des fondements de la psychologie*, Paris, PUF, 1968. *HPF*, 2, pp. 71-87.
3. Ramon FERNANDEZ, *De la personnalité*, Paris, Au sans pareil, 1928.
4. J.L., *TPP*, pp. 42-43.
5. Sur l'itinéraire d'E. Minkowski, Voir *HPF*, 1, pp. 413-435.
6. 卡尔·雅斯贝尔斯 (Karl JASPERS), 《普通心理病理学》(*Psychopathologie générale*), Paris, Alcan, 1928. Voir aussi François LEGUIL, « Lacan avec et contre Jaspers », *Ornicar ?*, 48,1980. G. LANTERI-LAURA, « La notion de processus dans la pensée psychopathologique de K. Jaspers », *EP*, 1962, t. 27,4,pp. 459-499. Et « Processus et psychogenèse dans l'œuvre de Lacan », *EP*, 1984, t. 2,4,pp. 975-990.
7. *Ibid.*
8. F. LEGUIL, *op. cit.*
9. J.L., *TPP*, pp. 277-279.
10. *Ibid.*, p. 253.
11. *Ibid.*, p. 265.
12. Voir Bertrand OGILVIE, *Lacan, le sujet*, Paris, PUF, 1987.
13. J.L., *TPP*, p. 266.

附录

14. C'est ainsi que je l'ai qualifiée, *HPF*, 2, p. 129.
15. J.L., *TPP*, p. 280.
16. 关于第二地形学的解读，参见 *infra*.
17. J.L., *TPP*, p. 303.
18. J. ALLOUCH, *op. cit.*, p. 551.

第 6 章 阅读斯宾诺莎

1. 斯宾诺莎 (Spinoza),《伦理学》(*Éthique*), nouvelle trad. par B. Pautrat, Paris, Seuil, 1988, p. 296. Robert Misrahi, « Spinoza en épigraphe de Lacan », *Littoral*, 3-4, février 1982. E.R., « Lacan et Spinoza, essai d'interprétation », dans *Spinoza au xxe siècle*, sous la dir. d'O. Bloch, Paris, PUF, 1992.
2. J.L., *TPP*, p. 337.
3. B. Ogilvie, *op. cit.*, p. 63.
4. J. Allouch, *Lettre pour lettre*, Toulouse, Erès, 1984, p. 186.
5. G. Lantéri-Laura et Martine Gros, *Essai sur la discordance dans la psychiatrie contemporaine*, Paris, EPEL, 1992.
6. *HPF*, l, p. 131.
7. J.L., *TPP*, p. 342.
8. Cité par MISRAHI, *op. cit.*, p. 75.
9. J.L., *TPP*, p. 343.
10. *Éthique*, trad. Pautrat, *op. cit.*, p. 299. 值得注意的是，在 Pléiade 版本的译文中，译者把 *affectus* 翻译为 sentiment（感觉），把 *discrepat* 和 *differt* 都翻译为 différer（不同）(p. 465)
11. 1989 年 1 月 20 日对西莉亚·伯尔汀的访谈；1990 年 10 月 5 日对 M.-F.L. 的访谈。关于摩纳哥之行，参见朱迪斯·米勒《我父亲的面容》(瑟伊 1991 年版) 和巴伯尔·约翰森给作者的未公开的笔记。
12. Voir D. DESANTI, *Drieu la Rochelle ou le Séducteur mystifié*, Paris, Flammarion, 1978. Et P. DRIEU LA ROCHELLE, *Journal* 1939—1945, Paris, Gallimard, 1992, p. 96.

13. 1990 年 3 月 8 日对奥莱夏的访谈。"奥莱夏"是"亚历山德拉"的简称。
14. 分别对奥莱夏·显克微支、朱利安·鲁亚尔、保罗·斯维登和亨利·艾的访谈。
15. J.L., *E.*, pp. 67 et 162.
16. Voir *Ornicar ?*, 29, été 1984.
17. Henri EY, *L'Encéphale*, t. 2, 1932, pp. 851-856.
18. *L'Humanité*, 10 février 1933. Voir aussi A. COHEN-SOLAL, *Paul Nizan, communiste impossible*, en coll. avec H. NIZAN, Paris, Grasset, 1980.
19. *HPF*, 2, p. 70. René CREVEL, *Le Clavecin de Diderot*, Paris, Pauvert, 1966, pp. 163-164. Et « Note en vue d'une psycho-dialectique », *SASDLR*, Paris, rééd. J.-M. Place, 1976, pp. 48-52.
20. *Le Minotaure*, 1, 1933, rééd. s.d., Skira.
21. Michel SURYA, 乔治·巴塔耶, *la mort à l'œuvre*, Paris, Librairie Séguier, 1987, rééd. Gallimard, 1992.
22. Philippe ROBRIEUX, *Histoire intérieure du PCF*, I, Paris, Fayard, 1980. 对奥莱夏·显克微支的访谈，以及苏瓦林为 La Critique sociale (Paris, La Différence, 1983) 所写的前言。
23. *La Critique sociale, op. cit.*, pp. 120-121.

第 7 章 帕潘姐妹

1. Le texte de J.L. paru dans *Le Minotaure* est rééd. dans *TPP* sans changement.
2. 我之前已经从一个不同的视角讨论过帕潘姐妹的故事，参见 *HPF*, 2, pp. 140-141, 还可以参考 Francis DUPRÉ (Jean ALLOUCH), *La Solution du passage à l'acte*, Toulouse, Erès, 1984. Paulette HOUDYER, *Le Diable dans la peau*, Paris, Julliard, 1966. Frédéric POTIECHER, *Les Grands Procès de l'histoire*, Paris, Fayard, 1981.
3. 我不同意博尔奇-雅各布森在《拉康，绝对的大师》(Paris, Flammarion, 1990) 中把拉康对"艾梅"案例的解读完全归为黑格尔式的观点，因为拉康在写博士论文时还没有读过黑格尔。我也不同意让·阿鲁什所说的拉康的理论在"艾梅"案例和帕潘姐妹案例之间发生了变化的观点。这种变化在我看来仅仅是加入了黑格尔的视角。

附录

第三部分 成人

第 8 章 私人生活和公共生活

1. J.L., *Du discours psychanalytique*, université de Milan, 12 mai 1972, inédit. *Scilicet*, 6/7, 1975, p. 9. Voir bibliographie.
2. Voir *HPF*, 2, pp. 124-138.
3. Sur l'itinéraire de Rudolph Loewenstein, Voir *HPF*, 1, pp. 343-362. Célia BERTIN, *La Dernière Bonaparte*, Paris, Perrin, 1982. Elisabeth Roudinesco, « Entretien avec Philippe Sollers », *L'Infini*, 2, printemps 1983.
4. 1982 年 6 月作者在日内瓦遇见热尔梅娜·盖。
5. *RFP*, 2, 1, 1928, et 4, 2, 1930—1931. *HPF*, 1, pp. 356-357. E.R., « Loewenstein », *Ornicar ?*, 31, 1985.
6. 1992 年 6 月 17 日对卡特琳·米约的访谈。
7. 1933 年 8 月 26 日拉康给奥莱夏的信。
8. 1933 年 8 月 31 日拉康给奥莱夏的信。
9. J.L., *L'Encéphale*, 1933, 11, pp. 686-695. Voir bibliographie.
10. 1933 年 10 月 24 日拉康给奥莱夏的信。
11. 1990 年 5 月 3 日对西比尔·拉康的访谈；1990 年 2 月 4 日对西莉亚·伯尔汀的访谈；1990 年 10 月 5 日对马克-弗朗索瓦·拉康的访谈；Jacques MIALARET, « Sylvain Blondin (1901—1975) », *Bulletin de l'Académie nationale de médecine*, t.159, 5, séance du 6 mai 1975.
12. 拉康给奥莱夏的电报。
13. 1990 年 10 月对艾丽西亚·布隆斯基的访谈。
14. 1990 年 1 月 24 日对保罗·斯维登的访谈。
15. Claude GIRARD, « Histoire de la formation dans la SPP », *RIHP*, 2, 1989.
16. 对乔治·贝尼耶的访谈。贝尼耶的真名是乔治·韦恩斯坦，他在二战后从美国返回欧洲时改名为"贝尼耶"。
17. 玛丽·波拿巴未公开的日记，其中没有提到拉康的名字。
18. J.L., « Interventions à la SPP », réed. dans *Ornicar ?*, 31, 1984. Voir bibliographie.

19. 参见第 9 章。

第 9 章 法西斯主义：维也纳史诗的终结

1. 关于这一问题，参见 *HPF*, 2, pp. 165-178, 及其参考文献 *Psychanalyse et psychanalystes durant la Deuxième Guerre mondiale, RIHP*, 1, 1988. E.R., « Réponse à Alain de Mijolla à propos de l'affaire Laforgue », *Frénésie*, 6, automne1988. 关于拉福格事件参见 *Confrontation*, 6, automne 1986, et *Psyche*,12. Francfort, décembre 1988. G. COCKS, *La Psychothérapie sous le Troisième Reich*, Paris, Les Belles Lettres, 1987.

2. Richard STERBA, *Réminiscences d'un psychanalyste viennois*, Toulouse, Privat, 1986. Max SCHUR, *La Mort dans la vie de Freud*, Paris, Gallimard, 1975. Thomas MANN, « Freud et l'avenir », 6 mai 1936, première trad. franç., *La Table ronde*, 108, décembre 1956 ; *Freud et la pensée moderne*, Paris, Aubier-Flammarion, 1970.

3. Harald Leupold LÖWENTHAL, « L'émigration de la famille Freud en 1938 », *RIHP*, 2,1989. pp. 459-460.

4. « Journal inédit » de Marie Bonaparte. Célia BERTIN, *op. cit.*, p. 323. *HPF*, 2, p. 148.

5. Discours d'Ernest JONES, « Bulletin of the IPA », *IJP*, 1939, pp. 116-127.

6. David STEEL, « L'amitié entre Sigmund Freud et Yvette Guilbert », *NRF*, 352,1[er] mai 1982, pp. 84-92.

7. Célia BERTIN, *op. cit.*, p. 382.

8. 1967 年 9 月 12 日鲁温斯坦给让·密尔的信, The Collections of the Manuscript Division, Library of Congress, Washington. 同时参见 « The education of an analyst », Selection from an interview with Rudolph Loewenstein, MD. By Bluma Swerdloff and Ellen Rowntree. 以及 1966 年 12 月 4 日鲁温斯坦给亨利·萨盖特的信, Library of Congress, communiqué par Nadine Mespoulhès pour un article à paraître sur Adrien Borel.

第10章 哲学学派：亚历山大·柯瓦雷及其他

1. *Littoral*, 27/28, avril 1989, pp. 197-198. Entretien avec Pierre Verret le 14 décembre 1989.

2. *Ibid.*, et lettre de J.L. à Pierre Verret du 13 novembre 1933, p. 199.

3. Jean AUDARD, « Du caractère matérialiste de la psychanalyse », rééd. *Littoral, op. cit.* Voir *HPF*, 2, p. 67.

4. 亚历山大·柯瓦雷, *De la mystique à la science, dans Cours, conférences, documents, 1922—1962*, éd. par Pietro Redondi, *op. cit.* p. 3.

5. *Cahiers de l'Herne*, numéro spécial sur Henry Corbin, 39, Paris, 1981. Étienne Gil-SON, *La Philosophie et la théologie*, Paris, Fayard, 1960.

6. 亚历山大·柯瓦雷, *Études d'histoire de la pensée scientifique*, Paris, Gallimard, coll. « Tel », 1973, p. 11.

7. 亚历山大·柯瓦雷, « Entretiens sur Descartes », dans *Introduction à la lecture de Platon*, Paris, Gallimard, 1962.

8. Sur ce point, voir Christian JAMBET, « Y a-t-il une philosophie française ? », *Annales de philosophie*, université Saint-Joseph, Beyrouth, 1989.

9. 埃德蒙·胡塞尔 (Edmund HUSSERL),《欧洲科学的危机与先验现象学》(*La Crise des sciences européennes et la philosophie transcendantale*), Paris, Gallimard, 1976, p. 383.

10. 米歇尔·福柯 (Michel FOUCAULT), « La vie, l'expérience et la science », *Revue de métaphysique et de morale*, 1, 1985, Paris, Armand Colin, pp. 3-14.

11. Voir François DOSSE, *L'Histoire en miettes*, Paris, La Découverte, 1987. Jacques REVEL, « L'histoire sociale dans les *Annales* », *Lendemains*, 24, 1981. André BURGUIERE, « La notion de "mentalité" chez Marc Bloch et Lucien Febvre : deux conceptions, deux filiations », *Revue de synthèse*, 111-112, juillet-décembre 1983. Bronislaw GEREMEK, « Marc Bloch, historien et résistant », *Annales ESC*, 5, septembre-octobre 1986, pp. 1091-1105.

12. 吕西安·费弗尔 (Lucien FEBVRE), *Pour une histoire à part entière*, Paris, EHESS, 1962, p. 844.

13. Voir André BURGUIÈRE, *loc. cit.*, p. 38.

14. 让-保罗·萨特 (Jean-Paul SARTRE),《辩证理性批判》(*Critique de la raison dialectique*),Paris, Gallimard, 1985, p. 28.
15. Vincent DESCOMBES, *Le Même et l'autre*, Paris, Minuit, 1979. Et *HPF*, 2, pp. 149-156. Jean WAHL, *Le Malheur de la conscience chez Hegel*, Paris, Rieder, 1928.
16. P. REDONDI, *op. cit.*, p. 24.
17. *La Critique sociale*, reprint, Paris, La Différence, 1983, p. 123.
18. Voir *HPF*, 2, première partie, chapitre i.
19. 乔治·巴塔耶, « Figure humaine » et « Le bas matérialisme de la gnose », *Documents*, Paris, Mercure de France, 1968. Raymond QUENEAU, « Premières confrontations avec Hegel », *Critique*, 195-196, Minuit, août-septembre 1963, pp. 694-700.
20. *Revue de métaphysique et de morale*, juillet-septembre 1931. *La Critique sociale, op. cit.*, p. 6.
21. *Cahiers de l' Herne*, spécial Henry Corbin, *op. cit.*, p. 6.
22. *Bijur*, 8, Éd. du Carrefour, s.d.
23. 乔治·巴塔耶, Raymond QUENEAU, « Les fondements de la dialectique hégélienne », *La Critique sociale, op. cit.*, pp. 209-214.
24. 亚历山大·柯瓦雷, « Rapport sur l'état des études hégéliennes en France » (1931), « Note sur la langue et la terminologie hégélienne » (1931), « Hegel à Iéna » (1934), dans *Études d'histoire de la pensée philosophique*, Paris, Gallimard, 1971. Voir aussi P. REDONDI, *op. cit.*, p. 42. G.W.F. HEGEL, *La Phénoménologie de l'esprit*, trad. Jean Hyppolite, Paris,1939—1941, Aubier, 2 vol. ; nouvelle trad., Jean-Pierre Lefebvre, 1991. *Logique et métaphysique*, Paris, Gallimard, 1980.
25. 亚历山大·柯瓦雷, « Hegel à Iéna », *op. cit.*, p. 189.
26. *Cahiers de l'Herne*, spécial Henry Corbin, *op. cit.*, p. 44.
27. *Recherches philosophiques*, 7, rééd. Paris, Vrin, 1965.
28. J.L., *S. VIII*, Paris, Seuil, 1991.
29. 乔治·巴塔耶, *Œuvres complètes*, t. VI, Paris, Gallimard, p. 416. Et Dominique AUFFRET, *Alexandre Kojève, la philosophie, l'État, la fin de l'Histoire*, Paris, Grasset,1990.
30. Dominique AUFFRET, *op. cit.*, p. 45.
31. *Ibid.*, pp. 46-49.

附录

32. *Ibid.*, p. 90.

33. Entretien d'A. Kojève avec Gilles Lapouge, *La Quinzaine littéraire*, juillet 1968. Michel SURYA, *Georges Bataille, la mort à l'œuvre*, Paris, Librairie Séguier, 1987, p. 197. Rééd. Gallimard, 1992, p. 231. Je cite les pages des deux éditions.

34. Dominique AUFFRET, *op. cit.*, p. 154.

35. *Ibid.*, p. 238.

36. Entretien d'A. Kojève, *La Quinzaine littéraire*, *op. cit.*

37. Denis HOLLIER, *Le Collège de sociologie*, Paris, Gallimard, coll. «Idées», 1979, pp. 165-177.

38. Pierre MACHEREY, «Lacan avec Kojève, philosophie et psychanalyse», dans *Lacan avec les philosophes*, Paris, Albin Michel, 1991, pp. 315-321.

39. Jean-Luc Pinard-Legry, «Kojève, lecteur de Hegel», *Raison présente*, 68, 1980. Vincent Descombes, *op. cit.* Dominique Auffret, *op. cit.* Et Pierre Macherey, Cours inédits (1980–1982) sur l'introduction de l'hégélianisme en France. A. Kojève, *Introduction à la «Phénoménologie de l'esprit»*, Paris, Gallimard, 1947.

40. Voir *HPF*, 2, pp. 153-155.

41. Sur E. Minkowski, Voir *HPF*, 1, pp. 413-431.

42. *Recherches philosophiques*, V, 1935-1936, p. 425.

43. *Ibid.*, p. 430. Lacan fait la même opération d'auto-hagiographie en 1935 dans le compte rendu du livre d'Henri EY, *Hallucinations et délires*. Voir bibliographie.

44. 拉康在1935年5月4日给亨利·艾的信，communiquée par Patrick Clervoy.

45. Document inédit rédigé de la main d'Alexandre Kojève. Communiqué par Dominique Auffret.

46. Voir Dominique AUFFRET, *Alexandre Kojève, op. cit.*, p. 447. Et «Genèse de la conscience de soi», manuscrit d'A. Kojève.

47. 博尔奇-雅各布森在这里犯了个错误。他认为拉康对于"我思"主体理解的主要来源是萨特的《自我的超验性》，但事实上在那篇文章发表在《哲学研究》上之前，拉康就已经开始思考这个问题。如果说拉康和萨特所使用的术语是一样的，那是因为他们都受到了胡塞尔和海德格尔的影响。拉康很久之后才开始阅读萨特的作品。让·阿鲁什和菲利普·朱利安在他们的著作中都淡化了科耶夫对于拉康黑格尔主义形成的影响，而阿兰·瑞朗维尔在《拉康和哲学》一书中没有讨论这个问题。

第11章 马里昂巴德

1. Voir *HPF*, 1, pp. 158-159. Elisabeth YOUNG-BRUEHL, *Anna Freud*, Paris, Payot, 1991. Phyllis GROSSKURTH, *Melanie Klein, son monde et son œuvre*, Paris, PUF, 1989.

2. Phyllis GROSSKURTH, *op. cit.*, p. 131. Erich et Hans, dont les cas furent dénommés *Fritz et Félix*. Melanie KLEIN, *La Psychanalyse des enfants*, Paris, PUF, 1959.

3. *Ibid.*, pp. 259-260.

4. *Ibid.*, p. 257.

5. 西格蒙德·弗洛伊德，《小汉斯》(Le petit Hans), dans *Cinq Psychanalyses, op. cit.* Hermine von HUG-HELLMUTH, *Journal psychanalytique d'une petite fille*, Paris, Denoël, 1975, rééd. 1987 ; *Essais psychanalytiques*, présentés et traduits par Dominique Soubrenie, préface de Jacques Le Rider, postface d'Yvette Tourne, Paris, Payot, 1991. Pamela TYTELL, *La Plume sur le divan*, Paris, Aubier, 1982.

6. Hanna SEGAL, *Melanie Klein. Développement d'une pensée*, Paris, PUF, 1982.

7. Phyllis GROSSKURTH, *op. cit.*, p. 131.

8. *Ibid.*, p. 37.

9. 梅兰妮·克莱因的幻想指的是无意识幻想。

10. 关于"镜像阶段"这一概念的历史，参见 *HPF*, 2, pp. 143-149.

11. J.L., *E.*, p. 67.

12. 参见亨利·瓦隆 (Henri WALLON), *Les Origines du caractère chez l'enfant*, Paris, Boivin et Cie, 1934, pp. 190-207. Et Bertrand OGILVIE, *op. cit.*, pp. 96-119.

13. J.L., *Ornicar ?*, 31, p. 11. Voir bibliographie.

14. 勒内·拉福格对于这一问题的思考，参见 *HPF*, 1, pp. 289-297.

15. Phyllis GROSSKURTH, *op. cit.*, p. 288.

16. J.L., *E.*, pp. 184-185.

17. J.L., *La Psychanalyse*, 6, 1961, p. 163. Voir bibliographie.

18. Notes inédites de Françoise Dolto du 16 juin 1936. Arch. F.D.

19. Elisabeth YOUNG-BRUEHL, *op. cit.*, p. 468.

20. J.L., « Psychiatrie anglaise », 1947. Voir bibliographie.

21. « Journal inédit » de Guillaume de Tarde, 9 juin 1936. Communiqué par

附录

Françoise de Tarde-Bergeret.
22. J.L., *E.*, p. 73.

第四部分　家庭史

第 12 章　乔治·巴塔耶及其同伴

1. Michel SURYA, *op. cit.*, Séguier, p. 109, et Gallimard, p. 127. Michel LEIRIS, *Journal 1922—1989*, annoté par Jean Jamin, Paris, Gallimard, 1992.
2. *HPF*, 1, pp. 343-362.
3. Michel SURYA, *op. cit.*, p. 474 et p. 622.
4. *Ibid.*, p. 105 et p. 122.
5. Les œuvres complètes de Georges Bataille sont publiées chez Gallimard. Ici, « Note autobiographique », *Œuvres complètes*, VII, p. 45.
6. Michel SURYA, *op. cit.*, p. 109 et p. 127. Madeleine CHAPSAL, *Envoyez la petite musique*, Paris, Grasset, 1984.
7. Théodore FRAENKEL, *Carnets 1916—1918*, Paris, Éd. des Cendres, 1990, p. 7. *HPF*, 1. Marguerite BONNET, *André Breton et la naissance du surréalisme*, Paris, Corti, 1975.
8. 1991 年 11 月 21 日对弗兰克尔的访谈。
9. *Carnets, op. cit.*, p. 65.
10. 对弗兰克尔的访谈，同上。
11. *Ibid.*
12. 劳伦斯·巴塔耶 (Laurence BATAILLE), *L'Ombilic du rêve*, Paris, Seuil, 1987, p. 67.
13. 分别对劳伦斯·巴塔耶、米歇尔·弗兰克尔和米歇尔·苏利亚的访谈。
14. Michel SURYA, *op. cit.*, p. 158 et p. 185.
15. 安德烈·巴赞 (André BAZIN),《让·雷诺阿》(*Jean Renoir*), Paris, Champ libre, 1971, pp. 210-211.

16. Célia BERTIN, *Jean Renoir*, Paris, Perrin, 1986, p. 99.
17. 乔治·巴塔耶, *Œuvres complètes*, III, p. 60, III, pp. 433-434, H, p. 130.
18. *Ibid.*, III, p. 61.
19. *Ibid.*, p. 60.
20. Michel LEIRIS, « L'impossible "Documents" », *Critique*, 195-196, août-septembre 1963.
21. Célia BERTIN, *Jean Renoir, op. cit.*, p. 145.
22. René GILSON, *Jacques Prévert, des mots et merveilles*, Paris, Belfond, 1990.
23. Jean RENOIR, *Ma vie, mes films*, Paris, Flammarion, 1974, p. 103.
24. Bernard CHARDÈRE, « Jacques Prévert et le groupe Octobre », *Premier Plan*, 14, novembre 1960.
25. 让·雷诺阿, « Entretiens et propos », *Les Cahiers du cinéma*, p. 156.
26. 乔治·巴塔耶, *Œuvres complètes*, III, p. 403.
27. *Ibid.*, III, p. 403.
28. 乔治·巴塔耶 raconte l'épisode, *ibid.*, V, p.514. « Notes au *Coupable* », 21 octobre 1939.
29. 劳伦斯·巴塔耶, *op. cit.*, p. 55.
30. *Ibid.*, p. 51.
31. 安德烈·马松 (André MASSON), *Correspondance 1916—1942. Les années surréalistes*, présentée et annotée par Françoise Levaillant, Paris, La Manufacture, 1990.
32. Michel LEIRIS, *Journal, op. cit.* Pierre Assouline, biographe de Kahnweiler, ne mentionne pas ce détail, dans *L'Homme de l'art : Daniel-Henry Kahnweiler*, Paris, Balland, 1988. Louise Godon est née le 22 janvier 1902, et s'est mariée à Leiris le 2 février 1926. Lucie et Daniel se sont mariés le 2 juillet 1919.
33. 乔治·巴塔耶, *Œuvres complètes*, III, p. 395.
34. Michel LEIRIS, *À propos de Georges Bataille*, Éd. Fourbis, 1988, p. 239.
35. Lettres de Boris Souvarine à Olesia Sienkiewicz. Sans date.
36. 让·雷诺阿, « Entretiens », *op. cit.*, p. 156.
37. Guy DE MAUPASS ANT, *Boule de suif et autres contes*, Paris, Gallimard, coll. « Folio », 1973, p. 197.
38. 安德烈·巴赞,《让·雷诺阿》, *op. cit.*, p. 47.

附录

39. *Les Cahiers du cinéma*, 8, janvier 1952, p. 45.
40. *Acéphale*, 1,24 juin 1936, rééd. Jean-Michel Place, 1980.
41. *Ibid*.
42. *HPF*, 2, pp. 116-156.
43. *Acéphale*, 2-3, janvier 1937.
44. Pierre BOUDOT, *Nietzsche et l'au-delà de la liberté*, Paris, Aubier-Montaigne, 1970. Dominique BOUREL et Jacques LE RIDER, *Nietzsche et les Juifs*, Paris, Cerf, 1991. Geneviève BIANQUIS, *Nietzsche en France*, Paris, Alcan, 1928.
45. Marguerite BONNET, *op. cit.*, p. 52.
46. Charles ANDLER, *Nietzsche*, 3 vol., Paris, Gallimard, 1958.
47. H.-F. PETERS, *Nietzsche et sa sœur Élisabeth*, Paris, Mercure de France, 1978, p. 316.
48. 卡尔·雅斯贝尔斯, 《尼采: 哲学导论》(*Nietzsche. Introduction à sa philosophie*), trad. de 1950 avec préface de Jean Wahl, Paris, Gallimard, coll. « Tel », 1978. Voir aussi P. HEBBER-SUFFRIN, *Le Zarathoustra de Nietzsche*, Paris, PUF, 1988.
49. Pierre MACHEREY, « Bataille et le renversement matérialiste », dans *À quoi pense la littérature ?*, Paris, PUF, 1980, pp. 97-114.
50. 乔治·巴塔耶, *Œuvres complètes*, I, p. 389.
51. *HPF*, 2, pp. 19-37.
52. José PIERRE, *Tracts surréalistes*, T. 1, Paris, Le terrain vague, 1980, p. 298.
53. Michel SURYA, *op. cit.*, p. 229 et p. 274.
54. 乔治·巴塔耶, *Œuvres complètes*, II, pp. 62-63.
55. Denis HOLLIER, *Le Collège de sociologie, op. cit.*, p. 17. Voir aussi Carolyn DEAN, « Law and Sacrifice; Bataille, Lacan and the Critic of the Subject », *Representations*, 13, winter 1986, pp. 42-62.
56. 1990 年 4 月 14 日对西比尔·拉康的访谈。
57. 1991 年 4 月 14 日对蒂博的访谈。
58. 1984年2月对西尔维亚·拉康的访谈；1983年对劳伦斯·巴塔耶和热妮·奥布里的访谈。
59. 1991 年对蒂博的访谈。
60. 1991 年 11 月 14 日分别对西莉亚·伯尔汀和弗雷德里克·弗朗索瓦的访谈。
61. 对西比尔·拉康的访谈；单独谈话。
62. *Balthus*, éd. du Centre Georges-Pompidou, Paris, 1983, p. 328.

63. 安德烈·马松, *Correspondance, op. cit.*, p. 430. Tableau reproduit dans Judith MILLER, *Visages de mon père, op. cit.*

第13章 吕西安·费弗尔和爱德华·皮雄

1. *HPF*, 2, p. 156. Pour les titres et intertitres de la contribution de J.L., Voir la bibliographie en fin de volume.
2. 我把从《百科全书》中直接引用的这个文本称为 F。吕西安·费弗尔的备忘录标记的日期是 1937 年 2 月 5 日。皮特·肖特勒在费弗尔的档案里找到了这个文本并提供给我，后来发表在 dans *Genèses*, 13, septembre 1993.
3. 吕西安·费弗尔, Mémorandum, V, souligné par L.F.
4. 1900 年 1 月 11 日对格拉迪奥·阿方德里的访谈。
5. Jocrisse est un personnage de théâtre qui joue au niais et au crédule.
6. Sur la réédition du texte par Jacques-Alain Miller, Voir neuvième partie.
7. Il s'agit de l'article de Melanie KLEIN, « Les stades précoces du conflit œdipien » (1928), trad. sous ce titre dans la *RFP* en 1930. Rééd. dans *Essais de psychanalyse*, Paris, Payot, 1967.
8. Jakob von Uexküll est cité dans *TPP* et non dans F.
9. Bertrand OGILVIE, *op. cit.*, p. 61. 拉康知道自己在做什么。他在参考文献中引用了孔德和波纳德的著作。
10. 托马斯·曼 (Thomas MANN), 《弗洛伊德与未来》(*Freud et la pensée moderne*), Paris, Aubier-Flammarion, 1970, p. 115.
11. J.L., F. section A, 8° 40-6.
12. *Ibid.*, 8° 40-8.
13. *Ibid.*, 8° 40-15.
14. *Ibid.*, 8° 40-16.
15. Jacques LE RIDER, *Modernité viennoise, crises de l'identité*, Paris, PUF, 1990.
16. 爱德华·皮雄, « La famille devant M. Lacan », rééd. *Cahiers Confrontation*, 3, printemps 1980.
17. Lettre d'Édouard Pichon à Henri Ey du 21 juillet 1938. Arch. Renée Ey.

附录

18. 爱德华·皮雄, *loc. cit.*
19. *Ibid.*, pp. 134-135.

第五部分　战争与和平

第14章　马赛、维希、巴黎

1. 玛丽·波拿巴 (Marie BONAPARTE), «Journal inédit», *op. cit.*
2. *HPF*, 1, Épilogue. Sur la mort de Freud, Max SCHUR, *op. cit.*, et Peter GAY, *Freud, une vie*, Paris, Hachette, 1991.
3. *L'Œuvre* du 28 septembre 1939. Voir *Nervure*, 1, t. 3, février 1990. Dossier réuni par Chantai Talagrand.
4. Alain DE Muolla, «La psychanalyse et les psychanalystes entre 1939 et 1945», *RIHP*, 1,1988, pp. 168-223. Voir aussi *HPF*, 2, pp. 166-178.
5. Célia BERTIN, *La Dernière Bonaparte, op. cit.*
6. *HPF*, 1, p. 430. E.R., «Laforgue ou la collaboration manquée : Paris/Berlin 1939—1942», *Cahiers Confrontation*, 3, printemps 1980.
7. *HPF*, 2. Alain DE MUOLLA, *op. cit.*
8. Alain DE MUOLLA, *op. cit.*, p. 170.
9. 1991 年 10 月 2 日对乔治·贝尼耶的访谈。
10. 1939 年 10 月 20 日 J.L. 给西尔维安·布隆汀的信，来自蒂博·拉康的档案。
11. 1940 年 5 月 29 日 J.L. 给西尔维安·布隆汀的信，来自蒂博·拉康的档案。
12. Jacques MIALARET, «Sylvain Blondin, éloge», *Bulletin de l'Académie nationale de médecine*, t.159-5, séance du 6 mai 1975.
13. Michel SURYA, *op. cit.*, p. 301 et p. 364.
14. *Ibid.*, p. 288 et p. 344.
15. 朱迪斯·米勒 (Judith MILLER), *Visages de mon père, op. cit.*, p. 54.
16. Célia BERTIN, *Jean Renoir, op. cit.*, p. 229.

17. Entretiens séparés avec Sylvia Lacan en février 1984 et avec Georges Bemier le 2 octobre 1991.
18. *HPF*, 2, p. 161.
19. 1989 年 12 月 18 日对卡特琳·米约的访谈。
20. 1989 年 7 月 20 日对丹尼尔·勃迪格尼的访谈。
21. Sur Saint-Alban et la psychothérapie institutionnelle, Voir *HPF*, 2, pp. 203-204. Et François TOSQUELLES, *Psychiatries*, 21, mai-juin 1975. Cité par Jean AL-LOUCH, *Marguerite, op. cit.*, p. 523.
22. 对乔治·贝尼耶的访谈，见上文。
23. Julien GREEN, *Le Langage et son double*, Paris, Seuil, coll. «Points», 1987, p. 181.
24. 对乔治·贝尼耶的访谈，见上文。
25. 1991 年 9 月 18 日对纳迪亚·帕斯特雷的访谈。同时参见 Michel GUIRAUD, *La Vie intellectuelle et artistique à Marseille à l'époque de Vichy et sous l'Occupation*.1940—1944, Marseille, CRDP, 1987.
26. 对纳迪亚·帕斯特雷的访谈；1991 年 9 月 12 日对弗拉维·阿尔瓦雷斯的访谈。
27. 对乔治·贝尼耶的访谈；Et Simone DE BEAUVOIR, *La Force de l'âge*, Paris, Gallimard, coll. «Folio», 1960, pp. 579 et 595.
28. 1991 年 9 月 16 日对西比尔·拉康的访谈。
29. 对西莉亚·伯尔汀的访谈。
30. 对西比尔·拉康的访谈；1991 年 4 月 10 日对蒂博·拉康的访谈；1990 年 10 月 5 日对马克-弗朗索瓦·拉康的访谈。
31. 对乔治·贝尼耶的访谈，见上文。
32. 1991 年 10 月 22 日对弗朗索瓦兹·肖艾的访谈。
33. 对西比尔·拉康的访谈，见上文。
34. 1991 年 6 月 8 日对布鲁诺·罗杰的访谈。
35. Sibylle NARBATT, Le «*Réseau allemand*» *des Cahiers du Sud*, actes du colloque des 6, 7, 8 décembre 1990 sur les relations culturelles franco-allemandes, t. 2, p. 511. *Zone d'ombres 1933—1944*, sous la dir. de Jacques Grandjonc et Theresia Grundtner, Aix-en-Provence, Alinéa, 1990. Deux lettres de J.L. à Jean Ballard, *RIHP*, 1, *op. cit*.
36. 对乔治·贝尼耶的访谈，见上文。

附录

37. 安德烈·马松, *Correspondance, op. cit.*, p. 475. Masson partit le 1er avril 1941 et Breton le 25 mars.

38. 私人谈话，1991年9月14日。

39. Michel SURYA, *op. cit.*, p. 350 et p. 425.

40. 1990年11月13日对克劳德·列维－斯特劳斯的访谈。

41. Jacques DECOUR, *Comme je vous en donne l'exemple*, textes présentés par Aragon, Paris, Éditions sociales, 1945. 对西比尔·拉康的访谈。

42. 格奥尔格·威廉·弗里德里希·黑格尔 (G.W.F. HEGEL),《精神现象学》(*Phénoménologie de l'esprit*), parue en deux volumes chez Aubier en 1939 et 1941. Voir Jacques D'HONDT, « Le destin français de l'œuvre », *Magazine littéraire*, 293, novembre 1991, p. 32.

43. 西蒙尼·德·波伏娃 (Simone DE BEAUVOIR), *La Force de l'âge, op. cit.*, p. 640.

44. Michel LEIRIS, *Haut mal*, Paris, Gallimard, 1943.

45. Michel SURYA, *op. cit.*, pp. 315 et 317 ; et pp. 379 et 382.

46. Voir Herbert R. LOTTMANN, *La Rive gauche*, Paris, Seuil, 1981. Deirdre BAIR, *Simone de Beauvoir*, Paris, Fayard, 1991.

47. *Les Lettres françaises clandestines*, 12, décembre 1943.

48. 西蒙尼·德·波伏娃, *La Force de l'âge, op. cit.*, p. 643.

49. 让－保罗·萨特, *Situation I*, Paris, Gallimard, 1947.

50. *Ibid.*, p. 174.

51. 乔治·巴塔耶, *Œuvres complètes*, VI, p. 90.

52. 巴勃罗·毕加索 (Pablo PICASSO), *Documents iconographiques*, Genève, Pierre Cailler, 1954.

53. Deirdre BAIR, *op. cit.*, p. 337.

54. 1991年12月4日对赞尼·康庞的访谈。

55. 西蒙尼·德·波伏娃,《第二性》(*Le Deuxième Sexe*), I, Paris, Gallimard, coll. « Idées », 1985, p. 287. HPF, 2, p. 517.

56. Françoise GILOT, *Life with Picasso*, New York, 1964. Arianna STASSINOPOULOS HUFFINGTON, *Picasso Creator and Destroyer*, Simon and Schuster, New York, 1988, p. 300.

57. 对乔治·贝尼耶的访谈，同上。

第 15 章 对于人类自由的思考

1. 拉康在 1940 年 5 月 29 日的信里这么说。
2. J.L., *La Psychiatrie anglaise et la guerre*, 1947. Voir bibliographie.
3. J.L., « Le temps logique et l'assertion de certitude anticipée - Un nouveau sophisme », *Cahiers d'art*, 1940—1944. Rééd. dans E. avec de nombreuses modifications. Voir bibliographie. « Propos sur la causalité psychique », dans *Les Problèmes de la psychogenèse des névroses*, ouvrage collectif, Paris, Desclée De Brouwer, 1950. Rééd. dans E. à peine modifié. Voir bibliographie. Voir aussi « Le nombre 13 et la forme logique de la suspicion ».
4. 西格蒙德·弗洛伊德,《群体心理学与自我的分析》(« Psychologie des foules et analyse du moi »), dans *Essais de psychanalyse*, Paris, Payot, 1981.
5. Michel PLON, « Au-delà et en deçà de la suggestion », *Frénésie*, 8, automne 1989, p. 96.
6. Myriam REVAULT D'ALLONNES, « De la panique comme principe du lien social », *Les Temps modernes*, 527, juin 1990, pp. 39-55.
7. J.L., « Propos sur la causalité logique », *loc. cit.*, E., p. 168.
8. *Ibid*.
9. Notes de J.L. sur le sophisme, du 27 février 1935. Arch. J.-A. Miller. Entretien avec Françoise Choay, cité. E. PORGE, *Se compter trois, le temps logique chez Lacan*, Toulouse, Érès, 1989.
10. J.L., *Cahiers d'art, op. cit.*, p. 32.
11. E.R., « Sartre lecteur de Freud », *Les Temps modernes, Témoins de Sartre*, I, 1990.
12. J.L., « Le temps logique... », *loc. cit.*, p. 42. Dans E. : « indétermination existentielle » a été remplacé par « détermination essentielle », ce qui efface la référence de 1945 à Sartre, à l'existentialisme et à la phénoménologie.
13. Georges CANGUILHEM, *Vie et mort de Jean Cavaillès*, Les carnets de Baudasser, Villefranche, Pierre Laleur éditeur, 1976, p. 39.

附录

第 16 章 双重生活

1. 1990 年 2 月 4 日对西莉亚·伯尔汀的访谈；1991 年 4 月 14 日对蒂博·拉康的访谈。
2. 对弗雷德里克·弗朗索瓦的访谈，见上文。
3. 1989 年 11 月 30 日对西比尔·拉康的访谈。
4. 对布鲁诺·罗杰的访谈，见上文。
5. 1991 年 4 月 14 日对蒂博·拉康的访谈。
6. Ibid.
7. 1990 年 10 月 5 日对马克-弗朗索瓦·拉康的访谈。
8. Ibid.
9. 朱迪斯·米勒，*Visages de mon père, op. cit.*, p. 27.
10. 1990 年 10 月 5 日对马克-弗朗索瓦·拉康的访谈；1991 年 4 月 22 日和 5 月 21 日对马德莱娜·乌隆的访谈。
11. 1948 年 12 月 17 日给费尔南多·阿奎尼的信。
12. 1991 年 12 月 1 日对马克-弗朗索瓦·拉康的访谈。
13. 1991 年 5 月 21 日对马德莱娜·乌隆的访谈。
14. 1991 年 12 月 1 日对马克-弗朗索瓦·拉康的访谈。
15. Catalogue du musée Courbet, Ornans, 1991. Peter WEBB, *The Erotic Arts*, Farrar, Strauss, Giroux, N.Y., 1975. *HPF*, 2, p. 305.
16. Madeleine CHAPSAL, *Envoyez la petite musique*, Paris, Grasset, 1984.
17. 朱迪斯·米勒，*Visages de mon père, op. cit.*, p. 34.
18. *Ibid.*, p. 152.
19. 对蒂博·拉康的访谈，见上文。
20. 对西莉亚·伯尔汀的访谈，见上文。
21. 1991 年 7 月 3 日对西里尔·罗杰-拉康的访谈。
22. 1991 年 9 月 10 日对西比尔·拉康的访谈。
23. *Balthus, op. cit.*, p. 324.
24. 1983 年 3 月对劳伦斯·巴塔耶的访谈；Lettre de J.L. à D.W. Winnicott, *Ornicar ?*, 33, été 1985, p. 10. *HPF*, 2, pp. 305-306.
25. *HPF*, 2, pp. 135-136.
26. 1990 年 1 月 11 日对斯文·福林的访谈；Jacques Chazaud, « Vestiges du passage à

Ville-Évrard d'une aliénée devenue illustre », *EP*, 55, 3, 1990, p. 633.*Littoral*,37, avril 1993.

27. Marie-Magdeleine CHATEL, « Faute de ravage, une folie de la publication », *Littoral*, 37, *op. cit.*
28. 1992 年 10 月 15 日对安妮·安齐厄的访谈。
29. 1986 年 10 月 14 日迪迪埃·安齐厄给 E.R. 的信。
30. Jean ALLOUCH, *Marguerite, op. cit.*, p. 552.
31. 1993 年 2 月 4 日对克里斯汀·安齐厄的访谈。

第 17 章 与梅兰妮·克莱因的失之交臂

1. Riccardo STEINER, « La politique de rémigration des psychanalystes », *RIHP*, 1, *op. cit.*, p. 302. Lettre de Strachey à Glover du 28 avril 1940.
2. 唐纳德·温尼科特 (D.W. WINNICOTT), *Lettres vives*, Paris, Gallimard, 1989, p. 115.
3. *HPF*, 2, p. 187.
4. 1948 年 1 月 28 日梅兰妮·克莱因给斯科特的信；Phyllis GROSSKURTH, *op. cit.*, pp. 486-487.
5. 拉康给亨利·艾的信，日期未标。
6. J.L., « L'agressivité en psychanalyse », *RFP*, 3, 1948. Rééd. dans E. avec changement de la première phrase. Voir bibliographie.
7. J.L., « Le stade du miroir... », *RFP*, 4, 1949. Rééd. dans E. avec plusieurs changements : l'adverbe *directement* (issu de toute philosophie du cogito) a remplacé *radicalement*. Voir bibliographie.
8. *HPF*, 2, et Phyllis GROSSKURTH, *op. cit.*, p. 499. Henri FLOURNOY, « Le congrès international de Zurich », *RFP*, 14-1,1950, pp. 129-137.
9. Phyllis GROSSKURTH, *op. cit.*, pp. 486-487 et 503-506. 参见梅兰妮·克莱因和丹尼尔·拉加什之间的通信（1957 年 9 月 6 日、10 月 2 日, 1958 年 3 月 17 日、4 月 28 日, 11 月 7 日, 1959 年 3 月 27 日）；1992 年 7 月 18 日博朗格尔给作者的信。

附录

第六部分 思想体系的要素

第18章 治疗的理论：亲属结构

1. Sur la scission de 1953, Voir *HPF*, 2, pp. 236-265.
2. Lettre originale, datée du 15 mars 1953, publiée dans « La scission de 1953 », *Ornicar ?*, 7, supplément, 1976, p. 72.
3. 关于第三代分析师，参见 *HPF*, 2, pp. 288-304.
4. « Annonce » de la conférence de J.L., Voir bibliographie. Réunion du CA, 2 mars 1953, *Analytica* 7, Paris, Navarin, 1978, p. 10. Juliette FAVEZ-BOUTONIER, *Documents et débats*, 11 mai 1975, p. 60. *HPF*, 2, p. 244.
5. 关于拉康在20世纪50年代的实践，参见 *HPF*, 2, pp. 245-247.
6. 1953年8月6日拉康给巴林特的信；arch. André Haynal. M.-C. BECK, « Correspondances », *Le Bloc-notes de la psychanalyse*, 10, Genève, 1991, p. 171.
7. 关于《罗马报告》的不同版本，参见 bibliographie : « Fonction et champ de la parole... », 1953.
8. *HPF*, 2, p. 272.
9. 1953年复活节上拉康给 M.-F.L. 的信。
10. 关于精神分析和教会，参见 *HPF*, 2, pp. 206-218.
11. 1953年9月拉康给 M.-F.L. 的信。
12. *HPF*, 2, p. 273.
13. 克劳德·列维-斯特劳斯，《亲属关系的基本结构》(*Les Structures élémentaires de la parenté*), 1re éd. Paris, PUF, 1949 ; 2e éd. Paris-La Haye, Mouton, 1967.
14. Voir Bertrand Pulman, « Les anthropologues face à la psychanalyse : premières réactions », *RIHP*, 4,1991 ; « Aux origines du débat ethnologie/psychanalyse: W.H.R. Rivers(1864—1922) », *L'Homme*, 100,1986 ; « C.G. Seligman(1873—1940) », *Gradhiva*,6, 1989.
15. Voir George W. STOCKING, « L'anthropologie et la science de l'irrationnel. La rencontre de Malinowski avec la psychanalyse freudienne », *RIHP*, 4, 1991. Bronislaw MALINOWSKI, *Journal d'ethnographe*, Paris, Seuil, 1985.

16. 布罗尼斯拉夫·马林诺夫斯基 (Bronislaw MALINOWSKI), *La Sexualité et sa répression*, Paris, Payot, « PBP », 1969. Ernest JONES, *Essais de psychanalyse appliquée*, II, Paris, Payot, 1973. Gezà ROHEIM, *Psychanalyse et anthropologie*, Paris, Gallimard, 1969.

17. Jean JAMIN, « L'anthropologie et ses acteurs », dans *Les Enjeux philosophiques des années cinquante*, Centre Georges-Pompidou, 1989. Maurice MERLEAU-PONTY, « De Mauss à Claude Lévi-Strauss », dans *Éloge de la philosophie*, Paris, Gallimard, coll. « Folio », 1960.

18. 克劳德·列维-斯特劳斯, *Les Structures...*, *op. cit.*, p. 29.

19. 克劳德·列维-斯特劳斯, « Place de l'anthropologie dans les sciences sociales et problèmes posés par son enseignement », dans *Anthropologie structurale*, Paris, Plon, 1958.

20. 1990年1月13日对克劳德·列维-斯特劳斯的访谈。

21. Didier ERIBON et Claude LÉVI-STRAUSS, *De près et de loin*, Paris, Odile Jacob, 1988, p.107.

22. 克劳德·列维-斯特劳斯, « De quelques rencontres », *L'Arc*, spécial Merleau-Ponty, rééd. Duponchelle, 1990, p. 43.

23. 1992年2月6日对雅克·赛达特的访谈。

24. Sur le cas Rudolf Hess, entretien avec Madeleine Delay le 22 octobre 1992. Voir Denis Hollier, préface à la rééd. du *Collège de sociologie*, à paraître.

25. *De près et de loin, op. cit.*, p. 108. Claude Lévi-Strauss ne cite qu'une seule fois le nom de Lacan dans *Introduction à l'œuvre de Marcel Mauss* in M.M., *Sociologie et anthropologie*, Paris, PUF, 1950. Merleau-Ponty ne le cite que trois fois dans *Les Relations avec autrui chez l'enfant*, Paris, CEDES, 1975. Et *Le Visible et l'invisible*, Paris, Gallimard, 1964. Voir aussi *Merleau-Ponty à la Sorbonne, Résumés des cours 1949—1952*, Dijon, Éd. Cynara, 1988, pp. 50,95-96,109-117,319-321.

26. 克劳德·列维-斯特劳斯,《巫师与巫术》(« Le sorcier et sa magie »), dans *Anthropologie structurale, op. cit.*, p. 202.

27. *Ibid.*, p. XXXII. Voir aussi Robert GEORGIN, *De Lévi-Strauss à Lacan*, Lausanne, Cistre, 1983.

28. J.L., « Intervention sur l'exposé de Claude Lévi-Strauss », 21 mai 1956, p. 114.

Voir bibliographie.

29. J.L., *S. II*, Paris, Seuil, 1977, pp. 46-48. Commentaire à propos de la conférence de Claude Lévi-Strauss à Sainte-Anne du 30 novembre 1954 sur la fonction symbolique.

30. Voir *HPF*, 2, p. 267. Et E.R., *Études d'histoire du freudisme*, à paraître. J.L., «Le symbolique, l'imaginaire et le réel», conférence médite ; «Le mythe individuel du névrosé», *Ornicar ?*, 17-18, 1979, pp. 289-307 ; «La chose freudienne ou le sens d'un retour à Freud», *EP*, 1,1956 (repris dans *E*. avec des modifications considérables). Voir bibliographie.

31. 西格蒙德·弗洛伊德, *Cinq Psychanalyses, op. cit.* Patrick MAHONY, *Freud et l'homme aux rats*, Paris, PUF, 1991.

32. J.L., «Mythe individuel du névrosé», *loc. cit.*, pp. 305-306.

33. J.L., «Intervention sur Claude Lévi-Strauss», *Bulletin de la Société française de philosophie*, 3, 1956.

34. Dan SPERBER, «Le structuralisme en anthropologie», dans *Qu'est-ce que le structuralisme ?*, Paris, Seuil, 1968, p. 173. Patrick MAHONY, *op. cit.*, p. 70. *De près et de loin, op. cit.*, p. 147.

35. 西格蒙德·弗洛伊德, *Cinq Psychanalyses, op. cit.*, p. 70.

36. J.L., E., *op. cit.*, p. 315. 关于拉康罗马报告的诸多讨论，参见 *HPF*, 2, pp. 275-280, 特别是迪迪埃·安齐厄、塞尔日·勒克莱尔和弗拉迪米尔·格拉诺夫的文献。

第19章 向马丁·海德格尔致敬

1. Hugo OTT, *Martin Heidegger. Une biographie*, Paris, Payot, 1990, pp.196-197. Victor FARIAS, *Heidegger et le nazisme*, Paris, Verdier, 1987.

2. Hugo OTT, *op. cit.*, p. 342. Voir aussi Karl LÖWTTH, *Ma vie en Allemagne avant et après 1933*, Paris, Hachette, 1988.

3. Hugo Ott, *op. cit.*, p. 343.

4. 让-保罗·萨特, «A propos de l'existentialisme : mise au point», 29 décembre 1944, dans Michel CONTAT et Michel RYBALKA, *Les Écrits de Sartre*, Paris, Gallimard,

1970, p. 654.

5. *Les Temps modernes*, novembre 1946-juillet 1947. Et Alexandre KOYRÉ, « L'évolution philosophique de Heidegger », *Critique*, 1 et 2, juin et juillet 1946. G. FRIEDMANN, « Heidegger et la crise de l'idée de progrès entre les deux guerres », dans *Éventail de l'histoire vivante, I, Hommage à Lucien Febvre*, Paris, Armand Colin, 1953. Martin HEIDEGGER, « Le discours du Rectorat : l'université allemande envers et contre tout, elle même », et « Le Rectorat, faits et réflexions », *Le Débat*, 27 octobre 1983. « Martin Heidegger », *Les Cahiers de l'Herne*, 45,1983. *Magazine littéraire*, spécial Heidegger, 235, novembre 1986.

6. Voir Georges FRIEDMANN, *op. cit.*

7. Jacques HAVET, *Nécrologie de Jean Beaufret*, Annuaire de l'Association amicale des anciens élèves de l'ENS, 1984, pp. 82-94. Joseph ROVAN, « Mon témoignage sur Heidegger », *Le Monde*, 8 décembre 1987.

8. Jean-Michel PALMIER, « Heidegger et le national-socialisme », *Les Cahiers de l'Herne,op. cit.*, p. 351.

9. Jean BEAUFRET, *Dialogue avec Heidegger*, 4 vol., Paris, Minuit, 1977—1985.

10. 马丁·海德格尔 (Martin HEIDEGGER),《关于人道主义的信》(*Lettre sur l'humanisme*), Paris, Aubier, 1964. Voir aussi Mou-chir AOUN, « Approches critiques de la *Lettre sur l'humanisme* de Heidegger », *Annales de philosophie*, Beyrouth, université Saint-Joseph, 1989.

11. Hugo OTT, *op. cit.*, p. 371.

12. 私人对话，1989年12月21日。

13. 1985年5月对科斯塔斯·埃克塞洛斯的访谈；1992年3月26日对弗朗索瓦·盖拉德的访谈。

14. Marie-Claude LAMBOTTE, « Entretien avec Jean Beaufret », *Spirales*, 3, avril 1981.

15. 马丁·海德格尔, « Logos », traduit par J.L., *La Psychanalyse*, 1, PUF, 1956.

16. Jean-Paul ARON, *Les Modernes*, Paris, Gallimard, 1984. Jean BEAUFRET, *Dialogue avec Heidegger*, vol. IV, *op. cit.*, pp. 75-88. Lucien GOLDMANN, lettre, *Le Monde*, 25 janvier 1988.

17. 遗憾的是我无法在让·波弗莱的档案中查证这一点，但他不太可能像朱迪斯·米勒在

附录

《我父亲的面孔》中所说那样参与了《逻各斯》的翻译。因为波弗莱自己说，在盖坦考特的时候他在翻译瑟里希的讲庭。关于沙特尔之旅，参见 *HPF*, 2, pp. 309-310.

18. 拉康的翻译是最早的法文译本。安德烈·普罗在他后来的译本中没有提到拉康的译本，似乎对此一无所知。参见 Martin HEIDEGGER, *Essais et conférences*, Paris, Gallimard, coll. «Tel», 1958. 同样，尼古拉斯·兰德在他对于《逻各斯》的两篇评论中也没有提到拉康的翻译，参见 *Cahiers Confrontation*, 8, Paris, Aubier, 1982, et *Le Cryptage et la vie des œuvres*, Paris, Aubier, 1989. Par ailleurs. 事实上，直到发表第二篇评论的时候——在维克多·法利斯的书刚刚出版不久——尼古拉斯·兰德才第一次指出海德格尔的文本中存在着和纳粹主义有关的痕迹。参见 E.R., «Vibrant hommage de Jacques Lacan à Martin Heidegger», dans *Lacan avec les philosophes, op. cit.*

19. Jean BoLLACK et Heinz WISMANN, *Héraclite ou la séparation*, Paris, Minuit, 1979. Jean BOLLACK, «Heidegger l'incontournable», *Actes de la recherche en sciences sociales*, 5-6, 1975. Et «Réflexions sur les interprétations du logos héraclitéen», dans *La Naissance de la raison en Grèce*, actes du congrès de Nice, mai 1987. Je suis redevable à Jean Bollack de ce qui concerne ici la traduction faite par Lacan de «Logos». Entretien du 16 avril 1992.

20. André Préau traduira le terme par *non-occultation*, dans *Essais et conférences, op. cit.*, p. 254, et Jean Beaufret par *ouvert sans retrait*, dans *Dialogue…, IV, op. cit.*, p. 78.

21. 贝特朗·奥格尔维第一次向我指出了这一点。斯托安·斯托安诺夫提醒我注意两个版本之间的差别。1° *Festschrift fur Hans Jantzen*, Berlin, Geb. Mann, 1951. 2° *Vorträge und Aufsätze*, Pfullingen, Gunther Neske, 1954.

22. J.L., S. *VIII*. Voir bibliographie.

23. J.L., «Liminaire», *La Psychanalyse*, 1, 1956, p. VI.

24. J.L., «L'instance…», *La Psychanalyse*, 3, 1957. Repris dans E. avec quelques modifications. Voir bibliographie.

25. *Ibid.*, p. 528.

26. 拉康对于会见海德格尔的渴望在他于1956年2月29日给朱迪斯的明信片里展现出来。当时拉康的《逻各斯》译本刚刚出版。他写道："我们今天本该见到马丁·海德格尔，但由于坏天气我们错过了他。为了安慰我自己，我一整天都在读他的著作，并把他的理论解释给我的妈妈。"(*Visages de mon père, op. cit.*, p. 88).

27. Lettre à Jean Wahl du 26 mars 1958 (IMEC). Anecdote racontée publiquement par Maurice de Gandillac le 18 mars 1988.
28. Cité par G. Granel et par S. Weber. *Lacan avec les philosophes, op. cit.*, pp. 52 et 224.
29. 1990 年 5 月对卡特琳·米约的访谈。

第 20 章 交织的命运：雅克·拉康和弗朗索瓦兹·多尔多

1. F.D., *Correspondance 1913—1938*, annotée par Colette Percheminier, Paris, Hatier, 1991.
2. *Ibid.*, p. 106. Lettre d'Anastase Demmler du 29 mars 1921.
3. *Ibid.*, p. 125. Lettre de Suzanne Marette du 20 septembre 1922.
4. 在法语中，我们用儿童（单数）精神分析来代表理论；用儿童（复数）精神分析来代表临床实践。
5. F.D., *Enfances*, Paris, Seuil, coll. «Point-Actuels», 1986.
6. F.D., *Correspondance, op. cit.*, p. 51. Je respecte l'orthographe de la lettre.
7. *Ibid.*, p. 57.
8. *Ibid.*, pp. 44, 53, 64.
9. *Ibid.*, p. 215.
10. 拉福格的分析开始于 1934 年 2 月 17 日，结束于 1937 年 3 月 12 日。弗朗索瓦·多尔多给我的 HPF，2 中提供的日期是错误的。
11. F.D. *Correspondance*, pp. 560-574. Lettre du 15 juin 1938.
12. *Ibid.*, p. 571.
13. 在 *Enfances* 中，弗朗索瓦兹·多尔多没有提到她的家庭的莫拉斯主义世界观，也没提到种族主义和反犹主义。但她很直接地谈到了自己的社交困难。
14. 我曾经有机会问了她这个问题。
15. F.D., *Psychanalyse et pédiatrie*, Paris, Seuil, 1971.
16. 爱德华·皮雄关于多尔多论文的笔记以及双方交换的信件，来自多尔多的档案。
17. Sur la commission du vocabulaire à la SPP, Voir *HPF, 1*, pp. 376-395. Edouard PICHON, *Développement psychique de l'enfant et de l'adolescent*, Paris, Masson, 1938.

附录

18. F.D. et E.R., « Des jalons pour une histoire, entretien », dans *Quelques pas sur le chemin de Françoise Dolto,* Paris, Seuil, 1988, p. 12.

19. 在我于 1988 年访谈多尔多的时候，我没有接触档案的权限来查证她的回忆的准确性。事实上和波拿巴一样，她的日记里也没有提到 1936 年的这次会面。

20. 玛丽·波拿巴, « Journal inédit ».

21. E.R. et Philippe SOLLERS, « Entretien sur l'histoire de la psychanalyse en France », *L'Infini*, 2, printemps 1983.

22. Claude HALMOS, « La planète Dolto », dans *L'Enfant et la psychanalyse*, coll., Paris, éd. Esquisses psychanalytiques, CFRP, 1993.

23. Jean-Chrysostome, né le 20 février 1943, futur « Carlos ».

24. Dans *Quelques pas...*, *op. cit.*, F.D. pense que ce fut plutôt une grande estime qu'une véritable amitié.

25. 个人回忆。

26. *HPF*, 2, pp. 277-278. Et F.D., *Au jeu du désir*, Paris, Seuil, 1981, pp. 133-194.

27. *La Psychanalyse, 1, op. cit.*, pp. 226 et 250.

28. *Ibid.*, p. 224.

29. 1986 年 5 月在若约芒举行的学术讨论会。

30. 拉康给多尔多的信，来自多尔多的档案。

31. Entretien avec Catherine Dolto-Tolitch le 3 mars 1993.

第 21 章《会饮篇》与风暴

1. 关于法国第三代精神分析师的故事以及法国弗洛伊德协会和国际精神分析协会之间的谈判，参见 *HPF*, 2, pp. 288-376.

2. 关于丹尼尔·拉加什，参见 *ibid.*, pp. 218-236.

3. 对多尔多的访谈, *HPF*, 2, p. 329.

4. 在规章制度中，有一些关于技术的书面规定和一些关于伦理的口头规定。后者规定所有同性恋者必须被排除在国际精神分析协会培训活动之外。

5. *HPF*, 2, p. 331. 委员会进行了两轮质询，第一轮从 1961 年 5 月 15 日到 6 月，第二轮在 1963 年 1 月（第五名委员索尔莫斯加入其中）。我在别的书中已经详细讲述了这些听证会。

6. Phyllis GROSSKURTH, *op. cit.*, pp. 540-543.
7. 1982 年，我在伦敦遇见了伊尔丝·赫尔曼，她的观点没有任何改变。
8. Sur la «troïka», Voir *HPF, 2,* pp. 288-296.
9. 皮埃尔·蒂尔凯的两份报告的内容到今天为止都还是秘密。我们通过拉康、格拉诺夫、勒克莱尔和蒂尔凯之间的通信推断出第一份报告的要点；通过格拉诺夫和勒克莱尔的笔记推断出第二份报告的内容。两份报告都强调了开除拉康的决定是永久性的且不可更改。拉康把这一事件称为"逐出教会"，暗示了当年斯宾诺莎的遭遇。Voir «L'Excommunication», supplément à *Ornicar ?*, 8,1977, pp. 41-45. Pour les «Recommandations» d'Édimbourget la «Directive» de Stockholm, pp. 19,81,82. Et *HPF*, 2.
10. Ils se regrouperont dans la motion dite des «motionnaires» : J. Laplanche, J.-L. Lang, J.-B. Pontalis, D. Widlôcher, R. Pujol, V. Smirnoff, J.-C. Lavie.
11. 关于"通过"的程序，参见 *HPF*, 2, pp. 450-468.
12. J.L., «Variantes de la cure type», repris dans E. avec des modifications considérables. Voir bibliographie. Sur le débat avec Maurice Bouvet, Voir *HPF*, 2, pp. 280-285.
13. E.R., «L'Amérique freudienne», *Magazine littéraire*, 271, novembre 1989.
14. J.L., «Situation de la psychanalyse», repris dans *E.* avec peu de changements. Voir bibliographie.
15. J.L., *E.*, p.483.
16. J.L., «La direction de la cure et les principes de son pouvoir», repris dans *E.* sans grand changement. Voir bibliographie.
17. J.L., *E.*, p.601.
18. 关于精神分析历史中剽窃思想的幻想，参见 *HPF*, 1, pp. 102-103, et Michel Schneider, *Blessures de mémoire*, Paris, Gallimard, 1981.
19. 拉康在同一时期给勒克莱尔的一封信里也用到了这些术语。在《精神分析的处境》中，拉康写道不应该设置任何障碍去阻碍欲望的发声。
20. L'édition du *Banquet* utilisée par Lacan était celle d'Henri Estienne de 1578, dont il possédait une édition originale. Vendu à la vente publique du 5 octobre 1991 ; catalogueG. Loudmer, p. 14.
21. Voir Jean-Louis HEURION, *L'Agalma : la référence platonicienne dans le dis-*

附录

cours de Lacan, mémoire présenté en vue du diplôme de l'EHESS sous la direction de Heinz Wismann, Paris, 1989, Paris, Point Hors-Ligne, 1993.

22. J.L., *S. XII*, mars 1965.
23. J.L., Débat avec Jean Hyppolite, Voir bibliographie. *Et S. I*, Paris, Seuil, *op. cit.*, pp. 63-78. Pierre MACHEREY, « Le leurre hégélien », *Bloc-notes de la psychanalyse*, 5, Genève, 1985.
24. *L'Inconscient*, actes du colloque de Bonneval, Paris, Desclée De Brouwer, 1966. Sur le déroulement du colloque et la polémique entre Laplanche et Lacan, ainsi que sur la rédaction du texte de Merleau-Ponty, Voir *HPF*, 2, pp. 317-328.
25. 1961 年 7 月 27 日拉康给格拉诺夫的信。Archives W.G. Lettre de Marie Bonaparte à Anna Freud du 20 juin 1961 et au conseil de l'IPA du 14 juillet 1961, Library of Congress, Washington.
26. Sur le fait d'avoir été « négocié », Voir *S. XI*, Paris, Seuil, 1973, séance du 15 janvier1964.
27. 让·拉普朗什给拉康的信；对丹尼尔·维德洛谢的访谈，收录在 *HPF*, 2, pp. 366-367.
28. Sur la manière dont Lacan défend ses élèves et notamment Christian Simatos, Voir archives W.G., et *HPF, 2, op. cit.,* p. 353.
29. 1963 年 6 月 24 日塞尔日·勒克莱尔给拉康的信。
30. 1973 年 6 月 24 日拉康给勒克莱尔的信。
31. 1963 年 6 月 27 日给宝拉·海曼的信，没有寄出。这些信被收录在 *HPF*, 2, p. 356.
32. *HPF*, 2, p. 359.
33. À propos de Hesnard, Voir E.R., « À propos d'une lettre de A. Hesnard », *Les Carnets de psychanalyse*, 2, hiver 1991—1992, pp. 159-162.
34. Raymond de Saussure mourra en 1971 et Rudolph Loewenstein en 1976.
35. Françoise Dolto, *La Croix*, 12 septembre 1981.

第 22 章 结构与父姓

1. 马德莱娜·夏普萨尔的访谈被收录在 *la petite musique*, Paris, Grasset, 1984.
2. 1991 年 11 月 21 日对马德莱娜·夏普萨尔的访谈。

3. Madeleine CHAPSAL, *La Chair de la robe*, Paris, Fayard, 1989.

4. *Envoyez..., op. cit.,* p. 36.

5. 对马德莱娜·夏普萨尔的访谈，见上文。

6. 1956 年 12 月 28 日、1957 年 1 月 18 日拉康给马德莱娜·夏普萨尔的信。

7. *Envoyez..., op. cit.,* p. 37.

8. L'entretien a été réédité dans *L'Âne*, 48, octobre-décembre 1991, sans mention du nom de Madeleine Chapsal.

9. 西格蒙德·弗洛伊德, « Une difficulté de la psychanalyse », dans *Essais de psychanalyse appliquée*, Paris, Gallimard, coll. « Idées », 1971.

10. *Envoyez..., op. cit.,* p. 41.

11. *HPF*, 2, pp. 105-108.

12. Voir E.R., *Généalogies*, Paris, Fayard, 1994.

13. C.G. JUNG, *L'Homme à la découverte de son âme*, Paris, Albin Michel, 1987.

14. 1989 年 11 月 21 日对罗兰·卡昂的访谈。

15. 当时琼斯的传记刚刚出版了第一卷，以弗洛伊德和荣格的分道扬镳为结尾。

16. J.L., « La chose freudienne... », largement modifiée dans *E*. Voir aussi *S. III*, Paris, Seuil, pp. 83 et 266. Pour les différentes versions du texte, Voir bibliographie.

17. 事实上没有研究弗洛伊德的历史学家证实了这句关于瘟疫的名言。Voir Pamela TYTELL, *La Plume sur le divan*, Paris, Aubier, 1982.

18. Richard STERBA, *Réminiscences, op. cit*. Et« Vienne et la psychanalyse », *Austriaca*, 21, novembre 1985, textes réunis par Jacques Le Rider, université de Haute-Normandie.

19. 拉康经常回到 "Wo Es war" 这句话。*S. I*, Paris, Seuil, *op. cit.,* p. 257. *S.VII, S.XVII, S.XIV*, séances du 11 janvier et du 15 mars 1967. Débat avec Angelo Hesnard, *La Psychanalyse*, 3,1957, le 6 novembre 1956. *HPF*, 1, p. 380. Sigmund FREUD, « La décomposition de la personnalité psychique », dans *Nouvelles Conférences d'introduction à la psychanalyse*, Paris, Gallimard, 1984, p. 110. (Trad. : « Là où était du ça, doit advenir du moi. »)

20. M. MERLEAU-PONTY, *Éloge de la philosophie, op. cit.,* p. 56.

21. 布努埃尔的《他》于 1953 年上映。

22. J.L., *S. I*, Paris, Seuil, *op. cit.,* pp. 271-299.

23. J.L., *S. II*, Paris, Seuil, pp. 207-224,225-240,275-300. Et *S. IX*, séance du 10 janvier1962.

24. J.L., *S. III*, Paris, Seuil, p. 248. Voir bibliographie. «L'instance...» sera repris dans E., p. 493. Voir aussi *S. IX*, séance du 6 décembre 1961.

25. J.L., «Subversion du sujet...», E., p. 819. *S. IX*, séance du 6 décembre 1961.

26. Les communications au colloque de Royaumont ont été publiées dans *La Psychanalyse*, 6, Paris, 1961. L'intervention de Lacan, rédigée à Pâques 1960, sera reprise dans E. Daniel LAGACHE, «Structure de la personnalité», dans *Œuvres complètes*, IV, Paris, PUF, 1982. Pour les autres textes marquants de cette deuxième refonte structuraliste, Voir E. pour «Position de l'inconscient», «La métaphore du sujet», «Séminaire sur les noms-du-père» (20 novembre 1963, inédit) ; *S. V, VI, IX, X*. Voir bibliographie.

27. C'est sur ce thème de la lettre volée que Derrida s'expliqua avec le texte de Lacan. La question a déjà été largement abordée dans *HPF*, 2.

28. 关于 Spaltung 一词的历史，参见 *HPF*, 1, pp. 115-133.

29. 罗曼·雅各布森 (Roman JAKOBSON), *Essais de linguistique générale*, Paris, Minuit, 1963.

30. J.L., *E.*, pp. 517 et 800.

31. Anika LEMAIRE, *Jacques Lacan*, Bruxelles, Mardaga, 1977. Et «Radiophonie» (1970). Voir bibliographie.

32. J.L., E., p. 799. Première introduction du «point de capiton», *S. III*, séance du 6 juin 1956. Sur la jonction faite par Lacan entre Saussure et Pichon, Voir *HPF*, 2, pp. 317-319. Françoise GADET, *Saussure, une science de la langue*, Paris, PUF, 1987.

33. Roman JAKOBSON et Jean-José MARCHAND, «Entretiens», *Archives du xxe siècle* (10 février 1972,2janvier 1973,14 septembre 1974). Rediffusés paria *Sept le 7* octobre1990. Voir aussi «Jakobson», *L' Arc*, 60, 1975. *Poétique*, 7,1971. Roman JAKOBSON, *Russie, folie, poésie*, Paris, Seuil, 1986. Et Roman JAKOBSON et K. POMORSKA, *Dialogues*, Paris, Flammarion, 1980. «Entretien avec Robert Georgin», *Les Cahiers Cistre*, Lausanne, 1978. François DOSSE, *Histoire du structuralisme*, I, Paris, La Découverte, 1991. pp. 76-83. Dominique DESANTI, *Les Clefs d'Eisa*, Paris, Ramsay, 1983.

34. Xavier DAUTHIE, « La filiation de Husserl » et Léon ROBEL, « Les années de formation », *Cahiers Cistre, op. cit.* Elmar HOLENSTEIN , *Jakobson*, Paris, Seghers, 1975.

35. Tzvetan TODOROV, *Théorie de la littérature*, textes des formalistes russes, Paris, Seuil, 1966. *Action poétique*, 63,1975.

36. S. TRETIAKOV, *Dans le front gauche de l'art*, textes présentés par Henri Deluy, Paris, Maspero, 1977. *Action poétique*, 48,1971.

37. 罗曼·雅各布森, « Structuralisme et téléologie », *L'Arc*, 60, *op. cit.*

38. Nicolas TROUBETZKOY, *Principes de phonologie*, Paris, Klincksieck, 1949. « Thèses du cercle de Prague », *Change*, 4, 1969. Roman JAKOBSON, « Formalisme russe, structuralisme tchèque », *Change*, 3,1969, pp. 59-60.

39. 在 *HPF*, 1 中, 依照奥利弗·弗洛尼的证词, 我说雅各布森给雷蒙·德·索绪尔揭示了他父亲理论的重要性, 但是克劳德·列维-斯特劳斯、米雷耶·斯法里和亨利·瓦尔摩尔修正了这一解读。参见 H. VERMOREL, « Notice inédite de Raymond de Saussure, avec citation de deux lettres de Claude Lévi-Strauss » et Mireille CIFALI, « Présentation d'une lettre de Raymond de Saussure à Bally », Bloc-notes de la psychanalyse, 5, Genève, 1985, p. 147.

40. « Entretien avec Robert Georgin », *loc. cit.*, p. 17.

41. *De près et de loin, op. cit.*, p. 63.

42. J.L., *S. XIV*, séance du 10 février 1967.

43. R.J., « Entretien avec Robert Georgin », *op. cit.*, p. 17.

44. 1992 年 3 月 3 日对罗贝尔·格奥尔金的访谈。

45. Théodore FLOURNOY, *Des Indes à la planète Mars*, Paris, Seuil, 1983. Sur le deuxième Saussure et les anagrammes, Françoise GADET, *op. cit.* et Jean STAROBINSKI, *Les Mots sous les mots*, Paris, Gallimard, 1971.

46. *HPF*, 2, pp. 190-202.

47. 1990 年 1 月 11 日对伊莲娜·格拉西奥-阿尔方戴利的访谈。

48. René ZAZZO, « Nécrologie de A. Léontiev », *L'Année psychologique*, 82, 1982, p. 541.

49. Voir A. MASSUCO COSTA, *La Psychologie soviétique*, Paris, Payot, 1977.

50. 1992 年 6 月 10 日分别对莫里斯·德·高迪拉克和伊万·斯瓦格尔斯基的访谈。

51. 1985 年 11 月 4 日让·拉库蒂尔给作者的信。

52. *De près et de loin, op. cit.*, p. 85, et lettre de Claude Lévi-Strauss à E.R. du 20 janvier 1992.
53. 1992年1月31日对弗朗索瓦兹·吉鲁的访谈。Françoise GIROUD, *Leçons particulières*, Paris, Fayard, 1991, p. 132.
54. 1972年1月3日起生效的关于血统的法律避免了这一问题。
55. 1992年1月8日埃德蒙·夏尔-鲁给作者的信。
56. 葬礼在10月19日举行。1983年3月对马德莱娜·乌隆的访谈；1990年5月3日对马克-弗朗索瓦·拉康的访谈；1990年6月4日对西比尔·拉康的访谈。
57. J.L., *S. VIII*, Paris, Seuil, *op. cit.*, p. 329. Phrase rétablie correctement dans Le Transfert dans tous ses Errata, Paris, EPEL, 1991, p. 121.
58. Madeleine CHAPSAL, *Envoyez...*, *op. cit.*, p. 75.
59. J.L., *S. III*, Paris, Seuil, 1981.
60. *Ibid.*, p. 361.
61. J. DAMOURETTE et E. PICHON, «Sur la signification psychologique de la négation en français», rééd. *Le Bloc-notes de la psychanalyse*, Genève, 5, 1985. Correspondance Freud/Laforgue, présentée par André Bourguignon, NRP, 15, printemps 1977. André BOURGUIGNON et A. MANUS, «Hallucination, déni de la réalité et scotomisation», *Annales médico-psychologiques*, vol. 138, 2 février 1980. Sigmund FREUD, «La négation», *RFP*, 8, 2, 1934. Maurice MERLEAU-PONTY, *Phénoménologie de la perception*, Paris, Gallimard, coll. «Tel», 1976. *HPF*, 1, pp. 314-320, 376-395. *HPF*, 2, pp. 310-312. J.L., «Introduction au commentaire de Jean Hyppolite sur *la Vemeinung* de Freud» et «Réponse au commentaire de Jean Hyppolite sur la Vemeinung de Freud», séminaire du 10 février 1954, *La Psychanalyse*, 1, Paris, 1956, rééd. dans E. Voir aussi *S. I*, Paris, Seuil, *op. cit.*, pp. 53-73. «D'une question préliminaire...», *La Psychanalyse*, 4, Paris, 1957, rééd. dans E. Voir aussi *S. III*, Seuil, *op. cit.*, pp. 21-361. Voir bibliographie.
62. 安德烈·格林 (André GREEN), «L'objet (a) de Lacan, sa logique et la théorie freudienne», exposé prononcé le 21 décembre 1965 au *S. XIII*, *Cahiers pour l'analyse*, 3, Paris, Seuil, 1966.
63. *S. I*, *op. cit.*, séances des 24, 31 mars et 7 avril 1954.
64. Herman NUNBERG, *Principes de psychanalyse*, Paris, PUF, 1957.

65. J.L., *S. I, op. cit.*, p. 161. C'est à ce propos que Lacan utilisa le schéma dit du « bouquet renversé ».

66. J.L., *S. III, op. cit.*, p. 329.

67. J.L., *S. IX*, séance du 6 décembre 1961, transcription Michel Roussan.

68. D.-P. SCHREBER, *Mémoires d'un névropathe*, trad. P. Duquenne et N. Sels, Paris, Seuil, 1975. Octave MANNONI, « Schreber als Schreiber », dans *Clefs pour l'imaginaire*, Paris, Seuil, 1969. A.TABOURET-KELLER, « Une étude : la remarquable famille Schreber », *Scilicet*, 4, Paris, Seuil, 1973. *Schreber inédit*, coll., textes présentés par H. Israëls et J. Quackelbeen, Paris, Seuil, 1986. Maud MANNONI, *Éducation impossible*, Paris, Seuil, 1973. Sigmund FREUD, « Remarques psychanalytiques sur l'autobiographie d'un cas de paranoïa », dans *Cinq Psychanalyses, op. cit. Correspondance Freud/Ferenczi*, Paris, Calmann-Lévy, 1992, p. 249.

69. *HPF*, 1, pp.127-128.

70. *Correspondance Freud/Ferenczi, op. cit.*, p. 331. *Correspondance Freud/Jung, II*, Paris, Gallimard, 1975, p. 118. Henri ELLENBERGER, *op. cit.*, pp. 450-451. Chawki AZOURI, *J'ai réussi là où le paranoïaque échoue*, Paris, Denoël, 1991. L'auteur pense que Freud a négligé de parler du père de Schreber parce qu'en masquant ainsi la paternité il se prend pour le père de son œuvre. D'où l'idée que la théorie de l'homosexualité comme origine de la paranoïa serait une résistance à la question du père. Hypothèse fort intéressante que je ne partage pas tout à fait.

71. *Le Cas Schreber*, ouvrage collectif, Paris, PUF, 1979. En particulier l'article d'Ida MACALPINE et Richard HUNIER (1953). Henri ELLENBERGER, *op. cit.*, p. 450. Peter GAY, *Freud*, Paris, Hachette, 1991, pp. 377-378.

72. Chronologie de la lecture du cas Schreber par J.L. : *S. I*, séance du 5 mai 1954, p. 185. *S. II*, séance du 25 mai 1955. *S. III*, séances du 16 novembre 1955 et du 4 juillet 1956. « D'une question préliminaire… », rédaction décembre 1957−1958, *La Psychanalyse*, 4, 1959. Rééd. dans *E.* avec de nombreuses modifications. Les *Mémoires* furent publiés en feuilleton dans les *Cahiers pour l'analyse*, et Lacan en fit une présentation en 1966, rééd. *Ornicar ?*, 38, Navarin, 1986. Voir bibliographie.

附录

第七部分 权力与荣耀

第23章 与路易·阿尔都塞的对话

1. Sur l'histoire de la *Laienanalyse*, Voir *RIHP*, 3, Paris, 1990.
2. Georges CANGUILHEM, « Qu'est-ce que la psychologie ? », dans *Études d'histoire et de philosophie des sciences*, Paris, Vrin, 1968.
3. Michel FOUCAULT, *Folie et déraison. Histoire de la folie à l'âge classique*, rééd. Paris, Gallimard, 1972. Didier ÉRIBON, *Michel Foucault*, Paris, Flammarion, 1989.
4. Michel FOUCAULT, « Entretien avec Madeleine Chapsal », *La Quinzaine littéraire*, 15, 15 mai 1966.
5. 路易·阿尔都塞 (Louis ALTHUSSER), *Revue de l'enseignement philosophique*, 5, 13e année, juillet 1963, note 14.
6. Yann MOULIER-BOUTANG, *Louis Althusser. Une biographie*, Paris, Grasset, 1992, p. 363. Et entretien avec Yann Moulier-Boutang le 6 novembre 1991.
7. 路易·阿尔都塞, *L'avenir dure longtemps*, Paris, Stock, 1992, pp. 113-114. Et entretien avec Louis Althusser (†) le 18 janvier 1985.
8. Cité par Yann MOULIER-BOUTANG, *op. cit.*, p. 375.
9. Voir à ce sujet Michel DE CERTEAU, *La Fable mystique*, Paris, Gallimard, 1982.
10. 路易·阿尔都塞, *L'avenir...*, *op. cit.*, p. 163.
11. *Ibid.*, p. 116.
12. Raymond KLIBANSKY, Erwin PANOFSKY et Fritz SAXL, *Saturne et la mélancolie*, Paris, Gallimard, 1989.
13. 路易·阿尔都塞, *L'avenir...*, *op. cit.*, p. 125.
14. 1963年12月21日拉康给路易·阿尔都塞的信。Voir aussi *Magazine littéraire*, 304, novembre 1992. Dans l'entretien que j'avais eu avec Louis Althusser avant sa mort, il datait par erreur son premier déjeuner avec Lacan de juillet 1963. Erreur reprise dans *L'avenir...*, p. 178. Les agendas déposés à l'IMEC et la lettre du 21 novembre 1963 montrent que le déjeuner fut en effet un dîner, qui eut lieu le 3 décembre 1963, comme l'indique d'ailleurs la lettre de Louis Althusser

du 4 décembre 1963. Voir *HPF*, 2, p. 387.

15. 1963 年 12 月 21 日拉康给路易·阿尔都塞的信。L'article a été publié dans *La Pensée* et repris dans *Pour Marx*, Paris, Maspero, 1965.

16. 1963 年 11 月 26 日路易·阿尔都塞给拉康的信。

17. 这天晚上发生的事可以根据阿尔都塞 12 月 4 日的信加以重现。

18. 阿尔都塞在 1966 年 7 月 11 日的信里劝拉康读《资本论》。

19. 路易·阿尔都塞, *L'avenir..., op. cit.*

20. 1963 年 12 月 4 日路易·阿尔都塞给拉康的信。

21. Radiation de Lacan du 13 octobre 1963. Voir *Excommunication, op. cit.*, p. 87. *HPF*, 2, p. 363.

22. 关于拉康对斯宾诺莎被"逐出教门"的解读，参见 *HPF*, 2, pp. 368-381.

23. J'ai raconté l'épisode, *HPF*, 2, p. 398. Et J.L., *E.*, pp. 851-854. Entretiens séparés avec Paul Ricœur le 7 mars 1985 et Jean-Paul Ricœur le 12 juillet 1985. Dans une lettre du 20 août 1991, Charles Reagan, biographe de Paul Ricœur, me signale que celui-ci n'a conservé ni lettres ni photos de Lacan.

24. 1989 年 11 月 10 日对莫里斯·德·甘迪亚克的访谈。

25. Sur cette période, Voir *HPF*, 2, pp. 381-393. Entretiens séparés avec Jacques Rancière le 1er mars 1985 et Étienne Balibar le 7 février 1985. Notes de cours d'Étienne Balibar.

26. 路易·阿尔都塞, Cours inédit, IMEC.

27. Repris dans *Positions*, Paris, Éditions sociales, 1973, p. 13. Réédition dans *Écrits sur la psychanalyse. Freud et Lacan*, Paris, Stock, 1993.

28. 1964 年 7 月 6 日拉康给路易·阿尔都塞的信。

29. À Châteauroux.

30. 雅克-阿兰·米勒 (Jacques-Alain MILLER), « Entretien avec François Ansermet sur le Séminaire », Paris, Navarin, 1985, p. 21.

31. 参见阿尔都塞对于雅克-阿兰·米勒在 1964 年 1 月 21 日、1 月 28 日、2 月 4 日所做的报告的笔记，以及巴利巴尔的笔记。巴利巴尔在米勒之前提到拉康 1932 年的论文以及"排除"这一概念。参见阿尔都塞 1963 年 12 月 17 日的笔记。

32. J.L., *S. XI*, séance du 29 janvier 1964, Paris, Seuil, 1973.

33. 1964 年 2 月 22 日拉康给路易·阿尔都塞的信。

附录

34. *Lire le Capital*, collectif, et Louis ALTHUSSER, *Pour Marx*, Paris, Maspero, 1965. Donald MARTEL, *L'Anthropologie d'Althusser*, Éd. de l'université d'Ottawa, 1984.
35. 路易·阿尔都塞，*L'avenir...*, *op. cit.*, p. 201.
36. 热妮·奥布里，个人回忆。
37. *Le Débat*, 50, Paris, mai-août 1988.
38. Lucien SEBAG, *Marxisme et structuralisme*, Paris, Payot, 1964.
39. 路易·阿尔都塞，*L'avenir...*, *op. cit.*, p. 180. Louis Althusser m'avait donné le même témoignage en 1985. Voir *HPF*, 2, pp. 292-293. Et entretiens séparés avec Hélène Gratiot-Alphandéry le 11 janvier 1990 et avec Marie-Claire Boons le 6 janvier 1985.
40. 路易·阿尔都塞，lettre à D... du 18 juillet 1966, *Écrits sur la psychanalyse*, Paris, Stock/IMEC, 1993.

第24章 "我以此创立……"：康德和萨德

1. L'acte de fondation a été publié pour la première fois dans l'annuaire de l'EFP de1965. L'histoire du magnétophone est racontée par René MAJOR, «Depuis Lacan», *Césure*, 1, bulletin de la CP, Paris, 1991, p. 178 et par Dominique BONNET, «Ces grands médecins», bulletin de liaison du SNPP et de l'AFPEP, *Dire et Agir*, 45, décembre 1986. I l ne sera pas question ici de l'histoire de l'EFP ni de la troisième scission, conduisant à la création de l'OPLF, qui a déjà été traitée dans *HPF*, 2, pp. 425-482. On sait que l'École freudienne de Paris fut fondée sous le nom d'École française de psychanalyse.
2. Voir *HPF*, 2, p. 440.
3. 这些规章公布在学派1965年的年报中。
4. Circulaire de l'EFP du 19 septembre 1964. Les brouillons montrent que le texte est de la main de Lacan. Archives S.L.
5. 1991年11月19日对弗朗索瓦·瓦尔的访谈。
6. J.L., *S. VII*, Paris, Seuil, 1986. E.R., «Lacan et Spinoza, essai d'interprétation», communication au colloque *Spinoza au XXe siècle*, sous la dir. d'Olivier Bloch, Paris, PUF, 1992.

7. J.L., *S. XI*, Paris, Seuil, *op. cit.*, pp. 237-247.

8. J.L., publié dans *Critique*, repris dans *E*. avec de grandes modifications. Voir bibliographie.

9. Dans *E*., la référence à *l'Histoire de la folie* est supprimée. Max HORKHEIMER et Theodor ADORNO, *Dialectique de la raison*, Paris, Gallimard, coll. «Tel», 1989. Sur l'impact de ces thèses dans l'histoire de la littérature française, Voir Jean-Pierre SALGAS, «Métamorphoses de Lazare, écrire après Auschwitz», *Art Press*, 173, octobre 1992.

10. Emmanuel KANT, *La Critique de la raison pratique*, trad. Picavet, Paris, PUF, 1960.

11. Voir André TOSEL, *Kant révolutionnaire, droit et politique*, Paris, PUF, 1988, p. 18. Hans Dieter GONDEK, *Angst Einbildungskraft Sprache, Kant, Freud, Lacan*, München BoerVerlag, 1990.

12. Voir Hannah ARENDT, *Eichmann à Jérusalem*, Paris, Gallimard, 1965.

13. Marcelle MARINI, *Lacan*, Paris, Belfond, 1986, a été la première à remarquer l'analogie de pensée entre Lacan et Arendt. Philippe JULIEN, «Trois réponses à la folie des passions», *Littoral*, 27-28, avril 1989. Myriam REVAULT D'ALLONNES, «*Amor mundi*, la persévérance du politique», dans *Ontologie et politique*, Paris, Tierce, 1989.

14. J.L., «Kant avec Sade», *op. cit*. Dans la version de 1966, Lacan ajoute «en vain» après «liberté de désirer» et remplace «la seule pour laquelle on meurt» par «la liberté de mourir». Il accentue ainsi, deux ans après la fondation de l'EFP, son pessimisme quant à une possible liberté réelle du sujet. *E*., p. 783.

15. *Ibid*., p. 785.

16. Sur cette question, Myriam REVAULT D'ALLONNES, *D'une mort à l'autre*, Paris, Seuil, 1989.

17. SAINT-JUST, *Œuvres complètes*, Paris, éd. Gérard Lebovici, 1984, p. 979.

18. Amos FUNKENSTEIN, «Interprétations théologiques de l'Holocauste : un bilan», dans *L'Allemagne nazie et le génocide juif*, Paris, Gallimard-Seuil, 1985.

19. J.L., *S. XI, op. cit.*, p. 246.《康德和萨德》一度随着和巴黎弗洛伊德协会有密切关系的齐泽克的解读在美国大学里变得流行。齐泽克把拉康笔下的萨德视为一种斯大林式的

附录

极权主义形象，和"新自由主义社会中的力比多主体"相对应。把拉康变成了一种后现代主义的意识形态话语。参见 Slavoj ZIZEK, «Sur le pouvoir politique et les mécanismes idéologiques», *Ornicar ?*, 34, 1985, pp. 41-60. Voir aussi: *The Sublime Object of Ideology*, Londres, Verso, 1989.

20. Sur l'histoire des groupes et des revues, Voir *HPF*, 2, chiffres et tableaux.
21. Serge LECLAIRE et alii, *État des lieux de la psychanalyse*, Paris, Albin Michel, 1991.
22. 关于弗朗索瓦·皮埃尔退出巴黎弗洛伊德协会，参见 *HPF*, 2, pp. 450-468.
23. 1965 年 1 月 12 日弗朗索瓦·皮埃尔给拉康的信的草稿。
24. 1965 年 1 月 12 日拉康给弗朗索瓦·皮埃尔的信。

第 25 章 《文集》：一名编辑的肖像画

1. 参见 *HPF*, 2, pp. 414-425.
2. 雅克·德里达 (Jacques DERRIDA), «Pour l'amour de Lacan», dans *Lacan avec les philosophes, op. cit.*, pp. 406-407.
3. 1992 年 9 月 8 日对弗朗索瓦·瓦尔的访谈。
4. Jean ALLOUCH, *Marguerite, op. cit.*, p. 43. Jenny Aubry se trouva dans la même situation et obtint de Lacan qu'il fît dactylographier des passages de sa thèse en un volume qu'elle conserva dans sa bibliothèque.
5. A. POROT, *Manuel alphabétique de psychiatrie*, [1951], Paris, PUF, 1975. Entretien avec François Wahl le 9 mars 1990.
6. 1990 年 5 月 9 日对弗朗索瓦·瓦尔的访谈。
7. *Ibid.*
8. *Ibid.*
9. *Ibid.*
10. 1992 年 11 月 19 日对弗朗索瓦·瓦尔的访谈。
11. Umberto Eco, *L'Âne*, 50, avril-juin 1992, p. 13. *L'Œuvre ouverte*, Paris, Seuil, coll. «Points», 1979. *La Structure absente*, Paris, Mercure de France, 1984.
12. *L'Âne, op. cit.*, p. 14.
13. Umberto Eco, préface à l'éd. italienne de *La Structure absente*, non reprise en

fiançais.

14. 1989年12月4日对保罗·弗拉芒的访谈。
15. *Ibid*.
16. Contrat pour la collection « Le champ freudien », 3 avril 1964.
17. Contrat du 20 mai 1964, non enregistré.
18. Voir chapitre premier.
19. 1990年3月9日、1991年11月19日、1992年9月10日对弗朗索瓦·瓦尔的访谈。*HPF*, 2, p. 421.
20. *HPF*, 2, p. 413.
21. *Ibid*.
22. J.L., *S. XII*, exposé de Jacques-Alain Miller, séance du 24 février 1965.
23. Le texte publié dans *Les Cahiers pour l'analyse* a été très modifié par rapport à l'exposé du 24 février 1965.
24. Gottlob FREGE, *Les fondements de l'arithmétique*, Paris, Seuil, 1969.
25. 婚礼于1966年11月12日在盖坦考特举行。
26. 乔治·巴塔耶的名字出现在《文集》的第583页。
27. La table avait été publiée dans *Les Cahiers pour l'analyse*, 2, 1966.
28. J.L., *E.*, p. 894.
29. Contrat pour *E.* du 30 novembre 1966, signé au moment de la parution de l'ouvrage.
30. André ROBINET, *Les Nouvelles littéraires*, 9 février 1967 ; Lucien SEVE, *La Nouvelle Critique*, mars 1967 ; François CHATELET, *Le Nouvel Observateur*, 11 et 17 janvier 1967 ; Louis BEIRNAERT, *Études*, mars 1967 ; Jean-François REVEL, *L'Express*, 18-25 décembre 1986.
31. Didier ANZIEU, *La Quinzaine littéraire*, 15 novembre 1966.
32. 《换句话说》的合同于1968年3月11日签订。
33. 1 - « Le séminaire sur *La Lettre volée* ». 2 - « Le stade du miroir ». 3 - « Fonction et champ... ». 4 - « La chose freudienne ». 5 - « L'instance de la lettre ».
34. 1970年1月9日布鲁诺·弗拉芒给拉康的信；1970年1月12日拉康给弗拉芒的信；1970年1月19日弗拉芒的回复。
35. 1970年2月13日布鲁诺·弗拉芒给拉康的信。

附录

36. 1970 年 2 月 21 日弗朗索瓦·瓦尔的笔记；1970 年 2 月 24 日布鲁诺·弗拉芒给拉康的信。
37. 1970 年 3 月 3 日对弗朗索瓦·瓦尔的访谈。
38. J.L., conférence à Milan du 12 mai 1972, *Lacan in Italia*, La Salamandre, 1978, p. 42. *S. XIX*, séance du 14 juin 1972. On trouvera dans Jean ALLOUCH, *Marguerite, op. cit.*, toutes les mentions de *TPP*, pp. 511-516. Didier ANZIEU, *L'Auto-analyse de Freud*, Paris, PUF, 2 vol., 1975.
39. 1972 年 3 月 3 日拉康给雅克·波斯特尔的信。
40. *L'Arc*, 58, 1974.
41. J.L., *TPP*. Contrat du 19 mars 1975.
42. Présentation de la rééd. de *TPP*, document interne du 27 mars 1975. Voir aussi François Wahl, préface à Alain BADIOU, *Conditions*, Paris, Seuil, 1992.
43. Georges de Clérambault au lieu de Gaétan Gatian de Clérambault.

第 26 章 革命：让－保罗·萨特和雅克·拉康，交替的同辈

1. Entretien inédit réalisé par Didier Éribon au lendemain de la mort de Lacan, septembre 1981. L'entretien de Foucault au *Corriere délla Sera* a été traduit dans *L'Âne*, 37, janvier-mars 1989.
2. 让-保罗·萨特, *Le Scénario Freud*, Paris, Gallimard, 1984.
3. Bernard PINGAUD, *L'Arc*, rééd. Duponchelle, 1990, pp. 3-4.
4. *Ibid.*, pp. 87-96.
5. 1966 年 12 月 9 日拉康和和吉列·拉普热的一次访谈。
6. Jean-François Sirinelli, *Manifestes et pétitions au XXe siècle*, Paris, Fayard, 1990, p. 231.
7. *HPF*, 2, pp. 551-583.
8. L'histoire de la GP reste à faire. Sur la relation de Sartre à Benny Lévy, on lira les récits contradictoires d'Annie COHEN-SOLAL, *Sartre*, Paris, Gallimard, 1985, et de Deirdre BAIR, *Simone de Beauvoir, op. cit.* Simone DE BEAUVOIR, *La Cérémonie des adieux*, Paris, Gallimard, 1974. Hervé HAMON et Patrick *ROTMAN*,

Génération, 2 vol., Paris, Seuil, 1987 et 1988. Sur Lacan et le maoïsme, le seul livre intéressant est celui de Bernard SICHERE, *Le Moment lacanien*, Paris, Grasset, 1983. Voir aussi Philippe SOULEZ, « L'action de la formule : une contribution à la lecture de la 4e question de "Radiophonie" », *Littoral*, 36, octobre 1992. Ernest GELLNER, *La Ruse de la déraison*, Paris, PUF, 1990. Sherry TURKLE, *La France freudienne*, Paris, Grasset, 1982.

9. 1992年10月5日对伊雷娜·迪亚芒蒂的访谈。一个不准确的版本参见 Samuel LEPASTIER, « La rencontre entre psychanalystes et étudiants à la faculté de médecine de Paris en mai 1968 », *RIHP*, 5,1992, pp. 404-405.

10. Séance du 15 mai 1968. Voir *HPF*, 2, p. 461. Et entretien avec Irène Diamantis, cité.

11. Françoise GIROUD, « Quand l'autre était dieu », rééd. *RIHP*, 5, *loc. cit*.

12. J.L., « Radiophonie », *op. cit. S. XIX*, inédit ; *S. XX*, Paris, Seuil. Voir bibliographie.

13. 1969年7月9日塞尔日·勒克莱尔给雅克-阿兰·米勒的信；塞尔日·勒克莱尔给米歇尔·福柯的信，*HPF*, 2, p. 557.

14. 1991年11月19日对弗朗索瓦·瓦尔的访谈。

15. Le mot « meute » est celui employé par Lacan devant Sollers pour désigner sa jeune garde de l'ENS.

16. Hervé HAMON et Patrick ROTMAN, *Génération, op. cit*., vol. n, p. 182.

17. Marie-Pierre DE COSSÉ-BRISSAC, « Lacan ou "l'heur" de la vie », dans *Connaissez-vous* Lacan ?, ouvrage collectif, Paris, Seuil, 1992, p. 18. *HPF*, 2, p. 456 sq. La formule « L'analyste ne s'autorise que de lui-même » se trouve dans la deuxième version du projet. *Scilicet*, 1, Paris, Seuil, 1968.

18. La scission eut lieu les 25 et 26 janvier 1969. C'est le 17 mars que fut créée l'OPLF, Quatrième Groupe.

19. Michel FOUCAULT, « Qu'est-ce qu'un auteur ? », rééd. *Littoral*, 9, juin 1983. Voir aussi, dans le même numéro, le commentaire de Jean ALLOUCH, « Les trois petits points du retour à ».

20. Ce thème sera développé dans *L'Archéologie du savoir* que Foucault était en train de terminer à cette date (Paris, Gallimard, 1969). Sur la place de Foucault

dans l'histoire du mouvement psychiatrique et psychanalitique, Voir Maurice PINGUET, « Les années d'apprentissage », *Le Débat*, 41, Paris, septembre-novembre 1986.

21. « Intervention sur l'exposé de Michel Foucault », 1969, Voir B., p. 31. Et Jean AL-LOUCH, « Freud ou quand l'inconscient s'affole », *Littoral*, 19-20, avril 1986.
22. *Ibid.*, p. 28.
23. *Ibid.*, p. 32. Voir aussi François DOSSE, *Histoire du structuralisme*, vol. II, *op. cit.*, pp. 159-161.
24. J'ai fait moi-même partie en mai 1968 des étudiants en linguistique de la Soibonne qui « descendirent dans la rue » pour défendre les « structures ».
25. *HPF*, 2, pp. 542-543.
26. J.L., *S. XVII*, Paris, Seuil, 1991, p. 239. *HPF*, 2, pp. 557-583.
27. Le mot « père-sévère » est de Lacan, *cf.* « Petit discours aux psychiatres ». Voir bibliographie.
28. Voir à cet égard les témoignages de Roland Castro et de Jean-Michel Ribettes, *HPF*, 2, p. 431.
29. Pierre GOLDMAN, *Souvenirs obscurs d'un Juif polonais né en France*, Paris, Seuil, 1975, pp. 87-88.
30. 1985年2月7日对穆斯塔非·萨福安的访谈。
31. *HPF*, 2, p. 558.
32. 阿兰·巴迪欧把这种逻辑比作一种形而上学。参见 « Marque et manque : à propos du zéro », *Cahiers pour l'analyse*, 10, 1969. Voir aussi *L'Être et Vévénement*, Vans, Seuil, 1988.
33. *HPF*, 2, pp. 563-566. Ludwig WITTGENSTEIN, *Tractacus logico-philosophicus*, Paris, Gallimard, 1961. Trad. Pierre Klossowski.
34. 迪迪埃·埃里邦关于知识分子和政治的笔记；对吉尔·德勒兹的访谈，*Nouvel Observateur*, 16-22 nov., 1995.
35. 玛丽亚·安东涅塔·马乔基，未公开的日记。

第八部分：寻找绝对

第 27 章 东方的渴望和丧亲之痛

1. François CHENG, « Entretien avec Judith Miller », *L'Âne*, 48, décembre 1991, p. 48.
2. LAO-TSEU, *Le Livre de la Voie et de sa vertu*, chapitre 42, Paris, Maisonneuve, 1953. K.T. HOUANG et Pierre LEIRIS, *Lao-tseu, la Voie et sa vertu*, Paris, Seuil, 1949.
3. François CHANG, « Entretien... », *op. cit.*, p. 54.
4. *Tel quel*, 59, 1974, p. 7. Philippe SOLLERS, *Femmes*, Paris, Gallimard, 1983, pp. 87-89. Voyage en Chine du 20 mai 1974. Journal inédit de Maria Antonietta Macciocchi. Le portrait de Laurent Lacan se trouve dans Judith MILLER, *Visages de mon père, op. cit.*, p. 14. M.A. Macciocchi, *De la Chine,* Paris, Seuil, 1971.
5. Dominique AUFFRET, *Alexandre Kojève, op. cit.*, p. 341.
6. Voir le brillant exposé de Jacques-Alain Miller sur cette question dans *Lacan et la chose japonaise*, Paris, Analytica, 1988. J.L., « Avis au lecteur japonais », 2 janvier 1972, *Lettre mensuelle de l'ECF*, septembre 1981. J.L., *S. XVIII*, séance du 12 mai 1971. Et « Lituraterre », *Littérature*, 3, octobre 1971.
7. 1971 年 4 月 26 日拉康给克鲁克的信以及克鲁克的笔记，发现在蒂博·拉康的档案中。
8. *Ibid.*
9. Inventaire pour la succession, archives Sibylle Lacan. Et Guy Loudmer, catalogue du 27-28 juin 1991.
10. 皮埃尔·拉康生于 1969 年 12 月 16 日，逝于 1969 年 12 月 19 日。1991 年 3 月 23 日对蒂博·拉康的访谈。
11. 1991 年 6 月 8 日对布鲁诺·罗杰的访谈；1990 年 4 月 14 日对西比尔·拉康的访谈。
12. 1992 年 6 月 17 日对卡特琳·米约的访谈。
13. 对西比尔·拉康的访谈，参见上文。
14. 1973 年 6 月 14 日拉康给保罗·弗拉芒的信。
15. 1991 年 7 月 3 日对西里尔·罗杰－拉康的访谈。
16. 1991 年 9 月 11 日对法布里斯·罗杰－拉康的访谈。
17. *Ibid.*

附录

第 28 章 数素与波罗米结

1. Exposé au symposium de Baltimore, 1966. Voir bibliographie.
2. 我们不应该忘记柏林学者威廉·弗利斯和作家奥托·魏宁格也试图建立一个关于人类性欲的数学表达。参见 Jacques LE RIDER, *Le Cas Otto Weininger. Racines de l'antisémitisme et de l'antiféminisme*, Paris, PUF, 1982. Et Frank SULLOWAY, *Freud biologiste de l'esprit*, Paris, Fayard, 1981.
3. J.L., *S. XIX* et « Le savoir du psychanalyste » (1971—1972). Voir bibliographie.
4. 关于数素，参见 *HPF*, 2, pp. 566-567. 关于接管巴黎八大的精神分析学系，参见 pp. 557-583.
5. A. LALANDE, *Vocabulaire technique et critique de la philosophie*, Paris, PUF, 1976.
6. Voir *infra*.
7. L'émission fut diffusée deux samedis de suite (9 et 16 mars) à 23 heures dans le cadre d'une série intitulée « Un certain regard ». Contrat signé par J.L. le 19 février 1974. Lettre de Paul Flamand à J.L. du 25 février 1974.
8. Contrat « Connexions du champ freudien » du 28 janvier 1975. Lettre de François Wahl à Paul Flamand du 20 décembre 1974.
9. 杰拉德·米勒 (Gérard MILLER), *Les Pousse-au-jouir du maréchal Pétain*, Paris, Seuil, 1975.
10. *Ibid.*, p. 9.
11. Circulaire de J.-A. Miller et Jean Clavreul, septembre 1974 ; Voir *HPF*, 2, p. 576.
12. J.-A. MILLER, « Théorie de Lalangue », *Ornicar ?*, 1, janvier 1975.
13. *HPF*, 2, p. 577.
14. 对乔治·吉尔博的访谈，参见 *HPF*, 2, pp. 564-565. *Abords topologiques*, dans la revue *Littoral*, 5/6, mai 1982. F. TINGRY, *Recherches logiques et linguistiques pour la psychanalyse. Nom propre et topologie des surfaces*, thèse de IIIe cycle, UER de sciences humaines cliniques, Paris VII, 1983.
15. 1990 年 6 月 8 日对米歇尔·托梅的访谈。
16. *HPF*, 2, p. 567.
17. 拓扑学从第十八期研讨班开始出现，一直到第二十六期研讨班。
18. Pierre SOURY, *Chaînes et nœuds*, 3 vol., 1988, éd. par Michel Thomé et Chris-

tian Léger.

19. *Ibid.*, vol. 3, doc. 30.
20. 对米歇尔·托梅的访谈，参见上文。
21. Pierre SOURY, *op. cit.*, vol. 3, doc. 46.
22. Témoignages de Dolorès Jaulin et Christine Thibault, *ibid.*, vol. 2, doc. 230 et 232.
23. HPF, 2, pp. 511-530.
24. Carlos CASTANEDA, *L'Herbe du diable et la petite fumée*, Paris, Soleil noir, 1972. Lettre de J.L. à Michel Thomé du 18 décembre 1973, archives Michel Thomé.
25. 对米歇尔·托梅的访谈，参见上文。
26. Philippe JULIEN, Erik PORGE, Mayette VILTARD, *Littoral, op. cit.*
27. 1977年6月14日贝尔纳德·若兰的报告；Pierre SOURY, *op. cit.*, vol. 2, doc. 236 et 104.
28. 1976年2月9日拉康给皮埃尔·苏里的信；米歇尔·托梅的档案。
29. 1977年2月25日拉康给皮埃尔·苏里的信。
30. À partir des thèses du mathématicien Émile ARTIN, *The Collected Papers*, Addison-Wesley Publishing Company, 1965. Voir aussi M. GARDNER, *Le Paradoxe du pendu et autres divertissements mathématiques*, Paris, Dunod, 1971.
31. Jean-Toussaint DESANTI, *Les Idéalités mathématiques*, Paris, Seuil, 1968.
32. 1990年2月5日对让-图桑·德桑蒂的访谈。
33. 1991年5月7日和12月5日对让-米歇尔·瓦珀罗的访谈。
34. *Ibid.*
35. Jean-Michel VAPPEREAU, « Début de la lecture de Jacques Lacan », *Cahiers de lecture freudienne*, 5, Lysimaque, octobre 1984, pp. 25-44 ; « D'un calcul dans les champs d'existence du nœud », *Ornicar ?*, 28, janvier 1984, pp. 133-143 ; *Essaim, fascicule de résultats n° 1*, Paris, Point Hors-Ligne, 1985 ; *Étoffe, Topologie en extension*, 2, Paris,1988.
36. J.L., «…ou pire » et « Le savoir », séances des 3 et 8 mars 1972. Sur cette question, Voir la bonne présentation de Joël DOR, *Introduction à la lecture de Lacan*, vol. 2, Paris, Denoël, 1992 ; Pierre LAVALLE, « Les négations et les univers du discours », dans *Lacan avec les philosophes, op. cit.*
37. J.L., *S. XX*, Paris, Seuil, *op. cit.*, séances des 20 février et 13 mars 1973.

38. J.L., Sur le roman *Le Ravissement de Lol V. Stein* de Marguerite Duras (1965). Voir bibliographie.

39. 西格蒙德·弗洛伊德,《释梦》(*L'Interprétation des rêves*), *op. cit.*, p. 98. J.L., *S. II*, séances des 9 et 16 mars, *op. cit. S. XVII*, séance du 11 mars 1970, *op. cit.* Voir Perry MEISEL, Walter KENDRICK, *Bloomsbury-Freud. James et Alix Strachey, correspondance 1924—1925*, Paris, PUF, 1990. J.L., *S. XXLI*, séance du 11 février 1975, *Ornicar ?*, 4, octobre 1975, p. 94.

40. Œuvres de James Joyce parues chez Gallimard : *Ulysse*, trad. Valéry Larbaud, Paris, 1937 ; *Stephen le héros*, trad. L. Savitzky, Paris, 1948 ; *Finnegans Wake*, trad. A. du Bouchet, introduction de Michel Butor, Paris, 1962.

41. « Entretien avec Jacques Aubert », *L'Âne*, 6, automne 1982, p. 6.

42. Jean PARIS, *Joyce par lui-même*, Paris, Seuil, 1967. Et *Tel quel*, 30, été 1967. Sur *Finnegans Wake*, *Voir Change*, 1,1968. L'Arc, 36, spécial Joyce, 1968. *Change*, 11, mai 1972, avec l'article de Jean PARIS, « L'agonie du signe ».

43. 1992年12月1日对让·帕丽斯的访谈。

44. 大会的论文集中所收录的拉康论文《乔伊斯和症状（二）》并非他在那一天演讲的内容，而是三年前完成的版本。当天做的演讲后来基于雅克-阿兰·米勒的笔录和埃里克·劳伦的笔记以《乔伊斯和症状（一）》为题出现在雅克·奥伯特的《乔伊斯和拉康》一书中（Paris, Navarin, 1987）中。

45. *Ibid.*, pp. 22-23.

46. *Ibid.*, p. 22.

47. 卡特琳·米约 (Catherine MILLOT), *La Vocation de l'écrivain*, Paris, Gallimard, 1991.

48. J.L., « Le sinthome », *Ornicar ?*, 7, juin-juillet 1976, séance du 16 décembre 1975, p. 3. Et entretien avec Michel Thomé le 14 novembre 1992.

49. *Ornicar ?*, 8, hiver 1976—1977, séance du 10 février 1976, et séance du 17 février 1976. Voir aussi Éric LAURENT, « Jouissance le symptôme », *L'Âne*, 6, automne 1982, p. 8.

50. Jean PARIS, *Joyce par lui-même*, *op. cit.*, p. 173.

51. *Ornicar ?*, 8, *op. cit.*, p. 6, séance du 10 février 1976.

52. Actes du colloque, repris dans *Joyce avec Lacan*, *op. cit.*

53. 关于第一次美国之行，参见 J.L., *S. XIII*, séance du 23 mars 1966.
54. 在那一阶段被翻译成英文的拉康作品有：« The Mirror-Phase as Formative of the Function of the I », trad. Jean Roussel, *NewLeft Review*, n" 51,1968, pp. 71-77. « The Function of Language in Psychoanalysis », trad. Anthony Wilden, *The Language of the Self*, Baltimore, Johns Hopkins Press, 1968. « The Insistence of the Letter in the Unconscious », trad. Jean Miel, *Structuralism*, New York, Doubleday Anchor, 1970, pp. 101-137. Seminar at Johns Hopkins University : « Of Structure as an Immixing of an Othemess Prerequisite to Any Subject Whatever », *The Structuralist Controversy*, Baltimore, Johns Hopkins Press, 1970. « The Purloined Letter », trad. Jeffrey Mehlman, *Yale French Studies*, n° 48,1974. Principaux ouvrages en langue anglaise sur J.L., parus après cette date : John P. MULLER and William J. RICHARDSON, *Lacan and Language. A Reader's Guide to Ecrits*, International Universities Press, New York, 1982. Trad. fr. Erès, Toulouse, 1989. Bice BEN-VENUTO and Roger KENNEDY, *The Works of Jacques Lacan. An Introduction*, St. Mar-tin's Press, New York, 1986. David MACEY, Lacan in Contexts, London, Verso, 1988. Slavoj ZIZEK, *The Sublime Object of Ideology*, *op. cit.* Ellie RAGLAND-SULLIVAN and Mark BRACHER, *Lacan and the Subject of Language*, Routledge, New York, 1990.
55. Stuart Schneiderman, trad. fr., *Lacan, maître zen ?*, Paris, PUF, 1986. Catherine Clément raconte aussi la même légende, l'histoire du bateau en moins, dans *Vies et légendes de Jacques Lacan*, Paris, Grasset, 1981, p. 30. J'ai commencé à rétablir la vérité en 1986 grâce aux témoignages de Sylvia Lacan et de Laurence Bataille.
56. 1992 年 11 月 13 日对帕梅拉·泰德尔的访谈。*Scilicet*, 6/7, 1976, p. 9.
57. *Ibid.*, p. 20
58. Paul NEWMAN, « Lettre d'Amérique », *Ornicar ?*, 7, *op. cit.*, p. 103.
59. 对帕梅拉·泰德尔的访谈，参见上文。
60. 1992 年 11 月 24 日对塞尔日·杜布洛夫斯基的访谈。
61. 对帕梅拉·泰德尔的访谈，参见上文。
62. 我当时在场。
63. Voir Sherry TURKLE, *La France freudienne*, *op. cit.*, p. 293 et *Scilicet*, 6/7, *op.*

cit., pour une transcription résumée.

64. Ce passage ne figure pas dans la transcription de Scilicet. Robert GEORGIN l'a reproduit dans « Jakobson », *Cahiers Cistre*, *op. cit.*, p. 129.

65. 米迪松·罗纳把这个故事告诉了我。他复述了乔姆斯基的话。雪莉·特克在《精神分析的政治》一书中没有提到这件事，但她谈到了拉康和乔姆斯基之间的另一段对话。

66. Célèbre compagnie d'autocars aux États-Unis.

67. Sherry TURKLE, *op. cit.*, p. 276 et entretien avec Pamela Tytell, cité.

68. 1973年12月18日到1979年3月2日之间拉康和皮埃尔·苏里（以及其他人）之间的通信。

69. Denis HOLLIER, *La Figure du fond*, Paris, Galilée, 1992, p. 104.

70. François ROUAN, « Entretien avec Bernard Noël », *La Quinzaine littéraire*, 15 juin 1976. Voir aussi Hubert DAMISCH, « La peinture est un vrai trois », Catalogue de l'exposition du musée d'Art moderne, Centre Georges-Pompidou, 1983.

71. Denis HOLLIER, *op. cit.*, p. 55, et Edward FRY, Catalogue, *op. cit.*, p. 87.

72. 1992年2月17日对弗朗索瓦·罗兰的访谈。François ROUAN. « Voyage autour d'un trou », conférence, *Actes*, revue de l'ECF, 19 novembre 1991, p. 136.

73. J.L., *S. XX*, *op. cit.*, séance du 8 mai 1973, p. 105.

74. 对弗朗索瓦·罗兰的访谈，参见上文。

75. *Ibid.*

76. *Ibid.*

77. Reproduit dans le catalogue du Centre Georges-Pompidou, *op. cit.* Par la suite, Lacan n'écrira de sa main que des lettres très courtes ou des dessins.

78. *HPF*, 2, pp. 636-641. Je ne reviens pas ici sur l'histoire de la dissolution de l'EFP.

79. 1977年3月4日拉康给作者的信，发表于 *HPF*, 2, p. 638.

80. Pierre SOURY, *op. cit.*, vol. 3, doc. 55 et 57.

81. *Ibid.*, doc. 59 et 61. 对米歇尔·托梅的访谈，参见上文。

82. Pierre SOURY, *op. cit.*, vol. 3, doc. C, p. 2.

第 29 章 回到零的精神分析

1. 关于多维尔大会，参见 *HPF*, 2, pp. 639-641.

2. 关于抵抗运动，参见 *ibid.*, pp. 583-618.

3. François ROUSTANG, *Un destin si funeste*, Paris, Minuit, 1976. Sur *L'Anti-Œdipe*, Voir *HPF*, 2, p. 635.

4. Cornélius CASTORIADIS, « La psychanalyse, projet et élucidation. "Destin" de l'analyse et responsabilité des analystes », *Topique*, 19, avril 1977.

5. *Ibid.*, p. 73.

6. *Ibid.*, p. 74.

7. *Ibid.*, pp. 28-29.

8. 下列书籍中包含对拉康临床治疗的描述：François Weyergans, *Le Pitre*, Paris, Gallimard, 1973, seul texte publié du vivant de Lacan ; Stuart Schneiderman, *Jacques Lacan, maître zen ?*, Paris, PUF, 1986 (1983 pour l'édition américaine) ; Pierre Rey, *Une saison chez Lacan*, Paris, Laffont, 1989 ; Jean-Guy Godin, *Jacques Lacan, 5, rue de Lille*, Paris, Seuil, 1990 ; Françoise Giroud, *Leçons particulières*, Paris, Fayard, 1990. Voir aussi les témoignages que j'ai fait paraître dans *HPF*, 2:Didier Anzieu, Octave Mannoni, Anne-Lise Stem, Francis Hofstein, Antoinette Fouque, Danièle Amoux, Gérard Pommier, Jean-Michel Ribettes, Roland Castro, Colette Soler, Rosine Lefort. Voir également Jean Allouch, *132 bons mots avec Jacques Lacan*, Toulouse, Erès, 1988.

9. Trad. fr. citée.

10. *Ibid.*, pp. 161-162.

11. 1992 年 1 月 22 日对皮埃尔·雷的访谈。

12. *Une saison...*, *op. cit.*, p. 32.

13. *Ibid.*, p. 132.

14. *Ibid.*, p. 113.

15. *Jacques Lacan, 5, rue de Lille, op. cit.*, p. 155.

16. *Ibid.*, p. 109.

17. *Leçons particulières, op. cit.*, p. 124.

18. *Ibid.*, p. 128.

附录

19. 1992 年 1 月 31 日对弗朗索瓦兹·吉鲁的访谈。
20. Voir à ce propos les différents témoignages publiés dans *Revue de l'École de la cause freudienne,* 20, février 1992.
21. 1992 年 9 月 30 日对胡达·奥蒙的访谈。
22. 1993 年 5 月 13 日对克劳德·哈尔莫斯的访谈。
23. J'ai formulé cette proposition dans *Action poétique,* 82-83, 1980.
24. 1991 年 9 月 8 日对蒂博·拉康的访谈；1991 年 9 月 3 日对西比尔·拉康的访谈；1991 年 7 月 3 日对西里尔·罗杰-拉康的访谈。

第 30 章 法老的坟墓

1. Catherine DAVID, *Le Nouvel Observateur,* 12 octobre 1981.
2. 我在这里不谈论巴黎弗洛伊德协会瓦解的过程。我在其他地方对此有详细讨论，参见 *HPF,* 2, pp. 648-677. 这个过程是本章的背景内容。
3. Jenny Aubry a eu l'occasion de me raconter à plusieurs reprises l'histoire de ce déjeuner. Le diagnostic de paralysie faciale m'a été confirmé par l'un des médecins traitants de Lacan (il y en a eu plusieurs), qui a tenu à garder l'anonymat. L'accident cérébral vasculaire régressif a été constaté au mois d'août 1980. Entretien le 10 février1990.
4. 1992 年 11 月 13 日对帕梅拉·泰德尔的访谈。
5. Jenny AUBRY, « Mémorandum », manuscrit inédit.
6. *Almanach de la dissolution,* Paris, Navarin, 1986, p. 11.
7. 公开信发表在 1980 年 1 月 9 日的《法国世界报》上，后来在《奥尼卡？》1980 年 20/21 期中再版。
8. Les enregistrements des séances du séminaire de l'année 1980 m'ont été communiqués par Patrick Valas.
9. 阿尔都塞在这次会议上的贡献没有被记录在 IMEC 之中。至于拉康的文本，参见参考文献。
10. 1986 年 2 月 13 日对索朗热·法拉德的访谈；1985 年 5 月 11 日对雅克-阿兰·米勒的访谈。这两段采访都发表在 *HPF,* 2, p. 654. 索朗热的证词得到了劳伦斯·巴塔耶的佐证（1985 年 5 月 15 日的访谈）。关于雅克·拉康书写和签名的变化，参见 Jacqueline

PINON, « Présentation d'écriture » à partir de documents confiés par E.R., *La Graphologie*, cahier 2,202, avril 1991, pp. 13-28.

11. 1985 年我曾询问雅克-阿兰·米勒是否能看原始文稿，但被拒绝了。

12. Engagement de location daté du 1er février 1980. Archives de la succession, Sibylle Lacan.

13. 1992 年 11 月 10 日对卡特琳·米约的访谈。

14. Claude DORGEUILLE, *La Seconde Mort de Jacques Lacan*, Actualité freudienne, Paris, 1981, p. 26.

15. 1986 年 9 月 27 日奥克塔夫·曼诺尼的手写证词，拉康档案。

16. 1982 年 3 月 8 日莫德·曼诺尼的手写证词，拉康档案。

17. 1982 年 4 月 22 日路易·梅里耶纳教授给蒂博·拉康的信；1982 年 3 月 9 日马塞尔·切尔马克给蒂博·拉康的信。

18. 马塞尔·切尔马克，同上。

19. 1982 年 3 月 3 日让·克莱弗尔的打印证词，拉康档案。

20. Témoignage de Jean-Louis GAULT, *Revue de l'École de la cause freudienne*, 20, *op. cit.*, p. 125.

21. 拉康的遗嘱，西比尔·拉康的档案。

22. Claude DORGEUILLE, *La Seconde Mort, op. cit.*, pp. 28-29.

23. 1981 年 2 月 14 日对雅克-阿兰·米勒的访谈；*Almanach de la dissolution, op. cit.*, p. 75.

24. 我在 *HPF*, 2, pp. 648-679 中详细讨论了这些事情。Les statuts de l'ECF, ratifiés par la préfecture de Paris le 19 janvier 1981, ont été reproduits dans *La Seconde Mort, op. cit.*, et dans *Revue de l'École de la cause freudienne, op. cit.*, pp. 85-86. Ils portent les initiales de J.L., qui en était déclaré le président.

25. Voir *Revue de l'École de la cause freudienne*, 20, *op. cit.*, p. 86. Et Jacques-Alain MILLER, « Acier l'ouvert », *L'Âne*, 42, avril-juin 1990, p. 21.

26. Pierre LEGENDRE, « Administrer la psychanalyse », *Pouvoirs*, 11, Paris, 1981, pp. 205-218.

27. 1991 年 4 月 14 日对蒂博·拉康的访谈。

28. 参见 *HPF*, 2, p. 679.

29. 死亡证明上写着拉康于 74 岁时在阿萨斯路去世。

附录

30. 1991 年 9 月 3 日对西比尔·拉康的访谈；1993 年 1 月 3 日对马克 - 弗朗索瓦·拉康的访谈。
31. 这样的遗体准备工作在今天已经成为常规。
32. 关于拉康去世时的媒体反映，参见 *HPF,* 2, pp. 680-682.
33. 对马克 - 弗朗索瓦·拉康的访谈，见上文。
34. Maria Antonietta MACCIOCCHI, journal inédit.

第九部分　遗产

第 31 章 "研讨班" 系列的历史

1. *HPF,* 2, pp. 568-573.
2. 关于雅克·拉康的研讨班，参见参考文献。
3. 雅克·纳西夫的论文最终出版了，参见 *Freud l'inconscient,* Paris, 1977.
4. 1970 年 4 月 21 日弗朗索瓦·瓦尔给拉康的信。
5. *HPF,* 2, p. 570.
6. 1972 年 10 月 19 日的合同，后被取消。
7. 1972 年 11 月 6 日拉康给保罗·弗拉芒的信。
8. 1972 年 11 月 29 日关于第十三期研讨班的合同。同时参见 Jacques-Alain MILLER, *Entretien sur le Séminaire avec François Ansermet,* Paris, Navarin, 1985.
9. 1985 年 10 月 27 日对雅克 - 阿兰·米勒的访谈。*HPF,* 2, p. 568.
10. 1991 年 11 月 19 日对弗朗索瓦·瓦尔的访谈。
11. Voir Robert LINHART, *L'Établi,* Paris, Minuit, 1978.
12. Dans sa dédicace à Jenny Aubry, Voir *HPF,* 2, p. 571.
13. 1973 年 2 月 13 日保罗·弗拉芒给拉康的信；1973 年 2 月 14 日拉康的回信。
14. 雅克 - 阿兰·米勒的笔记，《研讨班XI》，第 249 页；拉康的后记，pp. 251-254, Paris, Seuil, 1973.
15. 1991 年 11 月 19 日对弗朗索瓦·瓦尔的访谈。

16. Il s'agit de la loi sur la propriété littéraire et artistique de mars 1957.
17. 1977 年拉康给保罗·弗拉芒的信。
18. 1980 年 2 月 14 日的信的草稿，我没有找到拉康的回复。
19. 1980 年 10 月 23 日第三期《研讨班》的合同。
20. 1992 年 5 月 25 日弗朗索瓦·瓦尔给作者的信。
21. 法律文件，1987 年 8 月 28 日。西比尔·拉康档案。
22. Pour la polémique, Voir *HPF*, 2, p. 690. Et Michel LAPEYRE, « Constitution d'un index du *Séminaire* de Jacques Lacan : observations et avertissements », juin 1982-juillet 1983, *Pas tant*, Toulouse.
23. 1982 年 5 月 6 日雅克-阿兰·米勒给弗朗索瓦·瓦尔的信。
24. Le livre a paru sous le titre *Les Complexes familiaux*, Paris, Navarin, 1984.
25. *Libération*, 14-15 décembre 1985.
26. 1982 年 11 月 25 日劳伦斯·巴塔耶给菲利浦·索勒斯的信。*HPF*, 2, p. 693. 在她去世前，劳伦斯允许我参阅她的退会信和其他人对她的回复。
27. 弗朗索瓦·瓦尔的证词，1985 年 7 月 27 日。
28. *Le Discours psychanalytique*, 1, octobre 1981.
29. Lettres de François Wahl à Contardo Calligaris et à Jacques-Alain Miller des 29 et 30 septembre 1981.
30. 雅克-阿兰·米勒, *Entretien sur le Séminaire, op. cit.*, pp. 14 et 17.
31. 1991 年 11 月 19 日对弗朗索瓦·瓦尔的访谈。
32. J.L., S. *VII*, Paris, Seuil, 1986, p. 377.
33. 1992 年 11 月 4 日对皮埃尔·维达尔-纳奎特的访谈。我拿到了他所保存的这封信的副本。参见 Annick BOUILLAGUET, « Remarques sur l'usage du grec prêté à Jacques Lacan par les éditeurs de son VIIe séminaire : l'éthique de la psychanalyse », *Psychiatries*, 79,1987/4. 1984 年春天，雅克-阿兰·米勒发表了拉康对《研讨班VII》的 19 页修改稿。他在一个纸箱子里找到了这些文本，参见 *Ornicar ?*, 28, printemps 1984, pp. 7-18.
34. Lettres et documents inédits de Gabriel Bergounioux des 1er octobre et 1er novembre 1985 et du 15 juin 1987. Du même : « Comment la sémantique se fit un nom », *Ornicar ?*, 42, automne 1987—1988.
35. 《研讨班Ⅰ》和《研讨班Ⅱ》的英文版由约翰·弗里斯特和西尔维安·托马西里翻译；

1985年9月26日雅克-阿兰·米勒给弗罗斯特的信；1986年2月2日弗罗斯特给雅克-阿兰·米勒的信；1993年2月11日弗罗斯特给作者的信。

36. 请愿书发表在1991年1月14日的《法国世界报》上。
37. Catherine CLÉMENT, *Magazine littéraire*, 288, mai 1991, p. 99.
38. Article d'E.R., « Lacan retranché », *Libération*, 7 mars 1991. Droit de réponse de Claude Cherki du 21 mars 1991, suivi d'une réponse d'E.R. indiquant que J.L. n'a laissé aucune instruction.
39. *Le Transfert dans tous ses errata*, ouvrage collectif, Paris, EPEL, 1991. (Voir en particulier Danièle ARNOUX, « À qui la faute ? ».) Catherine MILLOT, « Lacan au jugé », *L'Infini*, 34, été 1991.
40. 这一在1992年9月22日进行的访谈有录音。在这里发表的版本经过了克劳德·舍尔奇的校正。在当年10月17日的一封信中，我问他在《研讨班XI》的后记中拉康在哪里做出过他所声称的安排，并附上了那篇后记。我没有收到回复。

第32章 弗洛伊德的法国：当前状态

1. 参见附录中精神分析协会的列表。参见 Serge LECLAIRE et l'APUI, *État des lieux de la psychanalyse*, Paris, Albin Michel, 1991.
2. *Bulletin de l'Inter-Associatif de psychanalyse*, 1, octobre 1991.
3. François LEGUIL, « L'école en famille nombreuse », *L'Âne*, 51, juillet-septembre 1992. p. 35. 同时参见1992年2月9日罗贝尔·哈拉里给作者的信；1990年2月16日对伊斯多尔·维克的访谈。关于阿根廷的精神分析，参见 *Freud en Buenos Aires 1910—1939*, ouvrage collectif sous la dir. de Hugo VEZZETTI, Punto Sur, 1989. A. CUCURULLO, H. FAIMBERG, Leonardo WENDER, « La psychanalyse en Argentine », dans *Histoire de la psychanalyse*, vol. 2, ouvrage collectif sous la dir. de Roland JACCARD, Paris, Hachette, 1982. Oscar MASOTTA, « Sur la fondation de l'EF de Buenos Aires », *Ornicar ?*, 20/21, 1980.
4. 塞尔日·勒克莱尔 (Serge LECLAIRE), entretien, *Libération*, 17 janvier 1990. Document fondateur: « Association pour une instance ordinale des psychanalyses », signé de Jacques Sédat, Serge Leclaire, Lucien Israël, Philippe Girard, Danièle

Lévy. *Le Monde*, 15 décembre 1989. Réactions polémiques : *Le Monde*, 23 janvier 1990 ; Jacques-Alain MILLER, « Le paradoxe du psychanalyste », *Le Monde*, 22 février 1990 ; Jean CLAVREUL, « Mais si ! Les psychanalystes aiment l'ordre », *Libération*, 26 janvier 1990 ; autres réactions dans *Libération*, 22 janvier 1990; André GREEN, « Instance tierce ou rapport du tiercé », *Le Monde*, 10 février 1990.

5. *Libération*, 21 janvier 1991.
6. Sur l'itinéraire d'Armando Verdiglione, Voir *HPF*, 2, pp. 547-550.
7. 1991年6月15日对穆里尔·德拉赞的访谈。
8. E.R., « Repli individuel et malaise collectif », *Magazine littéraire*, 264, avril 1989.
9. *Lacan avec les philosophes, op. cit.*
10. Une partie des polémiques ont été publiées à la fin du volume.
11. 让-克劳德·米尔纳 (Jean-Claude MILNER), *Les Noms indistincts*, Paris, Seuil, 1983. Christian JAMBET, *La Grande Résurrection d'Alamût*, Lagrasse, Verdier, 1990. E.R., « Entretien avec Christian Jambet », *Les Lettres françaises*, novembre 1990. Notons aussi l'excellent livre de Bertrand OGILVIE, *Lacan, le sujet, op. cit.* Voir aussi Alain JURANVILLE, *Lacan et la philosophie, op. cit.* A. KREMER-MARIETTI, *Lacan et la rhétorique de l'inconscient*, Paris, Aubier-Montaigne, 1978. Sur le livre d'Anika LEMAIRE, *Jacques Lacan*, Bruxelles, *op. cit.*, Voir *HPF*, 2, pp. 325-326. 关于对拉康的批评，参见 François GEORGE, *L'Effet' Yau de Poêle*, Paris, Hachette, 1979 et François ROUSTANG, *Lacan, de l'équivoque à l'impasse*, Paris, Minuit, 1986. 注意 Luc FERRY et Alain RENAUT, *La Pensée 68* (Paris, Gallimard, 1985)。在其中拉康的理论像德里达和福柯的一样，被解读为尼采-海德格尔式的反人道主义。在作者看来，这种反民主哲学对理性和启蒙表示敌视，是一种蒙昧主义。
12. 1992年11月20日对弗朗索瓦·勒吉伊的访谈。
13. *Lacan*, ouvrage collectif sous la dir. de Gérard MILLER, Paris, Bordas, 1986. *Connaissez-vous Lacan ?, op. cit.* Judith MILLER, *Visages de mon père, op. cit.*
14. *Lacan*, Bordas, *op. cit.*, p. 6.
15. Font exception à l'hagiographie les textes de Françoise Giroud et de Marie-Pierre de Cossé-Brissac.
16. Voir *Programme de psychanalyse*, 1990-1991, Paris, éd. Analytica.

17. *Le Courrier de l'ECF*, septembre 1992. Sur la pratique de la cure à l'ECF, Voir le témoignage étonnant de Helena Schulz-Keil, « A Trip to Lacania », *Hystoria, Lacan Study Notes*, 6-9, N.Y.-Paris, 1988.

18. Gérard POMMIER, *La Névrose infantile de la psychanalyse*, Paris, Point Hors-Ligne, 1989. pp. 59-60. Jean CLAVREUL, *Le Désir et la loi*, Paris, Denoël, 1987, p. 49.

19. 雅克-阿兰·米勒, « Acier l'ouvert », 9-11 décembre 1988, *La Lettre mensuelle*, 85, janvier 1990, p. 4. Voir aussi les témoignages de Judith Miller, Serge Cottet, Éric Laurent, *L'Âne*, 42, avril-juin 1990.

20. 1992年6月17日和11月10日对卡特琳·米约的访谈。

21. 卡特琳·米约, « Du symptôme de l'École de la cause freudienne », *L'Infini*, 29, printemps 1990, pp. 29-30.

22. Sol Aparicio, « La forclusion, préhistoire d'un concept », *Ornicar ?*, 28, printemps 1984. JoëlDOR, *Introduction à la lecture de Lacan*, 1, Paris, Denoël, 1992, pp. 123-127. Juan David Nasio, *L'Enseignement de sept concepts cruciaux de la psychanalyse*, Paris, Rivages, 1989, pp. 227-249. Nasio est le seul à « voir » un concept de forclusion chez Freud. Voir aussi, en contrepoint, Claude Rabant, « Déni et forclusion, thème conceptuel » qui, au contraire, sépare les concepts freudiens de ceux de Lacan, *dans Inventer le réel*, Paris, Denoël, 1992. Voir aussi de ce point de vue Marie-Claude Lambotte, *Le Discours mélancolique*, Paris, Anthropos, 1993. Dans l'article « Forclusion » du *Grand Dictionnaire de la psychologie* (Larousse, 1991), Pascale Dégrange (membre de l'Association freudienne) identifie la *Verwetfung* comme un concept freudien que Lacan aurait traduit (p. 310). Sur la genèse de cet amalgame, qui remonte en partie à la tentative d'élaborer un dictionnaire des concepts dans le cadre de l'EFP et sous la direction de Charles Melman, Voir *HPF*, 2, p. 472. Voir aussi le projet d'un *Livre compagnon de Lacan*, archives de l'EFP.

23. 1993年2月对书商蒂埃里·加尼尔的访谈。

24. 让·拉普朗什(Jean LAPLANCHE), André BOURGUIGNON, Pierre COTET, François ROBERT, *Traduire Freud*, Paris, PUF, 1988. Et E.R., « Freud à vos souhaits », *Libération*, 14 avril 1988.

25. Tous ces ouvrages ont déjà été cités.

BIBLIOGRAPHIE GÉNÉRALE DES TRAVAUX DE JACQUES LACAN

拉康作品目录

附录

一、书籍、文章、论文等（1926—1978）

1926 Avec Th. Alajouanine et P. Delafontaine
«Fixité du regard avec hypertonie, prédominant dans le sens vertical avec conservation des mouvements automatico-réflexes ; aspect spécial du syndrome de Parinaud par hypertonie associé à un syndrome extrapyramidal avec troubles pseudo-bulbaires »,
Revue neurologique, II, 1926, pp. 410-418.

1928 Avec M. Trénel
« Abasie chez une traumatisée de guerre »《一位遭受战争创伤女患者的步行失能》,
Revue neurologique, II, 1928, pp. 233-237.
Avec J. Lévy-Valensi et M. Meignant
« Roman policier. Du délire type hallucinatoire chronique au délire d'imagination »,
Revue neurologique, I,1928, pp. 738-739.
Annales médico-psychologiques, I,1928, pp. 474-476.
L'Encéphale, 5,1928, pp. 550-551.

1929 Avec L. Marchand et A. Courtois
« Syndrome comitio-parkinsonien encéphalitique »,
Revue neurologique, I,1928, p. 128.
Annales médico-psychologiques, II, 1929, p. 185.
L'Encéphale, 7, 1929, p. 672.
Avec G. Heuyer
« Paralysie générale avec syndrome d'automatisme mental »,
L'Encéphale, 9, 1929, pp. 802-803.
Avec R, Torgowla
« Paralysie générale prolongée »,

L'Encéphale, 1, 1930, pp. 83-85.

1930　　Avec A. Courtois

« Psychose hallucinatoire encéphalitique »,

Annales médico-psychologiques, 1, 1930, pp. 284-285.

L'Encéphale, 4, 1930, p. 331.

Avec P. Schiff et Mme Schiff-Wertheimer

« Troubles mentaux homodromes chez deux frères hérédosyphilitiques »,

L'Encéphale, 1, 1931, pp. 151-154.

« Crises toniques combinées de protusion de la langue et du trismus se produisant pendant le sommeil chez une parkinsonienne post-encéphalitique. Amputation de la langue consécutive »,

L'Encéphale, 2, 1931, pp. 145-146.

Annales médico-psychologiques, II, 1930, p. 420.

1931　　« Structures des psychoses paranoïaques »《妄想性精神病的结构》,

Semaine des hôpitaux de Paris, 7.7.1931, pp. 437-445.

Ornicar ?, 44, printemps 1988, pp. 5-18.

Avec H. Claude et P. Migault

« Folies simultanées »,

Annales médico-psychologiques, I, 1931, pp. 483-490.

« Écrits inspirés : schizographie »,

Annales médico-psychologiques, II, 1931, pp. 508-522.

Paru dans *De la psychose paranoïaque dans ses rapports avec la personnalité* (1932).

2e édition : Paris, Seuil, 1975, pp. 365-382.

Avec J. Lévy-Valensi et P. Migault

« Troubles du langage écrit chez une paranoïaque présentant des éléments délirants du type paranoïde (schizographie) »《具有妄想症元素的偏执妄想症患者的写作异常》,

Résumé dans *Annales médico-psychologiques*, II, 1931, pp. 407-408.

Résumé dans *L'Encéphale* (sous le titre : « Délire et écrits à type paranoïde

chez une malade à présentation paranoïaque »).
Avec H. Ey
« Parkinsonisme et syndromes démentiels (protusion de la langue dans un des cas) »,
Annales médico-psychologiques, II, 1931, pp. 418-428.

1932　Avec H. Claude et P. Migault
« Spasme de torsion et troubles mentaux post-encéphalitiques »,
Annales médico-psychologiques, 1, 1932, pp. 546-551.
Traduction de « De quelques mécanismes névrotiques dans la jalousie, la paranoïa et l'homosexualité » (Sigmund Freud, 1922),
Revue française de psychanalyse, 3, 1932, pp. 391-401.
De la psychose paranoïaque dans ses rapports avec la personnalité (thèse de doctorat en médecine, Faculté de médecine de Paris)《妄想性精神病及其与人格的关系》（医学博士论文）,
Paris, Le François, 1932.
2ᵉ édition : Paris, Seuil, 1975, et collection « Points », 1980.

1933　« Hiatus Irrationalis » (poème),
Le Phare de Neuilly, 1933 (revue de Lise Deharme).
Magazine littéraire, 11,1977, p. 121.
Avec H. Claude et G. Heuyer « Un cas de démence précocissime »,
Annales médico-psychologiques, 1, 1933, pp. 620-624.
Avec G. Heuyer
« Un cas de perversion infantile par encéphalite épidémique précoce diagnostiquée sur un syndrome moteur fruste »,
Annales médico-psychologiques, 11,1933, pp. 221-223.
Avec G. Heuyer
« Alcoolisme subaigu à pouls normal ou ralenti. Coexistence du syndrome d'automatisme mental »,
Annales médico-psychologiques, II, 1933, pp. 531-546.

« Le problème du style et la conception psychiatrique des formes paranoïaques de l'expérience »《风格问题和妄想症经验形式的精神病学概念》,

Le Minotaure, 1,1933, pp. 68-69.

Paru dans *De la psychose paranoïaque dans ses rapports avec la personnalité* (1932).

2ᵉ édition : Paris, Seuil, 1975, pp. 383-388.

« Motifs du crime paranoïaque : le crime des sœurs Papin »《妄想症犯罪的动机：帕潘姐妹的罪行》,

Le Minotaure, 3/4,1933, pp. 25-28.

Obliques, 2,1972, pp. 100-103.

Paru dans *De la psychose paranoïaque dans ses rapports avec la personnalité* (1932).

2ᵉ édition : Paris, Seuil, 1975, pp. 389-398.

« Exposé général de nos travaux scientifiques »,

Paru dans *De la psychose paranoïaque dans ses rapports avec la personnalité* (1932).

2ᵉ édition : Paris, Seuil, 1975, pp. 399-406.

Compte rendu de la 84ᵉ assemblée de la Société suisse de psychiatrie tenue à Nyons-Prangins,

L'Encéphale, 11,1933, pp. 686-695.

Intervention sur le rapport de J. Piaget :

« La psychanalyse et le développement intellectuel »,

8ᵉ Congrès des psychanalystes de langue française (19.12.1933),

Revue française de psychanalyse, 1,1934, p. 34.

Ornicar ? (« Valeur représentative du crime paranoïaque »), 31,1984, p. 8.

1934   Intervention sur l'exposé de Ch. Odier :

« Conflits instinctuels et bisexualité »,

Revue française de psychanalyse, 4,1935, p. 683.

Ornicar ? (« Psychanalyse et perversion »), 31,1984, p. 8.

Intervention sur l'exposé de M. Friedman :

附录

« Quelques réflexions sur le suicide »,
Revue française de psychanalyse, 4,1935, p. 686.
Ornicar ? (« Le suicide »), 31,1984, p. 9.

1935   Intervention sur l'exposé de P. Schiff :
« Psychanalyse d'un crime incompréhensible »,
Revue française de psychanalyse, 4,1935, pp. 690-691.
Ornicar ?, 31,1984, pp. 9-10.
Compte rendu de *Hallucinations et délires* de H. Ey,
Évolution psychiatrique, 1,1935, pp. 87-91.
Compte rendu de *Le Temps vécu. Études phénoménologiques et psychologiques* d'E. Minkowski,
Recherches philosophiques, 5,1935—1936, pp. 424-431.
Intervention sur l'exposé d'O. Codet :
« À propos de trois cas d'anorexie mentale »,
Revue française de psychanalyse, 1, 1936, p. 127.
Ornicar ? (« L'anorexie mentale »), 31,1984, p. 10.

1936   « Le stade du miroir. Théorie d'un moment structural et génétique de la constitution de la réalité, conçu en relation avec l'expérience et la doctrine psychanalytique »,
Communication au 14ᵉ Congrès psychanalytique international, Marienbad, 2/ 8.8.1936 (non remis pour la publication).
Index du titre de la communication : « The looking-glass-phase », dans *International Journal of Psychoanalysis*, 1, 1937, p. 78. Et notes manuscrites de F. Dolto du 16.6.1936.
« Au-delà du principe de réalité » (Marienbad / Noirmoutier)《超越"现实原则"》,
Évolution psychiatrique, 3, 1936, numéro spécial, pp. 67-86.
Paru dans *Écrits*, Paris, Seuil, 1966, pp. 73-92.
Intervention sur l'exposé de P. Mâle :

« La formation du caractère chez l'enfant (la part de la structure et celle des événements) »,
Évolution psychiatrique, 1,1936, pp. 57-58.
Intervention sur l'exposé de H. Kopp :
« Les troubles de la parole dans leurs rapports avec les troubles de la motricité », *Évolution psychiatrique*, 2,1936, pp. 108-110.
Intervention sur l'exposé de J. Rouart :
« Du rôle de l'onirisme dans les psychoses de type paranoïaque et maniaque-dépressif »,
Évolution psychiatrique, 4,1936, pp. 87-89.

1937   Intervention sur l'exposé de M. Bonaparte :
« Vues paléobiologiques et biopsychiques »,
Revue française de psychanalyse, 3,1938, p. 551.
Ornicar? («L'angoisse et le corps morcelé»), 31,1984,pp. 10-11.
Intervention sur l'exposé de D. Lagache :
« Deuil et mélancolie »,
Revue française de psychanalyse, 3, 1938, pp. 564-565.
Ornicar ?(« Fixation maternelle et narcissisme»), 31,1984,p. 11.

1938   Intervention sur l'exposé de R. Loewenstein :
« L'origine du masochisme et la théorie des pulsions »,
10ᵉ Conférence des psychanalystes de langue française, 21/22.2.1938.
Revue française de psychanalyse, 4,1938, pp. 750-752.
Ornicar ? (« L'instinct de mort »), 31,1984, pp. 12-13.
« La famille »《家庭情结》,
Encyclopédie française, Paris, Larousse, 1938, tome 8.40.3-16 et 42.1-8. Réédition sous le titre : *Les Complexes familiaux dans la formation de l'individu*, Paris, Navarin, 1984 (sans les intertitres ni la bibliographie).
« De l'impulsion au complexe »,
Résumé d'une intervention,

附录

Revue française de psychanalyse, 1,1939, pp. 137-141.

Ornicar ?, 31,1984, pp. 14-19.

Intervention sur l'exposé de H. Ey :

« Les problèmes physiopathologiques de l'activité hallucinatoire » (11.1.1938),

Évolution psychiatrique, 2,1938, pp. 75-76.

1939　Intervention sur l'exposé de H. Baruk :

« Des facteurs moraux en psychiatrie. La personnalité morale chez les aliénés », *Évolution psychiatrique*, 2,1939, pp. 32-33.

1945　«Le temps logique et l'asse rtion de certitude anticipée: un nouveau sophisme »《逻辑时间及预期确定性的肯定：一种新的诡辩》,

Cahiers d'art, 1940—1944, pp. 32-42.

Paru dans *Écrits*, Paris, Seuil, 1966, pp. 197-213.

Conférence à l'ENS de la rue d'Ulm dans le cadre d'un cycle organisé par Georges Gusdorf en novembre. Inédit

1946　« Le nombre treize et la forme logique de la suspicion »,

Cahiers d'art, 1945—1946, pp. 389-393.

Ornicar ?, 36,1986, pp. 7-20.

Bulletin de l'Association freudienne, 16,1986, pp. 3-12.

« Propos sur la causalité psychique »《论心理因果》,

Journées psychiatriques de Bonneval, 28.9.1946,

Paru dans *Le Problème de la psychogenèse des névroses et des psychoses* (avec L. Bonnafé, H. Ey, S. Follin, J. Rouart), Paris, Desclée De Brouwer, 1950, pp. 123-165 (avec allocution de clôture, pp. 215-216).

Paru dans *Écrits*, Paris, Seuil, 1966, pp. 151-194 (sans l'allocution de clôture).

Intervention sur l'exposé d'A. Borel :

« Le symptôme mental. Valeur et signification » (1-1946),

Évolution psychiatrique, 1,1947, pp. 117-122.

Intervention sur l'exposé de G. Ferdière :

« Intérêt psychologique et psychopathologique des comptines et formulettes de l'enfance » (5.1946),

Évolution psychiatrique, 3,1947, pp. 61-62.

1947 « La psychiatrie anglaise et la guerre »《英国精神病学和战争》,

Évolution psychiatrique, 1,1947, pp. 293-312.

Bulletin de l'Association freudienne, 22,1987, pp. 9-16.

Paru dans *La Querelle des diagnostics*, Paris, Navarin, 1986, pp. 15-42.

Réponses aux questions à propos de l'exposé : « La psychiatrie anglaise et la guerre »,

Évolution psychiatrique, 1,1947, pp. 317-318.

Intervention sur l'exposé de L. Bonnafé :

« Le personnage du psychiatre (étude méthodologique) » (25.3.1947),

Évolution psychiatrique, 3,1948, pp. 52-55.

Texte consacré aux « Problèmes psychosomatiques en chirurgie » (1947),

Annuaire de l'Académie de chirurgie de Paris, 73, 1947, pp. 370-373.

1948 Intervention sur l'exposé de F. Pasche :

« La délinquance névrotique »,

Revue française de psychanalyse, 2,1949, p. 315.

Ornicar ? (« Délinquance et passage à l'acte »), 31, 1984, p. 19.

Intervention sur l'exposé de J. Leuba :

« Mère phallique et mère castratrice »,

Revue française de psychanalyse, 3,1949, p. 317.

Intervention sur l'exposé de J.R. Cuel :

« Place nosographique de certaines démences préséniles (types Pick et Alzhei- mer) » (25.6.1948),

Évolution psychiatrique, 2,1948, p. 72.

Intervention sur l'exposé de H. Hécaen :

« La notion de schéma corporel et ses applications en psychiatrie »,

Évolution psychiatrique, 2,1948, pp. 119-122.

附录

« L'agressivité en psychanalyse »《精神分析中的侵凌性》,

11ᵉ Congrès des psychanalystes de langue française, mai 1948, Bruxelles,

Revue française de psychanalyse, 3,1948, pp. 367-368.

Paru dans *Écrits*, Paris, Seuil, 1966, pp. 101-124.

« Essai sur les réactions psychiques de l'hypertendu »,

Congrès français de chirurgie (4/9.10.1948),

Actes du Congrès, pp. 171-176.

Intervention sur l'exposé de Ziwar :

« Psychanalyse des principaux syndromes psychosomatiques »,

Revue française de psychanalyse, 2,1949, p. 318.

Intervention sur l'exposé de S.A. Shentoub :

« Remarques méthodologiques sur la socio-analyse »,

Revue française de psychanalyse, 2,1949, p. 319.

1949 « Règlement et doctrine de la Commission de l'enseignement de la Société psychanalytique de Paris »,

Revue française de psychanalyse, 3,1949, pp. 426-435.

Paru dans *La Scission de 1953*, Supplément à *Ornicar ?*, 7,1976, pp. 29-36.

« Les conseillers et les conseillères d'enfants agréés par la Société psychanalytique de Paris »,

Revue française de psychanalyse, 3,1949, pp. 436-441.

Intervention sur l'exposé de R. Held :

« Le problème de la thérapeutique en médecine psychosomatique »,

Revue française de psychanalyse, 3,1949, p. 446.

« Le stade du miroir comme formateur de la fonction du Je, telle qu'elle nous est révélée dans l'expérience psychanalytique »《助成"我"之功能形成的镜子阶段：精神分析经验所揭示》,

16ᵉ Congrès international de psychanalyse, Zurich (17.7.1949),

Revue française de psychanalyse, 4,1949, pp. 449-455.

Paru dans *Écrits*, Paris, Seuil, 1966, pp. 93-100.

Intervention sur l'exposé de F. Dolto :

« À propos de la poupée-fleur »,

Revue française de psychanalyse, 4,1949, p. 566.

Ornicar ? (« La poupée-fleur de F. Dolto »), 31,1984, pp. 21-22.

Intervention sur l'exposé de J. Fretet (en collaboration avec R. Lyet) :

« La relation hallucinatoire »,

Évolution psychiatrique, 2,1949, pp. 151-152.

Intervention sur l'exposé de J. Rouart :

« Délire hallucinatoire chez une sourde-muette »,

Évolution psychiatrique, 2,1949, pp. 236-238.

Intervention sur l'exposé de M. Bonaparte :

« Psyché dans la nature ou les limites de la psychogenèse »,

Revue française de psychanalyse, 4,1949, p. 570.

Ornicar ? (« Le vivant et son *Umwelt* »), 31,1984, p. 22.

Intervention sur l'exposé de M. Bouvet :

« Incidences thérapeutiques de la prise de conscience de l'envie du pénis dans des cas de névrose obsessionnelle féminine »,

Revue française de psychanalyse, 4,1949, pp. 571-572.

Ornicar ? (« La mère phallique »), 31, 1984, p. 22.

1950   Avec M. Cenac

« Introduction théorique aux fonctions de la psychanalyse en criminologie »,
13ᵉ Conférence des psychanalystes de langue française (29.5.1950)《精神分析在犯罪学中的功能的理论导论》,

Revue française de psychanalyse, 1,1951, pp. 5-29.

Paru dans *Écrits*, Paris, Seuil, 1966, pp. 125-149.

Réponse de Lacan aux interventions à la 13ᵉ Conférence,

Revue française de psychanalyse, 1, 1951, pp. 5-29.

Ornicar ? (« Psychanalyse et criminologie »), 31,1984, pp. 23-27.

Intervention au premier Congrès mondial de psychiatrie, Paris, (18-27.9.1950),
Paru dans les actes du Congrès, Paris, Hermann et Cie, 1952.

Ornicar ?, 30,1984, pp. 7-10.

附录

1951　　Intervention sur le transfert《对移情的干预》,
14ᵉ Conférence des psychanalystes de langue française (1951),
Revue française de psychanalyse, 1/2,1952, pp. 154-163.
Paru dans *Écrits*, Paris, Seuil, 1966, pp. 215-226.
« Some reflections on the Ego »《对自我的思考》,
British Psychoanalysis Society (2.5.1951),
International Journal of Psychoanalysis, 34, 1953, pp. 11-17.
Le Coq Héron, 78,1980, pp. 3-13.
Intervention sur l'exposé de G. Amado :
« Éthique et psychologie d'un groupe d'adolescents inadaptés »,
Évolution psychiatrique, 1,1951, pp. 28-29.
Intervention sur l'exposé de P. Fouquet :
« Réflexions cliniques et thérapeutiques sur l'alcoolisme »,
Évolution psychiatrique, 2,1951, pp. 260-261.
Intervention sur l'exposé d'A. Berge :
« Psychothérapie analytique et psychanalytique »,
Évolution psychiatrique, 3,1951, p. 382.
Intervention sur l'exposé de S. Lebovici :
« À propos du traumatisme sexuel chez la femme » (19.6.1951),
Évolution psychiatrique, 3,1951, pp. 403-404.
Intervention sur l'exposé de F. Pasche :
« Cent cinquante biographies de tuberculeux pulmonaires »,
Évolution psychiatrique, 4,1951, pp. 554-556.
« Psychanalyse dialectique ? »,
1ʳᵉ conférence devant la SPP (décembre 1951).
Inédite.
Annoncée dans *IJP*, vol. XXXV, Part. III.

1952　　Intervention sur l'exposé de J. Dreyfus-Moreau :
« Étude structurale de deux cas de névrose concentrationnaire »,

Évolution psychiatrique, 2,1952, pp. 217-218.

Intervention sur les exposés de M. Benassy :

« Sur la théorie des instincts » et de M. Bouvet :

« Le Moi dans la névrose obsessionnelle, relations d'objets et mécanismes de défense »,

15ᵉ Conférence des psychanalystes de langue française (Paris, 1952), non publié. Cf. *Revue française de psychanalyse*, 1, 1953, p. 212.

« Psychanalyse dialectique ? »,

2ᵉ conférence devant la SPP (juin 1952).

Inédit

1953 Statuts proposés pour l'Institut de psychanalyse (janvier 1953),

Paru dans *La Scission de 1953*, supplément à *Ornicar ?*, 7,1976, pp. 57-63.

Intervention sur l'exposé de J. Aubry :

« Les formes graves de la carence de soins maternels » (23.1.1953),

Évolution psychiatrique, 1, 1955, p. 31.

« Psychanalyse dialectique ? »,

3ᵉ conférence devant la SPP (février 1953).

Inédit.

Avec R. Lévy et H. Danon-Boileau

« Considérations psychosomatiques sur l'hypertension artérielle »,

Évolution psychiatrique, 3, 1953, pp. 397-409.

Ornicar ?, 43,1987, pp. 5-16.

« Le mythe individuel du névrosé ou Poésie et Vérité dans la névrose »,

Collège philosophique,

Centre de documentation universitaire, 1953.

Établissement : Jacques-Alain Miller, *Ornicar ?*, 17/18,1979, pp. 289-307.

Transcription : Michel Roussan.

« Le Symbolique, l'Imaginaire et le Réel »《象征界、想象界、实在界》,

Bulletin de l'Association freudienne, 1,1982, pp. 4-13.

« Fonction et champ de la parole et du langage en psychanalyse »《精神分析

附录

学中的言语和语言的作用与功能》，
Congrès de Rome (26/27.9.1953),
La Psychanalyse, 1, 1956, pp. 81-166.
Paru dans *Écrits*, Paris, Seuil, 1966, pp. 229-322.
« Discours et réponse aux interventions »,
Congrès de Rome (26/27.9.1953),
La Psychanalyse, 1,1956, pp. 202-211 et 242-255.

1954 « Introduction au commentaire de Jean Hyppolite sur la Verneinung de Freud » et « Réponse au commentaire de Jean Hyppolite sur la Verneinung de Freud »,
Séminaire du 10.2.1954《对让·伊伯利特就弗洛伊德"否定"概念所做评论的简介》，
La Psychanalyse, 1, 1956, pp. 17-28 et 41-49.
Paru dans *Écrits*, Paris, Seuil, 1966, pp. 363-367 et 369-399.

1955 Intervention sur l'exposé de J. Favez-Boutonier :
« Psychanalyse et philosophie »《精神分析和哲学》，
Société française de philosophie (25.1.1955),
Résumé dans *Bulletin de la Société française de philosophie*, 1,1955,pp. 37-41. *Rencontres psychanalytiques d'Aix-en-Provence* (mars 1984), Belles Lettres, Paris, 1985.
« Variante de la cure type »《标准疗法的变种》，
Encyclopédie médico-chirurgicale (EMC).
Psychiatrie, 3.2.1955, n° 37812-C-10.
(Texte supprimé de l'*EMC* en 1960.)
Paru dans *Écrits*, Paris, Seuil, 1966, pp. 323-362.
« Le séminaire sur *La Lettre volée* » (26.4.1955)《关于<被窃的信>的研讨班》，
La Psychanalyse, 2, 1957, pp. 1-44.
Paru dans *Écrits*, Paris, Seuil, 1966, pp. 9-61.
Voir aussi :
« Le Moi dans la théorie de Freud et dans la technique de la psychanalyse »,

Le Séminaire, livre II, 1954—1955, Paris, Seuil, 1978, pp. 225-240.

« La chose freudienne ou Sens du retour à Freud en psychanalyse »《弗洛伊德的物或在精神分析学中回归弗洛伊德的意义》,

Reprise d'une conférence faite à la clinique neuro-psychiatrique de Vienne (7.11.1955),

Évolution psychiatrique, 1,1956, pp. 225-252.

Paru dans *Écrits*, Paris, Seuil, 1966, pp. 401-436.

Intervention au colloque sur l'anorexie mentale (28.11.1955).

Inédit

Indexé dans *La Psychanalyse*, 1,1956, p. 290.

1956 Traduction d'un texte de M. Heidegger : « Logos »,

La Psychanalyse, 1,1956, pp. 59-79 (dernière partie du texte non traduite).

Avec W. Granoff

« Fetishism : the Symbolic, the Imaginaiy and the Real »《恋物癖：象征界、想象界、实在界》,

Paru dans *Perversions : Psychodynamics and Therapy*, New York, Random- House Inc., 1956.

2ᵉ édition : S. Lorand, M. Balint, éd., Londres, Ortolan Press, 1965, pp. 265-276. Intervention sur l'exposé de C. Lévi-Strauss :

« Sur les rapports entre la mythologie et le rituel »,

Société française de philosophie (21.5.1956),

Bulletin de la Société française de philosophie, 3,1956, pp. 113-119.

« Situation de la psychanalyse et formation du psychanalyste en 1956 »《精神分析的现状和1956年分析师的训练》,

Études philosophiques, 4,1956 (n° spécial), pp. 567-584.

Paru dans *Écrits*, Paris, Seuil, 1966, pp. 459-491.

Intervention sur l'exposé d'A. Hesnard :

« Réflexions sur le *Wo Es war, soll Ich* werden, de S. Freud »,

La Psychanalyse, 3, 1957, pp. 323-324.

附录

1957 Intervention sur l'exposé de D. Lagache :
« Fascination de la conscience par le moi »,
La Psychanalyse, 3, 1957, p. 329.
Intervention sur l'exposé de G. Favez :
« Le rendez-vous avec le psychanalyste »,
La Psychanalyse, 4,1958, pp. 308-313.
« La psychanalyse et son enseignement »《精神分析及其教学》,
Société française de philosophie (23.2.1957),
Bulletin de la Société française de philosophie, 2,1957, pp. 65-101.
Paru dans *Écrits*, Paris, Seuil, 1966, pp. 437-458.
Ornicar ? (« Dialogue avec les philosophes français »), 32, 1985, pp. 7-22.
Intervention sur l'exposé de J. Favez-Boutonier :
« Abandon et névrose »,
Société française de psychanalyse (7.5.1957),
La Psychanalyse, 4,1958, pp. 318-320.
« L'instance de la lettre dans l'inconscient ou la raison depuis Freud »《无意识中文字典动因或自弗洛伊德以来的理性》,
Groupe de philosophie de la Fédération des étudiants ès lettres, Soibonne-Paris (9.5.1957),
La Psychanalyse, 3,1958, pp. 47-81.
Paru dans *Écrits*, Paris, Seuil, 1966, pp. 493-528.
Intervention sur l'exposé de P. Matussek :
« La psychothérapie des schizophrènes »,
La Psychanalyse, 4,1958, p. 332.
Entretien avec Madeleine Chapsal pour le journal *L'Express* (31.5.1957),
sous le titre : « Clefs pour la psychanalyse ».
Rééd. dans M. Chapsal, *Envoyez la petite musique*, Paris, Grasset, 1984, pp. 38-66.
Et *L'Âne*, 48,1991 (sans mention du nom de M. Chapsal).
« D'une question préliminaire à tout traitement possible de la psychose » (rédaction : décembre 1957 – janvier 1958)《论精神病可能疗法的一个先决问题》,

La Psychanalyse, 4,1958, pp. 1-50.

Paru dans *Écrits*, Paris, Seuil, 1966, pp. 531-583.

1958 « Jeunesse de Gide ou la lettre et le désir »《纪德的童年，或文字和欲望》,
Critique, 131, 1958, pp. 291-315.

Paru dans *Écrits*, Paris, Seuil, 1966, pp. 739-764.

« Die Bedeutung des Phallus » (La signification du phallus)《菲勒斯的意义》,
Institut Max Planck, Munich (9.5.1958),

Paru dans *Écrits*, Paris, Seuil, 1966, pp. 685-695.

« La direction de la cure et les principes de son pouvoir »《治疗的方向及其力量的原则》,

Colloque international de Royaumont (10/13.7.1958),

La Psychanalyse, 6,1961, pp. 149-206.

Paru dans *Écrits*, Paris, Seuil, 1966, pp. 585-645.

Remarques sur le rapport de Daniel Lagache :

« Psychanalyse et structure de la personnalité »《精神分析与人格结构》,

Colloque international de Royaumont (10/13.7.1958),

La Psychanalyse, 6,1961, pp. 111-147.

Paru dans *Écrits*, Paris, Seuil, 1966, pp. 647-684.

Intervention au IVe Congrès international de psychothérapie, Barcelone (octobre 1958),

L'Âne, 51, juillet-septembre 1992 (sous le titre : « La psychanalyse vraie et la fausse »).

Intervention sur l'exposé de S. Leclaire :

« L'obsessionnel et son désir » (25.11.1958),

Évolution psychiatrique, 3, 1959, pp. 409-411.

1959 « À la mémoire d'Ernest Jones : sur sa théorie du symbolisme » (janvier-mars, 1959)《纪念欧内斯特·琼斯：论其象征主义理论》,

La Psychanalyse, 1959,5, pp. 1-20.

Paru dans *Écrits*, Paris, Seuil, 1966, pp. 697-717.

附录

1960 « Éthique de la psychanalyse. La psychanalyse est-elle constituante pour une éthique qui serait celle que notre temps nécessite ? »,
Facultés universitaires de Saint-Louis, Bruxelles (9/10.3.1960),
Quarto, supplément belge à *La Lettre mensuelle de l'École de la cause freudienne*, 6,1982, pp. 5-24.
Intervention sur l'exposé de C. Perelman :
« L'idée de rationalité et la règle de justice »,
Société française de philosophie (23.4.1960),
Bulletin de la Société française de philosophie, 1,1961, pp. 29-33.
Paru aussi sous le titre « La métaphore du Sujet » dans *Écrits*.
« Propos directifs pour un congrès sur la sexualité féminine »《对以女性性欲为主题的大会所做的纲领性发言》,
Colloque international de psychanalyse, université municipale d'Amsterdam (5/9.9.1960),
La Psychanalyse, 7,1964, pp. 3-14.
Paru dans *Écrits*, Paris, Seuil, 1966, pp. 725-736.
« Subversion du sujet et dialectique du désir dans l'inconscient freudien »,
Congrès de Royaumont. Les colloques philosophiques internationaux (19/23.9.1960)《主体的颠覆和在弗洛伊德无意识中的欲望辩证法》,
Paru dans *Écrits*, Paris, Seuil, 1966, pp. 793-827.
« Position de l'inconscient »《无意识的位置》,
Congrès de Bonneval (31.10/2.11.1960),
Résumé dans *L'Inconscient*, Paris, Desclée De Brouwer, 1966, pp. 159-170.
Paru dans *Écrits*, Paris, Seuil, 1966, pp. 829-850.

1961 « Maurice Merleau-Ponty »《莫里斯·梅洛-庞蒂》,
Les Temps modernes, 184/185, 1961, pp. 245-254.
Intervention aux journées provinciales d'octobre, SFP.
Enregistrement : Wladimir Granoff.

1962 « Kant avec Sade »《康德和萨德》,

Critique, 191,1963, pp. 291-313.

Paru dans *Écrits*, Paris, Seuil, 1966, pp. 765-790 (sans la note d'introduction).

Intervention aux journées provinciales de mars, SFP.

Inédit.

Conférence à l'EP, « De ce que j'enseigne » (23.1.1963).

Transcription : Michel Roussan.

1963 Conférence sur « Les noms du père » (titre du séminaire 1963—1964, interrompu par la deuxième scission, 20.11.1963).

Notes de Françoise Dolto, Nicole Guillet, Jean Oury.

Transcription : version Laborde.

1964 « Du *"Trieb"* de Freud et du désir du psychanalyste »《论弗洛伊德的"本能"和精神分析师的欲望》,

Colloque « Technique et casuistique » (7/12.1.1964), université de Rome,

Archivio di filosofia, tecniea e casistica, Padova, Cedam, 1964, pp. 51-53 et 55-60.

Paru dans *Écrits*, Paris, Seuil, 1966, pp. 851-854.

Intervention sur l'exposé de P. Ricœur :

« Technique et non-technique dans l'interprétation »,

Colloque « Technique et casuistique »,

Ibid., p. 44.

Intervention sur l'exposé d'A. de Waelhens :

« Note pour une épistémologie de la santé mentale »,

Colloque « Technique et casuistique »,

Ibid., pp. 87-88.

Intervention sur l'exposé de Filiasi Carcano :

« Morale tradizionale et societa contemporanea »,

Colloque « Technique et casuistique »,

Ibid., p. 106.

Intervention sur l'exposé de R. Marié :

« Casuistique et morales modernes de situation »,

Colloque « Technique et casuistique »,

Ibid., p. 117.

Acte de fondation de l'École freudienne de Paris (21.6.1964).

Note adjointe.

Préambule.

Fonctionnement et administration.

1er Annuaire de l'École freudienne de Paris, 1965, et suivants.

Note sur quelques éléments de doctrine (19.9.1964),

Circulaire de l'École freudienne de Paris, non signée.

Brouillon du texte de la main de Lacan, rédigé en collaboration avec Serge Leclaire. Archives S.L.

« Le Sujet »,

Conférence à l'ENS de la rue d'Ulm, notes de cours d'Étienne Balibar (11.12.1964).

Archives Étienne Balibar.

1965 « Hommage fait à Marguerite Duras du *Ravissement de Lol V Stein* »,

Cahiers Renaud-Barrault, 52, Paris, Gallimard, 1965, pp. 7-15.

Ornicar ?, 34, pp. 7-13.

« La science et la vérité »《科学与真理》,

Cahiers pour l'analyse, 1,1966, pp. 7-30.

Paru dans *Écrits*, Paris, Seuil, 1966, pp. 855-877.

1966 « Réponse à des étudiants en philosophie » (9.2.1966),

Cahiers pour l'analyse, 3,1966, pp. 5-13.

Six conférences dans les universités américaines sur le thème :

« Le désir et la demande » (février-mars 1966).

Inédit.

« Of Structure as an Inmixing of an Othemess Prerequisite to any Subject Wha-tever »,

Intervention et discussion au symposium de l'université Johns Hopkins (18/21.10.1966),

The Structuralist Controversy, J.H.U.P., 1970, pp. 186-201.

Traduction française anonyme.

Intervention au Collège de médecine sur :

« La place de la psychanalyse dans la médecine » (avec G. Raimbault, J. Aubry, P. Royer, H.P. Klotz),

Cahiers du Collège de médecine, 12,1966, pp. 761-774.

Lettres de l'École freudienne (sous le titre « Psychanalyse et médecine »), 1, 1967, pp. 34-61.

Le Bloc-notes de la psychanalyse, Genève, 7, 1987.

Écrits, Paris, Seuil, 1966《文集》.

Recueil d'articles et d'interventions déjà mentionnés et ajout de textes inédits (34 titres en tout).

Textes inédits :

— « Ouverture de ce recueil »

— « Présentation de la suite »

— « Parenthèse des parenthèses »

— « De nos antécédents »

— « Du sujet enfin en question »

— « D'un dessein »

— « D'un syllabaire après-coup »

— « La métaphore du Sujet » (2e édition).

Avec un index raisonné des concepts majeurs et une table commentée des représentations graphiques (2e édition), par Jacques-Alain Miller. Travail éditorial : François Wahl.

Présentation de la traduction de P. Duquenne :

Mémoires d'un névropathe (D.P. Schreber),

Cahiers pour l'analyse, 5, 1966, pp. 69-72.

Ornicar ?, 38, 1986, pp. 5-9 (non repris pour la publication du livre, traduit par P. Duquenne et N. Sels, Paris, Seuil, 1975).

附录

            Entretien avec Pierre Daix,
Les Lettres françaises, 26.11.1966.
Entretien avec Gilles Lapouge,
«Un psychanalyste s'explique. Auteur mystérieux et prestigieux: Jacques Lacan veut que la psychanalyse redevienne la peste »,
Le Figaro littéraire, 1.12.1966.
« Petit discours à l'ORTF » (2.12.1966),
Recherches, 3/4, 1976, pp. 5-9.
Interview pour la RTB (14.12.1966),
Quarto, 7, 1982, pp. 7-11.
Entretien avec Gilles Lapouge,
« Sartre contre Lacan : bataille absurde ».
Le Figaro littéraire, 22.12.1966.
Entretien avec François Wahl,
Radiodiffusé le 8.2.1967,
Bulletin de l'Association freudienne, 3, 1986, pp. 6-7.

1967   Proposition du 9 octobre 1967, première version《1967年10月9日的主张》,
Analytica, 8, 1978, pp. 3-26.
Proposition du 9 octobre 1967 sur le psychanalyste de l'École,
Scilicet, 1, 1968, pp. 14-30.
Discours de clôture des Journées sur les psychoses chez l'enfant, Paris (22.10.1967),
Recherches, décembre (n° spécial).
Enfance aliénée, II, 1968, pp. 143-152.
Paru dam *Enfance aliénée*, Paris, UGE (10/18), 1972, pp. 295-306.
Puis *Enfance aliénée, l'enfant, la psychose et l'institution*, Denoël, 1984, pp. 255-267.
« Petit discours aux psychiatres » (10.11.1967),
Cercle psychiatrique H. Ey - Sainte-Anne.
Interview à la Fiera *letteraria*, 1967, pp. 11-18.

Discours à l'École freudienne de Paris (6.12.1967),

Scilicet, 2/3, 1970, pp. 9-24.

« La méprise du Sujet supposé savoir» (14.12.1967),

Institut français de Naples,

Scilicet, 1, 1968, pp. 31-41.

« Une procédure pour la passe » (9.10.1967),

Ornicar ?, 37, 1986, pp. 7-12.

« De Rome 53 à Rome 67 : La psychanalyse. Raison d'un échec », Université de Rome (15.12.1967),

Scilicet, 1, 1968, pp. 42-50.

« De la psychanalyse dans ses rapports avec la réalité » (18.12.1967),

Institut français de Milan,

Scilicet, 1, 1968, pp. 51-60.

« Place origine et fin de mon enseignement »,

Conférence prononcée à Lyon en automne 1967,

Le Croquant, 24, automne-hiver 1998—1999.

Essaim, 5, avril 2000, pp. 5-33.

1968 « Introduction de *Scilicet* au titre de la revue de l'École freudienne de Paris »,

Scilicet, 1, 1968, pp. 3-13.

« Jacques Lacan commente la naissance de Scilicet »,

Entretien avec R. Higgins,

Le Monde, 16.3.1968.

Intervention au Congrès de l'École freudienne de Paris sur :

« Psychanalyse et psychothérapie », Strasbourg (12.10.1968),

Lettres de l'École freudienne, 6, 1969, pp. 42-48.

Intervention sur l'exposé de P. Benoît :

« Thérapeutique - Psychanalyse - Objet »,

Congrès de Strasbourg (12.10.1968),

Lettres de l'École freudienne, 6, 1969, p. 39.

Intervention sur l'exposé de M. Ritter :

附录

« Du désir d'être psychanalyste, ses effets au niveau de la pratique psycho-
thérapeutique de l'élève analyste »,

Congrès de Strasbourg (12.10.1968),

Lettres de l'École freudienne, 6, 1969, pp. 92-94.

Intervention sur l'exposé de J. Nassif :

« Sur le discours psychanalytique »,

Congrès de Strasbourg (12.10.1968),

Lettres de l'École freudienne, 7, 1970, pp. 40-43.

Intervention sur l'exposé de M. de Certeau :

« Ce que Freud fait de l'histoire ». Note à propos d'« Une névrose démoni-
aque au XVIIe siècle »,

Congrès de Strasbourg (12.10.1968),

Lettres de l'École freudienne, 7, 1970, p. 84.

Intervention sur l'exposé de J. Rudrauf :

« Essai de dégagement du concept psychanalytique de psychothérapie »,

Congrès de Strasbourg (12.10.1968),

Lettres de l'École freudienne, 7, 1970, pp. 136-137.

Intervention sur l'exposé de J. Oury :

« Stratégie de sauvetage de Freud »,

Congrès de Strasbourg (12.10.1968),

Lettres de l'École freudienne, 7, 1970, pp. 146 et 151.

« En guise de conclusion »,

Discours de clôture du congrès de Strasbourg (12.10.1968),

Lettres de l'École freudienne, 7, 1970, pp. 157-166.

1969 Adresse au jury d'accueil de l'EFP à l'Assemblée avant son vote (25.1.1969),

Scilicet, 2/3, 1970, pp. 49-51.

Intervention sur l'exposé de M. Foucault :

« Qu'est-ce qu'un auteur ? »,

Société française de philosophie, 22 février 1969,

Bulletin de la Société française de philosophie, 3, 1969, p. 104.

Littoral, 9, 1983, pp. 31-32.

Textes de Jacques Lacan remis à J. Aubry (10.1969),

Parus dans *Enfance abandonnée. La carence de soins maternels*, Paris, Scarabée, A.-M. Métailié, 1983.

Ornicar ? (sous le titre : « Deux notes sur l'enfant »), 37, 1986, pp. 13-14.

Réponse à la demande de renseignements bio-bibliographiques,

Anthologie des psychologues français contemporains, sous la dir. de D. Hameline et H. Lesage, Paris, PUF, 1969, pp. 322-323.

Premier impromptu de Vincennes :

«Le discours de l'universitaire » (3.12.1969)《大学话语》,

Première de quatre conférences qui devaient être prononcées dans le cadre du séminaire 1969—1970 et réunies sous le titre « Analyticon »,

Magazine littéraire, 121, 1977, pp. 21-24.

Présentation de la publication des *Écrits I* (14.12.1969),

ÉcritsI, Paris, Seuil, coll. «Points», 1970.

« Préface » (Noël 1969),

Paru dans *Jacques Lacan* d'Anika Lemaire, Bruxelles, P. Mardaga, 1970, 2e édition.

1970   Second impromptu de Vincennes :

«Des unités de valeur» (14.3.1970),

Deuxième des quatre conférences qui devaient être prononcées dans le cadre du séminaire 1969—1970 et réunies sous le titre « Analyticon »,

Vos *L'Envers de la psychanalyse, Séminaire*, livre XVII.

Les deux dernières conférences n'ont pas eu lieu.

Intervention sur l'exposé de Ph. Rappard :

«De la conception grecque de l'éducation et de l'enseignement de la psychanalyse »,

Congrès de l'École freudienne de Paris sur « L'enseignement de la psychanalyse » (17/19.4.1970),

Lettres de l'École freudienne, 8, 1971, pp. 8-10.

附录

Intervention sur les exposés de M. Montrelay et F. Baudry :
« Sur l'enseignement de la psychanalyse à Vincennes »,
Congrès de l'École freudienne de Paris (17/19.4.1970),
Lettres de l'École freudienne, 8, 1971, pp. 187.
Intervention sur l'exposé de Ch. Melman :
« Propos à prétention roborative avant le Congrès »,
Congrès de l'École freudienne de Paris (17/19.4.1970),
Lettres de l'École freudienne, 8, 1971, pp. 199 et 203-204.
Discours de clôture du Congrès de l'École freudienne de Paris (19.4.1970),
Scilicet, 2/3, 1978, pp. 391-399.
Lettres de l'École freudienne, 8, 1971, pp. 205-217.
«Radiophonie», réalisé par Robert Georgin (5/10/19/26.6.1970—RTB, 7.6.1970 - ORTF),
Scilicet, 2/3, 1970, pp. 55-99.
Première version lue le 8 avril 1970. Voir Le Séminaire, livre XVII. Texte dactylographié de la version originale. Archives Robert Georgin.
Liminaire (septembre 1970),
Scilicet, 2/3, 1970, pp. 5-6.
Commentaire au discours de l'EFP du 6.12.1967 (1.10.1970),
Scilicet, 2/3, 1970, pp. 24-29.
Exposé chez le docteur G. Daumézon,
Bulletin de l'Association freudienne, janvier 1987.

1971 Intervention sur l'exposé de Ch. Bardet-Giraudon :
« Du roman conçu comme le discours même de l'homme qui écrit », Congrès de l'École freudienne de Paris sur « La technique psychanalytique », Aix-en-Provence (20/23.5.1971),
Lettres de l'École freudienne, 9, 1972, pp. 20-30.
Intervention sur l'exposé de P. Lemoine :
« A propos du désir du médecin »,
Congrès de l'École freudienne de Paris sur « La technique psychanalytique »,

Aix-en-Provence (20/23.5.1971),

Lettres de l'École freudienne, 9, 1972, pp. 69 et 74-78.

Intervention sur l'exposé de J. Guey :

« Contribution à l'étude du sens du symptôme épileptique »,

Congrès de l'École freudienne de Paris sur « La technique psychanalytique »,

Aix-en-Provence (20/23.5.1971),

Lettres de l'École freudienne, 9, 1972, pp. 151-155.

Intervention sur l'exposé de S. Ginestet-Delbreil :

« La psychanalyse est du côté de la vérité »,

Congrès de l'École freudienne de Paris sur « La technique psychanalytique »,

Aix-en-Provence (20/23.5.1971),

Lettres de l'École freudienne, 9, 1972, p. 166.

Intervention sur l'exposé d'A. Didier-Weill et M. Silvestre :

« À l'écoute de l'écouté »,

Congrès de l'École freudienne de Paris sur « La technique psychanalytique »,

Aix-en-Provence (20/23.5.1971),

Lettres de l'École freudienne, 9, 1972, pp. 176-182.

Intervention sur l'exposé de P. Mathis :

« Remarques sur la fonction de l'argent dans la technique analytique »,

Congrès de l'École freudienne de Paris sur « La technique psychanalytique »,

Aix-en-Provence (20/23.5.1971),

Lettres de l'École freudienne, 9, 1972, pp. 195-196 et 202-205.

Intervention sur l'exposé de S. Zlatine :

« Technique de l'intervention : incidence de l'automatisme de répétition de l'analyste »,

Congrès de l'École freudienne de Paris sur « La technique psychanalytique »,

Aix-en-Provence (20/23.5.1971),

Lettres de l'École freudienne, 9, 1972, pp. 254-255 et 260.

Intervention sur l'exposé de C. Conté et L. Beimaert :

« De l'analyse des résistances au temps de l'analyse »,

Congrès de l'École freudienne de Paris sur « La technique psychanalytique »,

附录

Aix-en-Provence (20/23.5.1971),
Lettres de l'École freudienne, 9, 1972, pp. 334-336.
Intervention sur l'exposé de J. Rudrauf :
« De la règle fondamentale »,
Congrès de l'École freudienne de Paris sur « La technique psychanalytique »,
Aix-en-Provence (20/23.5.1971),
Lettres de l'École freudienne, 9, 1972, p. 374.
Intervention sur l'exposé de S. Leclaire :
« L'objet a dans la cure »,
Congrès de l'École freudienne (te Paris sur « La technique psychanalytique »,
Aix-en-Provence (20/23.5.1971),
Lettres de l'Écolefreudienne, 9, 1972, pp. 445-450.
Intervention sur l'exposé de P. Delaunay :
« Le moment spéculaire dans la cure, moment de rupture »,
Congrès de l'École freudienne de Paris sur « La technique psychanalytique »,
Aix-en-Provence (20/23.5.1971),
Lettres de l'Écolefreudienne, 9, 1972, pp. 471-473.
Écrits II, Paris, Seuil, collection «Points», 1971.
Discours de clôture au Congrès d'Aix-en-Provence (20/23.5.1971),
Lettres de VÉcole freudienne, 9, 1972, pp. 507-513.
Opinion de Jacques Lacan sur « Un métier de chien » de D. Desanti,
Le Monde, 19.11.1971.
« Lituraterre »,
Littérature, 3, 1971, pp. 3-10.
Voir *Le Séminaire*, livre XVIII, séance du 12 mai 1971.
Ornicar ?, 41, 1984, p. 513.

1972 « Avis aux lecteurs japonais »,
Préface à la traduction des *Écrits* en japonais,
La Lettre de VÉcole de la cause freudienne, 3, 1981, pp. 2-3.
«L'Étourdit» (14.7.1972),

Scilicet, 4, 1973, pp. 5-52.

Discours d'ouverture des Journées de l'École freudienne de Paris (29/ 30.9.1972 et 1.10.1972),

Lettres de l'École freudienne, 11, 1972, pp. 2-3.

Intervention sur l'exposé de C. Conté :

« Sur le mode de présence des pulsions partielles dans la cure »,

Journées de l'École freudienne de Paris (29/30.9.1972 et 1.10.1972),

Lettres de l'École freudienne, 11, 1972, pp. 22-24.

Intervention sur l'exposé de M. Safouan :

« La fonction du père réel »,

Journées de l'École freudienne de Paris, (29/30.9.1972 et 1.10.1972),

Lettres de l'École freudienne, 11, 1972, pp. 140-141.

Intervention sur l'exposé de J. Allouch :

« Articulation entre la position médicale et celle de l'analyste »,

Journées de l'École freudienne de Paris (29/30.9.1972 et 1.10.1972),

Lettres de l'École freudienne, 11, 1972, p. 230.

Intervention au cours d'une table ronde réunie autour de J. Clavreul,

Journées de l'École freudienne de Paris (29/30.9.1972 et 1.10.1972),

Lettres de l'École freudienne, 11, 1972, p. 215.

« Propos en guise de conclusion aux Journées de l'École freudienne de Paris » (1.10.1972),

Lettres de l'École freudienne, 11, 1972, p. 215.

« Du discours psychanalytique »,

Université de Milan, Institut de psychologie de la Faculté de médecine (12.5.1972),

Extrait du recueil *Lacan in Italia, 1953—1978*, Milan, La Salamandra, 1978.

Bulletin de l'Association freudienne, 10, 1984, pp. 3-15.

« La mort est du domaine de la foi »,

Grande rotonde de l'université de Louvain (13.10.1972),

Quarto, supplément belge à la *Lettre mensuelle de l'École de la cause freudienne*, 3, 1981, pp. 5-20.

附录

Océaniques, FR3, émission du 11.1.1988 (film diffusé par MK7).

« Jacques Lacan à l'École belge de psychanalyse »,

Séance extraordinaire de l'École belge de psychanalyse (14.10.1972),

Quarto, supplément belge à la *Lettre mensuelle de l'École de la cause freudienne*, 5, 1981, pp. 4-22.

1973 « La psychanalyse dans sa référence au rapport sexuel »,

Musée de la Science et de la Technique, Milan,

Scuola Freudiana (3.2.1973),

Bulletin de l'Association freudienne, 17, 1986, pp. 3-13.

Intervention à la réunion organisée par la Scuola Freudiana,

Milan (4.2.1973),

Bulletin de l'Association freudienne, 18, 1986, pp. 3-13.

Entretien de B. Poirot-Delpech avec Lacan :

« Propos élucidés »,

Le Monde, 5.4.1973.

« Note italienne » (1973),

Ornicar ?, 25, 1982, pp. 7-10.

Figure aussi sous le titre : « Lettre adressée à trois psychanalystes italiens »

(datée d'avril 1974),

Spirales, 9, 1981, p. 60.

Lettre mensuelle de l'École de la cause freudienne, 9, 1982, p. 2.

Intervention sur l'hystérie,

Journées d'études de l'Alliance française (juin 1973),

Inédit.

Déclaration de Lacan à France-Culture à propos du 28e Congrès international de psychanalyse, Paris (juillet 1973),

Le Coq Héron, 46/47, 1974, pp. 3-8.

Introduction à l'édition allemande des *Écrits*, Walter-Verlag (7.10.1973),

Scilicet, 5, 1975, pp. 11-17.

Intervention à la séance de travail sur « L'École freudienne en Italie »,

Congrès de l'École freudienne de Paris, La Grande-Motte (1/4.11.1973),

Lettres de l'École freudienne, 15, 1975, pp. 235-244.

Intervention sur les exposés d'introduction de J. Clavreul et de J. Oury,

Congrès de l'École freudienne de Paris, La Grande-Motte (1/4.11.1973),

Lettres de l'École freudienne, 15, 1975, pp. 16-19.

Intervention sur l'exposé d'introduction de S. Leclaire,

Congrès de l'École freudienne de Paris, La Grande-Motte (1/4.11.1973),

Lettres de l'École freudienne, 15, 1975, pp. 26-28.

Intervention,

Congrès de l'École freudienne de Paris, La Grande-Motte (1/4.11.1973),

Lettres de l'École freudienne, 15, 1975, pp. 69-80.

Intervention dans un débat sur « La formation des analystes »,

Congrès de l'École freudienne de Paris, La Grande-Motte (1/4.11.1973),

Lettres de l'École freudienne, 15, 1975, pp. 132-139.

Intervention dans la séance de travail sur « La passe »,

Congrès de l'École freudienne de Paris, La Grande-Motte (1/4.11.1973),

Lettres de l'École freudienne, 15, 1975, pp. 185-193.

Ornicar ?, « Sur l'expérience de la passe », 12/13, 1977, pp. 117-123.

Intervention dans la séance de travail sur « Le Dictionnaire », présentée par Ch. Melman,

Congrès de l'École freudienne de Paris, La Grande-Motte (1/4.11.1973),

Lettres de l'École freudienne, 15, 1975, pp. 206-210.

1974　　*Télévision*《电视》,

Entretien avec Jacques-Alain Miller, filmé par Benoît Jacquot, diffusé par l'ORTF les 9 et 16.3.1974.

Texte publié sous le titre *Télévision*, Paris, Seuil, 1974.

Cassette : Vision-Seuil, 1990.

« L'Éveil du printemps »,

Préface à la pièce de Wedekind,

Paru dans *L'Éveil du printemps*, Paris, Gallimard, 1974.

« La logique et l'amour »,
Clinique des maladies nerveuses et mentales, Rome (21.3.1974),
Inédit.
Intervention,
Centre culturel français, Rome (22.3.1974),
Inédit.
Intervention,
Scuola Freudiana, Milan (30.3.1974),
Inédit.
Lettre adressée à trois psychanalystes italiens (avril 1974),
Spirales, 9, 1981, p. 60.
La Lettre mensuelle de l'École de la cause freudienne, 9.2.1982.
Figure aussi sous le titre : « Note italienne », datée de 1973, dans *Ornicar ?*, 25, 1982, pp. 7-10.
Intervention dans une réunion tenue sous le sigle « La cause freudienne »,
Milan, 1.6.1974,
Inédit.
Conférence de presse,
7ᵉ Congrès de l'École freudienne de Paris,
Rome (31.10.1974/3.11.1974),
Lettres de l'École freudienne, 16, 1975, pp. 6-26.
Discours d'ouverture du Congrès,
Congrès de Rome (31.10.1974/3.11.1974),
Lettres de l'École freudienne, 16, 1975, pp. 27-28.
La troisième, intervention au Congrès de Rome (31.10.1974/3.11.1974),
Lettres de l'École freudienne, 16, 1975, pp. 177-203.
Discours de clôture du Congrès,
Congrès de Rome (31.10.1974/3.11.1974),
Lettres de l'École freudienne, 16, 1975, pp. 360-361.

1975 « Peut-être à Vincennes ? »,

Proposition de Lacan (janvier 1975),

Ornicar ?, 1, 1975, pp. 3-5.

Réponse de Lacan à une question posée,

Strasbourg (26.1.1975),

Lettres de l'École freudienne, 17, 1976, pp. 221-223.

Discours d'ouverture des Journées de l'École freudienne de Paris,

Paris (12/13.4.1975),

Lettres de l'École freudienne, 18, 1976, pp. 1-3.

Réponse de Lacan à M. Ritter,

Journées de l'École freudienne de Paris (12/13.4.1975),

Lettres de l'École freudienne, 18, 1976, pp. 8-12.

Intervention dans la séance de travail sur :

« Les concepts fondamentaux et la cure »,

Journées de l'École freudienne de Paris (12/13.4.1975),

Lettres de l'École freudienne, 18, 1976, pp. 35-37.

Intervention dans la séance de travail sur :

« La forclusion »,

Journées de l'École freudienne de Paris (12/13.4.1975),

Lettres de l'École freudienne, 18, 1976, p. 89.

Intervention dans la séance de travail sur :

« L'éthique de la psychanalyse »,

Journées de l'École freudienne de Paris (12/13.4.1975),

Lettres de l'École freudienne, 18, 1976, p. 154.

Intervention dans la séance de travail sur :

« Du plus un »,

Journées de l'École freudienne de Paris (12/13.4.1975),

Lettres de l'École freudienne, 18, 1976, pp. 220-245.

« Introduction à cette publication », présentation de RSI,

Ornicar ?, 2, 1975, p. 88.

Intervention dans la séance de travail sur :

« Du plus un et de la mathématique »,

附录

Journées de l'École freudienne de Paris (12/13.4.1975),
Lettres de l'École freudienne, 18, 1976, pp. 246-257.
Discours de clôture des Journées de l'École freudienne de Paris,
Paris (12/ 13.4.1975),
Lettres de l'École freudienne, 18,1976, p. 258.
« Joyce, le symptôme »,
Actes du 5ᵉ symposium James Joyce, Éditions du CNRS, Paris, 1979.
L'Âne, 6,1982,pp. 3-5.
Joyce avec Lacan, sous la direction de Jacques Aubert, Paris, Navarin, 1987
(sous le titre « Joyce, le symptôme II »), pp. 31-36.
« Joyce, le symptôme I »,
Ouverture du 5ᵉ symposium international James Joyce (16.6.1975).
Texte établi par Jacques-Alain Miller à partir de notes prises par Éric Laurent,
publié dans *Joyce avec Lacan, op. cit.*, pp. 21-29.
Conférence à Genève sur « Le symptôme » (4.10.1975),
Le Bloc-notes de la psychanalyse, 5, 1985, pp. 5-23.
Columbia University - Auditorium, School of International Affaire
(1.12.1975), Scilicet, 6/7,1975, pp. 42-52.
Transcription inédite par Pamela Tytell.
Massachusetts Institute of Technology (2.12.1975),
Scilicet, 6/7,1975, pp. 53-63.
Compléments : Thérèse Parisot, transcription inédite ; Sherry Turkle, *La France freudienne*, Paris, Grasset, 1982, p. 293 ; Robert Georgin, *Jakobson*,
Cahiers Cistre, 5, Lausanne, L'Âge d'homme, 1978, p. 129.
Discours d'ouverture,
Journées d'études de l'École freudienne de Paris (14/15.6.1975),
Lettres de l'Écolefreudienne, 24,1978, p. 7.
Intervention sur l'exposé d'A. Albert :
« Le plaisir et la règle fondamentale »,
Journées d'études de l'École freudienne de Paris (14/15.6.1975),
Lettres de l'École freudienne, 24, 1978, pp. 22-24.

« Freud à jamais »,

Entretien avec Emilio Granzotto, Rome,

Inédit.

Discours de clôture,

Journées d'études de l'École freudienne de Paris (8/9.11.1975),

Lettres de l'École freudienne, 24, 1978, pp. 247-250.

Conférences et entretiens dans les universités nord-américaines,

Yale University, Kanzer Seminar (24.11.1975),

Scilicet, 6/7, 1975, pp. 7-37.

Yale University - Law School Auditorium (25.11.1975),

Scilicet, 6/7, 1975, pp. 38-41.

Entretien sur « Freud y el psicoanalisis »,

Biblioteca Salvat, 28, Barcelone, 1975, pp. 10-19.

1976 Intervention aux conférences du Champ freudien (9.3.1976),

Analytica, supplément au n° 9 d'*Ornicar ?*, 1977.

Discours de clôture du 8ᵉ Congrès de l'École freudienne de Paris, Strasbourg (21/24.3.1976),

Lettres de l'École freudienne, 19, 1976, pp. 555-559.

« Faire mouche »,

à propos du film de Benoît Jacquot : L'Assassin musicien,

Le Nouvel Observateur, 29.3.1976.

Préface à l'édition anglaise du *Séminaire*, livre XI :

« Les quatre concepts fondamentaux de la psychanalyse » (17.5.1976),

Ornicar ?, 12/13, 1977, pp. 124-126.

Note liminaire à la présentation de la scission de 1953,

Paru *dans La Scission de 1953*, supplément à *Ornicar ?*, 7, 1976, p. 3.

Intervention sur l'exposé de M. Ritter :

« À propos de l'angoisse dans la cure »,

Journées de l'École freudienne de Paris (31.10.1976 / 2.11.1976),

Lettres de l'École freudienne, 21, 1977, p. 89.

附录

Intervention sur l'exposé de J. Petitot :
« Quantification et opérateur de Hilbert »,
Journées de l'École freudienne de Paris (31.10.1976 / 2.11.1976),
Lettres de l'École freudienne, 21, 1977, p. 129.
Réponse de Lacan à des questions sur les nœuds et l'inconscient,
Journées de l'École freudienne de Paris (31.10.1976/2.11.1976),
Lettres de l'Écolefreudienne, 21, 1977, pp. 471-475.
Discours de clôture,
Journées de l'École freudienne de Paris (31.10.1976 /2.11.1976),
Lettres de l'École freudienne, 21, 1977, pp. 506-509.

1977 « Ouverture de la Section clinique » (5.1.1977),
Ornicar ?, 9, 1977, pp. 7-14.
« Propos sur l'hystérie »,
Bruxelles (26.2.1977),
Quarto, supplément belge à la *Lettre mensuelle de l'École de la cause freudienne*, 2, 1981, pp. 5-10.
« C'est à la lecture de Freud »,
Préface au livre de Robert Georgin, *Lacan*, Cahiers Cistre, Lausanne, L'Âge d'homme, 1977.
Discours de clôture,
Journées d'études de l'École freudienne de Paris (23/25.9.1977),
Lettres de l'École freudienne, 22, 1978, pp. 499-501.

1978 Interventions sur l'exposé de M. Safouan :
« La proposition d'octobre 1967 dix ans après »,
Assises de l'École freudienne de Paris sur :
« L'expérience de la passe », Deauville (7/8.1.1978),
Lettres de l'École freudienne, 23, 1978, pp. 19-21.
Intervention à l'occasion du 23e centenaire d'Aristote à l'UNESCO (1.6.1978),
Inédit.

Intervention sur l'exposé de J. Guey :
« Passe à l'analyse infinie »,
Assises de l'École freudienne de Paris sur :
« L'expérience de la passe », Deauville (7/8.1.1978),
Lettres de l'École freudienne, 23, 1978, p. 94.
Discours de clôture des Assises de l'École freudienne de Paris sur :
« L'expérience de la passe », Deauville (7/8.1.1978),
Lettres de l'École freudienne, 23, 1978, pp. 180-181.
Discours de clôture du 9ᵉ Congrès de l'École freudienne de Paris, Paris (6/9.7.1978),
Lettres de l'École freudienne, 25, 1979, pp. 219-220.
« Objets et représentations »,
Hôpital Sainte-Anne, service Deniker (10.11.1978),
Inédit.
« Lacan pour Vincennes » (22.10.1978),
Ornicar ?, 17/18, 1979, p. 278.
Texte pour le catalogue de l'exposition de François Rouan,
Marseille, musée Cantini (1978).
Repris dans le *Catalogue du musée national d'Art moderne* à l'occasion de l'ex-position François Rouan, organisée par le musée national d'Art moderne du Centre Georges-Pompidou (27.10.1983 / 2.1.1984), pp. 88-94.

未发表文本

« Morale de la psychanalyse », annoncé dans la *NRF*, 1.4.1935.
« Essai de logique collective », annoncé dans « Le temps logique et l'assertion de certitude anticipée : un nouveau sophisme », 1945.
« Le cas Rudolf Hess », annoncé dans *Critique*, 1947.

附录

二、研讨班（1951—1979）

包括笔记、速记稿和二十六卷笔录稿在内的不完全名单。

1953—1963	圣安娜医院
1964—1969	巴黎高师
1969—1980	法学院阶梯教室
1964—1980	在高等研究应用学院的支持下以讲座的形式呈现

研讨班之前　关于"狼人"的研讨班 (L'Homme aux loups);

关于"鼠人"的研讨班 (L'Homme aux rats)

1951—1953　Notes manuscrites de Jacques Lacan.

Notes d'auditeurs.

研讨班一　弗洛伊德的技术性著作 (Les écrits techniques de Freud)

1953—1954　Sténographie : version Jacques Lacan (J.L.).

Établissement : Jacques-Alain Miller (J.-A.M.), Paris, Seuil, 1975.

研讨班二　弗洛伊德理论与精神分析技术中的自我 (Le moi dans la théorie de Freud et dans la technique de la psychanalyse)

1954—1955　Version J.L.

Établissement : J.-A.M., Paris, Seuil, 1977.

Corrections : Gabriel Bergounioux (G.B.).

研讨班三　精神病 (Structures freudiennes dans les psychoses)

1955—1956　Version J.L.

Notes de Jean Laplanche (J.La.).

Établissement : J.-A.M., Paris, Seuil, 1981, sous le titre : *Les Psychoses*.

Corrections : G.B. Marcel Czermak, *Le Discours psychanalytique*, 2, juin 1983.

研讨班四　　　　客体关系 (La relation d'objet et les structures freudiennes)

1956—1957　　　Version J.L.

　　　　　　　　Notes de J.La.

　　　　　　　　Notes de Paul Lemoine (P.L.)

　　　　　　　　Résumé de Jean-Bertrand Pontalis (J.-B.P.), *Bulletin de psychologie*, t. X, 1956-1957,7,10,12,14 ; t. XI, 1957-1958, 1.

　　　　　　　　Établissement : J.-A.M., Paris, Seuil, 1994.

研讨班五　　　　无意识的形式 (Les formations de l'inconscient)

1957—1958　　　Version J.L.

　　　　　　　　Notes de J.La.

　　　　　　　　Résumé de J.-B.P., *Bulletin de psychologie*, t. XI, 1957-1958, 4, 5 ; t. XII, 1958-1959,2,3,4.

　　　　　　　　Notes de P.L.

　　　　　　　　La séance du 5 mars 1958 a été publiée dans *Magazine littéraire*, 313, septembre 1993. Établissement : J.-A.M.

　　　　　　　　Établissement : J.-A.M., Paris, Seuil, 1998.

研讨班六　　　　欲望及其解释 (Le désir et son interpretation)

1958—1959　　　Version J.L.

　　　　　　　　Notes de J.La.

　　　　　　　　Résumé de J.-B.P., *Bulletin de psychologie*, t. XIII, 1959-1960,5,6.

　　　　　　　　Enregistrement incomplet.

研讨班七　　　　精神分析的伦理学 (L'éthique de la psychanalyse)

1959—1960　　　Version J.L.

　　　　　　　　Notes de J.La.

　　　　　　　　Transcription : Moustapha Safouan.

　　　　　　　　Enregistrement.

　　　　　　　　Version manuscrite : Jean Oury (J.O.).

　　　　　　　　Version Laborde.

附录

Établissement : J.-A.M., Paris, Seuil, 1986.

Corrections : G.B., Annick Bouillaguet, « Remarques sur l'usage du grec prêté à Jacques Lacan », *Psychiatries,* 79, 1984, p. 4.

Pierre Vidal-Naquet : corrections du chapitre sur Antigone. Deux lettres à Jacques-Alain Miller.

Compte rendu avec interpolations du séminaire sur l'éthique. Notes de J.L., *Ornicar ?,* 28, 1984, pp. 7-18.

研讨班八　　转移 (Le transfert dans sa disparité subjective, sa prétendue situation, ses excursions techniques)

1960—1961　Version J.L.

Notes de J.La.

Notes de P.L.

Enregistrement : J.O.

Sténographie : version Laborde.

Sténotypie : Madame Brivette.

Transcription : Stécriture, 1983-1985, avec corrections, notes et appareil critique.

Établissement : J.-A.M., Paris, Seuil, 1991, sous le titre : Le transfert.

Le Transfert dans tous ses errata, Paris, EPEL, 1991. Corrections faites à partir de l'édition Seuil.

研讨班九　　认同 (L'identification)

1961—1962　Version J.L.

Sténographie : version Monique Chollet (M.C.).

Sténotypie.

Notes de Claude Conté, P.L., Irène Roubleff, J.La.

Transcription : Michel Roussan, avec corrections, notes, appareil critique, index.

研讨班十	焦虑 (L'angoisse)
1962—1963	Version J.L.
	Enregistrement : Solange Faladé (S.F.).

Les noms du père (séance unique), 20 novembre 1963.
Version Laborde.
Notes de Monique Guillet.
Notes de Françoise Dolto.
Version manuscrite : J.O.

研讨班十一	精神分析的四个基本概念 (Les quatre concepts fondamentaux de la psychanalyse)
1964	Version J.L.

Enregistrement, sténotypie EFP : S.F. ; sténotypiste : Madame Pierakos.
Établissement : J.-A.M., Paris, Seuil, 1973 ; avec postface de J.L., Points-Seuil, 1990.
Résumé : Annuaire de l'EPHE.
Notes de Louis Althusser pour quatre séances (27 mai, 3,10 et 17 juin), IMEC.

研讨班十二	精神分析的关键问题 (Problèmes cruciaux de la psychanalyse *Titre initial* : Les positions subjectives de l'existence et de l'être)
1964—1965	Enregistrement, sténotypie EFP : S.F.
	Version J.L.
	Version Laborde.

Notes de Jenny Aubry (J. A.).
Résumé : Annuaire de l'EPHE.
Transcription : Michel Roussan avec corrections, notes, appareil critique, index.

附录

研讨班十三　　精神分析的客体 (L'objet de la psychanalyse)
1965—1966　　Enregistrement, sténotypie EFP : S.F.

　　　　　　　Version J.L.

　　　　　　　Version Laborde.

　　　　　　　Résumé EPHE.

研讨班十四　　幻想的逻辑 (La logique du fantasme)
1966—1967　　Enregistrement.

　　　　　　　Sténotypie EFP : S.F.

　　　　　　　Version J.L.

　　　　　　　Version Laborde.

　　　　　　　Version Patrice Fava(P.F.).

　　　　　　　Notes de J.A.

　　　　　　　Résumé : Annuaire de l'EPHE.

　　　　　　　Jacques Nassif : Compte rendu, *Lettres de l'École freudienne*, 1,2,3, 1967, pp. 11-17,7-23,3-33.

研讨班十五　　精神分析的行动 (L'acte psychanalytique)
1967—1968　　Enregistrement.

　　　　　　　Sténotypie EFP : S.F.

　　　　　　　Version J.L.

　　　　　　　Version Laborde.

　　　　　　　Version P.F.

　　　　　　　Notes de J.A.

　　　　　　　Résumé : Annuaire de l'EPHE.

　　　　　　　Jacques Nassif : Compte rendu, *Lettres de l'École freudienne*, 4, 1967, pp. 3-23.

研讨班十六　　从"大他者"到"小他者" (D'un Autre à l'autre)
1968—1969　　Enregistrement : Patrick Valas (P.V.).

　　　　　　　Sténotypie et enregistrement EFP : S.F.

Version J.L.

Version Laborde.

Version P.F.

Notes de J.A.

Transcription : Jacques Nassif.

Version M.C.

Notes d'auditeurs.

Résumé EPHE.

Extraits de la séance du 26 février 1969,*Littoral*, 9, 1983.

研讨班十七　　精神分析的反面 (L'envers de la psychanalyse)
1969-1970　　Enregistrement : P.V.

Sténotypie.

Version Laborde.

Version Patrick Guyomard (P.G.), Lucien Kokh.

Version M.C.

Séance du 3 décembre 1969, publiée sous le titre : « Premier impromptu de Vincennes », *Magazine littéraire*, 121, février 1977.

Séance du 8 avril 1970 : première version de « *Radiophonie* ».

Établissement : J.-A.M., Paris, Seuil, 1991.

研讨班十八　　论一种不是伪装的辞说 (D'un discours qui ne serait pas du semblant)
1970-1971　　Sténotypie.

Enregistrement : P.V.

Version M.C.

Version P.G.

La séance du 12 mai a été publiée sous le titre « Lituraterre », dans *Littérature*, 3,1971, et reprise dans *Ornicar ?*, 41,1984.

研讨班十九　　……或者更糟 (Le savoir du psychanalyste)
1971-1972　　Sténotypie.

附录

Enregistrement P.V.

Version M.C.

Version P.G.

Résumé EPHE.

Deux séries d'exposés alternés, dont certains ont été prononcés à l'hôpital Sainte-Anne et d'autres à la faculté de droit.

研讨班二十　　　继续 (Encore)
1972-1973　　　Sténotypie.

Enregistrement P. V.

Version M.C.

Établissement : J.-A.M., Paris, Seuil, 1975.

研讨班二十一　　那些不上当者犯了错 (Les non-dupes-errent)
1973-1974　　　Sténotypie.

Enregistrement P. V.

Version M.C.

Version P.G.

研讨班二十二　　RSI
1974-1975　　　Sténotypie.

Enregistrement P. V.

Versions M.C., P.G.

Établissement : J.-A.M., *Ornicar ?*, 2,3,4,5,1975.

研讨班二十三　　圣状 (Le sinthome)
1975-1976　　　Sténotypie.

Enregistrement P. V.

Versions M.C., P.G.

Établissement : J.-A.M., *Ornicar ?*, 6,7, 8,9,10,11, 1976-1977.

Transcription : *équipe de Littoral*.

研讨班二十四	一种谬误知道的不知道偶然飞走（爱即无意识的失败）[L'insu que sait de l'ime bevue s'aile a mourre (L'insuccès de l'*Unbewusstè*)]
1976-1977	Sténotypie.
	Enregistrement P. V.
	Versions M.C., P.G.
	Établissement : J.-A.M., *Ornicar ?*, 12/13,14,15,16, 17/18, 1977-1979.
研讨班二十五	结论的时刻 (Le moment de conclure)
1977-1978	Sténotypie.
	Enregistrement P.V.
	Versions M.C., P.G.
	Établissement : J.-A.M., une séance, 15 novembre 1977, sous le titre : « Une pratique de bavardage », *Ornicar ?*, 19, 1979.
研讨班二十六	拓扑学与时间 (La topologie et le temps)
1978-1979	Sténotypie.
	Enregistrement P. V. séminaire « silencieux ».

三、附有拉康签名的打印文件（1980—1981）

Lettre de dissolution (5.1.1980), lue au séminaire le 8.1.1980.

Enregistrement : Patrick Valas (P.V.).

Le Monde, 9.1.1980.

Ornicar ?, 20/21,1980, pp. 9-10.

Annuaire et textes statutaires de 1982 (ECF).

« L'autre manque » (15.1.1980), lu au séminaire.

Enregistrement : P.V.

LeMonde, 26.1.1980.

Ornicar ?, 20/21, 1980, pp. 11-12.

Annuaire et textes statutaires de 1982 (ECF).

Lettre au journal Le Monde (24.1.1980),

Le Monde, 26.1.1980.

Ornicar ?, 20/21, 1980, p. 13.

Annuaire et textes statutaires de 1982 (ECF).

« Delenda est » (10.3.1980),

LeMonde, 17.3.1980.

Delenda (Bulletin temporaire de la Cause freudienne), 1980.1.1.

« Décollage » (11.3.1980), lu au séminaire.

Enregistrement : P.V.

Ornicar ?, 20/21, 1980, pp. 14-16.

Annuaire et textes statutaires de 1982 (ECF).

Allocution prononcée par Lacan au PLM-Saint-Jacques.

LeMatin, 18.3.1980.

« Monsieur A » (18.3.1980), lu au séminaire.
Enregistrement : P.V.
Ornicar ?, 20/21, 1980, pp. 17-20.
Annuaire et textes statutaires de 1982 (ECF).

Lettre adressée aux membres de l'EFP (24.3.1980).
(Liste «Lacan» pour l'élection du Conseil à l'Assemblée générale ordinaire du 27.4.1980.)
Diffusion interne à l'EFP.

« Lumière » (15.5.1980), lu au séminaire.
Enregistrement : P.V.
Delenda (Bulletin temporaire de la Cause freudienne), 1980.4.1-4.
Ornicar ?, 22/23, 1981, pp. 7-10.

« Le malentendu » (10.6.1980), lu au séminaire.
Enregistrement : P.V.

Courrier de la Cause freudienne, juillet 1980.
Ornicar ?, 22/23, 1981, pp. 11-14.

Lettre adressée aux membres de l'EFP.
Diffusion interne à l'EFP.

Présentation du dernier séminaire (10.6.1980)
pour inaugurer le n° 1 du *Courrier de la Cause freudienne* (29.6.1980).
Courrier de la Cause freudienne, 1, juillet 1980.

Le séminaire de Caracas
(Rencontre sur l'enseignement de Lacan et la psychanalyse en Amérique latine),

附录

Caracas (12/15.7.1980).
L'Âne, 1, 1981, pp. 30-31.

Invitation à la Rencontre internationale de février 1982 à Paris, Rencontre de Caracas (12/15.7.1980).
Courrier de la Cause freudienne, 2, septembre 1980.

Lettre : « Il y a du refoulé, toujours, c'est irréductible... »
(Lettre pour la Cause freudienne, 23.10.1980).
Courrier de la Cause freudienne, 3, octobre 1980.
Annuaire et textes statutaires de 1982 (ECF).

Lettre adressée aux membres de la SCI (4.12.1980),
Courrier de la Cause freudienne, décembre 1980.

Lettre : « Voilà un mois que j'ai coupé avec tout, ma pratique exceptée... » (Première lettre au Forum, 26.1.1981).
Actes du Forum de l'École de la Cause freudienne (28/29.3.1981).
Courrier de l'École de la Cause freudienne, janvier 1981.
Annuaire et textes statutaires de 1982 (ECF).

Lettre : « Mon fort est de savoir ce qu'attendre signifie... »
(Seconde lettre au Forum, 11.3.1981).
Courrier de l École de la Cause freudienne, mars 1981.
Actes du Forum de l'École de la Cause freudienne (28/29.3.1981).
Annuaire et textes statutaires de 1982 (ECF).

N.B. Les textes publiés dans l'annuaire 1982 ont été supprimés des annuaires suivants.

四、1938 年关于家庭论文的标题和副标题

1   Titre du manuscrit original (1938) :
Situation de la réalité familiale

2   Titre retenu par Jacques-Alain Miller (1984) :
Les Complexes familiaux dans la formation de l'individu

Sous-titre : *Essai d'analyse d'une fonction en psychologie*
Intertitres : — Le complexe, facteur concret de la psychologie familiale
— Les complexes familiaux en pathologie.

3   Titres et intertitres figurant dans l'édition de l'Encyclopédie française (1938)

Section A
LA FAMILLE

INTRODUCTION   *L'INSTITUTION FAMILIALE, STRUCTURE CULTURELLE DE LA FAMILLE HUMAINE*
— hérédité psychologique
— parenté biologique
— la famille primitive : une institution

CHAPITRE I   LE COMPLEXE, FACTEUR CONCRET DE LA PSYCHOLOGIE FAMILIALE
Définition générale du complexe
Le complexe et l'instinct
Le complexe freudien et l'imago

附录

1) LE COMPLEXE DE SEVRAGE

Le sevrage en tant qu'ablactation

Le sevrage, crise du psychisme

L'imago du sein maternel

— Forme extéroceptive : la présence humaine

— Satisfaction proprioceptive : la fusion orale

— Malaise intéroceptif : l'imago prénatale

Le sevrage : prématuration spécifique de la naissance

— Le sentiment de la maternité

— L'appétit de la mort

— Le lien domestique

— La nostalgie du Tout

2) LE COMPLEXE DE L'INTRUSION

La jalousie, archétype des sentiments sociaux

— Identification mentale

— L'imago du semblable

— Le sens de l'agressivité primordiale

Le stade du miroir

— Puissance seconde de l'image

— Spéculaire

— Structure narcissique du moi

LE DRAME DE LA JALOUSIE ; LE MOI ET L'AUTRUI

Conditions et effets de la fraternité

3) LE COMPLEXE D'ŒDIPE

Schéma du complexe

Valeur objective du complexe

La famille selon Freud
Le complexe de castration
Le mythe du parricide originel

**LES FONCTIONS DU COMPLEXE :
RÉVISION PSYCHOLOGIQUE**

CHAPITRE II :   LES COMPLEXES FAMILIAUX EN PATHOLOGIE
1) LES PSYCHOSES À THÈME FAMILIAL
Formes délirantes de la connaissance

Fonctions des complexes dans les délires
— Réactions familiales
— Thèmes familiaux

Déterminisme de la psychose
Facteurs familiaux

2) LES NÉVROSES FAMILIALES
— Symptôme névrotique et drame individuel
— De l'expression du refoulé à la défense contre l'angoisse
— Déformation spécifique de la réalité humaine
— Le drame existentiel de l'individu
— La forme dégradée de l'œdipe

MATURATION DE LA SEXUALITÉ

CONSTITUTION DE LA SEXUALITÉ

RÉPRESSION DE LA SEXUALITÉ

— Origine maternelle du surmoi archaïque

SUBLIMATION DE LA RÉALITÉ

— Originalité de l'identification œdipienne

— L'imago du père

LE COMPLEXE ET LA RELATIVITÉ SOCIOLOGIQUE

— Matriarcat et patriarcat

— L'homme moderne et la famille conjugale

— Rôle de la formation familiale

— Déclin de l'imago paternelle

NÉVROSES DE TRANSFERT

— L'hystérie

— La névrose obsessionnelle

    incidence intellectuelle des causes familiales

NÉVROSES DE CARACTÈRE

— La névrose d'autopunition

— Introversion de la personnalité et schizonoïa

— Dysharmonie du couple parental

    prévalence du complexe de sevrage

— Inversion de la sexualité

— Prévalence du principe mâle

五、通信

Destinataires   *Sources et archives*

– Louis Aragon   Fonds Eisa Triolet-Aragon.
  1 lettre du 15.9.1967;   CNRS.
  1 carte de visite.

– Ferdinand Alquié   Bibliothèque municipale de Carcassonne,
  6 lettres de 1928 à 1956, dont une   60817-ALQMS 34.
  importante de 1956 sur Descartes.

– Louis Althusser（路易·阿尔都塞） IMEC. Deux lettres publiées dans
  8 lettres, 1963-1969.   *Magazine littéraire*, 304, 11-1992. Et
                                   dans Louis Althusser, *Écrits sur la*
                                   psychanalyse, Paris, Stock, 1993.

– Jenny Aubiy   Jenny Aubry. Une lettre publiée dans *La*
  3 lettres, 1953-1978.   *Scission de* 1953 par Jacques-Alain
                                   Miller, 1977.

– Xavier Audouard   Xavier Audouard.
  5 lettres, 1963-1969, sur la scission
  et la crise de la passe.

– Jean Ballard   *RIHP*, 1, 1988, p. 179.
  2 lettres, 1941-1952.

– Michaël Balint（迈克尔·巴林特） André Haynal.
  3 lettres de 1953, dont une très longue
  du 6.8.1953 sur la scission et Rome.

附录

    1 lettre du 14.7.1953　　　　　　　Publiée dans *La Scission de 1953, op. cit.*

– Georges Bataille（乔治·巴塔耶）　　Bibliothèque nationale.
    1 carte postale.

– Fançois Baudry　　　　　　　　　Fançois Baudry
    1 lettre du 16.10.1974.

– Georges Bemier　　　　　　　　　Georges Bemier
    6 lettres, de 1934 à 1949.

– Sylvain Blondin（西尔维安·布隆汀）　Thibaut Lacan.
    2 lettres de 1939 et 1940,
    sur l'effondrement de la France.

– Madeleine Chapsal　　　　　　　Madeleine Chapsal.
    17 lettres, de 1955 à 1974.
    Lettres amoureuses avec poèmes.

– Irène Diamantis　　　　　　　　Irène Diamantis.
    1 lettre du 13.7.1969.

– Françoise Dolto（弗朗索瓦兹·多尔多）Archives Françoise Dolto.
    13 lettres, de 1960 à 1979.

– Jean-Luc Donnet　　　　　　　　Jean-Luc Donnet,
    1 lettre du 17.3.1969.　　　　　　publiée dans *HPF*, 2, pp. 589–590.

– Georges Dumézil　　　　　　　　Didier Eribon.
    1 lettre du 4.3.1969.

– Henri Ey　　　　　　　　　　　Renée Ey.
    10 lettres, de 1935 à 1977.

- Michel Foucault（米歇尔·福柯）　　Publiée dans *Foucault, une histoire de la*
　　1 lettre du 8.3.1968.　　　　　　　　*vérité*, Paris, Syros, 1985.

- Claude Frioux　　　　　　　　　　Jacques-Alain Miller,
　　1 lettre du 10.11.1974, sur la　　　publiée dans *HPF*, 2, p. 578.
　　création du département de
　　psychanalyse de Paris VIII.

- Wladimir Granoff（弗拉迪米尔·格兰诺）　Wladimir Granoff,
　　9 lettres, de 1953 à 1963, dont une　　citées dans *HPF*, 2, pp. 288-368.
　　de 7 pages du 24.7.1961. Les plus
　　longues et les plus politiques pour
　　comprendre la deuxième scission.

- Heinz Hartmann（海因茨·哈特曼）　*La Scission de 1953, op. cit.*
　　1 lettre du 21.7.1953.

- Paula Heimann（宝拉·海曼）　　　Serge Leclaire,
　　1 lettre en anglais non envoyée du　　citée dans *HPF*, 2, pp. 356-357.
　　27.6.1963.

- Lucien Israël　　　　　　　　　　　Sibylle Lacan.
　　1 lettre du 20.1.1981. Écriture
　　tremblée, quelques mots.

- Maurice Kruk　　　　　　　　　　Thibaut Lacan.
　　2 lettres du 16.4.1971.

- Marc-Françoise Lacan　　　　　　Marc-François Lacan.
　　（马克-弗朗索瓦·拉康）
　　3 lettres, de 1953 à 1962, dont une du
　　17.6.1953 pour rencontrer le pape.

附录

- Sibylle Lacan（西比尔·拉康） Sibylle Lacan.
  18 lettres, de 1959 à 1973.

- Daniel Lagache（丹尼尔·拉嘉） Wladimir Granoff.
  1 lettre du 26.6.1958.

- Serge Leclaire（塞尔日·勒克莱尔）
  1 lettre du 10.11.1963, et Publiée dans *L'Excommunication*.
  16 lettres très longues, de 1959 à Documents édités par J.-A. Miller, 1977.
  1963, indispensables pour Serge Leclaire,
  la compréhension de citées *dans HPF*, 2, pp. 288-368.
  la deuxième scission.

- Michel Leiris（米歇尔·莱里斯） Fonds Jacques Doucet.
  4 lettres de 1935 à 1976.

- Rudolph Loewenstein *La Scission de 1953, op. cit.*
  （鲁道夫·鲁温斯坦）
  1 lettre du 14.7.1953.

- Maria Antonietta Macciocchi Maria Antonietta Macciocchi.
  1 lettre du 23.6.1972.

- Maud Mannoni（莫德·曼诺尼） Maud Mannoni.
  6 lettres, de 1970 à 1976.

- Sacha Nacht Marc Nacht.
  1 lettre du 16.1.1953.

- Jenny Pdosse Jenny Pdosse.
  2 lettres, de 1960 et 1966.

– François Perrier
    5 lettres, de 1964 à 1969.

Jacques Sédat.

– Niccolo Perrotti
    1 lettre du 14.7.1953.

La Scission de 1953, op. cit.

– Michel Pion
    2 lettres, dont une du 17.5.1976, sur la théorie des jeux.

Michel Pion.

– Jacques Postel
    1 lettre du 23.3.1972, sur la réédition de la thèse.

Jacques Postel.

– Robert Pujol
    2 lettres de 1963.

Robert Pujol.

– Elisabeth Roudinesco
    1 lettre du 14.3.1977, sur le suicide de Juliette Labin.

Elisabeth Roudinesco.

– Ramon Sarro
    1 lettre du 26.10.1972.

Freudiana, 4,5, Barcelone, 1992, et *L'Âne*, 51, juillet-septembre 1992.

– Jacques Sédat
    1 lettre du 10.10.1977.

Jacques Sédat.

– Tomés Segovia
    Quelques lettres sur la traduction espagnole des Écrits.

Tomâs Segovia.

附录

– Olesia Sienkiewicz（奥莱夏·显克微支）　　Olesia Sienkiewicz.
　5 lettres, 1933-1934.
　Très belles lettres d'amour.

– Pierre Soury et Michel Thomé　　Michel Thomé.
　（皮埃尔·苏里和米歇尔·托梅）
　53 lettres, de 1973 à 1979.

– Guillaume de Tarde　　Françoise de Tarde-Bergeret.
　1 carte postale du 1.4.1951.

– Pamela Tytell（帕梅拉·泰德尔）　　Pamela Tytell.
　5 lettres, de 1975 à 1976.

– Alphonse de Waelhens　　Institut supérieur de philosophie
　5 lettres, de 1954 à 1959. de　　l'université de Louvain.

– François Wahl
　Paul Flamand
　Bruno Flamand
　17 lettres, de 1968 à 1978.

– Jean Wahl（让·瓦尔）　　IMEC.
　1 lettre du 26.3.1958.
– Donald W. Winnicott　　*Ornicar ?*, 33, 1985, pp. 7-10.
　（唐纳德·温尼科特）
　1 lettre du 5.8.1960.

– Lettre aux membres de　　*La Scission de 1953, op. cit.*
　l'assemblée de la SPP.

– Destinataire inconnu　　Sibylle Lacan.

1 lettre du 28.1.1981.
Ecriture tremblée, quelques mots.

– Lettre administrative
   du 27.10.1965.

Visages de mon père, par Judith Miller, Paris, Seuil, 1991.

– Médecin-chef de l'hôpital des franciscains de Pau
   1 lettre du 24.6.1940.

Ibid.

– « Pour Vincennes »
   2 lettres-circulaires des 18.10.1974 et 20.9.1976.

Jacques-Alain Miller.

附有拉康签名的通信

– François Wahl
   1 lettre du 7.7.1980.

– Préfecture de police
   1 lettre du 21.2.1980, 3 pages avec paraphes et mention « certifié conforme ».
   Déclaration de *La Cause freudienne*.

Jenny Aubry.

– Aux gérants de la SCI de l'EFP
   1 lettre du 18.12.1980.

Jenny Aubry.

– Aux membres de l'EFP
   1 lettre du 16.6.1980.

Jenny Aubry.

附录

六、资料书目

1. Michel DE WOLF, « Essai de bibliographie complète », *Magazine littéraire*, 121, février 1977.
2. Joël DOR, *Bibliographie des travaux de Jacques Lacan*, Paris, Interéditions, 1983. Rééd. revue et augmentée, EPEL, 1994, sous le titre *Nouvelle Bibliographie des travaux de Jacques Lacan*.
3. Marcelle MARINI, *Lacan*, Paris, Belfond, 1986.
4. Gérôme TAILLANDIER, « Chronique du Séminaire », Littoral, 13,18,22,23/24,26, Toulouse, Erès, juin 1984, janvier 1986, avril 1987, octobre 1987.
   « Le Phallus : une note historique », *Esquisses psychanalytiques*, 9, printemps 1988.
5. *Le Transfert dans tous ses errata*, collectif de l'École lacanienne de psychanalyse, Paris, EPEL, 1991.
6. Angel DE FRUTOS SALVADOR, *Los Ecristos de Jacques Lacan. Variantes textuales*, Siglo XXI, Mexico/Madrid, 1994.
7. Michael CLARK, Jacques Lacan : An Annotated Bibliography, 2 volumes, New York, London, GarlandPublishing, 1988.
8. Hans Jürgen HEINRICHS, « Bibliographie der Schriften von Jacques Lacan », *Psyche*, 34,1980.
9. Anthony WILDEN, « Jacques Lacan : A partial Bibliography », *Yale French Studies*, 36-37,1966.
10. John MULLER and William RICHARDSON, *Lacan and Language : A Reader's Guide to Ecrits*, N.Y, IUP, 1982.
11. « Index Séminaire III - Les Psychoses », concepts, notions, noms propres, et « Index Séminaire XX - Encore », *Pas tant*, 8/10, Toulouse, juin 1982/juillet 1983. Travail réalisé sous la direction de Michel LAPEYRE dans le cadre d'un « cartel » composé de Michel Bousseyroux, Pierre Bruno, Marie-Jean Sauret, Éric Laurent.
12. *Thésaurus Jacques Lacan*, à paraître, EPEL.

七、翻译

Écrits

Japon	Kobundo	1972
Italie	Einaudi	1974
Espagne et Amérique latine	Siglo XXI Mexico	1971
Traducteur : Tomâs Segovia		

Écrits (sélection)

（注：此书的中文版于 2000 年由上海三联书店出版。）

Allemagne	Quadriga (2 volumes)	1986
17 titres sur 34	Walter (1 volume)	1980

- Le séminaire sur « La lettre volée ».
- Le stade du miroir comme formateur de la fonction du Je.
- Fonction et champ de la parole et du langage en psychanalyse.
- La direction de la cure et les principes de son pouvoir.
- L'instance de la lettre dans l'inconscient.
- La métaphore du sujet.
- D'une question préliminaire à tout traitement possible de la psychose.
- La signification du phallus.
- Kant avec Sade.
- Subversion du sujet et dialectique du désir dans l'inconscient freudien.
- Position de l'inconscient.
- La science et la vérité.
- De nos antécédents.
- Le temps logique et l'assertion de certitude anticipée.

附录

- Introduction au commentaire de Jean Hyppolite sur la « Vemeinung » de Freud.
- Introduction au commentaire de Jean Hyppolite sur la « Vemeinung » de Freud.
- Réponse au commentaire de Jean Hyppolite sur la « Vemeinung » de Freud.
- Propos directifs pour un Congrès sur la sexualité féminine.

Ajouts :
- La famille (1938).
- Maurice Merleau-Ponty (1961).

Brésil   Perspectiva   1976

8 titres sur 34 :
- Ouverture de ce recueil.
- Le séminaire sur « La Lettre volée ».
- De nos antécédents.
- Le stade du miroir comme formateur de la fonction du Je.
- Du sujet enfin en question.
- Fonction et champ de la parole et du langage en psychanalyse.
- La chose freudienne.
- L'instance de la lettre dans l'inconscient.

Danemark   Rhodos   1973

8 titres sur 34 :
- Au delà du « Principe de réalité ».
- Le stade du miroir comme formateur de la fonction du Je.
- Le séminaire sur la lettre volée.
- L'instance de la lettre dans l'inconscient.
- D'une question préliminaire à tout traitement possible de la psychose.
- Subversion du sujet et dialectique du désir dans l'inconscient freudien.
- La signification du phallus.

– La métaphore du sujet.

États-Unis/ Grande-Bretagne   Norton

Traducteur : Alan Sheridan   Tavistock   1977

9 titres sur 34 :

– Le stade du miroir comme formateur de la fonction du Je.
– L'agressivité en psychanalyse.
– Fonction et champ de la parole et du langage en psychanalyse.
– La chose freudienne.
– L'instance de la lettre dans l'inconscient.
– D'une question préliminaire à tout traitement possible de la psychose.
– La signification du phallus.
– La direction de la cure et les principes de son pouvoir.
– Subversion du sujet et dialectique du désir dans l'inconscient freudien.

Serbie   Prosveta   1983

7 titres sur 34 :

– Le stade du miroir comme formateur de la fonction du Je.
– Fonction et champ de la parole et du langage en psychanalyse.
– La chose freudienne.
– L'instance de la lettre dans l'inconscient.
– La direction de la cure et les principes de son pouvoir.
– La signification du phallus.
– Subversion du sujet et dialectique du désir dans l'inconscient freudien.

Norvège   Gyldendâl Norsk   1985

7 titres sur 34 :

– Intervention sur le transfert
– Fonction et champ de la parole et du langage en psychanalyse.

附录

- Variantes de la cure type.
- La chose freudienne.
- La direction de la cure et les principes de son pouvoir.
- Du « *Trieb* » de Freud et du désir du psychanalyste.
- Position de l'inconscient.

Suède   Natur och Kultur   1989

3 titres sur 34 :
- Le stade du miroir comme formateur de la fonction du Je.
- Fonction et champ de la parole et du langage en psychanalyse.
- L'instance de la lettre dans l'inconscient.

Ajouts :
- Le mythe individuel du névrosé.

Établissement : Jacques-Alain Miller,

Ornicar ?, 17/18, 1979.

- « Jacques Lacan », par Jacques-Alain Miller,

Encyclopaedia Universalis, 1979,

rééd. dans *Omicar ?*, 24, 1981.

Télévision

États-Unis et Grande-Bretagne	Norton	1990
Allemagne	Quadriga	1988
Italie	Einaudi	1982
Espagne et Amérique latine	Anagrama	1977
Pays-Bas	Psychanalystische Perspektieven (Université de Grand)	1990
Israël	Et Vasefer	1992

Japon	Soldo Sha	1992

De la psychose paranoïaque dans ses rapports avec la personnalité

Italie	Einaudi	1980
Espagne et Amérique latine	Siglo XXI Mexico	1976
Brésil	Forense	1987
Japon	Asahl Shuppan Sha	1987

Le Séminaire

Livre I. Les écrits techniques de Freud

États-Unis	Norton	1988
Grande-Bretagne	Cambridge University Press	1988
Allemagne	Quadriga	1990
Italie	Einaudi	1978
Espagne et Amérique latine	Paidos	1981
Brésil	Zahar	1979
Portugal	Dom Quixote	1986
Japon	Iwanami Shoten	1991

Livre II. Le Moi dans la théorie de Freud et dans la technique de la psychanalyse

États-Unis	Norton	1988
Grande-Bretagne	Cambridge University Press	1988
Allemagne	Quadriga	1991
Italie	Einaudi	1991
Espagne et Amérique latine	Paidos	1983
Brésil	Zahar	198S

附录

Livre III. Les psychoses
Italie	Einaudi	1985
Espagne et Amérique latine	Paidos	1984
Brésil	Zahar	1985
Japon	Iwanami Shoten	1987 (tome I)
		1991 (tome ll)

Livre VII. L'éthique de la psychanalyse
États-Unis et Grande-Bretagne	Norton	1992
Espagne et Amérique latine	Paidos	1988
Brésil	Zahar	1988
Slovénie	Delavska Enotnost	1988

Livre VIII. Le transfert
Brésil	Zahar	1992

Livre XI. Les quatre concepts fondamentaux de la psychanalyse
États-Unis	Norton	1978
Grande-Bretagne	Hogarth Press	1977
	Chatto & Windus	1979
	Penguin (poche)	1979
Allemagne	Quadriga	1987
Italie	Einaudi	1979
Espagne et Amérique latine	Paidos	1986
Catalan	Edicions 62	1990
Brésil	Zahar	1979
Serbo-croate	Naprijed	1986
Slovénie	Cankaijeva Zalomba	1980
Grèce	Kedros	1983

Livre XVII. L'envers de la psychanalyse

Espagne et Amérique latine	Paidos	1992
Brésil	Zahar	1992

Livre XX. Encore

Allemagne	Quadriga	1986
Italie	Einaudi	1983
Espagne et Amérique latine	Paidos	1981
Brésil	Zahar	1982
Slovénie	Problemi	1986

ANNEXES
附件

附录

国际精神分析协会成员（1993）

RÉGIONAL ASSOCIATION OF THE IPA :

American Psychoanalytic Association
Affiliate Societies of the American Psychoanalytic Association
Approved Training Institutes of the American Psychoanalytic Association

COMPONENT SOCIETIES OF THE IPA :

Argentine Psychoanalytic Association
Australian Psychoanalytical Society
Belgian Psychoanalytical Society
Brazilian Psychoanalytical Society of Rio de Janeiro
Brazilian Psychoanalytical Society of São Paulo
British Psychoanalytical Society
Buenos Aires Psychoanalytical Association
Canadian Psychoanalytic Society
Chilean Psychoanalytic Association
Colombian Psychoanalytic Society
Danish Psychoanalytical Society
Dutch Psychoanalytical Society
Finnish Psychoanalytical Society
French Psychoanalytical Association
German Psychoanalytical Association
Hungarian Psychoanalytical Society
Indian Psychoanalytical Society
Israel Psychoanalytic Society
Italian Psychoanalytical Society

Japan Psychoanalytic Society
Madrid Psychoanalytical Association
Mendoza Psychoanalytic Society
Mexican Psychoanalytic Association
Norwegian Psychoanalytical Society
Paris Psychoanalytical Society
Peru Psychoanalytic Society
Porto Alegre Psychoanalytic Society
Portuguese Psychoanalytical Society
Rio de Janeiro Psychoanalytic Society
Spanish Psychoanalytical Society
Swedish Psychoanalytical Society
Swiss Psychoanalytical Society
Uruguayan Psychoanalytic Association
Venezuelan Psychoanalytic Association Viennese Psychoanalytical Society

PROVISIONAL SOCIETIES OF THE IPA :

Caracas Psychoanalytic (Provisional) Society
Cordoba Psychoanalytic (Provisional) Society
Institute for Psychoanalytic Training and Research (IPTAR) (Provisional Society)
Los Angeles Institute and Society for Psychoanalytic Studies (LAISPS) (Provisional Society)
Monterrey Psychoanalytic (Provisional) Society
New York Freudian (Provisional) Society
Psychoanalytic Center, Caüfomia (PCC) (Provisional Society)

附录

STUDY GROUPS OF THE IPA :

Hellenic Psychoanalytical Study Group
Pelotas Psychoanalytic Study Group
Recife Psychoanalytic Study Group

EUROPE

Austria	Viennese Psychoanalytical Society
Belgium	Belgian Psychoanalytical Society
Denmark	Danish Psychoanalytical Society
Finland	Finnish Psychoanalytical Society
France	French Psychoanalytical Association
	Paris Psychoanalytical Society
Germany	German Psychoanalytical Association
Greece	Hellenic Psychoanalytical Study Group
Hungary	Hungarian Psychoanalytical Society
Italy	Italian Psychoanalytical Society
The Netherlands	Dutch Psychoanalytical Society
Norway	Norwegian Psychoanalytical Society
Portugal	Portuguese Psychoanalytical Society
Spain	Spanish Psychoanalytical Society
	Madrid Psychoanalytical Association
Sweden	Swedish Psychoanalytical Society
Switzerland	Swedish Psychoanalytical Society
United Kingdom	British Psychoanalytical Society

Latin America

Argentina	Argentine Psychoanalytic Association
	Buenos Aires Psychoanalytical Association
	Cordoba Psychoanalytic (Provisional) Society
	Mendoza Psychoanalytic Society
Brazil	Brazilian Psychoanalytical Society of Rio de Janeiro
	Brazilian Psychoanalytical Society of Sâo Paulo
	Rio de Janeiro Psychoanalytic Society
	Pelotas Psychoanalytic Study Group
	Porto Alegre Psychoanalytic Society
	Recife Psychoanalytic Study Group
Chile	Chilean Psychoanalytic Association
Columbia	Colombian Psychoanalytic Society
Peru	Peru Psychoanalytic Society
Uruguay	Uruguayan Psychoanalytic Association
Venezuela	Caracas Psychoanalytic (Provisional) Society
	Venezuelan Psychoanalytic Association

North America

Canada	Canadian Psychoanalytic Society
Mexico	Mexican Psychoanalytic Association
	Monterrey Psychoanalytic (Provisional) Society
USA	American Psychoanalytic Association
	Affiliate Societies of the American Psychoanalytic Association
	Approved Training Institutes of the American Psychoanalytic Association
	Institute for Psychoanalytic Training and Research (IPTAR) (Provisional Society)

附录

Los Angeles Institute and Society for Psychoanalytic Studies (LAISPS) (Provisional Society)
New York Freudian (Provisional) Society
Psychoanalytic Center, California (PCC) (Provisional Society)

MIDDLE AND FAR EAST

India	Indian Psychoanalytical Society
Israël	Israel Psychoanalytic Society
Japan	Japan Psychoanalytic Society

AUSTRALIA

Australia	Australian Psychoanalytical Society

国际精神分析协会全球分布情况

附件

Institutions	Nombre d'adhérents	
	1985	1992

États-Unis * Institute for Psychoanalytic Training and Research
* Los Angeles Institute and Society for Psychoanalytic Studies
* The N.Y.Freudian Society
* Psychoanalytic Coîter of California American Psychoanalytic Association
  35 sociétés affiliées
  4 groupes d'études
  27 instituts
	2100	78
		42
		168
		20
		2 639 ⎬ 2947

Canada Canadian Psychoanalytic Society (Société canadienne de psychanalyse) 6 branches : CPS - Montréal - Toronto - Ottawa - Alberta - Ontario	270	342
Argentine Asociacion Psicoanalitica Argentina Asociacion Psicoanalitica de Buenos Aires Asociacion Psicoanalitica de Mendoza	420 160 ⎬ 592 12	693 273 ⎬ 1005 27
Brésil Sociedade Brasileira de Psicanalise do Rio de Janeiro Sociedade Psicanalitica do Rio de Janeiro Sociedade Brasileira de Psicanalise de São Paulo Sociedade Psicanalitica de Porto Alegre	150 140 ⎬ 520 200 30	128 150 ⎬ 626 251 42
Chili Asociacion Psicoanalitica chilena	30	36
Colombie Sociedad Colombiana de Psicoanalisis	45	61
Uruguay Asociacion Psicoanalitica del Uruguay	46	82

附录

Venezuela	Asociacion Venezolana de Psicoanalisis * Sociedad Psicoanalitica de Caracas		64	41
Belgique	Belgische Vereniging voor Psychoanalyse (Société belge de psychanalyse)		50	49
Grande-Bretagne	British Psychoanalytical Society		378	418
Danemark	Dansk Psykoanalytisk Selska.		26	30
Hollande	Nederlandse Vereniging voor Psychoanalyse		164	195
Finlande	Suomen Psykoanalyyttinen Yhdistys Finlands Psykoanalytiska Förening		84	138
Mexique	Asociacion Psicoanalitica Mexicana Asociacion Regiomontana de Psicanalisis		124	90 28
Fiance	Association psychanalytique de France Société psychanalytique de Paris. Institut de psychanalyse	APF SPP	50 418	51 + 100 élèves 419
République fédérale allemande	Deutsche Psychoanalytische Vereinigung 12 instituts		390	651
Italie	Société Psicoanalitica Italiana 8 branches : Rome (2) - Milan - Bologne - Florence - Païenne - Naples - Venise 3 instituts		300	428
Espagne	Asociacion Psicoanalitica de Madrid Sociedad Espanola de Psicoanalisis (Barcelone)		30 ⎫ 23 ⎭ 53	50 ⎫ 55 ⎭ 105

Norvège	Norsk Psykoanalytisk Forening	38	44
Suède	Svenska Psykoanalytiska Föreningen	114	138
Portugal	Sociedade Portuguesa de Psicanalise	23	31
Suisse	Schweizerische Gesellschaft fur Psychoanalyse (Société suisse de psychanalyse)	120	123
Autriche	Wiener Psychoanalytische Vereinigung	25	54
Inde	Indian Psychoanalytical Society	36	30
Israël	Hahevra Hapsychoanalitite Be-Israel	70	74
Japon	Nippon Seishin-Bunseki Kyokai	22	31
Australie	Australian Psychoanalytical Society	35	55
Hongrie	Ideiglenes Magyar Pzichoanalitikus Tarsasag	23	31
Pérou	Sociedad Peruana de Psicoanalisis		24
	Groupes d'études		
	- Grupo de Estudios psicoanalitico de Pelotas		8
	- Grupo de Estudios psicoanalitico de Recife		19
	- Hellenic Psychoanalytical		10

Total 1992 = 8 435

*Sociétés provisoires

附录

国际精神分析协会大会（1908－2015）

	年份	地点	主席
第 1 届	1908	奥地利萨尔茨堡	非正式会议
第 2 届	1910	德国纽伦堡	卡尔·古斯塔夫·荣格
第 3 届	1911	德国魏玛	卡尔·古斯塔夫·荣格
第 4 届	1913	德国慕尼黑	卡尔·古斯塔夫·荣格

1914－1918"一战"

第 5 届	1918	匈牙利布达佩斯	卡尔·亚伯拉罕
第 6 届	1920	荷兰海牙	欧内斯特·琼斯（临时）
第 7 届	1922	德国柏林	欧内斯特·琼斯
第 8 届	1924	奥地利萨尔茨堡	欧内斯特·琼斯
第 9 届	1925	德国巴特洪堡	卡尔·亚伯拉罕
第 10 届	1927	奥地利因斯布鲁克	马克斯·艾廷根
第 11 届	1929	英国牛津	马克斯·艾廷根
第 12 届	1932	德国威斯巴登	马克斯·艾廷根
第 13 届	1934	瑞士卢塞恩	欧内斯特·琼斯
第 14 届	1936	捷克斯洛伐克马里昂巴德	欧内斯特·琼斯
第 15 届	1938	法国巴黎	欧内斯特·琼斯

1939－1945"二战"

第 16 届	1949	瑞士苏黎世	欧内斯特·琼斯
第 17 届	1951	荷兰阿姆斯特丹	利奥·巴特迈耶
第 18 届	1953	英国伦敦	海因茨·哈特曼
第 19 届	1955	瑞士日内瓦	海因茨·哈特曼
第 20 届	1957	法国巴黎	海因茨·哈特曼

届次	年份	地点	获奖者
第21届	1959	丹麦哥本哈根	威廉·H.吉莱斯皮
第22届	1961	苏格兰爱丁堡	威廉·H.吉莱斯皮
第23届	1963	瑞典斯德哥尔摩	马克斯维尔·吉特尔森
第24届	1965	荷兰阿姆斯特丹	威廉·H.吉莱斯皮 & 菲利斯·格里纳克
第25届	1967	丹麦哥本哈根	P.J.范·德·莱乌
第26届	1969	意大利罗马	P.J.范·德·莱乌
第27届	1971	奥地利维也纳	利奥·兰盖尔
第28届	1973	法国巴黎	利奥·兰盖尔
第29届	1975	英国伦敦	塞尔日·勒波维奇
第30届	1977	以色列耶路撒冷	塞尔日·勒波维奇
第31届	1979	美国纽约	爱德华·D.约瑟夫
第32届	1981	芬兰赫尔辛基	爱德华·D.约瑟夫
第33届	1983	西班牙马德里	亚当·利门塔尼
第34届	1985	西德汉堡	亚当·利门塔尼
第35届	1987	加拿大蒙特利尔	罗伯特·S.沃勒斯坦
第36届	1989	意大利罗马	罗伯特·S.沃勒斯坦
第37届	1991	阿根廷布宜诺斯艾利斯	约瑟夫·桑德勒
第38届	1993	荷兰阿姆斯特丹	约瑟夫·桑德勒
第39届	1995	美国圣弗朗西斯科	奥拉·埃区格杨
第40届	1997	西班牙巴塞罗那	奥拉·埃区格杨
第41届	1999	智利圣地亚哥	欧托·康伯格
第42届	2001	法国尼斯	欧托·康伯格
第43届	2004	美国新奥尔良	丹尼尔·韦德洛克
第44届	2005	巴西里约热内卢	丹尼尔·韦德洛克
第45届	2007	德国柏林	克劳德奥·拉克斯·艾奇瑞克
第46届	2009	美国芝加哥	克劳德奥·拉克斯·艾奇瑞克
第47届	2011	墨西哥墨西哥城	查尔斯·汉利
第48届	2013	捷克布拉格	查尔斯·汉利
第49届	2015	美国波士顿	斯蒂法诺·布洛里尼

附录

不属于国际精神分析协会（IPA）会员组织的协会名单

France + extension		Nombres d'adhérents	
		1985	1992
Organisation psychanalytique de langue française (Quatrième Groupe) (1969)	OPLF	125	
* Collège de psychanalystes (1980-1994)		122	153
Champ freudien École de la Cause freudienne (1981) 　　　　　　AMP	CF ECF	France: 246 273　Autres pays: 27	Belgique: 41 315　Autres pays: 18
Association freudienne (1982) devenue « internationale » en 1992	AF	123	258
* Centre de formation et de recherches psychanalytiques (1982-1995)	CFRP	390	273 (membres) + 255 (autres) = 528
Cercle freudien (1982)		5 fondateurs	78
Cartels constituants de l'analyse freudienne (1983)	CCAF	212	168
École freudienne (1983)		50	
Fédération des ateliers de psychanalyse (1983)		54 + 63	
Convention psychanalytique (1983) Besançon		212	184
Le Coût freudien (1983)			
Groupe régional de psychanalyse (1983) Marseille	GRP		
Errata (1983)		15	15

Société internationale d'histoire de la psychiatrie et de la psychanalyse (1983)	SIHPP	165	263
Bibliothèque de recherche freudienne et lacanienne (1985) Strasbourg		15	
École lacanienne de psychanalyse (1985)	ELP	45	120
Escuela del Campo freudiano (1985) Caracas-Venezuela	AMP		
École propédeutique à la connaissance de l'inconscient (1985)	EPCI		
Association internationale d'histoire de la psychanalyse (1985)	AIHP	60	466 + 23 associations
La Psychanalyse actuelle (1985)			
Séminaires psychanalytiques de Paris (1986)	SéPP		230
* Champ psychanalytique et social (1989)			
Association pour une instance des psychanalystes (22 janvier 1990)	APUI		120
* Échanges internationaux de recherches psychanalytiques (mars 1990) Aix-en-Provence			
École européenne de psychanalyse (22/23 septembre 1990) Paris-Barcelone AMP	EEP		
L'Inter-Associatif de psychanalyse (janvier 1991)			Fédération de 10 associations
Fondation européenne pour la psychanalyse (avril 1991)			
Le Trait du cas (avril 1991)			
Dimensions freudiennes (12 octobre 1991-7 mai 1994)		Scission de l'ECF	

附录

Escuela de la Orientation lacaniana del Campo freudiano (3 janvier 1992) Buenos Aires - Argentina AMP	
Association mondiale de psychanalyse (1er février 1992) Pacte de Paris { AMP / ECF Venezuela / EEF Espagne / ECF France / EOLCF Argentine }	
Analyse freudienne (24 février 1992) Scission des CCAF	
École de psychanalyse Sigmund Freud (8 mai 1994)	78
Espace analytique (16 octobre 1994)	138 + 289 auditeurs libres
Société de psychanalyse freudienne (23 décembre 1994)	200 + 374 auditeurs libres
Convergencia, Mouvement lacanien pour la psychanalyse freudienne (3 octobre 1998) Barcelone	Fédération de 45 associations réparties en 9 pays
Internationale des Forums du Champ lacanien Scission de l'AMP (IF, 15 novembre 1999)	819
Fédération européenne de psychanalyse (FEDEPSY) (2 nov. 2000)	
École psychanalytique de Strasbourg (EPS) (2 nov. 2000)	

$$\frac{\text{France + extension}}{\text{32 associations + 2 IPA}} = \frac{\text{Total}}{34}$$

En projet : École brésilienne (AMP) et Association russe (IPA)

1985 年以后的主要杂志

—École de la cause freudienne :
Palea, Strasbourg.
L'Impromptu psychanalytique de Picardie, 1987.
Pas tant, Toulouse.
—Convention psychanalytique :
Le Feuillet, Strasbourg, 1986.
Huit intérieur, Aix-en-Provence.
Césure, 1991.
—Association freudienne internationale :
Le Trimestre psychanalytique, Grenoble, 1987.
L'Éclat du jour, 1987.
—École lacanienne de psychanalyse :
L'Unebévue, 1992.
—Errata:
Les Carnets de psychanalyse, 1991.
—Association internationale d'histoire de la psychanalyse :
Revue internationale d'histoire de la psychanalyse : 5 numéros (1988-1992).

Le Curieux, Strasbourg, 1985.
Trames, Nice, 1986.
Cahiers pour la recherche freudienne, 1986, Université de Paris X-Nanterre.
Apertura, Strasbourg, 1987.
L'Agenda de la psychanalyse : 2 numéros (1987-1988).
Io, 1992.

附录

拉康1938年关于家庭论文的参考文献

精神活动的对象

家庭

Définition sociologique.— BONALD. Démonstration philosophique du principe constitutif de la société, Le Clerc, 1830.— Id. Essai analytique sur les lois naturelles de l'ordre social. Le Clerc, 1840. — COMTE A. Système de politique positive, 1854, t. 2 et 4. — BUYTENDIJK F. Psychologie des animaux, tr. BREDO, Payot, 1928. — DURKHEIM E. La famille conjugale, ds Rev. philosophique, 1921.— ENGELS F. L'origine de la famille, de la propriété privée et de l'État, tr. BRACKE, Costes, 1931. — ESPINAS A. Des sociétés animales, 2^{e}éd., 1878. — FAUCONNET P. Les institutions juridiques et morales. La famille, Cours de Sorbonne, 1932. — FRAZER J.-G. Les origines de la famille et du clan. — FUSTEL DE COULANGES. La cité antique, Hachette, 1864. — LE PLAY, La réforme sociale en France, III. La famille, Marne, Tours, 1878. — LOWIE R. Traité de sociologie primitive, tr. METRAUX, Payot, 1935. — PICARD, Les phénomènes sociaux chez les animaux, Colin, 1933. — RIVERS, Art. : La mère ds HASTINGS, Encyclopédie de religion et de morale. — WESTERMARCK Ed. Histoire du mariage, tr. VARIGNY, Guillau-min, 1895. — ZUCKERMANN S. La vie sexuelle et sociale des singes, tr. PETITJEAN, Gal-limard, 1937.

Complexes familiaux.— Sevrage et intrusion : BAUDOIN C. L'âme enfantine et la psychanalyse, Neuchâtel, Delachaux, 1931. — Id. Kind und Familie (av. BAAR, DANZINGER, FALF, GEDEON et HORTNER), Iéna, Fischer, 1937. — BUHLER C. Kindheit und Jugend, Genese des Bewusstseins, Hirsel, Leipzig, 1931. — BUYTENDUK F.J.J. Les différences essentielles des fonctions psychiques de l'homme et des animaux, ds Cahiers de philosophie de la nature, t. 4, Vrin, 1930.— FREUD S. Au-delà du principe du plaisir, ds Essais de psychanalyse, tr. JANKÉLÉVITCH, Payot, 1927. — GUILLAUME, La psychologie de la forme, Flammarion, 1937. — ISAACS S. Psychologie sociale des jeunes enfants, ds Journ. de pnyvch., 1931.— KELLOGG W.N. et KELLOGG L.A. The ape and the child, Witt- lesey House, Mc Graw Hill, N.-Y., Londres, 1933. — LACAN J. Le stade du miroir, Congrès internat, de Marienbad, 1936. —

LUQUET G.H. Le dessin enfantin, Alcan, 1935. — PREYER W. L'âme de l'enfant, tr. VARIGNY, Alcan, 1837.— RANK O.H. Don Juan. Une étude sur le double, tr. S. LAUTMAN, Denoël, 1932.— Id. Le traumatisme de la nais-sance, tr. JANKÉLÉVITCH, Payot, 1928. — RUYER R. La conscience et le verbe, Alcan, 1937.

Œdipe. BACHOFEN. Le droit de la mère. Préf. de l'ouvrage : Das mutterrecht, 1861, tr. fr. au Groupe français d'études féministes, 1903. — DECLAREUIL. Rome et l'organisa¬tion du droit, Bibl. de synthèse historique, t.19.— DURKHEIM E. Introduction à la sociologie de la famille, ds Ann. de la Faculté des lettres de Bordeaux, Leroux, 1888.— Id. La prohibition de l'inceste et ses origines, ds Année social., 1897. — FERENCZI S. Die Anpassung der Familie an das Kind, ds Zeitschrift f. Psychoanalytische Pädagogik,1928.—FREUD S. Totem et tabou, tr. JANKÉLÉVITCH, Payot, 1925.— Id. Psychologie collective et analyse du moi, ds Essais de psychanalyse, Ibid.— KLEIN L. Les premiers stades du conflit œdipen, ds Rev. fr. de psychanalyse, 1930-1931.— Id. Die Psychoanalyse des Kindes. Internat. Psychoanalytischer Verlag, Vienne, 1932. — LEFEBVRE C. La famille en France dans le droit et dans les mœurs, Giard, 1920. — MALINOWSKI B. La sexualité et sa répression dans les sociétés primitives, tr. JANKÉLÉVITCH, Payot, 1932.—Id.La vie sexuelle des sauvages du nord-ouest de la Mélanésie, tr.JANKÉLÉVITCH, Ibid.,1930.—MORGENSTERN S. La psychanalyse infantile, ds Hygiène mentale, 1928. —RAGLAN Lord, Le tabou de l' inceste, tr. RAMBERT, Payot, 1935.— RICHARD. La femme dans l' histoire. Doin, 1909.— RUSSEL B. Le mariage et la morale, Gallimard, 1930. — SOMBART W. Le bourgeois, Payot, 1926.— Studien über Autorität und Familie, av. résumés fr., Alcan, 1936.

Pathologie familiale.— Psychoses : Ceillier A. Les influences, syndromes et psychoses d'influence, ds Encéphale, 1924.— Clérambault G. de. Les délires passion¬nels, érotomanie, revendication, jalousie, ds Bull. soc. de médecine mentale, 1921.— Guiraud P. Les meurtres immotivés, ds Évolution psychiatrique,1931.— Kretsch mer E.Die sensitive Beziehunghwahn, Springer, Berlin, 1927.— Lacan J. De la psychose paranoïaque dans ses rapports avec la personnalité. Le François, 1932. — Id. Motifs du crime paranoïaque, ds Minautore, 1933. — Laforgue R. Schizophrénie et Schizonoïa, ds Rev. franç. de psychanalyse, 1927. — Legrand du Saulle.

Le délire des persécutions. Plon, Paris, 1871. — Loewenstedin R. Un cas de jalousie pathologique, ds Rev. fr. de psychanalyse, 1932.— Meyer A. The Treatment of paranoic and paranoid States, ds White et Jelliffe, Modem Treatment of nervous and mental Diseases, Londres, 1913.— Minkowski E. Jalousie pathologique sur fond d' automa¬tisme mental, ds Ann. méd.-psych. 1920. — Schiff P. Les paranoïas et la psychanalyse, ds Rev. fr. de psychanalyse, 1935. — Sérieux et Capgras J. Les folies raisonnantes. Le délire d'interprétation, Alcan, 1909. — Id. Les interprétateurs filiaux, ds Encéphale, 1910.

Névroses : Freud S. (v. aussi Introd. La psychanalyse) Hemmung, Sympton und Angst, Neurosenlehre, 1926.— Id. Cinq psychanalyses, tr. fr. M. Bonaparte et R. Loewenstein, Denoël, 1936. — Hesnard G. et Laforgue R. Les processus d'autopunition en psychologie des névroses et des psychoses, ds Rev. fr. de psychanalyse, 1936. — Laforgue R. La névrose familiale, C.R. Conf. des psychanalystes de langue fr. — Leuba J. La famille névrotique et les névroses familiales, ds Rev. fr. de psychanalyse, 1936. — Odier C. La névrose obsessionnelle, ds Rev. fr. de psychanalyse, 1927. — Pichon E. Sur les traitements psychothérapiques courts d'inspiration freudienne chez les enfants, ds Rev. fr. de psychanalyse, 1928.— Id. Le développement psychique de l'en¬fant et de l'adolescent. Masson, 1936. — Pichon E. et Laforgue R. La névrose et le rêve : la notion de schizonoïa, ds Le rêve et la psychanalyse, Maloine, 1926. — Pfister O. Die Behandlung schwererziehbarer und abnormer Kinder, ds Schriften zur Seelen kunde und Erziehungskunst, Berne-Leipzig, 1921.— Id. Die Liebe des Kindes und ihre Fehlentweicklungen, Ibidem, 1922.

雅克·拉康《关于儿童精神病的总结陈词》
巴黎 1967 年 10 月 22 日
（文件：莫德·曼诺尼）

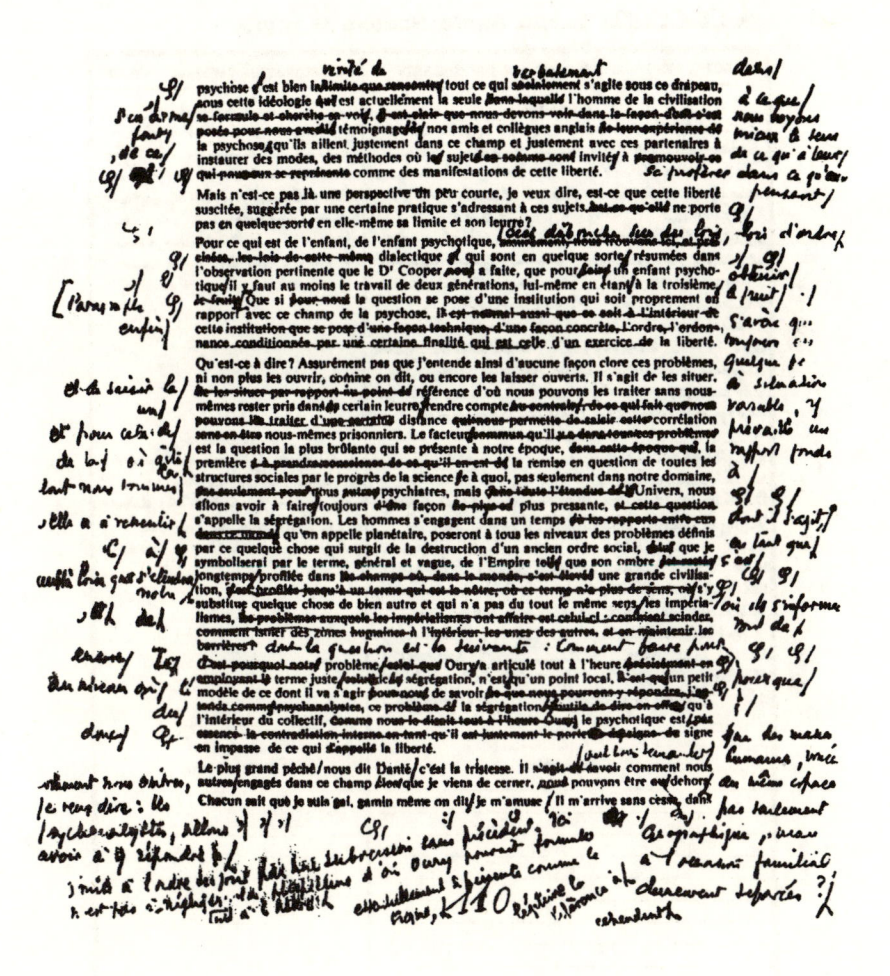

雅克·拉康的学派公报
雅克·拉康 年度报告 1916—1917

GÉNÉALOGIE
家谱

人物关系图

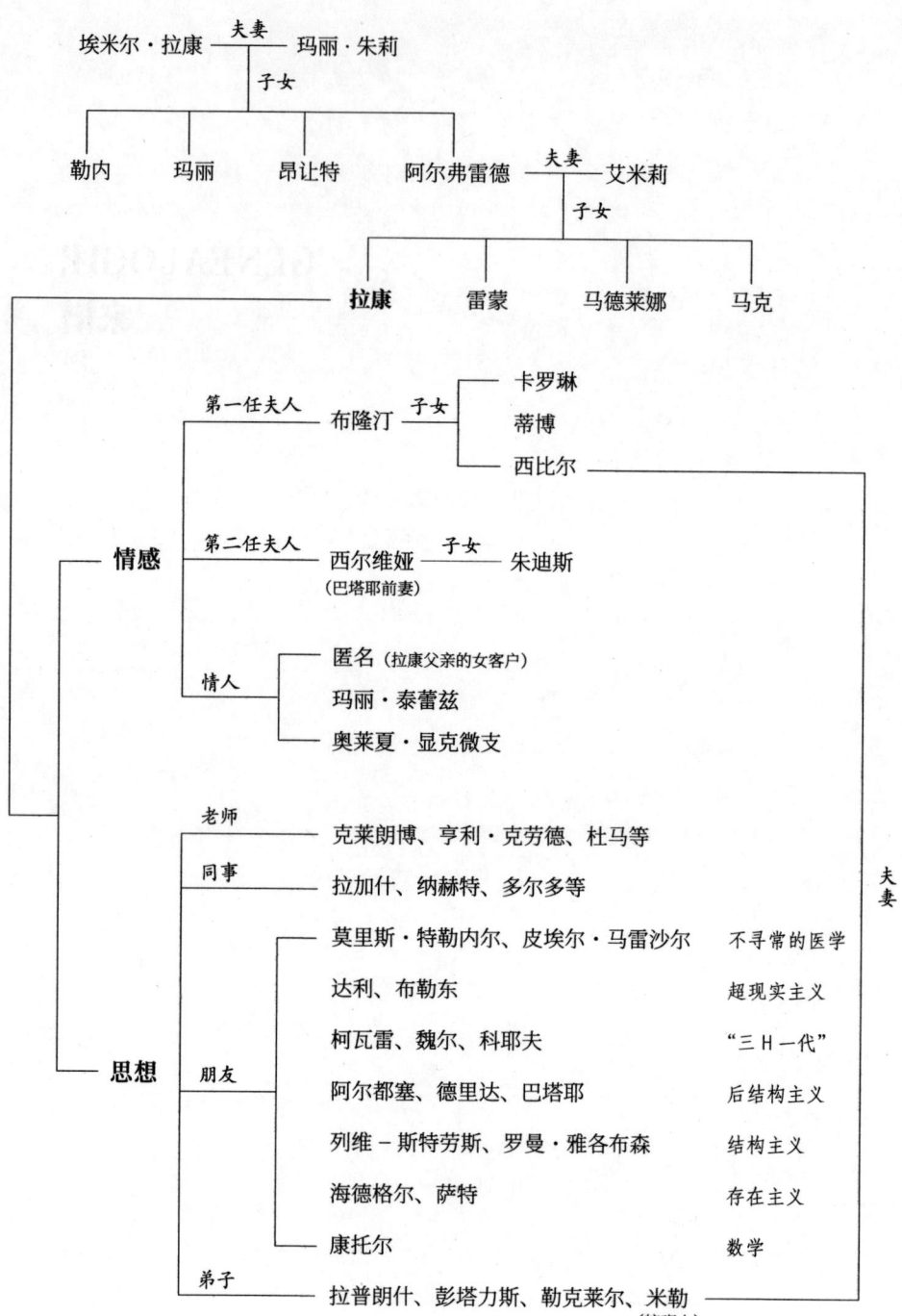

(此表为方便阅读而由编者制作)

```
                埃米尔·拉康 ——夫妻—— 玛丽·朱莉
                              │
                             子女
          ┌────────┬────────┼────────┬────────┐
         勒内     玛丽    昂让特   阿尔弗雷德 ——夫妻—— 艾米莉
                                              │
                                             子女
                                  ┌────────┬────────┬────────┐
                                 拉康      雷蒙   马德莱娜    马克
```

情感
- 第一任夫人 —— 布隆汀 —— 子女:
  - 卡罗琳
  - 蒂博
  - 西比尔
- 第二任夫人 —— 西尔维娅(巴塔耶前妻) —— 子女 —— 朱迪斯
- 情人:
  - 匿名(拉康父亲的女客户)
  - 玛丽·泰蕾兹
  - 奥莱夏·显克微支

思想
- 老师: 克莱朗博、亨利·克劳德、杜马等
- 同事: 拉加什、纳赫特、多尔多等
- 朋友:
  - 莫里斯·特勒内尔、皮埃尔·马雷沙尔 —— 不寻常的医学
  - 达利、布勒东 —— 超现实主义
  - 柯瓦雷、魏尔、科耶夫 —— "三H一代"
  - 阿尔都塞、德里达、巴塔耶 —— 后结构主义
  - 列维-斯特劳斯、罗曼·雅各布森 —— 结构主义
  - 海德格尔、萨特 —— 存在主义
  - 康托尔 —— 数学
- 弟子: 拉普朗什、彭塔力斯、勒克莱尔、米勒(接班人)

(西比尔 —— 夫妻 —— 朱迪斯)

雅克·拉康和他的家庭

雅克－玛丽·埃米尔·拉康（Jacques-Marie, Émile Lacan），1901年4月13日出生于巴黎第三区，1981年9月9日在巴黎第六区去世，葬于盖坦考特。

在精神病院实习。

1934年1月29日在巴黎第十七区和玛丽－路易丝·布隆汀结婚。玛丽－路易丝·布隆汀1906年11月16日出生于巴黎第十七区，1983年9月23日在巴黎第九区去世。她是医生保罗－玛丽·布隆汀（Paul-Marie Blondin）和卡罗琳·贝尔特·鲁索（Caroline Berthe Rousseau）的女儿。她的哥哥西尔维安·布隆汀1901年7月25日出生于巴黎第十七区，1975年1月8日在塞纳河畔讷伊去世。1928年6月25日他和德尼·德库德曼奇（Denise Decourdemanche）结婚，1946年7月3日离婚；1949年7月16日和马德莱娜·西蒙（Madeleine Simon）结婚。

1941年12月15日，拉康和布隆汀的婚姻关系在法律意义上正式结束。他们有三个孩子：卡罗琳·玛丽·伊马热（Caroline Marie Image），1937年8月27日出生，1973年5月30日在安提比斯去世。1958年6月26日她在巴黎第十七区和布鲁诺·罗杰结婚，后者是马克斯·罗杰（Max Roger）和马德莱娜·西蒙的儿子。

蒂博·拉康，1939年8月27日出生。和玛丽－克劳德·博卢德（Marie-Claude Béroud）结婚（这是他的第二次婚姻）。

西比尔，1940年11月26日出生。

1953年7月17日，拉康在勒托洛内和西尔维亚·马克莱斯（Sylvia Maklès）结婚。西尔维亚出生于1908年11月1日，1993年12月12日在巴黎去世。她是亨利·马克莱斯（Henri Maklès）和娜塔莉·科翰（Nathalie Chohen）的女儿，乔治·巴塔耶的前妻（两人于1946年7月6日离婚）。乔治·巴塔耶1897年9月10日出生于比昂，1962年7月8日在巴黎第六区去世，葬于维泽莱。两个孩子：劳伦斯，西尔维亚和巴塔耶的孩子，出生于1930年6月10日，1986年5月8日在巴黎第十四区去世；朱迪斯，西尔维亚和拉康的孩

附录

子，出生于 1941 年 7 月，在 1964 年被正式承认。1966 年和雅克－阿兰·米勒结婚，后者于 1944 年 2 月 14 日出生于沙托鲁。

弟弟、弟妹

马德莱娜－玛丽·埃马纽埃尔（Magdeleine-Marie Emmanuelle），1903 年 12 月 25 日出生于巴黎第三区。1925 年 1 月 20 日在巴黎第六区和雅克·乌隆（Jacques Houlon）结婚。

马克－玛丽（后称马克－弗朗索瓦），1908 年 12 月 25 日出生于巴黎第三区。

父母

阿尔弗雷德·夏尔·马里·保罗·拉康（Alfred Charles Marie Paul Lacan），1873 年 4 月 12 日出生于奥尔良；他是一名推销员。1900 年他住在巴黎第三区博马舍大道 95 号，1934 年搬到布洛涅－比扬古的甘贝塔路 33 号。

艾米莉·菲利皮内·玛丽·博德里（Emilie Philippine Marie Baudiy），1876 年 8 月 20 日出生于巴黎第三区，1948 年 11 月 21 日在布洛涅－比扬古去世。她是夏尔·博德里（Charles Baudry，出生于 1837 年）和玛丽－阿内·法维耶（Marie-Anne Favier，出生于 1848 年）的女儿。

拉康的父母于 1900 年 6 月 23 日在巴黎第三区结婚。

祖父母辈

1915 年在巴黎去世。他在当时是一名商人，住在巴黎塞瓦斯托波尔大道 74 号。

玛丽·朱莉·莱奥尼德·德索（Marie Julie Léonide Dessaux）1844 年 9 月 15 日出生于

奥尔良。到了结婚年龄时，她和父母住在奥尔良非洲路 2 号。

婚礼见证人：皮埃尔·欧仁·格雷菲耶（Pierre Eugène Greffier），舅舅，司法部民事科主任，荣誉军团军官，46 岁，住在巴黎；西尔维安·朱尔·德索（Sylvain, Jules Dessaux），叔叔，职员，46 岁，住在奥尔良。

夏尔·亨利·博得里，1837 年出生于巴黎，住在圣德尼大道。1908 年他退休后住在巴黎第三区的博马舍大道 88 号。他是一名金箔匠。参见 Larousse du XIXe siècle, t. 2, Paris, 1867, p. 377.

玛丽-阿内·法维耶，出生于 1848 年。她是约瑟夫·法维耶（出生于 1843 年）的妹妹。除了艾米莉，她和博得里还有一个女儿叫玛丽，后来嫁给了马塞尔·朗格莱。他们的孩子是罗杰、安东尼、安妮-玛丽和让。

父亲一方的曾祖父母辈

亨利·路易·玛丽·拉康（Henri Louis Marie Lacan），1812 年 9 月 14 日出生于沙托-蒂埃里，1896 年 4 月 15 日在当地去世。他是一名杂货商人。

莱堤西亚·克莱门斯·艾梅·吉尔伯特（Laetitia Clémence Aimée Gilbert），1815 年 1 月 3 日出生。1835 年 10 月 7 日在奥尔良和亨利·拉康结婚。在沙托-蒂埃里去世。

夏尔-劳伦特·德索（Charles-Laurent Dessaux），1814 年 9 月 20 日出生于奥尔良，1894 年 1 月 5 日在当地去世，葬在当地公墓里的德索家族教堂。他是奥尔良地区的制醋商。工厂最开始位于托里斯-马里路，后来搬到图尔-纽威路的两间房子和非洲路的一栋建筑里。

玛丽-泰蕾兹·艾梅·格雷菲耶（Marie-Thérèse, Aimée Greffier），1814 年 6 月 8 日出生于奥尔良，1886 年 11 月 17 日在当地去世，葬在当地公墓里的德索家族教堂。她是商人皮埃尔·格雷菲耶和玛丽-卡特琳·万达尔的女儿，她是皮埃尔·欧仁·格雷菲耶的姐姐，后者 1819 年在当地出生，1895 年在巴黎去世。皮埃尔·欧仁·格雷菲耶先是奥尔良地区的

附录

一名律师，后来成为当地法官、国家议会高级成员和上诉法庭成员。1894 年以上诉法庭名誉主席身份退休，同时是荣誉军团军官。出版了几本关于法律的书籍。

母亲一方的曾祖父母辈

不详。

父亲一方的曾曾祖父母辈

安东尼－亨利·拉康（Antoine-Henry Lacan），1787 年 7 月 8 日出生于 La Fère-en-Tardenois，1872 年在沙托－蒂埃里的家中去世。他是劳伦特·拉康（Laurent Lacan）和泰蕾兹·皮罗特（Thérèse Pierrot）之子。他是当地的杂货商。

路易·艾德梅·巴切莱特（Louise, Edmée Bachelet），1788 年 1 月 22 日出生于沙托－蒂埃里；1872 年 11 月 10 日在当地去世。她是艾德梅·弗朗索瓦·尼古拉斯·巴切莱特（Edme Nicolas François Bachelet）和玛丽－玛格丽特·欧赞（Marie-Marguerite Ozanne）之女。

里昂·吉尔伯特（Léon Gilbert）
克莱门蒂娜·莎拉辛（Clémentine Sarazin）

夏尔·普罗斯珀·亚历山大·德索（Charles Prosper Alexandre Dessaux），1790 年左右出生于奥尔良，1861 年 2 月 13 日在当地去世，葬在奥尔良地区的公墓。他是布料商纪尧姆·菲利普·德索（Guillaume Philippe Dessaux）和玛丽－弗朗索瓦·格莱沃的儿子（Marie-Françoise Griveau）。他起初在格雷菲耶－哈松公司上班，1824 年建立了自己的制醋厂，1826 年和格雷菲耶－万达建立合作关系。

宝琳娜·尤拉莉亚·维拉德（Pauline Eulalie Virard）
皮埃尔·格雷菲耶（Pierre Greffier），当地商人。
玛丽－卡特琳·万达（Marie-Catherine Vandais）

INDEX DES NOMS PROPRES
名词索引

附录

A

Abraham (Karl):105, 119, 152–153, 163, 452.
Achard (Pierre) : 473.
Adler (Alfred): 163, 225, 376.
Adorno (Theodor): 407–408.
Aichhorn (August) : 350.
« Aimée », *cf.* Anzieu (Marguerite).
Ajuriaguerra (Julian de) : 391.
Alajouanine (Théophile) : 37.
Albert (prince) : 478.
Alexander (Franz) : 105, 263, 396.
Allendy (René): 37, 90, 115, 122, 169, 208, 234.
Allouch (Jean): 79, 256, 418, 567.
Alquié (Ferdinand) : 247.
Althusser (Charles) : 390, 497.
Althusser (Louis 1): 390, 393.
Althusser (Louis 2): 323, 352, 387–401, 412, 420, 427, 434, 440, 445, 456, 498, 517, 532, 560.
Althusser (Lucienne, née Berger) : 390–391.
Andersen (Hans Christian) : 172.
Andler (Charles) : 183.
« Anna O. » (Bertha Pappenheim, dite) : 102, 256, 273.
Ansermet (François) : 543.
Anzieu (Annie, née Péghaire) : 255.
Anzieu (Christine) : 256.
Anzieu (Didier) : 63–64, 66, 70, 79, 255–256, 341, 428, 430.

Anzieu (Marguerite, née Pantaine), dite « Aimée » : 57–70, 71, 74–76, 79, 88, 91, 93–94, 96–98, 101–102, 108, 158, 214, 254–257, 377, 430–431, 485.
Anzieu (René) : 62–64, 70.
Appuhn (Charles) : 83–84.
Aragon (Louis) : 90–91, 170–171, 178, 221, 360, 362, 445.
Arendt (Hannah) : 408.
Aristophane : 139–140.
Aristote : 366, 406.
Arnoux (Danièle) : 567.
Aron (Raymond) : 187.
Artaud (Antonin) : 169, 390–391, 446.
Asclépiade : 77.
Aubert (Jacques) : 479.
Aubier (Jean) : 226.
Aubry (Jenny Roudinesco, née Weiss, puis Jenny) : 218, 269, 318, 324, 362, 383, 412, 437, 515–516, 522.
Audard (Jean) : 126.
Audouard (Xavier) : 404.
Auffret (Dominique) : 148.
Augustin (saint) : 366, 418.
« Augustine» : 41.
Aulagnier (Piera) : 383, 404, 413, 415, 442.
Aumont (Houda) : 505.
Axelos (Kostas) : 299–300.

B

Babinski (Joseph) : 40-41, 47.
Bachelard (Gaston) : 393.
Badiou (Alain): 559.
Balibar (Étienne): 396, 398, 560.
Balint (Michael) : 259, 273, 330.
Ballard (Jean) : 218, 389.
Bally (Charles) : 361.
Balthus (Balthasar Klossowski de Rola, dit) : 191-192, 218, 221, 253, 460, 491.
Balzac (Honoré de) : 465.
Baquet (Maurice) : 175.
Bardèche (Maurice) : 293.
Bargues (Michèle) : 438.
Bargues (René) : 405.
Baron (Jacques) : 91.
Barrault (Jean-Louis) : 226.
Bartemeier (Léo) : 264.
Barthes (Roland) : 352, 396, 419, 421-422, 444, 458, 467, 498, 546, 559.
Baruzi (Jean) : 30-31, 127, 135.
Bastide (François-Régis) : 419.
Bataille (Aristide) : 173.
Bataille (Diane, née Kotchoubey) : 221, 250.
Bataille (Georges) : 91, 126, 135-140, 142, 144, 165, 169-170, 172-178, 180- 182, 184-188, 190-191, 202, 212, 218-221, 223-227, 231, 234, 250, 253, 278, 289, 298, 344, 348, 366, 372, 386, 427, 450, 459, 477-478.

Bataille (Judith), *cf.* Miller (Judith).
Bataille (Julie) : 250.
Bataille (Laurence) : 174, 176, 212, 219-221, 247, 249-250, 252-254, 366, 435, 508, 519, 541-542, 563, 565.
Bataille (Marie-Antoinette, née Tournadre) : 172.
Bataille (Sylvia, née Maklès), *cf.* Lacan (Sylvia).
Batcheff (Pierre) : 174.
Baudelaire (Charles) : 28, 347, 522.
Baudoin (Charles) : 208.
Baudry (Charles) : 24.
Baudry (Émilie), *cf.* Lacan (Émilie).
Baudry (Joseph) : 26.
Baudry (Marie), *cf.* Langlais (Marie).
Baudry (Marie-Anne, née Favier) : 24.
Baumgarten (Eduard) : 291.
Bazin (André) : 180.
Beaufret (Jean)) : 293-300, 303-306, 388.
Beaussart (abbé) : 28, 32.
Beauvoir (Simone de) : 222, 224-227, 280, 344, 472, 486.
Beckett (Samuel) : 464.
Beethoven (Ludwig van) : 183.
Beirnaert (Louis) : 405, 428.
Bellmer (Hans) : 219.
Benda (Julien) : 187, 232.
Benjamin (Walter) : 187, 218.
Benoit (Pierre) : 58, 65-69, 97.
Benoît (saint) : 32.

Benveniste (Émile): 299, 387, 398, 434, 469.

Berger (Juliette) : 390.

Berger (Lucienne), *cf.* Althusser (Lucienne).

Bergerot (Marie-Thérèse): 86-88, 109-110, 249.

Bergounioux (Gabriel) : 544-545.

Bergson (Henri) : 35, 56, 127, 200.

Berl (Emmanuel) : 428.

Bermann (Anne) : 350.

Bernhardt (Sarah) : 61-62, 66.

Bernheim (Hippolyte) : 368.

Bernheim-Alphandéry (Nicole) : 391.

Bernier (Georges) : 115, 125, 210, 214-215, 217, 219-220, 228-229, 367, 504.

Bernier (Jean) : 91, 94, 125, 135.

Bermin (Giovanni Lorenzo Bernini, ditle): 113, 170.

Berr (Henri) : 131.

Berry (Jules) : 179.

Bertherat (Yves) : 404.

Bertin (Célia) : 243.

Betti (Ugo) : 253.

Binswanger (Ludwig) : 73, 452.

Bion (Wilfred) : 233, 235-236, 409.

Bismarck (Otto, prince von) : 183, 374.

Blanchot (Maurice): 223.

Bleuler (Eugen): 38, 82-83, 376.

Bloch (Marc) : 131, 133.

Blondel (Charles) : 43, 193.

Blondin (famille) : 218, 221.

Blondin (Madeleine, née Simon), dite Ninette : 243-244.

Blondin (Marie-Louise), *cf.* Lacan (Marie-Louise).

Blondin (Sylvain): 110-111, 190, 192, 210, 212, 217, 221, 231, 243-244, 246-247, 252, 461.

Bloy (Léon): 89, 145-146, 198.

Blum (Léon) : 223.

Boehm (Félix) : 119-120.

Boehme (Jacob) : 127.

Bollack (Jean) : 301-302.

Bonald (Louis, vicomte de) : 197.

Bonaparte (Marie): 37, 41, 67, 102, 104, 116, 119, 121-123, 157, 160, 207-209, 264-265, 270, 278, 282, 315-316, 324-326, 336, 341, 350.

Bonin (Louis), dit Lou Tchimoukoff : 174.

Bonnafé (Lucien) : 273, 364.

Borch-Jacobsen (Mikkel) : 560.

Bordigoni (Daniel) : 213.

Borel (Adrien) : 37, 44, 169-170, 178, 207, 234.

Borromée (Charles) : 470, 487.

Borromée (famille) : 470.

Borromini (Francesco) : 425.

Bossuet (Jacques Bénigne) : 28.

Boss (Médard) : 306.

Boulanger (Françoise, née Girard) : 265-266.

Boulanger (Jean-Baptiste) : 265-266.

Bourguignon (André) : 567.

Bouvet (Maurice) : 330.

Braque (Georges) : 111, 226, 360.

Brasillach (Robert) : 293.

Brassaï (Gyula Halász, dit) : 226.

Braudel (Fenand) : 395.

Braunberger (Pierre) : 179-180.

Brauner (Victor) : 219.

Brecht (Bertolt) : 175, 467.

Bréhier (Émile) : 127.

Breton (André) : 31, 36, 50, 55, 85, 90-91, 115, 134-135, 171, 174, 178, 181, 183, 185-186, 219, 221.

Breton (Simone, née Kahn) : 171, 178, 220.

Breuer (Joseph) : 39, 256, 273.

Brière (Mᵉ Germaine) : 95.

Brik (Lili, née Kagan) : 359, 362.

Brik (Ossip) : 359-360, 362.

Broca (Paul) : 278.

Brock (Werner) : 291.

Brome (Vincent) : 349.

Brosse (Jacques) : 428.

Brunius (J.-B.) : 174.

Brunschvicg (Léon) : 127.

Bullitt (William) : 119, 121.

Buñuel (Luis) : 351.

Busseères (Raymond) : 174.

Bussy (Dorothy) : 216.

Butor (Michel) : 419.

C

Cagliostro (Joseph Balsamo, dit) : 23, 500.

Cahen (Roland) : 348.

Caillois (Roger) : 139, 182, 186, 278.

Calligaris (Contardo) : 542.

Calvet (abbé Jean) : 28.

Calvino (Italo) : 419.

Campan (Zanie) : 226-227.

Camus (Albert) : 222, 225-226, 280.

Canguilhem (Georges) : 130, 225, 240, 365, 385-386, 393, 560.

Cantor (Georg) : 465-466.

Capgras (Joseph) : 46, 72, 377.

Carné (Marcel) : 175, 180.

Carpeaux (Louis) : 169.

Caruso (Igor, comte) : 350.

Castañeda : 472.

Castelli (Enrico) : 395.

Castoriadis (Cornélius) : 404, 498-499.

Cavaillès (Jean) : 130, 224-225, 240-241.

Céline (Louis-Ferdinand Destouches, dit Louis-Ferdinand) : 344.

Celli (Rose) : 193-195.

Certeau (Michel de) : 404.

Champolion (Jean-François) : 346.

Chanès (docteur) : 254.

Chaplin (Charlie) : 172, 174.

Chapsal (Madeleine) : 170, 343-345, 350, 366, 368, 503.

Chaptal (Jean Antoine) : 20.

Char (René) : 219.

Charcot (Jean Martin) : 11, 35, 40–41, 44, 256.

Charles-Roux (Edmonde) : 216, 367.

Chaslin (Philippe) : 82.

Châtelet (François) : 428.

Chaumont (Marcelle) : 344.

Chazaud (Jacques) : 254.

Cheng (François) : 455–456.

Cherki (Claude) : 546–549.

Chklovski (Viktor) : 360.

Choay (Françoise) : 218.

Chohen (Nathalie), cf. Maklès (Nathalie).

Choisy (Maryse) : 275.

Chomsky (Noam) : 488–489.

Clair (René) : 179.

Claude (Henri) : 43–45, 48, 77, 87, 112–113, 196, 237, 425.

Claudel (Paul) : 31, 368.

Clavreul (Jean) : 383, 403–404, 415, 471, 475, 521, 564.

Clément (Catherine) : 428, 430, 484–485, 547.

Clérambault (Gaëtan Gatian de) : 43–46, 48–50, 59, 72, 77, 146, 196, 237, 344, 377, 425, 431, 487.

Codet (Henri) : 37, 41, 44, 203, 207.

Codet (Odette) : 210.

Cohn-Bendit (Daniel) : 438.

Colette (Sidonie Gabrielle Colette, dite) : 66–67.

Colomb (Christophe) : 346.

Colombe : 38.

Comenius (Jan Amos) : 135.

Comte (Auguste) : 197, 288.

Confucius : 458.

Conté (Claude) : 405.

Copernic (Nicolas) : 355.

Corbin (Henry) : 30, 126–127, 135–136, 138–139, 142, 323, 560.

Cordobès (Jésus et Alicia) : 460.

Cossé-Brissac (Marie-Pierre de) : 441.

Cottet (Serge) : 563.

Courbet (Gustave) : 248–249.

Courme (Brigitte) : 491, 494.

Courtenay (Baudouin de) : 359.

Courtois (Adolphe) : 39.

Cousin (Victor) : 134.

Crevel (René) : 90–91, 94, 169, 187.

Cues (Nicolas de) : 135.

Cuny (Alain) : 253.

Czermak (Marcel) : 520.

D

Daix (Pierre) : 445.

Daladier (Edouard) : 187.

Dalbiez (Roland) : 396.

Dalbus (Femand) : 28.

Dali (Gala) : 487.

Dali (Salvador) : 55-56, 85, 90-91, 94, 187, 487-488.

Damourette (Jacques) : 370.

Darwin (Charles) : 355.

Dasté (Jean) : 175.

Daudet (Léon) : 66.

Daudet (Philippe) : 66.

Daumézon (Georges) : 520.

Dausse (docteur) : 169.

Dautry (Jean) : 186.

Davezies (Robert) : 253.

Debray (Régis) : 435.

Decour (Daniel Decourdemanche, dit Jacques) : 221-222, 225.

Decourdemanche (Denise) : 243.

Defferre (Gaston) : 215, 367, 494.

Delacroix (Henri) : 50-51, 275, 363.

Delay (Jean) : 216, 262, 281.

Deleuze (Gilles) : 299, 387, 445, 452, 474, 485, 497-498.

Demmler (Pierre) : 309-310.

Demmler (Suzanne), *cf.* Marette (Suzanne).

Derain (André) : 460.

Derrida (Jacques) : 304, 323, 387, 417, 445, 459, 474, 484, 544, 559-560.

Desanti (Dominique) : 224.

Desanti (Jean-Toussaint) : 224, 474.

Descartes (René) : 28, 129, 141, 148, 198, 237, 264, 355, 386, 396.

Desnos (Robert) : 50.

Dessaux (Charles) : 22.

Dessaux (Charles-Laurent) : 20.

Dessaux (Charles-Prosper) : 19-21.

Dessaux (famille) : 20.

Dessaux (Jules) : 20.

Dessaux (Ludovic) : 21-23.

Dessaux (Marcel) : 22.

Dessaux (Marie-Thérèse Aimée, née Greffier-Vandais) : 20.

Dessaux (Marie Julie), *cf.* Lacan (Marie Julie).

Dessaux (Paul 1) : 20-21.

Dessaux (Paul 2) : 22.

Diaghilev (Serge de) : 216.

Diamantis (Irène) : 437-438.

Diatkine (René) : 265-266, 340, 401.

Diderot (Denis) : 460, 467.

Dolto (Boris) : 318.

Dolto (Françoise, née Marette) : 159, 207, 210, 269, 307-321, 323-325, 335-336, 339-341, 396, 412, 422, 513, 546, 549, 568.

Dolto-Tolitch (Catherine) : 546.

Domachy : 19.

Donato (Eugenio) : 417.

Don Juan : 182, 185.

Donnadieu (Jeanne), *cf.* Pantaine (Jeanne).

« Dora » : 286.

Dorgeuille (Claude) : 520.

Doriot (Jacques) : 219.

Dostoïevski (Fiodor Mikhaïlovitch) :

142, 290.

Double De Saint-Lambert (baron) : 216.

Doubrovsky (Serge) : 487.

Doumer (Paul) : 49.

Dreyfus (Alfred) : 347, 370–371.

Dreyfus (Jean-Pierre), cf. Le Chanois (Jean-Paul).

Dreyfus (Dina) : 305.

Drieu la Rochelle (Olesia, née Sienkiewicz), cf. Sienkiewicz (Olesia).

Drieu la Rochelle (Pierre) : 86, 88, 91, 111, 114, 187.

Du Camp (Maxime) : 248.

Duclaux (Henri) : 112.

Duflos (Hermance Hert, dite Huguette) : 57–58, 61, 65, 67, 430.

Duhamel (Marcel) : 174.

Dullin (Charles) : 171, 224.

Dumas (Georges) : 43–44, 46, 91, 115, 169, 193.

Dumas (Me Roland) : 253, 366–367, 474–475, 494.

Dumas fils (Alexandre) : 86.

Dumézil (Georges) : 139, 387, 405, 434.

Dupré (Ernest) : 44, 72.

Duquenne (Paul) : 405.

Durkheim (Émile) : 131, 137, 185, 276.

Duroux (Yves) : 427.

E

Eco (Umberto) : 419, 421–422.

Eichmann (Adolf) : 408.

Eikhenbaum (Boris) : 360.

Einstein (Albert) : 132, 207.

Einstein (Carl) : 174.

Eisenstein (Sergheï Mikhaïlovitch) : 467.

Eitinqon (Max) : 163.

Eliacheff (Caroline) : 503.

Eliot (T.S.) : 215.

Elisabeth d'Angleterre : 478.

Ellenberger (Henri Frédéric) : 38, 48, 349.

Éluard (Paul) : 50, 85, 95.

Eribon (Didier) : 433, 452.

Esquirol (Jean Étienne Dominique) : 77.

Esterhazy (Marie Charles Ferdinand Walsin) : 370.

Ey (Henri) : 38, 44, 72, 89, 110, 139, 147, 202, 209, 236, 262–263, 318, 330, 348, 386, 395–396.

F

Faguet (Émile) : 28.

Faladé (Solange) : 339, 383, 517–518, 531.

Favez (Georges) : 255, 338, 341.

Favez-Boutonier (Juliette) : 263, 269, 323–324, 338, 340–341.

Favier (Marie-Anne), cf. Baudry (Marie-Anne).

Faye (Jean-Pierre) : 479.

Febvre (Lucien) : 131-133, 193-196, 198, 203-204.

Febvre (Mme) : 193.

Felman (Shoshana) : 485.

Fenichel (Otto) : 56.

Ferenczi (Sándor) : 153, 163, 233, 314, 330, 332, 349, 376, 461, 568.

Fernandez (Ramón) : 71.

Feyder (Jacques) : 175, 180.

Flacelière (Robert) : 395, 444-445.

Flamand (Bruno) : 429.

Flamand (Paul) : 422, 429, 439, 461, 467, 532, 535, 538, 546, 549.

Flaubert (Gustave) : 97.

Flechsig (Paul) : 374-375.

Fliess (Wilhelm) : 102, 256, 376, 379.

Flournoy (Henri) : 264.

Flournoy (Théodore) : 363.

Follin (Sven) : 254.

Forel (Auguste) : 38.

Forrester (John) : 545.

Forster (Elisabeth) : 183-184.

Foucault (Michel): 304, 352, 385-388, 396, 407, 433-435, 442-444, 446, 451, 497-498, 559-560.

Fouque (Antoinette) : 445, 472, 506.

Fraenkel (Bianca, née Maklès), dite Lucienne Morand : 170-171, 177.

Fraenkel (Théodore): 170-172, 176.

Fraisse (Paul) : 365.

François (Samson) : 216.

François d'Assise (saint) : 32.

Frazer (George) : 276.

Frege (Gottlob) : 427.

Freud (Anna) : 120-121, 151-152, 155, 158-159, 161, 234, 250, 259-264, 315-316, 324, 326-327, 336, 557.

Freud (Dolfi, Mitzi, Paula et Rosa) : 121.

Freud (Sigmund) : 11, 31, 35-36, 39-41, 44-46, 56, 72, 75, 82-84, 88-91, 93, 102, 105-106, 119-123, 135, 148-149, 151-153, 155, 157-158, 160-164, 181-182, 185, 187, 198, 200-201, 204, 207, 225, 228, 231, 234-237, 239, 250, 256, 259-261, 270, 274-277, 282-287, 289, 298, 302, 304, 312, 315-316, 324, 330, 333, 335, 345-351, 355, 357-358, 368-373, 375-379, 384, 387-388, 392, 394-398, 403, 405, 407, 409-412, 423, 426, 434, 436, 438, 442-443, 452, 471-472, 477-478, 483, 490, 513, 525, 554, 561-562, 566-568.

Friedmann (Georges) : 133, 293.

G

Gadda (Carlo Emilio) : 419.

Gagarine (Youri) : 364-365.

Galien (Claude) : 77.

附录

Galilée(Galileo Galilei, dit) : 128, 355, 442.

Galles (prince de) : 46, 59, 67–70, 75.

Gandillac (Maurice de) : 293, 299, 305, 395–396.

Garbo(Greta) : 111.

Garnier (Thierry) : 566.

Gaston, chauffeur : 26.

Gaulle (Charles de) : 28.

Gault (Jean-Louis) : 521.

Gaultier (Jules de) : 47, 183.

Gay (Peter) : 349.

Gazier (Augustin) : 31.

Gazier (Cécile) : 24, 31.

Geahchan (Dominique) : 497.

Gebhardt (Carl) : 83.

Geismar (Alain) : 440.

Genette (Gérard) : 422.

Genil-Perrin : 47.

Georgin (Robert) : 362.

Gerlier (Mgr) : 419.

Giacometti (Alberto) : 222, 460.

Gide (André) : 31, 183.

Gillespie (William) : 158.

Gilson (Étienne) : 30, 127.

Girard (Françoise), *cf.* Boulanger (Françoise).

Girard (René) : 417.

Giroud (Françoise) : 366, 438–439, 445, 503.

Glover (Edward) : 152, 157–159, 259, 261, 325, 377.

Glover (James) : 152.

Gödel (Kurt) : 426.

Godin (Jean-Guy) : 502.

Godon (Louise), *cf.* Leiris (Louise).

Godon (Lucie) : 178.

Goethe (Johann Wolfgang von) : 183, 284–285.

Gogol (Nikolaï Vassilievitch) : 142.

Goldman (Pierre) : 446–447.

Goldmann (Lucien) : 299, 444.

Goncourt (Edmond et Jules Huot de) : 248.

Gonon (Françoise) : 473.

Gonzalès (Gloria Yérodia, née Gloria) : 248, 423, 448, 460, 493, 495, 502, 504–505, 519–521, 524.

Göring (Matthias Heinrich) : 119–120, 122, 209, 340.

Gorog (Jean-Jacques) : 461.

Goullin (Francis) : 31.

Goya y Lucientes (Francisco de) : 109.

Granoff (Wladimir) : 265, 327–328, 336–338, 341, 472, 531.

Gratiot-Alphandéry (Hélène) : 364–365.

Green (André) : 396.

Green (Julien) : 28, 215.

Greenacre (Phyllis) : 324.

Greffier-Vandais (Marie-Thérèse Aimée), *cf.* Dessaux (Marie-Thérèse Aimée).

Grégoire (abbé) : 105.
Guaraldi (Antonella) : 445.
Guattari (Félix): 404, 485, 497–498.
Guerlain (Madeleine) : 245.
Guex (Germaine) : 105.
Guilbaud (Georges Th.): 450, 469.
Guilbert (Yvette) : 123.
Guitton (Jean) : 389.
Guller (Youra) : 216.
Gusdorf (Georges) : 388.
Guynemer (Georges) : 28.
Guyomard (Patrick) : 555.

H

Hale (Nathan G.) : 349.
Halle (Morris) : 356.
Halmos (Claude): 316, 509.
Hannibal : 346–347.
« Hans (Herbert Graf, dit le petit) » : 151, 287, 315.
Hartmann (Heinz): 123, 208, 261, 324, 326, 336.
Hartmann (Nicolaï) : 136.
Haskil (Clara) : 216.
Head : 50.
Hegel (Friedrich Wilhelm): 93, 97, 126, 134–135, 137–139, 141–144, 147–149, 157, 162, 165,181, 222, 237, 366, 379.
Heidegger (Elfriede) : 299–300.

Heidegger (Martin) : 93, 97, 126, 130, 134–136, 138, 144, 147, 187, 291–306, 323, 386, 443.
Heimann (Paula) : 326, 329, 339.
Heine (Maurice) : 407.
Heinemann (Fritz) : 138.
Hellman (Ilse) : 327.
Héraclite: 296, 300–303, 456.
Hermann (Imre) : 461.
Herr (Lucien) : 134.
Hesnard (Angelo) : 37, 44, 207, 340–341, 350, 396, 407.
Hess (Rudolf) : 281.
Hessling (Catherine) : 172.
Hetzel (Jules) : 86.
Heuyer (Georges) : 39, 314–315.
Hilbert (David) : 126.
Hippocrate : 77.
Hitler (Adolf)) : 162, 183–184, 186–187, 224, 294.
Hitschmann (Eduard) : 158.
Hoffer (Willi) : 324.
Hofstein (Francis) : 510.
Hollier (Denis) : 187, 485, 490.
Horkheimer (Max) : 407.
Houlon (Jacques) : 33.
Houlon (Madeleine, née Lacan) : 25, 33, 247, 525.
Hug-Hellmuth (Hermine von) : 152.
Hugo (Victor) : 535.
Hunter (Richard) : 377.

附录

Hus (Jean) : 135.
Husserl (Edmund) : 56, 73, 93, 97, 126, 130, 134-136, 138, 141, 147, 291, 294.
Huston (John) : 434.
Huysmans (Joris-Karl) : 181.
Hyppolite (Jean) : 222, 299, 323, 335, 365, 370, 386.

I

Irigaray (Luce) : 404.
« Irma » : 478.
Israël (Lucien) : 405.

J

Jacob (André) : 428.
Jacob (Max) : 227.
Jacques de Compostelle (saint) : 109.
Jacques Ier d'Angleterre : 215.
Jacquot (Benoît) : 467.
Jakobson (Roman) : 304, 335, 352-353, 356-363, 378, 386, 398, 444, 483, 488.
Jambet (Christian) : 437, 560.
Janet (Pierre) : 35-36, 41, 43, 185, 193, 256, 262, 324, 369.
Jaspers (Karl) : 56, 73-74, 93, 141, 184, 291-292.
Jaulin (Bernard) : 473-474.

Jaulin (Robert) : 474.
Jeangirard (Claude) : 412.
Jeanne d'Arc : 49, 190.
Jeanson (Henri) : 57.
Jolas (Maria) : 479.
Jones (Ernest): 119-122, 151-152, 158-160, 163, 207, 209, 259, 264, 277, 325, 336, 349, 452, 477.
Jouve (Pierre Jean) : 36.
Jouvet (Louis) : 88.
Joyce (James) : 31, 478-483, 493.
Joyce (Lucia) : 481-482.
Julien (Philippe) : 473, 567.
Jung (Carl Gustav) : 38, 110, 163, 208, 225, 348-349, 372, 376, 379, 490.

K

Kagan (Eisa), cf. Triolet (Elsa).
Kagan (Lili), cf. Brik (Lili).
Kagan (Youri) : 358.
Kahn (famille) : 177.
Kahn (Jeanine), cf. Queneau (Jeanine).
Kahn (Simone), cf. Breton (Simone).
Kahnweiler (Daniel-Henry) : 178, 192.
Kahnweiler (famille) : 177.
Kaltenbeck (Franz) : 544.
Kamm (Bernard) : 120.
Kandinsky (Vassili) : 140.
Kant (Emmanuel) : 299, 406-409.

Karcevski (Serguei) : 359.

Keaton (Buster) : 174.

Khalil–Bey : 248.

Khlebnikov (Velimir) : 359, 362.

Kierkegaard (Søren Aabye) : 120, 182, 184–185.

Klein (Melanie) : 151–159, 164, 196, 200, 233, 259–266, 269, 315–316, 325–326, 329, 336, 396, 568.

Klossowski (Pierre) : 139, 182–184, 218, 407.

Klossowski de Rola (Balthasar), *cf.* Balthus.

Kochno (Boris) : 191, 216.

Kock (Paul de) : 23.

Kojève (Alexandre) : 94, 97–98, 108, 116, 126, 135, 137–149, 156–157, 162, 181, 185, 187, 195–196, 202, 222, 224, 227, 298, 323, 358, 425, 459.

Kojevnikov (Vladimir) : 140.

Kokh (Lucien) : 552.

Kosma (Joseph) : 175.

Kotchoubey (Diane), *cf.* Bataille (Diane).

Koyré (Alexandre) : 30, 94, 97, 116, 126–133, 135–139, 142–143, 148, 185, 187, 195, 222, 227, 280, 293, 299, 323, 355, 358, 361, 365, 386, 426.

Kraepelin (Emil) : 46, 50, 119, 391.

Krafft–Ebing (Richard von) : 135, 173.

Kris (Ernst) : 159, 261, 324, 331–332.

Kristeva (Julia) : 445, 458.

Kruk (Maurice) : 460.

Kurt (Franz) : 121.

L

Labin (Juliette) : 494, 497.

La Boétie (Étienne de) : 234.

Lacan (Ariane) : 462.

Lacan (*Caroline*-Image), *cf.* Roger (Caroline).

Lacan (Charles Marie *Alfred*) : 23–26, 29, 31–33, 245–247, 251–252, 254–255, 312, 367, 373–374, 479, 514.

Lacan (Émile) : 22–26, 367, 373, 479.

Lacan (*Émilie* Philippine Marie, née-Baudry) : 24–26, 31–33, 246–247, 254, 312, 367.

Lacan (Eugénie) : 23, 25.

Lacan (Iris) : 462.

Lacan (Judith), *cf.* Miller (Judith).

Lacan (*Madeleine* Marie Emmanuelle), *cf.* Houlon (Madeleine).

Lacan (Marc-Marie ou Marc-François) : 25–26, 32, 190, 245–247, 252, 274, 373, 461–462, 525–526.

Lacan (Marie) : 23, 25.

Lacan (Marie Julie, née Dessaux) : 22–23, 25, 367.

Lacan (Marie-Louise, née Blondin), dite Malou : 110–113, 162, 189–191, 210–

附录

212, 217–218, 220, 222, 243–247, 249–251, 318, 367, 461–462, 514, 526.

Lacan (Pierre) : 460.

Lacan (Raymond) : 24.

Lacan (René) : 23.

Lacan (Sibylle) : 217, 222, 243–245, 251–252, 365, 461, 525–526.

Lacan (Sylvia Bataille, née Maklès, puis Sylvia) : 170–172, 174–180, 188, 190–192, 210, 212–213, 217, 219–221, 226–228, 243–249, 251–252, 273–274, 281, 297, 300, 344, 362, 365, 367, 389, 400, 418, 423, 430, 435, 484, 492–493, 505, 515–516, 524, 526.

Lacan (Thibaut) : 190, 210– 211, 243–245, 247, 251–252, 460–462, 524–526.

Lacoue-Labarthe (Philippe) : 559.

Lacouture (Jean) : 366.

La Fontaine (Jean de) : 28.

Laforgue (René) : 37, 41, 44, 102, 104, 196, 203, 209, 217, 311, 313–315, 325, 340–341, 369–371.

Lagache (Daniel):116, 122, 160, 193, 207, 209, 265–266, 269–270, 273–274, 318–319, 323–324, 338–339, 341, 348, 353, 372, 385, 419.

Laignel-Lavastine : 262.

Lalande (André) : 466.

Lamartine (Alphonse de) : 32.

Lamennais (Félicité Robert de) : 27.

Lampedusa (Giuseppe Tomasi) : 419.

Lampl de Groot (Jeanne) : 324, 326, 336.

Lancelin (Geneviève) : 94–96.

Lancelin (Mme) : 94, 96.

Langlais (Anne-Marie) : 26.

Langlais (Jean) : 26.

Langlais (Marcel) : 26.

Langlais (Marie, née Baudry) : 26.

Langlais (Robert) : 26.

Langlais (Roger) : 26.

Lanson (Gustave) : 28.

Lanzer (Emst) : 286.

Lanzer (Heinrich) : 286.

Lanzer (Rosa) : 286.

Lao-Tseu : 455–456.

Lapeyre (Michel) : 539.

Laplanche (Jean) : 337, 341, 367, 567.

Lapouge (Gilles) : 434.

Lardreau (Guy) : 437.

La Rochefoucauld (François, duc de) : 535.

Latour (Marcelle) : 493.

Laure (dom) : 113, 246.

Lautréamont (Isidore Ducasse, dit le comte de) : 347.

Lavie (Jean-Claude) : 341.

Lavisse (Ernest) : 131.

Lavoisier (Antoine Laurent de) : 20.

Lazareff (Pierre) : 345.

Lebel (Jean-Jacques) : 445.

Le Bon (Gustave) : 235.

Lebouc (Madeleine) : 256.

Lebovici (Serge) : 340, 419.

Le Bras (Hervé) : 400.

Le Chanois (Jean-Pierre Dreyfus, dit Jean-Paul) : 174.

Leclaire (Serge) : 265, 275, 327–328, 337–339, 383, 405, 413, 420, 436, 438–439, 445, 464, 467, 494, 518, 546, 552, 554–555, 568.

Lefebvre (Marie-Félicité) : 67, 95.

Lefort (Rosine) : 405, 563.

Le Gaufey (Guy) : 567.

Legendre (Pierre) : 523, 535.

Léger (Christian) : 471, 473, 494–495.

Léger (Femand) : 111.

Leguil (François) : 73, 554, 561.

Leiris (Louise, née Godon), dite Zette : 177–178, 223–224, 280–281, 526.

Leiris (Michel) : 91, 169, 174, 177–178, 182, 186, 222–227, 278, 280–281, 526.

Lemérer (Brigitte) : 565.

Léonard de Vinci : 376.

Léontiev (Alexis) : 364–365.

Leprince-Ringuet (Louis) : 28.

Lesèvre (Georges) : 388.

Leuba (John) : 209, 264.

Levinas (Emmanuel) : 139.

Levi-Strauss (Claude) : 43, 204, 251, 275, 278–283, 285, 287–288, 304–305, 323, 335, 361–363, 366, 372, 386–387, 395–396, 400, 433–434, 445, 465, 469, 559.

Lévi-Strauss (Monique, née Roman) : 281.

Lévy (Benny), dit Pierre Victor : 436–437.

Lévy-Bruhl (Lucien) : 133, 277.

Lévy-Valensi (Jean) : 39, 49.

Lewttzky (Anatole) : 223.

Lhermitte (Jean) : 262.

Limbour (Georges) : 226–227.

Linhart (Robert) : 437.

Loewenstein (Rudolph) : 37, 41, 79, 98, 101–108, 116–117, 122–123, 144, 155, 160, 190, 208, 256, 261, 271, 326, 336.

Logre (Benjamin) : 95–96.

Loraux (Nicole) : 559.

Lorenzetti (Pietro) : 491.

Löwrra (Karl) : 293.

Luria (Alexandre) : 364.

M

Maar (Dora) : 227–228.

Macalpine (Ida) : 377.

Macciocchi (Maria Antonietta) : 452, 456–458, 526.

Mach (Ernst) : 276.

Macherey (Pierre) : 144, 396, 560.

Machiavel : 234, 354, 366, 443.

Maïakovski (Vladimir) : 359–360, 362.

Maïer (Hans) : 38.

Major (René) : 497, 559.

Maklès (Bianca), cf. Fraenkel (Bianca).
Maklès (Charles) : 171.
Maklès (Henri) : 170.
Maklès (Nathalie, née Chohen) : 170-171, 221.
Maklès (Rose), cf. Masson (Rose). Maklès (Simone), cf. Piel (Simone).
Maklès (Sylvia), cf. Lacan (Sylvia).
Mâle (Pierre) : 38, 318, 391.
Malherbe (François de) : 28.
Malinowski (Bronislaw) : 276-278.
Mallarmé (Stéphane) : 28, 124, 134, 302.
Malraux (André) : 215-216, 222, 224, 344.
Mandelstam (Ossip) : 360.
Mann (Klaus) : 218.
Mann (Thomas) : 120, 198.
Mannoni (Maud) : 383, 404, 412, 423, 510, 520, 567.
Mannoni (Octave) : 383, 404, 520.
Mao Zedong : 437, 447.
Marcel (Gabriel) : 299.
« Marcelle » : 49-50.
Marchand (Valérie) : 470.
Mareschal (Pierre) : 38.
Marette (Françoise), cf. Dolto (Françoise).
Marette (Henry) : 309-310, 312-313.
Marette (Jacqueline) : 309, 311.
Marette (Philippe) : 311.
Marette (Pierre) : 310, 313.
Marette (Suzanne, née Demmler) : 308-311.

Martin (Jacques) : 391.
Marx (Karl) : 91, 93, 144, 387, 392-394, 399, 442, 457.
Masson (André)) : 177, 181-182, 192, 212, 217, 219, 221, 223, 238, 249-251, 273, 460, 504.
Masson (Diego) : 253.
Masson (Rose, née Maklès) : 171, 177, 212, 217, 219, 250-251, 273.
Massonaud (Renée) : 211.
Matisse (Henri) : 490.
Maulnier (Thierry) : 293.
Maupassant (Guy de) : 175, 179.
Mauriac (François) : 366.
Maurras (Charles) : 31, 89, 104, 145, 183, 197, 201, 288, 307, 314.
Mauss (Marcel) : 185, 196, 278, 282.
Mazarin (Jules, cardinal) : 366, 409.
Melman (Charles) :
    405, 428, 468, 522, 542.
Mendès France (Pierre) : 366.
Mérienne (Louis) : 520.
Merleau-Ponty (Marianne) : 228.
Merleau-Ponty (Maurice) : 130, 224-225, 227-228, 249, 251, 280-281, 299, 335, 351, 367-368, 370, 386, 461.
Merleau-Ponty (Suzanne) : 228, 249, 280-281, 526.
Messali Hadj : 507.
Michaud (Ginette) : 531.
Michelet (Jules) : 467.

Miel (Jean) : 123.

Migault (Pierre) : 48-49.

Miller (Dominique) : 546, 563.

Miller (Gérard) : 467, 546, 557, 561, 563-564.

Miller (Jacques-Alain) : 257, 367, 396, 398-399, 412, 426-428, 430, 436-437, 439-440, 448-449, 452, 466-468, 470, 484, 516-519, 521-524, 527, 532-549, 553-554, 557, 561, 563-565.

Miller (Jean) : 400.

Miller (Judith, née Bataille-Lacan) : 219, 221, 228, 243, 245-247, 249-252, 254, 305-306, 339, 364-365, 367, 400-401, 427, 437, 448, 486, 521, 524, 526-527, 538, 543-547, 553, 557, 561, 563.

Miller (Luc) : 462.

Miller (Ève) : 462.

Millot (Catherine) : 108, 213, 306, 461, 563, 565.

Milner (Jean-Claude) : 396, 437, 439, 559-560.

Minkowska (Françoise) : 418.

Minkowski (Eugène) : 72, 139, 146-147, 193, 196.

Misrahi (Robert) : 81, 419.

Mitterrand (François) : 366.

Mollet (Guy) : 253.

Mondrian (Pieter Comelis Mondriaan, dit Piet) : 490.

Monet (Claude) : 460.

Monnerot (Jules) : 187.

Monnier (Adrienne) : 31, 222, 479.

Montesquieu : 393, 396.

Montfort (Sylvia) : 253.

Montrelay (Michèle) : 404.

Monzie (Anatole de) : 193-194.

Morand (Lucienne), *cf.* Fraenkel (Bianca).

Morane (Jacques) : 28-29.

Moré (Marcel) : 226.

Morgenstern (Laure) : 208.

Morgenstern (Sophie) : 122, 208, 315-316, 418.

Moulin de Labarthète (Henri du) : 219.

Mouloudji (Marcel) : 226.

Moussinac (Léon) : 174.

Mozart (Wolfgang Amadeus) : 503.

Mühl (Otto) : 495.

Müller-Braunschweig (Carl) : 119.

Murat (Dolly, princesse, née Pastré) : 216, 228.

Murat (prince) : 216.

Musset (Alfred de) : 535.

N

Nacht (Sacha) : 207, 209, 228, 265, 269-270, 274, 318, 348.

Napoléon (prince), futur Napoléon III : 20.

Napoléon Ier : 143.

Nasio (Juan-David) : 552.
Nassif (Jacques) : 532.
Nathan (Marcel) : 282.
Newman (Paul) : 485-486, 489.
Nietzsche (Friedrich): 32, 56, 93, 103, 120, 136, 141, 182-185, 187, 226, 296, 386, 393.
Nizan (Paul) : 73, 89-91, 94.
Noailles (Charles de) : 191.
Noailles (Marie-Laure de) : 191, 216, 344.
Nordau (Max) : 171.
Novalis : 120.
Nunberg (Hermann) : 372.

O

Oberndorf (Clarence) : 349.
Ocampo (Victoria) : 86, 114.
Odier (Charles) : 37, 105, 116, 160, 208.
Ogilvie (Bertrand) : 197, 560.
Omo (docteur) : 391.
Oswald (Marianne) : 228.
Oury (Jean) : 362, 412, 531.

P

Pagnol (Marcel) : 218.
Pankejeff (Sergueï) : 370-371.
Pantaine (Elise) : 61-64.
Pantaine (Eugénie ou Nène) : 60.
Pantaine (Guillaume) : 61-62.
Pantaine (Jean-Baptiste) : 60.
Pantaine (*Jeanne* Anna, née Donnadieu) : 60.
Pantaine (Marguerite 1) : 60.
Pantaine (Marguerite 2), dite « Aimée », *cf.* Anzieu (Marguerite).
Pantaine (Maria) : 60.
Papin (Christine et Léa) : 94-97, 126, 377.
Pappenheim (Bertha), *cf.* « Anna O. ».
Paquita : 505.
Paracelse : 132, 208.
Parcheminey (Georges) : 37, 160, 210.
Paris (Jean) : 479, 482.
Parisot (Thérèse): 485, 489.
Parménide: 237, 296, 300-301.
Pascal (Biaise) : 28, 226.
Pasternak (Boris) : 360.
Pasteur (Louis) : 20.
Pastré (Dolly), *cf.* Murat (Dolly).
Pastré (Jean, comte) : 216.
Pastré (Lily, comtesse) : 216.
Pastre (Nadia) : 216.
Pastre (Pierre) : 216.
Paulhan (Jean) : 187, 221, 407.
Pauline, gouvernante : 25.
Pautonnier (abbé) : 27.
Pautrat (Bernard) : 84.
Peignot (Colette), dite Laure : 91, 178-179, 219.
Pelorson (Georges) : 223, 293.

Péret (Benjamin) : 50, 95.

Perrault (Charles) : 317.

Perret (Léonce) : 65.

Perrier (François) : 265, 339, 383, 403–404, 413–415, 442, 472.

Pétain (Philippe) : 181, 207, 213, 219, 467.

Pfersdorff : 50.

Pfister (Oskar) : 264.

Picasso (Pablo) : 111, 178, 192, 221, 223, 226–228, 360, 460.

Picavet (François) : 127.

Pichon (Edouard) : 37, 88, 103–104, 108, 116–117, 122–123, 139, 155, 196, 202–204, 207, 275, 314–315, 351, 357, 363, 369–371, 566–567.

Pie IV : 470.

Pie XII : 275.

Piel (Jean) : 91, 177.

Piel (Simone, née Maklès) : 171, 177.

Pilniak (Boris) : 91.

Pinel (Philippe) : 76–77, 407.

Pingaud (Bernard) : 428, 434.

Pirandello (Luigi) : 171.

Piscator : 175.

Platon : 86, 139, 296, 303, 334–335, 366, 419–420, 443, 451.

Pleynet (Marcellin) : 458.

Plon (Michel) : 234.

Poe (Edgar Allan) : 331, 352–353, 544.

Politzer (Georges) : 71, 126, 221, 225, 396.

Polivanov (Evguéni) : 358, 360, 362.

Pommier (Gérard) : 563–564.

Pontalis (Jean-Bertrand) : 341, 343, 531.

Porge (Erik) : 473, 567.

Postel (Jacques) : 430.

Poulenc (Francis) : 216.

Poussin (Nicolas) : 491.

Préau (André) : 303.

Prévert (Jacques) : 174–175, 179–180.

Prévert (Pierre) : 174–175.

Proudhon (Pierre Joseph) : 134.

Psichari (Henriette) : 194.

Puech (Henri-Charles) : 139.

Pujol (Robert) : 341.

Q

Queneau (Jeanine, née Kahn) : 171, 178.

Queneau (Raymond) : 91, 136, 138, 140, 169–170, 177–178, 187, 220, 225, 227.

Quine (Willard Van Orman) : 488.

R

Racine (Jean) : 28.

Ramnoux (Clémence) : 299.

Rancière (Jacques) : 396, 399.

Rank (Otto) : 163.

Raymond (Fulgence) : 44.

Regnault (François) : 471.

Renan (Ernest) : 28.

Renoir (Jean) : 172, 175, 179-181, 212, 389.

Renoir (Pierre) : 88.

Renoir (Pierre-Auguste) : 172, 460.

Revel (Jean-François) : 428.

Reverchon-Jouve (Blanche) : 269, 336.

Rey (Abel) : 132.

Rey (Pierre) : 501-502.

Rickman (John) : 233.

Ricœur (Paul) : 299, 323, 395, 422-423, 484, 532.

Ricœur (Simone) : 395.

Rimbaud (Arthur): 28, 347.

Rivarol (Antoine Rivaroli, dit le comte de) : 104.

Rivers (William) : 276.

Rivet (Paul): 278, 281.

Rivière (Georges-Henri) : 174.

Roazen (Paul) : 349.

Robinet (André) : 428.

Roger (Bruno) : 243-244, 252, 461.

Roger (Caroline, née Lacan) : 189-190, 211, 243-245, 252, 461-462, 526.

Roger-Lacan (Cyril) : 461-462.

Roger-Lacan (Fabrice) : 461-462.

Roheim (Geza) : 278.

Rolland (Romain) : 36.

Rollin (Denise)) : 212, 218-219, 221.

Romains (Jules) : 31.

Ronat (Mitsou) : 489.

Rosay (Françoise) : 180.

Rosenberg : 183.

Rosolato (Guy) : 404.

Rostand (Edmond) : 28.

Rouan (François) : 490-494, 518.

Roudinesco (Jenny, née Weiss), cf. Aubry (Jenny).

Rousseau (Caroline) : 189.

Roustang (François) : 404, 497.

Rovan (Joseph) : 294.

Russell (Bertrand) : 352.

Rytmann (Hélène): 388-389, 391.

S

Sachs (Hanns) : 102, 105, 163.

Sade (Donatien Alphonse François, marquis de) :182, 188, 248, 407-410, 500.

Safouan (Moustapha) : 383, 447, 546.

Saint Jean (Robert de) : 28-29, 31-32.

Saint-Just (Louis Antoine Léon) : 409.

Salacrou (Armand) : 226.

Sangnier (Marc) : 27.

Sarasin (Philipp) : 264.

Sarduy (Severo) : 420.

Sartre (Jean-Paul) : 51, 73, 95, 130, 133-134, 139, 187, 222, 224-227, 239, 280, 292, 294, 299, 303-304, 306, 344, 396, 433 437, 443, 446, 450, 486.

Saussure (Ferdinand de) : 51, 275, 304,

351-352, 354-355, 358, 360-361, 363, 398, 434, 474.

Saussure (Raymond de) : 37, 208, 282, 361.

Saxe-Cobourg (Albert de), *cf.* Albert (prince).

Schiff (Paul) : 116, 160, 193, 209, 234.

Schlumberger (Marc) : 210.

Schmideberg (Melitta) : 157-159, 261, 331.

Schneiderman (Stuart) : 484, 500.

Schopenhauer (Arthur) : 120.

Schotte (Jacques) : 405.

Schreber (Daniel Gottlob Moritz, docteur) : 374, 377-379.

Schreber (Daniel-Paul, président) : 287, 368, 371, 374-378, 513.

Schur (Max) : 119, 349, 525.

Sebag (Lucien) : 400-401.

Segal (Hanna) : 153.

Ségur (comtesse de) : 243.

Seignobos (Charles) : 131.

Seligman (Charles) : 276.

Sels (Nicole) : 532.

Sémiramis : 478.

Sennett (Mack) : 174.

Sérieux (Paul) : 46, 72, 377.

Servan-Schreiber (Jean-Jacques) : 343, 366, 503.

Sève (Lucien) : 428.

Sèze (Paul de) : 28.

Sharpe (Ella) : 158.

Shoutak (Cécile) : 142.

Sienkiewicz (Olesia) : 86-88, 91, 109-114, 178-179, 249.

Simatos (Christian) : 405, 510.

Simiand (François) : 131.

Simon (Madeleine), *cf.* Blondin (Madeleine).

Sivadon (Paul) : 38.

Smirnoff (Victor) : 341.

Smith (Hélène) : 363.

Smith (Robertson) : 276.

Socrate : 141-142, 237, 296, 334, 452.

Sokolnicka (Eugénie) : 37, 44, 208, 315.

Soljénitsyne (Alexandre) : 498.

Sollers (Philippe) : 445, 458, 479, 541.

Solms (Wilhelm) : 350.

Solomon (Georges) : 221.

Soupault (Philippe) : 31.

Soury (Pierre) : 470-473, 476, 492, 494-495, 515.

Souvarine (Boris) : 91, 126, 135, 178-179.

Spaïer (Albert) : 139.

Spinoza (Baruch de) : 29, 31, 56, 81, 83-84, 93, 103, 395, 406, 409-410.

Spitz (René) : 208, 396.

Staline (Joseph V. Djougatchvili, dit) : 143, 224, 364.

Starobinski (Jean) : 299.

Stein (Conrad) : 176.

Sterba (Richard) : 121.

附录

Stern (Anne-Lise) : 404, 438.
Stévenin (Laurent) : 391.
Strachey (James) : 260.
Strachey (Lytton) : 478.
Sully Prudhomme : 28.
Surya (Michel) : 172, 223.
Sylvestre (Michel) : 565.

T

Taillandier (Gérôme) : 532.
Taine (Hippolyte) : 35, 81.
Tannery (Paul) : 128.
Tarde (Guillaume de) : 71, 162.
Térèsa (mère) : 389.
Terrasson (Jean-Claude) : 473.
Tessier (Valentine) : 88.
Teulié (Guilhem) : 50.
This (Bernard) : 404.
Thom (René) : 475.
Thomas (saint) : 480.
Thomé (Michel) : 471-473, 481, 494-496.
Tocqueville (Charles Alexis Clérel de) : 201.
Toller (Ernst) : 218.
Tolstoï (Léon, comte) : 359.
Tort (Michel) : 396, 398.
Tosquelles (François) : 214, 430.
Toulouse (Édouard) : 38, 57.
Towarnicki (Frédéric de) : 293.

Trautner (Édouard) : 91.
Trénel (Maurice) : 40-41.
Triolet (André) : 360.
Triolet (Eisa, née Kagan) : 359-360, 362.
Trotski (Léon) : 91.
Troubetzkoy (Nicolas, prince) : 359-361, 363, 421.
Truelle (docteur) : 57.
Tucholsky (Kurt) : 339.
Turkle (Sherry) : 485, 488.
Turquet (Pierre) : 326-329, 337-339, 350.
Tytell (Pamela) : 485-487, 489, 516.
Tzara (Tristan) : 344.

U

Uexküll (Jakob von) : 196-197.

V

Vacher (Joseph) : 95.
Valabrega (Jean-Paul) : 405, 413, 442.
Valde (Pierre) : 253.
Valery (Paul) : 183.
Vander Leeuw (Pieter Jan) : 327.
Vappereau (Jean-Michel) : 473-475.
Varin (René) : 214.
Varte (Rosy) : 253.
Vasto (Lanza del) : 216.

Vélasquez (Diego) : 109.
Verdiglione (Armando) : 558.
Vernant (Jean-Pierre) : 387.
Verne (Jules) : 86.
Verret (Pierre) : 125-126.
Vezelay (Paule) : 177.
Victoria (reine) : 478.
Vedal-Naquet (Pierre) : 544-545.
Vidal de La Blache (Paul) : 131.
Vildé (Boris) : 223.
Viltard (Mayette) : 473.
Vincent (Clovis) : 515.
Vinci (Léonard de), *cf.* Léonard de Vinci.
Vionnet (Madeleine) : 344.

Weiss (Jenny), *cf.* Aubry (Jenny).
Weiss (Louise) : 318.
Weyergans (François) : 500.
Widlöcher (Daniel) : 337, 341.
Wiesel (Élie) : 419.
Winnicott (Donald Woods) : 254, 261-262, 324, 326, 568.
Winterstein (Alfred, comte von) : 350.
Witt (Georges) : 141.
Wittgenstein (Ludwig) : 449, 466, 469-470.
Wittmann (Blanche) : 256.
Woolf (Virginia) : 111.
Wundt (Wilhelm) : 276.

W

Waelhens (Alphonse de) : 293, 386.
Wahl (François) : 418-425, 427-431, 439, 445, 458, 463, 532, 534-535, 537- 538, 540, 542, 544, 546, 548-549, 561.
Wahl (Jean) : 135-136, 187, 222, 306, 353.
Wallon (Henri) : 116, 155, 157, 165, 193-194, 196, 288, 332, 364, 396, 425.
Weber (Max) : 291.
Weil (Éric) : 135, 293.
Weil (Simone) : 293.
Weiss (André) : 218, 238.
Weiss (Colette) : 218.

Y

Yérodia (Abdoulaye) : 448, 460, 519, 524.
Yérodla (Gloria), *cf.* Gonzalès (Gloria).

Z

Zao Wou-Ki: 192.
Zazzo (René) : 364-365.
Zervos (Christian) : 238.
Zola (Émile) : 66.
Zygouris (Radmila) : 506-507.

INDEX DES CONCEPTS ET NOTIONS
概念索引

(Ne figurent pas dans cet index les termes trop souvent utilisés.)

A

A (grand) : 352.
a (petit) : 352,371,408.
Abréaction : 282.
Acting-out : 332.
Affect : 84,282.
Aliénation : 97,146.
Analyse (ou formation) didactique : 261- 262,321,328,331,384 ; - laïque (Laie- nanalyse) : 384.
Annafteudisme : 260-261,264,269.
Assujettissement : 409,412,436.
Automatisme mental : 39,45,50, 72,82.
Autopunition : 71,76,196.
Autre (grand A) : 371,373,408.
autre (petit a) : 196,199.
Autre scène : 50.

B

Bien (Souverain -) : 334.
Bovarysme : 47, 183.

C

Ça : 78,153,156,164,261,330,350-351, 355.
Cartel : 404.
Castration : 196,327,369-370,463,476.
Causalité : 73 ; - absente : 393 ; - métonymique : 399 ; - psychique : 149,237.
Chaîne signifiante : 393.
Civilisation : 35,132, 196,203-204,410.
Clivage du moi : 83.
Cogito : 129,141,148-149,264,305,351, 355,357,388.
Complexe : 116,162,198-199,277,284.
Condensation : 357.
Connaissance paranoïaque : 147,377.
Conscience de soi : 142, 148-150, 347, 352.
Contenu latent et manifeste du rêve : 357.
Contre-transfert, *cf* Transfert.
Contrôle : 321,328, 502.
Culturalisme : 276,316, 568.
Culture : 203-204, *cf*. Nature/Culture.

D

Déconstruction : 132.
Défense : 155,261.
Demande : 483.
Dénégation : 369-370.
Déni : 369.
Déplacement : 357.
Dépressive (position -) : 154.
Désêtre: 440
Désir: 76, 109, 142, 148-149, 182, 297, 303,330,332, 334, 341, 357-358,372, 405-409,413,426,448,450,458,466, 483.
Destitution subjective : 440.

Dévoilement : 296, 302-303, 305, 330 ;
- du désir : 298.

Didactique (formation -) : 261-262, 321.

Différence : 472.

Discordance : 71, 82-84, 355.

Discours, *cf*. Hystérique (-), Maître (- du), Psychanalytique (-) et Universitaire (-).

Discursivité : 442-443, 446, 464.

Dissociation : 82-83.

Division : 356, 426 ; *cf*. Sujet (- du).

Doctrine des constitutions : 48, 55.

E

Écriture automatique : 55.

Ego : 129-130, 139, 141, 500.

Ego Psychology : 155-156, 264, 330, 353.

Entre-deux-morts : 410.

Érotomanie : 46, 75.

Établissement du Séminaire : 533-534, 536-537, 539-540, 560-561.

État de droit : 556-557.

Éthique : 328, 406, 408.

Être : 130, 136, 148, 222, 224, 226, 239, 292, 296, 303, 306, 408, 434.

Être pour la mort : 143, 285, 293, 330.

Exception française : 342, 347, 349, 414, 559.

Existentialisme, existentiel : 239-240, 295-296, 434.

Excommunication (herem) : 367, 395, 398, 406.

F

Fin de l'histoire : 138, 143, 202, 447, 459.

Forclusion : 368, 370-371, 373, 378-379, 398, 426, 481, 566.

Formules de la sexuation : 476.

Freudo-marxisme : 126.

G

Génie latin : 44.

Génocide : 406, 410.

Groupe quaternaire : 450.

H

Hallucination négative : 368.

Hégélianisme : 134-135, 184.

Hérédité-dégénérescence : 77, 81.

Hétérologie : 186, 188, 289, 372, 478.

Holocauste : 406, 410.

Humanisme : 277, 295, 396, 497.

Hystérie : 40-41, 47.

Hystérique (discours -) : 450.

I

Idéal du moi : 75, 372.

Identification : 156-157, 185, 235, 352, 399 ; - mentale : 196 ; - symbolique : 164.

Imaginaire : 109, 155, 157, 164, 196, 199, 283, 288, 399, 455, 560.

Imago : 154, 196-201, 235, 373.

Impératif kantien : 408-409.

Impossible : 174, 182, 188, 465-466.

Inceste : 277-280, 283, 372, 477.
Inconscient (théorie de l'-) : 357-358, 397.
Instance de la lettre, cf. Lettre.

J
Jdanovchtchina : 364.
Je : 141, 148-149, 164, 196, 240, 263-264, 283, 347, 350-351, 355, 357, 433.
Jouissance : 188, 408, 459, 463, 477, 480.

K
Kleinisme : 259, 262, 269.

L
Lalangue : 466, 469.
Langage : 201, 284, 305, 319, 335, 351, 355-357, 359, 361, 449, 481, 488.
Langue : 345, 359, 481.
Lecture symptomale : 399.
Légitimisme freudien : 107, 264-265, 272, 277, 327, 330, 333, 339, 484, 558.
Légitimisme lacanien : 551, 553, 558.
Lettre : 352, 354-355, 463 ; instance de la - : 304, 398, 425, 429.
Libido : 160, 378, 472, 477.
Logicisme : 400, 427, 435, 449.
Logos : 299-301, 303, 305, 456.

M
Maître (dialectique du -) : 142 ; discours du - : 450.

Manque : 372, 427, 448, 476 ; - à être : 334.
Massification, cf. Psychanalyse de masse.
Mathème : 460, 464-469, 476, 513, 536, 569.
Méconnaissance : 263.
Mentalité : 133, 277.
Métaphore : 304, 353, 358, 362, 397.
Métonymie : 304, 353, 357-358, 362.
Moi : 78, 129, 145, 148-149, 153, 155-157, 160, 164, 182, 196, 199-200, 261, 263-264, 283-284, 288, 327, 330, 346, 350-352, 500 ; - idéal : 372 ; - imaginaire : 356, 371 ; - moderne : 355.

N
Nature/Culture : 279, 363, 373, 386.
Néant : 130, 134, 136, 145, 185, 222, 224, 226, 239, 292, 295, 306, 434.
Négation : 174, 182, 357, 369.
Négativité : 141, 143-144, 146, 150, 369.
Néo-freudisme : 264, 383.
Nihilisme : 143, 145, 161, 183, 196, 293, 459.
Nœud borroméen : 306, 456-457, 460, 464-465, 470-471, 473-474, 481, 488, 493, 495, 513, 515, 563.
Nom-du-père : 26, 220, 283-284, 371, 373-374, 378-379, 481, 549.

O
Objet : 155, 339, 372 ; - a : 352, 438, 450,

459 ; bon et mauvais - : 154,319 ; rela¬tions d' -: 154-155, 531.

Organodynamisme : 236.

Orthodoxie : 333,336,339,412.

P

Pansexualisme : 35-36.

Parallélisme : 71,81.

Paranoïa : 46, 48, 55-56, 71-72, 75-76, 82, 85, 116, 199, 263, 368, 371, 376, 378,430-431.

Parole : 283-284,290,304-305,319,351, 467,480.

Passe, passant, passeur: 329, 411, 440-441 504.

Pas-tout : 448-449,476-477.

Personnalité : 56, 71, 73, 81-83, 93, 164, 236,372.

Peste : 349-350,489.

Phallus : 399,424,444.

Phase : 199.

Phénoménologie : 72, 93, 97, 108, 129-130, 137-138, 140, 142-143, 147, 222, 304,352,359,556.

Phonème : 361,393.

Pithiatisme : 40-41.

Point de capiton : 358.

Ponctuation : 290,358.

Principe de plaisir, - de réalité : 164.

Processus : 71,73.

Psychanalytique (discours -) : 450.

Psychanalyse de masse, massification: 333,384,413.

Psychiatrie dynamique : 77,108.

Psychogenèse/psychogénie : 71-72, 236-237.

Q

Quadripodes : 450,466,468,504.

R

Réalité psychique : 156, 160, 289, 369, 396,405-406.

Réel : 188, 199, 283, 288-289, 370-371, 378, 399,455-456,465,478,480, 560.

Refente : 356,426.

Refoulement : 369.

Relation d'objet, cf. Objet.

Relève : 84, 397,434,465 ; - logicienne : 426,439,449 ; - mathématique : 449 ; - orthodoxe du freudisme: 283, 319, 330 ; - structurale de l'inconscient : 357,368,371,377,556.

Résistance : 78,107, 155,325,358,413.

Retour à : 283,392,442-443.

S

Savoir absolu : 142.

Schizophasie : 50.

Scotomisation : 369-371.

Séance courte : 271, 273, 325, 413, 501, 513,555.

Signe (théorie du -) : 351 ; - linguistique: 354.

Signifiant : 282, 301, 304-305, 351-358, 363, 373, 378, 393, 399, 426-427, 436.

Signifié : 354-355, 357-358.

Spéculaire : 157.

Stade du miroir : 116, 147, 149, 151, 155-157, 160, 162, 196, 199, 317, 319, 332, 372, 396, 423, 425, 431.

Structure : 50, 73, 198, 237, 285, 303, 335, 345, 393, 413-414, 443-444, 469 ; - langagière : 304, 319 ; - signifiante : 287 ; - topologique du sujet : 353 ; - s élémentaires : 279, 281-282, 351.

Sujet: 129-130, 134, 144, 154-155, 157, 160, 198-199, 239-240, 255, 262, 264, 284, 288, 290, 327, 341, 351-353, 358, 363, 368-369, 389, 399, 427, 433, 436, 443 ; - décentré : 392-393 ; - de l'incons¬cient : 355-356, 469 ; - supposé savoir : 289, 440 ; division du - : 339, 448 ; inten¬tionnalité du - : 370; rapport du - à la vérité : 232, 275, 330; statut du - : 109 ; théorie du - : 116, 165, 397, 426.

Supplément : 472, 477.

Surmoi : 153, 196, 262, 372.

Suture : 427-428.

Symbole: 235, 289, 319.

Symbolique, fonction symbolique : 157, 199, 255, 283-284, 288, 378, 399, 455, 560.

Symbolisme : 160, 276.

Symptôme (sinthome) : 72, 357, 399, 480-481.

T

Temps logique : 232, 238, 424 ; - pour comprendre : 240, 289-290.

Topologie : 464, 469, 475, 488, 493, 515.

Totémisme : 276.

Trait unaire : 352, 363.

Transcription du Séminaire : 534, 536, 539, 541.

Transfert : 107, 261, 325, 413 ; contre-transfert : 325.

U

Un: 301, 352, 393.

Universalisme : 132, 283, 342, 372.

Universitaire (discours -) : 450.

V

Vérité : 144, 232, 275, 298, 301, 303-304, 330, 406, 408, 425, 450.

Vitalisme : 77.

W

« Wo Es war » : 350.

TABLE DES ILLUSTRATIONS

Premier cahier

Page I   *Ludovic Dessaux entouré de ses fils.*
Source : D.R.
L'usine Dessaux fils à l'aube du XX* siècle.
Source : D.R.

Page II   *La famille Lacan vers 1915.*
Source : Madeleine Lacan-Houlon.
Jacques Lacan à la salle de garde de l'Hôtel-Dieu.
Source : collection Pierre Morel.

Page III   *Sylvain Blondin en 1932.*
Source : Sibylle Lacan.
Marie-Louise Blondin et Caroline vers 1939.
Source : Cyril et Fabrice Roger-Lacan.
Jacques Lacan et Marie-Louise Blondin le jour de leur mariai
Source : Sibylle Lacan.

Page IV   *Thibaut, Sibylle et Caroline vers 1943.*
Source : Sibylle Lacan.
Jacques Lacan et sa fille Caroline.
Source : Cyril et Fabrice Roger-Lacan.
Jacques Lacan vers 1972 avec ses petits-fils.
Source : Cyril et Fabrice Roger-Lacan.

Deuxième cahier

Page I   *Sylvia Bataille dans* Une partie de campagne.
Source : Archives des *Cahiers du cinéma*.
Laurence Bataille en 1984.
Source : Catherine Basch-Mallet. Photo prise par Laurent Mallet.

附录

Page II *Olesia Sienkiewicz, été 1931.*
         Source : Olesia Sienkiewicz.
Page III *Jacques Lacan, été 1931.*
         Source : Olesia Sienkiewicz.
Page IV *Louis Althusser et Jacques Lacan.*
         Source : Caroline Eliacheff. Photo prise par Manuel Bidermanas.
Page V   *Congés de l'IPA, Amsterdam, 1951*
         Source : collection Jean-Pierre Bourgeron.
Page VI *Jacques Lacan et Jenny Aubry, Aix-en-Provence, mai 1971*
         Source : Ginette et Emile Raimbault.
         Jacques Lacan et Salvador Dali à New York, décembre 1975.
         Source : Pamela Tytell, reproduction interdite.
         Marc-François Lacan, abbaye de Hautecombe, octobre 1991.
         Source : Cyril Roger-Lacan.
Page VII *Jacques Lacan à la sortie de son séminaire, mars 1980.*
         Source : agence Gamma. Photo prise par Maurice Rougement.
Page VIII *François Wahl en 1966 à Argentière.*
         Source : Severo Sarduy.
         Pierre Soury à la Maison des sciences de l'homme.
         Source : Michel Thomé. Photo prise par Maria Meyer.

译后记

作为20世纪的重要思想家和精神分析法国学派的代表人物，雅克·拉康在当代西方人文研究中占据重要地位。如果说弗洛伊德所引领的精神分析革命的基础，在于其对影响心理活动的无意识与非理性因素的认识，那么拉康则是这一革命最忠实的继承者。拉康的思想和西方理性主义与人本主义的主流传统背道而驰，甚至挑战了精神分析学派内部的保守主义路线。通过结合超现实主义、现象学和结构主义语言学等20世纪前沿思想，拉康使精神分析超越了心理治疗的狭隘范畴，对西方当代文化与社会产生了深远影响。

遗憾的是，拉康理论目前在国内学界尚未得到系统和深入的研究。拉康晦涩难懂的语言风格在很大程度上增加了理解他的思想的难度。由于大多数拉康的作品，特别是贯穿他学术生涯的研讨班笔记在国内尚未得到翻译和介绍，中文读者了解拉康的途径只剩下原创或翻译的几本介绍性读物。然而在我看来，对于一种思想最便捷且有效的入门方式并不是简化思想本身，而是对于思想复杂性的背景的理解。从这个角度而言，由法国著名精神分析史学家伊丽莎白·卢迪内斯库所撰写的《拉康传》无疑提供了读者了解拉康及其思想的绝佳途径。

《拉康传》是一部出色的人物传记，它详尽地介绍了拉康的生平，全面地回顾了拉康在一个普通的天主教中产阶级家庭中成长为一位声名卓著的当代思想大师的转变。读者在追溯拉康学术成就的同时，也能看到他所经历的挫折与失意；在领略拉康的传奇经历的同时，也能看到他作为普通人的性格弱点。此外，《拉康传》更是一部浓缩的 20 世纪法国思想史和文化史。卢迪内斯库在序言中就已指出，她试图展现的不仅仅是拉康的个人生活，同时也是"一门学说的历史"和一段"有关斗争、势力、代际、理念、大师、信徒、团体、分析，以及从东方向西方永恒的迁移"的历史。这一看似野心勃勃的计划在书中的确得到了体现。作者所掌握的大量一手资料使得她能够把拉康的个人成长与思想发展放在广阔的历史背景与复杂的社会关系中进行叙述。拉康生活在一个新旧交替、社会变化剧烈的法国。从"二战"的沦陷与复国到 1968 年的"五月风暴"，法国政治与社会生活的风云变幻并不仅仅构成了拉康个人生活的背景，而且充分反映在他对于主体存在与他者权力的思考之中。另一方面，通过描写拉康与超现实主义者列维－斯特劳斯、海德格尔、萨特、阿尔都塞等人的交往，作者也从侧面展现了 20 世纪法国乃至欧洲知识分子圈的演变历程，从而帮助读者更好地理解拉康的思想渊源及其理论影响。

我在八年前首次接触到伊丽莎白·卢迪内斯库的这本《拉康传》。当时此书的学术价值和可读性给我留下了深刻的印象。后来我来到英国，投入到对精神分析特别是拉康派理论的研究学习之中。在这期间得到翻译此书的机会，我在荣幸之余，也感到责任重大。由于缺少翻译工作经验，不足之处在所难免。在此感谢湖岸出版相关编辑对译稿做出的修改和校对工作，感谢杨春强老师审稿后提出的宝贵意见，也欢迎读者对译文提出批评和指正。

王晨阳

2017 年 8 月于英国伦敦

* "Wo Es war, soll Ich werden" 是弗洛伊德的一句话。玛丽·波拿巴的同事安娜·伯尔曼将其译为"自我必须驱逐本我",无意识必须接受意识思维的修正。拉康质疑这个翻译,将其变形为"本我在哪里,自我就应当去到那里"(Là où fut ça, il me faut advenir)。强调"我要敢于接近我的真相的位置",在"那里"等待着我的并不是一个我不得不去认同的深刻真相,而是一个我不得不学会与之共存的不可忍受的真相。

湖 岸
Hu'an publications®

项目统筹_ 唐　奂
产品策划_ 景　雁
责任编辑_ 李　征
特约校对_ 杨春强
特约编辑_ 廖小芳　张引弘
营销编辑_ 黄国雨　刘焕亭　孙静阳　周　赟　戴　翔
封面设计_ 一千遍工作室
版式设计_ 裴雷思
美术编辑_ 王柿原　陆宣其
内文制作_ 常　亭

🐦 @huan404
🆔 湖岸 Huan
www.huan404.com

联系电话_ 010-87923806
投稿邮箱_ info@huan404.com

感谢您选择一本湖岸的书
欢迎关注"湖岸"微信公众号